HISTORIA DEL SIGLO XX

ERIC HOBSBAWM

HISTORIA DEL SIGLO XX

1914-1991

CRÍTICA

Obra editada en colaboración con Editorial Planeta – España

Título original: *Age of extremes, the short twentieth century 1914-1991*

Bajo el sello editorial CRÍTICA M.R.
Avenida Presidente Masarik núm. 111, 2o. piso
Colonia Polanco V Sección
Deleg. Miguel Hidalgo
C.P. 11560, Ciudad de México
www.paidos.com.mx

Primera edición: octubre de 1995
Nueva presentación impresa en España: noviembre de 2012
ISBN: 978-84-9892-501-2

Primera edición impresa en México: junio de 2014
Primera reimpresión impresa en México: agosto de 2016
ISBN: 978-607-9377-45-8

Impreso en los talleres de EDAMSA Impresiones, S.A. de C.V.
Av. Hidalgo núm. 111, Col. Fracc. San Nicolás Tolentino, Ciudad de México
Impreso en México – *Printed in Mexico*

PREFACIO Y AGRADECIMIENTOS

Nadie puede escribir acerca de la historia del siglo XX *como escribiría sobre la de cualquier otro período, aunque sólo sea porque nadie puede escribir sobre su propio período vital como puede (y debe) hacerlo sobre cualquier otro que conoce desde fuera, de segunda o tercera mano, ya sea a partir de fuentes del período o de los trabajos de historiadores posteriores. Mi vida coincide con la mayor parte de la época que se estudia en este libro y durante la mayor parte de ella, desde mis primeros años de adolescencia hasta el presente, he tenido conciencia de los asuntos públicos, es decir, he acumulado puntos de vista y prejuicios en mi condición de contemporáneo más que de estudioso. Esta es una de las razones por las que durante la mayor parte de mi carrera me he negado a trabajar como historiador profesional sobre la época que se inicia en 1914, aunque he escrito sobre ella por otros conceptos. Como se dice en la jerga del oficio, «el período al que me dedico» es el siglo* XIX*. Creo que en este momento es posible considerar con una cierta perspectiva histórica el siglo* XX *corto, desde 1914 hasta el fin de la era soviética, pero me apresto a analizarlo sin estar familiarizado con la bibliografía especializada y conociendo tan sólo una ínfima parte de las fuentes de archivo que ha acumulado el ingente número de historiadores que se dedican a estudiar el siglo* XX.

Es de todo punto imposible que una persona conozca la historiografía del presente siglo, ni siquiera la escrita en un solo idioma, como el historiador de la antigüedad clásica o del imperio bizantino conoce lo que se escribió durante esos largos períodos o lo que se ha escrito después sobre los mismos. Por otra parte, he de decir que en el campo de la historia contemporánea mis conocimientos son superficiales y fragmentarios, incluso según los criterios de la erudición histórica. Todo lo que he sido capaz de hacer es profundizar lo suficiente en la bibliografía de algunos temas espinosos y controvertidos —por ejemplo, la historia de la guerra fría o la de los años treinta— como para tener la convicción de que los juicios expresados en este libro no son incompatibles con los resultados de la investigación especializada. Naturalmente, es imposible que mis esfuerzos hayan tenido pleno éxito y debe haber una serie de temas en los que mi desconocimiento es patente y sobre los cuales he expresado puntos de vista discutibles.

Por consiguiente, este libro se sustenta en unos cimientos desiguales. Además de las amplias y variadas lecturas de muchos años, complementadas con las que tuve que hacer para dictar los cursos de historia del siglo XX *a los estudiantes de posgrado de la New School for Social Research, me he basado en el conocimiento acumulado, en los recuerdos y opiniones de quien ha vivido en muchos países durante el siglo* XX *como lo que los antropólogos sociales llaman un «observador participante», o simplemente como un viajero atento, o como lo que mis antepasados habrían llamado un* kibbitzer. *El valor histórico de esas experiencias no depende de que se haya estado presente en los grandes acontecimientos históricos o de que se haya conocido a personajes u hombres de estado preeminentes. De hecho, mi experiencia como periodista ocasional en uno u otro país, principalmente en América Latina, me permite afirmar que las entrevistas con los presidentes o con otros responsables políticos son poco satisfactorias porque las más de las veces hablan a título oficial. Quienes ofrecen más información son aquellos que pueden o quieren hablar libremente, en especial si no tienen grandes responsabilidades. De cualquier modo, conocer gentes y lugares me ha ayudado enormemente. La simple contemplación de la misma ciudad —por ejemplo, Valencia o Palermo— con un lapso de treinta años me ha dado en ocasiones idea de la velocidad y la escala de la transformación social ocurrida en el tercer cuarto de este siglo. Otras veces ha bastado el recuerdo de algo que se dijo en el curso de una conversación mucho tiempo atrás y que quedó guardado en la memoria, por razones tal vez ignoradas, para utilizarlo en el futuro. Si el historiador puede explicar este siglo es en gran parte por lo que ha aprendido observando y escuchando. Espero haber comunicado a los lectores algo de lo que he aprendido de esa forma.*

El libro se apoya también, necesariamente, en la información obtenida de colegas, de estudiantes y de otras personas a las que abordé mientras lo escribía. En algunos casos, se trata de una deuda sistemática. El capítulo sobre los aspectos científicos lo examinaron mis amigos Alan Mackay FRS, que no sólo es cristalógrafo, sino también «enciclopedista», y John Maddox. Una parte de lo que he escrito sobre el desarrollo económico lo leyó mi colega Lance Taylor, de la New School (antes en el MIT), y se basa, sobre todo, en las comunicaciones que leí, en los debates que escuché y, en general, en todo lo que capté manteniendo los ojos bien abiertos durante las conferencias sobre diversos problemas macroeconómicos organizadas en el World Institute for Development Economic Research of the U.N. University (UNU/-WIDER) en Helsinki, cuando se transformó en un gran centro de investigación y debate bajo la dirección del doctor Lal Jayawardena. En general, los veranos que pasé en esa admirable institución como investigador visitante tuvieron un valor inapreciable para mí, sobre todo por su proximidad a la URSS y por su interés intelectual hacia ella durante sus últimos años de existencia. No siempre he aceptado el consejo de aquellos a los que he consul-

tado, e incluso, cuando lo he hecho, los errores sólo se me pueden imputar a mí. Me han sido de gran utilidad las conferencias y coloquios en los que tanto tiempo invierten los profesores universitarios para reunirse con sus colegas y durante los cuales se exprimen mutuamente el cerebro. Me resulta imposible expresar mi gratitud a todos los colegas que me han aportado algo o me han corregido, tanto de manera formal como informal, y reconocer toda la información que he adquirido al haber tenido la fortuna de enseñar a un grupo internacional de estudiantes en la New School. Sin embargo, siento la obligación de reconocer específicamente lo que aprendí sobre la revolución turca y sobre la naturaleza de la emigración y la movilidad social en el tercer mundo en los trabajos de curso de Ferdan Ergut y Alex Julca. También estoy en deuda con la tesis doctoral de mi alumna Margarita Giesecke sobre el APRA y la insurrección de Trujillo de 1932.

A medida que el historiador del siglo XX *se aproxima al presente depende cada vez más de dos tipos de fuentes: la prensa diaria y las publicaciones y los informes periódicos, por un lado, y los estudios económicos y de otro tipo, las compilaciones estadísticas y otras publicaciones de los gobiernos nacionales y de las instituciones internacionales, por otro. Sin duda, me siento en deuda con diarios como el* Guardian *de Londres, el* Financial Times *y el* New York Times. *En la bibliografía reconozco mi deuda con las inapreciables publicaciones del Banco Mundial y con las de las Naciones Unidas y de sus diversos organismos. No puede olvidarse tampoco a su predecesora, la Sociedad de Naciones. Aunque en la práctica constituyó un fracaso total, sus valiosísimos estudios y análisis, sobre todo* Industrialisation and World Trade, *publicado en 1945, merecen toda nuestra gratitud. Sin esas fuentes sería imposible escribir la historia de las transformaciones económicas, sociales y culturales que han tenido lugar en el presente siglo.*

Para una gran parte de cuanto he escrito en este libro, excepto para mis juicios personales, necesito contar con la confianza del lector. No tiene sentido sobrecargar un libro como éste con un gran número de notas o con otros signos de erudición. Sólo he recurrido a las referencias bibliográficas para mencionar la fuente de las citas textuales, de las estadísticas y de otros datos cuantitativos —diferentes fuentes dan a veces cifras distintas— y, en ocasiones, para respaldar afirmaciones que los lectores pueden encontrar extrañas, poco familiares o inesperadas, así como para algunos puntos en los que las opiniones del autor, siendo polémicas, pueden requerir cierto respaldo. Dichas referencias figuran entre paréntesis en el texto. El título completo de la fuente se encontrará al final de la obra. Esta Bibliografía no es más que una lista completa de las fuentes citadas de forma textual o a las que se hace referencia en el texto. No *es una guía sistemática para un estudio pormenorizado, para el cual se ofrece una breve indicación por separado. El cuerpo de referencias está también separado de las notas a pie de página, que simplemente amplían o matizan el texto.*

Sin embargo, no puedo dejar de citar algunas obras que he consultado ampliamente o con las que tengo una deuda especial. No quisiera que sus autores sintieran que no son adecuadamente apreciados. En general, tengo una gran deuda hacia la obra de dos amigos: Paul Bairoch, historiador de la economía e infatigable compilador de datos cuantitativos, e Ivan Berend, antiguo presidente de la Academia Húngara de Ciencias, a quien debo el concepto del «siglo XX *corto». En el ámbito de la historia política general del mundo desde la segunda guerra mundial, P. Calvocoressi* (World Politics Since 1945) *ha sido una guía sólida y, en ocasiones —comprensiblemente—, un poco ácida. En cuanto a la segunda guerra mundial, debo mucho a la soberbia obra de Alan Milward,* La segunda guerra mundial, 1939-1945, *y para la economía posterior a 1945 me han resultado de gran utilidad las obras* Prosperidad y crisis. Reconstrucción, crecimiento y cambio, 1945-1980, *de Herman Van der Wee, y* Capitalism Since 1945, *de Philip Armstrong, Andrew Glyn y John Harrison. La obra de Martin Walker* The Cold War *merece mucho más aprecio del que le han demostrado unos críticos poco entusiastas. Para la historia de la izquierda desde la segunda guerra mundial me he basado en gran medida en el doctor Donald Sassoon del Queen Mary and Westfield College, de la Universidad de Londres, que me ha permitido leer su amplio y penetrante estudio, inacabado aún, sobre este tema. En cuanto a la historia de la URSS, tengo una deuda especial con los estudios de Moshe Lewin, Alec Nove, R. W. Davies y Sheila Fitzpatrick; para China, con los de Benjamin Schwartz y Stuart Schram; y para el mundo islámico, con Ira Lapidus y Nikki Keddie. Mis puntos de vista sobre el arte deben mucho a los trabajos de John Willett sobre la cultura de Weimar (y a mis conversaciones con él) y a los de Francis Haskell. En el capítulo 6, mi deuda para con el* Diaghilev *de Lynn Garafola es manifiesta.*

Debo expresar un especial agradecimiento a quienes me han ayudado a preparar este libro. En primer lugar, a mis ayudantes de investigación, Joanna Bedford en Londres y Lise Grande en Nueva York. Quisiera subrayar particularmente la deuda que he contraído con la excepcional señora Grande, sin la cual no hubiera podido de ninguna manera colmar las enormes lagunas de mi conocimiento y comprobar hechos y referencias mal recordados. Tengo una gran deuda con Ruth Syers, que mecanografió el manuscrito, y con Marlene Hobsbawm, que leyó varios capítulos desde la óptica del lector no académico que tiene un interés general en el mundo moderno, que es precisamente el tipo de lector al que se dirige este libro.

Ya he indicado mi deuda con los alumnos de la New School, que asistieron a las clases en las que intenté formular mis ideas e interpretaciones. A ellos les dedico este libro.

ERIC HOBSBAWM

Londres-Nueva York, 1993-1994

VISTA PANORÁMICA DEL SIGLO XX

Doce personas reflexionan sobre el siglo xx

Isaiah Berlin (filósofo, Gran Bretaña): «He vivido durante la mayor parte del siglo xx sin haber experimentado —debo decirlo— sufrimientos personales. Lo recuerdo como el siglo más terrible de la historia occidental».

Julio Caro Baroja (antropólogo, España): «Existe una marcada contradicción entre la trayectoria vital individual —la niñez, la juventud y la vejez han pasado serenamente y sin grandes sobresaltos— y los hechos acaecidos en el siglo xx ... los terribles acontecimientos que ha vivido la humanidad».

Primo Levi (escritor, Italia): «Los que sobrevivimos a los campos de concentración no somos verdaderos testigos. Esta es una idea incómoda que gradualmente me he visto obligado a aceptar al leer lo que han escrito otros supervivientes, incluido yo mismo, cuando releo mis escritos al cabo de algunos años. Nosotros, los supervivientes, no somos sólo una minoría pequeña sino también anómala. Formamos parte de aquellos que, gracias a la prevaricación, la habilidad o la suerte, no llegamos a tocar fondo. Quienes lo hicieron y vieron el rostro de la Gorgona, no regresaron, o regresaron sin palabras».

René Dumont (agrónomo, ecologista, Francia): «Es simplemente un siglo de matanzas y de guerras».

Rita Levi Montalcini (premio Nobel, científica, Italia): «Pese a todo, en este siglo se han registrado revoluciones positivas ... la aparición del cuarto estado y la promoción de la mujer tras varios siglos de represión».

William Golding (premio Nobel, escritor, Gran Bretaña): «No puedo dejar de pensar que ha sido el siglo más violento en la historia humana».

Ernst Gombrich (historiador del arte, Gran Bretaña): «La principal característica del siglo XX es la terrible multiplicación de la población mundial. Es una catástrofe, un desastre y no sabemos cómo atajarla».

Yehudi Menuhin (músico, Gran Bretaña): «Si tuviera que resumir el siglo XX, diría que despertó las mayores esperanzas que haya concebido nunca la humanidad y destruyó todas las ilusiones e ideales».

Severo Ochoa (premio Nobel, científico, España): «El rasgo esencial es el progreso de la ciencia, que ha sido realmente extraordinario ... Esto es lo que caracteriza a nuestro siglo».

Raymond Firth (antropólogo, Gran Bretaña): «Desde el punto de vista tecnológico, destaco el desarrollo de la electrónica entre los acontecimientos más significativos del siglo XX; desde el punto de vista de las ideas, el cambio de una visión de las cosas relativamente racional y científica a una visión no racional y menos científica».

Leo Valiani (historiador, Italia): «Nuestro siglo demuestra que el triunfo de los ideales de la justicia y la igualdad siempre es efímero, pero también que, si conseguimos preservar la libertad, siempre es posible comenzar de nuevo ... Es necesario conservar la esperanza incluso en las situaciones más desesperadas».

Franco Venturi (historiador, Italia): «Los historiadores no pueden responder a esta cuestión. Para mí, el siglo XX es sólo el intento constantemente renovado de comprenderlo».

(Agosti y Borgese, 1992, pp. 42, 210, 154, 76, 4, 8, 204, 2, 62, 80, 140 y 160).

I

El 28 de junio de 1992, el presidente francés François Mitterrand se desplazó súbitamente, sin previo aviso y sin que nadie lo esperara, a Sarajevo, escenario central de una guerra en los Balcanes que en lo que quedaba de año se cobraría quizás 150.000 vidas. Su objetivo era hacer patente a la opinión mundial la gravedad de la crisis de Bosnia. En verdad, la presencia de un estadista distinguido, anciano y visiblemente debilitado bajo los disparos de las armas de fuego y de la artillería fue muy comentada y despertó una gran admiración. Sin embargo, un aspecto de la visita de Mitterrand pasó prácticamente inadvertido, aunque tenía una importancia fundamental: la fecha. ¿Por qué había elegido el presidente de Francia esa fecha para ir a Sarajevo? Porque el 28 de junio era el aniversario del asesinato en Sarajevo, en 1914, del archiduque Francisco Fernando de Austria-Hungría, que desencadenó, pocas semanas después, el estallido de la primera guerra mundial. Para cualquier europeo instruido de la edad de Mitterrand, era evidente la conexión entre la fecha, el lugar y el recordatorio de una catástrofe histórica precipitada por una equivocación política y un error de cálculo. La elección de una fecha simbólica era tal vez la mejor forma de resaltar las posibles consecuencias de la crisis de Bosnia. Sin embargo, sólo algunos historiadores profesionales y algunos ciudadanos de edad muy avanzada comprendieron la alusión. La memoria histórica ya no estaba viva.

La destrucción del pasado, o más bien de los mecanismos sociales que vinculan la experiencia contemporánea del individuo con la de generaciones anteriores, es uno de los fenómenos más característicos y extraños de las postrimerías del siglo XX. En su mayor parte, los jóvenes, hombres y mujeres, de este final de siglo crecen en una suerte de presente permanente sin relación orgánica alguna con el pasado del tiempo en el que viven. Esto otorga a los historiadores, cuya tarea consiste en recordar lo que otros olvidan, mayor trascendencia que la que han tenido nunca, en estos años finales del segundo milenio. Pero por esa misma razón deben ser algo más que simples cronistas, recordadores y compiladores, aunque esta sea también una función necesaria de los historiadores. En 1989, todos los gobiernos, y especialmente todo el personal de los ministerios de Asuntos Exteriores, habrían podido asistir con provecho a un seminario sobre los acuerdos de paz posteriores a las dos guerras mundiales, que al parecer la mayor parte de ellos habían olvidado.

Sin embargo, no es el objeto de este libro narrar los acontecimientos del período que constituye su tema de estudio —el siglo XX corto, desde 1914 a 1991—, aunque nadie a quien un estudiante norteamericano inteligente le haya preguntado si la expresión «segunda guerra mundial» significa que hubo una «primera guerra mundial» ignora que no puede darse por sentado el conocimiento aun de los más básicos hechos de la centuria. Mi propósito es comprender y explicar *por qué* los acontecimientos ocurrieron de esa forma y qué nexo existe entre ellos. Para cualquier persona de mi edad que ha vivido durante todo o la mayor parte del siglo XX, esta tarea tiene también, inevitablemente, una dimensión autobiográfica, ya que hablamos y nos explayamos sobre nuestros recuerdos (y también los corregimos). Hablamos como hombres y mujeres de un tiempo y un lugar concretos, que han participado en su historia en formas diversas. Y hablamos, también, como actores que han intervenido en sus dramas —por insignificante que haya sido nuestro papel—, como observadores de nuestra época y como individuos cuyas opiniones acerca del siglo han sido formadas por los que consideramos acontecimientos cruciales del mismo. Somos parte de este siglo, que es parte de nosotros. No deberían olvidar este hecho aquellos lectores que pertenecen a otra época, por ejemplo el alumno que ingresa en la universidad en el momento en que se escriben estas páginas, para quien incluso la guerra del Vietnam forma parte de la prehistoria.

Para los historiadores de mi edad y formación, el pasado es indestructible, no sólo porque pertenecemos a la generación en que las calles y los lugares públicos tomaban el nombre de personas y acontecimientos de carácter público (la estación Wilson en Praga antes de la guerra, la estación de metro de Stalingrado en París), en que aún se firmaban tratados de paz y, por tanto, debían ser identificados (el tratado de Versalles) y en que los monumentos a los caídos recordaban acontecimientos del pasado, sino también porque los acontecimientos públicos forman parte del entramado de nuestras vidas. No sólo sirven como punto de referencia de nuestra vida privada, sino que han dado forma a nuestra experiencia vital, tanto privada como pública. Para el autor del presente libro, el 30 de enero de 1933 no es una fecha arbitraria en la que Hitler accedió al cargo de canciller de Alemania, sino una tarde de invierno en Berlín en que un joven de quince años, acompañado de su hermana pequeña, recorría el camino que le conducía desde su escuela, en Wilmersdorf, hacia su casa, en Halensee, y que en un punto cualquiera del trayecto leyó el titular de la noticia. Todavía lo veo como en un sueño.

Pero no sólo en el caso de un historiador anciano el pasado es parte de su presente permanente. En efecto, en una gran parte del planeta, todos los que superan una cierta edad, sean cuales fueren sus circunstancias personales y su trayectoria vital, han pasado por las mismas experiencias cruciales que, hasta cierto punto, nos han marcado a todos de la misma forma. El mundo que se desintegró a finales de los años ochenta era aquel que había cobrado forma bajo el impacto de la revolución rusa de 1917. Ese mundo nos ha marcado a todos, por ejemplo, en la medida en que nos acostumbramos a concebir la economía industrial moderna en función de opuestos binarios, «capitalismo» y «socialismo», como alternativas mutuamente excluyentes. El segundo de esos términos identificaba las economías organizadas según el modelo de la URSS y el primero designaba a todas las demás. Debería quedar claro ahora que se trataba de un subterfugio arbitrario y hasta cierto punto artificial, que sólo puede entenderse en un contexto histórico determinado. Y, sin embargo, aun ahora es difícil pensar, ni siquiera de forma retrospectiva, en otros principios de clasificación más realistas que aquellos que situaban en un mismo bloque a los Estados Unidos, Japón, Suecia, Brasil, la República Federal de Alemania y Corea del Sur, así como a las economías y sistemas estatales de la región soviética que se derrumbó al acabar los años ochenta en el mismo conjunto que las del este y sureste asiático, que no compartieron ese destino.

Una vez más hay que decir que incluso el mundo que ha sobrevivido una vez concluida la revolución de octubre es un mundo cuyas instituciones y principios básicos cobraron forma por obra de quienes se alinearon en el bando de los vencedores en la segunda guerra mundial. Los elementos del bando perdedor o vinculados a ellos no sólo fueron silenciados, sino prácticamente borrados de la historia y de la vida intelectual, salvo en su papel de «enemigo» en el drama moral universal que enfrenta al bien con el mal. (Posiblemente, lo mismo les está ocurriendo a los perdedores de la guerra fría de la segunda mitad del siglo, aunque no en el mismo grado ni durante tanto tiempo.) Esta es una de las consecuencias negativas de vivir en un siglo de guerras de religión, cuyo rasgo principal es la intolerancia. Incluso quienes anunciaban el pluralismo inherente a su ausencia de ideología consideraban que el mundo no era lo suficientemente grande para permitir la coexistencia permanente con las religiones seculares rivales. Los enfrentamientos religiosos o ideológicos, como los que se han sucedido ininterrumpidamente durante el presente siglo, erigen barreras en el camino del historiador, cuya labor fundamental no es juzgar sino comprender incluso lo que resulta más difícil de aprehender. Pero lo que dificulta la comprensión no son sólo nuestras apasionadas convicciones, sino la experiencia histórica que les ha dado forma. Aquéllas son más fáciles de superar, pues no existe un átomo de verdad en la típica, pero errónea, expresión francesa *tout comprendre c'est tout pardonner* (comprenderlo todo es perdonarlo todo). Comprender la época nazi en la historia de Alemania y encajarla en su contexto histórico no significa perdonar el genocidio. En cualquier caso, no parece probable que quien haya vivido durante este siglo extraordinario pueda abstenerse de expresar un juicio. La dificultad estriba en comprender.

II

¿Cómo hay que explicar el siglo XX corto, es decir, los años transcurridos desde el estallido de la primera guerra mundial hasta el hundimiento de la URSS, que, como podemos apreciar retrospectivamente, constituyen un período histórico coherente que acaba de concluir? Ignoramos qué ocurrirá a continuación y cómo será el tercer milenio, pero sabemos con certeza que será el siglo XX el que le habrá dado forma. Sin embargo, es indudable que en los años finales de la década de 1980 y en los primeros de la de 1990 terminó una época de la historia del mundo para comenzar otra nueva. Esa es la información esencial para los historiadores del siglo, pues aun cuando pueden especular sobre el futuro a tenor de su comprensión del pasado, su tarea no es la misma que la del que pronostica el resultado de las carreras de caballos. Las únicas carreras que debe describir y analizar son aquellas cuyo resultado —de victoria o de derrota— es conocido. De cualquier manera, el éxito de los pronosticadores de los últimos treinta o cuarenta años, con independencia de sus aptitudes profesionales como profetas, ha sido tan espectacularmente bajo que sólo los gobiernos y los institutos de investigación económica siguen confiando en ellos, o aparentan hacerlo. Es probable incluso que su índice de fracasos haya aumentado desde la segunda guerra mundial.

En este libro, el siglo XX aparece estructurado como un tríptico. A una época de catástrofes, que se extiende desde 1914 hasta el fin de la segunda guerra mundial, siguió un período de 25 o 30 años de extraordinario crecimiento económico y transformación social, que probablemente transformó la sociedad humana más profundamente que cualquier otro período de duración similar. Retrospectivamente puede ser considerado como una especie de edad de oro, y de hecho así fue calificado apenas concluido, a comienzos de los años setenta. La última parte del siglo fue una nueva era de descomposición, incertidumbre y crisis y, para vastas zonas del mundo como África, la ex Unión Soviética y los antiguos países socialistas de Europa, de catástrofes. Cuando el decenio de 1980 dio paso al de 1990, quienes reflexionaban sobre el pasado y el futuro del siglo lo hacían desde una perspectiva *fin de siècle* cada vez más sombría. Desde la posición ventajosa de los años noventa, puede concluirse que el siglo XX conoció una fugaz edad de oro, en el camino de una a otra crisis, hacia un futuro desconocido y problemático, pero no inevitablemente apocalíptico. No obstante, como tal vez deseen recordar los historiadores a quienes se embarcan en especulaciones metafísicas sobre el «fin de la historia», existe el futuro. La única generalización absolutamente segura sobre la historia es que perdurará en tanto en cuanto exista la raza humana.

El contenido de este libro se ha estructurado de acuerdo con los conceptos que se acaban de exponer. Comienza con la primera guerra mundial, que marcó el derrumbe de la civilización (occidental) del siglo XIX. Esa civilización era capitalista desde el punto de vista económico, liberal en su estructura jurídica y constitucional, burguesa por la imagen de su clase hegemónica característica y brillante por los adelantos alcanzados en el ámbito de la ciencia, el conocimiento y la educación, así como del progreso material y moral. Además, estaba profundamente convencida de la posición central de Europa, cuna de las revoluciones científica, artística, política e industrial, cuya economía había extendido su influencia sobre una gran parte del mundo, que sus ejércitos habían conquistado y subyugado, cuya población había crecido hasta constituir una tercera parte de la raza humana (incluida la poderosa y creciente corriente de emigrantes europeos y sus descendientes), y cuyos principales estados constituían el sistema de la política mundial.[1]

Los decenios transcurridos desde el comienzo de la primera guerra mundial hasta la conclusión de la segunda fueron una época de catástrofes para esta sociedad, que durante cuarenta años sufrió una serie de desastres sucesivos. Hubo momentos en que incluso los conservadores inteligentes no habrían apostado por su supervivencia. Sus cimientos fueron quebrantados por dos guerras mundiales, a las que siguieron dos oleadas de rebelión y revolución generalizadas, que situaron en el poder a un sistema que reclamaba ser la alternativa, predestinada históricamente, a la sociedad burguesa y capitalista, primero en una sexta parte de la superficie del mundo y, tras la segunda guerra mundial, abarcaba a más de una tercera parte de la población

1. He intentado describir y explicar el auge de esta civilización en una historia, en tres volúmenes, del «siglo XIX largo» (desde la década de 1780 hasta 1914), y he intentado analizar las razones de su hundimiento. En el presente libro se hace referencia a esos trabajos, *The Age of Revolution, 1789-1848*, *The Age of Capital, 1848-1875* y *The Age of Empire 1875-1914*, cuando lo considero necesario. (Hay trad. cast.: *Las revoluciones burguesas*, Labor, Barcelona, 1987[11], reeditada en 1991 por la misma editorial con el título *La era de la revolución*; *La era del capitalismo*, Labor, Barcelona, 1989; *La era del imperio*, Labor, Barcelona, 1990; los tres títulos serán nuevamente editados por Crítica a partir de 1996.)

del planeta. Los grandes imperios coloniales que se habían formado antes y durante la era del imperio se derrumbaron y quedaron reducidos a cenizas. La historia del imperialismo moderno, tan firme y tan seguro de sí mismo a la muerte de la reina Victoria de Gran Bretaña, no había durado más que el lapso de una vida humana (por ejemplo, la de Winston Churchill, 1874-1965).

Pero no fueron esos los únicos males. En efecto, se desencadenó una crisis económica mundial de una profundidad sin precedentes que sacudió incluso los cimientos de las más sólidas economías capitalistas y que pareció que podría poner fin a la economía mundial global, cuya creación había sido un logro del capitalismo liberal del siglo XIX. Incluso los Estados Unidos, que no habían sido afectados por la guerra y la revolución, parecían al borde del colapso. Mientras la economía se tambaleaba, las instituciones de la democracia liberal desaparecieron prácticamente entre 1917 y 1942, excepto en una pequeña franja de Europa y en algunas partes de América del Norte y de Australasia, como consecuencia del avance del fascismo y de sus movimientos y regímenes autoritarios satélites.

Sólo la alianza —insólita y temporal— del capitalismo liberal y el comunismo para hacer frente a ese desafío permitió salvar la democracia, pues la victoria sobre la Alemania de Hitler fue esencialmente obra (no podría haber sido de otro modo) del ejército rojo. Desde una multiplicidad de puntos de vista, este período de alianza entre el capitalismo y el comunismo contra el fascismo —fundamentalmente las décadas de 1930 y 1940— es el momento decisivo en la historia del siglo XX. En muchos sentidos es un proceso paradójico, pues durante la mayor parte del siglo —excepto en el breve período de antifascismo— las relaciones entre el capitalismo y el comunismo se caracterizaron por un antagonismo irreconciliable. La victoria de la Unión Soviética sobre Hitler fue el gran logro del régimen instalado en aquel país por la revolución de octubre, como se desprende de la comparación entre los resultados de la economía de la Rusia zarista en la primera guerra mundial y de la economía soviética en la segunda (Gatrell y Harrison, 1993). Probablemente, de no haberse producido esa victoria, el mundo occidental (excluidos los Estados Unidos) no consistiría en distintas modalidades de régimen parlamentario liberal sino en diversas variantes de régimen autoritario y fascista. Una de las ironías que nos depara este extraño siglo es que el resultado más perdurable de la revolución de octubre, cuyo objetivo era acabar con el capitalismo a escala planetaria, fuera el de haber salvado a su enemigo acérrimo, tanto en la guerra como en la paz, al proporcionarle el incentivo —el temor— para reformarse desde dentro al terminar la segunda guerra mundial y al dar difusión al concepto de planificación económica, suministrando al mismo tiempo algunos de los procedimientos necesarios para su reforma.

Ahora bien, una vez que el capitalismo liberal había conseguido sobrevivir —a duras penas— al triple reto de la Depresión, el fascismo y la guerra, parecía tener que hacer frente todavía al avance global de la revolución, cuyas fuerzas podían agruparse en torno a la URSS, que había emergido de la segunda guerra mundial como una superpotencia.

Sin embargo, como se puede apreciar ahora de forma retrospectiva, la fuerza del desafío planetario que el socialismo planteaba al capitalismo radicaba en la debilidad de su oponente. Sin el hundimiento de la sociedad burguesa decimonónica durante la era de las catástrofes no habría habido revolución de octubre ni habría existido la URSS. El sistema económico improvisado en el núcleo euroasiático rural arruinado del antiguo imperio zarista, al que se dio el nombre de socialismo, no se habría considerado —nadie lo habría hecho— como una alternativa viable a la economía capitalista, a escala mundial. Fue la Gran Depresión de la década de 1930 la que hizo parecer que podía ser así, de la misma manera que el fascismo convirtió a la URSS en instrumento indispensable de la derrota de Hitler y, por tanto, en una de las dos superpotencias cuyos enfrentamientos dominaron y llenaron de terror la segunda mitad del siglo XX, pero que al mismo tiempo —como también ahora es posible colegir— estabilizó en muchos aspectos su estructura política. De no haber ocurrido todo ello, la URSS no se habría visto durante quince años, a mediados de siglo, al frente de un «bando socialista» que abarcaba a la tercera parte de la raza humana, y de una economía que durante un fugaz momento pareció capaz de superar el crecimiento económico capitalista.

El principal interrogante al que deben dar respuesta los historiadores del siglo XX es cómo y por qué tras la segunda guerra mundial el capitalismo inició —para sorpresa de todos— la edad de oro, sin precedentes y tal vez anómala, de 1947-1973. No existe todavía una respuesta que tenga un consenso general y tampoco yo puedo aportarla. Probablemente, para hacer un análisis más convincente habrá que esperar hasta que pueda apreciarse en su justa perspectiva toda la «onda larga» de la segunda mitad del siglo XX. Aunque pueda verse ya la edad de oro como un período definido, los decenios de crisis que ha conocido el mundo desde entonces no han concluido todavía cuando se escriben estas líneas. Ahora bien, lo que ya se puede evaluar con toda certeza es la escala y el impacto extraordinarios de la transformación económica, social y cultural que se produjo en esos años: la mayor, la más rápida y la más decisiva desde que existe el registro histórico. En la segunda parte de este libro se analizan algunos aspectos de ese fenómeno. Probablemente, quienes durante el tercer milenio escriban la historia del siglo XX considerarán que ese período fue el de mayor trascendencia histórica de la centuria, porque en él se registraron una serie de cambios profundos e irreversibles para la vida humana en todo el planeta. Además, esas transformaciones aún no han concluido. Los periodistas y filósofos que vieron «el fin de la historia» en la caída del imperio soviético erraron en su apreciación. Más justificada estaría la afirmación de que el tercer cuarto de siglo señaló el fin de siete u ocho milenios de historia humana que habían comenzado con la aparición de la agricultura durante el Paleolítico, aunque sólo fuera porque terminó la larga era en que la inmensa mayoría de la raza humana se sustentaba practicando la agricultura y la ganadería.

En cambio, al enfrentamiento entre el «capitalismo» y el «socialismo», con o sin la intervención de estados y gobiernos como los Estados Unidos y la URSS en representación del uno o del otro, se le atribuirá probablemente un interés histórico más limitado, comparable, en definitiva, al de las guerras de religión de los siglos XVI y XVII o a las cruzadas. Sin duda, para quienes han vivido durante una parte del siglo XX, se trata de acontecimientos de gran importancia, y así son tratados en este libro, que ha sido escrito por un autor del siglo XX y para lectores del siglo XX. Las revoluciones sociales, la guerra fría, la naturaleza, los límites y los defectos fatales del «socialismo realmente existente», así como su derrumbe, son analizados de forma pormenorizada. Sin embargo, es importante recordar que la repercusión más importante y duradera de los regímenes inspirados por la revolución de octubre fue la de haber acelerado poderosamente la modernización de países agrarios atrasados. Sus logros principales en este contexto coincidieron con la edad de oro del capitalismo. No es este el lugar adecuado para examinar hasta qué punto las estrategias opuestas para enterrar el mundo de nuestros antepasados fueron efectivas o se aplicaron conscientemente. Como veremos, hasta el inicio de los años sesenta parecían dos fuerzas igualadas, afirmación que puede parecer ridícula a la luz del hundimiento del socialismo soviético, aunque un primer ministro británico que conversaba con un presidente norteamericano veía todavía a la URSS como un estado cuya «boyante economía ... pronto superará a la sociedad capitalista en la carrera por la riqueza material» (Horne, 1989, p. 303). Sin embargo, el aspecto que cabe destacar es que, en la década de 1980, la Bulgaria socialista y el Ecuador no socialista tenían más puntos en común que en 1939.

Aunque el hundimiento del socialismo soviético —y sus consecuencias, trascendentales y aún incalculables, pero básicamente negativas— fue el acontecimiento más destacado en los decenios de crisis que siguieron a la edad de oro, serían estos unos decenios de crisis *universal* o mundial. La crisis afectó a las diferentes partes del mundo en formas y grados distintos, pero afectó a todas ellas, con independencia de sus configuraciones políticas, sociales y económicas, porque la edad de oro había creado, por primera vez en la historia, una economía mundial universal cada vez más integrada cuyo funcionamiento trascendía las fronteras estatales y, por tanto, cada vez más también, las fronteras de las ideologías estatales. Por consiguiente, resultaron debilitadas las ideas aceptadas de las instituciones de todos los regímenes y sistemas. Inicialmente, los problemas de los años setenta se vieron sólo como una pausa temporal en el gran salto adelante de la economía mundial y los países de todos los sistemas económicos y políticos trataron de aplicar soluciones temporales. Pero gradualmente se hizo patente que había comenzado un período de dificultades duraderas y los países capitalistas buscaron soluciones radicales, en muchos casos ateniéndose a los principios enunciados por los teólogos seculares del mercado libre sin restricción alguna, que rechazaban las políticas que habían dado tan buenos resultados a la economía mundial durante la edad de oro pero que ahora parecían no servir. Pero los defensores a ultranza del *laissez faire* no tuvieron más éxito que los demás. En el decenio de 1980 y los primeros años del de 1990, el mundo capitalista comenzó de nuevo a tambalearse abrumado por los mismos problemas del período de entreguerras que la edad de oro parecía haber superado: el desempleo masivo, graves depresiones cíclicas y el enfrentamiento cada vez más encarnizado entre los mendigos sin hogar y las clases acomodadas, entre los ingresos limitados del estado y un gasto público sin límite. Los países socialistas, con unas economías débiles y vulnerables, se vieron abocados a una ruptura tan radical, o más, con el pasado y, ahora lo sabemos, al hundimiento. Ese hundimiento puede marcar el fin del siglo XX corto, de igual forma que la primera guerra mundial señala su comienzo. En este punto se interrumpe mi crónica histórica.

Concluye —como corresponde a cualquier libro escrito al comenzar la década de 1990— con una mirada hacia la oscuridad. El derrumbamiento de una parte del mundo reveló el malestar existente en el resto. Cuando los años ochenta dejaron paso a los noventa se hizo patente que la crisis mundial no era sólo general en la esfera económica, sino también en el ámbito de la política. El colapso de los regímenes comunistas entre Istria y Vladivostok no sólo dejó tras de sí una ingente zona dominada por la incertidumbre política, la inestabilidad, el caos y la guerra civil, sino que destruyó el sistema internacional que había estabilizado las relaciones internacionales durante cuarenta años y reveló, al mismo tiempo, la precariedad de los sistemas políticos nacionales que se sustentaban en esa estabilidad. Las tensiones generadas por los problemas económicos socavaron los sistemas políticos de la democracia liberal, parlamentarios o presidencialistas, que tan bien habían funcionado en los países capitalistas desarrollados desde la segunda guerra mundial. Pero socavaron también los sistemas políticos existentes en el tercer mundo. Las mismas unidades políticas fundamentales, los «estados-nación» territoriales, soberanos e independientes, incluso los más antiguos y estables, resultaron desgarrados por las fuerzas de la economía supranacional o transnacional y por las fuerzas infranacionales de las regiones y grupos étnicos secesionistas. Algunos de ellos —tal es la ironía de la historia— reclamaron la condición —ya obsoleta e irreal— de «estados-nación» soberanos en miniatura. El futuro de la política era oscuro, pero su crisis al finalizar el siglo XX era patente.

Más evidente aún que las incertidumbres de la economía y la política mundial era la crisis social y moral, que reflejaba las convulsiones del período posterior a 1950, que encontraron también amplia y confusa expresión en esos decenios de crisis. Era la crisis de las creencias y principios en los que se había basado la sociedad desde que a comienzos del siglo XVIII las mentes modernas vencieran la célebre batalla que libraron con los antiguos, una crisis de los principios racionalistas y humanistas que compartían el capitalismo liberal y el comunismo y que habían hecho posible su breve pero decisiva alianza contra el fascismo que los rechazaba. Un observador alemán de talante conservador, Michael Stürmer, señaló acertadamente en 1993 que lo que estaba en juego eran las creencias comunes del Este y el Oeste:

> Existe un extraño paralelismo entre el Este y el Oeste. En el Este, la doctrina del estado insistía en que la humanidad era dueña de su destino. Sin embargo, incluso nosotros creíamos en una versión menos oficial y menos extrema de esa misma máxima: la humanidad progresaba por la senda que la llevaría a ser dueña de sus destinos. La aspiración a la omnipotencia ha desaparecido por completo en el Este, pero sólo relativamente entre nosotros. Sin embargo, unos y otros hemos naufragado (*Bergedorfer 98*, p. 95).

Paradójicamente, una época que sólo podía vanagloriarse de haber beneficiado a la humanidad por el enorme progreso material conseguido gracias a la ciencia y a la tecnología, contempló en sus momentos postreros cómo esos elementos eran rechazados en Occidente por una parte importante de la opinión pública y por algunos que se decían pensadores.

Sin embargo, la crisis moral no era sólo una crisis de los principios de la civilización moderna, sino también de las estructuras históricas de las relaciones humanas que la sociedad moderna había heredado del pasado preindustrial y precapitalista y que, ahora podemos concluirlo, habían permitido su funcionamiento. No era una crisis de una forma concreta de organizar las sociedades, sino de todas las formas posibles. Los extraños llamamientos en pro de una «sociedad civil» y de la «comunidad», sin otros rasgos de identidad, procedían de unas generaciones perdidas y a la deriva. Se dejaron oír en un momento en que esas palabras, que habían perdido su significado tradicional, eran sólo palabras hueras. Sólo quedaba un camino para definir la identidad de grupo: definir a quienes no formaban parte del mismo.

Para el poeta T. S. Eliot, «esta es la forma en que termina el mundo: no con una explosión, sino con un gemido». Al terminar el siglo XX corto se escucharon ambas cosas.

III

¿Qué paralelismo puede establecerse entre el mundo de 1914 y el de los años noventa? Éste cuenta con cinco o seis mil millones de seres humanos, aproximadamente tres veces más que al comenzar la primera guerra mundial, a pesar de que en el curso del siglo XX se ha dado muerte o se ha dejado morir a un número más elevado de seres humanos que en ningún otro período de la historia. Una estimación reciente cifra el número de muertes registrado durante la centuria en 187 millones de personas (Brzezinski, 1993), lo que equivale a más del 10 por 100 de la población total del mundo en 1900. La mayor parte de los habitantes que pueblan el mundo en el decenio de 1990 son más altos y de mayor peso que sus padres, están mejor alimentados y viven muchos más años, aunque las catástrofes de los años ochenta y noventa en África, América Latina y la ex Unión Soviética hacen que esto sea difícil de creer. El mundo es incomparablemente más rico de lo que lo ha sido nunca por lo que respecta a su capacidad de producir bienes y servicios y por la infinita variedad de los mismos. De no haber sido así habría resultado imposible mantener una población mundial varias veces más numerosa que en cualquier otro período de la historia del mundo. Hasta el decenio de 1980, la mayor parte de la gente vivía mejor que sus padres y, en las economías avanzadas, mejor de lo que nunca podrían haber imaginado. Durante algunas décadas, a mediados del siglo, pareció incluso que se había encontrado la manera de distribuir entre los trabajadores de los países más ricos al menos una parte de tan enorme riqueza, con un cierto sentido de justicia, pero al terminar el siglo predomina de nuevo la desigualdad. Ésta se ha enseñoreado también de los antiguos países «socialistas», donde previamente reinaba una cierta igualdad en la pobreza. La humanidad es mucho más instruida que en 1914. De hecho, probablemente por primera vez en la historia puede darse el calificativo de alfabetizados, al menos en las estadísticas oficiales, a la mayor parte de los seres humanos. Sin embargo, en los años finales del siglo es mucho menos patente que en 1914 la trascendencia de ese logro, pues es enorme, y cada vez mayor, el abismo existente entre el mínimo de competencia necesario para ser calificado oficialmente como alfabetizado (frecuentemente se traduce en un «analfabetismo funcional») y el dominio de la lectura y la escritura que aún se espera en niveles más elevados de instrucción.

El mundo está dominado por una tecnología revolucionaria que avanza sin cesar, basada en los progresos de la ciencia natural que, aunque ya se preveían en 1914, empezaron a alcanzarse mucho más tarde. La consecuencia de mayor alcance de esos progresos ha sido, tal vez, la revolución de los sistemas de transporte y comunicaciones, que prácticamente han eliminado el tiempo y la distancia. El mundo se ha transformado de tal forma que cada día, cada hora y en todos los hogares la población común dispone de más información y oportunidades de esparcimiento de la que disponían los emperadores en 1914. Esa tecnología hace posible que personas separadas por océanos y continentes puedan conversar con sólo pulsar unos botones y ha eliminado las ventajas culturales de la ciudad sobre el campo.

¿Cómo explicar, pues, que el siglo no concluya en un clima de triunfo, por ese progreso extraordinario e inigualable, sino de desasosiego? ¿Por qué, como se constata en la introducción de este capítulo, las reflexiones de tantas mentes brillantes acerca del siglo están teñidas de insatisfacción y de desconfianza hacia el futuro? No es sólo porque ha sido el siglo más mortífero de la historia a causa de la envergadura, la frecuencia y duración de los conflictos bélicos que lo han asolado sin interrupción (excepto durante un breve período en los años veinte), sino también por las catástrofes humanas, sin parangón posible, que ha causado, desde las mayores hambrunas de la historia hasta el genocidio sistemático. A diferencia del «siglo XIX largo», que pareció —y que fue— un período de progreso material, intelectual *y moral* casi ininterrumpido, es decir, de mejora de las condiciones de la vida civilizada, desde 1914 se ha registrado un marcado retroceso desde los niveles que se consideraban normales en los países desarrollados y en las capas medias de la población y que se creía que se estaban difundiendo hacia las regiones más atrasadas y los segmentos menos ilustrados de la población.

Como este siglo nos ha enseñado que los seres humanos pueden aprender a vivir bajo las condiciones más brutales y teóricamente intolerables, no es fácil calibrar el alcance del retorno (que lamentablemente se está produciendo a ritmo acelerado) hacia lo que nuestros antepasados del siglo XIX habrían calificado como niveles de barbarie. Hemos olvidado que el viejo revolucionario Federico Engels se sintió horrorizado ante la explosión de una bomba colocada por los republicanos irlandeses en Westminster Hall, porque como ex soldado sostenía que ello suponía luchar no sólo contra los combatientes sino también contra la población civil. Hemos olvidado que los pogroms de la Rusia zarista, que horrorizaron a la opinión mundial y llevaron al otro lado del Atlántico a millones de judíos rusos entre 1881 y 1914, fueron episodios casi insignificantes si se comparan con las matanzas actuales: los muertos se contaban por decenas y no por centenares ni por millones. Hemos olvidado que una convención internacional estipuló en una ocasión que las hostilidades en la guerra «no podían comenzar sin una advertencia previa y explícita en forma de una declaración razonada de guerra o de un ultimátum con una declaración condicional de guerra», pues, en efecto, ¿cuál fue la última guerra que comenzó con una tal declaración explícita o implícita? ¿Cuál fue la última guerra que concluyó con un tratado formal de paz negociado entre los estados beligerantes? En el siglo XX, las guerras se han librado, cada vez más, contra la economía y la infraestructura de los estados y contra la población civil. Desde la primera guerra mundial ha habido muchas más bajas civiles que militares en todos los países beligerantes, con la excepción de los Estados Unidos. Cuántos de nosotros recuerdan que en 1914 todo el mundo aceptaba que

> la guerra civilizada, según afirman los manuales, debe limitarse, en la medida de lo posible, a la desmembración de las fuerzas armadas del enemigo; de otra forma, la guerra continuaría hasta que uno de los bandos fuera exterminado. «Con buen sentido ... esta práctica se ha convertido en costumbre en las naciones de Europa.» (*Encyclopedia Britannica*, XI ed., 1911, voz «guerra».)

No pasamos por alto el hecho de que la tortura o incluso el asesinato han llegado a ser un elemento normal en el sistema de seguridad de los estados modernos, pero probablemente no apreciamos hasta qué punto eso constituye una flagrante interrupción del largo período de evolución jurídica positiva, desde la primera abolición oficial de la tortura en un país occidental, en la década de 1780, hasta 1914.

Y sin embargo, a la hora de hacer un balance histórico, no puede compararse el mundo de finales del siglo XX con el que existía a comienzos del período. Es un mundo cualitativamente distinto, al menos en tres aspectos.

En primer lugar, no es ya eurocéntrico. A lo largo del siglo se ha producido la decadencia y la caída de Europa, que al comenzar el siglo era todavía el centro incuestionado del poder, la riqueza, la inteligencia y la «civilización occidental». Los europeos y sus descendientes han pasado de aproximadamente 1/3 a 1/6, como máximo, de la humanidad. Son, por tanto, una minoría en disminución que vive en unos países con un ínfimo, o nulo, índice de reproducción vegetativa y la mayor parte de los cuales —con algunas notables excepciones como la de los Estados Unidos (hasta el decenio de 1990)— se protegen de la presión de la inmigración procedente de las zonas más pobres. Las industrias que Europa inició emigran a otros continentes y los países que en otro tiempo buscaban en Europa, al otro lado de los océanos, el punto de referencia, dirigen ahora su mirada hacia otras partes. Australia, Nueva Zelanda e incluso los Estados Unidos (país bioceánico) ven el futuro en el Pacífico, si bien no es fácil decir qué significa eso exactamente.

Las «grandes potencias» de 1914, todas ellas europeas, han desaparecido, como la URSS, heredera de la Rusia zarista, o han quedado reducidas a una magnitud regional o provincial, tal vez con la excepción de Alemania. El mismo intento de crear una «Comunidad Europea» supranacional y de inventar un sentimiento de identidad europeo correspondiente a ese concepto, en sustitución de las viejas lealtades a las naciones y estados históricos, demuestra la profundidad del declive.

¿Es acaso un cambio de auténtica importancia, excepto para los historiadores políticos? Tal vez no, pues sólo refleja alteraciones de escasa envergadura en la configuración económica, intelectual y cultural del mundo. Ya en 1914 los Estados Unidos eran la principal economía industrial y el principal pionero, modelo y fuerza impulsora de la producción y la cultura de masas que conquistaría el mundo durante el siglo XX. Los Estados Unidos, pese a sus numerosas peculiaridades, son la prolongación, en ultramar, de Europa y se alinean junto al viejo continente para constituir la «civilización occidental». Sean cuales fueren sus perspectivas de futuro, lo que ven los Estados Unidos al dirigir la vista atrás en la década de 1990 es «el siglo americano», una época que ha contemplado su eclosión y su victoria. El conjunto de los países que protagonizaron la industrialización del siglo XIX sigue suponiendo, colectivamente, la mayor concentración de riqueza y de poder económico y científico-tecnológico del mundo, y en el que la población disfruta del más elevado nivel de vida. En los años finales del siglo eso compensa con creces la desindustrialización y el desplazamiento de la producción hacia otros continentes. Desde ese punto de vista, la impresión de un mundo eurocéntrico u «occidental» en plena decadencia es superficial.

La segunda transformación es más significativa. Entre 1914 y el comienzo del decenio de 1990, el mundo ha avanzado notablemente en el camino que ha de convertirlo en una única unidad operativa, lo que era imposible en 1914. De hecho, en muchos aspectos, particularmente en las cuestiones económicas, el mundo es ahora la principal unidad operativa y las antiguas unidades, como las «economías nacionales», definidas por la política de los estados territoriales, han quedado reducidas a la condición de complicaciones de las actividades transnacionales. Tal vez, los observadores de mediados del siglo XXI considerarán que el estadio alcanzado en 1990 en la construcción de la «aldea global» —la expresión fue acuñada en los años sesenta (Macluhan, 1962)— no es muy avanzado, pero lo cierto es que no sólo se han transformado ya algunas actividades económicas y técnicas, y el funcionamiento de la ciencia, sino también importantes aspectos de la vida privada, principalmente gracias a la inimaginable aceleración de las comunicaciones y el transporte. Posiblemente, la característica más destacada de este período final del siglo XX es la incapacidad de las instituciones públicas y del comportamiento colectivo de los seres humanos de estar a la altura de ese acelerado proceso de mundialización. Curiosamente, el comportamiento individual del ser humano ha tenido menos dificultades para adaptarse al mundo de la televisión por satélite, el correo electrónico, las vacaciones en las Seychelles y los trayectos transoceánicos.

La tercera transformación, que es también la más perturbadora en algunos aspectos, es la desintegración de las antiguas pautas por las que se regían las relaciones sociales entre los seres humanos y, con ella, la ruptura de los vínculos entre las generaciones, es decir, entre pasado y presente. Esto es sobre todo evidente en los países más desarrollados del capitalismo occidental, en los que han alcanzado una posición preponderante los valores de un individualismo asocial absoluto, tanto en la ideología oficial como privada, aunque quienes los sustentan deploran con frecuencia sus consecuencias sociales. De cualquier forma, esas tendencias existen en todas partes, reforzadas por la erosión de las sociedades y las religiones tradicionales y por la destrucción, o autodestrucción, de las sociedades del «socialismo real».

Una sociedad de esas características, constituida por un conjunto de individuos egocéntricos completamente desconectados entre sí y que persiguen tan sólo su propia gratificación (ya se le denomine beneficio, placer o de otra forma), estuvo siempre implícita en la teoría de la economía capitalista. Desde la era de las revoluciones, observadores de muy diverso ropaje ideológico anunciaron la desintegración de los vínculos sociales vigentes y siguieron con atención el desarrollo de ese proceso. Es bien conocido el reconocimiento que se hace en el Manifiesto Comunista del papel revolucionario del capitalismo («la burguesía ... ha destruido de manera implacable los numerosos lazos feudales que ligaban al hombre con sus "superiores naturales" y ya no queda otro nexo de unión entre los hombres que el mero interés personal»). Sin embargo, la nueva y revolucionaria sociedad capitalista no ha funcionado plenamente según esos parámetros.

En la práctica, la nueva sociedad no ha destruido completamente toda la herencia del pasado, sino que la ha adaptado de forma selectiva. No puede verse un «enigma sociológico» en el hecho de que la sociedad burguesa aspirara a introducir «un individualismo radical en la economía y ... a poner fin para conseguirlo a todas las relaciones sociales tradicionales» (cuando fuera necesario), y que al mismo tiempo temiera «el individualismo experimental radical» en la cultura (o en el ámbito del comportamiento y la moralidad) (Daniel Bell, 1976, p. 18). La forma más eficaz de construir una economía industrial basada en la empresa privada era utilizar conceptos que nada tenían que ver con la lógica del libre mercado, por ejemplo, la ética protestante, la renuncia a la gratificación inmediata, la ética del trabajo arduo y las obligaciones para con la familia y la confianza en la misma, pero desde luego no el de la rebelión del individuo.

Pero Marx y todos aquellos que profetizaron la desintegración de los viejos valores y relaciones sociales estaban en lo cierto. El capitalismo era una fuerza revolucionaria permanente y continua. Lógicamente, acabaría por desintegrar incluso aquellos aspectos del pasado precapitalista que le había resultado conveniente —e incluso esencial— conservar para su desarrollo. Terminaría por derribar al menos uno de los fundamentos en los que se sustentaba. Y esto es lo que está ocurriendo desde mediados del siglo. Bajo los efectos de la extraordinaria explosión económica registrada durante la edad de oro y en los años posteriores, con los consiguientes cambios sociales y culturales, la revolución más profunda ocurrida en la sociedad desde la Edad de Piedra, esos cimientos han comenzado a resquebrajarse. En las postrimerías de esta centuria ha sido posible, por primera vez, vislumbrar cómo puede ser un mundo en el que el pasado ha perdido su función, incluido el pasado en el presente, en el que los viejos mapas que guiaban a los seres humanos, individual y colectivamente, por el trayecto de la vida ya no reproducen el paisaje en el que nos desplazamos y el océano por el que navegamos. Un mundo en el que no sólo no sabemos adónde nos dirigimos, sino tampoco adónde deberíamos dirigirnos.

Esta es la situación a la que debe adaptarse una parte de la humanidad en este fin de siglo y en el nuevo milenio. Sin embargo, es posible que para entonces se aprecie con mayor claridad hacia dónde se dirige la humanidad. Podemos volver la mirada atrás para contemplar el camino que nos ha conducido hasta aquí, y eso es lo que yo he intentado hacer en este libro. Ignoramos cuáles serán los elementos que darán forma al futuro, aunque no he resistido la tentación de reflexionar sobre alguno de los problemas que deja pendientes el período que acaba de concluir. Confiemos en que el futuro nos depare un mundo mejor, más justo y más viable. El viejo siglo no ha terminado bien.

Primera parte

LA ERA DE LAS CATÁSTROFES

Capítulo I

LA ÉPOCA DE LA GUERRA TOTAL

Hileras de rostros grisáceos que murmuran, teñidos de temor,
abandonan sus trincheras, y salen a la superficie,
mientras el reloj marca indiferente y sin cesar el tiempo en
[sus muñecas,
y la esperanza, con ojos furtivos y puños cerrados,
se sumerge en el fango. ¡Oh Señor, haz que esto termine!

SIEGFRIED SASSOON (1947, p. 71)

A la vista de las afirmaciones sobre la «barbarie» de los ataques aéreos, tal vez se considere mejor guardar las apariencias formulando normas más moderadas y limitando nominalmente los bombardeos a los objetivos estrictamente militares ... no hacer hincapié en la realidad de que la guerra aérea ha hecho que esas restricciones resulten obsoletas e imposibles. Puede pasar un tiempo hasta que se declare una nueva guerra y en ese lapso será posible enseñar a la opinión pública lo que significa la fuerza aérea.

Rules as to Bombardment by Aircraft, 1921
(Townshend, 1986, p. 161)

(Sarajevo, 1946.) Aquí, como en Belgrado, veo en las calles un número importante de mujeres jóvenes cuyo cabello está encaneciendo o ya se ha vuelto gris. Sus rostros atormentados son aún jóvenes y las formas de sus cuerpos revelan aún más claramente su juventud. Me parece apreciar en las cabezas de estos seres frágiles la huella de la última guerra ...

No puedo conservar esta escena para el futuro, pues muy pronto esas cabezas serán aún más blancas y desaparecerán. Es de lamentar, pues nada podría explicar más claramente a las generaciones futuras los tiempos que nos ha tocado vivir que estas jóvenes cabezas encanecidas, privadas ya de la despreocupación de la juventud.

Que al menos estas breves palabras sirvan para perpetuar su recuerdo.

Signs by the Roadside
(Andric, 1992, p. 50)

I

«Las lámparas se apagan en toda Europa —dijo Edward Grey, ministro de Asuntos Exteriores de Gran Bretaña, mientras contemplaba las luces de Whitehall durante la noche en que Gran Bretaña y Alemania entraron en guerra en 1914—. No volveremos a verlas encendidas antes de morir.» Al mismo tiempo, el gran escritor satírico Karl Kraus se disponía en Viena a denunciar aquella guerra en un extraordinario reportaje-drama de 792 páginas al que tituló *Los últimos días de la humanidad*. Para ambos personajes la guerra mundial suponía la liquidación de un mundo y no eran sólo ellos quienes así lo veían. No era el fin de la humanidad, aunque hubo momentos, durante los 31 años de conflicto mundial que van desde la declaración austriaca de guerra contra Serbia el 28 de julio de 1914 y la rendición incondicional del Japón el 14 de agosto de 1945 —cuatro días después de que hiciera explosión la primera bomba nuclear—, en los que pareció que podría desaparecer una gran parte de la raza humana. Sin duda hubo ocasiones para que el dios, o los dioses, que según los creyentes había creado el mundo y cuanto contenía se lamentara de haberlo hecho.

La humanidad sobrevivió, pero el gran edificio de la civilización decimonónica se derrumbó entre las llamas de la guerra al hundirse los pilares que lo sustentaban. El siglo XX no puede concebirse disociado de la guerra, siempre presente aun en los momentos en los que no se escuchaba el sonido de las armas y las explosiones de las bombas. La crónica histórica del siglo y, más concretamente, de sus momentos iniciales de derrumbamiento y catástrofe, debe comenzar con el relato de los 31 años de guerra mundial.

Para quienes se habían hecho adultos antes de 1914, el contraste era tan brutal que muchos de ellos, incluida la generación de los padres de este historiador o, en cualquier caso, aquellos de sus miembros que vivían en la Europa central, rechazaban cualquier continuidad con el pasado. «Paz» significaba «antes de 1914», y cuanto venía después de esa fecha no merecía ese nombre. Esa actitud era comprensible, ya que desde hacía un siglo no se había registrado una guerra importante, es decir, una guerra en la que hubieran participado todas las grandes potencias, o la mayor parte de ellas. En ese momento, los componentes principales del escenario internacional eran las seis «grandes potencias» europeas (Gran Bretaña, Francia, Rusia, Austria-Hungría, Prusia —desde 1871 extendida a Alemania— y, después de la unificación, Italia), Estados Unidos y Japón. Sólo había habido un breve conflicto en el que participaron más de dos grandes potencias, la guerra de Crimea (1854-1856), que enfrentó a Rusia con Gran Bretaña y Francia. Además, la mayor parte de los conflictos en los que estaban involucradas algunas de las grandes potencias habían concluido con una cierta rapidez. El más largo de ellos no fue un conflicto internacional sino una guerra civil en los Estados Unidos (1861-1865), y lo normal era que las guerras duraran meses o incluso (como la guerra entre Prusia y Austria de 1866) semanas. Entre 1871 y 1914 no hubo ningún conflicto en Europa en el que los ejércitos de las grandes potencias atravesaran una frontera enemiga, aunque en el Extremo Oriente Japón se enfrentó con Rusia, a la que venció, en 1904-1905, en una guerra que aceleró el estallido de la revolución rusa.

Anteriormente, nunca se había producido una guerra *mundial*. En el siglo XVIII, Francia y Gran Bretaña se habían enfrentado en diversas ocasiones en la India, en Europa, en América del Norte y en los diversos océanos del mundo. Sin embargo, entre 1815 y 1914 ninguna gran potencia se enfrentó a otra más allá de su región de influencia inmediata, aunque es verdad que eran frecuentes las expediciones agresivas de las potencias imperialistas, o de aquellos países que aspiraban a serlo, contra enemigos más débiles de ultramar. La mayor parte de ellas eran enfrentamientos desiguales, como las guerras de los Estados Unidos contra México (1846-1848) y España (1898) y las sucesivas campañas de ampliación de los imperios coloniales británico y francés, aunque en alguna ocasión no salieron bien librados, como cuando los franceses tuvieron que retirarse de México en la década de 1860 y los italianos de Etiopía en 1896. Incluso los más firmes oponentes de los estados modernos, cuya superioridad en la tecnología de la muerte era cada vez más abrumadora, sólo podían esperar, en el mejor de los casos, retrasar la inevitable retirada. Esos conflictos exóticos sirvieron de argumento para las novelas de aventuras o los reportajes que escribía el corresponsal de guerra (ese invento de mediados del siglo XIX), pero no repercutían directamente en la población de los estados que los libraban y vencían.

Pues bien, todo eso cambió en 1914. En la primera guerra mundial participaron *todas* las grandes potencias y todos los estados europeos excepto España, los Países Bajos, los tres países escandinavos y Suiza. Además, diversos países de ultramar enviaron tropas, en muchos casos por primera vez, a luchar fuera de su región. Así, los canadienses lucharon en Francia, los australianos y neozelandeses forjaron su conciencia nacional en una península del Egeo —«Gallípoli» se convirtió en su mito nacional— y, lo que es aún más importante, los Estados Unidos desatendieron la advertencia de George Washington de no dejarse involucrar en «los problemas europeos» y trasladaron sus ejércitos a Europa, condicionando con esa decisión la trayectoria histórica del siglo XX. Los indios fueron enviados a Europa y al Próximo Oriente, batallones de trabajo chinos viajaron a Occidente y hubo africanos que sirvieron en el ejército francés. Aunque la actividad militar fuera de Europa fue escasa, excepto en el Próximo Oriente, también la guerra naval adquirió una dimensión mundial: la primera batalla se dirimió en 1914 cerca de las islas Malvinas y las campañas decisivas, que enfrentaron a submarinos alemanes con convoyes aliados, se desarrollaron en el Atlántico norte y medio.

Que la segunda guerra mundial fue un conflicto literalmente mundial es un hecho que no necesita ser demostrado. Prácticamente todos los estados independientes del mundo se vieron involucrados en la contienda, voluntaria o involuntariamente, aunque la participación de las repúblicas de América Latina fue más bien de carácter nominal. En cuanto a las colonias de las potencias imperiales, no tenían posibilidad de elección. Salvo la futura república de Irlanda, Suecia, Suiza, Portugal, Turquía y España en Europa y, tal vez, Afganistán fuera de ella, prácticamente el mundo entero era beligerante o había sido ocupado (o ambas cosas). En cuanto al escenario de las batallas, los nombres de las islas melanésicas y de los emplazamientos del norte de África, Birmania y Filipinas comenzaron a ser para los lectores de periódicos y los radioyentes —no hay que olvidar que fue por excelencia la guerra de los boletines de noticias radiofónicas— tan familiares como los nombres de las batallas del Ártico y el Cáucaso, de Normandía, Stalingrado y Kursk. La segunda guerra mundial fue una lección de geografía universal.

Ya fueran locales, regionales o mundiales, las guerras del siglo XX tendrían una dimensión infinitamente mayor que los conflictos anteriores. De un total de 74 guerras internacionales ocurridas entre 1816 y 1965 que una serie de especialistas de Estados Unidos —a quienes les gusta hacer ese tipo de cosas— han ordenado por el número de muertos que causaron, las que ocupan los cuatro primeros lugares de la lista se han registrado en el siglo XX: las dos guerras mundiales, la que enfrentó a los japoneses con China en 1937-1939 y la guerra de Corea. Más de un millón de personas murieron en el campo de batalla en el curso de estos conflictos. En el siglo XIX, la guerra internacional documentada de mayor envergadura del período posnapoleónico, la que enfrentó a Prusia/Alemania con Francia en 1870-1871, arrojó un saldo de 150.000 muertos, cifra comparable al número de muertos de la guerra del Chaco de 1932-1935 entre Bolivia (con una población de unos tres millones de habitantes) y Paraguay (con 1,4 millones de habitantes aproximadamente). En conclusión, 1914 inaugura la era de las matanzas (Singer, 1972, pp. 66 y 131).

No hay espacio en este libro para analizar los orígenes de la primera guerra mundial, que este autor ha intentado esbozar en *La era del imperio*. Comenzó como una guerra esencialmente europea entre la Triple Alianza, constituida por Francia, Gran Bretaña y Rusia, y las llamadas «potencias centrales» (Alemania y Austria-Hungría). Serbia y Bélgica se incorporaron inmediatamente al conflicto como consecuencia del ataque austriaco contra la primera (que, de hecho, desencadenó el inicio de las hostilidades) y del ataque alemán contra la segunda (que era parte de la estrategia de guerra alemana). Turquía y Bulgaria se alinearon poco después junto a las potencias centrales, mientras que en el otro bando la Triple Alianza dejó paso gradualmente a una gran coalición. Se compró la participación de Italia y también tomaron parte en el conflicto Grecia, Rumania y, en menor medida, Portugal. Como cabía esperar, Japón intervino casi de forma inmediata para ocupar posiciones alemanas en el Extremo Oriente y el Pacífico occidental, pero limitó sus actividades a esa región. Los Estados Unidos entraron en la guerra en 1917 y su intervención iba a resultar decisiva.

Los alemanes, como ocurriría también en la segunda guerra mundial, se encontraron con una posible guerra en dos frentes, además del de los Balcanes al que les había arrastrado su alianza con Austria-Hungría. (Sin embargo, el hecho de que tres de las cuatro potencias centrales pertenecieran a esa región —Turquía, Bulgaria y Austria— hacía que el problema estratégico que planteaba fuera menos urgente.) El plan alemán consistía en aplastar rápidamente a Francia en el oeste y luego actuar con la misma rapidez en el este para eliminar a Rusia antes de que el imperio del zar pudiera organizar con eficacia todos sus ingentes efectivos militares. Al igual que ocurriría posteriormente, la idea de Alemania era llevar a cabo una campaña relámpago (que en la segunda guerra mundial se conocería con el nombre de *Blitzkrieg*) porque no podía actuar de otra manera. El plan estuvo a punto de verse coronado por el éxito. El ejército alemán penetró en Francia por diversas rutas, atravesando entre otros el territorio de la Bélgica neutral, y sólo fue detenido a algunos kilómetros al este de París, en el río Marne, cinco o seis semanas después de que se hubieran declarado las hostilidades. (El plan triunfaría en 1940.) A continuación, se retiraron ligeramente y ambos bandos —los franceses apoyados por lo que quedaba de los belgas y por un ejército de tierra británico que muy pronto adquirió ingentes proporciones— improvisaron líneas paralelas de trincheras y fortificaciones defensivas que se extendían sin solución de continuidad desde la costa del canal de la Mancha en Flandes hasta la frontera suiza, dejando en manos de los alemanes una extensa zona de la parte oriental de Francia y Bélgica. Las posiciones apenas se modificaron durante los tres años y medio siguientes.

Ese era el «frente occidental», que se convirtió probablemente en la maquinaria más mortífera que había conocido hasta entonces la historia del arte de la guerra. Millones de hombres se enfrentaban desde los parapetos de las trincheras formadas por sacos de arena, bajo los que vivían como ratas y piojos (y con ellos). De vez en cuando, sus generales intentaban poner fin a esa situación de parálisis. Durante días, o incluso semanas, la artillería realizaba un bombardeo incesante —un escritor alemán hablaría más tarde de los «huracanes de acero» (Ernst Jünger, 1921)— para «ablandar» al enemigo y obligarle a protegerse en los refugios subterráneos hasta que en el momento oportuno oleadas de soldados saltaban por encima del parapeto, protegido por alambre de espino, hacia «la tierra de nadie», un caos de cráteres de obuses anegados, troncos de árboles caídos, barro y cadáveres abandonados, para lanzarse hacia las ametralladoras que, como ya sabían, iban a segar sus vidas. En 1916 (febrero-julio) los alemanes intentaron sin éxito romper la línea defensiva en Verdún, en una batalla en la que se enfrentaron dos millones de soldados y en la que hubo un millón de bajas. La ofensiva británica en el Somme, cuyo objetivo era obligar a los alemanes a desistir de la ofensiva en Verdún, costó a Gran Bretaña 420.000 muertos (60.000 sólo el primer día de la batalla). No es sorprendente que para los británicos y los franceses, que lucharon durante la mayor parte de la primera guerra mundial en el frente occidental, aquella fuera la «gran guerra», más terrible y traumática que la segunda guerra mundial. Los franceses perdieron casi el 20 por 100 de sus hombres en edad militar, y si se incluye a los prisioneros de guerra, los heridos y los inválidos permanentes y desfigurados —los *gueules cassés* («caras partidas») que al acabar las hostilidades serían un vívido recuerdo de la guerra—, sólo algo más de un tercio de los soldados franceses salieron indemnes del conflicto. Esa misma proporción puede aplicarse a los cinco millones de soldados británicos. Gran Bretaña perdió una generación, medio millón de hombres que no habían cumplido aún los treinta años (Winter, 1986, p. 83), en su mayor parte de las capas altas, cuyos jóvenes, obligados a dar ejemplo en su condición de oficiales, avanzaban al frente de sus hombres y eran, por tanto, los primeros en caer. Una cuarta parte de los alumnos de Oxford y Cambridge de menos de 25 años que sirvieron en el ejército británico en 1914 perdieron la vida (Winter, 1986, p. 98). En las filas alemanas, el número de muertos fue mayor aún que en el ejército francés, aunque fue inferior la proporción de bajas en el grupo de población en edad militar, mucho más numeroso (el 13 por 100). Incluso las pérdidas aparentemente modestas de los Estados Unidos (116.000, frente a 1,6 millones de franceses, casi 800.000 británicos y 1,8 millones de alemanes) ponen de relieve el carácter sanguinario del frente occidental, el único en que lucharon. En efecto, aunque en la segunda guerra mundial el número de bajas estadounidenses fue de 2,5 a 3 veces mayor que en la primera, en 1917-1918 los ejércitos norteamericanos sólo lucharon durante un año y medio (tres años y medio en la segunda guerra mundial) y no en diversos frentes sino en una zona limitada.

Pero peor aún que los horrores de la guerra en el frente occidental iban a ser sus consecuencias. La experiencia contribuyó a brutalizar la guerra y la política, pues si en la guerra no importaban la pérdida de vidas humanas y otros costes, ¿por qué debían importar en la política? Al terminar la primera guerra mundial, la mayor parte de los que habían participado en ella —en su inmensa mayoría como reclutados forzosos— odiaban sinceramente la guerra. Sin embargo, algunos veteranos que habían vivido la experiencia de la muerte y el valor sin rebelarse contra la guerra desarrollaron un sentimiento de indomable superioridad, especialmente con respecto a las mujeres y a los que no habían luchado, que definiría la actitud de los grupos ultraderechistas de posguerra. Adolf Hitler fue uno de aquellos hombres para quienes la experiencia de haber sido un *Frontsoldat* fue decisiva en sus vidas. Sin embargo, la reacción opuesta tuvo también consecuencias negativas. Al terminar la guerra, los políticos, al menos en los países democráticos, comprendieron con toda claridad que los votantes no tolerarían un baño de sangre como el de 1914-1918. Este principio determinaría la estrategia de Gran Bretaña y Francia después de 1918, al igual que años más tarde inspiraría la actitud de los Estados Unidos tras la guerra de Vietnam. A corto plazo, esta actitud contribuyó a que en 1940 los alemanes triunfaran en la segunda guerra mundial en el frente occidental, ante una Francia encogida detrás de sus vulnerables fortificaciones e incapaz de luchar una vez que fueron derribadas, y ante una Gran Bretaña deseosa de evitar una guerra terrestre masiva como la que había diezmado su población en 1914-1918. A largo plazo, los gobiernos democráticos no pudieron resistir la tentación de salvar las vidas de sus ciudadanos mediante el desprecio absoluto de la vida de las personas de los países enemigos. La justificación del lanzamiento de la bomba atómica sobre Hiroshima y Nagasaki en 1945 no fue que era indispensable para conseguir la victoria, para entonces absolutamente segura, sino que era un medio de salvar vidas de soldados estadounidenses. Pero es posible que uno de los argumentos que indujo a los gobernantes de los Estados Unidos a adoptar la decisión fuese el deseo de impedir que su aliado, la Unión Soviética, reclamara un botín importante tras la derrota de Japón.

Mientras el frente occidental se sumía en una parálisis sangrienta, la actividad proseguía en el frente oriental. Los alemanes pulverizaron a una pequeña fuerza invasora rusa en la batalla de Tannenberg en el primer mes de la guerra y a continuación, con la ayuda intermitente de los austriacos, expulsaron de Polonia a los ejércitos rusos. Pese a las contraofensivas ocasionales de estos últimos, era patente que las potencias centrales dominaban la situación y que, frente al avance alemán, Rusia se limitaba a una acción defensiva en retaguardia. En los Balcanes, el control de la situación correspondía a las potencias centrales, a pesar de que el inestable imperio de los Habsburgo tuvo un comportamiento desigual en las acciones militares. Fueron los países beligerantes locales, Serbia y Rumania, los que sufrieron un mayor porcentaje de bajas militares. Los aliados, a pesar de que ocuparon Grecia, no consiguieron un avance significativo hasta el hundimiento de las potencias centrales después del verano de 1918. El plan, diseñado por Italia, de abrir un nuevo frente contra Austria-Hungría en los Alpes fracasó, principalmente porque muchos soldados italianos no veían razón para luchar por un gobierno y un estado que no consideraban como suyos y cuya lengua pocos sabían hablar. Después de la importante derrota militar de Caporetto (1917), que Ernest Hemingway reflejó en su novela *Adiós a las armas*, los italianos tuvieron incluso que recibir contingentes de refuerzo de otros ejércitos aliados. Mientras tanto, Francia, Gran Bretaña y Alemania se desangraban en el frente occidental, Rusia se hallaba en una situación de creciente inestabilidad como consecuencia de la derrota que estaba sufriendo en la guerra y el imperio austrohúngaro avanzaba hacia su desmembramiento, que tanto deseaban los movimientos nacionalistas locales y al que los ministros de Asuntos Exteriores aliados se resignaron sin entusiasmo, pues preveían acertadamente que sería un factor de inestabilidad en Europa.

El problema para ambos bandos residía en cómo conseguir superar la parálisis en el frente occidental, pues sin la victoria en el oeste ninguno de los dos podía ganar la guerra, tanto más cuanto que también la guerra naval se hallaba en un punto muerto. Los aliados controlaban los océanos, donde sólo tenían que hacer frente a algunos ataques aislados, pero en el mar del

Norte las flotas británica y alemana se hallaban frente a frente totalmente inmovilizadas. El único intento de entrar en batalla (1916) concluyó sin resultado decisivo, pero dado que confinó en sus bases a la flota alemana puede afirmarse que favoreció a los aliados.

Ambos bandos confiaban en la tecnología. Los alemanes —que siempre habían destacado en el campo de la química— utilizaron gas tóxico en el campo de batalla, donde demostró ser monstruoso e ineficaz, dejando como secuela el único acto auténtico de repudio oficial humanitario contra una forma de hacer la guerra, la Convención de Ginebra de 1925, en la que el mundo se comprometió a no utilizar la guerra química. En efecto, aunque todos los gobiernos continuaron preparándose para ella y creían que el enemigo la utilizaría, ninguno de los dos bandos recurrió a esa estrategia en la segunda guerra mundial, aunque los sentimientos humanitarios no impidieron que los italianos lanzaran gases tóxicos en las colonias. El declive de los valores de la civilización después de la segunda guerra mundial permitió que volviera a practicarse la guerra química. Durante la guerra de Irán e Irak en los años ochenta, Irak, que contaba entonces con el decidido apoyo de los estados occidentales, utilizó gases tóxicos contra los soldados y contra la población civil. Los británicos fueron los pioneros en la utilización de los vehículos articulados blindados, conocidos todavía por su nombre en código de «tanque», pero sus generales, poco brillantes realmente, no habían descubierto aún cómo utilizarlos. Ambos bandos usaron los nuevos y todavía frágiles aeroplanos y Alemania utilizó curiosas aeronaves en forma de cigarro, cargadas de helio, para experimentar el bombardeo aéreo, aunque afortunadamente sin mucho éxito. La guerra aérea llegó a su apogeo, especialmente como medio de aterrorizar a la población civil, en la segunda guerra mundial.

La única arma tecnológica que tuvo importancia para el desarrollo de la guerra de 1914-1918 fue el submarino, pues ambos bandos, al no poder derrotar al ejército contrario, trataron de provocar el hambre entre la población enemiga. Dado que Gran Bretaña recibía por mar todos los suministros, parecía posible provocar el estrangulamiento de las Islas Británicas mediante una actividad cada vez más intensa de los submarinos contra los navíos británicos. La campaña estuvo a punto de triunfar en 1917, antes de que fuera posible contrarrestarla con eficacia, pero fue el principal argumento que motivó la participación de los Estados Unidos en la guerra. Por su parte, los británicos trataron por todos los medios de impedir el envío de suministros a Alemania, a fin de asfixiar su economía de guerra y provocar el hambre entre su población. Tuvieron más éxito de lo que cabía esperar, pues, como veremos, la economía de guerra germana no funcionaba con la eficacia y racionalidad de las que se jactaban los alemanes. No puede decirse lo mismo de la máquina militar alemana que, tanto en la primera como en la segunda guerra mundial, era muy superior a todas las demás. La superioridad del ejército alemán como fuerza militar podía haber sido decisiva si los aliados no hubieran podido contar a partir de 1917 con los recursos prácticamente ilimitados de los Estados Unidos. Alemania, a pesar de la carga que suponía la alianza con Austria, alcanzó la victoria total en el este, consiguió que Rusia abandonara las hostilidades, la empujó hacia la revolución y en 1917-1918 le hizo renunciar a una gran parte de sus territorios europeos. Poco después de haber impuesto a Rusia unas duras condiciones de paz en Brest-Litovsk (marzo de 1918), el ejército alemán se vio con las manos libres para concentrarse en el oeste y así consiguió romper el frente occidental y avanzar de nuevo sobre París. Aunque los aliados se recuperaron gracias al envío masivo de refuerzos y pertrechos desde los Estados Unidos, durante un tiempo pareció que la suerte de la guerra estaba decidida. Sin embargo, era el último envite de una Alemania exhausta, que se sabía al borde de la derrota. Cuando los aliados comenzaron a avanzar en el verano de 1918, la conclusión de la guerra fue sólo cuestión de unas pocas semanas. Las potencias centrales no sólo admitieron la derrota sino que se derrumbaron. En el otoño de 1918, la revolución se enseñoreó de toda la Europa central y suroriental, como antes había barrido Rusia en 1917 (véase el capítulo siguiente). Ninguno de los gobiernos existentes entre las fronteras de Francia y el mar del Japón se mantuvo en el poder. Incluso los países beligerantes del bando vencedor sufrieron graves conmociones, aunque no hay motivos para pensar que Gran Bretaña y Francia no hubieran sobrevivido como entidades políticas estables, aun en el caso de haber sido derrotadas. Desde luego no puede afirmarse lo mismo de Italia y, ciertamente, ninguno de los países derrotados escapó a los efectos de la revolución.

Si uno de los grandes ministros o diplomáticos de períodos históricos anteriores —aquellos en quienes los miembros más ambiciosos de los departamentos de asuntos exteriores decían inspirarse todavía, un Talleyrand o un Bismarck— se hubiera alzado de su tumba para observar la primera guerra mundial, se habría preguntado, con toda seguridad, por qué los estadistas sensatos no habían decidido poner fin a la guerra mediante algún tipo de compromiso antes de que destruyera el mundo de 1914. También nosotros podemos hacernos la misma pregunta. En el pasado, prácticamente ninguna de las guerras no revolucionarias y no ideológicas se había librado como una lucha a muerte o hasta el agotamiento total. En 1914, no era la ideología lo que dividía a los beligerantes, excepto en la medida en que ambos bandos necesitaban movilizar a la opinión pública, aludiendo al profundo desafío de los valores nacionales aceptados, como la barbarie rusa contra la cultura alemana, la democracia francesa y británica contra el absolutismo alemán, etc. Además, había estadistas que recomendaban una solución de compromiso, incluso fuera de Rusia y Austria-Hungría, que presionaban en esa dirección a sus aliados de forma cada vez más desesperada a medida que veían acercarse la derrota. ¿Por qué, pues, las principales potencias de ambos bandos consideraron la primera guerra mundial como un conflicto en el que sólo se podía contemplar la victoria o la derrota total?

La razón es que, a diferencia de otras guerras anteriores, impulsadas por motivos limitados y concretos, la primera guerra mundial perseguía objetivos ilimitados. En la era imperialista, se había producido la fusión de la política y la economía. La rivalidad política internacional se establecía en función del crecimiento y la competitividad de la economía, pero el rasgo característico era precisamente que no tenía límites. «Las "fronteras naturales" de la Standard Oil, el Deutsche Bank o la De Beers Diamond Corporation se situaban en el confín del universo, o más bien en los límites de su capacidad de expansionarse» (Hobsbawm, 1987, p. 318). De manera más concreta, para los dos beligerantes principales, Alemania y Gran Bretaña, el límite tenía que ser el cielo, pues Alemania aspiraba a alcanzar una posición política y marítima mundial como la que ostentaba Gran Bretaña, lo cual automáticamente relegaría a un plano inferior a una Gran Bretaña que ya había iniciado el declive. Era el todo o nada. En cuanto a Francia, en ese momento, y también más adelante, sus aspiraciones tenían un carácter menos general pero igualmente urgente: compensar su creciente, y al parecer inevitable, inferioridad demográfica y económica con respecto a Alemania. También aquí estaba en juego el futuro de Francia como potencia de primer orden. En ambos casos, un compromiso sólo habría servido para posponer el problema. Sin duda, Alemania podía limitarse a esperar hasta que su superioridad, cada vez mayor, situara al país en el lugar que el gobierno alemán creía que le correspondía, lo cual ocurriría antes o después. De hecho, la posición dominante en Europa de una Alemania derrotada en dos ocasiones, y resignada a no ser una potencia militar independiente, estaba más claramente establecida al inicio del decenio de 1990 de lo que nunca lo estuvieron las aspiraciones militaristas de Alemania antes de 1945. Pero eso es así porque tras la segunda guerra mundial, Gran Bretaña y Francia tuvieron que aceptar, aunque no de buen grado, verse relegadas a la condición de potencia de segundo orden, de la misma forma que la Alemania Federal, pese a su enorme potencialidad económica, reconoció que en el escenario mundial posterior a 1945 no podría ostentar la supremacía como estado individual. En la década de 1900, cenit de la era imperial e imperialista, estaban todavía intactas tanto la aspiración alemana de convertirse en la primera potencia mundial («el espíritu alemán regenerará el mundo», se afirmaba) como la resistencia de Gran Bretaña y Francia, que seguían siendo, sin duda, «grandes potencias» en un mundo eurocéntrico. Teóricamente, el compromiso sobre alguno de los «objetivos de guerra» casi megalomaníacos que ambos bandos formularon en cuanto estallaron las hostilidades era posible, pero en la práctica el único objetivo de guerra que importaba era la victoria total, lo que en la segunda guerra mundial se dio en llamar «rendición incondicional».

Era un objetivo absurdo y destructivo que arruinó tanto a los vencedores como a los vencidos. Precipitó a los países derrotados en la revolución y a los vencedores en la bancarrota y en el agotamiento material. En 1940, Francia fue aplastada, con ridícula facilidad y rapidez, por unas fuerzas alemanas inferiores y aceptó sin dilación la subordinación a Hitler porque el país había quedado casi completamente desangrado en 1914-1918. Por su parte, Gran Bretaña no volvió a ser la misma a partir de 1918 porque la economía del país se había arruinado al luchar en una guerra que quedaba fuera del alcance de sus posibilidades y recursos. Además, la victoria total, ratificada por una paz impuesta que establecía unas durísimas condiciones, dio al traste con las escasas posibilidades que existían de restablecer, al menos en cierto grado, una Europa estable, liberal y burguesa. Así lo comprendió inmediatamente el economista John Maynard Keynes. Si Alemania no se reintegraba a la economía europea, es decir, si no se reconocía y aceptaba el peso del país en esa economía sería imposible recuperar la estabilidad. Pero eso era lo último en que pensaban quienes habían luchado para eliminar a Alemania.

Las condiciones de la paz impuesta por las principales potencias vencedoras sobrevivientes (los Estados Unidos, Gran Bretaña, Francia e Italia) y que suele denominarse, de manera imprecisa, tratado de Versalles,[1] respondían a cinco consideraciones principales. La más inmediata era el derrumbamiento de un gran número de regímenes en Europa y la eclosión en Rusia de un régimen bolchevique revolucionario alternativo dedicado a la subversión universal e imán de las fuerzas revolucionarias de todo el mundo (véase el capítulo II). En segundo lugar, se consideraba necesario controlar a Alemania, que, después de todo, había estado a punto de derrotar con sus solas fuerzas a toda la coalición aliada. Por razones obvias esta era —y no ha dejado de serlo desde entonces— la principal preocupación de Francia. En tercer lugar, había que reestructurar el mapa de Europa, tanto para debilitar a Alemania como para llenar los grandes espacios vacíos que habían dejado en Europa y en el Próximo Oriente la derrota y el hundimiento simultáneo de los imperios ruso, austrohúngaro y turco. Los principales aspirantes a esa herencia, al menos en Europa, eran una serie de movimientos nacionalistas que los vencedores apoyaron siempre que fueran antibolcheviques. De hecho, el principio fundamental que guiaba en Europa la reestructuración del mapa era la creación de estados nacionales étnico-lingüísticos, según el principio de que las naciones tenían «derecho a la autodeterminación». El presidente de los Estados Unidos, Wilson, cuyos puntos de vista expresaban los de la potencia sin cuya intervención se habría perdido la guerra, defendía apasionadamente ese principio, que era (y todavía lo es) más fácilmente sustentado por quienes estaban alejados de las realidades étnicas y lingüísticas de las regiones que debían ser divididas en estados nacionales. El resultado de ese intento fue realmente desastroso, como lo atestigua todavía la Europa del decenio de 1990. Los conflictos nacionales que desgarran el continente en los años noventa estaban larvados ya en la obra de Versalles.[2] La reorganización del Próximo Oriente se realizó según

1. En realidad, el tratado de Versalles sólo establecía la paz con Alemania. Diversos parques y castillos de la monarquía situados en las proximidades de París dieron nombre a los otros tratados: Saint Germain con Austria; Trianon con Hungría; Sèvres con Turquía, y Neuilly con Bulgaria.

2. La guerra civil yugoslava, la agitación secesionista en Eslovaquia, la secesión de los estados bálticos de la antigua Unión Soviética, los conflictos entre húngaros y rumanos a propósito de Transilvania, el separatismo de Moldova (Moldavia, antigua Besarabia) y el nacionalismo transcaucásico son algunos de los problemas explosivos que o no existían o no podían haber existido antes de 1914.

principios imperialistas convencionales —reparto entre Gran Bretaña y Francia— excepto en el caso de Palestina, donde el gobierno británico, anhelando contar con el apoyo de la comunidad judía internacional durante la guerra, había prometido, no sin imprudencia y ambigüedad, establecer «una patria nacional» para los judíos. Esta sería otra secuela problemática e insuperada de la primera guerra mundial.

El cuarto conjunto de consideraciones eran las de la política nacional de los países vencedores —en la práctica, Gran Bretaña, Francia y los Estados Unidos— y las fricciones entre ellos. La consecuencia más importante de esas consideraciones políticas internas fue que el Congreso de los Estados Unidos se negó a ratificar el tratado de paz, que en gran medida había sido redactado por y para su presidente, y por consiguiente los Estados Unidos se retiraron del mismo, hecho que habría de tener importantes consecuencias.

Finalmente, las potencias vencedoras trataron de conseguir una paz que hiciera imposible una nueva guerra como la que acababa de devastar el mundo y cuyas consecuencias estaban sufriendo. El fracaso que cosecharon fue realmente estrepitoso, pues veinte años más tarde el mundo estaba nuevamente en guerra.

Salvar al mundo del bolchevismo y reestructurar el mapa de Europa eran dos proyectos que se superponían, pues la maniobra inmediata para enfrentarse a la Rusia revolucionaria en caso de que sobreviviera —lo cual no podía en modo alguno darse por sentado en 1919— era aislarla tras un *cordon sanitaire*, como se decía en el lenguaje diplomático de la época, de estados anticomunistas. Dado que éstos habían sido constituidos totalmente, o en gran parte, con territorios de la antigua Rusia, su hostilidad hacia Moscú estaba garantizada. De norte a sur, dichos estados eran los siguientes: Finlandia, una región autónoma cuya secesión había sido permitida por Lenin; tres nuevas pequeñas repúblicas bálticas (Estonia, Letonia y Lituania), respecto de las cuales no existía precedente histórico; Polonia, que recuperaba su condición de estado independiente después de 120 años, y Rumania, cuya extensión se había duplicado con la anexión de algunos territorios húngaros y austriacos del imperio de los Habsburgo y de Besarabia, que antes pertenecía a Rusia.

De hecho, Alemania había arrebatado la mayor parte de esos territorios a Rusia, que de no haber estallado la revolución bolchevique los habría recuperado. El intento de prolongar ese aislamiento hacia el Cáucaso fracasó, principalmente porque la Rusia revolucionaria llegó a un acuerdo con Turquía (no comunista, pero también revolucionaria), que odiaba a los imperialismos británico y francés. Por consiguiente, los estados independientes de Armenia y Georgia, establecidos tras la firma del tratado de Brest-Litovsk, y los intentos de los británicos de desgajar de Rusia el territorio petrolífero de Azerbaiján, no sobrevivieron a la victoria de los bolcheviques en la guerra civil de 1918-1920 y al tratado turco-soviético de 1921. En resumen, en el este los aliados aceptaron las fronteras impuestas por Alemania a la Rusia revolucionaria, siempre y cuando no existieran fuerzas más allá de su control que las hicieran inoperantes.

Pero quedaban todavía grandes zonas de Europa, principalmente las correspondientes al antiguo imperio austrohúngaro, por reestructurar. Austria y Hungría fueron reducidas a la condición de apéndices alemán y magiar respectivamente, Serbia fue ampliada para formar una nueva Yugoslavia al fusionarse con Eslovenia (antiguo territorio austriaco) y Croacia (antes territorio húngaro), así como con un pequeño reino independiente y tribal de pastores y merodeadores, Montenegro, un conjunto inhóspito de montañas cuyos habitantes reaccionaron a la pérdida de su independencia abrazando en masa el comunismo que, según creían, sabía apreciar las virtudes heroicas. Lo asociaban también con la Rusia ortodoxa, cuya fe habían defendido durante tantos siglos los indómitos hombres de la Montaña Negra contra los infieles turcos. Se constituyó otro nuevo país, Checoslovaquia, mediante la unión del antiguo núcleo industrial del imperio de los Habsburgo, los territorios checos, con las zonas rurales de Eslovaquia y Rutenia, en otro tiempo parte de Hungría. Se amplió Rumania, que pasó a ser un conglomerado multinacional, y también Polonia e Italia se vieron beneficiadas. No había precedente histórico ni lógica posible en la constitución de Yugoslavia y Checoslovaquia, que eran construcciones de una ideología nacionalista que creía en la fuerza de la etnia común y en la inconveniencia de constituir estados nacionales excesivamente reducidos. Todos los eslavos del sur (yugoslavos) estaban integrados en un estado, como ocurría con los eslavos occidentales de los territorios checos y eslovacos. Como cabía esperar, esos matrimonios políticos celebrados por la fuerza tuvieron muy poca solidez. Además, excepto en los casos de Austria y Hungría, a las que se despojó de la mayor parte de sus minorías —aunque no de todas ellas—, los nuevos estados, tanto los que se formaron con territorios rusos como con territorios del imperio de los Habsburgo, no eran menos multinacionales que sus predecesores.

A Alemania se le impuso una paz con muy duras condiciones, justificadas con el argumento de que era la única responsable de la guerra y de todas sus consecuencias (la cláusula de la «culpabilidad de la guerra»), con el fin de mantener a ese país en una situación de permanente debilidad. El procedimiento utilizado para conseguir ese objetivo no fue tanto el de las amputaciones territoriales (aunque Francia recuperó Alsacia-Lorena, una amplia zona de la parte oriental de Alemania pasó a formar parte de la Polonia restaurada —el «corredor polaco» que separaba la Prusia Oriental del resto de Alemania— y las fronteras alemanas sufrieron pequeñas modificaciones) sino otras medidas. En efecto, se impidió a Alemania poseer una flota importante, se le prohibió contar con una fuerza aérea y se redujo su ejército de tierra a sólo 100.000 hombres; se le impusieron unas «reparaciones» (resarcimiento de los costos de guerra en que habían incurrido los vencedores) teóricamente infinitas; se ocupó militarmente una parte de la zona occidental del país; y se le privó de todas las colonias de ultramar. (Éstas fueron a parar a manos de los británicos y de sus «dominios», de los franceses y, en menor medida, de los japoneses, aunque debido a la creciente impopularidad del imperialismo, se sustituyó el nombre de «colonias» por el de «mandatos» para garantizar el progreso de los pueblos atrasados, confiados por la humanidad a las potencias imperiales, que en modo alguno desearían explotarlas para otro propósito.) A mediados de los años treinta lo único que quedaba del tratado de Versalles eran las cláusulas territoriales.

En cuanto al mecanismo para impedir una nueva guerra mundial, era evidente que el consorcio de «grandes potencias» europeas, que antes de 1914 se suponía que debía garantizar ese objetivo, se había deshecho por completo. La alternativa, que el presidente Wilson instó a los reticentes políticos europeos a aceptar, con todo el fervor liberal de un experto en ciencias políticas de Princeton, era instaurar una «Sociedad de Naciones» (es decir, de estados independientes) de alcance universal que solucionara los problemas pacífica y democráticamente antes de que escaparan a un posible control, a ser posible mediante una negociación realizada de forma pública («acuerdos transparentes a los que se llegaría de forma transparente»), pues la guerra había hecho también que se rechazara el proceso habitual y sensato de negociación internacional, al que se calificaba de «diplomacia secreta». Ese rechazo era una reacción contra los tratados secretos acordados entre los aliados durante la guerra, en los que se había decidido el destino de Europa y del Próximo Oriente una vez concluido el conflicto, ignorando por completo los deseos, y los intereses, de la población de esas regiones. Cuando los bolcheviques descubrieron esos documentos comprometedores en los archivos de la administración zarista, se apresuraron a publicarlos para que llegaran al conocimiento de la opinión pública mundial, y por ello era necesario realizar alguna acción que pudiera limitar los daños. La Sociedad de Naciones se constituyó, pues, como parte del tratado de paz y fue un fracaso casi total, excepto como institución que servía para recopilar estadísticas. Es cierto, no obstante, que al principio resolvió alguna controversia de escasa importancia que no constituía un grave peligro para la paz del mundo, como el enfrentamiento entre Finlandia y Suecia por las islas Åland.[3] Pero la negativa de los Estados Unidos a integrarse en la Sociedad de Naciones vació de contenido real a dicha institución.

No es necesario realizar la crónica detallada de la historia del período de entreguerras para comprender que el tratado de Versalles no podía ser la base de una paz estable. Estaba condenado al fracaso desde el principio y, por lo tanto, el estallido de una nueva guerra era prácticamente seguro. Como ya se ha señalado, los Estados Unidos optaron casi inmediatamente por no firmar los tratados y en un mundo que ya no era eurocéntrico y eurodeterminado, no

3. Las islas Åland, situadas entre Finlandia y Suecia, y que pertenecían a Finlandia, estaban, y están, habitadas exclusivamente por una población de lengua sueca, y el nuevo estado independiente de Finlandia pretendía imponerles la lengua finesa. Como alternativa a la incorporación a Suecia, la Sociedad de Naciones arbitró una solución que garantizaba el uso exclusivo del sueco en las islas y las salvaguardaba frente a una inmigración no deseada procedente del territorio finlandés.

podía ser viable ningún tratado que no contara con el apoyo de ese país, que se había convertido en una de las primeras potencias mundiales. Como se verá más adelante, esta afirmación es válida tanto por lo que respecta a la economía como a la política mundial. Dos grandes potencias europeas, y mundiales, Alemania y la Unión Soviética, fueron eliminadas temporalmente del escenario internacional y además se les negó su existencia como protagonistas independientes. En cuanto uno de esos dos países volviera a aparecer en escena quedaría en precario un tratado de paz que sólo tenía el apoyo de Gran Bretaña y Francia, pues Italia también se sentía descontenta. Y, antes o después, Alemania, Rusia, o ambas, recuperarían su protagonismo.

Las pocas posibilidades de paz que existían fueron torpedeadas por la negativa de las potencias vencedoras a permitir la rehabilitación de los vencidos. Es cierto que la represión total de Alemania y la proscripción absoluta de la Rusia soviética no tardaron en revelarse imposibles, pero el proceso de aceptación de la realidad fue lento y cargado de resistencias, especialmente en el caso de Francia, que se resistía a abandonar la esperanza de mantener a Alemania debilitada e impotente (hay que recordar que los británicos no se sentían acosados por los recuerdos de la derrota y la invasión). En cuanto a la URSS, los países vencedores habrían preferido que no existiera. Apoyaron a los ejércitos de la contrarrevolución en la guerra civil rusa y enviaron fuerzas militares para apoyarles y, posteriormente, no mostraron entusiasmo por reconocer su supervivencia. Los empresarios de los países europeos rechazaron las ventajosas ofertas que hizo Lenin a los inversores extranjeros en un desesperado intento de conseguir la recuperación de una economía destruida casi por completo por el conflicto mundial, la revolución y la guerra civil. La Rusia soviética se vio obligada a avanzar por la senda del desarrollo en aislamiento, aunque por razones políticas los dos estados proscritos de Europa, la Rusia soviética y Alemania, se aproximaron en los primeros años de la década de 1920.

La segunda guerra mundial tal vez podía haberse evitado, o al menos retrasado, si se hubiera restablecido la economía anterior a la guerra como un próspero sistema mundial de crecimiento y expansión. Sin embargo, después de que en los años centrales del decenio de 1920 parecieran superadas las perturbaciones de la guerra y la posguerra, la economía mundial se sumergió en la crisis más profunda y dramática que había conocido desde la revolución industrial (véase el capítulo III). Y esa crisis instaló en el poder, tanto en Alemania como en Japón, a las fuerzas políticas del militarismo y la extrema derecha, decididas a conseguir la ruptura del *statu quo* mediante el enfrentamiento, si era necesario militar, y no mediante el cambio gradual negociado. Desde ese momento no sólo era previsible el estallido de una nueva guerra mundial, sino que estaba anunciado. Todos los que alcanzaron la edad adulta en los años treinta la esperaban. La imagen de oleadas de aviones lanzando bombas sobre las ciudades y de figuras de pesadilla con máscaras antigás, trastabillando entre la niebla provocada por el gas tóxico, obsesionó a mi generación, proféticamente en el primer caso, erróneamente en el segundo.

II

Los orígenes de la segunda guerra mundial han generado una bibliografía incomparablemente más reducida que las causas de la primera, y ello por una razón evidente. Con muy raras excepciones, ningún historiador sensato ha puesto nunca en duda que Alemania, Japón y (menos claramente) Italia fueron los agresores. Los países que se vieron arrastrados a la guerra contra los tres antes citados, ya fueran capitalistas o socialistas, no deseaban la guerra y la mayor parte de ellos hicieron cuanto estuvo en su mano para evitarla. Si se pregunta quién o qué causó la segunda guerra mundial, se puede responder con toda contundencia: Adolf Hitler.

Ahora bien, las respuestas a los interrogantes históricos no son tan sencillas. Como hemos visto, la situación internacional creada por la primera guerra mundial era intrínsecamente inestable, especialmente en Europa, pero también en el Extremo Oriente y, por consiguiente, no se creía que la paz pudiera ser duradera. La insatisfacción por el *statu quo* no la manifestaban sólo los estados derrotados, aunque éstos, especialmente Alemania, creían tener motivos sobrados para el resentimiento, como así era. Todos los partidos alemanes, desde los comunistas, en la extrema izquierda, hasta los nacionalsocialistas de Hitler, en la extrema derecha, coincidían en condenar el tratado de Versalles como injusto e inaceptable. Paradójicamente, de haberse producido una revolución genuinamente alemana la situación de este país no habría sido tan explosiva. Los dos países derrotados en los que sí se había registrado una revolución, Rusia y Turquía, estaban demasiado preocupados por sus propios asuntos, entre ellos la defensa de sus fronteras, como para poder desestabilizar la situación internacional. En los años treinta ambos países eran factores de estabilidad y, de hecho, Turquía permaneció neutral en la segunda guerra mundial. Sin embargo, también Japón e Italia, aunque integrados en el bando vencedor, se sentían insatisfechos; los japoneses con más justificación que los italianos, cuyos anhelos imperialistas superaban en mucho la capacidad de su país para satisfacerlos. De todas formas, Italia había obtenido de la guerra importantes anexiones territoriales en los Alpes, en el Adriático e incluso en el mar Egeo, aunque no había conseguido todo cuanto le habían prometido los aliados en 1915 a cambio de su adhesión. Sin embargo, el triunfo del fascismo, movimiento contrarrevolucionario y, por tanto, ultranacionalista e imperialista, subrayó la insatisfacción italiana (véase el capítulo V). En cuanto a Japón, su considerable fuerza militar y naval lo convertían en la potencia más formidable del Extremo Oriente, especialmente desde que Rusia desapareciera de escena. Esa condición fue reconocida a nivel internacional por el acuerdo naval de Washington de 1922, que puso fin a la supremacía naval británica estableciendo una proporción de 5:5:3 en relación con las fuerzas navales de Estados Unidos, Gran Bretaña y Japón. Pero sin duda Japón, cuya industrialización progresaba a marchas forzadas, aunque la dimensión de su economía seguía siendo modesta —a finales de los años veinte representaba el 2,5 por 100 de la producción industrial del mundo—, creía ser acreedor a un pedazo mucho más suculento del pastel del Extremo Oriente que el que las potencias imperiales blancas le habían concedido. Además, los japoneses eran perfectamente conscientes de la vulnerabilidad de su país, que carecía prácticamente de todos los recursos naturales necesarios para una economía industrial moderna, cuyas importaciones podían verse impedidas por la acción de los navíos extranjeros y cuyas exportaciones estaban a merced del mercado estadounidense. La presión militar para forjar un imperio terrestre en territorio chino acortaría las líneas japonesas de comunicación, que de esa forma resultarían menos vulnerables.

No obstante, por muy inestable que fuera la paz establecida en 1918 y por muy grandes las posibilidades de que fuera quebrantada, es innegable que la causa inmediata de la segunda guerra mundial fue la agresión de las tres potencias descontentas, vinculadas por diversos tratados desde mediados de los años treinta. Los episodios que jalonan el camino hacia la guerra fueron la invasión japonesa de Manchuria en 1931, la invasión italiana de Etiopía en 1935, la intervención alemana e italiana en la guerra civil española de 1936-1939, la invasión alemana de Austria a comienzos de 1938, la mutilación de Checoslovaquia por Alemania en los últimos meses de ese mismo año, la ocupación alemana de lo que quedaba de Checoslovaquia en marzo de 1939 (a la que siguió la ocupación de Albania por parte de Italia) y las exigencias alemanas frente a Polonia, que desencadenaron el estallido de la guerra. Se pueden mencionar también esos jalones de forma negativa: la decisión de la Sociedad de Naciones de no actuar contra Japón, la decisión de no adoptar medidas efectivas contra Italia en 1935, la decisión de Gran Bretaña y Francia de no responder a la denuncia unilateral por parte de Alemania del tratado de Versalles y, especialmente, a la reocupación militar de Renania en 1936, su negativa a intervenir en la guerra civil española («no intervención»), su decisión de no reaccionar ante la ocupación de Austria, su rendición ante el chantaje alemán con respecto a Checoslovaquia (el «acuerdo de Munich» de 1938) y la negativa de la URSS a continuar oponiéndose a Hitler en 1939 (el pacto firmado entre Hitler y Stalin en agosto de 1939).

Sin embargo, si bien es cierto que un bando no deseaba la guerra e hizo todo lo posible por evitarla y que el otro bando la exaltaba y, en el caso de Hitler, la deseaba activamente, ninguno de los agresores la deseaba tal como se produjo y en el momento en que estalló, y tampoco deseaban luchar contra algunos de los enemigos con los que tuvieron que enfrentarse. Japón, a pesar de la influencia militar en la vida política del país, habría preferido alcanzar sus objetivos —en esencia, la creación de un imperio en el Asia oriental— sin tener que participar en una guerra *general*, en la que sólo intervino cuando lo hicieron los Estados Unidos. El tipo de guerra que deseaba Alemania, así como cuándo y contra quién, son todavía objeto de controversia, pues Hitler no era un hombre que plasmara sus decisiones en documentos, pero dos cosas están claras: una guerra contra Polonia (a la que apoyaban Gran Bretaña y Francia) en 1939 no entraba en sus previsiones, y la guerra en la que finalmente se vio envuelto, contra la URSS y los Estados Unidos, era la pesadilla que atormentaba a todos los generales y diplomáticos alemanes.

Alemania (y más tarde Japón) necesitaba desarrollar una rápida ofensiva por las mismas razones que en 1914. En efecto, una vez unidos y coordinados, los recursos conjuntos de sus posibles enemigos eran abrumadoramente superiores a los suyos. Ninguno de los dos países había planeado una guerra larga ni confiaban en armamento que necesitase un largo período de gestación. (Por el contrario, los británicos, conscientes de su inferioridad en tierra, invirtieron desde el principio su dinero en el armamento más costoso y tecnológicamente más complejo y planearon una guerra de larga duración en la que ellos y sus aliados superarían la capacidad productiva del bando enemigo.) Los japoneses tuvieron más éxito que los alemanes y evitaron la coalición de sus enemigos, pues se mantuvieron al margen en la guerra de Alemania contra Gran Bretaña y Francia en 1939-1940 y en la guerra contra Rusia a partir de 1941. A diferencia de las otras potencias, los japoneses se habían enfrentado con el ejército rojo en un conflicto no declarado pero de notables proporciones en la frontera chino-siberiana en 1939 y habían sufrido graves quebrantos. Japón sólo participó en la guerra contra Gran Bretaña y los Estados Unidos, pero no contra la URSS, en diciembre de 1941. Por desgracia para Japón, la única potencia a la que debía enfrentarse, los Estados Unidos, tenía tal superioridad de recursos que había de vencer con toda seguridad.

Alemania pareció correr mejor suerte en un principio. En los años treinta, y a pesar de que se aproximaba la guerra, Gran Bretaña y Francia no se unieron a la Rusia soviética, que finalmente prefirió pactar con Hitler, y por otra parte, los asuntos internos sólo permitieron al presidente de los Estados Unidos, Roosevelt, prestar un respaldo verbal al bando al que apoyaba apasionadamente. Por consiguiente, la guerra comenzó en 1939 como un conflicto exclusivamente europeo, y, en efecto, después de que Alemania invadiera Polonia, que en sólo tres semanas fue aplastada y repartida con la URSS, enfrentó en Europa occidental a Alemania con Francia y Gran Bretaña. En la primavera de 1940, Alemania derrotó a Noruega, Dinamarca, Países Bajos, Bélgica y Francia con gran facilidad, ocupó los cuatro primeros países y dividió Francia en dos partes, una zona directamente ocupada y administrada por los alemanes victoriosos y un «estado» satélite francés (al que sus gobernantes, procedentes de diversas fracciones del sector más reaccionario de Francia, no le daban ya el nombre de república) con su capital en un balneario de provincias, Vichy. Para hacer frente a Alemania solamente quedaba Gran Bretaña, donde se estableció una coalición de todas las fuerzas nacionales encabezada por Winston Churchill y fundamentada en el rechazo radical de cualquier tipo de acuerdo con Hitler. Fue en ese momento cuando la Italia fascista decidió erróneamente abandonar la neutralidad en la que se había instalado prudentemente su gobierno, para decantarse por el lado alemán.

A efectos prácticos, la guerra en Europa había terminado. Aun si Alemania no podía invadir Gran Bretaña por el doble obstáculo que suponían el mar y la Royal Air Force, no se veía cómo Gran Bretaña podría retornar al continente, y mucho menos derrotar a Alemania. Los meses de 1940-1941 durante los cuales Gran Bretaña resistió en solitario, constituyen un momento extraordinario en la historia del pueblo británico, o cuando menos en la de aquellos que tuvieron la fortuna de vivirlo, pero las posibilidades del país eran verdaderamente reducidas. El programa de rearme de los Estados Unidos («defensa hemisférica») de junio de 1940 daba por sentado que no tenía sentido seguir enviando armas a Gran Bretaña, e incluso cuando se comprobó su supervivencia, el Reino Unido seguía siendo considerado esencialmente como una base defensiva avanzada de los Estados Unidos. Mientras tanto, se estaba reestructurando el mapa europeo. La URSS, previo acuerdo con Alemania, ocupó los territorios europeos que el imperio zarista había perdido en 1918 (excepto las partes de Polonia que se había anexionado Alemania) y Finlandia, contra la que Stalin había librado una torpe guerra de invierno en 1939-1940. Todo ello permitió que las fronteras rusas se alejaran un poco más de Leningrado. Hitler llevó a cabo una revisión del tratado de Versalles en los antiguos territorios de los Habsburgo que resultó efímera. Los intentos británicos de extender la guerra a los Balcanes desencadenaron la esperada conquista de toda la península por Alemania, incluidas las islas griegas.

De hecho, Alemania atravesó el Mediterráneo y penetró en África cuando pareció que su aliada, Italia, cuyo desempeño como potencia militar en la segunda guerra mundial fue aún más decepcionante que el de Austria-Hungría en la primera, perdería todo su imperio africano a manos de los británicos, que lanzaban su ofensiva desde su principal base situada en Egipto. El Afrika Korps alemán, a cuyo frente estaba uno de los generales de mayor talento, Erwin Rommel, amenazó la posición británica en el Próximo Oriente.

La guerra se reanudó con la invasión de la URSS lanzada por Hitler el 22 de junio de 1941, fecha decisiva en la segunda guerra mundial. Era una operación tan disparatada —ya que forzaba a Alemania a luchar en dos frentes— que Stalin no imaginaba que Hitler pudiera intentarla. Pero en la lógica de Hitler, el próximo paso era conquistar un vasto imperio terrestre en el Este, rico en recursos y en mano de obra servil, y como todos los expertos militares, excepto los japoneses, subestimó la capacidad soviética de resistencia. Sin embargo, no le faltaban argumentos, dada la desorganización en que estaba sumido el ejército rojo a consecuencia de las purgas de los años treinta (véase el capítulo XIII), la situación del país, y la extraordinaria ineptitud de que había hecho gala Stalin en sus intervenciones como estratega militar. De hecho, el avance inicial de los ejércitos alemanes fue tan veloz, y al parecer tan decisivo, como las campañas del oeste de Europa. A principios de octubre habían llegado a las afueras de Moscú y existen pruebas de que durante algunos días el propio Stalin se sentía desmoralizado y pensó en firmar un armisticio. Pero ese momento pudo ser superado y las enormes reservas rusas en cuanto a espacio, recursos humanos, resistencia física y patriotismo, unidas a un extraordinario esfuerzo de guerra, derrotaron a los alemanes y dieron a la URSS el tiempo necesario para organizarse eficazmente, entre otras cosas, permitiendo que los jefes militares de mayor talento (algunos de los cuales acababan de ser liberados de los gulags) tomaran las decisiones que consideraban oportunas. El período de 1942-1945 fue el único en el que Stalin interrumpió su política de terror.

Al no haberse decidido la batalla de Rusia tres meses después de haber comenzado, como Hitler esperaba, Alemania estaba perdida, pues no estaba equipada para una guerra larga ni podía sostenerla. A pesar de sus triunfos, poseía y producía muchos menos aviones y carros de combate que Gran Bretaña y Rusia, por no hablar de los Estados Unidos. La nueva ofensiva lanzada por los alemanes en 1942, una vez superado el terrible invierno, pareció tener el mismo éxito que todas las anteriores y permitió a sus ejércitos penetrar profundamente en el Cáucaso y en el curso inferior del Volga, pero ya no podía decidir la guerra. Los ejércitos alemanes fueron contenidos, acosados y rodeados y se vieron obligados a rendirse en Stalingrado (verano de 1942-marzo de 1943). A continuación, los rusos iniciaron el avance que les llevaría a Berlín, Praga y Viena al final de la guerra. Desde la batalla de Stalingrado, todo el mundo sabía que la derrota de Alemania era sólo cuestión de tiempo.

Mientras tanto, la guerra, aunque seguía siendo básicamente europea, se había convertido realmente en un conflicto mundial. Ello se debió en parte a las agitaciones antiimperialistas en los territorios sometidos a Gran Bretaña, que aún poseía el mayor imperio mundial, aunque pudieron ser sofocadas sin dificultad. Los simpatizantes de Hitler entre los bóers de Suráfrica pudieron ser recluidos —aparecerían después de la guerra como los arquitectos del régimen de *apartheid* de 1984— y en Irak la rebelión de Rashid Ali, que ocupó el poder en la primavera de 1941, fue rápidamente suprimida. Mucho más trascendente fue el vacío imperialista que dejó en el sureste de Asia el triunfo de Hitler en Europa. La ocasión fue aprovechada por Japón para establecer un protectorado sobre los indefensos restos de las posesiones francesas en Indochina. Los Estados Unidos consideraron intolerable esta ampliación del poder del Eje hacia el sureste asiático y comenzaron a ejercer una fuerte presión económica sobre Japón, cuyo comercio y suministros dependían totalmente de las comunicaciones marítimas. Fue este conflicto el que desencadenó la guerra entre los dos países. El ataque japonés contra Pearl Harbor el 7 de diciembre de 1941 dio al conflicto una dimensión mundial. En el plazo de unos pocos meses los japoneses se habían apoderado de todo el sureste de Asia, tanto continental como insular, amenazando con invadir la India desde Birmania en el oeste, y la zona despoblada del norte de Australia, desde Nueva Guinea.

Probablemente Japón no podía haber evitado la guerra con los Estados Unidos a menos que hubiera renunciado a conseguir un poderoso imperio económico (denominado eufemísticamente «esfera de co-prosperidad de la gran Asia oriental»), que era la piedra angular de su política. Sin embargo, no cabía esperar que los Estados Unidos de Roosevelt, tras haber visto las consecuencias de la decisión de las potencias europeas de no resistir a Hitler y a Mussolini, reaccionaran ante la expansión japonesa como lo habían hecho británicos y franceses frente a la expansión alemana. En cualquier caso, la opinión pública estadounidense consideraba el Pacífico (no así Europa) como escenario normal de intervención de los Estados Unidos, consideración que también se extendía a América Latina. El «aislacionismo» de los Estados Unidos sólo se aplicaba en relación con Europa. De hecho, fue el embargo occidental (es decir, estadounidense) del comercio japonés y la congelación de los activos japoneses lo que obligó a Japón a entrar en acción para evitar el rápido estrangulamiento de su economía, que dependía totalmente de las importaciones oceánicas. La apuesta de Japón era peligrosa y, en definitiva, resultaría suicida. Japón aprovechó tal vez la única oportunidad para establecer con rapidez su imperio meridional, pero como eso exigía la inmovilización de la flota estadounidense, única fuerza que podía intervenir, significó también que los Estados Unidos, con sus recursos y sus fuerzas abrumadoramente superiores, entraron *inmediatamente* en la guerra. Era imposible que Japón pudiera salir victorioso de este conflicto.

El misterio es por qué Hitler, que ya estaba haciendo un esfuerzo supremo en Rusia, declaró gratuitamente la guerra a los Estados Unidos, dando al gobierno de Roosevelt la posibilidad de entrar en la guerra europea al lado de los británicos sin tener que afrontar una encarnizada oposición política en el interior. Sin duda, a los ojos de las autoridades de Washington, la Alemania nazi era un peligro mucho más grave, o al menos mucho más general, para la posición de los Estados Unidos —y para el mundo— que Japón. Por ello decidieron concentrar sus recursos en el triunfo de la guerra contra Alemania, antes que contra Japón. Fue una decisión correcta. Fueron necesarios tres años y medio para derrotar a Alemania, después de lo cual la rendición de Japón se obtuvo en el plazo de tres meses. No existe una explicación plausible para la locura de Hitler, aunque es sabido que subestimó por completo, y de forma persistente, la capacidad de acción y el potencial económico y tecnológico de los Estados Unidos, porque estaba convencido de que las democracias estaban incapacitadas para la acción. La única democracia a la que respetaba era Gran Bretaña, de la que opinaba, correctamente, que no era plenamente democrática.

Las decisiones de invadir Rusia y declarar la guerra a los Estados Unidos decidieron el resultado de la segunda guerra mundial. Esto no se apreció de forma inmediata, pues las potencias del Eje alcanzaron el cenit de sus éxitos a mediados de 1942 y no perdieron la iniciativa militar hasta 1943. Además, los aliados occidentales no regresaron de manera decidida al continente europeo hasta 1944, pues aunque consiguieron expulsar a las potencias del Eje del norte de África y llegaron hasta Italia, su avance fue detenido por el ejército alemán. Entretanto, la única arma que los aliados podían utilizar contra Alemania eran los ataques aéreos que, como ha demostrado la investigación posterior, fueron totalmente ineficaces y sólo sirvieron para causar bajas entre la población civil y destruir las ciudades. Sólo los ejércitos soviéticos continuaron avanzando, y únicamente en los Balcanes —principalmente en Yugoslavia, Albania y Grecia— se constituyó un movimiento de resistencia armada de inspiración comunista que causó serios quebrantos militares a Alemania y, sobre todo, a Italia. Sin embargo, Winston Churchill no se equivocaba cuando afirmó después del episodio de Pearl Harbor que la victoria era segura «si se utilizaba adecuadamente una fuerza abrumadora» (Kennedy, p. 347). Desde los últimos meses de 1942, nadie dudaba del triunfo de la gran alianza contra las potencias del Eje. Los aliados comenzaron ya a pensar cómo administrarían su previsible victoria.

No es necesario continuar la crónica de los acontecimientos militares, excepto para señalar que, en el oeste, la resistencia alemana fue muy difícil de superar incluso cuando los aliados desembarcaron en el continente en junio de 1944 y que, a diferencia de lo ocurrido en 1918, no se registró en Alemania ningún conato de rebelión contra Hitler. Sólo los generales alemanes, que constituían el núcleo del poder militar tradicional prusiano, conspiraron para precipitar la caída de Hitler en julio de 1944, porque estaban animados de un patriotismo racional y no de la *Götterdämmerung* wagneriana que produciría la destrucción total de Alemania. Al no contar con un apoyo sustancial fracasaron y fueron asesinados en masa por elementos leales a Hitler. En el este, la determinación de Japón de luchar hasta el final fue todavía más inquebrantable, razón por la cual se utilizaron las armas nucleares en Hiroshima y Nagasaki para conseguir una rápida rendición japonesa. La victoria de 1945 fue total y la rendición incondicional. Los estados derrotados fueron totalmente ocupados por los vencedores y no se firmó una paz oficial porque no se reconoció a ninguna autoridad distinta de las fuerzas ocupantes, al menos en Alemania y Japón. Lo más parecido a unas negociaciones de paz fueron las conferencias celebradas entre 1943 y 1945, en las que las principales potencias aliadas —los Estados Unidos, la URSS y Gran Bretaña— decidieron el reparto de los despojos de la victoria e intentaron (sin demasiado éxito) organizar sus relaciones mutuas para el período de posguerra: en Teherán en 1943, en Moscú en el otoño de 1944, en Yalta (Crimea) a principios de 1945 y en Potsdam (en la Alemania ocupada) en agosto de 1945. En otra serie de negociaciones interaliadas, que se desarrollaron con más éxito entre 1943 y 1945, se estableció un marco más general para las relaciones políticas y económicas entre los estados, decidiéndose entre otras cosas el establecimiento de las Naciones Unidas. Pero estas cuestiones serán analizadas más adelante (véase el capítulo IX).

En mayor medida, pues, que en la «gran guerra», en la segunda guerra mundial se luchó hasta el final, sin que en ninguno de los dos bandos se pensara seriamente en un posible compromiso, excepto por parte de Italia, que cambió de bando y de régimen político en 1943 y que no recibió el trato de territorio ocupado, sino de país derrotado con un gobierno reconocido. (A ello contribuyó el hecho de que los aliados no consiguieran expulsar a los alemanes, y a la «república social» fascista encabezada por Mussolini y dependiente de aquéllos, de la mitad norte de Italia durante casi dos años.) A diferencia de lo ocurrido en la primera guerra mundial, esta intransigencia no requiere una explicación especial. Para ambos bandos esta era una guerra de religión o, en términos modernos, de ideologías. Era también una lucha por la supervivencia para la mayor parte de los países involucrados. Como lo demuestran los casos de Polonia y de las partes ocupadas de la Unión Soviética, así como el destino de los judíos, cuyo exterminio sistemático se dio a conocer gradualmente a un mundo que no podía creer que eso fuera verdad, el precio de la derrota a manos del régimen nacionalsocialista alemán era la esclavitud y la muerte. Por ello, la guerra se desarrolló sin límite alguno. La segunda guerra mundial significó el paso de la guerra masiva a la guerra total.

Las pérdidas ocasionadas por la guerra son literalmente incalculables y es imposible incluso realizar estimaciones aproximadas, pues a diferencia de lo ocurrido en la primera guerra mundial las bajas civiles fueron tan importantes como las militares y las peores matanzas se produjeron en zonas, o en lugares, en que no había nadie que pudiera registrarlas o que se preocupara de hacerlo. Según las estimaciones, las muertes causadas directamente por la guerra fueron de tres a cinco veces superiores a las de la primera guerra mundial (Milward, 1979, p. 270; Petersen, 1986) y supusieron entre el 10 y el 20 por 100 de la población *total* de la URSS, Polonia y Yugoslavia y entre el 4 y el 6 por 100 de la población de Alemania, Italia, Austria, Hungría, Japón y China. En Francia y Gran Bretaña el número de bajas fue muy inferior al de la primera guerra mundial —en torno al 1 por 100 de la población—, pero en los Estados Unidos fueron algo más elevadas. Sin embargo, todas esas cifras no son más que especulaciones. Las bajas de los territorios soviéticos se han calculado en diversas ocasiones, incluso oficialmente, en 7, 11, 20 o incluso 30 millones. De cualquier forma, ¿qué importancia tiene la exactitud estadística cuando se manejan cifras tan astronómicas? ¿Acaso el horror del holocausto sería menor si los historiadores llegaran a la conclusión de que la guerra no exterminó a 6 millones de personas (estimación aproximada original y, casi con toda seguridad, exagerada) sino a cinco o incluso a cuatro millones? ¿Qué importancia tiene que en el asedio al que los alemanes sometieron a Leningrado durante 900 días (1941-1944) murieran un millón de personas por efecto del hambre y el agotamiento o tan sólo 750.000 o medio millón de personas? ¿Es posible captar el significado real de las cifras más allá de la realidad que se ofrece a la intuición? ¿Qué significado tiene para quien lea estas líneas que de los 5,7 millones de prisioneros de guerra rusos en Alemania murieron 3,3 millones? (Hirschfeld, 1986). El único hecho seguro respecto a las bajas causadas por la guerra es que murieron más hombres que mujeres. En la URSS, todavía en 1959, por cada siete mujeres comprendidas entre los 35 y 50 años había solamente cuatro hombres de la misma edad (Milward, 1979, p. 212). Una vez terminada la guerra fue más fácil la reconstrucción de los edificios que la de las vidas de los seres humanos.

III

Se da por sentado que la guerra moderna involucra a todos los ciudadanos, la mayor parte de los cuales además son movilizados; que utiliza un armamento que exige una modificación del conjunto de la economía para producirlo y que se utiliza en cantidades ingentes; que causa un elevadísimo nivel de destrucción y que domina y transforma por completo la vida de los países participantes. Ahora bien, todos estos fenómenos se dan únicamente en las guerras del siglo XX. Es cierto que en períodos anteriores hubo guerras terriblemente destructivas e incluso conflictos que anticiparon lo que más tarde sería la guerra total, como en la Francia de la revolución. En los Estados Unidos, la guerra civil de 1861-1865 sigue siendo el conflicto más sangriento de la historia del país, ya que causó la muerte de tantas personas como todas las guerras posteriores juntas, incluidas las dos guerras mundiales, la de Corea y la de Vietnam. Sin embargo, hasta el siglo XX las guerras en las que participaba toda la sociedad eran excepcionales. Jane Austen escribió sus novelas durante las guerras napoleónicas, pero ningún lector que no lo supiera podría adivinarlo, ya que en las páginas de sus relatos no aparece mención de las mismas, aunque sin duda algunos de los jóvenes que aparecen en ellas participaron en esos conflictos. Sería inconcebible que cualquier novelista pudiera escribir de esa forma sobre Gran Bretaña durante el período de conflictos del siglo XX.

El monstruo de la guerra total del siglo XX no nació con esas proporciones, pero lo cierto es que a partir de 1914 todos los conflictos eran guerras masivas. Incluso en la primera guerra mundial, Gran Bretaña movilizó al 12,5 por 100 de la población masculina, Alemania al 15,4 por 100, y Francia a casi el 17 por 100. En la segunda guerra mundial, la proporción de la población activa total que se enroló en las fuerzas armadas fue, en todas partes, del orden del 20 por 100 (Milward, 1979, p. 216). Cabe señalar, de paso, que una movilización masiva de esas características durante varios años no puede mantenerse excepto en una economía industrializada moderna con una elevada productividad y —o alternativamente— en una economía sustentada por la población no beligerante. Las economías agrarias tradicionales no pueden movilizar a un porcentaje tan elevado de la mano de obra excepto de manera estacional, al menos en la zona templada, pues hay momentos durante la campaña agrícola en los que se necesitan todas las manos (durante la recolección). Pero incluso en las sociedades industriales, una movilización de esas características conlleva unas enormes necesidades de mano de obra, razón por la cual las guerras modernas masivas reforzaron el poder de las organizaciones obreras y produjeron una revolución en cuanto la incorporación de la mujer al trabajo fuera del hogar (revolución temporal en la primera guerra mundial y permanente en la segunda).

Además, las guerras del siglo XX han sido masivas en el sentido de que han utilizado y destruido cantidades hasta entonces inconcebibles de productos en el curso de la lucha. De ahí el término alemán *Materialschlacht* para describir las batallas del frente occidental en 1914-1918: batallas de materiales. Por fortuna para Francia, dada su reducida capacidad industrial, Napoleón triunfó en la batalla de Jena de 1806, que le permitió destruir el poder de Prusia, con sólo 1.500 disparos de artillería. Sin embargo, ya antes de la primera guerra mundial, Francia planificó una producción de municiones de 10.000-12.000 proyectiles *diarios* y al final su industria tuvo que producir 200.000 proyectiles *diarios*. Incluso la Rusia zarista producía 150.000 proyectiles diarios, o sea, 4,5 millones al mes. No puede extrañar que se revolucionaran los procesos de ingeniería mecánica de las fábricas. En cuanto a los pertrechos de guerra menos destructivos, parece conveniente recordar que durante la segunda guerra mundial el ejército de los Estados Unidos encargó más de 519 millones de pares de calcetines y más de 219 millones de pares de calzoncillos, mientras que las fuerzas alemanas, fieles a la tradición burocrática, encargaron en un solo año (1943) 4,4 millones de tijeras y 6,2 millones de almohadillas entintadas para los tampones de las oficinas militares (Milward, 1979, p. 68). La guerra masiva exigía una producción masiva.

Pero la producción requería también organización y gestión, aun cuando su objeto fuera la destrucción racionalizada de vidas humanas de la manera más eficiente, como ocurría en los campos de exterminio alemanes. En términos generales, la guerra total era la empresa de mayor envergadura que había conocido el hombre hasta el momento, y debía ser organizada y gestionada con todo cuidado.

Ello planteaba también problemas nuevos. Las cuestiones militares siempre habían sido de la competencia de los gobiernos, desde que en el siglo XVII se encargaran de la gestión de los ejércitos permanentes en lugar de contratarlos a empresarios militares. De hecho, los ejércitos y la guerra no tardaron en convertirse en «industrias» o complejos de actividad militar de mucha mayor envergadura que las empresas privadas, razón por la cual en el siglo XIX suministraban tan frecuentemente conocimientos y capacidad organizativa a las grandes iniciativas privadas de la era industrial, por ejemplo, los proyectos ferroviarios o las instalaciones portuarias. Además, prácticamente en todos los países el estado participaba en las empresas de fabricación de armamento y material de guerra, aunque a finales del siglo XIX se estableció una especie de simbiosis entre el gobierno y los fabricantes privados de armamento, especialmente en los sectores de alta tecnología como la artillería y la marina, que anticiparon lo que ahora se conoce como «complejo industrial-militar» (véase *La era del imperio*, capítulo 13). Sin embargo, el principio básico vigente en el período transcurrido entre la revolución francesa y la primera guerra mundial era que en tiempo de guerra la economía tenía que seguir funcionando, en la medida de lo posible, como en tiempo de paz, aunque por supuesto algunas industrias tenían que sentir los efectos de la guerra, por ejemplo el sector de las prendas de vestir, que debía producir prendas militares a una escala inconcebible en tiempo de paz.

Para el estado el principal problema era de carácter fiscal: cómo financiar las guerras. ¿Debían financiarse mediante créditos o por medio de impuestos directos y, en cualquier caso, en qué condiciones? Era, pues, al Ministerio de Hacienda al que correspondía dirigir la economía de guerra. Durante la primera guerra mundial, que se prolongó durante mucho más tiempo del que habían previsto los diferentes gobiernos y en la que se utilizaron muchos más efectivos y armamento del que se había imaginado, la economía continuó funcionando como en tiempo de paz y ello imposibilitó el control por parte de los ministerios de Hacienda, aunque sus funcionarios (como el joven Keynes en Gran Bretaña) no veían con buenos ojos la tendencia de los políticos a preocuparse de conseguir el triunfo sin tener en cuenta los costos financieros. Estaban en lo cierto. Gran Bretaña utilizó en las dos guerras mundiales muchos más recursos que aquellos de los que disponía, con consecuencias negativas duraderas para su economía. Y es que en la guerra moderna no sólo había que tener en cuenta los costos sino que era necesario dirigir y planificar la producción de guerra, y en definitiva toda la economía.

Sólo a través de la experiencia lo aprendieron los gobiernos en el curso de la primera guerra mundial. Al comenzar la segunda ya lo sabían, gracias a que sus funcionarios habían estudiado de forma concienzuda las enseñanzas extraídas de la primera. Sin embargo, sólo gradualmente se tomó conciencia de que el estado tenía que controlar totalmente la economía y que la planificación material y la asignación de los recursos (por otros medios distintos de los mecanismos económicos habituales) eran cruciales. Al comenzar la segunda guerra mundial, sólo dos estados, la URSS y, en menor medida, la Alemania nazi, poseían los mecanismos necesarios para controlar la economía. Ello no es sorprendente, pues las teorías soviéticas sobre la planificación se inspiraban en los conocimientos que tenían los bolcheviques de la economía de guerra planificada de 1914-1917 en Alemania (véase el capítulo XIII). Algunos países, particularmente Gran Bretaña y los Estados Unidos, no poseían ni siquiera los rudimentos más elementales de esos mecanismos.

Con estas premisas, no deja de ser una extraña paradoja que en ambas guerras mundiales las economías de guerra planificadas de los estados democráticos occidentales —Gran Bretaña y Francia en la primera guerra mundial; Gran Bretaña e incluso Estados Unidos en la segunda— fueran muy superiores a la de Alemania, pese a su tradición y sus teorías relativas a la administración burocrática racional. (Respecto a la planificación soviética, véase el capítulo XIII.) Sólo es posible especular sobre los motivos de esa paradoja, pero no existe duda alguna acerca de los hechos. Éstos dicen que la economía de guerra alemana fue menos sistemática y eficaz en la movilización de todos los recursos para la guerra —de hecho, esto no fue necesario hasta que fracasó la estrategia de la guerra relámpago— y desde luego no se ocupó con tanta atención de la población civil alemana. Los habitantes de Gran Bretaña y Francia que sobrevivieron indemnes a la primera guerra mundial gozaban probablemente de mejor salud que antes de la guerra, incluso cuando eran más pobres, y los ingresos reales de los trabajadores habían aumentado. Por su parte, los alemanes se alimentaban peor y sus salarios reales habían descendido. Más difícil es realizar comparaciones en la segunda guerra mundial, aunque sólo sea porque Francia no tardó en ser eliminada, los Estados Unidos eran más ricos y se vieron sometidos a mucha menos presión, y la URSS era más pobre y estaba mucho más presionada. La economía de guerra alemana podía explotar prácticamente todas las riquezas de Europa, pero lo cierto es que al terminar la guerra la destrucción material era mayor en Alemania que en los restantes países beligerantes de Occidente. En conjunto, Gran Bretaña, que era más pobre y en la que el consumo de la población había disminuido el 20 por 100 en 1943, terminó la guerra con una población algo mejor alimentada y más sana, gracias a que uno de los objetivos permanentes en la economía de guerra planificada fue intentar conseguir la igualdad en la distribución del sacrificio y la justicia social. En cambio, el sistema alemán era injusto por principio. Alemania explotó los recursos y la mano de obra de la Europa ocupada y trató a la población no alemana como a una población inferior y, en casos extremos —los polacos, y particularmente los rusos y los judíos—, como a una mano de obra esclava que no merecía ni siquiera la atención necesaria para que siguiera con vida. En 1944, la mano de obra extranjera había aumentado en Alemania hasta constituir la quinta parte del total (el 30 por 100 estaba empleada en la industria de armamento). Pese a todo, lo cierto es que el salario real de los trabajadores alemanes no había variado con respecto a 1938. En Gran Bretaña, la tasa de mortalidad y de enfermedades infantiles disminuyó progresivamente durante la guerra. En la Francia ocupada y dominada, país de proverbial riqueza y que a partir de 1940 quedó al margen de la guerra, declinó el peso medio y la condición de salud de la población de todas las edades.

Sin duda, la guerra total revolucionó el sistema de gestión. ¿Revolucionó también la tecnología y la producción? o, por decirlo de otra forma, ¿aceleró o retrasó el crecimiento económico? Con toda seguridad, hizo que progresara el desarrollo tecnológico, pues el conflicto entre beligerantes avanzados no enfrentaba sólo a los ejércitos sino que era también un enfrentamiento de tecnologías para conseguir las armas más efectivas y otros servicios esenciales. De no haber existido la segunda guerra mundial y el temor de que la Alemania nazi pudiera explotar también los descubrimientos de la física nuclear, la bomba atómica nunca se habría fabricado ni se habrían realizado en el siglo XX los enormes desembolsos necesarios para producir la energía nuclear de cualquier tipo. Otros avances tecnológicos conseguidos en primera instancia para fines bélicos han resultado mucho más fáciles de aplicar en tiempo de paz —cabe pensar en la aeronáutica y en los ordenadores—, pero eso no modifica el hecho de que la guerra, o la preparación para la guerra, ha sido el factor fundamental para acelerar el progreso técnico, al «soportar» los costos de desarrollo de innovaciones tecnológicas que, casi con toda seguridad, nadie que en tiempo de paz realizara el cálculo habitual de costos y beneficios se habría decidido a intentar, o que en todo caso se habrían conseguido con mucha mayor lentitud y dificultad (véase el capítulo IX).

Sin embargo, la importancia dada por la guerra a la tecnología no era un elemento novedoso. Es más, la economía industrial moderna se sustentaba en la innovación tecnológica permanente, que sin duda se habría producido, probablemente a un ritmo acelerado, aunque no hubiera habido guerras (si se nos permite este planteamiento irreal como hipótesis de trabajo). Las guerras, especialmente la segunda guerra mundial, contribuyeron enormemente a difundir los conocimientos técnicos y tuvieron importantes repercusiones en la organización industrial y en los métodos de producción en masa, pero sirvieron más para acelerar el cambio que para conseguir una verdadera transformación.

¿Impulsó la guerra el crecimiento económico? Al menos en un aspecto hay que contestar negativamente. La pérdida de recursos productivos fue enorme, por no mencionar la disminución de la población activa. En efecto, durante la segunda guerra mundial se produjo una importante destrucción de los activos de capital existentes antes de la guerra: el 25 por 100 en la URSS, el 13 por 100 en Alemania, el 8 por 100 en Italia, el 7 por 100 en Francia y sólo el 3 por 100 en Gran Bretaña (sin embargo, junto a estos datos hay que indicar la creación de nuevos activos durante la guerra). En el caso extremo de la URSS, el efecto económico neto de la guerra fue totalmente negativo. En 1945 no sólo estaba en ruinas el sector agrario del país sino también la industrialización conseguida durante el período de preguerra con la aplicación de los planes quinquenales. Todo lo que quedaba era una vasta industria armamentística imposible de adaptar a otros usos, una población hambrienta y diezmada y una destrucción material generalizada.

En cambio, las guerras repercutieron favorablemente en la economía de los Estados Unidos, que en los dos conflictos mundiales alcanzó un extraordinario índice de crecimiento, especialmente en la segunda guerra mundial, en que creció en torno al 10 por 100 anual, el ritmo más rápido de su historia. Durante las dos guerras mundiales, los Estados Unidos se beneficiaron de su alejamiento del escenario de la lucha, de su condición de principal arsenal de sus aliados y de la capacidad de su economía para organizar la expansión de la producción más eficazmente que ninguna otra. Probablemente, el efecto económico más perdurable de ambas guerras mundiales fue que otorgó a la economía estadounidense una situación de predominio mundial durante todo el siglo XX corto, condición que sólo ha empezado a perder lentamente al final del período (véase el capítulo IX). En 1914 era ya la principal economía industrial, pero no era aún la economía dominante. Las dos guerras mundiales alteraron esa situación al fortalecer esa economía y debilitar, de forma relativa o absoluta, a sus competidores.

Si los Estado Unidos (en ambos conflictos) y Rusia (especialmente en la segunda guerra mundial) representan los dos extremos de las consecuencias económicas de las guerras, hay que situar al resto del mundo en una situación intermedia entre esos extremos, pero en conjunto más próxima a la posición de Rusia que a la de los Estados Unidos.

IV

Queda por hacer la evaluación del impacto de las guerras en la humanidad y sus costos en vidas. El enorme número de bajas, al que ya se ha hecho referencia, constituye tan sólo una parte de esos costos. Curiosamente —excepto, por razones comprensibles, en la URSS— el número de bajas, mucho más reducido, de la primera guerra mundial tuvo un impacto más fuerte que las pérdidas enormes en vidas humanas de la segunda, como lo atestigua la proliferación mucho mayor de monumentos a los caídos de la primera guerra mundial. Tras la segunda guerra mundial no se erigieron equivalentes a los monumentos al «soldado desconocido», y gradualmente la celebración del «día del armisticio» (el aniversario del 11 de noviembre de 1918) perdió la solemnidad que había alcanzado en el período de entreguerras. Posiblemente, los 10 millones de muertos de la primera guerra mundial impresionaron mucho más brutalmente a quienes nunca habían pensado en soportar ese sacrificio que 54 millones de muertos a quienes ya habían experimentado en una ocasión la masacre de la guerra.

Indudablemente, tanto el carácter total de la guerra como la determinación de ambos bandos de proseguir la lucha hasta el final sin importar el precio dejaron su impronta. Sin ella es difícil explicar la creciente brutalidad e inhumanidad del siglo XX. Lamentablemente no es posible albergar duda alguna respecto a la escalada creciente de la barbarie. Al comenzar el siglo XX la tortura había sido eliminada oficialmente en toda Europa occidental, pero desde 1945 nos hemos acostumbrado de nuevo, sin sentir excesiva repulsión, a su utilización al menos en una tercera parte de los estados miembros de las Naciones Unidas, entre los que figuran algunos de los más antiguos y más civilizados (Peters, 1985).

El aumento de la brutalidad no se debió sólo a la liberación del potencial de crueldad y violencia latente en el ser humano que la guerra legitima, aunque es cierto que al terminar la primera guerra mundial se manifestó en un sector determinado de veteranos de guerra, especialmente en el brazo armado o brigadas de la muerte y «cuerpos francos» de la ultraderecha nacionalista. ¿Por qué unos hombres que habían matado y que habían visto cómo sus amigos morían y eran mutilados habrían de dudar en matar y torturar a los enemigos de una buena causa?

Una razón de peso era la extraña democratización de la guerra. Las guerras totales se convirtieron en «guerras del pueblo», tanto porque la población y la vida civil pasó a ser el blanco lógico —a veces el blanco principal— de la estrategia como porque en las guerras democráticas, como en la política democrática, se demoniza naturalmente al adversario para hacer de él un ser odioso, o al menos despreciable. Las guerras cuya conducción en ambos bandos está en manos de profesionales, o especialistas, particularmente cuando ocupan una posición social similar, no excluyen el respeto mutuo y la aceptación de normas, o incluso el comportamiento caballeresco.

La violencia tiene sus reglas. Esto era evidente todavía entre los pilotos que lucharon en las fuerzas aéreas en las dos guerras, y de ello da fe la película pacifista de Jean Renoir sobre la primera guerra mundial, *La gran ilusión*. Los profesionales de la política y de la diplomacia, cuando no les apremian ni los votos ni la prensa, pueden declarar la guerra o negociar la paz sin experimentar sentimientos de odio hacia el bando enemigo, como los boxeadores que se estrechan la mano antes de comenzar la pelea y van juntos a beber una vez que ha terminado. Pero las guerras totales de nuestro siglo no se atenían en absoluto al modelo bismarckiano o dieciochesco. Una guerra en la que se movilizan los sentimientos nacionales de la masa no puede ser limitada, como lo son las guerras aristocráticas. Además —es necesario decirlo—, en la segunda guerra mundial la naturaleza del régimen de Hitler y el comportamiento de los alemanes, incluido el del sector no nazi del ejército, en Europa oriental fue de tal naturaleza que justificó su satanización.

Otra de las razones era la nueva impersonalidad de la guerra, que convertía la muerte y la mutilación en la consecuencia remota de apretar un botón o levantar una palanca. La tecnología hacía invisibles a sus víctimas, lo cual era imposible cuando las bayonetas reventaban las vísceras de los soldados o cuando éstos debían ser encarados en el punto de mira de las armas de fuego. Frente a las ametralladoras instaladas de forma permanente en el frente occidental no había hombres sino estadísticas, y ni siquiera estadísticas reales sino hipotéticas, como lo pondrían de relieve los sistemas de recuento de las bajas enemigas durante la guerra de Vietnam. Lo que había en tierra bajo los aviones bombarderos no eran personas a punto de ser quemadas y destrozadas, sino simples blancos. Jóvenes pacíficos que sin duda nunca se habrían creído capaces de hundir una bayoneta en el vientre de una muchacha embarazada tenían menos problemas para lanzar bombas de gran poder explosivo sobre Londres o Berlín, o bombas nucleares en Nagasaki. Y los diligentes burócratas alemanes que habrían considerado repugnante conducir personalmente a los mataderos a los famélicos judíos se sentían menos involucrados personalmente cuando lo que hacían era organizar los horarios de los trenes de la muerte que partían hacia los campos de exterminio polacos. Las mayores crueldades de nuestro siglo han sido las crueldades impersonales de la decisión remota, del sistema y la rutina, especialmente cuando podían justificarse como deplorables necesidades operativas.

Así pues, el mundo se acostumbró al destierro obligatorio y a las matanzas perpetradas a escala astronómica, fenómenos tan frecuentes que fue necesario inventar nuevos términos para designarlos: «apátrida» o «genocidio». Durante la primera guerra mundial Turquía dio muerte a un número de armenios no contabilizado —la cifra más generalmente aceptada es la de 1,5 millones— en lo que puede considerarse como el primer intento moderno de eliminar a todo un pueblo. Más tarde tendría lugar la matanza —episodio mejor conocido— de unos 5 millones de judíos a manos de los nazis, aunque el número es todavía objeto de controversia (Hilberg, 1985). La primera guerra mundial y la revolución rusa supusieron el desplazamiento forzoso de millones de personas como refugiados o mediante «intercambios de poblaciones» forzosos entre estados. Un total de 1,3 millones de griegos fueron repatriados a Grecia, principalmente desde Turquía; 400.000 turcos fueron conducidos al estado que los reclamaba; unos 200.000 búlgaros se dirigieron hacia el mermado territorio que llevaba su nombre nacional; y 1,5 o 2 millones de rusos, que escapaban de la revolución o que habían luchado en el bando perdedor durante la guerra civil, quedaron sin hogar. Fue principalmente para ellos, más que para los 320.000 armenios que huían del genocidio, para quienes se inventó un nuevo documento destinado, en un mundo cada vez más burocratizado, a quienes no tenían existencia burocrática en ningún estado: el llamado pasaporte Nansen de la Sociedad de Naciones, al que dio nombre el gran explorador noruego del Ártico que hizo de la asistencia a los desamparados su segunda profesión. En cifras aproximadas, el período 1914-1922 generó entre 4 y 5 millones de refugiados.

Pero esa primera oleada de desterrados humanos no fue nada en comparación con la que se produjo en la segunda guerra mundial o con la inhumanidad con que fueron tratados. Se ha estimado que en mayo de 1945 había en Europa alrededor de 40,5 millones de desarraigados, sin contar los trabajadores forzosos no alemanes y los alemanes que huían ante el avance de los ejércitos soviéticos (Kulischer, 1948, pp. 253-273). Unos 13 millones de alemanes fueron expulsados de las zonas del país anexionadas por Polonia y la URSS, de Checoslovaquia y de algunas regiones del sureste de Europa donde estaban asentados desde hacía largo tiempo (Holborn, 1968, p. 363). Fueron absorbidos por la nueva República Federal de Alemania, que ofreció un hogar y la condición de ciudadano a todos los alemanes que decidieran ir allí, de la misma forma que el nuevo estado de Israel ofreció el «derecho de retorno» a todos los judíos. Pero ¿cuándo, si no en una época de huida masiva, podía haber hecho un estado un ofrecimiento de ese tipo? De las 11.332.700 «personas desplazadas» de diferentes nacionalidades que encontraron en Alemania los ejércitos vencedores en 1945, 10 millones no tardaron en regresar a su patria, pero la mitad de ellas fueron obligadas a hacerlo contra su voluntad (Jacobmeyer, 1986).

Sólo hemos hablado hasta ahora de los refugiados de Europa. En efecto, la descolonización de la India en 1947 creó 15 millones de refugiados, que se vieron obligados a atravesar las nuevas fronteras constituidas entre la India y Pakistán (en ambas direcciones), sin contar los 2 millones de personas que murieron en la guerra civil que siguió. La guerra de Corea, otro corolario de la segunda guerra mundial, produjo unos 5 millones de coreanos desplazados. Tras el establecimiento de Israel —otra secuela de la guerra—, aproximadamente 1,3 millones de palestinos fueron registrados en el Organismo sobre Obras Públicas y Socorro de las Naciones Unidas para los Refugiados de Palestina en el Cercano Oriente (OOPS); por otra parte, al iniciarse el decenio de 1960, 1,2 millones de judíos habían emigrado ya a Israel, la mayor parte de ellos también como refugiados. En suma, la catástrofe humana que desencadenó la segunda guerra mundial es casi con toda seguridad la mayor de la historia. Uno de los aspectos más trágicos de esta catástrofe es que la humanidad ha aprendido a vivir en un mundo en el que la matanza, la tortura y el exilio masivo han adquirido la condición de experiencias cotidianas que ya no sorprenden a nadie.

Los 31 años transcurridos entre el asesinato del archiduque de Austria en Sarajevo y la rendición incondicional de Japón han de ser considerados en la historia de Alemania como una era de destrucción comparable a la de la guerra de los Treinta Años, y Sarajevo —el primer Sarajevo— marcó, sin duda, el comienzo de un período general de catástrofes y crisis en los asuntos del mundo, que es el tema de este y de los cuatro próximos capítulos. Sin embargo, la guerra de los Treinta y Un Años no dejó en las generaciones que vivieron después de 1945 el mismo tipo de recuerdos que había dejado la guerra de los Treinta Años, un conflicto más localizado, en el siglo XVII.

En parte, ello es así porque sólo en la perspectiva del historiador constituye un período ininterrumpido de guerra, mientras que para quienes lo vivieron hubo dos guerras distintas, relacionadas entre sí pero separadas por un período de «entreguerras» en el que no hubo hostilidades declaradas y cuya duración osciló entre 13 años para Japón (cuya segunda guerra comenzó en Manchuria en 1931) y 23 años para los Estados Unidos (cuya entrada en la segunda guerra mundial no se produjo hasta diciembre de 1941). Sin embargo, ello se debe también a que cada una de esas guerras tuvo sus propias características y su perfil histórico. Ambas fueron episodios de una carnicería sin posible parangón, que dejaron tras de sí las imágenes de pesadilla tecnológica que persiguieron día y noche a la siguiente generación: gases tóxicos y bombardeos aéreos después de 1918 y la nube de la destrucción nuclear en forma de seta después de 1945. Ambos conflictos concluyeron con el derrumbamiento y —como veremos en el siguiente capítulo— la revolución social en extensas zonas de Europa y Asia, y ambos dejaron a los beligerantes exhaustos y debilitados, con la excepción de los Estados Unidos, que en las dos ocasiones terminaron sin daños y enriquecidos, como dominadores económicos del mundo. Sin embargo, son enormes las diferencias que existen entre las dos guerras. La primera no resolvió nada. Las expectativas que había generado, de conseguir un mundo pacífico y democrático constituido por estados nacionales bajo el predominio de la Sociedad de Naciones, de retorno a la economía mundial de 1913, e incluso (entre quienes saludaron con alborozo el estallido de la revolución rusa) de que el capitalismo fuera erradicado en el plazo de unos años o de tan sólo unos meses por un levantamiento de los oprimidos, se vieron muy pronto defraudadas. El pasado era irrecuperable, el futuro había sido postergado y el presente era una realidad amarga, excepto por un lapso de unos pocos años a mediados de la década de 1920. En cambio, la segunda guerra mundial aportó soluciones, válidas al menos para algunos decenios. Los tremendos problemas sociales y económicos del capitalismo en la era de las catástrofes parecieron desaparecer. La economía del mundo occidental inició su edad de oro, la democracia política occidental, sustentada en un extraordinario progreso de la vida material, era estable y la guerra se desplazó hacia el tercer mundo. En el otro bando, incluso la revolución pareció encontrar su camino. Los viejos imperios coloniales se habían desvanecido o estaban condenados a hacerlo. Un consorcio de estados comunistas, organizado en torno a la Unión Soviética, convertida ahora en superpotencia, parecía dispuesto para competir con Occidente en la carrera del crecimiento económico. Más tarde se vería que eso habría sido tan sólo una ilusión, que sin embargo no empezó a desvanecerse hasta los años sesenta. Como ahora se puede apreciar, incluso la situación internacional se estabilizó, aunque no lo pareciera. Frente a lo que había ocurrido después de la gran guerra, los antiguos enemigos —Alemania y Japón— se reintegraron a la economía mundial (occidental) y los nuevos enemigos —los Estados Unidos y la URSS— no llegaron a enfrentarse en el campo de batalla.

Incluso los movimientos revolucionarios que pusieron fin a ambos conflictos fueron totalmente distintos. Como veremos, los que se produjeron después de la primera guerra mundial surgieron de la repulsión que sentían casi todos los que la habían vivido hacia lo que se veía, cada vez más, como una matanza sin sentido. Eran revoluciones contra la guerra. En cambio, las revoluciones posteriores a la segunda guerra mundial surgieron de la participación popular en una contienda mundial (contra Alemania, Japón y, más en general, contra el imperialismo) que, por terrible que fuera, casi todos consideraban justa. Y sin embargo, las dos guerras mundiales y los dos tipos de revolución de posguerra pueden ser considerados, desde la óptica del historiador, como un solo proceso. A él dedicaremos ahora nuestra atención.

Capítulo II

LA REVOLUCIÓN MUNDIAL

> Al mismo tiempo [Bujarin] añadió: «Creo que se ha iniciado un período de revolución que puede durar y extenderse al mundo entero».
>
> ARTHUR RANSOME, *Six Weeks in Russia in 1919* (1919, p. 54)

> Qué terrible resulta la lectura del poema de Shelley (por no hablar de las canciones campesinas egipcias de hace tres mil años) denunciando la opresión y la explotación. Quienes lo lean en un futuro todavía dominado por la opresión y la explotación, afirmarán: «Ya en aquel tiempo...».
>
> BERTOLT BRECHT después de haber leído «The Masque of Anarchy» de Shelley, en 1938 (Brecht, 1964)

> Después de la revolución francesa ha tenido lugar en Europa una revolución rusa, que una vez más ha enseñado al mundo que incluso los invasores más fuertes pueden ser rechazados cuando el destino de la patria está verdaderamente en manos de los pobres, los humildes, los proletarios y el pueblo trabajador.
>
> Del periódico mural de la *19 Brigata Eusebio Giambone* de los partisanos italianos, 1944 (Pavone, 1991, p. 406)

La revolución fue hija de la guerra del siglo XX: de manera particular, la revolución rusa de 1917 que dio origen a la Unión Soviética, convertida en una superpotencia cuando se inició la segunda fase de la guerra de los Treinta y Un Años, pero más en general, la revolución como constante mundial en la historia del siglo. La guerra por sí sola no desencadena inevitablemente la crisis, la ruptura y la revolución en los países beligerantes. De hecho, hasta 1914 se creía lo contrario, al menos respecto de los regímenes establecidos que gozaban de legitimidad tradicional. Napoleón I se lamentaba amargamente de que, mientras el emperador de Austria había sobrevivido a tantas guerras perdidas y el rey de Prusia había salido indemne del desastre militar que le había hecho perder la mitad de sus territorios, él, hijo de la revolución francesa, se veía en peligro a la primera derrota. Sin embargo, el peso de la guerra total del siglo XX sobre los estados y las poblaciones involucrados en ella fue tan abrumador que los llevó al borde del abismo. Sólo Estados Unidos salió de las guerras mundiales intacto y hasta más fuerte. En todos los demás países el fin de los conflictos desencadenó agitación.

Parecía evidente que el viejo mundo estaba condenado a desaparecer. La vieja sociedad, la vieja economía, los viejos sistemas políticos, habían «perdido el mandato del cielo», según reza el proverbio chino. La humanidad necesitaba una alternativa que ya existía en 1914. Los partidos socialistas, que se apoyaban en las clases trabajadoras y se inspiraban en la convicción de la inevitabilidad histórica de su victoria, encarnaban esa alternativa en la mayor parte de los países europeos (véase *La era del imperio*, capítulo 5). Parecía que sólo hacía falta una señal para que los pueblos se levantaran a sustituir el capitalismo por el socialismo, transformando los sufrimientos sin sentido de la guerra mundial en un acontecimiento de carácter más positivo: los dolores y convulsiones intensos del nacimiento de un nuevo mundo. Fue la revolución rusa —o, más exactamente, la revolución bolchevique— de octubre de 1917 la que lanzó esa señal al mundo, convirtiéndose así en un acontecimiento tan crucial para la historia de este siglo como lo fuera la revolución francesa de 1789 para el devenir del siglo XIX. No es una mera coincidencia que la historia del siglo XX, según ha sido delimitado en este libro, coincida prácticamente con el ciclo vital del estado surgido de la revolución de octubre.

Las repercusiones de la revolución de octubre fueron mucho más profundas y generales que las de la revolución francesa, pues si bien es cierto que las ideas de ésta siguen vivas cuando ya ha desaparecido el bolchevismo, las consecuencias prácticas de los sucesos de 1917 fueron mucho mayores y perdurables que las de 1789. La revolución de octubre originó el movimiento revolucionario de mayor alcance que ha conocido la historia moderna. Su expansión mundial no tiene parangón desde las conquistas del islam en su primer siglo de existencia. Sólo treinta o cuarenta años después de que Lenin llegara a la estación de Finlandia en Petrogrado, un tercio de la humanidad vivía bajo regímenes que derivaban directamente de «los diez días que estremecieron el mundo» (Reed, 1919) y del modelo organizativo de Lenin, el Partido Comunista. La mayor parte de esos regímenes se ajustaron al modelo de la URSS en la segunda oleada revolucionaria que siguió a la conclusión de la segunda fase de la larga guerra mundial de 1914-1945. Este capítulo se ocupa de esa doble marea revolucionaria, aunque naturalmente centra su atención en la revolución original y formativa de 1917 y en las pautas que estableció para las revoluciones posteriores, cuya evolución dominó en gran medida.

I

Durante una gran parte del siglo XX, el comunismo soviético pretendió ser un sistema alternativo y superior al capitalismo, destinado por la historia a superarlo. Y durante una gran parte del período, incluso muchos de quienes negaban esa superioridad albergaron serios temores de que resultara vencedor. Al mismo tiempo, desde la revolución de octubre, la política internacional ha de entenderse, con la excepción del período 1933-1945 (véase el capítulo V), como la lucha secular de las fuerzas del viejo orden contra la revolución social, a la que se asociaba con la Unión Soviética y el comunismo internacional, que se suponía que la encarnaban y dirigían.

A medida que avanzaba el siglo XX, esa imagen de la política mundial como un enfrentamiento entre las fuerzas de dos sistemas sociales antagónicos (cada uno de ellos movilizado, desde 1945, al amparo de una superpotencia que poseía las armas de la destrucción del mundo) fue haciéndose cada vez más irreal. En los años ochenta tenía tan poca influencia sobre la política internacional como pudieran tenerla las cruzadas. Sin embargo, no es difícil comprender cómo llegó a tomar cuerpo. En efecto, la revolución de octubre se veía a sí misma, más incluso que la revolución francesa en su fase jacobina, como un acontecimiento de índole ecuménica más que nacional. Su finalidad no era instaurar la libertad y el socialismo en Rusia, sino llevar a cabo la revolución proletaria mundial. A los ojos de Lenin y de sus camaradas, la victoria del bolchevismo en Rusia era ante todo una batalla en la campaña que garantizaría su triunfo a escala universal, y esa era su auténtica justificación.

Cualquier observador atento del escenario mundial comprendía desde 1870 (véase *La era del imperio*, capítulo 12) que la Rusia zarista estaba madura para la revolución, que la merecía y que una revolución podía derrocar al zarismo. Y desde que en 1905-1906 la revolución pusiera de rodillas al zarismo, nadie dudaba ya de ello. Algunos historiadores han sostenido posteriormente que, de no haber sido por los «accidentes» de la primera guerra mundial y la revolución bolchevique, la Rusia zarista habría evolucionado hasta convertirse en una floreciente sociedad industrial liberal-capitalista, y que de hecho ya había iniciado ese proceso, pero sería muy difícil encontrar antes de 1914 profecías que vaticinaran ese curso de los acontecimientos. De hecho, apenas se había recuperado el régimen zarista de la revolución de 1905 cuando, indeciso e incompetente como siempre, se encontró una vez más acosado por una oleada creciente de descontento social. Durante los meses anteriores al comienzo de la guerra, el país parecía una vez más al borde de un estallido, sólo conjurado por la sólida lealtad del ejército, la policía y la burocracia. Como en muchos de los países beligerantes, el entusiasmo y el patriotismo que embargaron a la población tras el inicio de la guerra enmascararon la situación política, aunque en el caso de Rusia no por mucho tiempo. En 1915, los problemas del gobierno del zar parecían de nuevo insuperables. La revolución de marzo de 1917,[1] que derrocó a la monarquía rusa, fue un acontecimiento esperado, recibido con alborozo por toda la opinión política occidental, si se exceptúan los más furibundos reaccionarios tradicionalistas.

Pero también daba todo el mundo por sentado, salvo los espíritus románticos convencidos de que las prácticas colectivistas de las aldeas rusas conducían directamente a un futuro socialista, que la revolución rusa no podía ser, y no sería, socialista. No se daban las condiciones para una transformación de esas características en un país agrario marcado por la pobreza, la ignorancia y el atraso y donde el proletariado industrial, que Marx veía como el enterrador predestinado del capitalismo, sólo era una minoría minúscula, aunque gozara de una posición estratégica. Los propios revolucionarios marxistas rusos compartían ese punto de vista. El derrocamiento del zarismo y del sistema feudal sólo podía desembocar en una «revolución burguesa». La lucha de clases entre la burguesía y el proletariado (que, según Marx, sólo podía tener un resultado) continuaría, pues, bajo nuevas condiciones políticas. Naturalmente, como Rusia no vivía aislada del resto del mundo, el estallido de una revolución en ese país enorme, que se extendía desde las fronteras del Japón a las de Alemania y que era una de las «grandes potencias» que dominaban la escena mundial, tendría importantes repercusiones internacionales. El propio Karl Marx creía, al final de su vida, que una revolución rusa podía ser el detonador que hiciera estallar la revolución proletaria en los países occidentales más industrializados, donde se daban las condiciones para el triunfo de la revolución socialista proletaria. Como veremos, al final de la primera guerra mundial parecía que eso era precisamente lo que iba a ocurrir.

Sólo existía una complicación. Si Rusia no estaba preparada para la revolución socialista proletaria que preconizaba el marxismo, tampoco lo estaba para la «revolución burguesa» liberal. Incluso los que se contentaban con esta última debían encontrar un procedimiento mejor que el de apoyarse en las débiles y reducidas fuerzas de la clase media liberal de Rusia, una pequeña capa de la población que carecía de prestigio moral, de apoyo público y de una tradición institucional de gobierno representativo en la que pudiera encajar. Los cadetes, el partido del liberalismo burgués, sólo poseían el 2,5 por 100 de los diputados en la Asamblea Constitucional de 1917-1918, elegida libremente, y disuelta muy pronto. Parecían existir dos posibilidades: o se implantaba en Rusia un régimen burgués-liberal con el levantamiento de los campesinos y los obreros (que desconocían en qué con-

1. Como en Rusia estaba en vigor el calendario juliano, retrasado trece días con respecto al calendario gregoriano vigente en el resto del mundo cristiano u occidentalizado, la revolución de febrero ocurrió realmente en marzo, y la revolución de octubre, el 7 de noviembre. Fue la revolución de octubre la que reformó el calendario ruso, al igual que la ortografía. Eso demuestra la profundidad de su impacto, pues es bien sabido que suele ser necesario un auténtico terremoto sociopolítico para implantar pequeños cambios de esa índole. La consecuencia más duradera y universal de la revolución francesa fue precisamente la implantación del sistema métrico.

sistía ese tipo de régimen y a los que tampoco les importaba) bajo la dirección de unos partidos revolucionarios que aspiraban a conseguir algo más, o —y esta segunda hipótesis parecía más probable— las fuerzas revolucionarias iban más allá de la fase burguesa-liberal hacia una «revolución permanente» más radical (según la fórmula enunciada por Marx que el joven Trotsky había recuperado durante la revolución de 1905). En 1917, Lenin, que en 1905 sólo pensaba en una Rusia democrático-burguesa, llegó desde el principio a una conclusión realista: no era el momento para una revolución liberal. Sin embargo, veía también, como todos los demás marxistas, rusos y no rusos, que en Rusia no se daban las condiciones para la revolución *socialista*. Los marxistas revolucionarios rusos consideraban que su revolución *tenía* que difundirse hacia otros lugares.

Eso parecía perfectamente factible, porque la gran guerra concluyó en medio de una crisis política y revolucionaria generalizada, particularmente en los países derrotados. En 1918, los cuatro gobernantes de los países derrotados (Alemania, Austria-Hungría, Turquía y Bulgaria) perdieron el trono, además del zar de Rusia, que ya había sido derrocado en 1917, después de ser derrotado por Alemania. Por otra parte, los disturbios sociales, que en Italia alcanzaron una dimensión casi revolucionaria, también sacudieron a los países beligerantes europeos del bando vencedor.

Ya hemos visto que las sociedades de la Europa beligerante comenzaron a tambalearse bajo la presión extraordinaria de la guerra en masa. La exaltación inicial del patriotismo se había apagado y en 1916 el cansancio de la guerra comenzaba a dejar paso a una intensa y callada hostilidad ante una matanza aparentemente interminable e inútil a la que nadie parecía estar dispuesto a poner fin. Mientras en 1914 los enemigos de la guerra se sentían impotentes y aislados, en 1916 creían hablar en nombre de la mayoría. Que la situación había cambiado espectacularmente quedó demostrado cuando el 28 de octubre de 1916, Friedrich Adler, hijo del líder y fundador del partido socialista austriaco, asesinó a sangre fría al primer ministro austriaco, conde Stürgkh, en un café de Viena —no existían todavía los guardaespaldas— en un gesto público de rechazo de la guerra.

El sentimiento antibelicista reforzó la influencia política de los socialistas, que volvieron a encarnar progresivamente la oposición a la guerra que había caracterizado sus movimientos antes de 1914. De hecho, algunos partidos (por ejemplo, los de Rusia, Serbia y Gran Bretaña —el Partido Laborista Independiente—) nunca dejaron de oponerse a ella, y aun en los países en los que los partidos socialistas la apoyaron, sus enemigos más acérrimos se hallaban en sus propias filas.[2] Al mismo tiempo, el movimiento obrero organizado de las grandes industrias de armamento pasó a ser el centro de la militancia industrial y antibelicista en los principales países beligerantes. Los

2. En 1917, los socialistas alemanes se enfrentaron a propósito del tema de la guerra. La mayoría del partido (SPD) continuó apoyándola, pero una fracción importante, contraria a la guerra, se escindió y constituyó el Partido Socialdemócrata Alemán Independiente (USPD).

activistas sindicales de base en esas fábricas, hombres preparados que disfrutaban de una fuerte posición (*shop stewards* en Gran Bretaña; *Betriebsobleute* en Alemania), se hicieron célebres por su radicalismo. Los artificieros y mecánicos de los nuevos navíos dotados de alta tecnología, verdaderas fábricas flotantes, adoptaron la misma actitud. Tanto en Rusia como en Alemania, las principales bases navales (Kronstadt, Kiel) iban a convertirse en núcleos revolucionarios importantes y, años más tarde, un motín de la marinería francesa en el mar Negro impediría la intervención militar de Francia contra los bolcheviques en la guerra civil rusa de 1918-1920. Así, la oposición contra la guerra adquirió una expresión concreta y encontró protagonistas dispuestos a manifestarla. No puede extrañar que los censores de Austria-Hungría, que supervisaban la correspondencia de sus tropas, comenzaran a advertir un cambio en el tono de las cartas. Expresiones como «si Dios quisiera que retornara la paz» dejaron paso a frases del tipo «Ya estamos cansados» o incluso «Dicen que los socialistas van a traer la paz».

No es extraño, pues (también según los censores del imperio de los Habsburgo), que la revolución rusa fuera el primer acontecimiento político desde el estallido de la guerra del que se hacían eco incluso las cartas de las esposas de los campesinos y trabajadores. No ha de sorprender tampoco que, especialmente después de que la revolución de octubre instalara a los bolcheviques de Lenin en el poder, se mezclaran los deseos de paz y revolución social: de las cartas censuradas entre noviembre de 1917 y marzo de 1918, un tercio expresaba la esperanza de que Rusia trajera la paz, un tercio esperaba que lo hiciera la revolución y el 20 por 100 confiaba en una combinación de ambas cosas. Nadie parecía dudar de que la revolución rusa tendría importantes repercusiones internacionales. Ya la primera revolución de 1905-1906 había hecho que se tambalearan los cimientos de los viejos imperios sobrevivientes, desde Austria-Hungría a China, pasando por Turquía y Persia (véase *La era del imperio*, capítulo 12). En 1917, Europa era un gran polvorín de explosivos sociales cuya detonación podía producirse en cualquier momento.

II

Rusia, madura para la revolución social, cansada de la guerra y al borde de la derrota, fue el primero de los regímenes de Europa central y oriental que se hundió bajo el peso de la primera guerra mundial. La explosión se esperaba, aunque nadie pudiera predecir en qué momento se produciría. Pocas semanas antes de la revolución de febrero, Lenin se preguntaba todavía desde su exilio en Suiza si viviría para verla. De hecho, el régimen zarista sucumbió cuando a una manifestación de mujeres trabajadoras (el 8 de marzo, «día de la mujer», que celebraba habitualmente el movimiento socialista) se sumó el cierre industrial en la fábrica metalúrgica Putilov, cuyos trabajadores destacaban por su militancia, para desencadenar una huelga general y la invasión del centro de la capital, cruzando el río helado, con el objetivo fundamental de pedir pan. La fragilidad del régimen quedó de manifiesto cuando las tropas del zar, incluso los siempre leales cosacos, dudaron primero y luego se negaron a atacar a la multitud y comenzaron a fraternizar con ella. Cuando se amotinaron, después de cuatro días caóticos, el zar abdicó, siendo sustituido por un «gobierno provisional» que gozó de la simpatía e incluso de la ayuda de los aliados occidentales de Rusia, temerosos de que su situación desesperada pudiera inducir al régimen zarista a retirarse de la guerra y a firmar una paz por separado con Alemania. Cuatro días de anarquía y de manifestaciones espontáneas en las calles bastaron para acabar con un imperio.[3] Pero eso no fue todo: Rusia estaba hasta tal punto preparada para la revolución social que las masas de Petrogrado consideraron inmediatamente la caída del zar como la proclamación de la libertad universal, la igualdad y la democracia directa. El éxito extraordinario de Lenin consistió en pasar de ese incontrolable y anárquico levantamiento popular al poder bolchevique.

Por consiguiente, lo que sobrevino no fue una Rusia liberal y constitucional occidentalizada y decidida a combatir a los alemanes, sino un vacío revolucionario: un impotente «gobierno provisional» por un lado y, por el otro, una multitud de «consejos» populares (soviets) que surgían espontáneamente en todas partes como las setas después de la lluvia.[4] Los soviets tenían el poder (o al menos el poder de veto) en la vida local, pero no sabían qué hacer con él ni qué era lo que se podía o se debía hacer. Los diferentes partidos y organizaciones revolucionarios —bolcheviques y mencheviques socialdemócratas, socialrevolucionario y muchos otros grupos menores de la izquierda, que emergieron de la clandestinidad— intentaron integrarse en esas asambleas para coordinarlas y conseguir que se adhirieran a su política, aunque en un principio sólo Lenin las consideraba como una alternativa al gobierno («todo el poder para los soviets»). Sin embargo, lo cierto es que cuando se produjo la caída del zar no eran muchos los rusos que supieran qué representaban las etiquetas de los partidos revolucionarios o que, si lo sabían, pudieran distinguir sus diversos programas. Lo que sabían era que ya no aceptaban la autoridad, ni siquiera la autoridad de los revolucionarios que afirmaban saber más que ellos.

La exigencia básica de la población más pobre de los núcleos urbanos era conseguir pan, y la de los obreros, obtener mayores salarios y un horario de trabajo más reducido. Y en cuanto al 80 por 100 de la población rusa que

3. El costo humano fue mayor que el de la revolución de octubre pero relativamente modesto: 53 oficiales, 602 soldados, 73 policías y 587 ciudadanos heridos o muertos (W. H. Chamberlin, 1965, vol. I, p. 85).

4. Dichos «consejos», que se basaban en la experiencia de las comunidades aldeanas rusas dotadas de autogobierno, surgieron como entidades políticas entre los trabajadores de las fábricas durante la revolución de 1905. Dado que los trabajadores organizados estaban familiarizados con las asambleas de delegados elegidos directamente, que apelaban a su sentimiento intrínseco de democracia, el término «soviet», traducido en ocasiones, aunque no siempre, a las lenguas locales (consejos; *räte*), tenía una gran fuerza internacional.

vivía de la agricultura, lo que quería era, como siempre, la tierra. Todos compartían el deseo de que concluyera la guerra, aunque en un principio los campesinos-soldados que formaban el grueso del ejército no se oponían a la guerra como tal, sino a la dureza de la disciplina y a los malos tratos a que les sometían los otros rangos del ejército. El lema «pan, paz y tierra» suscitó cada vez más apoyo para quienes lo propugnaban, especialmente para los bolcheviques de Lenin, cuyo número pasó de unos pocos miles en marzo de 1917 a casi 250.000 al inicio del verano de ese mismo año. Contra lo que sustentaba la mitología de la guerra fría, que veía a Lenin esencialmente como a un organizador de golpes de estado, el único activo real que tenían él y los bolcheviques era el conocimiento de lo que querían las masas, lo que les indicaba cómo tenían que proceder. Por ejemplo, cuando comprendió que, aun en contra del programa socialista, los campesinos deseaban que la tierra se dividiera en explotaciones familiares, Lenin no dudó por un momento en comprometer a los bolcheviques en esa forma de individualismo económico.

En cambio, el gobierno provisional y sus seguidores fracasaron al no reconocer su incapacidad para conseguir que Rusia obedeciera sus leyes y decretos. Cuando los empresarios y hombres de negocios intentaron restablecer la disciplina laboral, lo único que consiguieron fue radicalizar las posturas de los obreros. Cuando el gobierno provisional insistió en iniciar una nueva ofensiva militar en junio de 1917, el ejército se negó y los soldados-campesinos regresaron a sus aldeas para participar en el reparto de la tierra. La revolución se difundió a lo largo de las vías del ferrocarril que los llevaba de regreso. Aunque la situación no estaba madura para la caída inmediata del gobierno provisional, a partir del verano se intensificó la radicalización en el ejército y en las principales ciudades, y eso favoreció a los bolcheviques. El campesinado apoyaba abrumadoramente a los herederos de los *narodniks* (véase *La era del capitalismo*, capítulo 9), los socialrevolucionarios, aunque en el seno de ese partido se formó un ala izquierda más radical que se aproximó a los bolcheviques, con los que gobernó durante un breve período tras la revolución de octubre.

El afianzamiento de los bolcheviques —que en ese momento constituía esencialmente un partido obrero— en las principales ciudades rusas, especialmente en la capital, Petrogrado, y en Moscú, y su rápida implantación en el ejército, entrañó el debilitamiento del gobierno provisional, sobre todo cuando en el mes de agosto tuvo que recabar el apoyo de las fuerzas revolucionarias de la capital para sofocar un intento de golpe de estado contrarrevolucionario encabezado por un general monárquico. El sector más radicalizado de sus seguidores impulsó entonces a los bolcheviques a la toma del poder. En realidad, llegado el momento, no fue necesario tomar el poder, sino simplemente ocuparlo. Se ha dicho que el número de heridos fue mayor durante el rodaje de la gran película de Eisenstein *Octubre* (1927) que en el momento de la ocupación real del Palacio de Invierno el 7 de noviembre de 1917. El gobierno provisional, al que ya nadie defendía, se disolvió como una burbuja en el aire.

Desde que se tuvo la seguridad de que se produciría la caída del gobierno provisional hasta la actualidad, la revolución de octubre ha estado envuelta en polémicas, las más de las veces mitificadoras. Lo importante no es si, como afirman los historiadores anticomunistas, lo que ocurrió fue un golpe de estado perpetrado por Lenin, un personaje eminentemente antidemocrático, sino quién o qué debía o podía seguir a la caída del gobierno provisional. Desde principios de septiembre, Lenin no sólo se esforzó en convencer a los elementos más dubitativos de su partido de que el poder podía escaparse si no lo tomaban mediante una acción planificada durante el breve espacio de tiempo en que estaría a su alcance, sino también, y con el mismo interés, de responder a la pregunta: «¿pueden los bolcheviques conservar el poder del estado?», en caso de que lo ocuparan. En definitiva, ¿qué podía hacer *cualquiera* que quisiera gobernar la erupción volcánica de la Rusia revolucionaria? Ningún partido, aparte de los bolcheviques de Lenin, estaba preparado para afrontar esa responsabilidad por sí solo y el panfleto de Lenin sugiere que no todos los bolcheviques estaban tan decididos como él. Dada la favorable situación política existente en Petrogrado, en Moscú y en el ejército del norte, no era fácil decidir si se debía tomar el poder *en ese momento* o esperar a nuevos acontecimientos. La contrarrevolución militar no había hecho sino comenzar. El gobierno, desesperado, en lugar de dejar paso a los soviets podía entregar Petrogrado al ejército alemán, que se hallaba ya en la frontera septentrional de la actual Estonia, es decir, a pocos kilómetros de la capital. Además, Lenin raramente volvía la espalda a las situaciones más difíciles. Si los bolcheviques no aprovechaban el momento, «podía desencadenarse una verdadera anarquía, más fuerte *de lo que somos nosotros*». En último extremo, la argumentación de Lenin tenía que convencer a su partido. Si un partido revolucionario no tomaba el poder cuando el momento y las masas lo exigían, ¿en qué se diferenciaba de un partido no revolucionario?

Lo más problemático era la perspectiva a largo plazo, incluso en el supuesto de que una vez tomado el poder en Petrogrado y Moscú fuera posible extenderlo al resto de Rusia y conservarlo frente a la anarquía y la contrarrevolución. El programa de Lenin, de comprometer al nuevo gobierno soviético (es decir, básicamente el partido bolchevique) en la «transformación socialista de la república rusa» suponía apostar por la mutación de la revolución rusa en una revolución mundial, o al menos europea. ¿Quién —preguntaba Lenin frecuentemente— podía imaginar que la victoria del socialismo «pudiera producirse ... excepto mediante la destrucción total de la burguesía rusa y europea»? Entretanto, la tarea principal, la única en realidad, de los bolcheviques era la de mantenerse. El nuevo régimen apenas hizo otra cosa por el socialismo que declarar que el socialismo era su objetivo, ocupar los bancos y declarar el «control obrero» sobre la gestión de las empresas, es decir, oficializar lo que habían ido haciendo desde que estallara la revolución, mientras urgía a los obreros que mantuvieran la producción. No tenía otra cosa que decirles.[5]

El nuevo régimen se mantuvo. Sobrevivió a una dura paz impuesta por Alemania en Brest-Litovsk, unos meses antes de que los propios alemanes fueran derrotados, y que supuso la pérdida de Polonia, las provincias del Báltico, Ucrania y extensos territorios del sur y el oeste de Rusia, así como, *de facto*, de Transcaucasia (Ucrania y Transcaucasia serían recuperadas). Por su parte, los aliados no vieron razón alguna para comportarse con más generosidad con el centro de la subversión mundial. Diversos ejércitos y regímenes contrarrevolucionarios («blancos») se levantaron contra los soviets, financiados por los aliados, que enviaron a suelo ruso tropas británicas, francesas, norteamericanas, japonesas, polacas, serbias, griegas y rumanas. En los peores momentos de la brutal y caótica guerra civil de 1918-1920, la Rusia soviética quedó reducida a un núcleo cercado de territorios en el norte y el centro, entre la región de los Urales y los actuales estados del Báltico, además del pequeño apéndice de Leningrado, que apunta al golfo de Finlandia. Los únicos factores de peso que favorecían al nuevo régimen, mientras creaba de la nada un ejército a la postre vencedor, eran la incompetencia y división que reinaban entre las fuerzas «blancas», su incapacidad para ganar el apoyo del campesinado ruso y la bien fundada sospecha de las potencias occidentales de que era imposible organizar adecuadamente a esos soldados y marineros levantiscos para luchar contra los bolcheviques. La victoria de éstos se había consumado a finales de 1920.

Así pues, y contra lo esperado, la Rusia soviética sobrevivió. Los bolcheviques extendieron su poder y lo conservaron, no sólo durante más tiempo del que había durado la Comuna de París de 1871 (como observó con orgullo y alivio Lenin una vez transcurridos dos meses y quince días), sino a lo largo de varios años de continuas crisis y catástrofes: la conquista de los alemanes y la dura paz que les impusieron, las secesiones regionales, la contrarrevolución, la guerra civil, la intervención armada extranjera, el hambre y el hundimiento económico. La única estrategia posible consistía en escoger, día a día, entre las decisiones que podían asegurar la supervivencia y las que podían llevar al desastre inmediato. ¿Quién iba a preocuparse de las consecuencias que pudieran tener para la revolución, a largo plazo, las decisiones que había que tomar *en ese momento,* cuando el hecho de no adoptarlas supondría liquidar la revolución y haría innecesario tener que analizar, en el futuro, cualquier posible consecuencia? Uno tras otro se dieron los pasos necesarios y cuando la nueva república soviética emergió de su agonía, se descubrió que conducían en una dirección muy distinta de la que había previsto Lenin en la estación de Finlandia.

5. «Les dije: haced lo que queráis, tomad cuanto queráis, os apoyaremos, pero cuidad la producción, tened en cuenta que la producción es útil. Haced un trabajo útil; cometeréis errores, pero aprenderéis» (Lenin, *Informe sobre las actividades del consejo de los comisarios del pueblo*, 11/24 de enero de 1918, Lenin, 1970, p. 551).

Sea como fuere, la revolución sobrevivió por tres razones principales. En primer lugar, porque contaba con un instrumento extraordinariamente poderoso, un Partido Comunista con 600.000 miembros, fuertemente centralizado y disciplinado. Ese modelo organizativo, propagado y defendido incansablemente por Lenin desde 1902, tomó forma después del movimiento insurreccional. Prácticamente todos los regímenes revolucionarios del siglo XX adoptarían una variante de ese modelo. En segundo lugar, era, sin duda, el *único* gobierno que podía y quería mantener a Rusia unida como un estado, y para ello contaba con un considerable apoyo de otros grupos de patriotas rusos (políticamente hostiles en otros sentidos), como la oficialidad, sin la cual habría sido imposible organizar el nuevo ejército rojo. Para esos grupos, como para el historiador que considera los hechos de manera retrospectiva, en 1917-1918 no había que elegir entre una Rusia liberal-democrática o una Rusia no liberal, sino entre Rusia y la desintegración, destino al que estaban abocados los otros imperios arcaicos y derrotados, esto es, Austria-Hungría y Turquía. Frente a lo ocurrido en ellos, la revolución bolchevique preservó en su mayor parte la unidad territorial multinacional del viejo estado zarista, al menos durante otros setenta y cuatro años. La tercera razón era que la revolución había permitido que el campesinado ocupara la tierra. En el momento decisivo, la gran masa de campesinos rusos —el núcleo del estado y de su nuevo ejército— consideró que sus oportunidades de conservar la tierra eran mayores si se mantenían los rojos que si el poder volvía a manos de la nobleza. Eso dio a los bolcheviques una ventaja decisiva en la guerra civil de 1918-1920. Los hechos demostrarían que los campesinos rusos eran demasiado optimistas.

III

La revolución mundial que justificaba la decisión de Lenin de implantar en Rusia el socialismo no se produjo y ese hecho condenó a la Rusia soviética a sufrir, durante una generación, los efectos de un aislamiento que acentuó su pobreza y su atraso. Las opciones de su futuro desarrollo quedaban así determinadas, o al menos fuertemente condicionadas (véanse los capítulos XIII y XVI). Sin embargo, una oleada revolucionaria barrió el planeta en los dos años siguientes a la revolución de octubre y las esperanzas de los bolcheviques, prestos para la batalla, no parecían irreales. «Völker hört die Signale» («Pueblos, escuchad las señales») era el primer verso de la *Internacional* en alemán. Las señales llegaron, altas y claras, desde Petrogrado y, cuando la capital fue transferida a un lugar más seguro en 1918, desde Moscú;[6] y se

6. La capital de la Rusia zarista era San Petersburgo. En la primera guerra mundial se consideraba que ese nombre sonaba demasiado a alemán, y fue sustituido por el de Petrogrado. A la muerte de Lenin, pasó a llamarse Leningrado (1924) y tras el derrumbamiento de la URSS recuperó su nombre original. La Unión Soviética (seguida por sus satélites más serviles) mos-

escucharon en todos los lugares donde existían movimientos obreros y socialistas, con independencia de su ideología, e incluso más allá. Hasta los trabajadores de las plantaciones de tabaco de Cuba, muy pocos de los cuales sabían dónde estaba Rusia, formaron «soviets». En España, al período 1917-1919 se le dio el nombre de «bienio bolchevique», aunque la izquierda española era profundamente anarquista, que es como decir que se hallaba en las antípodas políticas de Lenin. Sendos movimientos estudiantiles revolucionarios estallaron en Pekín (Beijing) en 1919 y en Córdoba (Argentina) en 1918, y desde este último lugar se difundieron por América Latina generando líderes y partidos marxistas revolucionarios locales. El militante nacionalista indio M. N. Roy se sintió inmediatamente hechizado por el marxismo en México, donde la revolución local, que inició su fase más radical en 1917, reconocía su afinidad con la Rusia revolucionaria: Marx y Lenin se convirtieron en sus ídolos, junto con Moctezuma, Emiliano Zapata y los trabajadores indígenas, y su presencia se aprecia todavía en los grandes murales de sus artistas oficiales. A los pocos meses, Roy se hallaba en Moscú, donde desempeñó un importante papel en la formulación de la política de liberación colonial de la nueva Internacional Comunista. La revolución de octubre (en parte a través de socialistas holandeses como Henk Sneevliet) dejó su impronta en la principal organización de masas del movimiento de liberación nacional indonesio, Sarekat Islam. «Esta acción del pueblo ruso —escribió un periódico de provincias turco— será algún día un sol que iluminará a la humanidad.» En las remotas tierras interiores de Australia, los rudos pastores (muchos de ellos católicos irlandeses), que no se interesaban por la teoría política, saludaron alborozados a los soviets como el estado de los trabajadores. En los Estados Unidos, los finlandeses, que durante mucho tiempo fueron la comunidad de inmigrantes más intensamente socialista, se convirtieron en masa al comunismo, multiplicándose en los inhóspitos asentamientos mineros de Minnesota las reuniones «donde la simple mención del nombre de Lenin hacía palpitar el corazón ... En medio de un silencio místico, casi en un éxtasis religioso, admirábamos todo lo que procedía de Rusia». En suma, la revolución de octubre fue reconocida universalmente como un acontecimiento que conmovió al mundo.

Incluso muchos de los que conocieron más de cerca la revolución, y que la vieron, por tanto, sin sentirse llevados a estas formas de éxtasis religioso, se convirtieron también, desde prisioneros de guerra que regresaron a sus países como bolcheviques convencidos y futuros líderes comunistas, como el mecánico croata Josip Broz (Tito), hasta periodistas que visitaban el país, como Arthur Ransome, del *Manchester Guardian*, que no era una figura política destacada, sino que se había dado a conocer como autor de delicio-

---

traba una inclinación desusada a la toponimia política, complicada frecuentemente por los avatares de la política partidista. Así, Tsaritsyn, en el Volga, pasó a llamarse Stalingrado, escenario de una batalla épica en la segunda guerra mundial, pero a la muerte de Stalin se convirtió en Volgogrado. En el momento de escribir estas líneas conserva todavía ese nombre.

sos relatos infantiles sobre la navegación a vela. Un personaje si cabe menos bolchevique, el escritor checo Jaroslav Hašek —futuro autor de una obra maestra, *Las aventuras del buen soldado Schwejk*— se encontró por primera vez en su vida siendo militante de una causa y, lo que es aún más sorprendente, sobrio. Participó en la guerra civil como comisario del ejército rojo y regresó a continuación a Praga, para desempeñar de nuevo el papel de anarcobohemio y borracho con el que estaba más familiarizado, afirmando que la Rusia soviética posrevolucionaria no le agradaba tanto como la revolución.

Pero los acontecimientos de Rusia no sólo crearon revolucionarios sino (y eso es más importante) revoluciones. En enero de 1918, pocas semanas después de la conquista del Palacio de Invierno, y mientras los bolcheviques intentaban desesperadamente negociar la paz con el ejército alemán que avanzaba hacia sus fronteras, Europa central fue barrida por una oleada de huelgas políticas y manifestaciones antibelicistas que se iniciaron en Viena para propagarse a través de Budapest y de los territorios checos hasta Alemania, culminando en la revuelta de la marinería austrohúngara en el Adriático. Cuando se vio con claridad que las potencias centrales serían derrotadas, sus ejércitos se desintegraron. En septiembre, los soldados campesinos búlgaros regresaron a su país, proclamaron la república y marcharon sobre Sofía, aunque pudieron ser desarmados con la ayuda alemana. En octubre, se desmembró la monarquía de los Habsburgo, después de las últimas derrotas sufridas en el frente de Italia. Se establecieron entonces varios estados nacionales nuevos con la esperanza de que los aliados victoriosos los preferirían a los peligros de la revolución bolchevique. La primera reacción occidental ante el llamamiento de los bolcheviques a los pueblos para que hicieran la paz —así como su publicación de los tratados secretos en los que los aliados habían decidido el destino de Europa— fue la elaboración de los catorce puntos del presidente Wilson, en los que se jugaba la carta del nacionalismo contra el llamamiento internacionalista de Lenin. Se iba a crear una zona de pequeños estados nacionales para que sirvieran a modo de cordón sanitario contra el virus rojo. A principios de noviembre, los marineros y soldados amotinados difundieron por todo el país la revolución alemana desde la base naval de Kiel. Se proclamó la república y el emperador, que huyó a Holanda, fue sustituido al frente del estado por un ex guarnicionero socialdemócrata.

La revolución que había derribado todos los regímenes desde Vladivostok hasta el Rin era una revuelta contra la guerra, y la firma de la paz diluyó una gran parte de su carga explosiva. Por otra parte, su contenido social era vago, excepto en los casos de los soldados campesinos de los imperios de los Habsburgo, de los Romanov y turco, y en los pequeños estados del sureste de Europa. Allí se basaba en cuatro elementos principales: la tierra, y el rechazo de las ciudades, de los extranjeros (especialmente de los judíos) y de los gobiernos. Esto convirtió a los campesinos en revolucionarios, aunque no en bolcheviques, en grandes zonas de Europa central y oriental, pero no en Alemania (excepto en cierta medida en Baviera), ni en Austria ni en algunas zonas de Polonia. Para calmar su descontento fue necesario introducir algunas medidas de reforma agraria incluso en algunos países conservadores y contrarrevolucionarios como Rumania y Finlandia. Por otra parte, en los países en los que constituía la mayoría de la población, el campesinado representaba la garantía de que los socialistas, y en especial los bolcheviques, no ganarían las elecciones generales democráticas. Aunque esto no convertía necesariamente a los campesinos en bastiones del conservadurismo político, constituía una dificultad decisiva para los socialistas democráticos o, como en la Rusia soviética, los forzó a la abolición de la democracia electoral. Por esa razón, los bolcheviques, que habían pedido una asamblea constituyente (una tradición revolucionaria habitual desde 1789), la disolvieron pocas semanas después de los sucesos de octubre. La creación de una serie de pequeños estados nacionales según los principios enunciados por el presidente Wilson, aunque no sirvió ni mucho menos para poner fin a los conflictos nacionales en el escenario de las revoluciones, frenó también el avance de la revolución bolchevique. Naturalmente, esa era la intención de los aliados negociadores de la paz.

Por otra parte, el impacto de la revolución rusa en las insurrecciones europeas de 1918-1919 era tan evidente que alentaba en Moscú la esperanza de extender la revolución del proletariado mundial. El historiador puede apreciar claramente (también lo veían así algunos revolucionarios nacionales) que la Alemania imperial era un estado con una considerable estabilidad social y política, donde existía un movimiento obrero fuerte, pero sustancialmente moderado, y donde sólo la guerra hizo posible que estallara una revolución armada. A diferencia de la Rusia zarista, del desvencijado imperio austrohúngaro, de Turquía, el proverbial «enfermo de Europa», o de los semicivilizados habitantes de las montañas de la zona suroriental del continente, capaces de cualquier cosa, Alemania no era un país donde cabía esperar que se produjeran insurrecciones. Mientras que en Rusia y en Austria-Hungría, vencidas en la guerra, reinaba una situación realmente revolucionaria, la gran masa de los soldados, marineros y trabajadores revolucionarios de Alemania eran tan moderados y observantes de la ley como los retrataban los chistes, posiblemente apócrifos, que contaban los revolucionarios rusos («donde haya un cartel que prohíbe pisar el césped, los alemanes sublevados tendrán buen cuidado de andar por el camino»).

Y sin embargo, este era el país donde los marineros revolucionarios pasearon el estandarte de los soviets de un extremo al otro, donde la ejecutiva de un soviet de obreros y soldados de Berlín nombró un gobierno socialista de Alemania, donde pareció que coincidirían las revoluciones de febrero y octubre, cuando la abdicación del emperador dejó en manos de los socialistas radicales el control de la capital. Pero fue tan sólo una ilusión, que hizo posible la parálisis total, aunque momentánea, del ejército, el estado y la estructura de poder bajo el doble impacto de la derrota total y de la revolución. Al cabo de unos días, el viejo régimen estaba de nuevo en el poder, en forma de república, y no volvería a ser amenazado seriamente por los socialistas, que ni siquiera consiguieron la mayoría en las primeras elecciones, aunque se celebraron pocas semanas después de la revolución.[7] Menor aún fue la amenaza del Partido Comunista recién creado, cuyos líderes, Karl Liebknecht y Rosa Luxemburg, fueron asesinados por pistoleros a sueldo del ejército.

Sin embargo, la revolución alemana de 1918 confirmó las esperanzas de los bolcheviques rusos, tanto más cuanto que en 1918 se proclamó en Baviera una efímera república socialista, y en la primavera de 1919, tras el asesinato de su líder, se estableció una república soviética, de breve duración, en Munich, capital alemana del arte, de la contracultura intelectual y de la cerveza (mucho menos subversiva desde el punto de vista político). Estos acontecimientos coincidieron con un intento más serio de exportar el bolchevismo hacia Occidente, que culminó en la creación de la república soviética húngara de marzo-julio de 1919.[8] Naturalmente, ambos movimientos fueron sofocados con la brutalidad esperada. Además, el desencanto con la conducta de los socialdemócratas radicalizó a los trabajadores alemanes, muchos de los cuales pasaron a apoyar a los socialistas independientes y, a partir de 1920, al Partido Comunista, que se convirtió así en el principal partido comunista fuera de la Rusia soviética. ¿No podía esperarse, después de todo, que estallara una revolución de octubre en Alemania? Aunque el año 1919, el de mayor inquietud social en Occidente, contempló el fracaso de los únicos intentos de propagar la revolución bolchevique, y a pesar de que en 1920 se inició un rápido reflujo de la marea revolucionaria, los líderes bolcheviques de Moscú no abandonaron, hasta bien entrado 1923, la esperanza de ver una revolución en Alemania.

Fue, por el contrario, en 1920 cuando los bolcheviques cometieron lo que hoy se nos aparece como un error fundamental, al dividir permanentemente el movimiento obrero internacional. Lo hicieron al estructurar su nuevo movimiento comunista internacional según el modelo del partido de vanguardia de Lenin, constituido por una elite de «revolucionarios profesionales» con plena dedicación. Como hemos visto, la revolución de octubre había despertado grandes simpatías en los movimientos socialistas internacionales, todos los cuales salieron de la guerra mundial radicalizados y muy fortalecidos. Con pocas excepciones, en los partidos socialistas y obreros existían fuertes movimientos de opinión favorables a la integración en la nueva Tercera Internacional (comunista), que crearon los bolcheviques en sustitución de la Segunda Internacional (1889-1914), desacreditada y desorganizada por la guerra mundial a la que no había sabido oponerse.[9] En efecto, los partidos

7. Los socialdemócratas moderados obtuvieron algo menos del 38 por 100 de los votos —el porcentaje más alto que nunca alcanzaron— y los socialdemócratas independientes, revolucionarios, aproximadamente el 7,5 por 100.

8. Su derrota desencadenó una diáspora de refugiados políticos e intelectuales por todo el mundo. Algunos de ellos harían una sorprendente carrera, como el magnate cinematográfico sir Alexander Korda y el actor Bela Lugosi, célebre sobre todo por ser el primer protagonista del *Drácula* cinematográfico.

9. La llamada Primera Internacional era la Asociación Internacional de los Trabajadores constituida por Marx, que estuvo vigente entre 1864 y 1872.

socialistas de Francia, Italia, Austria y Noruega, así como los socialistas independientes de Alemania, votaron en ese sentido, dejando en minoría a los adversarios del bolchevismo. Sin embargo, lo que buscaban Lenin y los bolcheviques no era un movimiento internacional de socialistas simpatizantes con la revolución de octubre, sino un cuerpo de activistas totalmente comprometido y disciplinado: una especie de fuerza de asalto para la conquista revolucionaria. A los partidos que se negaron a adoptar la estructura leninista se les impidió incorporarse a la nueva Internacional, o fueron expulsados de ella, porque resultaría debilitada si aceptaba esas quintas columnas de oportunismo y reformismo, por no hablar de lo que Marx había llamado en una ocasión «cretinismo parlamentario». Dado que la batalla era inminente sólo podían tener cabida los soldados.

Para que esa argumentación tuviera sentido debía cumplirse una condición: que la revolución mundial estuviera aún en marcha y que hubiera nuevas batallas en la perspectiva inmediata. Sin embargo, aunque la situación europea no estaba ni mucho menos estabilizada, en 1920 resultaba evidente que la revolución bolchevique no era inminente en Occidente, aunque también lo era que los bolcheviques habían conseguido asentarse en Rusia. Sin duda, en el momento en que se reunió la Internacional parecía posible que el ejército rojo, victorioso en la guerra civil y avanzando hacia Varsovia, propagara la revolución hacia Occidente por medio de la fuerza armada, como secuela de una breve guerra ruso-polaca provocada por las ambiciones territoriales de Polonia, que había recuperado su condición de estado después de siglo y medio de inexistencia y reclamaba ahora sus fronteras del siglo XVIII, que se adentraban profundamente en Bielorrusia, Lituania y Ucrania. El avance soviético, que ha dejado un maravilloso monumento literario en la obra de Isaak Babel *Caballería roja*, fue acogido con alborozo por un grupo muy variado de contemporáneos, desde el novelista austriaco Joseph Roth, que luego escribiría una elegía de los Habsburgo, hasta Mustafá Kemal, futuro líder de Turquía. Sin embargo, los obreros polacos no se rebelaron y el ejército rojo fue rechazado a las puertas de Varsovia. A partir de entonces, y a pesar de las apariencias, no habría novedad en el frente occidental. Las perspectivas revolucionarias se desplazaron hacia el este, hacia Asia, que siempre había estado en el punto de mira de Lenin. Así, entre 1920 y 1927 las esperanzas de la revolución mundial parecieron sustentarse en la revolución china, que progresaba bajo el Kuomintang, partido de liberación nacional cuyo líder, Sun Yat-sen (1866-1925), aceptó el modelo soviético, la ayuda militar soviética y el nuevo Partido Comunista chino como parte de su movimiento. La alianza entre el Kuomintang y el Partido Comunista avanzaría hacia el norte desde sus bases de la China meridional, en el curso de la gran ofensiva de 1925-1927, situando a la mayor parte de China bajo el control de un solo gobierno por primera vez desde la caída del imperio en 1911, antes de que el principal general del Kuomintang, Chiang Kai-shek, se volviera contra los comunistas y los aplastara. Ahora bien, antes incluso de que quedara demostrado, con ello, que tampoco Oriente estaba preparado para un nuevo octubre, la promesa de Asia no pudo ocultar el fracaso de la revolución en Occidente.

Ese hecho era innegable en 1921. La revolución se batía en retirada en la Rusia soviética, aunque el poder político bolchevique era inamovible (véanse pp. 378-379). Además, el tercer congreso de la Comintern reconoció —sin confesarlo abiertamente— que la revolución no era factible en Occidente al hacer un llamamiento en pro de un «frente unido» con los mismos socialistas a los que el segundo congreso había expulsado del ejército del progreso revolucionario. Los revolucionarios de las siguientes generaciones disputarían acerca del significado de ese hecho. De todas formas, ya era demasiado tarde. El movimiento se había dividido de manera permanente. La mayoría de los socialistas de izquierda se integraron en el movimiento socialdemócrata, constituido en su inmensa mayoría por anticomunistas moderados. Por su parte, los nuevos partidos comunistas pasarían a ser una apasionada minoría de la izquierda europea (con algunas excepciones, como Alemania, Francia o Finlandia). Esta situación no se modificaría hasta la década de 1930 (véase el capítulo V).

IV

Sin embargo, esos años de insurrecciones no dejaron sólo tras de sí un ingente y atrasado país gobernado ahora por los comunistas y consagrado a la construcción de una sociedad que se erigiera en alternativa al capitalismo, sino también un gobierno, un movimiento internacional disciplinado y, lo que es tal vez igualmente importante, una generación de revolucionarios entregados a la idea de una revolución mundial tras el estandarte enarbolado en la revolución de octubre y bajo el liderazgo del movimiento que tenía su sede en Moscú. (Durante años se esperó que se trasladara a Berlín y, en consecuencia, durante el período de entreguerras no fue el ruso, sino el alemán, el idioma oficial de la Internacional.) Sus integrantes desconocían cómo se difundiría la revolución mundial después de haberse estabilizado en Europa y de haber sido derrotada en Asia, y los pocos intentos que hicieron los comunistas de organizar una insurrección armada independiente (en Bulgaria y Alemania en 1923, en Indonesia en 1926, en China en 1927 y en Brasil en 1935 —episodio este último tardío y anómalo—) fracasaron por completo. La crisis mundial y la subida de Hitler al poder no tardarían en demostrar que la situación del mundo justificaba cualquier expectativa apocalíptica (véanse los capítulos III a V). Pero eso no explica que entre 1928 y 1934 la Comintern asumiera súbitamente la retórica de los ultrarrevolucionarios y del izquierdismo sectario, pues, más allá de la retórica, el movimiento no esperaba ocupar el poder en ningún sitio ni estaba preparado para ello. Ese cambio, que resultó políticamente desastroso, se explica ante todo por razones de política interna del Partido Comunista soviético, cuando su control pasó a manos de Stalin y, tal vez también, como un intento de compensar la creciente divergencia de intereses entre la URSS, como un estado que necesitaba coexistir con otros estados —comenzó a obtener reconocimiento internacional como régimen político a partir de 1920—, y el movimiento comunista, cuya finalidad era la subversión y el derrocamiento de todos los demás gobiernos.

En último extremo, prevalecieron los intereses de estado de la Unión Soviética sobre los afanes de revolución mundial de la Internacional Comunista, a la que Stalin redujo a la condición de un instrumento al servicio de la política del estado soviético bajo el estricto control del Partido Comunista soviético, purgando, disolviendo y transformando sus componentes según su voluntad. La revolución mundial pertenecía a la retórica del pasado. En realidad, cualquier revolución era tolerable con tal de que no fuera en contra de los intereses del estado soviético y de que éste pudiera controlarla. Los gobiernos occidentales que interpretaron el avance de los regímenes comunistas posterior a 1944 como una extensión del poder soviético no se equivocaban sobre las intenciones de Stalin, como no se equivocaban los revolucionarios que criticaron amargamente a Moscú por no desear que los comunistas ocuparan el poder y por desalentar todas las operaciones encaminadas a ese fin, incluso cuando triunfaron, como en Yugoslavia y en China (véase el capítulo V).

De todas formas, la Rusia soviética fue considerada, incluso por muchos de los miembros corruptos de su *nomenklatura*, como algo más que una gran potencia. La emancipación universal y la construcción de una alternativa mejor a la sociedad capitalista eran, después de todo, la principal razón de su existencia. ¿Qué otra razón habría impulsado a los duros burócratas de Moscú a continuar financiando y armando las guerrillas de su aliado comunista, el Congreso Nacional Africano, cuyas posibilidades de abolir el régimen del *apartheid* en Suráfrica parecían y eran mínimas durante varios decenios? (Curiosamente, el régimen comunista chino, aunque tras la ruptura entre los dos países criticaba a la URSS por haber traicionado a los movimientos revolucionarios, no prestó un apoyo comparable a los movimientos de liberación del tercer mundo.) En la URSS se sabía desde hacía mucho tiempo que la transformación de la humanidad no sobrevendría gracias a una revolución mundial inspirada por Moscú. Durante los largos años de ocaso de la era Brezhnev se desvaneció incluso la sincera convicción de Nikita Kruschev de que el socialismo «enterraría» al capitalismo en razón de su superioridad económica. Tal vez la erosión final de la fe en la vocación universal del sistema explica por qué éste se desintegró sin oponer resistencia (véase el capítulo XVI).

Pero esas dudas no asaltaban a la primera generación de aquellos a los que la brillante luz de la revolución de octubre inspiró a dedicar sus vidas a la revolución mundial. Como los primeros cristianos, la mayor parte de los socialistas del período anterior a 1914 creían en el gran cambio apocalíptico que suprimiría todos los males y haría surgir una sociedad en la que no tendrían cabida la infelicidad, la opresión, la desigualdad y la injusticia. Si el marxismo ofrecía la garantía de la ciencia y de la inevitabilidad histórica, la revolución de octubre constituía la prueba de que el gran cambio había comenzado.

El número total de soldados que formaban este ejército implacable y disciplinado que tenía como objetivo la emancipación humana no era más que de unas decenas de millares, y los profesionales del movimiento comunista internacional, «que cambiaban de país más frecuentemente que de zapatos», como escribió Bertolt Brecht en un poema en el que les rindió homenaje, eran sólo algunos centenares. No hay que confundirlos con lo que los italianos llamaban, en los días en que contaban con un fuerte Partido Comunista, «el pueblo comunista», los millones de seguidores y miembros de base, para quienes el sueño de una sociedad nueva y *buena* también era real, aunque en la práctica el suyo no era sino el activismo cotidiano del viejo movimiento socialista, y su compromiso era un compromiso de clase y comunitario más que de dedicación personal. Pero aunque fueran un núcleo reducido, el siglo XX no puede entenderse sin ellos.

Sin el «nuevo partido» leninista, cuyos cuadros eran «revolucionarios profesionales», sería inconcebible que poco más de treinta años después de la revolución de octubre una tercera parte de la raza humana estuviera viviendo bajo un régimen comunista. La fe y la lealtad al bastión de la revolución mundial de Moscú daba a los comunistas la posibilidad de considerarse (desde el punto de vista sociológico) como parte de una iglesia universal, no de una secta. Los partidos comunistas orientados hacia Moscú perdieron a sus líderes como consecuencia de las escisiones y de las purgas, pero sólo se fragmentaron después de 1956, cuando el movimiento perdió su fuerza vital. Esa situación contrasta con la de los grupos fragmentados de los marxistas disidentes que siguieron a Trotsky y con la de los conventículos «marxistas-leninistas» del maoísmo posterior a 1960, más dados aún a la escisión. Por reducidos que fueran esos partidos —cuando Mussolini fue derrocado en Italia, en 1943, el Partido Comunista italiano contaba con unos 5.000 hombres y mujeres, la mayor parte de los cuales habían estado hasta ese momento en la cárcel o en el exilio— eran lo que los bolcheviques habían sido en febrero de 1917: el núcleo central de un ejército formado por millones de personas, gobernantes en potencia de un pueblo y de un estado.

Para esa generación, especialmente para quienes, pese a su juventud, habían vivido los años de la insurrección, la revolución era el gran acontecimiento de sus vidas y los días del capitalismo estaban inevitablemente contados. La historia contemporánea era la antecámara de la victoria final para quienes vivieran para verlo, entre los que habría sólo unos pocos soldados de la revolución («los muertos con permiso para ausentarse», como afirmó el comunista ruso Leviné antes de ser ejecutado por los que derrocaron el soviet de Munich en 1919). Si la propia sociedad burguesa tenía tantas razones para dudar acerca de su futuro, ¿por qué debían confiar ellos en su supervivencia? Sus mismas vidas eran la demostración de su realidad.

Consideremos el caso de dos jóvenes alemanes unidos temporalmente como amantes, que fueron movilizados de por vida por la revolución soviética bávara de 1919: Olga Benario, hija de un próspero abogado muniqués, y Otto Braun, maestro de profesión. Olga organizaría la revolución en el hemisferio occidental, unida a Luis Carlos Prestes (con quien finalmente se casó), líder de una larga marcha insurreccional a través de las zonas más remotas del Brasil, que en 1935 pidió a Moscú que apoyara su levantamiento. El levantamiento fracasó y el gobierno brasileño entregó a Olga a la Alemania hitleriana, donde murió en un campo de concentración. Por su parte, Otto tuvo más éxito en su actividad revolucionaria en Oriente como experto militar de la Comintern en China y como único elemento no chino que participó en la célebre «Larga Marcha» de los comunistas chinos, antes de regresar a Moscú para ir, posteriormente, a la RDA. (Esa experiencia despertó en él escepticismo con respecto a Mao.) ¿Cuándo, excepto en la primera mitad del siglo XX, podían haber seguido ese curso dos vidas interrelacionadas?

Así pues, en la generación posterior a 1917, el bolchevismo absorbió a todas las restantes tradiciones socialrevolucionarias o las marginó dentro de los movimientos radicales. Hasta 1914 el anarquismo había sido una ideología mucho más atractiva que el marxismo para los activistas revolucionarios en una gran parte del mundo. Fuera de la Europa oriental, Marx era considerado como el gurú de los partidos de masas cuyo avance inevitable, aunque no arrollador, hacia la victoria había demostrado. Pero en los años treinta, el anarquismo ya no era una fuerza política importante (salvo en España), ni siquiera en América Latina, donde los colores negro y rojo habían inspirado tradicionalmente a muchos más militantes que la bandera roja. (Incluso en España, la guerra civil acabó con el anarquismo y revitalizó a los comunistas, que hasta ese momento detentaban una posición de escasa significación.) En efecto, los grupos revolucionarios sociales que existían al margen del comunismo de Moscú tomaron a partir de entonces a Lenin y a la revolución de octubre como punto de referencia. Casi siempre estaban dirigidos o inspirados por algún disidente o expulsado de la Comintern que, una vez que Stalin estableció y afianzó su dominio sobre el Partido Comunista soviético y sobre la Internacional, se dedicó a una caza de herejes cada vez más implacable. Pocos de esos centros bolcheviques disidentes tenían importancia política. El más prestigioso y célebre de los herejes, el exiliado León Trotsky —uno de los dos líderes de la revolución de octubre y el arquitecto del ejército rojo—, fracasó por completo en todos sus proyectos. Su Cuarta Internacional, que pretendía competir con la Tercera, sometida a la influencia de Stalin, no alcanzó importancia. En 1940, cuando fue asesinado por orden de Stalin en su exilio mexicano, había perdido toda su influencia política.

En suma, ser un revolucionario social significaba cada vez más ser seguidor de Lenin y de la revolución de octubre y miembro o seguidor de alguno de los partidos comunistas alineados con Moscú, tanto más cuanto que, tras la victoria de Hitler en Alemania, esos partidos adoptaron políticas de unidad antifascista, lo que les permitió superar el aislamiento sectario y conseguir apoyo masivo entre los trabajadores e intelectuales (véase el capítulo V). Los jóvenes que anhelaban derrocar al capitalismo abrazaron el comunismo ortodoxo e identificaron su causa con el movimiento internacional que tenía su centro en Moscú. El marxismo, restablecido por la revolución de octubre como la ideología del cambio revolucionario, se entendía ahora como el marxismo del Instituto Marx-Engels-Lenin de Moscú, que había pasado a ser el centro mundial de difusión de los grandes textos clásicos. Nadie más prometía interpretar y transformar el mundo, ni parecía mejor preparado para conseguirlo. Esa situación prevalecería hasta 1956, cuando la desintegración de la ortodoxia estalinista en la URSS y del movimiento comunista internacional hicieron aparecer en primer plano a los pensadores, tradiciones y organizaciones de la heterodoxia izquierdista, marginados hasta entonces. Pese a todo, siguieron viviendo bajo la gigantesca sombra de la revolución de octubre. Aunque cualquiera que tenga el más mínimo conocimiento de la historia de las ideas puede reconocer el espíritu de Bakunin, o incluso de Nechaev, más que el de Marx, en los estudiantes radicales de 1968 y de los años posteriores, ello no quiere decir que se registrara un renacimiento importante de la teoría y de los movimientos anarquistas. Por el contrario, 1968 despertó una enorme atracción intelectual hacia la teoría marxista —generalmente en versiones que habrían sorprendido a Marx— y hacia una gran variedad de sectas y grupos «marxistas-leninistas», unidos por el rechazo de Moscú y de los viejos partidos comunistas, por considerarlos insuficientemente revolucionarios y poco leninistas.

Paradójicamente, esa conquista casi total de la tradición revolucionaria social se produjo en un momento en que la Comintern había abandonado por completo las estrategias revolucionarias originales de 1917-1923 o, más bien, adoptaba estrategias totalmente distintas de las de 1917 para conseguir el acceso al poder (véase el capítulo V). A partir de 1935, en la literatura de la izquierda crítica abundarían las acusaciones de que los movimientos de Moscú descuidaban, rechazaban o incluso traicionaban las oportunidades de promover la revolución, porque Moscú ya no la deseaba. Estos argumentos apenas tuvieron fuerza hasta que el movimiento soviético «monolítico» comenzó a agrietarse. Mientras el movimiento comunista conservó su unidad, su cohesión y su inmunidad a las escisiones, fue la única fuerza real para la mayor parte de los que creían en la necesidad de una revolución mundial. ¿Quién podía negar, además, que los países que rompieron con el capitalismo en la segunda gran oleada de la revolución social universal, entre 1944 y 1949, lo hicieron bajo los auspicios de los partidos comunistas ortodoxos de orientación soviética? Sólo a partir de 1956 tuvieron los revolucionarios la posibilidad de elegir entre varios movimientos eficaces desde el punto de vista político o insurreccional. Pero todos ellos —diversas ramas del trotskismo, el maoísmo y grupos inspirados por la revolución cubana de 1959 (véase el capítulo XV)— eran de inspiración más o menos leninista. Los viejos partidos comunistas continuaban siendo, con mucho, los grupos más numerosos de la extrema izquierda, pero para entonces el viejo movimiento comunista había perdido su fuerza interior.

V

La fuerza de los movimientos que aspiraban a realizar la revolución mundial residía en la forma comunista de organización, el «nuevo partido» de Lenin, una extraordinaria innovación de la ingeniería social del siglo XX comparable a la invención de las órdenes monásticas cristianas en la Edad Media, que hacía posible que incluso las organizaciones pequeñas hicieran gala de una extraordinaria eficacia, porque el partido obtenía de sus miembros grandes dosis de entrega y sacrificio, además de una disciplina militar y una concentración total en la tarea de llevar a buen puerto las decisiones del partido a cualquier precio. Esto causaba una fuerte impresión incluso a los observadores hostiles. Sin embargo, la relación entre el «partido de vanguardia» y las grandes revoluciones para las cuales había sido creado y que ocasionalmente conseguía realizar no estaba ni mucho menos clara, aunque era patente que el modelo se había impuesto *después de* haberse producido una revolución triunfante o durante las guerras. En efecto, los partidos leninistas consistían esencialmente en elites (vanguardias) de líderes (o más bien, antes de que triunfaran las revoluciones, en «contraelites»), y las revoluciones sociales, como quedó demostrado en 1917, dependen de la actitud de las masas y se producen en situaciones que ni las elites ni las contraelites pueden controlar plenamente. Lo cierto es que el modelo leninista ejercía un notable atractivo, especialmente en el tercer mundo, entre los jóvenes de las antiguas elites que se afiliaron en gran número a ese tipo de partidos, a pesar de que éstos hicieron grandes esfuerzos, con poco éxito, para promocionar a los auténticos proletarios. La pieza esencial en la gran expansión del comunismo brasileño en los años treinta fue la incorporación al mismo de jóvenes intelectuales procedentes de familias de la oligarquía terrateniente y de oficiales de baja graduación (Leoncio Martins Rodrigues, 1984, pp. 390-397).

En cambio, los sentimientos de las «masas» (incluidos a veces los seguidores activos de las «vanguardias») estaban enfrentados a menudo con las ideas de sus líderes, especialmente en los momentos en que se producía una auténtica insurrección de masas. Así, por ejemplo, la rebelión de los generales españoles contra el gobierno del Frente Popular en julio de 1936 desencadenó inmediatamente la revolución social en extensas zonas de España. No era sorprendente que los militantes, especialmente los anarquistas, intentaran colectivizar los medios de producción, aunque el partido comunista y el gobierno central rechazaron esa transformación y, cuando les fue posible, la anularon, lo cual sigue siendo debatido en la literatura política e histórica. Sin embargo, ese episodio desencadenó también la mayor oleada de iconoclastia y de homicidios de signo anticlerical desde que en 1835 ese tipo de actuaciones pasó a formar parte de las tradiciones españolas de agitación popular, cuando unos barceloneses que salían descontentos de una corrida de toros quemaron varias iglesias. Ahora fueron asesinados unos siete mil eclesiásticos —es decir, entre el 12 y el 13 por 100 de los sacerdotes y monjes del país, aunque sólo un número reducido de monjas—, mientras que en una *sola* diócesis de Cataluña (Girona) se destruyeron más de seis mil imágenes (Hugh Thomas, 1977, pp. 270-271; M. Delgado, 1992, p. 56).

Dos son los aspectos a destacar en tan terrible episodio. En primer lugar, que fue denunciado por los dirigentes o portavoces de la izquierda revolucionaria española, a pesar de que eran virulentamente anticlericales, incluso por los anarquistas, cuyo odio hacia los sacerdotes era notorio. En segundo lugar, para quienes lo perpetraron, y para muchos de cuantos lo contemplaron, la revolución significaba *eso*, esto es, la transformación radical del orden de la sociedad y de sus valores, no sólo por un momento simbólico, sino para siempre (M. Delgado, 1992, pp. 52-53). Por mucho que los dirigentes insistieran en que el principal enemigo no era el sacerdote sino el capitalista, los sentimientos más íntimos de las masas eran muy distintos.

Sea como fuere, lo cierto es que en el siglo XX es raro el tipo de revolución en la que desaparecen súbitamente la estructura del orden político y la autoridad, dejando al hombre (y en la medida en que le está permitido, a la mujer) totalmente libres para hacer cuanto le venga en gana. Ni siquiera el otro caso que más se aproxima al hundimiento súbito de un régimen establecido, la revolución iraní de 1979, fue tan desestructurado, a pesar de la extraordinaria unanimidad en la movilización de las masas contra el sha, en Teherán, un movimiento que en gran medida fue espontáneo. Gracias a las estructuras del clericalismo iraní, el nuevo régimen estaba ya presente en las ruinas del antiguo, aunque tardaría un tiempo en adquirir su forma definitiva (véase el capítulo XV).

De hecho, el modelo típico de movimiento revolucionario posterior a octubre de 1917 (salvo algunas explosiones localizadas) se suele iniciar mediante un *golpe* (casi siempre militar), con la ocupación de la capital, o es el resultado final de una larga insurrección armada, esencialmente rural. Como los oficiales de menor rango —mucho más raramente los suboficiales— de inclinaciones radicales e izquierdistas abundan en los países pobres y atrasados, en los que la vida militar ofrecía buenas perspectivas profesionales a los jóvenes capaces e instruidos que dispusieran de influencias familiares y de una buena posición económica, estas iniciativas solían ocurrir en países como Egipto (la revolución de los Oficiales Libres de 1952) y en otros lugares del Próximo Oriente (Irak, 1958, Siria en varias ocasiones desde los años cincuenta y Libia en 1969). Los militares forman parte de la historia revolucionaria de América Latina, aunque en pocas ocasiones han tomado el poder nacional por motivos izquierdistas. Por otra parte, para sorpresa de muchos, en 1974 un clásico golpe militar (la «revolución de los claveles» en Portugal), protagonizado por jóvenes oficiales descontentos y radicalizados por las largas guerras coloniales de resistencia, derrocaron el régimen derechista más antiguo del mundo. La alianza entre los oficiales, un fuerte Partido Comunista que surgía de la clandestinidad y varios grupos marxistas radicales no tardó en romperse, para tranquilidad de la Comunidad Europea, en la que Portugal se integraría pocos años después.

En los países desarrollados, la estructura social, las tradiciones ideológicas y las funciones políticas de las fuerzas armadas inclinaban hacia la derecha a los militares con intereses políticos. Por consiguiente, un posible golpe en alianza con los comunistas, o incluso con los socialistas, no entraba en sus esquemas. Sin embargo, es cierto que antiguos soldados de las fuerzas nativas reclutadas por Francia en sus colonias, aunque raramente se trataba de oficiales, desempeñaron un papel destacado en los movimientos de liberación del imperio francés (particularmente en Argelia). Su experiencia durante la segunda guerra mundial, y después de ésta, había sido negativa, no sólo por la discriminación de que eran objeto habitualmente, sino porque los numerosos soldados coloniales que servían en las fuerzas de la Francia libre de De Gaulle y los muchos miembros no franceses de la resistencia armada dentro de Francia pronto cayeron en el olvido.

Los ejércitos franceses libres que participaron en los desfiles oficiales de la victoria después de la liberación eran mucho más «blancos» que los que habían conseguido la gloria militar para los gaullistas. Hay que decir, sin embargo, que en conjunto los ejércitos coloniales de las potencias imperiales, incluso cuando sus cuadros eran nativos de la colonia, se mantuvieron leales, o más bien apolíticos, con la salvedad de los cincuenta mil soldados indios que se enrolaron en el ejército nacional indio bajo los japoneses (M. Echenberg, 1992, pp. 141-145; M. Barghava y A. Singh Gill, 1988, p. 10; T. R. Sareen, 1988, pp. 20-21).

VI

Los revolucionarios sociales del siglo XX descubrieron tardíamente la senda de la revolución a través de la guerra de guerrillas. Tal vez eso se debe a que históricamente esa forma de actividad esencialmente rural se asociaba con movimientos de ideologías arcaicas que los observadores urbanos confundían fácilmente con el conservadurismo o incluso con la reacción y la contrarrevolución. Después de todo, las grandes guerras de guerrillas del período revolucionario francés y napoleónico se habían hecho siempre *contra* Francia y nunca *a favor de* Francia y de su causa revolucionaria. De hecho, el término «guerrilla» no pasó a formar parte del vocabulario marxista hasta después de la revolución cubana de 1959. Los bolcheviques, que durante la guerra civil habían intervenido tanto en operaciones de guerra regulares como irregulares, utilizaban el término «partisano», que durante la segunda guerra mundial se impuso entre los movimientos de resistencia de inspiración soviética. Retrospectivamente, resulta sorprendente que la guerra de guerrillas apenas tuviera importancia en la guerra civil española, pese a las grandes posibilidades de realizar operaciones de ese tipo en las zonas republicanas ocupadas por las fuerzas de Franco. De hecho, los comunistas organizaron una intensa actividad guerrillera desde el exterior al terminar la segunda guerra mundial. Con anterioridad a la primera guerra mundial, la guerrilla no figuraba entre las tácticas de los revolucionarios.

Excepto en China, donde algunos dirigentes comunistas fueron pioneros en la nueva estrategia, después de que el Kuomintang, bajo la dirección de Chiang Kai-shek, se volviera contra sus antiguos aliados comunistas en 1927 y tras el espectacular fracaso de la insurrección comunista en las ciudades (Cantón, 1927). Mao Tse-tung, principal valedor de la nueva estrategia, que terminaría por conducirle hasta el poder en la China comunista, no sólo reconocía que después de más de quince años de revolución había extensas zonas de China que escapaban al control de la administración central, sino que, como devoto admirador de *Al borde del agua*, la gran novela clásica del bandolerismo social chino, creía que la táctica de la guerrilla era un componente tradicional de los conflictos sociales en China. Desde luego, a ningún chino con una cierta formación clásica se le escaparía la similitud existente entre el establecimiento por parte de Mao de la primera zona libre de la guerrilla en las montañas de Kiangsi en 1927 y la fortaleza montañosa de los héroes de *Al borde del agua.* En 1917, el joven Mao había incitado a sus compañeros de estudios a imitar a esos héroes (Schram, 1966, pp. 43-44).

La estrategia china, aunque heroica e inspiradora, parecía inadecuada para los países con unas comunicaciones internas modernas y para unos gobiernos habituados a controlar íntegramente el territorio, por remoto que fuera. Lo cierto es que en un principio ni siquiera tuvo éxito en China, donde el gobierno nacional, después de varias campañas militares, obligó en 1934 a los comunistas a abandonar sus «territorios soviéticos libres» en las principales regiones del país y a retirarse, en la legendaria Larga Marcha, a una región fronteriza y poco poblada del noroeste.

Después de que los jefes rebeldes brasileños, como Luis Carlos Prestes, abrazaran el comunismo a finales de los años veinte, ningún grupo izquierdista de importancia volvió a poner en práctica la táctica de la guerrilla en parte alguna, a no ser el general César Augusto Sandino en su lucha contra los marines norteamericanos en Nicaragua (1927-1933), que inspiraría la revolución sandinista cincuenta años después. (Sin embargo, la Internacional Comunista intentó presentar, poco verosímilmente, como un guerrillero a Lampião, el célebre bandolero social brasileño y héroe de numerosos relatos populares.) El propio Mao no sería considerado el astro guía de los revolucionarios hasta después de la revolución cubana.

Sin embargo, la segunda guerra mundial ofreció una ocasión más inmediata y general para adoptar el camino de la guerrilla hacia la revolución: la necesidad de resistir a la ocupación de la mayor parte de la Europa continental, incluidas extensas zonas de la Unión Soviética europea, por los ejércitos de Hitler y de sus aliados. La resistencia, especialmente la resistencia armada, surgió con gran fuerza después de que el ataque de Hitler contra la URSS movilizara a los diferentes movimientos comunistas. Cuando el ejército alemán fue finalmente derrotado con la colaboración, en grado diverso, de los movimientos locales de resistencia (véase el capítulo V), los regímenes de la Europa ocupada o fascista se desintegraron y los regímenes revolucionarios sociales bajo control comunista ocuparon el poder, o intentaron hacerlo, en varios países donde la resistencia armada había sido más eficaz (Yugoslavia, Albania y —de no haber sido por el apoyo militar británico y luego estadounidense— Grecia). Probablemente, podrían haber conseguido también el control de Italia al norte de los Apeninos, aunque no por mucho tiempo, pero por razones que todavía son objeto de debate en lo que queda de la izquierda revolucionaria, no lo intentaron. Los regímenes comunistas que se establecieron en el este y el sureste de Asia con posterioridad a 1945 (en China, en parte de Corea y en la Indochina francesa) deben ser considerados también como producto de la resistencia durante la guerra, pues incluso en China el avance definitivo de los ejércitos rojos de Mao hacia el poder no se inició hasta el momento en que el ejército japonés intentó ocupar el territorio central del país en 1937. La segunda oleada de la revolución social mundial surgió de la segunda guerra mundial, al igual que la primera había surgido de la primera guerra mundial, aunque en una forma totalmente distinta. En la segunda ocasión, fue la participación en la guerra y no su rechazo lo que llevó la revolución al poder.

La naturaleza y la acción política de los nuevos regímenes revolucionarios se analizan en otro lugar (véanse los capítulos V y XIII). Lo que nos interesa aquí es el proceso de la revolución en sí mismo. Las revoluciones que estallaron a mediados de siglo tras el final victorioso de largas guerras fueron distintas, en dos aspectos, de la revolución clásica de 1789 y de la de octubre, e incluso del lento hundimiento de viejos regímenes como la China imperial y el México de Porfirio Díaz (véase *La era del imperio*, capítulo 12). En primer lugar —y en esto recuerdan a los golpes militares triunfantes— no había dudas respecto a quién había hecho la revolución o a quién ejercía el poder: el grupo (o grupos) político vinculado a las victoriosas fuerzas armadas de la URSS, pues Alemania, Japón e Italia no habrían podido ser derrotadas *solamente* por las fuerzas de la resistencia, ni siquiera en China. (Naturalmente, los ejércitos victoriosos occidentales se opusieron a los regímenes dominados por los comunistas.) No existió interregno ni vacío de poder. A la inversa, los únicos casos en que un movimiento de resistencia fuerte no consiguió alzarse con el poder tras el hundimiento de las potencias del Eje, se dieron en aquellos países liberados en los que los aliados occidentales perpetuaron su presencia (Corea del Sur, Vietnam) o en los que las fuerzas internas de oposición al Eje estaban divididas, como ocurrió en China. En este país, los comunistas tendrían todavía que conseguir el poder, después de 1945, enfrentándose al gobierno del Kuomintang, corrupto y cada vez más débil, pero que también había luchado en la guerra. Por su parte, la URSS observaba los acontecimientos sin dar muestras del menor entusiasmo.

En segundo lugar, aplicar la estrategia de la guerra de guerrillas para alcanzar el poder significaba apartarse de las ciudades y de los centros industriales, donde residía tradicionalmente la fuerza de los movimientos obreros socialistas, y llevar la lucha al medio rural. Más exactamente, dado que el entorno más adecuado para la guerra de guerrillas es el terreno montañoso y boscoso y la zonas cubiertas de matorrales, supone llevar la lucha a un territorio alejado de los principales núcleos de población. En palabras de Mao, el campo debía rodear a la ciudad antes de conquistarla. Por lo que respecta a la resistencia europea, la insurrección urbana —el levantamiento de París en el verano de 1944 y el de Milán en la primavera de 1945— hubo de esperar hasta que la guerra ya había terminado prácticamente, al menos en la región. Lo que ocurrió en Varsovia en 1944 fue el resultado que acarrea normalmente un levantamiento urbano prematuro. En suma, para la mayor parte de la población, incluso en un país revolucionario, la guerra de guerrillas como camino hacia la revolución suponía tener que esperar largo tiempo a que el cambio procediera desde fuera y sin que pudiera hacerse mucho para acelerarlo. Las fuerzas de la resistencia, incluida toda su infraestructura, eran tan sólo una pequeña minoría.

Naturalmente, la guerrilla necesitaba contar con el apoyo de una gran parte de la población, entre otras razones porque en los conflictos prolongados sus miembros se reclutaban mayoritariamente entre la población local. Así (como ocurrió en China), los partidos de los trabajadores industriales y los intelectuales dejaron paso a ejércitos de antiguos campesinos. Sin embargo, su relación con las masas no era tan sencilla como lo sugieren las palabras de Mao de que la guerrilla es como un pez que nada en el agua de la población. En los países favorables a la guerrilla casi cualquier grupo de proscritos cuyo comportamiento fuera considerado adecuado, según los criterios locales, podía gozar de una amplia simpatía en su lucha contra los soldados extranjeros invasores, o también contra los representantes del gobierno nacional. Sin embargo, por las profundas divisiones que existen en el campo, conseguir amigos significaba automáticamente arriesgarse a tener enemigos. Los comunistas chinos que establecieron sus zonas soviéticas rurales en 1927-1928 descubrieron, con injustificada sorpresa, que convertir a su causa una aldea dominada por un clan ayudaba a establecer una red de «aldeas rojas» basadas en clanes relacionados con aquél, pero también les involucraba en la guerra contra sus enemigos tradicionales, que constituían una red similar de «aldeas negras». «En algunos casos —se lamentaban—, la lucha de clases pasaba a ser la lucha de una aldea contra otra. Se daban casos en que nuestras tropas tenían que asediar y destruir aldeas enteras» (*Räte-China*, 1973, pp. 45-46). Los más avisados guerrilleros revolucionarios aprendían a navegar en aguas tan procelosas, pero —como recuerda Milovan Djilas en sus memorias de la guerra partisana yugoslava— la liberación era una cuestión mucho más compleja que el simple levantamiento unánime de un pueblo oprimido contra los conquistadores extranjeros.

VII

Pero esas reflexiones no podían turbar la satisfacción de los comunistas que se encontraban al frente de todos los gobiernos entre el río Elba y el mar de China. La revolución mundial que inspiraba sus acciones había progresado visiblemente. Ya no se trataba únicamente de la URSS, débil y aislada, sino que de la segunda gran oleada de la revolución mundial, encabezada por una de las dos potencias del mundo a las que podía calificarse de superpotencias (el término superpotencia se utilizó ya en 1944) habían surgido, o estaban surgiendo, una docena de estados. Por otra parte, el ímpetu de la revolución mundial no se había agotado, como lo atestiguaba el proceso en curso de descolonización de las antiguas posesiones imperialistas de ultramar. ¿No cabía esperar que ese proceso impulsara un nuevo avance de la causa comunista? ¿Acaso la burguesía internacional no temía por el futuro de lo que quedaba del capitalismo, al menos en Europa? ¿Acaso los industriales franceses emparentados con un joven historiador no se preguntaban, mientras reconstruían sus fábricas, si a fin de cuentas la nacionalización, o simplemente el ejército rojo, no serían la solución final a sus problemas, sentimientos que, como recordaría más tarde, cuando ya se había convertido en un conservador, confirmaron su decisión de unirse al Partido Comunista francés en 1949? (Le Roy Ladurie, 1982, p. 37). ¿Acaso no le dijo un subsecretario de comercio de los Estados Unidos al presidente Truman en marzo de 1947 que la mayor parte de los países europeos estaban al borde del abismo, en el que podían caer en cualquier momento, y que muchos otros estaban gravemente amenazados? (Loth, 1988, p. 137).

Tal era el estado de ánimo de los hombres y mujeres que salieron de la ilegalidad, de la guerra y de la resistencia, de las cárceles, de los campos de concentración o del exilio, para asumir la responsabilidad del futuro de sus países, la mayor parte de los cuales no eran más que un montón de ruinas. Tal vez algunos de ellos observaron que, una vez más, el capitalismo había resultado más fácil de derribar donde era débil, o apenas existía, que en sus centros neurálgicos. Pero ¿podía alguien negar que el mundo había dado un decisivo giro hacia la izquierda? Si los gobernantes y los políticos comunistas de estos estados transformados tenían alguna preocupación en el período inmediatamente posterior a la guerra, no era el futuro del socialismo. Lo que les preocupaba era cómo reconstruir unos países empobrecidos, exhaustos y arruinados, en medio de poblaciones en algunos casos hostiles, y el peligro de que las potencias capitalistas iniciaran una guerra contra el bando socialista antes de que se hubiera consolidado la reconstrucción. Paradójicamente, eran los mismos temores que perturbaban el sueño de los políticos e ideólogos occidentales. Como veremos, la guerra fría que se enseñoreó del mundo tras la segunda oleada de la revolución mundial fue una confrontación de pesadillas. Estuvieran o no justificados, los temores que existían en el este y en el oeste formaban parte de la era de la revolución mundial nacida en octubre de 1917. Pero esa era estaba a punto de finalizar, aunque tendrían que transcurrir otros cuarenta años antes de que fuera posible escribir su epitafio.

Sin embargo, esta revolución ha transformado el mundo, aunque no en la forma en que lo esperaban Lenin y quienes se inspiraron en la revolución de octubre. Fuera del hemisferio occidental, bastan los dedos de las dos manos para contar los pocos estados que no han pasado por alguna combinación de revolución, guerra civil, resistencia y liberación frente a la ocupación extranjera, o por la descolonización preventiva de unos imperios condenados en una era de revolución mundial. (Gran Bretaña, Suecia, Suiza y, tal vez, Islandia son los únicos países europeos excluidos.) Incluso en el hemisferio occidental, sin contar los numerosos cambios violentos de gobierno que en el contexto local se describen como «revoluciones», se han registrado grandes revoluciones sociales —en México, Bolivia, la revolución cubana y sus sucesoras— que han transformado el mundo latinoamericano.

Se han agotado ya las revoluciones realizadas en nombre del comunismo, pero es todavía demasiado pronto para pronunciar una oración fúnebre por ellas, dado que los chinos, que son la quinta parte de la población del mundo, continúan viviendo en un país gobernado por el Partido Comunista. No obstante, es evidente que el retorno al mundo de los regímenes que dominaban antes en esos países es tan imposible como lo fue en Francia tras la era revolucionaria y napoleónica o como lo ha sido el retorno de las ex colonias a la vida precolonial. Aun en los casos en que ha fracasado la experiencia comunista, el presente de los países ex comunistas, y presumiblemente su futuro, lleva, y continuará llevando, la impronta específica de la contrarrevolución que sustituyó a la revolución. Será imposible eliminar la era soviética de la historia rusa y de la historia del mundo, como si no hubiera ocurrido. Es imposible que San Petersburgo pueda volver a ser lo que era en 1914.

Las repercusiones indirectas de la era de insurrecciones posterior a 1917 han sido tan profundas como sus consecuencias directas. Los años que siguieron a la revolución rusa contemplaron el inicio del proceso de emancipación colonial y en Europa la política de la contrarrevolución salvaje (en forma del fascismo y de otros movimientos similares; véase el capítulo IV) y la política socialdemócrata. A menudo se olvida que hasta 1917 todos los partidos obreros y socialistas (fuera del territorio periférico de Australasia) habían decidido ejercer una oposición permanente hasta el advenimiento del socialismo. Los primeros gobiernos socialdemócratas o de coalición (fuera de la zona del Pacífico) se constituyeron en 1917-1919 (Suecia, Finlandia, Alemania, Australia y Bélgica, a los que siguieron, pocos años después, Gran Bretaña, Dinamarca y Noruega). Muchas veces olvidamos que la moderación de esos partidos era en gran parte una reacción al bolchevismo, como lo era también la disposición del viejo sistema político a integrarlos.

En suma, la historia del siglo XX no puede comprenderse sin la revolución rusa y sus repercusiones directas e indirectas. Una de las razones de peso es que salvó al capitalismo liberal, al permitir que Occidente derrotara a la Alemania de Hitler en la segunda guerra mundial y al dar un incentivo al capitalismo para reformarse y (paradójicamente, debido a la aparente inmunidad de la Unión Soviética a los efectos de la Gran Depresión) para abandonar la ortodoxia del libre mercado. De esto nos ocuparemos en el próximo capítulo.

Capítulo III

EL ABISMO ECONÓMICO

> Nunca el Congreso de los Estados Unidos, al analizar el estado de la Unión, se ha encontrado con una perspectiva más placentera que la que existe en este momento ... La gran riqueza que han creado nuestras empresas y nuestras industrias, y que ha ahorrado nuestra economía, ha sido distribuida ampliamente entre nuestra población y ha salido del país en una corriente constante para servir a la actividad benéfica y económica en todo el mundo. Las exigencias no se cifran ya en satisfacer la necesidad sino en conseguir el lujo. El aumento de la producción ha permitido atender una demanda creciente en el interior y un comercio más activo en el exterior. El país puede contemplar el presente con satisfacción y mirar hacia el futuro con optimismo.
>
> Mensaje al Congreso del presidente CALVIN COOLIDGE,
> 4 de diciembre de 1928

> Después de la guerra, el desempleo ha sido la enfermedad más extendida, insidiosa y destructiva de nuestra generación: es la enfermedad social de la civilización occidental en nuestra época.
>
> *The Times*, 23 de enero de 1943

I

Imaginemos que la primera guerra mundial sólo hubiera supuesto una perturbación temporal, aunque catastrófica, de una civilización y una economía estables. En tal caso, una vez retirados los escombros de la guerra, la economía habría recuperado la normalidad para continuar progresando, en forma parecida a como Japón enterró a los 300.000 muertos que había causado el terremoto de 1923, retiró los escombros que habían dejado sin hogar a dos o tres millones de personas y reconstruyó una ciudad igual que la anterior, pero más resistente a los terremotos. ¿Cómo habría sido, en tal caso, el mundo de entreguerras? Es imposible saberlo y no tiene objeto especular sobre algo que no ocurrió y que casi con toda seguridad no podía ocurrir. No es, sin embargo, una cuestión inútil, pues nos ayuda a comprender las profundas consecuencias que tuvo el hundimiento económico mundial del período de entreguerras en el devenir histórico del siglo XX.

En efecto, si no se hubiera producido la crisis económica, no habría existido Hitler y, casi con toda seguridad, tampoco Roosevelt. Además, difícilmente el sistema soviético habría sido considerado como un antagonista económico del capitalismo mundial y una alternativa al mismo. Las consecuencias de la crisis económica en el mundo no europeo, o no occidental, a las que se alude brevemente en otro capítulo, fueron verdaderamente dramáticas. Por decirlo en pocas palabras, el mundo de la segunda mitad del siglo XX es incomprensible sin entender el impacto de esta catástrofe económica. Este es el tema del presente capítulo.

La primera guerra mundial sólo devastó algunas zonas del viejo mundo, principalmente en Europa. La revolución mundial, que es el aspecto más llamativo del derrumbamiento de la civilización burguesa del siglo XIX, tuvo una difusión más amplia: desde México a China y, a través de los movimientos de liberación colonial, desde el Magreb hasta Indonesia. Sin embargo, no habría sido difícil encontrar zonas del planeta cuyos habitantes no se vieron afectados por el proceso revolucionario, particularmente los Estados Unidos de América y extensas zonas del África colonial subsahariana. No obstante, la primera guerra mundial fue seguida de un derrumbamiento de carácter planetario, al menos en todos aquellos lugares en los que los hombres y mujeres participaban en un tipo de transacciones comerciales de carácter impersonal. De hecho, los orgullosos Estados Unidos, no sólo no quedaron a salvo de las convulsiones que sufrían otros continentes menos afortunados, sino que fueron el epicentro del mayor terremoto mundial que ha sido medido nunca en la escala de Richter de los historiadores de la economía: la Gran Depresión que se registró entre las dos guerras mundiales. En pocas palabras, la economía capitalista mundial pareció derrumbarse en el período de entreguerras y nadie sabía cómo podría recuperarse.

El funcionamiento de la economía capitalista no es nunca uniforme y las fluctuaciones de diversa duración, a menudo muy intensas, constituyen una parte esencial de esta forma de organizar los asuntos del mundo. El llamado ciclo económico de expansión y depresión era un elemento con el que ya estaban familiarizados todos los hombres de negocios desde el siglo XIX. Su repetición estaba prevista, con algunas variaciones, en períodos de entre siete y once años. A finales del siglo XIX se empezó a prestar atención a una periodicidad mucho más prolongada, cuando los observadores comenzaron a analizar el inesperado curso de los acontecimientos de los decenios anteriores. A una fase de prosperidad mundial sin precedentes entre 1850 y los primeros años de la década de 1870 habían seguido veinte años de incertidumbre económica (los autores que escribían sobre temas económicos hablaban con una cierta inexactitud de una Gran Depresión) y luego otro período de gran expansión de la economía mundial (véanse *La era del capitalismo* y *La era del imperio*, capítulo 2). A comienzos de los años veinte, un economista ruso, N. D. Kondratiev, que sería luego una de las primeras víctimas de Stalin, formuló las pautas a las que se había ajustado el desarrollo económico desde finales del siglo XVIII, una serie de «ondas largas» de una duración aproximada de entre cincuenta y sesenta años, si bien ni él ni ningún otro economista pudo explicar satisfactoriamente esos ciclos y algunos estadísticos escépticos han negado su existencia. Desde entonces se conocen con su nombre en la literatura especializada. Por cierto, Kondratiev afirmaba que en ese momento la onda larga de la economía mundial iba a comenzar su fase descendente.[1] Estaba en lo cierto.

En épocas anteriores, los hombres de negocios y los economistas aceptaban la existencia de las ondas y los ciclos, largos, medios y cortos, de la misma forma que los campesinos aceptan los avatares de la climatología. No había nada que pudiera hacerse al respecto: hacían surgir oportunidades o problemas y podían entrañar la expansión o la bancarrota de los particulares y las industrias. Sólo los socialistas que, con Karl Marx, consideraban que los ciclos eran parte de un proceso mediante el cual el capitalismo generaba unas contradicciones internas que acabarían siendo insuperables, creían que suponían una amenaza para la existencia del sistema económico. Existía la convicción de que la economía mundial continuaría creciendo y progresando, como había sucedido durante más de un siglo, excepto durante las breves catástrofes de las depresiones cíclicas. Lo novedoso era que probablemente por primera vez en la historia del capitalismo, sus fluctuaciones parecían poner realmente en peligro al sistema. Más aún, en importantes aspectos parecía interrumpirse su curva secular ascendente.

Desde la revolución industrial, la historia de la economía mundial se había caracterizado por un progreso técnico acelerado, por el crecimiento económico continuo, aunque desigual, y por una creciente «mundialización», que suponía una división del trabajo, cada vez más compleja, a escala planetaria y la creación de una red cada vez más densa de corrientes e intercambios que ligaban a cada una de las partes de la economía mundial con el sistema global. El progreso técnico continuó e incluso se aceleró en la era de las catástrofes, transformando las guerras mundiales y reforzándose gracias a ellas. Aunque en las vidas de casi todos los hombres y mujeres predominaron las experiencias económicas de carácter cataclísmico, que culminaron en la Gran Depresión de 1929-1933, el crecimiento económico no se interrumpió durante esos decenios. Simplemente se desaceleró. En la economía de mayor envergadura y más rica de la época, la de los Estados Unidos, la tasa media

1. El hecho de que haya sido posible establecer predicciones acertadas a partir de las ondas largas de Kondratiev —algo que no es común en la economía— ha convencido a muchos historiadores, e incluso a algunos economistas, de que contienen una parte de verdad, aunque se desconozca qué parte.

de crecimiento del PIB per cápita entre 1913 y 1938 alcanzó solamente una cifra modesta, el 0,8 por 100 anual. La producción industrial mundial aumentó algo más de un 80 por 100 en los 25 años transcurridos desde 1913, aproximadamente la mitad que en los 25 años anteriores (W. W. Rostow, 1978, p. 662). Como veremos (capítulo IX), el contraste con el período posterior a 1945 sería aún más espectacular. Con todo, si un marciano hubiera observado la curva de los movimientos económicos desde una distancia suficiente como para que le pasasen por alto las fluctuaciones que los seres humanos experimentaban, habría concluido, con toda certeza, que la economía mundial continuaba expandiéndose.

Sin embargo, eso no era cierto en un aspecto: la mundialización de la economía parecía haberse interrumpido. Según todos los parámetros, la integración de la economía mundial se estancó o retrocedió. En los años anteriores a la guerra se había registrado la migración más masiva de la historia, pero esos flujos migratorios habían cesado, o más bien habían sido interrumpidos por las guerras y las restricciones políticas. En los quince años anteriores a 1914 desembarcaron en los Estados Unidos casi 15 millones de personas. En los 15 años siguientes ese número disminuyó a 5,5 millones y en la década de 1930 y en los años de la guerra el flujo migratorio se interrumpió casi por completo, pues sólo entraron en el país 650.000 personas (*Historical Statistics*, I, p. 105, cuadro C 89-101). La emigración procedente de la península ibérica, en su mayor parte hacia América Latina, disminuyó de 1.750.000 personas en el decenio 1911-1920 a menos de 250.000 en los años treinta. El comercio mundial se recuperó de las conmociones de la guerra y de la crisis de posguerra para superar ligeramente el nivel de 1913 a finales de los años veinte, cayó luego durante el período de depresión y al finalizar la era de las catástrofes (1948) su volumen no era mucho mayor que antes de la primera guerra mundial (W. W. Rostow, 1978, p. 669). En contrapartida se había más que duplicado entre los primeros años de la década de 1890 y 1913 y se multiplicaría por cinco en el período comprendido entre 1948 y 1971. El estancamiento resulta aún más sorprendente si se tiene en cuenta que una de las secuelas de la primera guerra mundial fue la aparición de un número importante de nuevos estados en Europa y el Próximo Oriente. El incremento tan importante de la extensión de las fronteras nacionales induce a pensar que tendría que haberse registrado un aumento automático del comercio interestatal, ya que los intercambios comerciales que antes tenían lugar dentro de un mismo país (por ejemplo, en Austria-Hungría o en Rusia) se habían convertido en intercambios internacionales. (Las estadísticas del comercio mundial sólo contabilizan el comercio que atraviesa fronteras nacionales.) Asimismo, el trágico flujo de refugiados en la época de posguerra y posrevolucionaria, cuyo número se contabilizaba ya en millones de personas (véase el capítulo XI) indica que los movimientos migratorios mundiales tendrían que haberse intensificado, en lugar de disminuir. Durante la Gran Depresión, pareció interrumpirse incluso el flujo internacional de capitales. Entre 1927 y 1933, el volumen de los préstamos internacionales disminuyó más del 90 por 100.

Se han apuntado varias razones para explicar ese estancamiento, por ejemplo, que la principal economía nacional del mundo, los Estados Unidos, estaba alcanzando la situación de autosuficiencia, excepto en el suministro de algunas materias primas, y que nunca había tenido una gran dependencia del comercio exterior. Sin embargo, incluso en países que siempre habían desarrollado una gran actividad comercial, como Gran Bretaña y los países escandinavos, se hacía patente la misma tendencia. Los contemporáneos creían ver una causa más evidente de alarma, y probablemente tenían razón. Todos los estados hacían cuanto estaba en su mano para proteger su economía frente a las amenazas del exterior, es decir, frente a una economía mundial que se hallaba en una difícil situación.

Al principio, tanto los agentes económicos como los gobiernos esperaban que, una vez superadas las perturbaciones causadas por la guerra, volvería la situación de prosperidad económica anterior a 1914, que consideraban normal. Ciertamente, la bonanza inmediatamente posterior a la guerra, al menos en los países que no sufrieron los efectos de la revolución y de la guerra civil, parecía un signo prometedor, aunque tanto las empresas como los gobiernos veían con recelo el enorme fortalecimiento del poder de la clase obrera y de sus sindicatos, porque haría que aumentaran los costes de producción al exigir mayores salarios y menos horas de trabajo. Sin embargo, el reajuste resultó más difícil de lo esperado. Los precios y la prosperidad se derrumbaron en 1920, socavando el poder de la clase obrera —el desempleo no volvió a descender en Gran Bretaña muy por debajo del 10 por 100 y los sindicatos perdieron la mitad de sus afiliados en los doce años siguientes— y desequilibrando de nuevo la balanza en favor de los empresarios. A pesar de ello, la prosperidad continuaba sin llegar.

El mundo anglosajón, los países que habían permanecido neutrales y Japón hicieron cuanto les fue posible para iniciar un proceso deflacionario, esto es, para intentar que sus economías retornaran a los viejos y firmes principios de la moneda estable garantizada por una situación financiera sólida y por el patrón oro, que no había resistido los embates de la guerra. Lo consiguieron en alguna medida entre 1922 y 1926. En cambio, en la gran zona de la derrota y las convulsiones sociales que se extendía desde Alemania, en el oeste, hasta la Rusia soviética, en el este, se registró un hundimiento espectacular del sistema monetario, sólo comparable al que sufrió una parte del mundo poscomunista después de 1989. En el caso extremo —Alemania en 1923— el valor de la moneda se redujo a una millonésima parte del de 1913, lo que equivale a decir que la moneda perdió completamente su valor. Incluso en casos menos extremos, las consecuencias fueron realmente dramáticas. El abuelo del autor, cuya póliza de seguros venció durante el período de inflación austriaca,[2] contaba que cobró esa gran suma en moneda devaluada,

2. En el siglo XIX, al final del cual los precios eran mucho más bajos que en su inicio, la población estaba tan acostumbrada a la estabilidad o al descenso de los precios, que la palabra *inflación* bastaba para definir lo que ahora llamamos «hiperinflación».

y que solamente le sirvió para pagar una bebida en el bar al que acudía habitualmente.

En suma, se esfumó por completo el ahorro privado, lo cual provocó una falta casi total de capital circulante para las empresas. Eso explica en gran medida que durante los años siguientes la economía alemana tuviera una dependencia tan estrecha de los créditos exteriores, dependencia que fue la causa de su gran vulnerabilidad cuando comenzó la Depresión. No era mucho mejor la situación en la URSS, aunque la desaparición del ahorro privado monetario no tuvo las mismas consecuencias económicas y políticas. Cuando terminó la gran inflación en 1922-1923, debido fundamentalmente a la decisión de los gobiernos de dejar de imprimir papel moneda en cantidad ilimitada y de modificar el valor de la moneda, aquellos alemanes que dependían de unos ingresos fijos y de sus ahorros se vieron en una situación de grave dificultad, aunque en Polonia, Hungría y Austria la moneda conservó algo de su valor. No es difícil imaginar, sin embargo, el efecto traumático de la experiencia en las capas medias y medias bajas de la población. Esa situación preparó a la Europa central para el fascismo. Los mecanismos para acostumbrar a la población a largos períodos de una inflación de precios patológica (por ejemplo, mediante la «indexación» de los salarios y de otros ingresos, término que se utilizó por primera vez hacia 1960) no se inventaron hasta después de la segunda guerra mundial.[3]

La situación parecía haber vuelto a la calma en 1924 y se vislumbraba la posibilidad de que retornara lo que un presidente norteamericano llamó «normalidad». En efecto, se reanudó el crecimiento económico mundial, aunque algunos productores de materias primas y productos alimentarios básicos, entre ellos los agricultores norteamericanos, sufrieron las consecuencias de un nuevo descenso del precio de los productos primarios, después de una breve recuperación. Los años veinte no fueron una época dorada para las explotaciones agrícolas en los Estados Unidos. Además, en la mayor parte de los países de la Europa occidental el desempleo continuaba siendo sorprendentemente alto (patológicamente alto, en comparación con los niveles anteriores a 1914). Hay que recordar que aun en los años de bonanza económica del decenio de 1920 (1924-1929), el desempleo fue del orden del 10-12 por 100 en Gran Bretaña, Alemania y Suecia, y no descendió del 17-18 por 100 en Dinamarca y Noruega. La única economía que funcionaba realmente a pleno rendimiento era la de los Estados Unidos, con un índice medio de paro aproximado del 4 por 100. Los dos factores citados indicaban que la economía estaba aquejada de graves problemas. El hundimiento de los precios de los productos básicos (cuya caída ulterior se impidió mediante la acumulación de stocks crecientes) demostraba que la demanda era muy inferior a la capacidad de producción. Es necesario tener en cuenta también que la expansión económica fue alimentada en gran medida por las grandes corrientes de capi-

3. En los Balcanes y en los estados del Báltico los gobiernos no perdieron totalmente el control de la inflación, aunque ésta constituía un grave problema.

tal internacional que circularon por el mundo industrializado, y en especial hacia Alemania. Este país, que en 1928 había sido el destinatario de casi la mitad de todas las exportaciones de capital del mundo, recibió un volumen de préstamos de entre 200 y 300 billones de marcos, la mitad de ellos a corto plazo (Arndt, 1944, p. 47; Kindelberger, 1973). Eso hacía muy vulnerable a la economía alemana, como quedó demostrado cuando se retiraron los capitales norteamericanos después de 1929.

Por consiguiente, no fue una gran sorpresa para nadie, salvo para los defensores de la Norteamérica provinciana, cuya imagen se haría familiar en el mundo occidental contemporáneo a través de la novela *Babbitt* (1920), del norteamericano Sinclair Lewis, que la economía mundial atravesara por nuevas dificultades pocos años después. De hecho, durante la época de bonanza la Internacional Comunista ya había profetizado una nueva crisis económica, esperando —así lo creían o afirmaban creerlo sus portavoces— que desencadenaría una nueva oleada revolucionaria. En realidad, sus consecuencias fueron justamente las contrarias. Sin embargo, lo que nadie esperaba, ni siquiera los revolucionarios en sus momentos de mayor optimismo, era la extraordinaria generalidad y profundidad de la crisis que se inició, como saben incluso los no historiadores, con el crac de la Bolsa de Nueva York el 29 de octubre de 1929. Fue un acontecimiento de extraordinaria magnitud, que supuso poco menos que el colapso de la economía capitalista mundial, que parecía atrapada en un círculo vicioso donde cada descenso de los índices económicos (exceptuando el del desempleo, que alcanzó cifras astronómicas) reforzaba la baja de todos los demás.

Como señalaron los admirables expertos de la Sociedad de Naciones, aunque nadie los tomó muy en cuenta, la dramática recesión de la economía industrial de Norteamérica no tardó en golpear al otro gran núcleo industrial, Alemania (Ohlin, 1931). Entre 1929 y 1931 la producción industrial disminuyó aproximadamente un tercio en los Estados Unidos y en una medida parecida en Alemania, si bien estas cifras son medias que suavizan la realidad. En los Estados Unidos, la gran compañía del sector eléctrico, Westinghouse, perdió dos tercios de sus ventas entre 1929 y 1933 y sus ingresos netos descendieron el 76 por 100 en dos años (Schatz, 1983, p. 60). Se produjo una crisis en la producción de artículos de primera necesidad, tanto alimentos como materias primas, dado que sus precios, que ya no se protegían acumulando existencias como antes, iniciaron una caída libre. Los precios del té y del trigo cayeron en dos tercios y el de la seda en bruto en tres cuartos. Eso supuso el hundimiento —por mencionar tan sólo los países enumerados por la Sociedad de Naciones en 1931— de Argentina, Australia, Bolivia, Brasil, Canadá, Colombia, Cuba, Chile, Egipto, Ecuador, Finlandia, Hungría, India, las Indias Holandesas (la actual Indonesia), Malasia (británica), México, Nueva Zelanda, Países Bajos, Paraguay, Perú, Uruguay y Venezuela, cuyo comercio exterior dependía de unos pocos productos primarios. En definitiva, ese fenómeno transformó la Depresión en un acontecimiento literalmente mundial.

Las economías de Austria, Checoslovaquia, Grecia, Japón, Polonia y

Gran Bretaña, extraordinariamente sensibles a los movimientos sísmicos procedentes del oeste (o del este), también resultaron afectadas. La industria sedera japonesa había triplicado su producción en el plazo de quince años para aprovisionar al vasto y creciente mercado de medias de seda estadounidense. La desaparición temporal de ese mercado conllevó también la del 90 por 100 de la seda japonesa que se enviaba a Norteamérica. Simultáneamente, se derrumbó el precio de otro importante producto básico de la agricultura japonesa, el arroz, fenómeno que también afectó a las grandes zonas arroceras del sur y el este de Asia. Como el precio del trigo se hundió aún más espectacularmente que el del arroz, se dice que en ese momento muchos orientales sustituyeron este último producto por el trigo. Sin embargo, el *boom* del pan de *chapatti* y de los tallarines, si es que lo hubo, empeoró la situación de los agricultores en los países exportadores de arroz como Birmania, la Indochina francesa y Siam (la actual Tailandia) (Latham, 1981, p. 178). Los campesinos intentaron compensar el descenso de los precios aumentando sus cultivos y sus ventas y eso se tradujo en una caída adicional de los precios.

Esa situación llevó a la ruina a los agricultores que dependían del mercado, especialmente del mercado de exportación, salvo en los casos en que pudieron volver a refugiarse en una producción de subsistencia, último reducto tradicional del campesino. Eso era posible en una gran parte del mundo subdesarrollado, y el hecho de que la mayoría de la población de África, de Asia meridional y oriental y de América Latina fuera todavía campesina, le permitió capear el temporal. Brasil se convirtió en la ilustración perfecta del despilfarro del capitalismo y de la profundidad de la crisis, con sus plantadores que intentaban desesperadamente impedir el hundimiento de los precios quemando café en lugar de carbón en las locomotoras de los trenes. (Entre dos tercios y tres cuartos del café que se vendía en el mercado mundial procedía de ese país.) De todas maneras, para los brasileños, que aún vivían del campo en su inmensa mayoría, la Gran Depresión fue mucho más llevadera que los cataclismos económicos de los años ochenta, sobre todo porque en aquella crisis las expectativas económicas de la población pobre eran todavía muy modestas.

Sin embargo, los efectos de la crisis se dejaron sentir incluso en los países agrarios coloniales. Así parece indicarlo el descenso en torno a los dos tercios de las importaciones de azúcar, harina, pescado en conserva y arroz en Costa de Oro (la actual Ghana), donde el mercado del cacao se había hundido completamente, por no mencionar el recorte de las importaciones de ginebra en un 98 por 100 (Ohlin, 1931, p. 52).

Para quienes, por definición, no poseían control o acceso a los medios de producción (salvo que pudieran retornar a las aldeas al seno de una familia campesina), es decir, para los hombres y mujeres que trabajaban a cambio de un salario, la principal consecuencia de la Depresión fue el desempleo en una escala inimaginada y sin precedentes, y por mucho más tiempo del que nadie pudiera haber previsto. En los momentos peores de la crisis (1932-1933), los índices de paro se situaron en el 22-23 por 100 en Gran Bretaña y Bélgica, el 24 por 100 en Suecia, el 27 por 100 en los Estados Unidos, el 29 por 100 en Austria, el 31 por 100 en Noruega, el 32 por 100 en Dinamarca y en no menos del 44 por 100 en Alemania. Además, la recuperación que se inició a partir de 1933 no permitió reducir la tasa media de desempleo de los años treinta por debajo del 16-17 por 100 en Gran Bretaña y Suecia, y del 20 por 100 en el resto de Escandinavia, en Austria y en los Estados Unidos. El único estado occidental que consiguió acabar con el paro fue la Alemania nazi entre 1933 y 1938. Nadie podía recordar una catástrofe económica de tal magnitud en la vida de los trabajadores.

Lo que hizo aún más dramática la situación fue que los sistemas públicos de seguridad social (incluido el subsidio de desempleo) no existían, en el caso de los Estados Unidos, o eran extraordinariamente insuficientes, según nuestros criterios actuales, sobre todo para los desempleados en períodos largos. Esta es la razón por la que la seguridad ha sido siempre una preocupación fundamental de la clase trabajadora: protección contra las temidas incertidumbres del empleo (es decir, los salarios), la enfermedad o los accidentes y contra la temida certidumbre de una vejez sin ingresos. Eso explica también que los trabajadores soñaran con ver a sus hijos ocupando un puesto de trabajo modestamente pagado pero seguro y que le diera derecho a una jubilación. Incluso en el país donde los sistemas de seguro de desempleo estaban más desarrollados antes de la Depresión (Gran Bretaña), no alcanzaban ni siquiera al 60 por 100 de la población trabajadora, y ello porque desde 1920 Gran Bretaña se había visto obligada a tomar medidas contra un desempleo generalizado. En los demás países de Europa (excepto en Alemania, donde más del 40 por 100 tenía derecho a percibir un seguro de paro), la proporción de los trabajadores protegidos en ese apartado oscilaba entre 0 y el 25 por 100 (Flora, 1983, p. 461). Aquellos que se habían acostumbrado a trabajar intermitentemente o a atravesar por períodos de desempleo cíclico comenzaron a sentirse desesperados cuando, una vez hubieron gastado sus pequeños ahorros y agotado el crédito en las tiendas de alimentos, veían imposible encontrar un trabajo.

De ahí el impacto traumático que tuvo en la política de los países industrializados el desempleo generalizado, consecuencia primera y principal de la Gran Depresión para el grueso de la población. Poco les podía importar que los historiadores de la economía (y la lógica) puedan demostrar que la mayor parte de la mano de obra que estuvo empleada incluso durante los peores momentos había mejorado notablemente su posición, dado que los precios descendieron durante todo el período de entreguerras y que durante los años más duros de la Depresión los precios de los alimentos cayeron más rápidamente que los de los restantes productos. La imagen dominante en la época era la de los comedores de beneficencia y la de los ejércitos de desempleados que desde los centros fabriles donde el acero y los barcos habían dejado de fabricarse convergían hacia las capitales para denunciar a los que creían responsables de la situación. Por su parte, los políticos eran conscientes de que el 85 por 100 de los afiliados del Partido Comunista alemán, que durante los años de la Depresión y en los meses anteriores a la subida de Hitler al poder creció casi tan deprisa como el partido nazi, eran desempleados (Weber, 1969, I, p. 243).

No puede sorprender que el desempleo fuera considerado como una herida profunda, que podía llegar a ser mortal, en el cuerpo político. «Después de la guerra —escribió un editorialista en el *Times* londinense durante la segunda guerra mundial—, el desempleo ha sido la enfermedad más extendida, insidiosa y destructiva de nuestra generación: es la enfermedad social de la civilización occidental en nuestra época» (Arndt, 1944, p. 250). Nunca hasta entonces, en la historia de la industrialización, habían podido escribirse esas palabras, que explican la política de posguerra de los gobiernos occidentales mejor que cualquier investigación de archivo.

Curiosamente, el sentimiento de catástrofe y desorientación causado por la Gran Depresión fue mayor entre los hombres de negocios, los economistas y los políticos que entre las masas. El desempleo generalizado y el hundimiento de los precios agrarios perjudicó gravemente a estas masas, pero estaban seguras de que existía una solución política para esas injusticias —ya fuera en la derecha o en la izquierda— que haría posible que los pobres pudiesen ver satisfechas sus necesidades. Era, por contra, la inexistencia de soluciones en el marco de la vieja economía liberal lo que hacía tan dramática la situación de los responsables de las decisiones económicas. A su juicio, para hacer frente a corto plazo a las crisis inmediatas, se veían obligados a socavar la base a largo plazo de una economía mundial floreciente. En un momento en que el comercio mundial disminuyó el 60 por 100 en cuatro años (1929-1932), los estados comenzaron a levantar barreras cada vez mayores para proteger sus mercados nacionales y sus monedas frente a los ciclones económicos mundiales, aun sabedores de que eso significaba desmantelar el sistema mundial de comercio multilateral en el que, según creían, debía sustentarse la prosperidad del mundo. La piedra angular de ese sistema, la llamada «cláusula de nación más favorecida», desapareció de casi el 60 por 100 de los 510 acuerdos comerciales que se firmaron entre 1931 y 1939 y, cuando se conservó, lo fue de forma limitada (Snyder, 1940).[4] ¿Cómo acabaría todo? ¿Sería posible salir de ese círculo vicioso?

Más adelante se analizarán las consecuencias políticas inmediatas de ese episodio, el más traumático en la historia del capitalismo, pero es necesario referirse sin demora a su más importante consecuencia a largo plazo. En pocas palabras, la Gran Depresión desterró el liberalismo económico durante medio siglo. En 1931-1932, Gran Bretaña, Canadá, todos los países escandinavos y Estados Unidos abandonaron el patrón oro, que siempre había sido considerado como el fundamento de un intercambio internacional estable, y en 1936 se

4. La «cláusula de nación más favorecida» significa, de hecho, lo contrario de lo que parece, a saber, que el interlocutor comercial será tratado de la misma forma que la «nación más favorecida», es decir, que *ninguna* nación será más favorecida.

sumaron a la medida incluso los más fervientes partidarios de ese sistema, los belgas y los holandeses, y finalmente los franceses.[5] Gran Bretaña abandonó en 1931 el libre comercio, que desde 1840 había sido un elemento tan esencial de la identidad económica británica como lo es la Constitución norteamericana en la identidad política de los Estados Unidos. El abandono por parte de Gran Bretaña de los principios de la libertad de transacciones en el seno de una única economía mundial ilustra dramáticamente la rápida generalización del proteccionismo en ese momento. Más concretamente, la Gran Depresión obligó a los gobiernos occidentales a dar prioridad a las consideraciones sociales sobre las económicas en la formulación de sus políticas. El peligro que entrañaba no hacerlo así —la radicalización de la izquierda y, como se demostró en Alemania y en otros países, de la derecha— era excesivamente amenazador.

Así, los gobiernos no se limitaron a proteger a la agricultura imponiendo aranceles frente a la competencia extranjera, aunque, donde ya existían, los elevaron aún más. Durante la Depresión, subvencionaron la actividad agraria garantizando los precios al productor, comprando los excedentes o pagando a los agricultores para que no produjeran, como ocurrió en los Estados Unidos desde 1933. Los orígenes de las extrañas paradojas de la «política agraria común» de la Comunidad Europea, debido a la cual en los años setenta y ochenta una minoría cada vez más exigua de campesinos amenazó con causar la bancarrota comunitaria en razón de las subvenciones que recibían, se remontan a la Gran Depresión.

En cuanto a los trabajadores, una vez terminada la guerra, el «pleno empleo», es decir, la eliminación del desempleo generalizado, pasó a ser el objetivo básico de la política económica en los países en los que se instauró un capitalismo democrático reformado, cuyo más célebre profeta y pionero, aunque no el único, fue el economista británico John Maynard Keynes (1883-1946). La doctrina keynesiana propugnaba la eliminación permanente del desempleo generalizado por razones tanto de beneficio económico como político. Los keynesianos sostenían, acertadamente, que la demanda que generan los ingresos de los trabajadores ocupados tendría un efecto estimulante sobre las economías deprimidas. Sin embargo, la razón por la que se dio la máxima prioridad a ese sistema de estímulo de la demanda —el gobierno británico asumió ese objetivo antes incluso de que estallara la segunda guerra mundial— fue la consideración de que el desempleo generalizado era social y políticamente explosivo, tal como había quedado demostrado durante la Depresión. Esa convicción era tan sólida que, cuando muchos años después volvió a producirse un desempleo en gran escala, y especialmente durante la grave depresión de los primeros años de la década de 1980, los observadores (incluido el autor de este libro) estaban conven-

5. En su forma clásica, el *patrón oro* da a la unidad monetaria, por ejemplo un billete de dólar, el valor de un peso determinado de oro, por el cual lo intercambiará el banco, si es necesario.

cidos de que sobrevendrían graves conflictos sociales y se sintieron sorprendidos de que eso no ocurriera (véase el capítulo XIV).

En gran parte, eso se debió a otra medida profiláctica adoptada durante, después y como consecuencia de la Gran Depresión: la implantación de sistemas modernos de seguridad social. ¿A quién puede sorprender que los Estados Unidos aprobaran su ley de la seguridad social en 1935? Nos hemos acostumbrado de tal forma a la generalización, a escala universal, de ambiciosos sistemas de seguridad social en los países desarrollados del capitalismo industrial —con algunas excepciones, como Japón, Suiza y los Estados Unidos— que olvidamos cómo eran los «estados del bienestar», en el sentido moderno de la expresión, antes de la segunda guerra mundial. Incluso los países escandinavos estaban tan sólo comenzando a implantarlos en ese momento. De hecho, la expresión «estado del bienestar» no comenzó a utilizarse hasta los años cuarenta.

Un hecho subrayaba el trauma derivado de la Gran Depresión: el único país que había rechazado el capitalismo, la Unión Soviética, parecía ser inmune a sus consecuencias. Mientras el resto del mundo, o al menos el capitalismo liberal occidental, se sumía en el estancamiento, la URSS estaba inmersa en un proceso de industrialización acelerada, con la aplicación de los planes quinquenales. Entre 1929 y 1940, la producción industrial se multiplicó al menos por tres en la Unión Soviética, cuya participación en la producción mundial de productos manufacturados pasó del 5 por 100 en 1929 al 18 por 100 en 1938, mientras que durante el mismo período la cuota conjunta de los Estados Unidos, Gran Bretaña y Francia disminuyó del 59 al 52 por 100 del total mundial. Además, en la Unión Soviética no existía desempleo. Esos logros impresionaron a los observadores extranjeros de todas las ideologías, incluido el reducido pero influyente flujo de turistas que visitó Moscú entre 1930 y 1935, más que la tosquedad e ineficacia de la economía soviética y que la crueldad y la brutalidad de la colectivización y de la represión generalizada efectuadas por Stalin. En efecto, lo que les importaba realmente no era el fenómeno de la URSS, sino el hundimiento de su propio sistema económico, la profundidad de la crisis del capitalismo occidental. ¿Cuál era el secreto del sistema soviético? ¿Podía extraerse alguna enseñanza de su funcionamiento? A raíz de los planes quinquenales de Rusia, los términos «plan» y «planificación» estaban en boca de todos los políticos. Los partidos socialdemócratas comenzaron a aplicar «planes», por ejemplo en Bélgica y Noruega. Sir Arthur Salter, un funcionario británico distinguido y uno de los pilares de la clase dirigente, escribió un libro titulado *Recovery* para demostrar que para que el país y el mundo pudieran escapar al círculo vicioso de la Gran Depresión era esencial construir una sociedad planificada. Otros funcionarios británicos moderados establecieron un grupo de reflexión abierto al que dieron el nombre de PEP (Political and Economic Planing, Planificación económica y política). Una serie de jóvenes políticos conservadores, como el futuro primer ministro Harold Macmillan (1894-1986) se convirtieron en defensores de la «planificación». Incluso los mismos nazis plagiaron la idea cuando Hitler inició un «plan cuatrienal». (Por razones que se analizarán en el próximo capítulo, el éxito de los nazis en la superación de la Depresión a partir de 1933 tuvo menos repercusiones internacionales.)

II

¿Cuál es la causa del mal funcionamiento de la economía capitalista en el período de entreguerras? Para responder a esta pregunta es imprescindible tener en cuenta la situación de los Estados Unidos, pues si en Europa, al menos en los países beligerantes, los problemas económicos pueden explicarse en función de las perturbaciones de la guerra y la posguerra, los Estados Unidos sólo habían tenido una breve, aunque decisiva, intervención en el conflicto. La primera guerra mundial, lejos de desquiciar su economía, la benefició (como ocurriría también con la segunda guerra mundial) de manera espectacular. En 1913, los Estados Unidos eran ya la mayor economía del mundo, con la tercera parte de la producción industrial, algo menos de la suma total de lo que producían conjuntamente Alemania, Gran Bretaña y Francia. En 1929 produjeron más del 42 por 100 de la producción mundial, frente a algo menos del 28 por 100 de las tres potencias industriales europeas (Hilgerdt, 1945, cuadro 1.14). Esa cifra es realmente asombrosa. Concretamente, en el período comprendido entre 1913 y 1920, mientras la producción de acero aumentó un 25 por 100 en los Estados Unidos, en el resto del mundo disminuyó un tercio (Rostow, 1978, p. 194, cuadro III. 33). En resumen, al terminar la primera guerra mundial, el predominio de la economía estadounidense en el escenario internacional era tan claro como el que conseguiría después de la segunda guerra mundial. Fue la Gran Depresión la que interrumpió temporalmente esa situación hegemónica.

La guerra no sólo reforzó su posición de principal productor mundial, sino que lo convirtió en el principal acreedor del mundo. Los británicos habían perdido aproximadamente una cuarta parte de sus inversiones mundiales durante la guerra, principalmente las efectuadas en los Estados Unidos, de las que tuvieron que desprenderse para comprar suministros de guerra. Por su parte, los franceses perdieron la mitad de sus inversiones, como consecuencia de la revolución y el hundimiento de Europa. Mientras tanto, los Estados Unidos, que al comenzar la guerra eran un país deudor, al terminar el conflicto eran el principal acreedor internacional. Dado que concentraban sus operaciones en Europa y en el hemisferio occidental (los británicos continuaban siendo con mucho los principales inversores en Asia y África), su influencia en Europa era decisiva.

En suma, sólo la situación de los Estados Unidos puede explicar la crisis económica mundial. Después de todo, en los años veinte era el principal exportador del mundo y, tras Gran Bretaña, el primer importador. En cuanto a las materias primas y los alimentos básicos, absorbía casi el 40 por 100 de las importaciones que realizaban los quince países con un comercio más intenso, lo cual explica las consecuencias desastrosas de la crisis para los productores de trigo, algodón, azúcar, caucho, seda, cobre, estaño y café (Lary, 1943, pp. 28-29). Estados Unidos fue también la principal víctima de la crisis. Si sus importaciones cayeron un 70 por 100 entre 1929 y 1932, no fue menor el descenso de sus exportaciones. El comercio mundial disminuyó menos de un tercio entre 1929 y 1939, pero las exportaciones estadounidenses descendieron casi un 50 por 100.

Esto no supone subestimar las raíces estrictamente europeas del problema, cuyo origen era fundamentalmente político. En la conferencia de paz de Versalles (1919) se habían impuesto a Alemania unos pagos onerosos y no definidos en concepto de «reparaciones» por el costo de la guerra y los daños ocasionados a las diferentes potencias vencedoras. Para justificarlas se incluyó en el tratado de paz una cláusula que declaraba a Alemania *única* responsable de la guerra (la llamada cláusula de «culpabilidad»), que, además de ser dudosa históricamente, fue un auténtico regalo para el nacionalismo alemán. La suma que debía pagar Alemania no se concretó, en busca de un compromiso entre la posición de los Estados Unidos, que proponían que se fijara en función de las capacidades del país, y la de los otros aliados —principalmente Francia— que insistían en resarcirse de todos los costos de la guerra. El objetivo que realmente perseguían —al menos Francia— era perpetuar la debilidad de Alemania y disponer de un medio para presionarla. En 1921 la suma se fijó en 132.000 millones de marcos de oro, que todo el mundo sabía que era imposible de pagar.

Las «reparaciones» suscitaron interminables polémicas, crisis periódicas y arreglos negociados bajo los auspicios norteamericanos, pues Estados Unidos, con gran descontento de sus antiguos aliados, pretendía vincular la cuestión de las reparaciones de Alemania con el pago de las deudas de guerra que tenían los aliados con Washington. Estas últimas se fijaron en una suma casi tan absurda como la que se exigía a Alemania (una vez y media la renta nacional del país de 1929); las deudas británicas con los Estados Unidos suponían el 50 por 100 de la renta nacional de Gran Bretaña y las de los franceses los dos tercios (Hill, 1988, pp. 15-16). En 1924 entró en vigor el «Plan Dawes», que fijó la suma real que debía pagar Alemania anualmente, y en 1929 el «Plan Young» modificó el plan de reparaciones y estableció el Banco de Pagos Internacionales en Basilea (Suiza), la primera de las instituciones financieras internacionales que se multiplicarían después de la segunda guerra mundial. (En el momento de escribir estas líneas es todavía operativo.) A efectos prácticos, todos los pagos, tanto de los alemanes como de los aliados, se interrumpieron en 1932. Sólo Finlandia pagó todas sus deudas de guerra a los Estados Unidos.

Sin entrar en los detalles, dos cuestiones estaban en juego. *En primer lugar*, la problemática suscitada por el joven John Maynard Keynes, que escribió una dura crítica de la conferencia de Versalles, en la que participó como miembro subalterno de la delegación británica: *Las consecuencias eco-*

nómicas de la paz (1920). Si no se reconstruía la economía alemana —argumentaba Keynes— la restauración de una civilización y una economía liberal estables en Europa sería imposible. La política francesa de perpetuar la debilidad de Alemania como garantía de la «seguridad» de Francia era contraproducente. De hecho, Francia era demasiado débil para imponer su política, incluso cuando por un breve tiempo ocupó el corazón industrial de la Alemania occidental, en 1923, con la excusa de que los alemanes se negaban a pagar. Finalmente, a partir de 1924 tuvieron que tolerar el fortalecimiento de la economía alemana. Pero, *en segundo lugar*, estaba la cuestión de cómo debían pagarse las reparaciones. Los que deseaban una Alemania débil pretendían que el pago se hiciera en efectivo, en lugar de exigir (como parecía más racional) una parte de la producción, o al menos de los ingresos procedentes de las exportaciones alemanas, pues ello habría reforzado la economía alemana frente a sus competidores. En efecto, obligaron a Alemania a recurrir sobre todo a los créditos, de manera que las reparaciones que se pagaron se costearon con los cuantiosos préstamos (norteamericanos) solicitados a mediados de los años veinte. Para sus rivales esto parecía presentar la ventaja adicional de que Alemania se endeudaba fuertemente en lugar de aumentar sus exportaciones para conseguir el equilibrio de su balanza de pagos. De hecho, las importaciones alemanas aumentaron extraordinariamente. Pero, como ya hemos visto, el sistema basado en esas premisas hizo a Alemania y a Europa muy vulnerables al descenso de los créditos de los Estados Unidos (antes incluso de que comenzara la Depresión) y a su corte final (tras la crisis de Wall Street de 1929). Todo el castillo de naipes construido en torno a las reparaciones se derrumbó durante la Depresión. Para entonces la interrupción de los pagos no repercutió positivamente sobre Alemania, ni sobre la economía mundial, que había desaparecido como sistema integrado, al igual que ocurrió con el mecanismo de pagos internacionales entre 1931 y 1933.

Sin embargo, las conmociones de la guerra y la posguerra y los problemas políticos europeos sólo explican en parte la gravedad del hundimiento de la economía en el período de entreguerras. El análisis económico debe centrarse en dos aspectos.

El primero es la existencia de un desequilibrio notable y creciente en la economía internacional, como consecuencia de la asimetría existente entre el nivel de desarrollo de los Estados Unidos y el del resto del mundo. El sistema mundial no funcionaba correctamente —puede argumentarse— porque a diferencia de Gran Bretaña, que había sido su centro neurálgico hasta 1914, Estados Unidos no necesitaba al resto del mundo. Así, mientras Gran Bretaña, consciente de que el sistema mundial de pagos se sustentaba en la libra esterlina, velaba por su estabilidad, Estados Unidos no asumió una función estabilizadora de la economía mundial. Los norteamericanos no dependían del resto del mundo porque desde el final de la primera guerra mundial necesitaban importar menos capital, mano de obra y nuevas mercancías, excepto algunas materias primas. En cuanto a sus exportaciones, aunque tenían importancia desde el punto de vista internacional —Hollywood monopolizaba prácticamente el mercado internacional del cine—, tenían mucha menos trascendencia para la renta nacional que en cualquier otro país industrial. Puede discutirse el alcance real de las consecuencias de ese aislamiento de Estados Unidos con respecto a la economía mundial, pero es indudable que esta explicación de la crisis influyó en los economistas y políticos estadounidenses en los años cuarenta y contribuyó a convencer a Washington de que debía responsabilizarse de la estabilidad de la economía mundial después de 1945 (Kindelberger, 1973).

El segundo aspecto destacable de la Depresión es la incapacidad de la economía mundial para generar una demanda suficiente que pudiera sustentar una expansión duradera. Como ya hemos visto, las bases de la prosperidad de los años veinte no eran firmes, ni siquiera en los Estados Unidos, donde la agricultura estaba ya en una situación deprimida y los salarios, contra lo que sostiene el mito de la gran época del jazz, no aumentaban mucho, e incluso se estancaron en los últimos años desquiciados de euforia económica (*Historical Statistics of the USA*, I, p. 164, cuadro D722-727). Como tantas veces ocurre en las economías de libre mercado durante las épocas de prosperidad, al estancarse los salarios, los beneficios aumentaron de manera desproporcionada y el sector acomodado de la población fue el más favorecido. Pero al no existir un equilibrio entre la demanda y la productividad del sistema industrial, en rápido incremento en esos días que vieron el triunfo de Henry Ford, el resultado fue la sobreproducción y la especulación. A su vez, éstas desencadenaron el colapso. Sean cuales fueren los argumentos de los historiadores y economistas, que todavía continúan debatiendo la cuestión, la debilidad de la demanda impresionó profundamente a los contemporáneos que seguían con gran interés la actuación política del gobierno. Entre ellos hay que destacar a John Maynard Keynes.

Cuando se produjo el hundimiento, este fue, lógicamente, mucho más espectacular en Estados Unidos, donde se había intentado reforzar la demanda mediante una gran expansión del crédito a los consumidores. (Los lectores que recuerden lo sucedido a finales de los años ochenta estarán familiarizados ya con esta situación.) Los bancos, afectados ya por la euforia inmobiliaria especulativa que, con la contribución habitual de los optimistas ilusos y de la legión de negociantes sin escrúpulos,[6] había alcanzado su cenit algunos años antes del gran crac, y abrumados por deudas incobrables, se negaron a conceder nuevos créditos y a refinanciar los existentes. Sin embargo, eso no impidió que quebraran por millares,[7] mientras que en 1933 casi la mitad de los préstamos hipotecarios de los Estados Unidos estaban atrasados en el pago y

6. No en vano fueron los años veinte la década del psicólogo Émile Coué (1857-1926), que popularizó la autosugestión optimista mediante el lema, constantemente repetido, de «cada día estoy mejor en todos los sentidos».

7. El sistema bancario estadounidense no permitía la existencia de bancos gigantescos como los europeos, con un sistema de sucursales por toda la nación y, por consiguiente, estaba formado por bancos relativamente débiles de carácter local o que, a lo sumo, operaban en el ámbito de cada uno de los diferentes estados.

cada día un millar de sus titulares perdían sus propiedades por esa causa (Miles *et al.*, 1991, p. 108). Tan sólo los compradores de automóviles debían 1.400 millones de dólares de un total de 6.500 millones a que ascendía el endeudamiento personal en créditos a corto y medio plazo (Ziebura, 1990, p. 49). Lo que hacía que la economía fuera especialmente vulnerable a ese *boom* crediticio era que los prestatarios no utilizaban el dinero para comprar los bienes de consumo tradicionales, necesarios para subsistir, cuya demanda era, por tanto, muy inelástica: alimentos, prendas de vestir, etc. Por pobre que uno sea, no puede reducir la demanda de productos alimentarios por debajo de un nivel determinado, ni si se duplican sus ingresos, se doblará dicha demanda. Lo que compraban eran los bienes de consumo duraderos típicos de la sociedad moderna de consumo en la que los Estados Unidos eran pioneros. Pero la compra de coches y casas podía posponerse fácilmente y, en cualquier caso, la demanda de estos productos era, y es, muy elástica en relación a los ingresos.

Por consiguiente, a menos que se esperara que la crisis fuera breve y que hubiera confianza en el futuro, las consecuencias de ésta podían ser espectaculares. Así, la producción de automóviles disminuyó *a la mitad* en los Estados Unidos entre 1929 y 1931 y, en un nivel mucho más humilde, la producción de discos de gramófono para las capas de población de escasos ingresos (discos *race* y discos de jazz dirigidos a un público de color) cesó prácticamente durante un tiempo. En resumen, «a diferencia de los ferrocarriles, de los barcos de vapor o de la introducción del acero y de las máquinas herramientas —que reducían los costes—, los nuevos productos y el nuevo estilo de vida requerían, para difundirse con rapidez, unos niveles de ingresos cada vez mayores y un elevado grado de confianza en el futuro» (Rostow, 1978, p. 219). Pero eso era precisamente lo que se estaba derrumbando.

Más pronto o más tarde hasta la peor de las crisis cíclicas llega a su fin y a partir de 1932 había claros indicios de que lo peor ya había pasado. De hecho, algunas economías se hallaban en situación floreciente. Japón y, en una escala más modesta, Suecia habían duplicado, al terminar los años treinta, la producción de los años anteriores a la Depresión, y en 1938 la economía alemana (no así la italiana) había crecido un 25 por 100 con respecto a 1929. Incluso las economías más débiles, como la británica, mostraban signos de dinamismo. Pese a todo, no se produjo el esperado relanzamiento y la economía mundial siguió sumida en la Depresión. Eso era especialmente patente en la más poderosa de todas las economías, la de los Estados Unidos, donde los diferentes experimentos encaminados a estimular la economía que se emprendieron (en algunos casos con escasa coherencia) en virtud del «New Deal» del presidente F. D. Roosevelt no dieron los resultados esperados. A unos años de fuerte actividad siguió una nueva crisis en 1937-1938, aunque de proporciones mucho más modestas que la Depresión de 1929. El sector más importante de la industria norteamericana, la producción automovilística, nunca recuperó el nivel alcanzado en 1929, y en 1938 su situación era poco mejor que la de 1920 (*Historical Statistics*, II, p. 716). Al rememorar ese período desde los años noventa llama la atención el pesimismo de los comentaristas más inteligentes. Para una serie de economistas capaces y brillantes el futuro del capitalismo era el estancamiento. Ese punto de vista, anticipado en el opúsculo de Keynes contra el tratado de paz de Versalles, adquirió gran predicamento en los Estados Unidos después de la crisis. ¿No era acaso el estancamiento el estado natural de una economía madura? Como afirmó, en otro diagnóstico pesimista acerca del capitalismo, el economista austriaco Schumpeter, «durante cualquier período prolongado de malestar económico, los economistas, dejándose ganar, como otros, por el estado de ánimo predominante, construyen teorías que pretenden demostrar que la depresión ha de ser duradera» (Schumpeter, 1954, p. 1.172). También, posiblemente, los historiadores que analicen el período transcurrido desde 1973 hasta la conclusión del siglo XX desde una distancia similar se mostrarán sorprendidos por la tenaz resistencia de los años setenta y ochenta a aceptar la posibilidad de una depresión general de la economía capitalista mundial.

Y todo ello a pesar de que los años treinta fueron un decenio de importantes innovaciones tecnológicas en la industria, por ejemplo, en el desarrollo de los plásticos. Ciertamente, en un sector —el del entretenimiento y lo que más tarde se conocería como «los medios de comunicación»— el período de entreguerras contempló los adelantos más trascendentales, al menos en el mundo anglosajón, con el triunfo de la radio como medio de comunicación de masas y de la industria del cine de Hollywood, por no mencionar la moderna rotativa de huecograbado (véase el capítulo VI). Tal vez no es tan sorprendente que en las tristes ciudades del desempleo generalizado surgieran gigantescas salas de cine, porque las entradas eran muy baratas, porque los más jóvenes y los ancianos, los más afectados por el desempleo, disponían de tiempo libre y porque, como observaban los sociólogos, durante la Depresión los maridos y sus esposas tenían más oportunidades que antes de compartir los ratos de ocio (Stouffer y Lazarsfeld, 1937, pp. 55 y 92).

III

La Gran Depresión confirmó tanto a los intelectuales, como a los activistas y a los ciudadanos comunes de que algo funcionaba muy mal en el mundo en que vivían. ¿Quién sabía lo que podía hacerse al respecto? Muy pocos de los que ocupaban el poder en sus países y en ningún caso los que intentaban marcar el rumbo mediante instrumentos tradicionales de navegación como el liberalismo o la fe tradicional, y mediante las cartas de navegar del siglo XIX, que no servían ya. ¿Hasta qué punto merecían la confianza los economistas, por brillantes que fueran, que demostraban, con gran lucidez, que la crisis que incluso a ellos les afectaba no podía producirse en una sociedad de libre mercado correctamente organizada, pues (según una ley económica conocida por el nombre de un francés de comienzos del siglo XIX) cualquier fenómeno de sobreproducción se corregiría por sí solo en poco tiempo? En

1933 no era fácil aceptar, por ejemplo, que donde la demanda del consumidor, y por ende el consumo, caían, el tipo de interés descendería cuanto fuera necesario para estimular la inversión de nuevo, de forma que la mayor demanda de inversiones compensase el descenso de la demanda del consumidor. A medida que aumentaba vertiginosamente el desempleo, resultaba difícil de creer (como al parecer lo creían los responsables del erario británico) que las obras públicas no aumentarían el empleo porque el dinero invertido se detraería al sector privado, que de haber podido disponer de él habría generado el mismo nivel de empleo. Tampoco parecían hacer nada por mejorar la situación los economistas que afirmaban que había que dejar que la economía siguiera su curso y los gobiernos cuyo primer instinto, además de proteger el patrón oro mediante políticas deflacionarias, les llevaba a aplicar la ortodoxia financiera, equilibrar los presupuestos y reducir gastos. De hecho, mientras la Depresión económica continuaba, muchos (entre ellos J. M. Keynes, que sería el economista más influyente durante los cuarenta años siguientes) afirmaban que con esto no hacían sino empeorar las cosas. Para aquellos de nosotros que vivimos los años de la Gran Depresión todavía resulta incomprensible que la ortodoxia del mercado libre, tan patentemente desacreditada, haya podido presidir nuevamente un período general de depresión a finales de los años ochenta y comienzos de los noventa, en el que se ha mostrado igualmente incapaz de aportar soluciones. Este extraño fenómeno debe servir para recordarnos un gran hecho histórico que ilustra: la increíble falta de memoria de los teóricos y prácticos de la economía. Es también una clara ilustración de la necesidad que la sociedad tiene de los historiadores, que son los «recordadores» profesionales de lo que sus conciudadanos desean olvidar.

En cualquier caso, ¿qué quedaba de una «economía de mercado libre» cuando el dominio cada vez mayor de las grandes empresas ridiculizaba el concepto de «competencia perfecta» y cuando los economistas que criticaban a Karl Marx podían comprobar cuán acertado había estado, especialmente al profetizar la concentración del capital? (Leontiev, 1977, p. 78). No era necesario ser marxista, ni sentirse interesado por la figura de Marx, para comprender que el capitalismo del período de entreguerras estaba muy alejado de la libre competencia de la economía del siglo XIX. En efecto, mucho antes del hundimiento de Wall Street, un inteligente banquero suizo señaló que la incapacidad del liberalismo económico, y del socialismo anterior a 1917, de pervivir como programas universales, explicaba la tendencia hacia las «economías autocráticas», fascista, comunista o bajo los auspicios de grandes sociedades que actuaban con independencia de sus accionistas (Somary, 1929, pp. 174 y 193). En los últimos años del decenio de 1930, las ortodoxias liberales de la competencia en un mercado libre habían desaparecido hasta tal punto que la economía mundial podía considerarse como un triple sistema formado por un sector de mercado, un sector intergubernamental (en el que realizaban sus transacciones economías planificadas o controladas como Japón, Turquía, Alemania y la Unión Soviética) y un sector constituido por poderes internacionales públicos o semipúblicos que regulaban determinadas partes de la economía (por ejemplo, mediante acuerdos internacionales sobre las mercancías) (Staley, 1939, p. 231).

No puede sorprender, por tanto, que los efectos de la Gran Depresión sobre la política y sobre la opinión pública fueran grandes e inmediatos. Desafortunado el gobierno que estaba en el poder durante el cataclismo, ya fuera de derechas, como el del presidente estadounidense Herbert Hoover (1928-1932), o de izquierdas, como los gobiernos laboristas de Gran Bretaña y Australia. El cambio no fue siempre tan inmediato como en América Latina, donde doce países conocieron un cambio de gobierno o de régimen en 1930-1931, diez de ellos a través de un golpe militar. Sin embargo, a mediados de los años treinta eran pocos los estados donde la política no se hubiera modificado sustancialmente con respecto al período anterior a la Gran Depresión. En Japón y en Europa se produjo un fuerte giro hacia la derecha, excepto en Escandinavia, donde Suecia inició en 1932 sus cincuenta años de gobierno socialdemócrata, y en España, donde la monarquía borbónica dejó paso a una malhadada y efímera república en 1931. Todo ello se analizará de forma más pormenorizada en el próximo capítulo, pero es necesario dejar ya sentado que el triunfo casi simultáneo de un régimen nacionalista, belicista y agresivo en dos importantes potencias militares —Japón (1931) y Alemania (1933)— fue la consecuencia política más importante y siniestra de la Gran Depresión. Las puertas que daban paso a la segunda guerra mundial fueron abiertas en 1931.

El espectacular retroceso de la izquierda revolucionaria contribuyó al fortalecimiento de la derecha radical, al menos durante los años más duros de la Depresión. Lejos de iniciar un nuevo proceso revolucionario, como creía la Internacional Comunista, la Depresión redujo al movimiento comunista internacional fuera de la URSS a una situación de debilidad sin precedentes. Es cierto que en ello influyó la política suicida de la Comintern, que no sólo subestimó el peligro que entrañaba el nacionalsocialismo en Alemania, sino que adoptó una política de aislamiento sectario que resulta increíble a nuestros ojos, al decidir que su principal enemigo era el movimiento obrero de masas organizado de los partidos socialdemócratas y laboristas (a los que calificaban de social-fascistas).[8] En 1934, una vez hubo sucumbido a manos de Hitler el Partido Comunista alemán (KPD), en el que Moscú había depositado la esperanza de la revolución mundial y que aún era la sección más poderosa, y en crecimiento, de la Internacional, y cuando incluso los comunistas chinos, desalojados de los núcleos rurales que constituían la base de su organización guerrillera, no eran más que una caravana acosada en su Larga Marcha hacia un refugio lejano y seguro, poco quedaba ya del movimiento

8. Esta actitud se mantuvo hasta el extremo de que en 1933 Moscú insistió en que el líder comunista italiano P. Togliatti retirara la sugerencia de que tal vez la socialdemocracia no fuese el principal peligro, al menos en Italia. Para entonces Hitler ya había ocupado el poder. La Comintern no modificó su línea política hasta 1934.

revolucionario internacional organizado, ya fuera legal o clandestino. En la Europa de 1934, sólo el Partido Comunista francés tenía todavía una presencia importante. En la Italia fascista, a los diez años de la «marcha sobre Roma» y en plena Depresión internacional, Mussolini se sintió lo suficientemente confiado en sus fuerzas como para liberar a algunos comunistas para celebrar este aniversario (Spriano, 1969, p. 397). Pero esa situación cambiaría en el lapso de unos pocos años (véase el capítulo V). De cualquier manera, la conclusión a que puede llegarse es que, en Europa, el resultado inmediato de la Depresión fue justamente el contrario del que preveían los revolucionarios sociales.

El retroceso de la izquierda no se limitó al declive de los comunistas, pues con la victoria de Hitler desapareció prácticamente de la escena el Partido Socialdemócrata alemán y un año más tarde la socialdemocracia austriaca conoció el mismo destino después de una breve resistencia armada. El Partido Laborista británico ya había sido en 1931 víctima de la Depresión, o tal vez de su fe en la ortodoxia económica decimonónica, y sus sindicatos, que desde 1920 habían perdido a la mitad de sus afiliados, eran más débiles que en 1913. La mayor parte del socialismo europeo se encontraba entre la espada y la pared.

Sin embargo, la situación era diferente fuera de Europa. En la zona septentrional del continente americano se registró un marcado giro hacia la izquierda, cuando Estados Unidos, bajo su nuevo presidente Franklin D. Roosevelt (1933-1945), puso en práctica un New Deal más radical, y México, bajo la presidencia de Lázaro Cárdenas (1934-1940), revitalizó el dinamismo original de la revolución mexicana, especialmente en la cuestión de la reforma agraria. También surgieron poderosos movimientos político-sociales en la zona de las praderas de Canadá, golpeada por la crisis: el Partido del Crédito Social y la Federación Cooperativa del Commonwealth (el actual Nuevo Partido Democrático), organizaciones de izquierdas según los criterios de los años treinta.

No es tarea fácil calibrar las repercusiones políticas de la crisis en América Latina, pues si bien es cierto que sus gobiernos o sus partidos dirigentes cayeron como fruta madura cuando el hundimiento del precio mundial de los productos que exportaban quebrantó sus finanzas, no todos cayeron en la misma dirección. Sin embargo, fueron más los que cayeron hacia la izquierda que hacia la derecha, aunque sólo fuera por breve tiempo. Argentina inició la era de los gobiernos militares después de un prolongado período de gobierno civil, y aunque dirigentes fascistoides como el general Uriburu (1930-1932) pronto quedaron relegados a un segundo plano, el país giró claramente hacia la derecha, aunque fuera una derecha tradicionalista. En cambio, Chile aprovechó la Depresión para desalojar del poder a uno de los escasos dictadores-presidentes que han existido en el país antes de la era de Pinochet, Carlos Ibáñez (1927-1931), y dio un tumultuoso giro a la izquierda. Incluso en 1932 se constituyó una fugaz «república socialista» bajo el coronel Marmaduke Grove y más tarde se formó un poderoso Frente Popular según el modelo europeo (véase el capítulo V). En Brasil, el desencadenamiento de la crisis puso fin a la «vieja república» oligárquica de 1899-1930 y llevó al poder, que detentaría durante veinte años, a Getulio Vargas, a quien podría calificarse de populista-nacionalista (véanse pp. 140-141). El giro hacia la izquierda fue más evidente en Perú, aunque el más sólido de los nuevos partidos, la Alianza Popular Revolucionaria Americana (APRA) —uno de los escasos partidos obreros de tipo europeo que triunfaron en el hemisferio occidental—,[9] no consiguió ver cumplidas sus ambiciones revolucionarias (1930-1932). El deslizamiento hacia la izquierda fue aún más pronunciado en Colombia, donde los liberales, con su presidente reformista fuertemente influido por el New Deal de Roosevelt, pusieron fin a un período de casi treinta años de dominio conservador. Más patente incluso fue la radicalización de Cuba, donde la elección de Roosevelt permitió a la población de este protectorado estadounidense desalojar del poder a un presidente odiado y muy corrupto, incluso según los criterios prevalecientes entonces en Cuba.

En el vasto mundo colonial, la crisis intensificó notablemente la actividad antiimperialista, en parte por el hundimiento del precio de los productos básicos en los que se basaban las economías coloniales (o cuando menos sus finanzas públicas y sus clases medias), y en parte porque los países metropolitanos sólo se preocuparon de proteger su agricultura y su empleo, sin tener en cuenta las consecuencias de esas políticas sobre las colonias. En suma, unos países europeos cuyas decisiones económicas se adoptaban en función de factores internos no podían conservar por mucho tiempo unos imperios cuyos intereses productivos eran de tan gran complejidad (Holland, 1985, p. 13) (véase el capítulo VII).

Por esa razón la Depresión señaló en la mayor parte del mundo colonial el inicio del descontento político y social de la población autóctona, descontento que necesariamente debía dirigirse contra el gobierno (colonial), incluso donde no surgieron movimientos políticos nacionalistas hasta después de la segunda guerra mundial. Tanto en el África occidental británica como en el Caribe comenzaron a producirse disturbios civiles, fruto directo de la crisis que afectó al sector de cultivos locales de exportación (cacao y azúcar). Pero en los países donde ya existían movimientos nacionales anticoloniales, los años de la Depresión agudizaron el conflicto, particularmente en aquellos lugares en que la agitación política había llegado a las masas. Después de todo, fue durante esos años cuando se registró la expansión de los Hermanos Musulmanes en Egipto (creados en 1928) y cuando Gandhi movilizó por segunda vez a la gran masa de la población india (1931) (véase el capítulo VII). Posiblemente, el triunfo de los republicanos radicales dirigidos por De Valera en las elecciones irlandesas de 1932 ha de explicarse como una tardía reacción anticolonial al derrumbamiento económico.

Nada demuestra mejor la universalidad de la Gran Depresión y la gravedad de sus efectos que el carácter universal de las insurrecciones políticas

9. Los otros fueron los partidos comunistas chileno y cubano.

que desencadenó (y que hemos examinado superficialmente) en un período de meses o de pocos años, desde Japón a Irlanda, desde Suecia a Nueva Zelanda y desde Argentina a Egipto. Pero por dramáticas que fueran, las consecuencias políticas inmediatas no son el único ni el principal criterio para juzgar la gravedad de la Depresión. Fue una catástrofe que acabó con cualquier esperanza de restablecer la economía y la sociedad del siglo XIX. Los acontecimientos del período 1929-1933 hicieron imposible, e impensable, un retorno a la situación de 1913. El viejo liberalismo estaba muerto o parecía condenado a desaparecer. Tres opciones competían por la hegemonía político-intelectual. La primera era el comunismo marxista. Después de todo, las predicciones de Marx parecían estar cumpliéndose, como tuvo que oír incluso la Asociación Económica Norteamericana en 1938, y además (eso era más impresionante aún) la URSS parecía inmune a la catástrofe. La segunda opción era un capitalismo que había abandonado la fe en los principios del mercado libre, y que había sido reformado por una especie de maridaje informal con la socialdemocracia moderada de los movimientos obreros no comunistas. En el período de la posguerra demostraría ser la opción más eficaz. Sin embargo, al principio no fue tanto un programa consciente o una alternativa política como la convicción de que era necesario evitar que se produjera una crisis como la que se acababa de superar y, en el mejor de los casos, una disposición a experimentar otras fórmulas, estimulada por el fracaso del liberalismo clásico. La política socialdemócrata sueca del período posterior a 1932, al menos a juicio de uno de sus principales inspiradores, Gunnar Myrdal, fue una reacción consciente a los fracasos de la ortodoxia económica que había aplicado el desastroso gobierno laborista en Gran Bretaña en 1929-1931. En ese momento, todavía estaba en proceso de elaboración la teoría alternativa a la fracasada economía de libre mercado. En efecto, hasta 1936 no se publicó la obra de Keynes *Teoría general del empleo, el interés y el dinero*, que fue la más importante contribución a ese proceso de elaboración teórica. Hasta la segunda guerra mundial, y posteriormente, no se formularía una práctica de gobierno alternativa: la dirección y gestión macroeconómica de la economía basada en la contabilidad de la renta nacional, aunque, tal vez por influencia de la URSS, en los años treinta los gobiernos y otras instancias públicas comenzaron ya a contemplar las economías nacionales como un todo y a estimar la cuantía de su producto o renta total.[10]

La tercera opción era el fascismo, que la Depresión convirtió en un movimiento mundial o, más exactamente, en un peligro mundial. La versión

10. Los primeros gobiernos en adoptar esos puntos de vista fueron los de la URSS y Canadá en 1925. En 1939, nueve países elaboraban estadísticas oficiales de la renta nacional y la Sociedad de Naciones calculaba estimaciones para un total de veintiséis países. Inmediatamente después de la segunda guerra mundial, existían estimaciones para treinta y nueve países, a mediados de los años cincuenta para noventa y tres, y desde entonces las estadísticas de la renta nacional, que en muchos casos tienen poco que ver con la realidad de las condiciones de vida de la población, se han convertido en algo tan característico de los estados independientes como sus banderas.

alemana del fascismo (el nacionalsocialismo) se benefició tanto de la tradición intelectual alemana, que (a diferencia de la austriaca) había rechazado las teorías neoclásicas del liberalismo económico que constituían la ortodoxia internacional desde la década de 1880, como de la existencia de un gobierno implacable decidido a terminar con el desempleo a cualquier precio. Hay que reconocer que afrontó la Gran Depresión rápidamente y con más éxito que ningún otro gobierno (los logros del fascismo italiano son mucho menos espectaculares). Sin embargo, no era ese su mayor atractivo en una Europa que había perdido el rumbo. A medida que la Gran Depresión fortaleció la marea del fascismo, empezó a hacerse cada vez más patente que en la era de las catástrofes no sólo la paz, la estabilidad social y la economía, sino también las instituciones políticas y los valores intelectuales de la sociedad burguesa liberal del siglo XIX estaban retrocediendo o derrumbándose. En ese proceso centraremos ahora la atención.

Capítulo IV

LA CAÍDA DEL LIBERALISMO

> Es muy difícil realizar un análisis racional del fenómeno del nazismo. Bajo la dirección de un líder que hablaba en tono apocalíptico de conceptos tales como el poder o la destrucción del mundo, y de un régimen sustentado en la repulsiva ideología del odio racial, uno de los países cultural y económicamente más avanzados de Europa planificó la guerra, desencadenó una conflagración mundial que se cobró las vidas de casi cincuenta millones de personas y perpetró atrocidades —que culminaron en el asesinato masivo y mecanizado de millones de judíos— de una naturaleza y una escala que desafían los límites de la imaginación. La capacidad del historiador resulta insuficiente cuando trata de explicar lo ocurrido en Auschwitz.
>
> IAN KERSHAW (1993, pp. 3-4)

> ¡Morir por la patria, por una idea! ... No, eso es una simpleza. Incluso en el frente, de lo que se trata es de matar ... Morir no es nada, no existe. Nadie puede imaginar su propia muerte. Matar es la cuestión. Esa es la frontera que hay que atravesar. Sí, es un acto concreto de tu voluntad, porque con él das vida a tu voluntad en otro hombre.
>
> De la carta de un joven voluntario de la República social fascista de 1943-1945 (Pavone, 1991, p. 431)

I

De todos los acontecimientos de esta era de las catástrofes, el que mayormente impresionó a los supervivientes del siglo XIX fue el hundimiento de los valores e instituciones de la civilización liberal cuyo progreso se daba por sentado en aquel siglo, al menos en las zonas del mundo «avanzadas» y en las que estaban avanzando. Esos valores implicaban el rechazo de la dictadura y del gobierno autoritario, el respeto del sistema constitucional con gobiernos libremente elegidos y asambleas representativas que garantizaban el imperio de la ley, y un conjunto aceptado de derechos y libertades de los ciudadanos, como las libertades de expresión, de opinión y de reunión. Los valores que debían imperar en el estado y en la sociedad eran la razón, el debate público, la educación, la ciencia y el perfeccionamiento (aunque no necesariamente la perfectibilidad) de la condición humana. Parecía evidente que esos valores habían progresado a lo largo del siglo y que debían progresar aún más. Después de todo, en 1914 incluso las dos últimas autocracias europeas, Rusia y Turquía, habían avanzado por la senda del gobierno constitucional y, por su parte, Irán había adoptado la constitución belga. Hasta 1914 esos valores sólo eran rechazados por elementos tradicionalistas como la Iglesia católica, que levantaba barreras en defensa del dogma frente a las fuerzas de la modernidad, por algunos intelectuales rebeldes y profetas de la destrucción, procedentes sobre todo de «buenas familias» y de centros acreditados de cultura —parte, por tanto, de la misma civilización a la que se oponían—, y por las fuerzas de la democracia, un fenómeno nuevo y perturbador (véase *La era del imperio*). Sin duda, la ignorancia y el atraso de esas masas, su firme decisión de destruir la sociedad burguesa mediante la revolución social, y la irracionalidad latente, tan fácilmente explotada por los demagogos, eran motivo de alarma. Sin embargo, de esos movimientos democráticos de masas, aquel que entrañaba el peligro más inmediato, el movimiento obrero socialista, defendía, tanto en la teoría como en la práctica, los valores de la razón, la ciencia, el progreso, la educación y la libertad individual con tanta energía como pudiera hacerlo cualquier otro movimiento. La medalla conmemorativa del 1.º de mayo del Partido Socialdemócrata alemán exhibía en una cara la efigie de Karl Marx y en la otra la estatua de la libertad. Lo que rechazaban era el sistema económico, no el gobierno constitucional y los principios de convivencia. No hubiera sido lógico considerar que un gobierno encabezado por Victor Adler, August Bebel o Jean Jaurès pudiese suponer el fin de la «civilización tal como la conocemos». De todos modos, un gobierno de tal naturaleza parecía todavía muy remoto.

Sin duda las instituciones de la democracia liberal habían progresado en la esfera política y parecía que el estallido de la barbarie en 1914-1918 había servido para acelerar ese progreso. Excepto en la Rusia soviética, todos los regímenes de la posguerra, viejos y nuevos, eran regímenes parlamentarios representativos, incluso el de Turquía. En 1920, la Europa situada al oeste de la frontera soviética estaba ocupada en su totalidad por ese tipo de estados. En efecto, el elemento básico del gobierno constitucional liberal, las elecciones para constituir asambleas representativas y/o nombrar presidentes, se daba prácticamente en todos los estados independientes de la época. No obstante, hay que recordar que la mayor parte de esos estados se hallaban en Europa y en América, y que la tercera parte de la población del mundo vivía bajo el sistema colonial. Los únicos países en los que no se celebraron elecciones de ningún tipo en el período 1919-1947 (Etiopía,

Mongolia, Nepal, Arabia Saudí y Yemen) eran fósiles políticos aislados. En otros cinco países (Afganistán, la China del Kuomintang, Guatemala, Paraguay y Tailandia, que se llamaba todavía Siam) sólo se celebraron elecciones en *una* ocasión, lo que no demuestra una fuerte inclinación hacia la democracia liberal, pero la mera celebración de tales elecciones evidencia cierta penetración, al menos teórica, de las ideas políticas liberales. Por supuesto, no deben sacarse demasiadas consecuencias del hecho de que se celebraran elecciones, o de la frecuencia de las mismas. Ni Irán, que acudió seis veces a las urnas desde 1930, ni Irak, que lo hizo en tres ocasiones, podían ser consideradas como bastiones de la democracia.

A pesar de la existencia de numerosos regímenes electorales representativos, en los veinte años transcurridos desde la «marcha sobre Roma» de Mussolini hasta el apogeo de las potencias del Eje en la segunda guerra mundial se registró un retroceso, cada vez más acelerado, de las instituciones políticas liberales. Mientras que en 1918-1920 fueron disueltas, o quedaron inoperantes, las asambleas legislativas de dos países europeos, ese número aumentó a seis en los años veinte y a nueve en los años treinta, y la ocupación alemana destruyó el poder constitucional en otros cinco países durante la segunda guerra mundial. En suma, los únicos países europeos cuyas instituciones políticas democráticas funcionaron sin solución de continuidad durante todo el período de entreguerras fueron Gran Bretaña, Finlandia (a duras penas), Irlanda, Suecia y Suiza.

En el continente americano, la otra zona del mundo donde existían estados independientes, la situación era más diversificada, pero no reflejaba un avance general de las instituciones democráticas. La lista de estados sólidamente constitucionales del hemisferio occidental era pequeña: Canadá, Colombia, Costa Rica, Estados Unidos y la ahora olvidada «Suiza de América del Sur», y su única democracia real, Uruguay. Lo mejor que puede decirse es que en el período transcurrido desde la conclusión de la primera guerra mundial hasta la de la segunda, hubo corrimientos hacia la izquierda y hacia la derecha. En cuanto al resto del planeta, consistente en gran parte en dependencias coloniales y al margen, por tanto, del liberalismo, se alejó aún más de las constituciones liberales, si es que las había tenido alguna vez. En Japón, un régimen moderadamente liberal dio paso a otro militarista-nacionalista en 1930-1931. Tailandia dio algunos pasos hacia el gobierno constitucional, y en cuanto a Turquía, a comienzos de los años veinte subió al poder el modernizador militar progresista Kemal Atatürk, un personaje que no parecía dispuesto a permitir que las elecciones se interpusieran en su camino. En los tres continentes de Asia, África y Australasia, sólo en Australia y Nueva Zelanda estaba sólidamente implantada la democracia, pues la mayor parte de los surafricanos quedaban fuera de la constitución aprobada para los blancos.

En definitiva, esta era de las catástrofes conoció un claro retroceso del liberalismo político, que se aceleró notablemente cuando Adolf Hitler asumió el cargo de canciller de Alemania en 1933. Considerando el mundo en su conjunto, en 1920 había treinta y cinco o más gobiernos constitucionales y elegidos (según como se califique a algunas repúblicas latinoamericanas), en 1938, diecisiete, y en 1944, aproximadamente una docena. La tendencia mundial era clara.

Tal vez convenga recordar que en ese período la amenaza para las instituciones liberales procedía exclusivamente de la derecha, dado que entre 1945 y 1989 se daba por sentado que procedía esencialmente del comunismo. Hasta entonces el término «totalitarismo», inventado como descripción, o autodescripción, del fascismo italiano, prácticamente sólo se aplicaba a ese tipo de regímenes. La Rusia soviética (desde 1923, la URSS) estaba aislada y no podía extender el comunismo (ni deseaba hacerlo, desde que Stalin subió al poder). La revolución social de inspiración leninista dejó de propagarse cuando se acalló la primera oleada revolucionaria en el período de posguerra. Los movimientos socialdemócratas (marxistas) ya no eran fuerzas subversivas, sino partidos que sustentaban el estado, y su compromiso con la democracia estaba más allá de toda duda. En casi todos los países, los movimientos obreros comunistas eran minoritarios y allí donde alcanzaron fuerza, o habían sido suprimidos o lo serían en breve. Como lo demostró la segunda oleada revolucionaria que se desencadenó durante y después de la segunda guerra mundial, el temor a la revolución social y al papel que pudieran desempeñar en ella los comunistas estaba justificado, pero en los veinte años de retroceso del liberalismo ni un solo régimen democrático-liberal fue desalojado del poder desde la izquierda.[1] El peligro procedía exclusivamente de la derecha, una derecha que no sólo era una amenaza para el gobierno constitucional y representativo, sino una amenaza ideológica para la civilización liberal como tal, y un *movimiento* de posible alcance mundial, para el cual la etiqueta de «fascismo», aunque adecuada, resulta insuficiente.

Es insuficiente porque no todas las fuerzas que derrocaron regímenes liberales eran fascistas. Es adecuada porque el fascismo, primero en su forma italiana original y luego en la versión alemana del nacionalsocialismo, inspiró a otras fuerzas antiliberales, las apoyó y dio a la derecha internacional una confianza histórica. En los años treinta parecía la fuerza del futuro. Como ha afirmado un experto en la materia, «no es fruto del azar que ... los dictadores monárquicos, los burócratas y oficiales de Europa oriental y Franco (en España) imitaran al fascismo» (Linz, 1975, p. 206).

Las fuerzas que derribaron regímenes liberales democráticos eran de tres tipos, dejando a un lado el sistema tradicional del golpe militar empleado en Latinoamérica para instalar en el poder a dictadores o caudillos carentes de una ideología determinada. Todas eran contrarias a la revolución social y en la raíz de todas ellas se hallaba una reacción contra la subversión del viejo orden social operada en 1917-1920. Todas eran autoritarias y hostiles a las instituciones políticas liberales, aunque en ocasiones lo fueran más por razo-

1. El caso que recuerda más de cerca una situación de ese tipo es la anexión de Estonia por la URSS en 1940, pues en esa época el pequeño estado báltico, tras algunos años de gobierno autoritario, había adoptado nuevamente una constitución más democrática.

nes pragmáticas que por principio. Los reaccionarios de viejo estilo prohibían en ocasiones algunos partidos, sobre todo el comunista, pero no todos. Tras el derrocamiento de la efímera república soviética húngara de 1919, el almirante Horthy, al frente del llamado reino de Hungría —que no tenía ni rey ni flota—, gobernó un estado autoritario que siguió siendo parlamentario, pero no democrático, al estilo oligárquico del siglo XVIII. Todas esas fuerzas tendían a favorecer al ejército y a la policía, o a otros cuerpos capaces de ejercer la coerción física, porque representaban la defensa más inmediata contra la subversión. En muchos lugares su apoyo fue fundamental para que la derecha ascendiera al poder. Por último, todas esas fuerzas tendían a ser nacionalistas, en parte por resentimiento contra algunos estados extranjeros, por las guerras perdidas o por no haber conseguido formar un vasto imperio, y en parte porque agitar una bandera nacional era una forma de adquirir legitimidad y popularidad. Había, sin embargo, diferencias entre ellas.

Los autoritarios o conservadores de viejo cuño —el almirante Horthy en Hungría; el mariscal Mannerheim, vencedor de la guerra civil de blancos contra rojos en la nueva Finlandia independiente; el coronel, y luego mariscal, Pilsudski, libertador de Polonia; el rey Alejandro, primero de Serbia y luego de la nueva Yugoslavia unificada; y el general Francisco Franco de España— carecían de una ideología concreta, más allá del anticomunismo y de los prejuicios tradicionales de su clase. Si se encontraron en la posición de aliados de la Alemania de Hitler y de los movimientos fascistas en sus propios países, fue sólo porque en la coyuntura de entreguerras la alianza «natural» era la de todos los sectores de la derecha. Naturalmente, las consideraciones de carácter nacional podían interponerse en ese tipo de alianzas. Winston Churchill, que era un claro, aunque atípico, representante de la derecha más conservadora, manifestó cierta simpatía hacia la Italia de Mussolini y no apoyó a la República española contra las fuerzas del general Franco, pero cuando Alemania se convirtió en una amenaza para Gran Bretaña, pasó a ser el líder de la unidad antifascista internacional. Por otra parte, esos reaccionarios tradicionales tuvieron también que enfrentarse en sus países a la oposición de genuinos movimientos fascistas, que en ocasiones gozaban de un fuerte apoyo popular.

Una segunda corriente de la derecha dio lugar a los que se han llamado «estados orgánicos» (Linz, 1975, pp. 277 y 306-313), o sea, regímenes conservadores que, más que defender el orden tradicional, recreaban sus principios como una forma de resistencia al individualismo liberal y al desafío que planteaban el movimiento obrero y el socialismo. Estaban animados por la nostalgia ideológica de una Edad Media o una sociedad feudal imaginadas, en las que se reconocía la existencia de clases o grupos económicos, pero se conjuraba el peligro de la lucha de clases mediante la aceptación de la jerarquía social, y el reconocimiento de que cada grupo social o «estamento» desempeñaba una función en la sociedad orgánica formada por todos y debía ser reconocido como una entidad colectiva. De ese sustrato surgieron diversas teorías «corporativistas» que sustituían la democracia liberal por la representación de los grupos de intereses económicos y profesionales. Para designar este sistema se utilizaban a veces los términos democracia o participación «orgánica», que se suponía superior a la democracia sin más, aunque de hecho siempre estuvo asociada con regímenes autoritarios y estados fuertes gobernados desde arriba, esencialmente por burócratas y tecnócratas. En todos los casos limitaba o abolía la democracia electoral, sustituyéndola por una «democracia basada en correctivos corporativos», en palabras del primer ministro húngaro conde Bethlen (Rank, 1971). Los ejemplos más acabados de ese tipo de estados corporativos hay que buscarlos en algunos países católicos, entre los que destaca el Portugal del profesor Oliveira Salazar, el régimen antiliberal de derechas más duradero de Europa (1927-1974), pero también son ejemplos notables Austria desde la destrucción de la democracia hasta la invasión de Hitler (1934-1938) y, en cierta medida, la España de Franco.

Pero aunque los orígenes y las inspiraciones de este tipo de regímenes reaccionarios fuesen más antiguos que los del fascismo y, a veces, muy distintos de los de éste, no había una línea de separación entre ellos, porque compartían los mismos enemigos, si no los mismos objetivos. Así, la Iglesia católica, profundamente reaccionaria en la versión consagrada oficialmente por el Primer Concilio Vaticano de 1870, no sólo no era fascista, sino que por su hostilidad hacia los estados laicos con pretensiones totalitarias debía ser considerada como adversaria del fascismo. Y sin embargo, la doctrina del «estado corporativo», que alcanzó su máxima expresión en países católicos, había sido formulada en los círculos fascistas (de Italia), que bebían, entre otras, en las fuentes de la tradición católica. De hecho, algunos aplicaban a dichos regímenes la etiqueta de «fascistas clericales». En los países católicos, determinados grupos fascistas, como el movimiento *rexista* del belga Leon Degrelle, se inspiraban directamente en el catolicismo integrista. Muchas veces se ha aludido a la actitud ambigua de la Iglesia con respecto al racismo de Hitler y, menos frecuentemente, a la ayuda que personas integradas en la estructura de la Iglesia, algunas de ellas en cargos de importancia, prestaron después de la guerra a fugitivos nazis, muchos de ellos acusados de crímenes de guerra. El nexo de unión entre la Iglesia, los reaccionarios de viejo cuño y los fascistas era el odio común a la Ilustración del siglo XVIII, a la revolución francesa y a cuanto creían fruto de esta última: la democracia, el liberalismo y, especialmente, «el comunismo ateo».

La era fascista señaló un cambio de rumbo en la historia del catolicismo porque la identificación de la Iglesia con una derecha cuyos principales exponentes internacionales eran Hitler y Mussolini creó graves problemas morales a los católicos con preocupaciones sociales y, cuando el fascismo comenzó a precipitarse hacia una inevitable derrota, causó serios problemas políticos a una jerarquía eclesiástica cuyas convicciones antifascistas no eran muy firmes. Al mismo tiempo, el antifascismo, o simplemente la resistencia patriótica al conquistador extranjero, legitimó por primera vez al catolicismo democrático (Democracia Cristiana) en el seno de la Iglesia. En algunos países donde los católicos eran una minoría importante comenzaron a aparecer partidos políticos que aglutinaban el voto católico y cuyo interés primordial era defender los intereses de la Iglesia frente a los estados laicos. Así ocurrió en Alemania y en los Países Bajos. Donde el catolicismo era la religión oficial, la Iglesia se oponía a ese tipo de concesiones a la política democrática, pero la pujanza del socialismo ateo la impulsó a adoptar una innovación radical, la formulación, en 1891, de una política social que subrayaba la necesidad de dar a los trabajadores lo que por derecho les correspondía, y que mantenía el carácter sacrosanto de la familia y de la propiedad privada, pero *no* del capitalismo como tal.[2] La encíclica *Rerum Novarum* sirvió de base para los católicos sociales y para otros grupos dispuestos a organizar sindicatos obreros católicos, y más inclinados por estas iniciativas hacia la vertiente más liberal del catolicismo. Excepto en Italia, donde el papa Benedicto XV (1914-1922) permitió, después de la primera guerra mundial, la formación de un importante Partido Popular (católico), que fue aniquilado por el fascismo, los católicos democráticos y sociales eran tan sólo una minoría política marginal. Fue el avance del fascismo en los años treinta lo que les impulsó a mostrarse más activos. Sin embargo, en España la gran mayoría de los católicos apoyó a Franco y sólo una minoría, aunque de gran altura intelectual, se mantuvo al lado de la República. La Resistencia, que podía justificarse en función de principios patrióticos más que teológicos, les ofreció su oportunidad y la victoria les permitió aprovecharla. Pero los triunfos de la democracia cristiana en Europa, y en América Latina algunas décadas después, corresponden a un período posterior. En el período en que se produjo la caída del liberalismo, la Iglesia se complació en esa caída, con muy raras excepciones.

II

Hay que referirse ahora a los movimientos a los que puede darse con propiedad el nombre de fascistas. El primero de ellos es el italiano, que dio nombre al fenómeno, y que fue la creación de un periodista socialista renegado, Benito Mussolini, cuyo nombre de pila, homenaje al presidente mexicano anticlerical Benito Juárez, simbolizaba el apasionado antipapismo de su Romaña nativa. El propio Adolf Hitler reconoció su deuda para con Mussolini y le manifestó su respeto, incluso cuando tanto él como la Italia fascista demostraron su debilidad e incompetencia en la segunda guerra mundial. A cambio, Mussolini tomó de Hitler, aunque en fecha tardía, el antisemitismo

2. Esta doctrina se plasmó en la encíclica *Rerum Novarum*, que se complementó cuarenta años más tarde —en medio de la Gran Depresión, lo cual no es fruto de la casualidad— con la *Quadragesimo Anno*. Dicha encíclica continúa siendo la columna vertebral de la política social de la Iglesia, como lo confirma la encíclica del papa Juan Pablo II *Centesimus Annus*, publicada en 1991, en el centenario de la *Rerum Novarum*. Sin embargo, el peso concreto de su condena ha variado según los contextos políticos.

que había estado ausente de su movimiento hasta 1938, y de la historia de Italia desde su unificación.[3] Sin embargo, el fascismo italiano no tuvo un gran éxito internacional, a pesar de que intentó inspirar y financiar movimientos similares en otras partes y de que ejerció una cierta influencia en lugares inesperados, por ejemplo en Vladimir Jabotinsky, fundador del «revisionismo» sionista, que en los años setenta ejerció el poder en Israel con Menahem Begin.

De no haber mediado el triunfo de Hitler en Alemania en los primeros meses de 1933, el fascismo no se habría convertido en un movimiento general. De hecho, salvo el italiano, todos los movimientos fascistas de cierta importancia se establecieron después de la subida de Hitler al poder. Destacan entre ellos el de los Flecha Cruz de Hungría, que consiguió el 25 por 100 de los sufragios en la primera votación secreta celebrada en este país (1939), y el de la Guardia de Hierro rumana, que gozaba de un apoyo aún mayor. Tampoco los movimientos financiados por Mussolini, como los terroristas croatas *ustachá* de Ante Pavelic, consiguieron mucho ni se fascistizaron ideológicamente hasta los años treinta, en que algunos de ellos buscaron inspiración y apoyo financiero en Alemania. Además, sin el triunfo de Hitler en Alemania no se habría desarrollado la idea del fascismo como movimiento *universal*, como una suerte de equivalente en la derecha del comunismo internacional, con Berlín como su Moscú. Pero de todo ello no surgió un movimiento sólido, sino tan sólo algunos colaboracionistas ideológicamente motivados en la Europa ocupada por los alemanes. Sin embargo, muchos ultraderechistas tradicionales, sobre todo en Francia, se negaron a cooperar con los alemanes, pese a que eran furibundos reaccionarios, porque ante todo eran nacionalistas. Algunos incluso participaron en la Resistencia. Si Alemania no hubiera alcanzado una posición de potencia mundial de primer orden, en franco ascenso, el fascismo no habría ejercido una influencia importante fuera de Europa y los gobernantes reaccionarios no se habrían preocupado de declarar su simpatía por el fascismo, como cuando, en 1940, el portugués Salazar afirmó que él y Hitler estaban «unidos por la misma ideología» (Delzell, 1970, p. 348).

No es fácil decir qué era lo que desde 1933 tenían en común las diferentes corrientes del fascismo, aparte de la aceptación de la hegemonía alemana. La teoría no era el punto fuerte de unos movimientos que predicaban la insuficiencia de la razón y del racionalismo y la superioridad del instinto y de la voluntad. Atrajeron a todo tipo de teóricos reaccionarios en países con una activa vida intelectual conservadora —Alemania es un ejemplo des-

3. En honor a los compatriotas de Mussolini hay que decir que durante la guerra el ejército italiano se negó taxativamente, en las zonas que ocupaba, y especialmente en el sureste de Francia, a entregar judíos a los alemanes, o a cualquier otro, para su exterminio. Aunque la administración italiana mostró escaso celo a este respecto, lo cierto es que murieron la mitad de los miembros de la pequeña comunidad judía italiana, si bien algunos de ellos encontraron la muerte en la lucha como militantes antifascistas y no como víctimas propiciatorias (Steinberg, 1990; Hughes, 1983).

tacado de ello—, pero éstos eran más bien elementos decorativos que estructurales del fascismo. Mussolini podía haber prescindido perfectamente de su filósofo Giovanni Gentile y Hitler probablemente ignoraba —y no le habría importado saberlo— que contaba con el apoyo del filósofo Heidegger. No es posible tampoco identificar al fascismo con una forma concreta de organización del estado, el estado corporativo: la Alemania nazi perdió rápidamente interés por esas ideas, tanto más en cuanto entraban en conflicto con el principio de una única e indivisible *Volksgemeinschaft* o comunidad del pueblo. Incluso un elemento aparentemente tan crucial como el racismo estaba ausente, al principio, del fascismo italiano. Por otra parte, como hemos visto, el fascismo compartía el nacionalismo, el anticomunismo, el antiliberalismo, etc., con otros elementos no fascistas de la derecha. Algunos de ellos, en especial los grupos reaccionarios franceses no fascistas, compartían también con él la concepción de la política como violencia callejera.

La principal diferencia entre la derecha fascista y la no fascista era que la primera movilizaba a las masas desde abajo. Pertenecía a la era de la política democrática y popular que los reaccionarios tradicionales rechazaban y que los paladines del «estado orgánico» intentaban sobrepasar. El fascismo se complacía en las movilizaciones de masas, y las conservó simbólicamente, como una forma de escenografía política —las concentraciones nazis de Nuremberg, las masas de la Piazza Venezia contemplando las gesticulaciones de Mussolini desde su balcón—, incluso cuando subió al poder; lo mismo cabe decir de los movimientos comunistas. Los fascistas eran los revolucionarios de la contrarrevolución: en su retórica, en su atractivo para cuantos se consideraban víctimas de la sociedad, en su llamamiento a transformarla de forma radical, e incluso en su deliberada adaptación de los símbolos y nombres de los revolucionarios sociales, tan evidente en el caso del «*Partido Obrero* Nacional*socialista*» de Hitler, con su bandera roja (modificada) y la inmediata adopción del 1.° de mayo de los rojos como fiesta oficial, en 1933.

Análogamente, aunque el fascismo también se especializó en la retórica del retorno del pasado tradicional y obtuvo un gran apoyo entre aquellos que habrían preferido borrar el siglo anterior, si hubiera sido posible, no era realmente un movimiento tradicionalista del estilo de los carlistas de Navarra que apoyaron a Franco en la guerra civil, o de las campañas de Gandhi en pro del retorno a los telares manuales y a los ideales rurales. Propugnaba muchos *valores* tradicionales, lo cual es otra cuestión. Denunciaba la emancipación liberal —la mujer debía permanecer en el hogar y dar a luz muchos hijos— y desconfiaba de la insidiosa influencia de la cultura moderna y, especialmente, del arte de vanguardia, al que los nacionalsocialistas alemanes tildaban de «bolchevismo cultural» y de degenerado. Sin embargo, los principales movimientos fascistas —el italiano y el alemán— no recurrieron a los guardianes históricos del orden conservador, la Iglesia y la monarquía. Antes al contrario, intentaron suplantarlos por un principio de liderazgo totalmente nuevo encarnado en el hombre hecho a sí mismo y legitimado por el apoyo de las masas, y por unas ideologías —y en ocasiones cultos— de carácter laico.

El pasado al que apelaban era un artificio. Sus tradiciones eran inventadas. El propio racismo de Hitler no era ese sentimiento de orgullo por una ascendencia común, pura y no interrumpida que provee a los genealogistas de encargos de norteamericanos que aspiran a demostrar que descienden de un *yeoman* de Suffolk del siglo XVI. Era, más bien, una elucubración posdarwiniana formulada a finales del siglo XIX, que reclamaba el apoyo (y, por desgracia, lo obtuvo frecuentemente en Alemania) de la nueva ciencia de la genética o, más exactamente, de la rama de la genética aplicada («eugenesia») que soñaba con crear una superraza humana mediante la reproducción selectiva y la eliminación de los menos aptos. La raza destinada a dominar el mundo con Hitler ni siquiera tuvo un nombre hasta 1898, cuando un antropólogo acuñó el término «nórdico». Hostil como era, por principio, a la Ilustración y a la revolución francesa, el fascismo no podía creer formalmente en la modernidad y en el progreso, pero no tenía dificultad en combinar un conjunto absurdo de creencias con la modernización tecnológica en la práctica, excepto en algunos casos en que paralizó la investigación científica básica por motivos ideológicos (véase el capítulo XVIII). El fascismo triunfó sobre el liberalismo al proporcionar la prueba de que los hombres pueden, sin dificultad, conjugar unas creencias absurdas sobre el mundo con un dominio eficaz de la alta tecnología contemporánea. Los años finales del siglo XX, con las sectas fundamentalistas que manejan las armas de la televisión y de la colecta de fondos programada por ordenador, nos han familiarizado más con este fenómeno.

Sin embargo, es necesario explicar esa combinación de valores conservadores, de técnicas de la democracia de masas y de una ideología innovadora de violencia irracional, centrada fundamentalmente en el nacionalismo. Ese tipo de movimientos no tradicionales de la derecha radical habían surgido en varios países europeos a finales del siglo XIX como reacción contra el liberalismo (esto es, contra la transformación acelerada de las sociedades por el capitalismo) y contra los movimientos socialistas obreros en ascenso y, más en general, contra la corriente de extranjeros que se desplazaban de uno a otro lado del planeta en el mayor movimiento migratorio que la historia había registrado hasta ese momento. Los hombres y las mujeres emigraban no sólo a través de los océanos y de las fronteras internacionales, sino desde el campo a la ciudad, de una región a otra dentro del mismo país, en suma, desde la «patria» hasta la tierra de los extranjeros y, en otro sentido, como extranjeros hacia la patria de otros. Casi quince de cada cien polacos abandonaron su país para siempre, además del medio millón anual de emigrantes estacionales, para integrarse en la clase obrera de los países receptores. Los años finales del siglo XIX anticiparon lo que ocurriría en las postrimerías del siglo XX e iniciaron la xenofobia masiva, de la que el racismo —la protección de la raza pura nativa frente a la contaminación, o incluso el predominio, de las hordas subhumanas invasoras— pasó a ser la expresión habitual. Su fuerza puede calibrarse no sólo por el temor hacia los inmigrantes polacos que indujo al gran sociólogo alemán Max Weber a apoyar temporalmente la Liga Pangermana, sino por la campaña cada vez más febril contra la inmigración de masas en los Estados Unidos, que, durante y después de la segunda guerra mundial, llevó al país de la estatua de la Libertad a cerrar sus fronteras a aquellos a quienes dicha estatua debía dar la bienvenida.

El sustrato común de esos movimientos era el resentimiento de los humildes en una sociedad que los aplastaba entre el gran capital, por un lado, y los movimientos obreros en ascenso, por el otro. O que, al menos, les privaba de la posición respetable que habían ocupado en el orden social y que creían merecer, o de la situación a que creían tener derecho en el seno de una sociedad dinámica. Esos sentimientos encontraron su expresión más característica en el antisemitismo, que en el último cuarto del siglo XIX comenzó a animar, en diversos países, movimientos políticos específicos basados en la hostilidad hacia los judíos. Los judíos estaban prácticamente en todas partes y podían simbolizar fácilmente lo más odioso de un mundo injusto, en buena medida por su aceptación de las ideas de la Ilustración y de la revolución francesa que los había emancipado y, con ello, los había hecho más visibles. Podían servir como símbolos del odiado capitalista/financiero; del agitador revolucionario; de la influencia destructiva de los «intelectuales desarraigados» y de los nuevos medios de comunicación de masas; de la competencia —que no podía ser sino «injusta»— que les otorgaba un número desproporcionado de puestos en determinadas profesiones que exigían un nivel de instrucción; y del extranjero y del intruso como tal. Eso sin mencionar la convicción generalizada de los cristianos más tradicionales de que habían matado a Jesucristo.

El rechazo de los judíos era general en el mundo occidental y su posición en la sociedad decimonónica era verdaderamente ambigua. Sin embargo, el hecho de que los trabajadores en huelga, aunque estuvieran integrados en movimientos obreros no racistas, atacaran a los tenderos judíos y consideraran a sus patronos como judíos (muchas veces con razón, en amplias zonas de Europa central y oriental) no debe inducir a considerarlos como protonazis, de igual forma que el antisemitismo de los intelectuales liberales británicos del reinado de Eduardo VII, como el del grupo de Bloomsbury, tampoco les convertía en simpatizantes de los antisemitas *políticos* de la derecha radical. El antisemitismo agrario de Europa central y oriental, donde en la práctica el judío era el punto de contacto entre el campesino y la economía exterior de la que dependía su sustento, era más permanente y explosivo, y lo fue cada vez más a medida que las sociedades rurales eslava, magiar o rumana se conmovieron como consecuencia de las incomprensibles sacudidas del mundo moderno. Esos grupos incultos podían creer las historias que circulaban acerca de que los judíos sacrificaban a los niños cristianos, y los momentos de explosión social desembocaban en pogroms, alentados por los elementos reaccionarios del imperio del zar, especialmente a partir de 1881, año en que se produjo el asesinato del zar Alejandro II por los revolucionarios sociales. Existe por ello una continuidad directa entre el antisemitismo popular original y el exterminio de los judíos durante la segunda guerra mundial.

El antisemitismo popular dio un fundamento a los movimientos fascistas de la Europa oriental a medida que adquirían una base de masas, particularmente al de la Guardia de Hierro rumana y al de los Flecha Cruz de Hungría. En todo caso, en los antiguos territorios de los Habsburgo y de los Romanov, esta conexión era mucho más clara que en el Reich alemán, donde el antisemitismo popular rural y provinciano, aunque fuerte y profundamente enraizado, era menos violento, o incluso más tolerante. Los judíos que en 1938 escaparon de la Viena ocupada hacia Berlín se asombraron ante la ausencia de antisemitismo en las calles. En Berlín (por ejemplo, en noviembre de 1938), la violencia fue decretada desde arriba (Kershaw, 1983). A pesar de ello, no existe comparación posible entre la violencia ocasional e intermitente de los pogroms y lo que ocurriría una generación más tarde. El puñado de muertos de 1881, los cuarenta o cincuenta del pogrom de Kishinev de 1903, ofendieron al mundo —justamente— porque antes de que se iniciara la barbarie ese número de víctimas era considerado intolerable por un mundo que confiaba en el progreso de la civilización. En cuanto a los pogroms mucho más importantes que acompañaron a los levantamientos de las masas de campesinos durante la revolución rusa de 1905, sólo provocaron, en comparación con los episodios posteriores, un número de bajas modesto, tal vez ochocientos muertos en total. Puede compararse esta cifra con los 3.800 judíos que, en 1941, murieron en tres días en Vilnius (Vilna) a manos de los lituanos, cuando los alemanes invadieron la URSS y antes de que comenzara su exterminio sistemático.

Los nuevos movimientos de la derecha radical que respondían a estas tradiciones antiguas de intolerancia, pero que las transformaron fundamentalmente, calaban especialmente en las capas medias y bajas de la sociedad europea, y su retórica y su teoría fueron formuladas por intelectuales nacionalistas que comenzaron a aparecer en la década de 1890. El propio término «nacionalismo» se acuñó durante esos años para describir a esos nuevos portavoces de la reacción. Los militantes de las clases medias y bajas se integraron en la derecha radical, sobre todo en los países en los que no prevalecían las ideologías de la democracia y el liberalismo, o entre las clases que no se identificaban con ellas, esto es, sobre todo allí donde no se había registrado un acontecimiento equivalente a la revolución francesa. En efecto, en los países centrales del liberalismo occidental —Gran Bretaña, Francia y Estados Unidos— la hegemonía de la tradición revolucionaria impidió la aparición de movimientos fascistas importantes. Es un error confundir el racismo de los populistas norteamericanos o el chauvinismo de los republicanos franceses con el protofascismo, pues estos eran movimientos de izquierda.

Ello no impidió que, una vez arrinconada la hegemonía de la Libertad, la Igualdad y la Fraternidad, los viejos instintos se vincularan a nuevos lemas políticos. No hay duda de que un gran porcentaje de los activistas de la esvástica en los Alpes austriacos procedían de las filas de los profesionales provinciales —veterinarios, topógrafos, etc.—, que antes habían sido liberales y habían formado una minoría educada y emancipada en un entorno dominado por el clericalismo rural. De igual manera, la desintegración de los movimientos proletarios socialistas y obreros clásicos de finales del siglo XX han dejado el terreno libre al chauvinismo y al racismo instintivos de muchos trabajadores manuales. Hasta ahora, aunque lejos de ser inmunes a ese tipo de sentimientos, habían dudado de expresarlos en público por su lealtad a unos partidos que los rechazaban enérgicamente. Desde los años sesenta, la xenofobia y el racismo político de la Europa occidental es un fenómeno que se da principalmente entre los trabajadores manuales. Sin embargo, en los decenios de incubación del fascismo se manifestaba en los grupos que no se manchaban las manos en el trabajo.

Las capas medias y medias bajas fueron la espina dorsal de esos movimientos durante todo el período de vigencia del fascismo. Esto no lo niegan ni siquiera los historiadores que se proponen revisar el consenso de «virtualmente» cualquier análisis del apoyo a los nazis realizado entre 1930 y 1980 (Childers, 1983; Childers, 1991, pp. 8 y 14-15). Consideremos tan sólo uno de los numerosos casos en que se ha estudiado la afiliación y el apoyo de dichos movimientos: el de Austria en el período de entreguerras. De los nacionalsocialistas elegidos como concejales en Viena en 1932, el 18 por 100 eran trabajadores por cuenta propia, el 56 por 100 eran trabajadores administrativos, oficinistas y funcionarios, y el 14 por 100 obreros. De los nazis elegidos en cinco asambleas austriacas de fuera de Viena en ese mismo año, el 16 por 100 eran trabajadores por cuenta propia y campesinos, el 51 por 100 oficinistas, etc., y el 10 por 100 obreros no especializados (Larsen *et al.*, 1978, pp. 766-767).

No quiere ello decir que los movimientos fascistas no gozaran de apoyo entre las clases obreras menos favorecidas. Fuera cual fuere la composición de sus cuadros, el apoyo a los Guardias de Hierro rumanos procedía de los campesinos pobres. Una gran parte del electorado del movimiento de los Flecha Cruz húngaros pertenecía a la clase obrera (el Partido Comunista estaba prohibido y el Partido Socialdemócrata, siempre reducido, pagaba el precio de ser tolerado por el régimen de Horthy) y, tras la derrota de la socialdemocracia austriaca en 1934, se produjo un importante trasvase de trabajadores hacia el Partido Nazi, especialmente en las provincias. Además, una vez que los gobiernos fascistas habían adquirido legitimidad pública, como en Italia y Alemania, muchos más trabajadores comunistas y socialistas de los que la tradición izquierdista está dispuesta a admitir entraron en sintonía con los nuevos regímenes. No obstante, dado que el fascismo tenía dificultades para atraer a los elementos tradicionales de la sociedad rural (salvo donde, como en Croacia, contaban con el refuerzo de organizaciones como la Iglesia católica) y que era el enemigo jurado de las ideologías y partidos identificados con la clase obrera organizada, su principal apoyo natural residía en las capas medias de la sociedad.

Hasta qué punto caló el fascismo en la clase media es una cuestión sujeta a discusión. Ejerció, sin duda, un fuerte atractivo entre los jóvenes de clase media, especialmente entre los estudiantes universitarios de la Europa continental que, durante el período de entreguerras, daban apoyo a la ultraderecha. En 1921 (es decir, antes de la «marcha sobre Roma») el 13 por 100 de los miembros del movimiento fascista italiano eran estudiantes. En Alemania, ya en 1930, cuando la mayoría de los futuros nazis no se interesaban todavía por la figura de Hitler, eran entre el 5 y el 10 por 100 de los miembros del Partido Nazi (Kater, 1985, p. 467; Noelle y Neumann, 1967, p. 196). Como veremos, muchos fascistas eran ex oficiales de clase media, para los cuales la gran guerra, con todos sus horrores, había sido la cima de su realización personal, desde la cual sólo contemplaban el triste futuro de una vida civil decepcionante. Estos eran segmentos de la clase media que se sentían particularmente atraídos por el activismo. En general, la atracción de la derecha radical era mayor cuanto más fuerte era la amenaza, real o temida, que se cernía sobre la posición de un grupo de la clase media, a medida que se desbarataba el marco que se suponía que tenía que mantener en su lugar el orden social. En Alemania, la gran inflación, que redujo a cero el valor de la moneda, y la Gran Depresión que la siguió radicalizaron incluso a algunos estratos de la clase media, como los funcionarios de los niveles medios y superiores, cuya posición parecía segura y que, en circunstancias menos traumáticas, se habrían sentido satisfechos en su papel de patriotas conservadores tradicionales, nostálgicos del emperador Guillermo pero dispuestos a servir a una república presidida por el mariscal Hindenburg, si no hubiera sido evidente que ésta se estaba derrumbando. En el período de entreguerras, la gran mayoría de la población alemana que no tenía intereses políticos recordaba con nostalgia el imperio de Guillermo II. En los años sesenta, cuando la gran mayoría de los alemanes occidentales consideraba, con razón, que *entonces* estaba viviendo el mejor momento de la historia del país, el 42 por 100 de la población de más de sesenta años pensaba todavía que el período anterior a 1914 había sido mejor, frente al 32 por 100 que había sido convertido por el «milagro económico» (Noelle y Neumann, 1967, p. 197). Entre 1930 y 1932, los votantes de los partidos burgueses del centro y de la derecha se inclinaron en masa por el partido nazi. Sin embargo, no fueron ellos los constructores del fascismo.

Por la forma en que se dibujaron las líneas de la lucha política en el período de entreguerras, esas capas medias conservadoras eran susceptibles de apoyar, e incluso de abrazar, el fascismo. La amenaza para la sociedad liberal y para sus valores parecía encarnada en la derecha, y la amenaza para el orden social, en la izquierda. Fueron sus temores los que determinaron la inclinación política de la clase media. Los conservadores tradicionales se sentían atraídos por los demagogos del fascismo y se mostraron dispuestos a aliarse con ellos contra el gran enemigo. El fascismo italiano tenía buena prensa en los años veinte e incluso en los años treinta, excepto en la izquierda del liberalismo. «La década no ha sido fructífera por lo que respecta al arte del buen gobierno, si se exceptúa el experimento dorado del fascismo», escribió John Buchan, eminente conservador británico y autor de novelas policiacas. (Lamentablemente, la inclinación a escribir novelas policiacas raramente coincide con convicciones izquierdistas.) (Graves y Hodge, 1941,

p. 248.) Hitler fue llevado al poder por una coalición de la derecha tradicional, a la que muy pronto devoró, y el general Franco incluyó en su frente nacionalista a la Falange española, movimiento poco importante a la sazón, porque lo que él representaba era la unión de toda la derecha contra los fantasmas de 1789 y de 1917, entre los cuales no establecía una clara distinción. Franco tuvo la fortuna de no intervenir en la segunda guerra mundial al lado de Hitler, pero envió una fuerza de voluntarios, la División Azul, a luchar en Rusia al lado de los alemanes, contra los comunistas ateos. El mariscal Pétain no era, sin duda, ni un fascista ni un simpatizante nazi. Una de las razones por las que después de la guerra era tan difícil distinguir en Francia a los fascistas sinceros y a los colaboracionistas de los seguidores del régimen petainista de Vichy era la falta de una línea clara de demarcación entre ambos grupos. Aquellos cuyos padres habían odiado a Dreyfus, a los judíos y a la república bastarda —algunos de los personajes de Vichy tenían edad suficiente para haber experimentado ellos mismos ese sentimiento— engrosaron naturalmente las filas de los entusiastas fanáticos de una Europa hitleriana. En resumen, durante el período de entreguerras, la alianza «natural» de la derecha abarcaba desde los conservadores tradicionales hasta el sector más extremo de la patología fascista, pasando por los reaccionarios de viejo cuño. Las fuerzas tradicionales del conservadurismo y la contrarrevolución eran fuertes, pero poco activas. El fascismo les dio una dinámica y, lo que tal vez es más importante, el ejemplo de su triunfo sobre las fuerzas del desorden. (El argumento habitual en favor de la Italia fascista era que «Mussolini había conseguido que los trenes circularan con puntualidad».) De la misma forma que desde 1933 el dinamismo de los comunistas ejerció un atractivo sobre la izquierda desorientada y sin rumbo, los éxitos del fascismo, sobre todo desde la subida al poder de los nacionalsocialistas en Alemania, lo hicieron aparecer como el movimiento del futuro. Que el fascismo llegara incluso a adquirir importancia, aunque por poco tiempo, en la Gran Bretaña conservadora demuestra la fuerza de ese «efecto de demostración». Dado que todo el mundo consideraba que Gran Bretaña era un modelo de estabilidad social y política, el hecho de que el fascismo consiguiera ganarse a uno de sus más destacados políticos y de que obtuviera el apoyo de uno de sus principales magnates de la prensa resulta significativo, aunque el movimiento de sir Oswald Mosley perdiera rápidamente el favor de los políticos respetables y el *Daily Mail* de lord Rothermere abandonara muy pronto su apoyo a la Unión Británica de Fascistas.

III

Sin ningún género de dudas el ascenso de la derecha radical después de la primera guerra mundial fue una respuesta al peligro, o más bien a la realidad, de la revolución social y del fortalecimiento de la clase obrera en general, y a la revolución de octubre y al leninismo en particular. Sin ellos no habría existido el fascismo, pues aunque había habido demagogos ultraderechistas políticamente activos y agresivos en diversos países europeos desde finales del siglo XIX, hasta 1914 habían estado siempre bajo control. Desde ese punto de vista, los apologetas del fascismo tienen razón, probablemente, cuando sostienen que Lenin engendró a Mussolini y a Hitler. Sin embargo, no tienen legitimidad alguna para disculpar la barbarie fascista, como lo hicieron algunos historiadores alemanes en los años ochenta (Nolte, 1987), afirmando que se inspiraba en las barbaridades cometidas previamente por la revolución rusa y que las imitaba.

Es necesario, además, hacer dos importantes matizaciones a la tesis de que la reacción de la derecha fue en lo esencial una respuesta a la izquierda revolucionaria. En primer lugar, subestima el impacto que la primera guerra mundial tuvo sobre un importante segmento de las capas medias y medias bajas, los soldados o los jóvenes nacionalistas que, después de noviembre de 1918, comenzaron a sentirse defraudados por haber perdido su oportunidad de acceder al heroísmo. El llamado «soldado del frente» (*Frontsoldat*) ocuparía un destacado lugar en la mitología de los movimientos de la derecha radical —Hitler fue uno de ellos— y sería un elemento importante en los primeros grupos armados ultranacionalistas, como los oficiales que asesinaron a los líderes comunistas alemanes Karl Liebknecht y Rosa Luxemburg a principios de 1919, los *squadristi* italianos y el *Freikorps* alemán. El 57 por 100 de los fascistas italianos de primera hora eran veteranos de guerra. Como hemos visto, la primera guerra mundial fue una máquina que produjo la brutalización del mundo y esos hombres se ufanaban liberando su brutalidad latente.

El compromiso de la izquierda, incluidos los liberales, con los movimientos pacifistas y antimilitaristas, y la repulsión popular contra el exterminio en masa de la primera guerra mundial llevó a que muchos subestimaran la importancia de un grupo pequeño en términos relativos, pero numeroso en términos absolutos, una minoría para la cual la experiencia de la lucha, incluso en las condiciones de 1914-1918, era esencial e inspiradora; para quien el uniforme, la disciplina y el sacrificio —su propio sacrificio y el de los demás—, así como las armas, la sangre y el poder, eran lo que daba sentido a su vida masculina. No escribieron muchos libros sobre la guerra aunque (especialmente en Alemania) alguno de ellos lo hizo. Esos Rambos de su tiempo eran reclutas naturales de la derecha radical.

La segunda matización es que la reacción derechista no fue una respuesta al bolchevismo como tal, sino a todos los movimientos, sobre todo los de la clase obrera organizada, que amenazaban el orden vigente de la sociedad, o a los que se podía responsabilizar de su desmoronamiento. Lenin era el símbolo de esa amenaza, más que su plasmación real. Para la mayor parte de los políticos, la verdadera amenaza no residía tanto en los partidos socialistas obreros, cuyos líderes eran moderados, sino en el fortalecimiento del poder, la confianza y el radicalismo de la clase obrera, que daba a los viejos partidos socialistas una nueva fuerza política y que, de hecho, los convirtió en el sostén indispensable de los estados liberales. No fue simple casualidad que poco después de concluida la guerra se aceptara en todos los países de Europa la exigencia fundamental de los agitadores socialistas desde 1889: la jornada laboral de ocho horas.

Lo que helaba la sangre de los conservadores era la amenaza implícita en el reforzamiento del poder de la clase obrera, más que la transformación de los líderes sindicales y de los oradores de la oposición en ministros del gobierno, aunque ya esto había resultado amargo. Pertenecían por definición a «la izquierda» y en ese período de disturbios sociales no existía una frontera clara que los separara de los bolcheviques. De hecho, en los años inmediatamente posteriores al fin de la guerra muchos partidos socialistas se habrían integrado en las filas del comunismo si éste no los hubiera rechazado. No fue a un dirigente comunista, sino al socialista Matteotti a quien Mussolini hizo asesinar después de la «marcha sobre Roma». Es posible que la derecha tradicional considerara que la Rusia atea encarnaba todo cuanto de malo había en el mundo, pero el levantamiento de los generales españoles en 1936 no iba dirigido contra los comunistas, entre otras razones porque eran una pequeña minoría dentro del Frente Popular (véase el capítulo V). Se dirigía contra un movimiento popular que hasta el estallido de la guerra civil daba apoyo a los socialistas y los anarquistas. Ha sido una racionalización *a posteriori* la que ha hecho de Lenin y Stalin la excusa del fascismo.

Con todo, lo que es necesario explicar es por qué la reacción de la derecha después de la primera guerra mundial consiguió sus triunfos cruciales revestida con el ropaje del fascismo, puesto que antes de 1914 habían existido movimientos extremistas de la ultraderecha que hacían gala de un nacionalismo y de una xenofobia histéricos, que idealizaban la guerra y la violencia, que eran intolerantes y propensos a utilizar la coerción de las armas, apasionadamente antiliberales, antidemócratas, antiproletarios, antisocialistas y antirracionalistas, y que soñaban con la sangre y la tierra y con el retorno a los valores que la modernidad estaba destruyendo. Tuvieron cierta influencia política en el seno de la derecha y en algunos círculos intelectuales, pero en ninguna parte alcanzaron una posición dominante.

Lo que les dio la oportunidad de triunfar después de la primera guerra mundial fue el hundimiento de los viejos regímenes y, con ellos, de las viejas clases dirigentes y de su maquinaria de poder, influencia y hegemonía. En los países en los que esos regímenes se conservaron en buen estado no fue necesario el fascismo. No progresó en Gran Bretaña, a pesar de la breve conmoción a que se ha aludido anteriormente, porque la derecha conservadora tradicional siguió controlando la situación, y tampoco consiguió un progreso significativo en Francia hasta la derrota de 1940. Aunque la derecha radical francesa de carácter tradicional —la Action Française monárquica y la Croix de Feu (Cruz de Fuego) del coronel La Rocque— se enfrentaba agresivamente a los izquierdistas, no era exactamente fascista. De hecho, algunos de sus miembros se enrolaron en la Resistencia.

El fascismo tampoco fue necesario cuando una nueva clase dirigente nacionalista se hizo con el poder en los países que habían conquistado su independencia. Esos hombres podían ser reaccionarios y optar por un gobierno autoritario, por razones que se analizarán más adelante, pero en el período de entreguerras era la retórica lo que identificaba con el fascismo a la derecha antidemocrática europea. No hubo un movimiento fascista importante en la nueva Polonia, gobernada por militaristas autoritarios, ni en la parte checa de Checoslovaquia, que era democrática, y tampoco en el núcleo serbio (dominante) de la nueva Yugoslavia. En los países gobernados por derechistas o reaccionarios del viejo estilo —Hungría, Rumania, Finlandia e incluso la España de Franco, cuyo líder no era fascista— los movimientos fascistas o similares, aunque importantes, fueron controlados por esos gobernantes, salvo cuando intervinieron los alemanes, como en Hungría en 1944. Eso no equivale a decir que los movimientos nacionalistas minoritarios de los viejos o nuevos estados no encontraran atractivo el fascismo, entre otras razones por el hecho de que podían esperar apoyo económico y político de Italia y —desde 1933— de Alemania. Así ocurrió en la región belga de Flandes, en Eslovaquia y en Croacia.

Las condiciones óptimas para el triunfo de esta ultraderecha extrema eran un estado caduco cuyos mecanismos de gobierno no funcionaran correctamente; una masa de ciudadanos desencantados y descontentos que no supieran en quién confiar; unos movimientos socialistas fuertes que amenazasen —o así lo pareciera— con la revolución social, pero que no estaban en situación de realizarla; y un resentimiento nacionalista contra los tratados de paz de 1918-1920. En esas condiciones, las viejas elites dirigentes, privadas de otros recursos, se sentían tentadas a recurrir a los radicales extremistas, como lo hicieron los liberales italianos con los fascistas de Mussolini en 1920-1922 y los conservadores alemanes con los nacionalsocialistas de Hitler en 1932-1933. Por la misma razón, esas fueron también las condiciones que convirtieron los movimientos de la derecha radical en poderosas fuerzas paramilitares organizadas y, a veces, uniformadas (los *squadristi*; las tropas de asalto) o, como en Alemania durante la Gran Depresión, en ejércitos electorales de masas. Sin embargo, el fascismo no «conquistó el poder» en ninguno de los dos estados fascistas, aunque en ambos recurrió frecuentemente a la retórica de «ocupar la calle» y «marchar sobre Roma». En los dos países, el fascismo accedió al poder con la connivencia del viejo régimen o (como en Italia) por iniciativa del mismo, esto es, por procedimientos «constitucionales».

La novedad del fascismo consistió en que, una vez en el poder, se negó a respetar las viejas normas del juego político y, cuando le fue posible, impuso una autoridad absoluta. La transferencia total del poder, o la eliminación de todos los adversarios, llevó mucho más tiempo en Italia (1922-1928) que en Alemania (1933-1934), pero una vez conseguida, no hubo ya límites políticos internos para lo que pasó a ser la dictadura ilimitada de un «líder» populista supremo (*duce* o *Führer*).

Llegados a este punto, es necesario hacer una breve pausa para rechazar dos tesis igualmente incorrectas sobre el fascismo: la primera de ellas fascista, pero adoptada por muchos historiadores liberales, y la segunda sustentada por el marxismo soviético ortodoxo. No hubo una «revolución fascista», ni el fascismo fue la expresión del «capitalismo monopolista» o del gran capital.

Los movimientos fascistas tenían los elementos característicos de los movimientos revolucionarios, en la medida en que algunos de sus miembros preconizaban una transformación fundamental de la sociedad, frecuentemente con una marcada tendencia anticapitalista y antioligárquica. Sin embargo, el fascismo revolucionario no tuvo ningún predicamento. Hitler se apresuró a eliminar a quienes, a diferencia de él mismo, se tomaban en serio el componente «socialista» que contenía el nombre del Partido Nacionalsocialista Alemán del Trabajo. La utopía del retorno a una especie de Edad Media poblada por propietarios campesinos hereditarios, artesanos como Hans Sachs y muchachas de rubias trenzas, no era un programa que pudiera realizarse en un gran estado del siglo XX (a no ser en las pesadillas que constituían los planes de Himmler para conseguir un pueblo racialmente purificado) y menos aún en regímenes que, como el fascismo italiano y alemán, estaban interesados en la modernización y en el progreso tecnológico.

Lo que sí consiguió el nacionalsocialismo fue depurar radicalmente las viejas elites y las estructuras institucionales imperiales. El viejo ejército aristocrático prusiano fue el único grupo que, en julio de 1944, organizó una revuelta contra Hitler (quien lo diezmó en consecuencia). La destrucción de las viejas elites y de los viejos marcos sociales, reforzada después de la guerra por la política de los ejércitos occidentales ocupantes, haría posible construir la República Federal Alemana sobre bases mucho más sólidas que las de la República de Weimar de 1918-1933, que no había sido otra cosa que el imperio derrotado sin el Káiser. Sin duda, el nazismo tenía un programa social para las masas, que cumplió parcialmente: vacaciones, deportes, el «coche del pueblo», que el mundo conocería después de la segunda guerra mundial como el «escarabajo» Volkswagen. Sin embargo, su principal logro fue haber superado la Gran Depresión con mayor éxito que ningún otro gobierno, gracias a que el antiliberalismo de los nazis les permitía no comprometerse a aceptar *a priori* el libre mercado. Ahora bien, el nazismo, más que un régimen radicalmente nuevo y diferente, era el viejo régimen renovado y revitalizado. Al igual que el Japón imperial y militarista de los años treinta (al que nadie habría tildado de sistema revolucionario), era una economía capitalista no liberal que consiguió una sorprendente dinamización del sistema industrial. Los resultados económicos y de otro tipo de la Italia fascista fueron mucho menos impresionantes, como quedó demostrado durante la segunda guerra mundial. Su economía de guerra resultó muy débil. Su referencia a la «revolución fascista» era retórica, aunque sin duda para muchos fascistas de base se trataba de una retórica sincera. Era mucho más claramente un régimen que defendía los intereses de las viejas clases dirigentes, pues había surgido como una defensa frente a la agitación revolucionaria posterior a 1918 más que, como aparecía en Alemania, como una reacción a los traumas de la Gran Depresión y a la incapacidad de los gobiernos de Weimar para afrontarlos. El fascismo italiano, que en cierto sentido continuó el proceso de unificación nacional del siglo XIX, con la creación de un gobierno más fuerte y centralizado, consiguió también logros importantes. Por ejemplo, fue el único régimen italiano que combatió con éxito a la mafia siciliana y a la camorra napolitana. Con todo, su significación histórica no reside tanto en sus objetivos y sus resultados como en su función de adelantado mundial de una nueva versión de la contrarrevolución triunfante. Mussolini inspiró a Hitler y éste nunca dejó de reconocer la inspiración y la prioridad italianas. Por otra parte, el fascismo italiano fue durante mucho tiempo una anomalía entre los movimientos derechistas radicales por su tolerancia, o incluso por su aprecio, hacia la vanguardia artística «moderna», y también (hasta que Mussolini comenzó a actuar en sintonía con Alemania en 1938) por su total desinterés hacia el racismo antisemita.

En cuanto a la tesis del «capitalismo monopolista de estado», lo cierto es que el gran capital puede alcanzar un entendimiento con cualquier régimen que no pretenda expropiarlo y que cualquier régimen debe alcanzar un entendimiento con él. El fascismo no era «la expresión de los intereses del capital monopolista» en mayor medida que el gobierno norteamericano del New Deal, el gobierno laborista británico o la República de Weimar. En los comienzos de la década de 1930 el gran capital no mostraba predilección por Hitler y habría preferido un conservadurismo más ortodoxo. Apenas colaboró con él hasta la Gran Depresión e, incluso entonces, su apoyo fue tardío y parcial. Sin embargo, cuando Hitler accedió al poder, el capital cooperó decididamente con él, hasta el punto de utilizar durante la segunda guerra mundial mano de obra esclava y de los campos de exterminio. Tanto las grandes como las pequeñas empresas, por otra parte, se beneficiaron de la expropiación de los judíos.

Hay que reconocer, sin embargo, que el fascismo presentaba algunas importantes ventajas para el capital que no tenían otros regímenes. En primer lugar, eliminó o venció a la revolución social izquierdista y pareció convertirse en el principal bastión contra ella. En segundo lugar, suprimió los sindicatos obreros y otros elementos que limitaban los derechos de la patronal en su relación con la fuerza de trabajo. El «principio de liderazgo» fascista correspondía al que ya aplicaban la mayor parte de los empresarios en la relación con sus subordinados y el fascismo lo legitimó. En tercer lugar, la destrucción de los movimientos obreros contribuyó a garantizar a los capitalistas una respuesta muy favorable a la Gran Depresión. Mientras que en los Estados Unidos el 5 por 100 de la población con mayor poder de consumo vio disminuir un 20 por 100 su participación en la renta nacional (total) entre 1929 y 1941 (la tendencia fue similar, aunque más modestamente igualitaria, en Gran Bretaña y Escandinavia), en Alemania ese 5 por 100 de más altos ingresos aumentó en un 15 por 100 su parte en la renta nacional durante el mismo período (Kuznets, 1956). Finalmente, ya se ha señalado que el fascismo dinamizó y modernizó las economías industriales, aunque no obtuvo tan buenos resultados como las democracias occidentales en la planificación científico-tecnológica a largo plazo.

IV

Probablemente, el fascismo no habría alcanzado un puesto relevante en la historia universal de no haberse producido la Gran Depresión. Italia no era por sí sola un punto de partida lo bastante sólido como para conmocionar al mundo. En los años veinte, ningún otro movimiento europeo de contrarrevolución derechista radical parecía tener un gran futuro, por la misma razón que había hecho fracasar los intentos de revolución social comunista: la oleada revolucionaria posterior a 1917 se había agotado y la economía parecía haber iniciado una fase de recuperación. En Alemania, los pilares de la sociedad imperial, los generales, funcionarios, etc., habían apoyado a los grupos paramilitares de la derecha después de la revolución de noviembre, aunque (comprensiblemente) habían dedicado sus mayores esfuerzos a conseguir que la nueva república fuera conservadora y antirrevolucionaria y, sobre todo, un estado capaz de conservar una cierta capacidad de maniobra en el escenario internacional. Cuando se les forzó a elegir, como ocurrió con ocasión del *putsch* derechista de Kapp en 1920 y de la revuelta de Munich en 1923, en la que Adolf Hitler desempeñó por primera vez un papel destacado, apoyaron sin ninguna vacilación el *statu quo*. Tras la recuperación económica de 1924, el Partido Nacionalsocialista quedó reducido al 2,5-3 por 100 de los votos, y en las elecciones de 1928 obtuvo poco más de la mitad de los votos que consiguió el pequeño y civilizado Partido Demócrata alemán, algo más de una quinta parte de los votos comunistas y mucho menos de una décima parte de los conseguidos por los socialdemócratas. Sin embargo, dos años más tarde consiguió el apoyo de más del 18 por 100 del electorado, convirtiéndose en el segundo partido alemán. Cuatro años después, en el verano de 1932, era con diferencia el primer partido, con más del 37 por 100 de los votos, aunque no conservó el mismo apoyo durante todo el tiempo que duraron las elecciones democráticas. Sin ningún género de dudas, fue la Gran Depresión la que transformó a Hitler de un fenómeno de la política marginal en el posible, y luego real, dominador de Alemania.

Ahora bien, ni siquiera la Gran Depresión habría dado al fascismo la fuerza y la influencia que poseyó en los años treinta si no hubiera llevado al poder un movimiento de este tipo en Alemania, un estado destinado por su tamaño, su potencial económico y militar y su posición geográfica a desempeñar un papel político de primer orden en Europa con cualquier forma de gobierno. Al fin y al cabo, la derrota total en dos guerras mundiales no ha impedido que Alemania llegue al final del siglo XX siendo el país dominante del continente. De la misma manera que, en la izquierda, la victoria de Marx en el más extenso estado del planeta («una sexta parte de la superficie del mundo», como se jactaban los comunistas en el período de entreguerras) dio al comunismo una importante presencia internacional, incluso en un momento en que su fuerza política fuera de la URSS era insignificante, la conquista del poder en Alemania por Hitler pareció confirmar el éxito de la Italia de

Mussolini e hizo del fascismo un poderoso movimiento político de alcance mundial. La política de expansión militarista agresiva que practicaron con éxito ambos estados (véase el capítulo V) —reforzada por la de Japón— dominó la política internacional del decenio. Era natural, por tanto, que una serie de países o de movimientos se sintieran atraídos e influidos por el fascismo, que buscaran el apoyo de Alemania y de Italia y —dado el expansionismo de esos dos países— que frecuentemente lo obtuvieran.

Por razones obvias, esos movimientos correspondían en Europa casi exclusivamente a la derecha política. Así, en el sionismo (movimiento encarnado en este período por los judíos askenazíes que vivían en Europa), el ala del movimiento que se sentía atraída por el fascismo italiano, los «revisionistas» de Vladimir Jabotinsky, se definía como de derecha, frente a los núcleos sionistas mayoritarios, que eran socialistas y liberales. Pero aunque en los años treinta la influencia del fascismo se dejase sentir a escala mundial, entre otras cosas porque era un movimiento impulsado por dos potencias dinámicas y activas, fuera de Europa no existían condiciones favorables para la aparición de grupos fascistas. Por consiguiente, cuando surgieron movimientos fascistas, o de influencia fascista, su definición y su función políticas resultaron mucho más problemáticas.

Sin duda, algunas características del fascismo europeo encontraron eco en otras partes. Habría sido sorprendente que el muftí de Jerusalén y los grupos árabes que se oponían a la colonización judía en Palestina (y a los británicos que la protegían) no hubiesen visto con buenos ojos el antisemitismo de Hitler, aunque chocara con la tradicional coexistencia del islam con los infieles de diversos credos. Algunos hindúes de las castas superiores de la India eran conscientes, como los cingaleses extremistas modernos en Sri Lanka, de su superioridad sobre otras razas más oscuras de su propio subcontinente, en su condición de «arios» originales. También los militantes bóers, que durante la segunda guerra mundial fueron recluidos como proalemanes —algunos de ellos llegarían a ser dirigentes de su país en el período del *apartheid*, a partir de 1948—, tenían afinidades ideológicas con Hitler, tanto porque eran racistas convencidos como por la influencia teológica de las corrientes calvinistas de los Países Bajos, elitistas y ultraderechistas. Sin embargo, esto no altera la premisa básica de que el fascismo, a diferencia del comunismo, no arraigó en absoluto en Asia y África (excepto entre algunos grupos de europeos) porque no respondía a las situaciones políticas locales.

Esto es cierto, a grandes rasgos, incluso para Japón, aunque estuviera aliado con Alemania e Italia, luchase en el mismo bando durante la segunda guerra mundial y estuviese políticamente en manos de la derecha. Por supuesto, las afinidades entre las ideologías dominantes de los componentes oriental y occidental del Eje eran fuertes. Los japoneses sustentaban con más empeño que nadie sus convicciones de superioridad racial y de la necesidad de la pureza de la raza, así como la creencia en las virtudes militares del sacrificio personal, del cumplimiento estricto de las órdenes recibidas, de la abnegación y del estoicismo. Todos los samurai habrían suscrito el lema de las SS hitlerianas («Meine Ehre ist Treue», que puede traducirse como «El honor implica una ciega subordinación»). Los valores predominantes en la sociedad japonesa eran la jerarquía rígida, la dedicación total del individuo (en la medida en que ese término pudiera tener un significado similar al que se le daba en Occidente) a la nación y a su divino emperador, y el rechazo total de la libertad, la igualdad y la fraternidad. Los japoneses comprendían perfectamente los mitos wagnerianos sobre los dioses bárbaros, los caballeros medievales puros y heroicos, y el carácter específicamente alemán de la montaña y el bosque, llenos de sueños *voelkisch* germánicos. Tenían la misma capacidad para conjugar un comportamiento bárbaro con una sensibilidad estética refinada: la afición del torturador del campo de concentración a los cuartetos de Schubert. Si los japoneses hubieran podido traducir el fascismo a términos zen, lo habrían aceptado de buen grado. Y, de hecho, entre los diplomáticos acreditados ante las potencias fascistas europeas, pero sobre todo entre los grupos terroristas ultranacionalistas que asesinaban a los políticos que no les parecían suficientemente patriotas, así como en el ejército de Kwantung que estaba conquistando y esclavizando a Manchuria y China, había japoneses que reconocían esas afinidades y que propugnaban una identificación más estrecha con las potencias fascistas europeas.

Pero el fascismo europeo no podía ser reducido a un feudalismo oriental con una misión nacional imperialista. Pertenecía esencialmente a la era de la democracia y del hombre común, y el concepto mismo de «movimiento», de movilización de las masas por objetivos nuevos, tal vez revolucionarios, tras unos líderes autodesignados no tenía sentido en el Japón de Hirohito. Eran el ejército y la tradición prusianas, más que Hitler, los que encajaban en su visión del mundo. En resumen, a pesar de las similitudes con el nacionalsocialismo alemán (las afinidades con Italia eran mucho menores), Japón no era fascista.

En cuanto a los estados y movimientos que buscaron el apoyo de Alemania e Italia, en particular durante la segunda guerra mundial cuando la victoria del Eje parecía inminente, las razones ideológicas no eran el motivo fundamental de ello, aunque algunos regímenes nacionalistas europeos de segundo orden, cuya posición dependía por completo del apoyo alemán, decían ser más nazis que las SS, en especial el estado ustachá croata. Sería absurdo considerar «fascistas» al Ejército Republicano Irlandés (IRA) o a los nacionalistas indios asentados en Berlín por el hecho de que en la segunda guerra mundial, como habían hecho en la primera, algunos de ellos negociaran el apoyo alemán, basándose en el principio de que «el enemigo de mi enemigo es mi amigo». El dirigente republicano irlandés Frank Ryan, que participó en esas negociaciones, era totalmente antifascista, hasta el punto de que se enroló en las Brigadas Internacionales para luchar contra el general Franco en la guerra civil española, antes de ser capturado por las fuerzas de Franco y enviado a Alemania. No es preciso detenerse en estos casos.

Es, sin embargo, innegable el impacto ideológico del fascismo europeo en el continente americano.

En América del Norte, ni los personajes ni los movimientos de inspiración europea tenían gran trascendencia fuera de las comunidades de inmigrantes cuyos miembros traían consigo las ideologías de sus países de origen —como los escandinavos y judíos, que habían llevado consigo una inclinación al socialismo— o conservaban cierta lealtad a su país de origen. Así, los sentimientos de los norteamericanos de origen alemán —y en mucha menor medida los de los italianos— contribuyeron al aislacionismo de los Estados Unidos, aunque no hay pruebas de que los miembros de esas comunidades abrazaran en gran número el fascismo. La parafernalia de las milicias, las camisas de colores y el saludo a los líderes con los brazos en alto no eran habituales en las movilizaciones de los grupos ultraderechistas y racistas, cuyo exponente más destacado era el Ku Klux Klan. Sin duda, el antisemitismo era fuerte, aunque su versión derechista estadounidense —por ejemplo, los populares sermones del padre Coughlin en radio Detroit— se inspiraba probablemente más en el corporativismo reaccionario europeo de inspiración católica. Es característico de la situación de los Estados Unidos en los años treinta que el populismo demagógico de mayor éxito, y tal vez el más peligroso de la década, la conquista de Luisiana por Huey Long, procediera de lo que era, en el contexto norteamericano, una tradición radical y de izquierdas. Limitaba la democracia en nombre de la democracia y apelaba, no a los resentimientos de la pequeña burguesía o a los instintos de autoconservación de los ricos, sino al igualitarismo de los pobres. Y no era racista. Un movimiento cuyo lema era «Todo hombre es un rey» no podía pertenecer a la tradición fascista.

Fue en América Latina donde la influencia del fascismo europeo resultó abierta y reconocida, tanto sobre personajes como el colombiano Jorge Eliecer Gaitán (1898-1948) o el argentino Juan Domingo Perón (1895-1947), como sobre regímenes como el *Estado Novo* (Nuevo Estado) brasileño de Getulio Vargas de 1937-1945. De hecho, y a pesar de los infundados temores de Estados Unidos de verse asediado por el nazismo desde el sur, la principal repercusión del influjo fascista en América Latina fue de carácter interno. Aparte de Argentina, que apoyó claramente al Eje —tanto antes como después de que Perón ocupara el poder en 1943—, los gobiernos del hemisferio occidental participaron en la guerra al lado de Estados Unidos, al menos de forma nominal. Es cierto, sin embargo, que en algunos países suramericanos el ejército había sido organizado según el sistema alemán o entrenado por cuadros alemanes o incluso nazis.

No es difícil explicar la influencia del fascismo al sur de Río Grande. Para sus vecinos del sur, Estados Unidos no aparecía ya, desde 1914, como un aliado de las fuerzas internas progresistas y un contrapeso diplomático de las fuerzas imperiales o ex imperiales españolas, francesas y británicas, tal como lo había sido en el siglo XIX. Las conquistas imperialistas de Estados Unidos a costa de España en 1898, la revolución mexicana y el desarrollo de la producción del petróleo y de los plátanos hizo surgir un antiimperialismo antiyanqui en la política latinoamericana, que la afición de Washington a utilizar la diplomacia de la fuerza y las operaciones de desembarco de marines durante el primer tercio del siglo no contribuyó a menguar. Víctor Raúl Haya de la Torre, fundador de la antiimperialista APRA (Alianza Popular Revolucionaria Americana), con ambición de extenderse por toda América Latina, aunque de hecho sólo se implantara en su Perú natal, proyectaba que sus fuerzas rebeldes fuesen entrenadas por cuadros del rebelde antiyanqui Sandino en Nicaragua. (La larga guerra de guerrillas que libró Sandino contra la ocupación estadounidense a partir de 1927 inspiraría la revolución «sandinista» en Nicaragua en los años ochenta.) Además, en la década de 1930, Estados Unidos, debilitado por la Gran Depresión, no parecía una potencia tan poderosa y dominante como antes. La decisión de Franklin D. Roosevelt de olvidarse de las cañoneras y de los marines de sus predecesores podía verse no sólo como una «política de buena vecindad», sino también, erróneamente, como un signo de debilidad. En resumen, en los años treinta América Latina no se sentía inclinada a dirigir su mirada hacia el norte.

Desde la óptica del otro lado del Atlántico, el fascismo parecía el gran acontecimiento de la década. Si había en el mundo un modelo al que debían imitar los nuevos políticos de un continente que siempre se había inspirado en las regiones culturales hegemónicas, esos líderes potenciales de países siempre en busca de la receta que les hiciera modernos, ricos y grandes, habían de encontrarlo sin duda en Berlín y en Roma, porque Londres y París ya no ofrecían inspiración política y Washington se había retirado de la escena. (Moscú se veía aún como un modelo de revolución social, lo cual limitaba su atractivo político.)

Y, sin embargo, ¡cuán diferentes de sus modelos europeos fueron las actividades y los logros políticos de unos hombres que reconocían abiertamente su deuda intelectual para con Mussolini y Hitler! Todavía recuerdo la conmoción que sentí cuando el presidente de la Bolivia revolucionaria lo admitió sin la menor vacilación en una conversación privada. En Bolivia, unos soldados y políticos que se inspiraban en Alemania organizaron la revolución de 1952, que nacionalizó las minas de estaño y dio al campesinado indio una reforma agraria radical. En Colombia, el gran tribuno popular Jorge Eliecer Gaitán, lejos de inclinarse hacia la derecha, llegó a ser el dirigente del partido liberal y, como presidente, lo habría hecho evolucionar con toda seguridad en un sentido radical, de no haber sido asesinado en Bogotá el 9 de abril de 1948, acontecimiento que provocó la *inmediata* insurrección popular de la capital (incluida la policía) y la proclamación de comunas revolucionarias en numerosos municipios del país. Lo que tomaron del fascismo europeo los dirigentes latinoamericanos fue la divinización de líderes populistas valorados por su activismo. Pero las masas cuya movilización pretendían, y consiguieron, no eran aquellas que temían por lo que pudieran perder, sino las que nada tenían que perder, y los enemigos contra los cuales las movilizaron no eran extranjeros y grupos marginales (aunque sea innegable el contenido antisemita en los peronistas y en otros grupos políticos argentinos), sino «la oligarquía», los ricos, la clase dirigente local. El apoyo principal de Perón era la clase obrera y su maquinaria política era una especie de partido obrero organizado en torno al movimiento sindical que él impulsó. En Brasil, Getulio Vargas hizo el mismo descubrimiento. Fue el ejército el que le derrocó en 1945 y le llevó al suicidio en 1954, y fue la clase obrera urbana, a la que había prestado protección social a cambio de su apoyo político, la que le lloró como el padre de su pueblo. Mientras que los regímenes fascistas europeos aniquilaron los movimientos obreros, los dirigentes latinoamericanos inspirados por él fueron sus creadores. Con independencia de su filiación intelectual, no puede decirse que se trate de la misma clase de movimiento.

V

Con todo, esos movimientos han de verse en el contexto del declive y caída del liberalismo en la era de las catástrofes, pues si bien es cierto que el ascenso y el triunfo del fascismo fueron la expresión más dramática del retroceso liberal, es erróneo considerar ese retroceso, incluso en los años treinta, en función únicamente del fascismo. Al concluir este capítulo es necesario, por tanto, preguntarse cómo debe explicarse este fenómeno. Y empezar clarificando la confusión que identifica al fascismo con el nacionalismo.

Es innegable que los movimientos fascistas tendían a estimular las pasiones y prejuicios nacionalistas, aunque por su inspiración católica los estados corporativos semifascistas, como Portugal y Austria en 1934-1938, reservaban su odio mayor para los pueblos y naciones ateos o de credo diferente. Por otra parte, era difícil que los movimientos fascistas consiguieran atraer a los nacionalistas en los países conquistados y ocupados por Alemania o Italia, o cuyo destino dependiera de la victoria de estos estados sobre sus propios gobiernos nacionales. En algunos casos (Flandes, Países Bajos, Escandinavia), podían identificarse con los alemanes como parte de un grupo racial teutónico más amplio, pero un planteamiento más adecuado (fuertemente apoyado por la propaganda del doctor Goebbels durante la guerra) era, paradójicamente, de carácter *internacionalista.* Alemania era considerada como el corazón y la única garantía de un futuro *orden europeo*, con el manido recurso a Carlomagno y al anticomunismo. Se trata de una fase del desarrollo de la idea de Europa en la que no les gusta detenerse a los historiadores de la Comunidad Europea de la posguerra. Las unidades militares no alemanas que lucharon bajo la bandera germana en la segunda guerra mundial, encuadradas sobre todo en las SS, resaltaban generalmente ese elemento transnacional.

Por otra parte, es evidente también que no todos los nacionalismos simpatizaban con el fascismo, y no sólo porque las ambiciones de Hitler, y en menor medida las de Mussolini, suponían una amenaza para algunos de ellos, como los polacos o los checos. Como veremos (capítulo V), la movilización contra el fascismo impulsó en algunos países un patriotismo de izquierda, sobre todo durante la guerra, en la que la resistencia al Eje se encarnó en «frentes nacionales», en gobiernos que abarcaban a todo el espectro político, con la única exclusión de los fascistas y de quienes colaboraban con los ocupantes. En términos generales, el alineamiento de un nacionalismo local junto al fascismo dependía de si el avance de las potencias del Eje podía reportarle más beneficios que inconvenientes y de si su odio hacia el comunismo o hacia algún otro estado, nacionalidad o grupo étnico (los judíos, los serbios) era más fuerte que el rechazo que les inspiraban los alemanes o los italianos. Por ejemplo, los polacos, aunque albergaban intensos sentimientos antirrusos y antijudíos, apenas colaboraron con la Alemania nazi, mientras que sí lo hicieron los lituanos y una parte de la población de Ucrania (ocupados por la URSS desde 1939-1941).

¿Cuál es la causa de que el liberalismo retrocediera en el período de entreguerras, incluso en aquellos países que rechazaron el fascismo? Los radicales, socialistas y comunistas occidentales de ese período se sentían inclinados a considerar la era de la crisis mundial como la agonía final del sistema capitalista. El capitalismo, afirmaban, no podía permitirse seguir gobernando mediante la democracia parlamentaria y con una serie de libertades que, por otra parte, habían constituido la base de los movimientos obreros reformistas y moderados. La burguesía, enfrentada a unos problemas económicos insolubles y/o a una clase obrera cada vez más revolucionaria, se veía ahora obligada a recurrir a la fuerza y a la coerción, esto es, a algo similar al fascismo.

Como quiera que el capitalismo y la democracia liberal protagonizarían un regreso triunfante en 1945, tendemos a olvidar que en esa interpretación había una parte de verdad y mucha retórica agitatoria. Los sistemas democráticos no pueden funcionar si no existe un consenso básico entre la gran mayoría de los ciudadanos acerca de la aceptación de su estado y de su sistema social o, cuando menos, una disposición a negociar para llegar a soluciones de compromiso. A su vez, esto último resulta mucho más fácil en los momentos de prosperidad. Entre 1918 y el estallido de la segunda guerra mundial esas condiciones no se dieron en la mayor parte de Europa. El cataclismo social parecía inminente o ya se había producido. El miedo a la revolución era tan intenso que en la mayor parte de la Europa oriental y suroriental, así como en una parte del Mediterráneo, no se permitió prácticamente en ningún momento que los partidos comunistas emergieran de la ilegalidad. El abismo insuperable que existía entre la derecha ideológica y la izquierda moderada dio al traste con la democracia austriaca en el período 1930-1934, aunque ésta ha florecido en ese país desde 1945 con el mismo sistema bipartidista constituido por los católicos y los socialistas (Seton Watson, 1962, p. 184). En el decenio de 1930 la democracia española fue aniquilada por efecto de las mismas tensiones. El contraste con la transición negociada que permitió el paso de la dictadura de Franco a una democracia pluralista en los años setenta es verdaderamente espectacular.

La principal razón de la caída de la República de Weimar fue que la Gran Depresión hizo imposible mantener el pacto tácito entre el estado, los patronos y los trabajadores organizados, que la había mantenido a flote. La industria y el gobierno consideraron que no tenían otra opción que la de imponer recortes económicos y sociales, y el desempleo generalizado hizo el resto. A mediados de 1932 los nacionalsocialistas y los comunistas obtuvieron la mayoría absoluta de los votos alemanes y los partidos comprometidos con la República quedaron reducidos a poco más de un tercio. A la inversa, es innegable que la estabilidad de los regímenes democráticos tras la segunda guerra mundial, empezando por el de la nueva República Federal de Alemania, se cimentó en el milagro económico de estos años (véase el capítulo IX). Allí donde los gobiernos pueden redistribuir lo suficiente y donde la mayor parte de los ciudadanos disfrutan de un nivel de vida en ascenso, la temperatura de la política democrática no suele subir demasiado. El compromiso y el consenso tienden a prevalecer, pues incluso los más apasionados partidarios del derrocamiento del capitalismo encuentran la situación más tolerable en la práctica que en la teoría, e incluso los defensores a ultranza del capitalismo aceptan la existencia de sistemas de seguridad social y de negociaciones con los sindicatos para fijar las subidas salariales y otros beneficios.

Pero, como demostró la Gran Depresión, esto es sólo una parte de la respuesta. Una situación muy similar —la negativa de los trabajadores organizados a aceptar los recortes impuestos por la Depresión— llevó al hundimiento del sistema parlamentario y, finalmente, a la candidatura de Hitler para la jefatura del gobierno en Alemania, mientras que en Gran Bretaña sólo entrañó el cambio de un gobierno laborista a un «gobierno nacional» (conservador), pero siempre dentro de un sistema parlamentario estable y sólido.[4] La Depresión no supuso la suspensión automática o la abolición de la democracia representativa, como es patente por las consecuencias políticas que conllevó en los Estados Unidos (el New Deal de Roosevelt) y en Escandinavia (el triunfo de la socialdemocracia). Fue sólo en América Latina, en que la economía dependía básicamente de las exportaciones de uno o dos productos primarios, cuyo precio experimentó un súbito y profundo hundimiento (véase el capítulo III), donde la Gran Depresión se tradujo en la caída casi inmediata y automática de los gobiernos que estaban en el poder, principalmente como consecuencia de golpes militares. Es necesario añadir, por lo demás, que en Chile y en Colombia la transformación política se produjo en la dirección opuesta.

La vulnerabilidad de la política liberal estribaba en que su forma característica de gobierno, la democracia representativa, demostró pocas veces ser una forma convincente de dirigir los estados, y las condiciones de la era de las catástrofes no le ofrecieron las condiciones que podían hacerla viable y eficaz.

4. En 1931, el gobierno laborista se dividió sobre esta cuestión. Algunos dirigentes laboristas y sus seguidores liberales apoyaron a los conservadores, que ganaron las elecciones siguientes debido a ese corrimiento y permanecieron cómodamente en el poder hasta mayo de 1940.

La primera de esas condiciones era que gozara del consenso y la aceptación generales. La democracia se sustenta en ese consenso, pero no lo produce, aunque en las democracias sólidas y estables el mismo proceso de votación periódica tiende a hacer pensar a los ciudadanos —incluso a los que forman parte de la minoría— que el proceso electoral legitima a los gobiernos surgidos de él. Pero en el período de entreguerras muy pocas democracias eran sólidas. Lo cierto es que hasta comienzos del siglo XX la democracia existía en pocos sitios aparte de Estados Unidos y Francia (véase *La era del imperio*, capítulo 4). De hecho, al menos diez de los estados que existían en Europa después de la primera guerra mundial eran completamente nuevos o tan distintos de sus antecesores que no tenían una legitimidad especial para sus habitantes. Menos eran aún las democracias estables. La crisis es el rasgo característico de la situación política de los estados en la era de las catástrofes.

La segunda condición era un cierto grado de compatibilidad entre los diferentes componentes del «pueblo», cuyo voto soberano había de determinar el gobierno común. La teoría oficial de la sociedad burguesa liberal no reconocía al «pueblo» como un conjunto de grupos, comunidades u otras colectividades con intereses propios, aunque lo hicieran los antropólogos, los sociólogos y los políticos. Oficialmente, el pueblo, concepto teórico más que un conjunto real de seres humanos, consistía en un conjunto de individuos independientes cuyos votos se sumaban para constituir mayorías y minorías aritméticas, que se traducían en asambleas dirigidas como gobiernos mayoritarios y con oposiciones minoritarias. La democracia era viable allí donde el voto democrático iba más allá de las divisiones de la población nacional o donde era posible conciliar o desactivar los conflictos internos. Sin embargo, en una era de revoluciones y de tensiones sociales, la norma era la lucha de clases trasladada a la política y no la paz entre las diversas clases. La intransigencia ideológica y de clase podía hacer naufragar al gobierno democrático. Además, el torpe acuerdo de paz de 1918 multiplicó lo que ahora, cuando el siglo XX llega a su final, sabemos que es un virus fatal para la democracia: la división del cuerpo de ciudadanos en función de criterios étnico-nacionales o religiosos (Glenny, 1992, pp. 146-148), como en la ex Yugoslavia y en Irlanda del Norte. Como es sabido, tres comunidades étnico-religiosas que votan en bloque, como en Bosnia; dos comunidades irreconciliables, como en el Ulster; sesenta y dos partidos políticos, cada uno de los cuales representa a una tribu o a un clan, como en Somalia, no pueden constituir los cimientos de un sistema político democrático, sino —a menos que uno de los grupos enfrentados o alguna autoridad externa sea lo bastante fuerte como para establecer un dominio no democrático— tan sólo de la inestabilidad y de la guerra civil. La caída de los tres imperios multinacionales de Austria-Hungría, Rusia y Turquía significó la sustitución de tres estados supranacionales, cuyos gobiernos eran neutrales con respecto a las numerosas nacionalidades sobre las que gobernaban, por un número mucho mayor de estados multinacionales, cada uno de ellos identificado con *una*, o a lo sumo con dos o tres, de las comunidades étnicas existentes en el interior de sus fronteras.

La tercera condición que hacía posible la democracia era que los gobiernos democráticos no tuvieran que desempeñar una labor intensa de gobierno. Los parlamentos se habían constituido no tanto para gobernar como para controlar el poder de los que lo hacían, función que todavía es evidente en las relaciones entre el Congreso y la presidencia de los Estados Unidos. Eran mecanismos concebidos como frenos y que, sin embargo, tuvieron que actuar como motores. Las asambleas soberanas elegidas por sufragio restringido —aunque de extensión creciente— eran cada vez más frecuentes desde la era de las revoluciones, pero la sociedad burguesa decimonónica asumía que la mayor parte de la vida de sus ciudadanos se desarrollaría no en la esfera del gobierno sino en la de la economía autorregulada y en el mundo de las asociaciones privadas e informales («la sociedad civil»).[5] La sociedad burguesa esquivó las dificultades de gobernar por medio de asambleas elegidas en dos formas: no esperando de los parlamentos una acción de gobierno o incluso legislativa muy intensa, y velando por que la labor de gobierno —o, mejor, de administración— pudiera desarrollarse a pesar de las extravagancias de los parlamentos. Como hemos visto (véase el capítulo I), la existencia de un cuerpo de funcionarios públicos independientes y permanentes se había convertido en una característica esencial de los estados modernos. Que hubiese una mayoría parlamentaria sólo era fundamental donde había que adoptar o aprobar decisiones ejecutivas trascendentes y controvertidas, y donde la tarea de organizar o mantener un núcleo suficiente de seguidores era la labor principal de los dirigentes de los gobiernos, pues (excepto en Norteamérica) en los regímenes parlamentarios el ejecutivo no era, por regla general, elegido directamente. En aquellos estados donde el derecho de sufragio era limitado (el electorado estaba formado principalmente por los ricos, los poderosos o una minoría influyente) ese objetivo se veía facilitado por el consenso acerca de su interés colectivo (el «interés nacional»), así como por el recurso del patronazgo.

Pero en el siglo XX se multiplicaron las ocasiones en las que era de importancia crucial que los gobiernos gobernaran. El estado que se limitaba a proporcionar las normas básicas para el funcionamiento de la economía y de la sociedad, así como la policía, las cárceles y las fuerzas armadas para afrontar todo tipo de peligros, internos y externos, había quedado obsoleto.

La cuarta condición era la riqueza y la prosperidad. Las democracias de los años veinte se quebraron bajo la tensión de la revolución y la contrarrevolución (Hungría, Italia y Portugal) o de los conflictos nacionales (Polonia y Yugoslavia), y en los años treinta sufrieron los efectos de las tensiones de la crisis mundial. No hace falta sino comparar la atmósfera política de la Ale-

5. En los años ochenta se dejaría oír con fuerza, tanto en Occidente como en Oriente, la retórica nostálgica que perseguía un retorno totalmente imposible a un siglo XIX idealizado, basado en estos supuestos.

mania de Weimar y la de Austria en los años veinte con la de la Alemania Federal y la de Austria en el período posterior a 1945 para comprobarlo. Incluso los conflictos nacionales eran menos difíciles de solventar cuando los políticos de cada una de las minorías estaban en condiciones de proveer alimentos suficientes para toda la población del estado. En ello residía la fortaleza del Partido Agrario en la única democracia auténtica de la Europa centrooriental, Checoslovaquia: en que ofrecía beneficios a todos los grupos nacionales. Pero en los años treinta, ni siquiera Checoslovaquia podía mantener juntos a los checos, eslovacos, alemanes, húngaros y ucranianos.

En estas circunstancias, la democracia era más bien un mecanismo para formalizar las divisiones entre grupos irreconciliables. Muchas veces, no constituía una base estable para un gobierno democrático, ni siquiera en las mejores circunstancias, especialmente cuando la teoría de la representación democrática se aplicaba en las versiones más rigurosas de la representación proporcional.[6] Donde en las épocas de crisis no existía una mayoría parlamentaria, como ocurrió en Alemania (en contraste con Gran Bretaña),[7] la tentación de pensar en otras formas de gobierno era muy fuerte. Incluso en las democracias estables, muchos ciudadanos consideran que las divisiones políticas que implica el sistema son más un inconveniente que una ventaja. La propia retórica de la política presenta a los candidatos y a los partidos como representantes, no de unos intereses limitados de partido, sino de los intereses nacionales. En los períodos de crisis, los costos del sistema parecían insostenibles y sus beneficios, inciertos.

En esas circunstancias, la democracia parlamentaria era una débil planta que crecía en un suelo pedregoso, tanto en los estados que sucedieron a los viejos imperios como en la mayor parte del Mediterráneo y de América Latina. El más firme argumento en su favor —que, pese a ser malo, es un sistema mejor que cualquier otro— no tiene mucha fuerza y en el período de entreguerras pocas veces resultaba realista y convincente. Incluso sus defensores se expresaban con poca confianza. Su retroceso parecía inevitable, pues hasta en los Estados Unidos había observadores serios, pero innecesariamente pesimistas, que señalaban que también «puede ocurrir aquí» (Sinclair

6. Las incesantes modificaciones de los sistemas electorales democráticos —proporcionales o de otro tipo— tienen como finalidad garantizar o mantener mayorías estables que permitan gobiernos estables en unos sistemas políticos que por su misma naturaleza dificultan ese objetivo.

7. En Gran Bretaña, el rechazo de cualquier forma de representación proporcional («el vencedor obtiene la victoria total») favoreció la existencia de un sistema bipartidista y redujo la importancia de otros partidos políticos (así le ocurrió, desde la primera guerra mundial, al otrora dominante Partido Liberal, aunque continuó obteniendo regularmente el 10 por 100 de los votos, como ocurrió todavía en 1992). En Alemania, el sistema proporcional, aunque favoreció ligeramente a los partidos mayores, no permitió desde 1920 que ninguno consiguiera ni siquiera la tercera parte de los escaños (excepto los nazis en 1932), en un total de cinco partidos mayores y aproximadamente una docena de partidos menores. En la eventualidad de que no pudiera constituirse una mayoría, la constitución preveía procedimientos de emergencia para el ejercicio del poder ejecutivo de manera temporal, esto es, la suspensión de la democracia.

Lewis, 1935). Nadie predijo, ni esperó, que la democracia se revitalizaría después de la guerra y mucho menos que al principio de los años noventa sería, aunque fuese por poco tiempo, la forma predominante de gobierno en todo el planeta. Para quienes en este momento analizan lo ocurrido en el período comprendido entre las dos guerras mundiales, la caída de los sistemas políticos liberales es una breve interrupción en su conquista secular del planeta. Por desgracia, conforme se aproxima el nuevo milenio las incertidumbres que rodean a la democracia política no parecen ya tan remotas. Es posible que el mundo esté entrando de nuevo, lamentablemente, en un período en que sus ventajas no parezcan tan evidentes como lo parecían entre 1950 y 1990.

Capítulo V

CONTRA EL ENEMIGO COMÚN

Mañana, para los jóvenes, estallarán como bombas los poetas,
los paseos por el lago, las semanas de perfecta armonía.
Mañana, los paseos en bicicleta
por las afueras en las tardes de verano. Pero hoy, la lucha ...

W. H. AUDEN, «Spain», 1937

Querida madre:

De las personas que conozco tú serás la que más lo sentirás y por ello te dedico mis últimos pensamientos. No acuses a nadie de mi muerte, pues fui yo quien elegí mi destino.

No sé qué decirte, pues aunque tengo las ideas claras, no encuentro las palabras justas. Ocupé mi lugar en el ejército de liberación y muero cuando ya comienza a brillar la luz de la victoria ... Voy a ser fusilado dentro de muy poco con otros veintitrés compañeros.

Cuando termine la guerra tienes que reclamar el derecho a una pensión. Te permitirán conservar todo cuanto tenía en la cárcel. Sólo me he quedado la camiseta de papá porque no quiero que el frío me haga tiritar ...

Una vez más, adiós. ¡Valor!

Tu hijo.

Spartaco

SPARTACO FONTANOT, trabajador del metal,
de veintidós años de edad, miembro del grupo de la
Resistencia francesa Misak Manouchian, 1944
(*Lettere*, p. 306)

I

Las encuestas de opinión pública nacieron en Norteamérica en los años treinta, pues fue George Gallup quien, en 1936, comenzó a aplicar a la política los «muestreos» de los investigadores del mercado. Entre los primeros resultados obtenidos mediante esta nueva técnica hay uno que habría sorprendido a todos los presidentes de los Estados Unidos anteriores a Franklin D. Roosevelt y que sin duda sorprenderá a todos los lectores que hayan alcanzado la edad adulta después de la segunda guerra mundial. Cuando en enero de 1939 se preguntó a los norteamericanos quién querrían que fuera el vencedor, si estallaba un enfrentamiento entre Alemania y la Unión Soviética, el 83 por 100 afirmó que prefería la victoria soviética, frente al 17 por 100 que mostró sus preferencias por Alemania (Miller, 1989, pp. 283-284). En un siglo dominado por el enfrentamiento entre el comunismo anticapitalista de la revolución de octubre, representado por la URSS, y el capitalismo anticomunista cuyo defensor y mejor exponente era Estados Unidos, esa declaración de simpatía, o al menos de preferencia, hacia el centro neurálgico de la revolución mundial frente a un país fuertemente anticomunista, con una economía de corte claramente capitalista, es una anomalía, tanto más cuanto que todo el mundo reconocía que en ese momento la tiranía estalinista impuesta en la URSS estaba en su peor momento.

Esa situación histórica era excepcional y fue relativamente efímera. Se prolongó, a lo sumo, desde 1933 (año en que Estados Unidos reconoció oficialmente a la URSS) hasta 1947 (en que los dos bandos ideológicos se convirtieron en enemigos en la «guerra fría») o, por mor de una mayor precisión, desde 1935 hasta 1945. En otras palabras, estuvo condicionada por el ascenso y la caída de la Alemania de Hitler (1933-1945) (véase el capítulo IV), frente a la cual Estados Unidos y la URSS hicieron causa común porque la consideraban un peligro más grave del que cada uno veía en el otro país.

Las razones por las que actuaron así hay que buscarlas más allá de las relaciones internacionales convencionales o de la política de fuerza, y eso es lo que hace tan significativa la extraña alianza de estados y movimientos que lucharon y triunfaron en la segunda guerra mundial. El factor que impulsó la unión contra Alemania fue que no se trataba de una nación-estado descontenta de su situación, sino de un país en el que la ideología determinaba su política y sus ambiciones. En resumen, que era una potencia fascista. Si se ignoraba ese extremo, conservaban su vigencia los principios habituales de la *Realpolitik* y la actitud que se adoptaba frente a Alemania —de oposición, conciliación, contrapeso o enfrentamiento— dependía de los intereses de cada país y de la situación general. De hecho, en algún momento entre 1933 y 1941 todos los restantes protagonistas de la escena internacional adoptaron una u otra de esas posturas frente a Alemania. Londres y París trataron de contentar a Berlín (ofreciéndole concesiones a expensas de otros países), Moscú sustituyó la oposición por una interesada neutralidad a cambio de compensaciones territoriales, e incluso Italia y Japón, cuyos intereses les llevaban a alinearse con Alemania, decidieron, en función de esos intereses, permanecer al margen en las primeras fases de la segunda guerra mundial. Pero la lógica de la guerra de Hitler terminó por arrastrar a ella a todos esos países, así como a Estados Unidos.

A medida que avanzaba la década de 1930 era cada vez más patente que lo que estaba en juego no era sólo el equilibrio de poder entre las naciones-estado que constituían el sistema internacional (principalmente el europeo), y que la política de Occidente —desde la URSS hasta el continente americano, pasando por Europa— había de interpretarse no tanto como un enfrentamiento entre estados, sino como una guerra civil ideológica internacional. Como veremos, este principio no puede aplicarse a la política de África, Asia y el Extremo Oriente, dominada por el hecho del colonialismo (véase el capítulo VII). Y en esa guerra civil el enfrentamiento fundamental no era el del capitalismo con la revolución social comunista, sino el de diferentes familias ideológicas: por un lado los herederos de la Ilustración del siglo XVIII y de las grandes revoluciones, incluida, naturalmente, la revolución rusa; por el otro, sus oponentes. En resumen, la frontera no separaba al capitalismo y al comunismo, sino lo que el siglo XIX habría llamado «progreso» y «reacción», con la salvedad de que esos términos ya no eran apropiados.

Fue una guerra internacional porque suscitó el mismo tipo de respuestas en la mayor parte de los países occidentales, y fue una guerra civil porque en todas las sociedades se registró el enfrentamiento entre las fuerzas pro y antifascistas. No ha habido nunca un período en el que contara menos el patriotismo, en el sentido de lealtad automática al gobierno nacional. Al terminar la segunda guerra mundial, al frente de los gobiernos de al menos diez viejos estados europeos se hallaban unos hombres que, cuando comenzó (en el caso de España, al estallar la guerra civil), eran rebeldes, exiliados políticos o, como mínimo, personas que consideraban inmoral e ilegítimo a su propio gobierno. Hubo hombres y mujeres, muchos de ellos pertenecientes a la clase política, que pusieron la lealtad al comunismo (esto es, a la URSS) por delante de la lealtad a su propio estado. Los «espías de Cambridge» y, tal vez con mayores repercusiones prácticas, los miembros japoneses del círculo de espías de Sorge, fueron sólo dos grupos entre muchos otros.[1] Por otra parte, se inventó el término *quisling* —del nombre de un nazi de nacionalidad noruega— para describir a las fuerzas políticas de los países atacados por Hitler que, por convicción más que por interés, decidieron unirse al enemigo de su patria.

Esta afirmación es válida incluso para aquellos que actuaron llevados por el patriotismo más que por la ideología, pues incluso el patriotismo tradicional estaba entonces dividido. Algunos conservadores decididamente imperia-

1. Se ha dicho que la información de Sorge, basada en fuentes plenamente fiables, de que Japón no planeaba atacar a la URSS a finales de 1941, permitió a Stalin trasladar refuerzos vitales al frente occidental cuando los alemanes se hallaban en las afueras de Moscú (Deakin y Storry, 1964, capítulo 13; Andrew y Gordievsky, 1991, pp. 281-282).

listas y anticomunistas como Winston Churchill y hombres de convicciones católicas reaccionarias como De Gaulle se decidieron a luchar contra Alemania, no porque sintieran una animosidad especial contra el fascismo, sino impulsados por «une certaine idée de la France» o por «cierta idea de Inglaterra». Pero incluso en esos casos, su compromiso podía inscribirse en el marco de una guerra *civil* internacional, pues su concepto del patriotismo no era necesariamente el mismo que tenían sus gobiernos. Cuando el 18 de junio de 1940 se trasladó a Londres y afirmó que con él la «Francia libre» continuaría luchando contra Alemania, Charles de Gaulle estaba cometiendo un acto de rebeldía contra el gobierno legítimo de Francia, que había decidido constitucionalmente poner fin a la guerra y que, muy probablemente, contaba con el apoyo de la gran mayoría de los franceses cuando tomó esa decisión. Sin duda Churchill habría reaccionado de la misma forma. Si Alemania hubiera ganado la guerra, su gobierno le habría tratado como a un traidor, como les ocurrió después de 1945 a los rusos que habían luchado con los alemanes contra la URSS. En el mismo orden de cosas, los eslovacos y croatas, cuyos países consiguieron el primer atisbo de independencia como satélites de la Alemania de Hitler, consideraban retrospectivamente a sus dirigentes del período de la guerra como héroes patrióticos o como colaboradores fascistas por razones ideológicas: miembros de cada uno de estos pueblos lucharon en los dos bandos.[2]

Fue el ascenso de la Alemania de Hitler el factor que convirtió esas divisiones civiles nacionales en una única guerra mundial, civil e internacional al mismo tiempo. O, más exactamente, la trayectoria hacia la conquista y hacia la guerra, entre 1931 y 1941, del conjunto de estados —Alemania, Italia y Japón— en el que la Alemania de Hitler era la pieza esencial: la más implacable y decidida a destruir los valores e instituciones de la «civilización occidental» de la era de las revoluciones y la más capaz de hacer realidad su bárbaro designio. Las posibles víctimas de Japón, Alemania e Italia contemplaron cómo, paso a paso, los países que formaban lo que se dio en llamar «el Eje» progresaban en sus conquistas, en el camino hacia la guerra que ya desde 1931 se consideraba inevitable. Como se decía, «el fascismo significa la guerra». En 1931 Japón invadió Manchuria y estableció un gobierno títere. En 1932 ocupó China al norte de la Gran Muralla y penetró en Shanghai. En 1933 se produjo la subida de Hitler al poder en Alemania, con un programa que no se preocupó de ocultar. En 1934 una breve guerra civil suprimió la democracia en Austria e instauró un régimen semifascista que adquirió notoriedad, sobre todo, por oponerse a la integración en Alemania y por sofocar, con ayuda italiana, un golpe nazi que acabó con la vida del primer ministro austriaco. En 1935 Alemania denunció los tratados de paz y volvió a mostrarse como una potencia militar y naval de primer orden, que recuperó

2. Esto no puede justificar, sin embargo, las atrocidades cometidas por los dos bandos, que, sin duda en el caso del estado croata de 1942-1945, y probablemente también en el caso del estado eslovaco, fueron mayores que las que llevaron a cabo sus adversarios y, en cualquier caso, indefendibles.

mediante un plebiscito la región del Sarre en su frontera occidental y abandonó desdeñosamente la Sociedad de Naciones. Mussolini, mostrando el mismo desprecio hacia la opinión internacional, invadió ese mismo año Etiopía, que conquistó y ocupó como colonia en 1936-1937, y a continuación abandonó también la Sociedad de Naciones. En 1936 Alemania recuperó Renania, y en España un golpe militar, preparado con la ayuda y la intervención de Italia y Alemania, inició un conflicto importante, la guerra civil española, que más adelante se analizará de forma más pormenorizada. Las dos potencias fascistas constituyeron una alianza oficial, el Eje Roma-Berlín, y Alemania y Japón concluyeron un «pacto anti-Comintern». En 1937, en una iniciativa que a nadie podía sorprender, Japón invadió China y comenzó una decidida actividad bélica que no se interrumpiría hasta 1945. En 1938 Alemania consideró llegado el momento de la conquista. En el mes de marzo invadió y se anexionó Austria sin resistencia militar y, tras varias amenazas, el acuerdo de Munich de octubre dividió Checoslovaquia y Hitler incorporó a Alemania extensas zonas de ese país, también en esta ocasión sin que mediara un enfrentamiento bélico. El resto del país fue ocupado en marzo de 1939, lo que alentó a Italia, que durante unos meses no había demostrado ambiciones imperialistas, a ocupar Albania. Casi inmediatamente Europa quedó paralizada por la crisis polaca, que también se desencadenó a causa de las exigencias territoriales alemanas. De esa crisis nació la guerra europea de 1939-1941, que luego alcanzó mayores proporciones, hasta convertirse en la segunda guerra mundial.

Pero hubo otro factor que transformó la política nacional en un conflicto internacional: la debilidad cada vez más espectacular de las democracias liberales (que resultaban ser los estados vencedores de la primera guerra mundial), y su incapacidad o su falta de voluntad para actuar, unilateralmente o de forma concertada, para resistir el avance de sus enemigos. Como hemos visto, fue esa crisis del liberalismo la que fortaleció los argumentos y las fuerzas del fascismo y del sistema de gobierno autoritario (véase el capítulo IV). El acuerdo de Munich de 1938 ilustraba a la perfección esa combinación de agresión decidida, por un lado, y de temor y concesión por el otro, razón por la que durante generaciones la palabra «Munich» fue sinónimo, en el lenguaje político occidental, de retirada cobarde. La vergüenza de Munich, que sintieron muy pronto incluso quienes firmaron el acuerdo, no estriba sólo en que permitió a Hitler un triunfo a bajo precio, sino en el patente temor a la guerra que lo precedió e incluso en el sentimiento de alivio, aún más patente, por haberla evitado a cualquier precio. «Bande de cons», se dice que afirmó con desprecio el primer ministro francés Daladier cuando, a su regreso a París tras haber firmado la sentencia de muerte de un aliado de Francia, no fue recibido con protestas, como esperaba, sino con vítores jubilosos. La popularidad de la URSS y la resistencia a criticar lo que allí ocurría se explica principalmente por su actitud de enérgica oposición a la Alemania nazi, tan diferente de la postura vacilante de Occidente. Eso hizo que su decisión de firmar un pacto con Alemania en agosto de 1939 suscitara una fortísima conmoción.

II

La movilización de todo el apoyo posible contra el fascismo o, lo que es lo mismo, contra Alemania fue fruto de un triple llamamiento: a la unión de todas las fuerzas políticas que tenían un interés común en oponerse al avance del Eje, a una política real de resistencia y a unos gobiernos dispuestos a practicar esa política. De hecho, llevó más de ocho años conseguir esa movilización, o diez si se sitúa en 1931 el comienzo del proceso que desembocaría en la guerra mundial. Ello se debió a que la respuesta a esos tres llamamientos fue indecisa, tibia o equívoca.

Cabe pensar que el llamamiento en pro de la unidad antifascista debería haber suscitado una respuesta inmediata, dado que el fascismo consideraba a todos los liberales, los socialistas y comunistas, a cualquier tipo de régimen democrático y al régimen soviético, como enemigos a los que había que destruir. Todos ellos, pues, debían mantenerse unidos, si no querían ser destruidos por separado. Los comunistas, hasta entonces la fuerza más discordante de la izquierda ilustrada, que concentraba sus ataques (lo que suele ser un rasgo lamentable de los radicales políticos) no contra el enemigo más evidente sino contra el competidor más próximo, en especial contra los socialdemócratas (véase el capítulo II), cambiaron su estrategia un año y medio después de la subida de Hitler al poder para convertirse en los defensores más sistemáticos y —como siempre— más eficaces de la unidad antifascista. Así se superó el principal obstáculo para la unidad de la izquierda, aunque no la desconfianza mutua, que estaba profundamente arraigada.

La Internacional Comunista (que acababa de elegir como secretario general a George Dimitrov, un búlgaro cuyo valiente desafío a las autoridades nazis en el juicio por el incendio del Reichstag, en 1933, había electrizado a todos los antifascistas)[3] adoptó conjuntamente con Stalin una estrategia de círculos concéntricos. Las fuerzas unidas de los trabajadores (el «Frente Unido») serían el soporte de una alianza política y electoral más amplia con los demócratas y liberales (el «Frente Popular»). Ante el avance de Alemania, los comunistas consideraron la posibilidad de ampliar esa alianza a un «Frente Nacional» de todos cuantos, con independencia de su ideología y sus creencias políticas, pensaban que el fascismo (las potencias del Eje) era el peligro principal. Esta extensión de la alianza antifascista más allá del centro

3. Un mes después de la subida de Hitler al poder, el edificio del parlamento alemán en Berlín fue misteriosamente destruido en un incendio. El gobierno nazi acusó inmediatamente al Partido Comunista de ello y aprovechó la ocasión para ilegalizarlo. Los comunistas acusaron a los nazis de haber organizado el incendio con ese propósito. A la sazón, fueron detenidos y juzgados un desequilibrado holandés de inclinaciones revolucionarias, Van der Lubbe, el líder del grupo parlamentario comunista y tres búlgaros que estaban trabajando en Berlín para la Internacional Comunista. Sin duda, Van der Lubbe había participado en el incendio, pero no así los cuatro comunistas detenidos, ni menos aún el KPD. La investigación histórica actual no corrobora la tesis de una provocación nazi.

político hacia la derecha —la «mano tendida a los católicos» por parte de los comunistas franceses o la disposición de los británicos a aceptar al destacado hostigador de rojos que era Winston Churchill— encontró mayor resistencia en la izquierda tradicional, hasta que finalmente se impuso por la lógica de la guerra. Sin embargo, la unión del centro y de la izquierda tenía una lógica política y así se establecieron «frentes populares» en Francia (avanzada en esta estrategia) y en España, que consiguieron rechazar la ofensiva de la derecha y que obtuvieron una resonante victoria electoral tanto en España (febrero de 1936) como en Francia (mayo de 1936).

Esas victorias hicieron patentes los costos de la pasada desunión, porque las listas unitarias del centro y de la izquierda consiguieron una importante mayoría parlamentaria, pero aunque reflejaron un notorio cambio *en* la izquierda, particularmente en Francia, en favor del Partido Comunista, no entrañaron un aumento importante del apoyo político a las fuerzas antifascistas. De hecho, el triunfo del Frente Popular francés, del que salió el primer gobierno presidido por un socialista, el intelectual Léon Blum (1872-1950), no significó, respecto de las votaciones de 1932, más que un incremento de apenas el 1 por 100 de los votos radicales, socialistas y comunistas. Pese a que el triunfo electoral del Frente Popular español conllevó un incremento algo mayor, el nuevo gobierno tenía todavía en su contra a casi la mitad de los votantes y a una derecha más fuerte que antes. Con todo, esas victorias suscitaron esperanzas, e incluso euforia, en los movimientos socialistas y obreros nacionales. No puede decirse lo mismo del Partido Laborista británico, quebrantado por la Depresión y la crisis política de 1931 —que lo había dejado reducido a un grupo de cincuenta diputados—, y que cuatro años más tarde no había recuperado el apoyo electoral del que gozaba antes de la crisis y no tenía ni la mitad de los escaños que en 1929. Entre 1931 y 1935 el porcentaje de votos de los conservadores disminuyó tan sólo del 61 al 54 por 100. El llamado gobierno «nacional» de Gran Bretaña, presidido desde 1937 por Neville Chamberlain, cuyo nombre pasó a ser sinónimo del «apaciguamiento» de Hitler, contaba con un sólido apoyo mayoritario. No hay razón para pensar que, si no hubiera estallado la guerra en 1939 y se hubieran celebrado elecciones en 1940, como estaba previsto, los conservadores no habrían vuelto a ganar cómodamente. De hecho, en la década de 1930 no había signos en Europa occidental de un desplazamiento electoral hacia la izquierda, excepto en una buena parte de Escandinavia, donde los socialdemócratas protagonizaron un importante avance. Antes bien, en los países de la Europa oriental y suroriental donde todavía se celebraban elecciones se registraron importantes avances de la derecha. Existe un profundo contraste entre el viejo y el nuevo mundo. Europa no vivió un fenómeno similar al ocurrido en Estados Unidos, donde en 1932 hubo un importante trasvase de votos de los republicanos a los demócratas, que en las votaciones presidenciales pasaron de 15-16 a casi 28 millones de votos en cuatro años. No obstante, lo cierto es que Franklin D. Roosevelt consiguió los mejores resultados en 1932, aunque, para sorpresa de todos excepto del pueblo norteamericano, quedó muy cerca de ellos en 1936.

El antifascismo, por tanto, organizó a los enemigos tradicionales de la derecha pero no aumentó su número; movilizó a las minorías más fácilmente que a las mayorías. Los intelectuales y los artistas fueron los que se dejaron ganar más fácilmente por los sentimientos antifascistas (excepto una corriente literaria internacional inspirada por la derecha nacionalista y antidemocrática; véase el capítulo VI), porque la hostilidad arrogante y agresiva del nacionalsocialismo hacia los valores de la civilización tal como se habían concebido hasta entonces se hizo inmediatamente patente en los ámbitos que les concernían. El racismo nazi se tradujo de forma inmediata en el éxodo en masa de intelectuales judíos e izquierdistas, que se dispersaron por las zonas del mundo donde aún reinaba la tolerancia. La hostilidad de los nazis hacia la libertad intelectual hizo que desaparecieran de las universidades alemanas casi una tercera parte de sus profesores. Los ataques contra la cultura «vanguardista» y la destrucción pública en la hoguera de libros «judíos» y de otros igualmente indeseables comenzó prácticamente en cuanto Hitler subió al poder. Además, aunque los ciudadanos ordinarios desaprobaran las barbaridades más brutales del sistema —los campos de concentración y la reducción de los judíos alemanes (categoría en la que quedaban incluidos todos aquellos que tuvieran al menos un abuelo judío) a la condición de una clase inferior segregada y carente de derechos—, un sector sorprendentemente numeroso de la población las consideraba, en el peor de los casos, como aberraciones de alcance limitado. Al fin y al cabo, los campos de concentración servían sobre todo como factor de disuasión frente a la posible oposición comunista y como cárceles de los cuadros de las fuerzas subversivas, y desde ese punto de vista eran vistos con buenos ojos por muchos conservadores convencionales. Además, al estallar la guerra sólo había en ellos unas ocho mil personas. (Su transformación en un *univers concentrationnaire* del terror, la tortura y la muerte para centenares de millares, incluso millones, de personas se produjo en el curso del conflicto.) Por otra parte, hasta el comienzo de la guerra, la política nazi, por brutal que fuera el trato dispensado a los judíos, parecía cifrar en la expulsión sistemática, más que en el exterminio en masa, la «solución definitiva» del «problema judío». A los ojos de los observadores ajenos al mundo de la política, Alemania era un país estable y económicamente floreciente, dotado de un gobierno popular, aunque con algunas características desagradables.

Los que leían libros (incluido el *Mein Kampf* del Führer) eran los que tenían más posibilidades de reconocer, en la sangrienta retórica de los agitadores racistas y en la tortura y el asesinato localizados en Dachau o Buchenwald, la amenaza de un mundo entero construido sobre la subversión deliberada de la civilización. Por consiguiente, en los años treinta fueron los intelectuales occidentales (pero sólo una fracción de los estudiantes, que a la sazón procedían en su inmesa mayoría de las clases medias «respetables») la primera capa social que se movilizó en masa contra el fascismo. Era todavía un estrato muy reducido, aunque sumamente influyente, entre otras razones porque incluía a los periodistas, que en los países no fascistas de Occidente cumplieron la función trascendental de alertar incluso a los lectores y responsables políticos más conservadores acerca de la naturaleza del nacionalsocialismo.

Sobre el papel, la política de resistencia al ascenso del fascismo era sencilla y lógica. Consistía en unir a todos los países contra los agresores (la Sociedad de Naciones ofrecía un marco potencial para ello), en no hacerles concesiones y en disuadirles o derrotarles mediante la amenaza y, si era necesario, la realidad de una acción concertada. El comisario de Asuntos Exteriores de la URSS, Maxim Litvinov (1876-1952), se autoproclamó portavoz de esa «seguridad colectiva». Pero la teoría era más fácil que la práctica. El principal obstáculo radicaba en que incluso los países que compartían el temor y la desconfianza hacia los agresores tenían otros intereses que les dividían o que podían ser utilizados para dividirles.

No puede afirmarse con rotundidad hasta qué punto fue importante la división existente entre la Unión Soviética, que en teoría perseguía la destrucción de los regímenes burgueses y de sus imperios coloniales, y los otros estados, que veían a la URSS como la inspiradora e instigadora de la subversión. Aunque los diferentes gobiernos —los de mayor peso reconocieron a la URSS a partir de 1933— mostraron una disposición a encontrar una forma de coexistencia con el bolchevismo cuando eso convenía a sus intereses, algunos de sus miembros y organismos, animados del mismo espíritu que prevalecería durante la guerra fría, a partir de 1945, continuaban viendo en él al principal enemigo. Sin duda el servicio de inteligencia británico es un caso especial en su inquina hacia la amenaza roja, que sólo a mediados de los años treinta dejó de ser su principal objetivo (Andrew, 1985, p. 530). Sin embargo, muchos conservadores, sobre todo en Gran Bretaña, consideraban que la mejor solución sería una guerra germano-soviética, que serviría para debilitar, y tal vez destruir, a los dos enemigos. Tampoco una derrota del bolchevismo a manos de una Alemania debilitada era considerada como una mala solución. La resistencia de los gobiernos occidentales a entablar negociaciones efectivas con el estado rojo, incluso en 1938-1939, cuando ya nadie negaba la urgencia de una alianza contra Hitler, resulta ilustrativa. De hecho, fue el temor a tener que enfrentarse a Hitler en solitario lo que indujo finalmente a Stalin a firmar con Ribbentrop el pacto de agosto de 1939, pese a que desde 1934 había defendido con la máxima energía la necesidad de concluir una alianza con Occidente contra Alemania. Stalin esperaba que ese pacto permitiera a su país quedar fuera de la guerra mientras Alemania y las potencias occidentales se debilitaban mutuamente en beneficio de la URSS, que, por las cláusulas secretas del pacto, recuperaba una gran parte de los territorios occidentales que había perdido después de la revolución. Aunque los cálculos de Stalin resultaron equivocados, demuestran, al igual que los intentos abortados de crear un frente común contra Hitler, que fueron las divisiones entre los países las que hicieron posible el rápido ascenso sin resistencia de la Alemania nazi entre 1933 y 1939.

La geografía, la historia y la economía se sumaban para dar a los gobiernos perspectivas diferentes sobre el mundo. El continente europeo como tal carecía de interés para Japón y Estados Unidos, cuya vocación les inclinaba hacia el Pacífico y hacia el continente americano, respectivamente, y también para Gran Bretaña, cuyo interés fundamental seguía estando en su imperio y en su poder naval, aunque fuera demasiado débil para mantenerlos. Los países de Europa oriental se veían aprisionados entre Alemania y Rusia, y ese fue el factor que determinó su política, especialmente cuando las potencias occidentales se mostraron incapaces de protegerlos. Varios de ellos habían conseguido territorios rusos después de 1917 y, aunque eran hostiles a Alemania, se resistieron a formar parte de una alianza antigermana que habría permitido que las fuerzas rusas volvieran a sus territorios. Ahora bien, la segunda guerra mundial pondría en evidencia que, para ser eficaz, cualquier alianza antifascista debía incluir a la URSS. Los aspectos económicos también tenían su importancia, pues países como Gran Bretaña, conscientes de que en la primera guerra mundial habían ido más allá de sus posibilidades económicas reales, vacilaban ante el coste que entrañaba el rearme. En suma, una cosa era reconocer que las potencias del Eje constituían un grave peligro y otra muy distinta hacer algo para conjurarlo.

La democracia liberal (que por definición no existía en el bando fascista o autoritario) no hizo sino favorecer esa actitud. Retrasó o impidió las decisiones políticas, particularmente en Estados Unidos, e hizo difícil, y a veces imposible, adoptar medidas impopulares. Es cierto que esto sirvió de pretexto a algunos gobiernos para justificar su apatía, pero el caso de los Estados Unidos muestra que incluso un presidente fuerte y popular como F. D. Roosevelt se vio imposibilitado de llevar adelante su política exterior antifascista contra la opinión del electorado. De no haber ocurrido el episodio de Pearl Harbour y la declaración de guerra de Hitler, es casi seguro que Estados Unidos habría permanecido al margen de la segunda guerra mundial. No está claro en qué circunstancias pudiera haber participado en ella, de otro modo.

Pero lo que debilitó la determinación de las principales democracias europeas, Francia y Gran Bretaña, no fueron tanto los mecanismos políticos de la democracia como el recuerdo de la primera guerra mundial. El dolor de esa herida lo sentían tanto los votantes como los gobiernos, porque su impacto había sido de extraordinarias proporciones y de carácter universal. Tanto para Francia como para Gran Bretaña las pérdidas humanas (aunque no materiales) fueron mucho mayores que las de la segunda guerra mundial (véase el capítulo I). Había que evitar a cualquier precio una nueva guerra de esas características. La guerra había de ser el último de los recursos de la política.

La repugnancia a hacer la guerra no debe confundirse con la negativa a luchar, aunque, sin duda, el trauma de 1914-1918 había de influir negativamente en la moral militar de los franceses, que habían sufrido más que ningún otro país beligerante. Nadie, ni siquiera los alemanes, participó de buena gana en la segunda guerra mundial. Por otra parte, el pacifismo a ultranza (de carácter no religioso), aunque muy popular en Gran Bretaña en los años treinta, no llegó a ser nunca un movimiento de masas y se desvaneció en 1940. Pese a la tolerancia que se mostró hacia los «objetores de conciencia» en la segunda guerra mundial, fueron pocos los que reivindicaron el derecho de negarse a luchar (Calvocoressi, 1987, p. 63).

En la izquierda no comunista, en la que el rechazo emocional de la guerra y del militarismo era más intenso de lo que había sido (en teoría) antes de 1914, la paz a cualquier precio era una posición minoritaria, incluso en Francia, que era donde tenía mayor fuerza. En Gran Bretaña, George Lansbury, un pacifista a quien el desastre electoral de 1931 situó al frente del Partido Laborista, fue brutalmente desplazado de su puesto en 1935. A diferencia del gobierno del Frente Popular de 1936-1938 en Francia, encabezado por un socialista, al Partido Laborista británico podía criticársele no por su falta de firmeza frente a los agresores fascistas, sino por negarse a apoyar las medidas militares necesarias para hacer eficaz la resistencia, como el rearme y la movilización. Los mismos argumentos pueden utilizarse en el caso de los comunistas, que nunca tuvieron la tentación del pacifismo.

La izquierda estaba ante un dilema. Por una parte, la fuerza del antifascismo radicaba en que movilizaba a quienes temían la guerra: tanto los horrores del conflicto anterior como los que pudiera producir el siguiente. El hecho de que el fascismo significara la guerra era una buena razón para oponérsele. Por otra parte, la resistencia al fascismo no podía ser eficaz sin el recurso a las armas. Más aún, la esperanza de derribar a la Alemania nazi, e incluso a la Italia de Mussolini, mediante una actitud de firmeza colectiva, pero pacífica, se cimentaba en meras fantasías sobre Hitler y sobre las supuestas fuerzas de oposición interior en Alemania. En cualquier caso, quienes vivimos ese período *sabíamos* que habría una guerra, incluso mientras pergeñábamos proyectos poco plausibles para evitarla. *Creíamos* —el historiador puede recurrir también a sus recuerdos— que nos tocaría luchar, y probablemente morir en la siguiente guerra. Y, como antifascistas, no albergábamos duda alguna de que cuando llegara el momento no podríamos hacer otra cosa que luchar.

No obstante, no puede utilizarse el dilema político de la izquierda para explicar el fracaso de los gobiernos, entre otras razones porque los preparativos para la guerra no dependían de las resoluciones aprobadas (o rechazadas) en los congresos de los partidos ni del temor a los resultados de las elecciones. La «gran guerra» había dejado una huella indeleble en los gobiernos, en particular el francés y el británico. Francia había salido de ella desangrada y potencialmente más débil que la derrotada Alemania. Sin aliados, no podía hacer sombra a la renacida Alemania y los únicos países europeos interesados en aliarse con Francia —Polonia y los estados surgidos en el antiguo imperio de los Habsburgo— eran demasiado débiles para este propósito. Los franceses emplearon sus recursos en construir una línea de fortificaciones (la «línea Maginot», así llamada por el nombre de un ministro pronto olvidado) con la que esperaban disuadir a los atacantes alemanes ante la perspectiva de sufrir tan graves pérdidas como en Verdún (véase el capítulo I). Fuera de esto, sólo podían recurrir a Gran Bretaña y, desde 1933, a la URSS.

Los gobiernos británicos eran igualmente conscientes de su debilidad. Desde el punto de vista económico, no podían permitirse una nueva guerra y, desde el punto de vista estratégico, no tenían ya una flota capaz de actuar simultáneamente en los tres grandes océanos y en el Mediterráneo. Al mismo tiempo, lo que realmente les preocupaba no era el problema europeo, sino la forma de mantener unido, con unas fuerzas claramente insuficientes, un imperio mundial más extenso que nunca pero que estaba al borde de la descomposición.

Por consiguiente, los dos países se sabían demasiado débiles para defender el orden que había sido establecido en 1919 para su conveniencia. También sabían que ese orden era inestable e imposible de mantener. Ni el uno ni el otro tenían nada que ganar de una nueva guerra, y sí mucho que perder. La política más lógica era negociar con la revitalizada Alemania para alcanzar una situación más estable en Europa y para ello era necesario hacer concesiones al creciente poderío alemán. Lamentablemente, esa Alemania renacida era la de Adolf Hitler.

La llamada política de «apaciguamiento» ha tenido tan mala prensa desde 1939 que es necesario recordar cuán sensata la consideraban muchos políticos occidentales que no albergaban sentimientos viscerales antialemanes o que no eran antifascistas por principio. Eso era particularmente cierto en Gran Bretaña, donde los cambios en el mapa continental, sobre todo si ocurrían en «países distantes de los que sabemos muy poco» (Chamberlain sobre Checoslovaquia en 1938), no suscitaban una gran preocupación. (Lógicamente, los franceses se sentían más inquietos ante *cualquier* iniciativa que favoreciera a Alemania, porque antes o después se volvería contra ellos, pero Francia era débil.) No era difícil prever que una segunda guerra mundial arruinaría la economía de Gran Bretaña y le haría perder una gran parte de su imperio. En efecto, eso fue lo que ocurrió. Aunque era un precio que los socialistas, los comunistas, los movimientos de liberación colonial y el presidente F. D. Roosevelt estaban dispuestos a pagar por la derrota del fascismo, resultaba excesivo, conviene no olvidarlo, para los racionales imperialistas británicos.

Ahora bien, el compromiso y la negociación eran imposibles con la Alemania de Hitler, porque los objetivos políticos del nacionalsocialismo eran irracionales e ilimitados. La expansión y la agresión eran una parte consustancial del sistema, y salvo que se aceptara de entrada el dominio alemán, es decir, que se decidiera no resistir el avance nazi, la guerra era inevitable, antes o después. De ahí el papel central de la ideología en la definición de la política durante el decenio de 1930: si determinó los objetivos de la Alemania nazi, hizo imposible la *Realpolitik* en el bando opuesto. Los que sostenían que no se podía establecer un compromiso con Hitler, conclusión que dimanaba de una evaluación realista de la situación, lo hacían por razones nada pragmáticas. Consideraban que el fascismo era intolerable en principio y *a priori*, o (como en el caso de Winston Churchill) actuaban guiados por una idea igualmente apriorística de lo que su país y su imperio «defendían» y no podían sacrificar. En el caso de Winston Churchill, la paradoja reside en el hecho de que ese gran romántico, que se había equivocado en sus valoraciones políticas casi siempre desde 1914 —incluidos sus planteamientos de estrategia militar, de los que estaba tan orgulloso—, era realista en esa sola cuestión de Alemania.

Por su parte, los políticos realistas, partidarios del apaciguamiento, mostraban una falta total de realismo al evaluar la situación, incluso en 1938-1939, cuando cualquier observador atento comprendía ya que era imposible alcanzar un acuerdo negociado con Hitler. Eso explica la tragicomedia que se vivió durante los meses de marzo-septiembre de 1939, que desembocó en una guerra que nadie deseaba, en un momento y en un lugar que nadie (ni siquiera Alemania) quería y que dejó a Francia y Gran Bretaña sin saber qué era lo que, como beligerantes, debían hacer, hasta que fueron barridas por la *Blitzkrieg* de 1940. Pese a enfrentarse a una evidencia que no podían negar, los apaciguadores de Gran Bretaña y Francia no se decidieron a negociar seriamente con Stalin para concertar una alianza, sin la cual la guerra no podía ni posponerse ni ganarse, y sin la cual las garantías contra un ataque alemán que Neville Chamberlain había dado con cierta ligereza a los países de Europa oriental —sin ni siquiera consultar o *informar* a la URSS, por increíble que pueda parecer— eran papel mojado. Londres y París no deseaban la guerra. A lo sumo, estaban dispuestas a hacer una demostración de fuerza que sirviera como elemento de disuasión. No consiguieron impresionar a Hitler, ni tampoco a Stalin, cuyos negociadores pedían en vano propuestas para realizar operaciones estratégicas conjuntas en el Báltico. Cuando los ejércitos alemanes avanzaban hacia Polonia, el gobierno de Neville Chamberlain seguía dispuesto a negociar con Hitler, tal como éste había previsto (Watt, 1989, p. 215).

Hitler se equivocó en sus cálculos y los estados occidentales le declararon la guerra, no porque sus gobernantes la desearan, sino porque la política de Hitler desde el pacto de Munich minó la posición de los apaciguadores. Fue él quien movilizó contra el fascismo a las masas hasta entonces indecisas. La ocupación alemana de Checoslovaquia en marzo de 1939 fue el episodio que decidió a la opinión pública de Gran Bretaña a resistir al fascismo. A su vez, ello forzó la decisión del gobierno británico, hasta entonces remiso, y éste forzó a su vez al gobierno francés, al que no le quedó otra opción que alinearse junto a su único aliado efectivo. Por primera vez, la lucha contra la Alemania de Hitler no dividió, sino que unió a los británicos, aunque todavía sin consecuencias. Cuando los alemanes destruyeron Polonia de manera rápida e implacable y se repartieron sus despojos con Stalin, que se retiró a una neutralidad condenada a no durar, una «extraña guerra» sucedió en Occidente a una paz inviable.

Ningún tipo de *Realpolitik* puede explicar la actitud de los apaciguadores después del episodio de Munich. Una vez se hubo llegado a la conclusión de que la guerra era inminente —¿quién podía dudarlo en 1939?—, lo único que cabía hacer era prepararse para ella lo mejor posible, pero eso no se hizo.

Gran Bretaña no estaba dispuesta (ni siquiera la Gran Bretaña de Chamberlain) a aceptar una Europa dominada por Hitler antes de que eso ocurriera, aunque después del hundimiento de Francia hubo un serio apoyo para la idea de alcanzar una paz negociada, esto es, de aceptar la derrota. En cuanto a Francia, donde un pesimismo lindante con el derrotismo estaba más generalizado entre los políticos y en el ejército, el gobierno tampoco estaba dispuesto a ceder hasta que el ejército se hundió en junio de 1940. Su actitud era tibia porque ni se atrevían a seguir la lógica de la política de fuerza, ni las convicciones de los resistentes, para quienes *nada* era más importante que luchar contra el fascismo (encarnado en la Alemania de Hitler), ni las de los anticomunistas, que creían que «la derrota de Hitler significaría el hundimiento de los sistemas autoritarios que constituyen el principal baluarte contra la revolución comunista» (Thierry Maulnier, 1938, en Ory, 1976, p. 24). No es fácil discernir cuáles fueron los principios que impulsaron la actuación de estos políticos, ya que no estaban guiados tan sólo por el intelecto, sino por prejuicios, temores y esperanzas que nublaron su visión. Influyeron en ello los recuerdos de la primera guerra mundial y las dudas de unos hombres que consideraban que los sistemas políticos y las economías liberales se hallaban en una fase terminal; un estado de espíritu más propio del continente que de Gran Bretaña. Influyó también la incertidumbre de si, en tales circunstancias, los imprevisibles resultados de una política de resistencia bastaban para justificar los costos que podía entrañar. Después de todo, a juicio de una gran parte de los políticos británicos y franceses, lo más que se podía conseguir era preservar un *statu quo* insatisfactorio y probablemente insostenible. Y había además, al final de todo, la duda acerca de si, en caso de que fuera imposible mantener el *statu quo*, no era mejor el fascismo que la solución alternativa: la revolución social y el bolchevismo. Si sólo hubiera existido la versión italiana del fascismo, pocos políticos conservadores o moderados habrían vacilado. Incluso Winston Churchill era pro italiano. El problema residía en que no era a Mussolini sino a Hitler a quien se tenían que enfrentar. No deja de ser significativo que la principal esperanza de tantos gobiernos y diplomáticos de los años treinta fuera la estabilización de Europa llegando a algún tipo de acuerdo con Italia o, por lo menos, apartando a Mussolini de la alianza con su discípulo. Eso no fue posible, aunque Mussolini fue lo bastante realista como para conservar cierta libertad de acción, hasta que en junio de 1940 llegó a la conclusión —equivocada, pero comprensible— de que los alemanes habían triunfado, y se decidió a entrar en la guerra.

III

Así pues, las cuestiones debatidas en los años treinta, ya fueran dentro de los estados o entre ellos, eran de carácter transnacional. Ningún episodio ilustra mejor esta afirmación que la guerra civil española de 1936-1939, que se convirtió en la expresión suprema de este enfrentamiento global.

Visto desde hoy puede parecer sorprendente que ese conflicto movilizara *instantáneamente* las simpatías de la izquierda y la derecha, tanto en Europa como en América y, particularmente, entre los intelectuales del mundo occidental. España era una parte periférica de Europa y desde hacía mucho tiempo su historia había seguido un rumbo diferente de la del resto del continente, de la que la separaba la muralla de los Pirineos. Se había mantenido al margen de todas las guerras desde el tiempo de Napoleón y haría lo mismo en la segunda guerra mundial. Desde comienzos del siglo XIX los asuntos españoles habían interesado poco a los gobiernos europeos, si bien Estados Unidos provocó un breve conflicto con España en 1898 para despojarla de las últimas posesiones de su antiguo imperio mundial: Cuba, Puerto Rico y Filipinas.[4] De hecho, y contra lo que creía la generación a la que pertenece el autor, la guerra civil española no fue la primera fase de la segunda guerra mundial, y la victoria del general Franco —quien, como hemos visto, ni siquiera puede ser calificado de fascista— no tuvo importantes consecuencias generales. Sólo sirvió para mantener a España (y a Portugal) aislada del resto del mundo durante otros treinta años.

Pero no es casual que la política interna de ese país peculiar y aislado se convirtiera en el símbolo de una lucha global en los años treinta. Encarnaba las cuestiones políticas fundamentales de la época: por un lado, la democracia y la revolución social, siendo España el único país de Europa donde parecía a punto de estallar; por otro, la alianza de una contrarrevolución o reacción, inspirada por una Iglesia católica que rechazaba todo cuanto había ocurrido en el mundo desde Martín Lutero. Curiosamente, ni los partidos del comunismo moscovita, ni los de inspiración fascista tenían una presencia importante en España antes de la guerra civil, ya que allí se daba una situación anómala, con predominio de los anarquistas de ultraizquierda y de los carlistas de ultraderecha.[5]

Los liberales bienintencionados, anticlericales y masónicos al estilo decimonónico propio de los países latinos, que reemplazaron en el poder a los Borbones mediante una revolución pacífica en 1931, ni pudieron contener la agitación social de los más pobres, ni desactivarla mediante reformas sociales efectivas (especialmente agrarias). En 1933 fueron sustituidos por unos gobernantes conservadores cuya política de represión de las agitaciones y las insurrecciones locales, como el levantamiento de los mineros de Asturias en 1934, contribuyó a aumentar la presión revolucionaria. Fue en esa época cuando la izquierda española descubrió la fórmula frentepopulista de la Comintern, a la que se le instaba desde la vecina Francia. La idea de que

4. España mantenía cierta presencia en Marruecos, disputada por las belicosas tribus beréberes locales, que también proporcionaban al ejército español unas temibles unidades de combate, y conservaba algunos territorios africanos más al sur, olvidados por todos.

5. El carlismo era un movimiento profundamente monárquico y ultratradicionalista con un fuerte componente agrario, asentado principalmente en Navarra. Los carlistas protagonizaron dos guerras civiles en la década de 1830 y en la de 1870 en apoyo de una rama de la familia real española.

todos los partidos constituyeran un único frente electoral contra la derecha fue bien recibida por una izquierda que no sabía muy bien qué rumbo seguir. Incluso los anarquistas, que tenían en España su último bastión de masas, pidieron a sus seguidores que practicaran el vicio burgués de votar en unas elecciones, que hasta entonces habían rechazado como algo indigno de un revolucionario genuino, aunque ningún anarquista se rebajó hasta el punto de presentarse como candidato. En febrero de 1936 el Frente Popular triunfó en las elecciones por una pequeña mayoría y, gracias a su coordinación, consiguió una importante mayoría de escaños en las Cortes. Esa victoria no fue tanto la ocasión de instaurar un gobierno eficaz de la izquierda como una fisura a través de la cual comenzó a derramarse la lava acumulada del descontento social. Eso se hizo patente durante los meses siguientes.

En ese momento, fracasada la política ortodoxa de la derecha, España retornó a la fórmula política que había sido el primer país en practicar y que se había convertido en uno de sus rasgos característicos: el pronunciamiento o golpe militar. Pero de la misma forma que la izquierda española importó del otro lado de sus fronteras el frentepopulismo, la derecha española se aproximó a las potencias fascistas. Ello no se hizo a través del pequeño movimiento fascista local, la Falange, sino de la Iglesia y los monárquicos, que no veían diferencias entre los liberales y los comunistas, ambos ateos, y que rechazaban la posibilidad de llegar a un compromiso con cualquiera de los dos. Italia y Alemania esperaban obtener algún beneficio moral, y tal vez político, de una victoria de la derecha. Los generales españoles que comenzaron a planear cuidadosamente un golpe después de las elecciones necesitaban apoyo económico y ayuda práctica, que negociaron con Italia.

Pero los momentos de victoria democrática y de movilización de las masas no son ideales para los golpes militares, que para su éxito necesitan que la población civil, y por supuesto los sectores no comprometidos de las fuerzas armadas, acepten sus consignas, de la misma manera que los golpistas cuyas consignas no son aceptadas reconocen tranquilamente su fracaso. El pronunciamiento clásico tiene más posibilidades de éxito cuando las masas están en retroceso o los gobiernos han perdido legitimidad. Esas condiciones no se daban en España. El golpe de los generales del 18 de julio de 1936 triunfó en algunas ciudades y encontró una encarnizada resistencia por parte de la población y de las fuerzas leales en otras. No consiguió tomar las dos ciudades principales de España, Barcelona y la capital, Madrid. Así pues, precipitó en algunas zonas la revolución social que pretendía evitar y desencadenó en todo el país una larga guerra civil entre el gobierno legítimo de la República (elegido en la debida forma y que se amplió para incluir a los socialistas, comunistas e incluso algunos anarquistas, pero que coexistía difícilmente con las fuerzas de la rebelión de masas que habían hecho fracasar el golpe) y los generales insurgentes que se presentaban como cruzados nacionalistas en lucha contra el comunismo. El más joven de los generales, y también el más hábil políticamente, Francisco Franco y Bahamonde (1892-1975), se convirtió en el líder de un nuevo régimen, que en el curso de la guerra pasó a convertirse en un estado autoritario, con un partido único, un conglomerado de derechas en el que tenían cabida desde el fascismo hasta los viejos ultras monárquicos y carlistas, conocido con el absurdo nombre de Falange Española Tradicionalista. Pero los dos bandos enfrentados en la guerra civil necesitaban apoyo y ambos hicieron un llamamiento a quienes podían prestárselo.

La reacción de la opinión antifascista ante el levantamiento de los generales fue inmediata y espontánea, no así la de los gobiernos no fascistas, mucho más cauta, incluso cuando, como la URSS y el gobierno del Frente Popular dirigido por los socialistas que acababa de ascender al poder en Francia, estaban decididamente a favor de la República. (Italia y Alemania enviaron inmediatamente armas y hombres a las fuerzas afines.) Francia, deseosa de ayudar, prestó cierta asistencia a la República (oficialmente «denegable»), hasta que se vio presionada a adoptar una política de «no intervención», tanto por sus divisiones internas como por el gobierno británico, profundamente hostil hacia lo que consideraba el avance de la revolución social y del bolchevismo en la península ibérica. En general, la opinión conservadora y las capas medias de los países occidentales compartían esa actitud, aunque (con la excepción de la Iglesia católica y los elementos pro fascistas) no se identificaban con los generales rebeldes. Rusia, aunque se situó claramente del lado republicano, aceptó también el acuerdo de no intervención patrocinado por los británicos, cuyo propósito —impedir que alemanes e italianos ayudaran a los generales— nadie esperaba, o deseaba, alcanzar y que por consiguiente «osciló entre la equivocación y la hipocresía» (Thomas, 1977, p. 395). Desde septiembre de 1936, Rusia no dejó de enviar hombres y material para apoyar a la República, aunque no abiertamente. La no intervención, que significó simplemente que Gran Bretaña y Francia se negaron a responder a la intervención masiva de las potencias del Eje en España, abandonando así a la República, confirmó tanto a los fascistas como a los antifascistas en su desprecio hacia quienes la propugnaron. Sirvió también para reforzar el prestigio de la URSS, única potencia que ayudó al gobierno legítimo de España, y de los comunistas dentro y fuera del país, no sólo porque organizaron esa ayuda en el plano internacional, sino también porque pronto se convirtieron en la pieza esencial del esfuerzo militar de la República.

Pero aun antes de que los soviéticos movilizaran sus recursos, todo el segmento comprendido entre los liberales y el sector más extremo de la izquierda hizo suya la lucha española. Como escribió el mejor poeta británico de la década, W. H. Auden:

> En ese árido cuadrado, en ese fragmento desgajado de la cálida
> África, tan toscamente unido a la ingeniosa Europa;
> en esa meseta surcada por ríos,
> nuestros pensamientos tienen cuerpos; las sombras amenazadoras de nuestra fiebre
> son precisas y vivas.

Lo que es más: en España y sólo en ella, los hombres y mujeres que se opusieron con las armas al avance de la derecha frenaron el interminable y desmoralizador retroceso de la izquierda. Antes incluso de que la Internacional Comunista comenzara a organizar las Brigadas Internacionales (cuyos primeros contingentes llegaron a su destino a mediados de octubre), antes incluso de que las primeras columnas organizadas de voluntarios aparecieran en el frente (las constituidas por el movimiento liberal-socialista italiano Giustizia e Libertà), ya había un buen número de voluntarios extranjeros luchando por la República. En total, más de cuarenta mil jóvenes extranjeros procedentes de más de cincuenta naciones[6] fueron a luchar, y muchos de ellos a morir, en un país del que probablemente sólo conocían la configuración que habían visto en un atlas escolar. Es significativo que en el bando de Franco no lucharan más de un millar de voluntarios (Thomas, 1977, p. 980). Para conocimiento de los lectores que han crecido en la atmósfera moral de finales del siglo XX, hay que añadir que no eran mercenarios ni, salvo en casos contados, aventureros. Fueron a luchar por una causa.

Es difícil recordar ahora lo que significaba España para los liberales y para los hombres de izquierda de los años treinta, aunque para muchos de los que hemos sobrevivido es la única causa política que, incluso retrospectivamente, nos parece tan pura y convincente como en 1936. Ahora, incluso en España, parece un episodio de la prehistoria, pero en aquel momento, a quienes luchaban contra el fascismo les parecía el frente central de su batalla, porque era el único en el que la acción no se interrumpió durante dos años y medio, el único en el que podían participar como individuos, si no como soldados, recaudando dinero, ayudando a los refugiados y realizando interminables campañas para presionar a nuestros cobardes gobiernos. Al mismo tiempo, el avance gradual, pero aparentemente irresistible, del bando nacionalista hacía más desesperadamente urgente la necesidad de forjar una unión contra el fascismo mundial.

La República española, a pesar de todas nuestras simpatías y de la (insuficiente) ayuda que recibió, entabló desde el principio una guerra de resistencia a la derrota. Retrospectivamente, no hay duda de que la causa de ello fue su propia debilidad. A pesar de todo su heroísmo, la guerra republicana de 1936-1939 sale mal parada en la comparación con otras guerras, vencidas o perdidas, del siglo XX. La causa estriba, en parte, en el hecho de que no se practicara decididamente la guerra de guerrillas —arma poderosa cuando hay que enfrentarse a unas fuerzas convencionales superiores—, lo que resulta extraño en el país que dio el nombre a esa forma irregular de lucha. Mientras los nacionalistas tenían una dirección militar y política única, la República

6. Había aproximadamente 10.000 franceses, 5.000 alemanes y austriacos, 5.000 polacos y ucranianos, 3.350 italianos, 2.800 estadounidenses, 2.000 británicos, 1.500 yugoslavos, 1.500 checos, 1.000 húngaros, 1.000 escandinavos y un número indeterminado procedente de otros países. Los 2.000-3.000 rusos no pueden ser clasificados como voluntarios. Según se afirmaba, entre ellos había unos 7.000 judíos (Thomas, 1977, pp. 982-984; Paucker, 1991, p. 15).

estaba dividida políticamente y, a pesar de la contribución comunista, cuando consiguió, por fin, dotarse de una organización militar y un mando estratégico únicos, ya era demasiado tarde. A lo máximo que podía aspirar era a rechazar algunas ofensivas del bando enemigo que podían resultar definitivas, lo cual prolongó una guerra que podía haber terminado en noviembre de 1936 con la ocupación de Madrid.

La guerra civil española no era un buen presagio para la derrota del fascismo. Desde el punto de vista internacional fue una versión en miniatura de una guerra europea en la que se enfrentaron un estado fascista y otro comunista, este último mucho más cauto y menos decidido que el primero. En cuanto a las democracias occidentales, su no participación en el conflicto fue la única decisión sobre la que nunca albergaron duda alguna. En el frente interno, la derecha se movilizó con mucho más éxito que la izquierda, que fue totalmente derrotada. El conflicto se saldó con varios centenares de miles de muertos y un número similar de refugiados —entre ellos la mayor parte de los intelectuales y artistas de España, que, con raras excepciones, se habían alineado con la República— que se trasladaron a cualquier país dispuesto a recibirlos. La Internacional Comunista había puesto sus mejores talentos a disposición de la República española. El futuro mariscal Tito, liberador y líder de la Yugoslavia comunista, organizó en París el reclutamiento para las Brigadas Internacionales; Palmiro Togliatti, el dirigente comunista italiano, fue quien realmente dirigió el inexperto Partido Comunista español, y uno de los últimos en escapar del país en 1939. Pero la Internacional Comunista fracasó, como bien sabían sus miembros, al igual que la Unión Soviética, que envió a España algunos de sus mejores estrategas militares (los futuros mariscales Konev, Malinovsky, Voronov y Rokossovsky, y el futuro comandante de la flota soviética, almirante Kuznetsov).

IV

Sin embargo, la guerra civil española anticipó y preparó la estructura de las fuerzas que pocos años después de la victoria de Franco destruirían al fascismo. Prefiguró la que iba a ser la estrategia política de la segunda guerra mundial: la singular alianza de frentes nacionales de los que formaban parte desde los conservadores patriotas a los revolucionarios sociales, unidos para derrotar al enemigo de la nación y, simultáneamente, conseguir la regeneración social. Para los vencedores, la segunda guerra mundial no fue sólo una lucha por la victoria militar sino, incluso en Gran Bretaña y Estados Unidos, para conseguir una sociedad mejor. Mientras que al finalizar la primera guerra mundial muchos políticos habían manifestado su esperanza de volver al mundo de 1913, al concluir la segunda nadie soñaba con un retorno a la situación de 1939, ni a la de 1928 o 1918. En Gran Bretaña, el gobierno de Winston Churchill, inmerso en una guerra desesperada, adoptó las medidas necesarias para conseguir el pleno empleo y poner en marcha el estado del bienestar. No fue fruto de la coincidencia que en 1942, año realmente negro en la guerra que libraba Gran Bretaña, se publicara el informe Beveridge, que recomendaba ese tipo de actuación. Los planes estadounidenses de la posguerra sólo se ocuparon marginalmente del problema de evitar que pudiera surgir un nuevo Hitler y dedicaron el mayor esfuerzo a extraer las enseñanzas adecuadas de la Gran Depresión y de los acontecimientos de los años treinta, para que no volvieran a repetirse. En cuanto a los movimientos de resistencia de los países derrotados y ocupados por el Eje, no hace falta decir que la liberación conllevó la revolución social o, cuando menos, un importante proceso de cambio. Además, en todos los países europeos que habían sido ocupados, tanto en el oeste como en el este, se formó, después de la victoria, el mismo tipo de gobierno de unidad nacional con participación de todas las fuerzas que se habían opuesto al fascismo, sin distinciones ideológicas. Por primera y única vez en la historia hubo en el mismo gabinete ministros comunistas, conservadores, liberales o socialdemócratas, aunque es cierto que esa situación no duró mucho tiempo.

Aunque les había unido una amenaza común, esa sorprendente identificación de opuestos, Roosevelt y Stalin, Churchill y los socialistas británicos, De Gaulle y los comunistas franceses, habría sido imposible si no se hubieran suavizado la hostilidad y la desconfianza mutuas entre los defensores y los enemigos de la revolución de octubre. La guerra civil española lo hizo mucho más fácil. Ni siquiera los gobiernos antirrevolucionarios podían olvidar que la República española, con un presidente y un primer ministro liberales, tenía toda la legitimidad constitucional y moral para solicitar ayuda contra los generales insurgentes. Incluso los políticos demócratas que por temor la habían traicionado tenían mala conciencia. Tanto el gobierno español como los comunistas, que adquirieron en él una posición cada vez más influyente, habían insistido en que su objetivo no era la revolución social y, provocando el estupor de los revolucionarios más entusiastas, habían hecho todo lo posible para controlarla e impedirla. Ambos habían insistido en que lo que estaba en juego no era la revolución sino la defensa de la democracia.

Lo importante es que esa actitud no era oportunista ni suponía una traición a la revolución, como creían los puristas de la extrema izquierda. Reflejaba una evolución deliberada del método insurreccional y del enfrentamiento al gradualismo, la negociación e incluso la vía parlamentaria de acceso al poder. A la luz de la reacción del pueblo español ante el golpe militar, que fue indudablemente revolucionaria,[7] los comunistas pudieron advertir que una táctica defensiva, impuesta por la situación desesperada de su movimiento tras la subida de Hitler al poder, abría perspectivas de progreso, esto es, de una «democracia de un nuevo tipo», surgida de los imperativos de la política y la

7. En palabras de la Comintern, la revolución española fue «una parte integral de la lucha antifascista que se sustenta en la más amplia base social. Es una revolución popular. Es una revolución nacional. Es una revolución antifascista» (Ercoli, octubre de 1936, citado en Hobsbawm, 1986, p. 175).

economía del período de guerra. Los terratenientes y capitalistas que apoyaran a los rebeldes perderían sus propiedades, pero no por su condición de terratenientes y de capitalistas, sino por traidores. El gobierno tendría que planificar y asumir la dirección de la economía, no por razones ideológicas sino por la lógica de la economía de guerra. Por consiguiente, si resultaba victoriosa, «esa democracia de nuevo tipo necesariamente ha de ser enemiga del espíritu conservador ... Constituye una garantía de nuevas conquistas económicas y políticas por parte de los trabajadores españoles» (*ibid.*, p. 176).

El panfleto distribuido por la Comintern en octubre de 1936 describía, pues, con notable precisión la estrategia política que se adoptaría en la guerra antifascista de 1939-1945. Durante la guerra, que protagonizarían en Europa gobiernos «populares» o de «frentes nacionales», o coaliciones de resistencia, la economía estaría dirigida por el estado y el conflicto terminaría en los territorios ocupados con grandes avances del sector público, como consecuencia de la expropiación de los capitalistas, no por su condición de tales sino por ser alemanes o por haber colaborado con ellos. En varios países de Europa central y oriental el proceso llevó directamente del antifascismo a una «nueva democracia» dominada primero, y luego sofocada, por los comunistas, pero hasta el comienzo de la guerra fría los objetivos que perseguían esos regímenes de posguerra *no* eran ni la implantación inmediata de sistemas socialistas ni la abolición del pluralismo político y de la propiedad privada.[8] En los países occidentales, las consecuencias sociales y económicas de la guerra y la liberación no fueron muy distintas, aunque sí lo era la coyuntura política. Se acometieron reformas sociales y económicas, no como consecuencia de la presión de las masas y del miedo a la revolución, como había ocurrido tras la primera guerra mundial, sino porque figuraban entre los principios que sustentaban los gobiernos, formados algunos de ellos por reformistas de viejo cuño, como los demócratas en los Estados Unidos o el Partido Laborista que ascendió al poder en Gran Bretaña, y otros por partidos reformistas y de reconstitución nacional surgidos directamente de los diferentes movimientos de resistencia antifascista. En definitiva, la lógica de la guerra antifascista conducía hacia la izquierda.

V

En 1936, y todavía más en 1939, esas implicaciones de la guerra civil española parecían remotas e irreales. Tras casi una década de lo que parecía el fracaso total de la estrategia de unidad antifascista de la Comintern, Stalin la suprimió de su programa, al menos por el momento, y no sólo alcanzó un entendimiento con Hitler (aunque ambos sabían que duraría poco) sino

8. En momento tan tardío como en la conferencia de constitución de la nueva Oficina de Información Comunista (Cominform), ya durante la guerra fría, el delegado búlgaro Vlko Tchervenkov describía en esos términos las perspectivas de su país (Reale, 1954, pp. 66-67 y 73-74).

que dio instrucciones para que el movimiento internacional abandonara la estrategia antifascista, decisión absurda que tal vez se explica por su aversión a correr riesgos, por mínimos que fueran.[9] En 1941 se puso en evidencia que la estrategia de la Comintern era acertada, pues cuando Alemania invadió la URSS y provocó la entrada de Estados Unidos en la guerra, convirtiendo la lucha contra el fascismo en un conflicto mundial, la guerra pasó a ser tanto política como militar. En el plano internacional se tradujo en la alianza entre el capitalismo de los Estados Unidos y el comunismo de la Unión Soviética, y en cada uno de los países de Europa —pero no en el mundo entonces dependiente del imperialismo occidental— aspiró a unir a cuantos estaban decididos a resistir a Alemania e Italia, esto es, a constituir una coalición de todo el espectro político para organizar la resistencia. Dado que toda la Europa beligerante, con excepción de Gran Bretaña, estaba ocupada por las potencias del Eje, el protagonismo de esa guerra de resistencia recayó en la población civil, o en fuerzas armadas constituidas por antiguos civiles, que no eran reconocidas como tales por los ejércitos alemán e italiano: una cruenta lucha de partisanos, que imponía opciones políticas a todos.

La historia de los movimientos europeos de resistencia es en gran medida mitológica, pues (salvo, en cierta medida, en Alemania) la legitimidad de los regímenes y gobiernos de posguerra se cimentó fundamentalmente en su participación en la resistencia. Francia es el caso extremo, porque en ese país no existió una continuidad real entre los gobiernos posteriores a la liberación y el de 1940, que había firmado la paz y había colaborado con los alemanes, y porque la resistencia armada organizada apenas tuvo importancia hasta 1944 y obtuvo escaso apoyo popular. La Francia de la posguerra fue reconstruida por el general De Gaulle sobre la base del mito de que la Francia eterna nunca había aceptado la derrota. Como afirmó el mismo De Gaulle, «la resistencia fue un engaño que tuvo éxito» (Gillois, 1973, p. 164). El hecho de que en los monumentos a los caídos sólo se rinda homenaje a los miembros de la resistencia y a los que lucharon en las fuerzas mandadas por De Gaulle es fruto de una decisión política. Sin embargo, Francia no es el único país en el que el estado se cimentó en la mística de la resistencia.

Es necesario hacer dos matizaciones respecto a estos movimientos europeos de resistencia. Ante todo que, con la posible excepción de Rusia, su importancia militar, hasta el momento en que Italia abandonó las hostilidades en 1943, fue mínima y no resultó decisiva en ningún sitio, salvo tal vez en algunas zonas de los Balcanes. Hay que insistir en que tuvieron ante todo una importancia política y moral. Así en Italia, después de veinte años de fascismo, que había tenido un apoyo popular importante, incluso de los intelectuales, la vida pública fue transformada por la gran movilización de la resistencia en 1943-1945, en la que destaca el movimiento partisano armado de la

9. Tal vez temía que si los comunistas participaban decididamente en una guerra antifascista iniciada por Gran Bretaña o Francia, Hitler pudiera interpretarlo como un signo de mala fe y que le sirviera de pretexto para atacarle.

zona central y septentrional del país, con más de 100.000 combatientes, de los que murieron 45.000 (Bocca, 1966, pp. 297-302, 385-389 y 569-570; Pavone, 1991, p. 413). Esto permitió a los italianos superar sin mala conciencia la era mussoliniana. En cambio, los alemanes no pudieron distanciarse del período nazi de 1933-1945 porque apoyaron firmemente a su gobierno hasta el final. Los miembros de la resistencia interna, una minoría formada por militantes comunistas, militares conservadores prusianos y disidentes religiosos y liberales, habían muerto o volvían de los campos de concentración. A la inversa, a partir de 1945 el apoyo al fascismo o el colaboracionismo con el ocupante dejaron fuera de la vida pública durante una generación a quienes los habían practicado. No obstante, la guerra fría contra el comunismo ofreció a estas personas no pocas oportunidades de empleo en las operaciones militares y de inteligencia clandestinas de los países occidentales.[10]

La segunda observación acerca de los movimientos de resistencia es que, por razones obvias —aunque con una notable excepción en el caso de Polonia—, se orientaban políticamente hacia la izquierda. En todos los países, los fascistas, la derecha radical, los conservadores, los sectores más pudientes y todos aquellos cuyo principal temor era la revolución social, simpatizaban con los alemanes, o cuando menos no se oponían a ellos. Lo mismo cabe decir de algunos movimientos regionalistas o nacionalistas minoritarios, que siempre habían estado en la derecha ideológica y que esperaban obtener algún beneficio de su colaboración. Tal es el caso especialmente del nacionalismo flamenco, eslovaco y croata. Muy parecida fue la actitud del sector de la Iglesia católica del que formaban parte los anticomunistas más intransigentes. Ahora bien, la posición política de la Iglesia era demasiado compleja como para poderla calificar simplemente de «colaboracionista» en ninguna parte. De lo dicho se desprende que los elementos de la derecha política que participaron en la resistencia eran realmente atípicos en el grupo al que pertenecían. Winston Churchill y el general De Gaulle no eran exponentes típicos de sus familias ideológicas, aunque es cierto que para más de un tradicionalista visceral de derechas con instintos militaristas, el patriotismo que no defendía la patria era simplemente impensable.

Esto explica, si es que necesita ser explicado, el considerable predominio de los comunistas en los movimientos de resistencia y el enorme avance polí-

10. El grupo secreto armado de orientación anticomunista, que, desde que su existencia fuera revelada por un político italiano en 1990, se conoció con el nombre de *Gladio* (la espada), se creó en 1949 para prolongar la resistencia interna en varios países europeos tras la ocupación soviética, si ésta llegaba a producirse. Sus miembros eran armados y pagados por los Estados Unidos, entrenados por la CIA y por fuerzas secretas y especiales británicas, y su existencia se ocultó a los gobiernos en cuyos territorios operaban, con la excepción de un número muy limitado de personas. En Italia, y tal vez también en otras partes, estaba constituido originalmente por fascistas que las potencias del Eje habían dejado como núcleo de resistencia y que luego fueron revalorizados por su condición de fanáticos anticomunistas. En los años setenta, cuando se disipó el temor de una invasión del ejército rojo, incluso en el seno del servicio secreto norteamericano, los «gladiadores» encontraron un nuevo campo de actividad como terroristas de derechas, en ocasiones haciéndose pasar por terroristas de izquierdas.

tico que consiguieron durante la guerra. Gracias a ello, los movimientos comunistas europeos alcanzaron su mayor influencia en 1945-1947. La excepción la constituye Alemania, donde los comunistas no se recuperaron de la brutal decapitación que habían sufrido en 1933 y de los heroicos pero suicidas intentos de resistencia que protagonizaron durante los tres años siguientes. Incluso en países como Bélgica, Dinamarca y los Países Bajos, alejados de cualquier perspectiva de revolución social, los partidos comunistas aglutinaban el 10-12 por 100 de los votos, mucho más de lo que nunca habían conseguido, lo que les convertía en el tercer o cuarto grupo más importante en los parlamentos nacionales. En Francia fueron el partido más votado en las elecciones de 1945, en las que por primera vez quedaron por delante de sus viejos rivales socialistas. Sus resultados fueron aún más sorprendentes en Italia. El Partido Comunista italiano, que antes de la guerra era un pequeño partido acosado, con poca implantación y clandestino —de hecho la Comintern amenazó con su disolución en 1938—, había pasado a ser, después de dos años de resistencia, un partido de masas con 800.000 afiliados, que muy poco después (1946) llegarían a ser casi dos millones. En los países donde el principal elemento en la guerra contra las potencias del Eje había sido la resistencia interna armada —Yugoslavia, Albania y Grecia—, las fuerzas partisanas estaban dominadas por los comunistas, hasta el punto de que el gobierno británico de Churchill, que no albergaba la menor simpatía hacia el comunismo, trasladó su apoyo y su ayuda del monárquico Mihailovic al comunista Tito, cuando se hizo patente que el segundo era mucho más peligroso que el primero para los alemanes.

Los comunistas participaron en los movimientos de resistencia no sólo porque la estructura del «partido de vanguardia» de Lenin había sido pensada para conseguir unos cuadros disciplinados y desinteresados, cuyo objetivo era la acción eficiente, sino porque esos núcleos de «revolucionarios profesionales» habían sido creados precisamente para situaciones extremas como la ilegalidad, la represión y la guerra. De hecho, «eran los únicos que habían previsto la posibilidad de desencadenar una guerra de resistencia» (M. R. D. Foot, 1976, p. 84). En ese sentido, eran diferentes de los partidos socialistas de masas, que no podían actuar fuera de la legalidad —elecciones, mítines, etc.—, que definía y determinaba sus acciones. Ante la conquista fascista o la ocupación alemana, los partidos socialdemócratas tendieron a quedar en hibernación, de la que en el mejor de los casos emergieron, como en Alemania y Austria, al terminar el período fascista, conservando a la mayor parte de sus seguidores y dispuestos a reanudar la actividad política. Aunque participaron en los movimientos de resistencia, hubo razones estructurales por las cuales tuvieron poco peso en ellos. En el caso extremo de Dinamarca, cuando Alemania ocupó el país estaba en el poder el Partido Socialdemócrata, que *permaneció en el poder* durante toda la guerra, pese a que presumiblemente no sentía simpatía alguna hacia los nazis. (Tardaría varios años en recuperarse de las consecuencias de ese hecho.)

Dos rasgos adicionales, su internacionalismo y la convicción apasionada con la que dedicaban sus vidas a la causa (véase el capítulo II), ayudaron a los comunistas a alcanzar una posición preeminente en la resistencia. Gracias al primero pudieron movilizar a los hombres y mujeres más inclinados a responder a un llamamiento antifascista que a una causa patriótica. Así ocurrió en Francia, donde los refugiados de la guerra civil española fueron el núcleo mayoritario de la resistencia armada en el suroeste del país —unos 12.000 miembros antes del día D (Pons Prades, 1975, p. 66)— y donde los refugiados y trabajadores inmigrantes de 17 naciones realizaron, bajo la sigla MOI (Main d'Oeuvre Immigrée), algunas de las acciones más arriesgadas que llevó a cabo el partido, como el ataque del grupo Manouchian (armenios y judíos polacos) contra los oficiales alemanes en París.[11] El segundo de esos rasgos generó esa mezcla de valentía, espíritu de sacrificio y determinación implacable que impresionaba incluso a sus enemigos y que tan vívidamente refleja ese compendio de sinceridad que es la obra del yugoslavo Milovan Djilas *Tiempo de guerra* (Djilas, 1977). A juicio de un historiador de talante político moderado, los comunistas se contaban «entre los más valientes de los valientes» (Foot, 1976, p. 86) y aunque su disciplinada organización aumentaba sus posibilidades de supervivencia en las prisiones y en los campos de concentración, sufrieron bajas muy cuantiosas. El recelo que suscitaba el Partido Comunista francés, cuya dirección era contestada incluso por otros comunistas, no desmentía su afirmación de ser *le parti des fusillés*, con casi 15.000 militantes ejecutados por el enemigo (Jean Touchard, 1977, p. 258). No es sorprendente que tuviera una gran ascendencia sobre los hombres y mujeres más valientes, especialmente los jóvenes, y sobre todo en países como Francia o Checoslovaquia, en los que la resistencia activa no había encontrado un apoyo masivo. Ejercían también un fuerte atractivo sobre los intelectuales, el sector que más rápidamente se movilizó bajo el estandarte del antifascismo y que fue el núcleo central de las organizaciones de resistencia no partidistas, pero de izquierdas en un sentido amplio. Tanto la devoción de los intelectuales franceses hacia el marxismo como el dominio de la cultura italiana por personajes vinculados al Partido Comunista, que se prolongaron durante una generación, fueron un corolario de la resistencia. Todos los intelectuales, tanto los que participaron directamente en la resistencia (como Einaudi, el destacado editor del período de posguerra que afirma con orgullo que *todos* los miembros de su empresa lucharon como partisanos), como los que se hicieron simpatizantes de los comunistas porque ellos o sus familias *no* habían sido miembros de la resistencia —es posible incluso que hubieran pertenecido al bando opuesto—, sintieron una fuerte atracción hacia el partido.

Los comunistas no trataron de establecer regímenes revolucionarios, excepto en las zonas de los Balcanes dominadas por la guerrilla. Es cierto

11. Un amigo del autor, que llegó a ser el segundo de a bordo de la MOI, a las órdenes del checo Artur London, era un judío austriaco de origen polaco, cuya labor en el movimiento de resistencia consistía en organizar propaganda antinazi entre las tropas alemanas en Francia.

que al oeste de Trieste no habrían podido hacerlo aunque lo hubieran deseado, pero también lo es que la URSS, hacia la que los partidos comunistas mostraban una lealtad total, desalentó con firmeza los intentos unilaterales de conseguir el poder. De hecho, las revoluciones comunistas que se llevaron a cabo (en Yugoslavia, Albania y luego China) se realizaron *contra* la opinión de Stalin. El punto de vista soviético era que, tanto a escala internacional como dentro de cada país, la política de la posguerra tenía que seguir desarrollándose en el marco de la alianza antifascista global, es decir, el objetivo perseguido era la coexistencia a largo plazo, o más bien la simbiosis de los sistemas capitalista y comunista, de modo que los cambios sociales y políticos tendrían que surgir de las transformaciones registradas en las «democracias de nuevo tipo» que emergerían de las coaliciones establecidas durante la guerra. Esa hipótesis optimista no tardó en desvanecerse en la noche de la guerra fría, hasta tal punto que muy pocos recuerdan que Stalin instó a los comunistas yugoslavos a sostener la monarquía o que en 1945 los comunistas británicos se opusieron a la ruptura de la coalición que habían establecido con Churchill durante la guerra; es decir, a la campaña electoral que llevaría a los laboristas al poder. No hay duda de que Stalin era sincero cuando hacía esos planteamientos e intentó demostrarlo disolviendo la Comintern en 1943 y el Partido Comunista de Estados Unidos en 1944.

La decisión de Stalin, expresada en las palabras de un dirigente comunista norteamericano de «que no plantearemos la cuestión del socialismo de forma que ponga en peligro o debilite ... la unidad» (Browder, 1944, en J. Starobin, 1972, p. 57), ponía en claro sus intenciones. Por razones prácticas, como reconocieron los revolucionarios disidentes, significaba un adiós definitivo a la revolución mundial. El socialismo quedaría limitado a la URSS y al territorio que se le asignara en la negociación diplomática como zona de influencia, es decir, básicamente al que ocupaba el ejército rojo al finalizar la guerra. Pero incluso dentro de esa zona de influencia sería un vago proyecto de futuro más que un programa inmediato para la consecución de nuevas «democracias populares». El devenir histórico, que no tiene en cuenta las intenciones políticas, tomó otra dirección, excepto en un aspecto. La división del mundo, o de una gran parte del mismo, en dos zonas de influencia que se negoció en 1944-1945 pervivió. Durante treinta años ninguno de los dos bandos traspasó la línea de demarcación fijada, excepto en momentos puntuales. Ambos renunciaron al enfrentamiento abierto, garantizando así que la guerra fría nunca llegaría a ser una guerra caliente.

VI

El efímero sueño de Stalin acerca de la cooperación soviético-estadounidense en la posguerra no fortaleció la alianza del capitalismo liberal y del comunismo contra el fascismo. Más bien demostró su fuerza y amplitud. Es cierto que se trataba de una alianza contra una amenaza militar y que nunca habría llegado a existir de no haber sido por las agresiones de la Alemania nazi, que culminaron en la invasión de la URSS y en la declaración de guerra contra Estados Unidos. Sin embargo, la misma naturaleza de la guerra confirmó la percepción que se tenía en 1936 de las implicaciones de la guerra civil española: que la movilización militar y civil y el cambio social estaban asociados. En el bando aliado —más que en el bando fascista— fue una guerra de reformadores, en parte porque ni siquiera la potencia capitalista más segura de sí misma podía aspirar a triunfar en una larga guerra sin aceptar algún cambio, y en parte porque el mismo estallido de la guerra puso en evidencia los fracasos del período de entreguerras, de los que la incapacidad de unirse contra los agresores era tan sólo un síntoma.

Que la victoria y la esperanza social iban de la mano resulta claro de cuanto sabemos sobre la evolución de la opinión pública en los países beligerantes o liberados en los que existía libertad para expresarla, excepto, curiosamente, en los Estados Unidos, donde a partir de 1936 se registró un ligero descenso de los demócratas en las votaciones presidenciales y una recuperación de los republicanos. Pero este era un país dominado por sus problemas internos y que estaba más alejado que ningún otro de los sacrificios de la guerra. En los países en donde se celebraron elecciones libres se produjo un marcado giro hacia la izquierda. El caso más espectacular fue el de Gran Bretaña, donde las elecciones de 1945 consagraron la derrota de un Winston Churchill universalmente amado y admirado, y la subida al poder del Partido Laborista, que aumentó en un 50 por 100 sus votos. Durante los cinco años siguientes los laboristas acometerían una serie de reformas sociales sin precedentes. Los dos grandes partidos habían participado igualmente en el esfuerzo de guerra, pero el electorado eligió al que prometía al mismo tiempo victoria y transformación social. Ese fue un fenómeno general en los países beligerantes de Europa occidental, pero no hay que exagerar su intensidad y su radicalismo, como sucedió con su imagen pública, a consecuencia de la eliminación temporal de la derecha fascista o colaboracionista.

Más difícil resulta evaluar la situación en las zonas de Europa liberadas por la revolución de la guerrilla o por el ejército rojo, entre otras razones porque el genocidio, el desplazamiento en masa de la población y la expulsión o la emigración forzosa hacen imposible comparar la situación de determinados países antes y después de la guerra. En toda esa zona la gran mayoría de la población de los países que habían sido invadidos por las potencias del Eje se consideraba víctima de ellas, a excepción de los eslovacos y croatas, que bajo los auspicios de Alemania habían formado sendos estados nominalmente independientes, de los pueblos mayoritarios de Hungría y Rumania, aliados de Alemania, y, naturalmente, de la gran diáspora alemana. Esto no significa que dicha población simpatizara con los movimientos de resistencia de inspiración comunista —si se exceptúa a los judíos, perseguidos por todos los demás— y, menos aún, con Rusia, a no ser los eslavos de los Balcanes, de tendencia rusófila. La inmensa mayoría de los polacos eran antialemanes y antirrusos y, por supuesto, antisemitas. Los pequeños países bálticos, ocupados por la URSS en 1940, fueron antirrusos, antisemitas y pro alemanes mientras pudieron permitírselo, entre 1941 y 1945. Por otra parte, ni los comunistas ni la resistencia tuvieron ningún protagonismo en Rumania y su presencia fue escasa en Hungría. En cambio, en Bulgaria existía un fuerte sentimiento comunista y pro ruso, a pesar de que la resistencia fuera escasa, y en Checoslovaquia el Partido Comunista, siempre un partido de masas, consiguió la victoria en unas elecciones verdaderamente libres. Muy pronto la ocupación soviética redujo esas diferencias políticas a una mera cuestión teórica. Las victorias de la guerrilla no son plebiscitos, pero es indudable que la mayor parte de los yugoslavos acogieron de buen grado el triunfo de los partisanos de Tito, excepto la minoría germana, los partidarios del régimen croata ustachá, de quienes los serbios se vengaron cruelmente por las matanzas que habían cometido, y un núcleo tradicionalista de Serbia, donde el movimiento de Tito y, por ende, la oposición a Alemania nunca habían florecido.[12] Grecia siguió profundamente dividida pese a la negativa de Stalin a prestar ayuda a los comunistas griegos y a las fuerzas pro rojas contra los británicos, que apoyaban a sus adversarios. Sólo los expertos en relaciones de linaje y parentesco aventurarían un juicio sobre los sentimientos políticos de los albaneses después del triunfo comunista. Sin embargo, en todos esos países estaba a punto de iniciarse una era de profunda transformación social.

Singularmente, la URSS fue, junto con Estados Unidos, el único país beligerante en el que la guerra no entrañó un cambio social e institucional significativo. Inició y terminó el conflicto bajo la dirección de Stalin (véase el capítulo XIII). Sin embargo, resulta claro que la guerra puso a dura prueba la estabilidad del sistema, especialmente en el campo, que fue sometido a una dura represión. De no haber sido por la convicción, profundamente arraigada en el nacionalsocialismo, de que los eslavos eran una raza de siervos subhumanos, los invasores alemanes podrían haber conseguido el apoyo de muchos pueblos soviéticos. La victoria soviética se cimentó realmente en el patriotismo de la nacionalidad mayoritaria de la URSS, la de la Gran Rusia, que fue siempre el alma del ejército rojo, al que el régimen soviético apeló en los momentos de crisis. No en vano, a la segunda guerra mundial se le dio en la URSS el apelativo oficial de «la gran guerra patria».

VII

Llegado a este punto, el historiador debe realizar un gran salto para evitar que su análisis aborde exclusivamente el mundo occidental. Porque muy poco de lo que se ha escrito hasta aquí en este capítulo tiene que ver con la mayor parte del planeta. Vale hasta cierto punto para el conflicto entre Japón

12. Sin embargo, los serbios de Croacia y de Bosnia, así como los montenegrinos (el 17 por 100 de los oficiales del ejército partisano) apoyaban a Tito, al igual que importantes sectores de croatas —connacionales de Tito— y de eslovenos. La mayor parte de la lucha se desarrolló en Bosnia.

y la zona continental del Asia oriental, ya que Japón, dominado por la derecha ultranacionalista, se alió con la Alemania nazi y que los comunistas fueron la principal fuerza de resistencia en China. Puede aplicarse, en cierta medida, a América Latina, gran importadora de ideologías europeas en boga, como el fascismo o el comunismo, y especialmente a México, que con el presidente Lázaro Cárdenas (1934-1940) revivió su gran revolución en los años treinta y apoyó con entusiasmo a la República en la guerra civil española. De hecho, después de su derrota, México fue el único país que continuó reconociendo la República como el gobierno legítimo de España. Sin embargo, en la mayor parte de Asia, de África y del mundo islámico, el fascismo, ya sea como ideología o como la política de un estado agresor, no fue nunca el único, ni siquiera el principal, enemigo. Esta condición le correspondía al «imperialismo» o al «colonialismo», y las principales potencias imperialistas eran las democracias liberales: Gran Bretaña, Francia, Países Bajos, Bélgica y Estados Unidos. Además, todas las potencias imperiales, salvo Japón, eran de población blanca.

Lógicamente, los enemigos de la metrópoli imperial eran aliados potenciales en la lucha de liberación colonial. Incluso Japón, que como podían atestiguar los coreanos, los taiwaneses, los chinos y otros pueblos practicaba también un colonialismo despiadado, podía presentarse a las fuerzas anticoloniales del sureste y el sur de Asia como defensor de la población no blanca contra los blancos. La lucha antiimperialista y la lucha antifascista tendieron por ello a desarrollarse en direcciones opuestas. Así, el pacto de Stalin con los alemanes en 1939, que perturbó a la izquierda occidental, permitió a los comunistas indios y vietnamitas concentrarse en la lucha contra británicos y franceses, mientras que la invasión de la URSS por Alemania en 1941 les obligó, como buenos comunistas, a poner la derrota del Eje en primer lugar, es decir, a situar la liberación de sus propios países en un lugar inferior en el orden de prioridades. Esto no sólo era impopular sino estratégicamente absurdo en un momento en que los imperios coloniales de Occidente eran especialmente vulnerables, si es que no se hallaban al borde del derrumbe. Y evidentemente, el sector de la izquierda que no se sentía ligado por los vínculos de hierro de la lealtad a la Comintern aprovechó la oportunidad. El Congreso Nacional Indio inició en 1942 el movimiento Quit India («fuera de la India»), mientras el radical bengalí Subhas Bose reclutaba un ejército de liberación indio aliado a los japoneses entre los prisioneros de guerra indios capturados durante la ofensiva relámpago inicial. Los militantes anticoloniales de Birmania e Indonesia veían las cosas de igual forma. La *reductio ad absurdum* de esa lógica anticolonialista fue el intento de un grupo extremista judío de Palestina de negociar con los *alemanes* (a través de Damasco, dependiente en ese momento de la Francia de Vichy) con el fin de encontrar ayuda para liberar Palestina de los británicos, lo que consideraban como la mayor prioridad del sionismo. (Un militante del grupo que participó en esa misión, Yitzhak Shamir, llegaría a ser primer ministro de Israel.) Evidentemente, ese tipo de actitudes no implicaban una simpatía ideológica por el fascismo, aunque el antisemitismo nazi pudiera atraer a los árabes palestinos enfrentados con los colonos sionistas y aunque algunos grupos del sureste asiático pudieran reconocerse en los arios superiores de la mitología nazi. Esos eran casos singulares (véanse los capítulos XII y XV).

Lo que necesita explicarse es por qué, al cabo, el antiimperialismo y los movimientos de liberación colonial se inclinaron mayoritariamente hacia la izquierda, hasta encontrarse, al menos al final de la guerra, en sintonía con la movilización antifascista mundial. La razón fundamental es que la izquierda occidental había desarrollado la teoría y las políticas antiimperialistas y que los movimientos de liberación colonial fueron apoyados fundamentalmente por la izquierda internacional y, sobre todo (desde el Congreso de los Pueblos Orientales que celebraron los bolcheviques en Bakú en 1920), por la Comintern y por la URSS. Además, cuando acudían a la metrópoli, los activistas y futuros dirigentes de los movimientos independentistas, pertenecientes casi todos a las elites locales educadas al modo occidental, se sentían más cómodos en el entorno no racista y anticolonial de los liberales, demócratas, socialistas y comunistas locales que en ningún otro. En todo caso, la mayor parte de ellos eran modernizadores a quienes los mitos medievales nostálgicos, la ideología nazi y su racismo les recordaban las tendencias «comunales» y «tribales» que, desde su punto de vista, eran síntomas del atraso de sus países y eran explotados por el imperialismo.

En resumen, una alianza con el Eje, basada en el principio de que «los enemigos de mi enemigo son mis amigos» sólo podía tener un alcance táctico. Incluso en el sureste asiático, donde el dominio japonés fue menos represivo que el de los antiguos colonialistas, y era ejercido por una población no blanca contra los blancos, había de ser efímero, porque Japón, al margen de su racismo, no tenía interés alguno en liberar colonias. (De hecho, fue efímero porque Japón no tardó en ser derrotado.) El fascismo y los nacionalismos del Eje no ejercían un atractivo particular. Por otra parte, un hombre como Jawaharlal Nehru, que (a diferencia de los comunistas) no dudó en participar en la rebelión Quit India en 1942, año de crisis del imperio británico, nunca dejó de pensar que una India libre construiría una sociedad socialista y que la URSS sería un aliado en esa empresa, tal vez incluso —con todas las matizaciones— un ejemplo.

El hecho de que los dirigentes y portavoces de la liberación colonial fueran con frecuencia minorías atípicas dentro de la población a la que intentaban emancipar facilitó la convergencia con el antifascismo, ya que la masa de las poblaciones coloniales podía ser movilizada por sentimientos e ideas a los que (salvo en su adhesión a la teoría de la superioridad racial) también podía apelar el fascismo: el tradicionalismo, la exclusividad religiosa y étnica y el rechazo del mundo moderno. De hecho, esos sentimientos no habían aflorado todavía, o, si lo habían hecho, no eran todavía dominantes en el panorama político. La movilización de masas islámica alcanzó una gran pujanza en el mundo musulmán entre 1918 y 1945. Así, los Hermanos Musulmanes, de Hassan al-Banna (1928), un movimiento fundamentalista fuertemente hostil al liberalismo y al comunismo, se convirtió en el principal portavoz de los agravios egipcios en los años cuarenta, y sus afinidades potenciales con las ideologías del Eje, especialmente la hostilidad hacia el sionismo, eran algo más que tácticas. Sin embargo, los movimientos y los políticos que adquirieron una posición predominante en los países islámicos, elevados a veces por las propias masas fundamentalistas, eran seculares y modernizadores. Los coroneles egipcios que protagonizarían la revolución de 1952 eran intelectuales emancipados que habían entrado en contacto con los grupúsculos comunistas egipcios, cuya dirección, por otra parte, era mayoritariamente judía (Perrault, 1987). En el subcontinente indio, Pakistán (un producto de los años treinta y cuarenta) ha sido descrito acertadamente como «el programa de las elites secularizadas que por la desunión [territorial] de la población musulmana y por la competencia con las mayorías hindúes se vieron obligadas a calificar a su sociedad política como "islámica" en lugar de separatista nacional» (Lapidus, 1988, p. 738). En Siria, la dirección del proceso estuvo en manos del partido Baas, fundado en los años cuarenta por dos profesores educados en París, quienes, a pesar de su misticismo árabe, eran de ideología antiimperialista y socialista. En la constitución siria no se hace mención alguna del islam. La política iraquí estuvo determinada, hasta la guerra del Golfo de 1991, por diversas alianzas de oficiales nacionalistas, comunistas y baasistas, todos ellos partidarios de la unidad árabe y del socialismo (al menos en teoría), pero no comprometidos con la ley del Corán. Tanto por razones de carácter local como por el hecho de que el movimiento revolucionario argelino era un movimiento de masas, en el que tenían una presencia importante los emigrantes que trabajaban en Francia, la revolución argelina tuvo un fuerte componente islámico. Sin embargo, los revolucionarios afirmaron en 1956 que «la suya era una lucha encaminada a destruir una colonización anacrónica, pero no una guerra de religión» (Lapidus, 1988, p. 693), y propusieron el establecimiento de una república social y democrática, que se convirtió constitucionalmente en una república socialista de partido único. De hecho, sólo durante el período antifascista consiguieron los partidos comunistas un apoyo e influencia estimables en algunas zonas del mundo islámico, particularmente en Siria, Irak e Irán. Fue mucho después cuando las voces seculares y modernizadoras de la dirección política quedaron sofocadas y silenciadas por la política de masas del fundamentalismo renacido (veánse los capítulos XII y XV).

A pesar de sus conflictos de intereses, que resurgirían después de la guerra, el antifascismo de los países occidentales desarrollados y el antiimperialismo de sus colonias convergieron hacia lo que ambos veían como un futuro de transformación social en la posguerra. La URSS y el comunismo local ayudaron a salvar las distancias, pues en uno de esos mundos significaban antiimperialismo, y en el otro, una dedicación total a la consecución de la victoria. No obstante, el escenario bélico no europeo no brindó, como el europeo, grandes triunfos políticos a los comunistas, salvo donde coincidieron, al igual que en Europa, el antifascismo y la liberación nacional/social:

en China y en Corea, donde los colonialistas eran los japoneses, y en Indochina (Vietnam, Camboya y Laos), donde el enemigo inmediato de la libertad seguían siendo los franceses, cuya administración local se sometió a los japoneses cuando éstos conquistaron el sureste asiático. Esos eran los países en los que el comunismo triunfaría en la posguerra, con Mao, Kim Il Sung y Ho Chi Minh. En los demás lugares, los dirigentes de los países en los que muy pronto culminaría el proceso de descolonización procedían de movimientos de izquierda, pero estaban menos constreñidos, en 1941-1945, a dar prioridad absoluta a la derrota del Eje. E incluso ellos tenían que ver con cierto optimismo la situación del mundo tras la derrota de las potencias del Eje. Ninguna de las dos superpotencias veía con buenos ojos el viejo colonialismo, al menos en teoría. Un partido notoriamente anticolonialista había ascendido al poder en el mayor de todos los imperios, la fuerza y la legitimidad del viejo colonialismo habían sido gravemente socavadas y las posibilidades de libertad parecían mayores que nunca. Así resultó, pero no sin que los viejos imperios realizaran duros intentos de resistencia.

VIII

En definitiva, la derrota del Eje —más exactamente, de Alemania y Japón— no dejó tras de sí mucha amargura, excepto en los dos países citados, donde la población había luchado con total lealtad y extraordinaria eficacia hasta el último momento. Después de todo, el fascismo sólo había movilizado a los países en los que alcanzó su pleno desarrollo y a algunas minorías ideológicas de la derecha radical —marginales en la vida política en sus países—, a algunos grupos nacionalistas que esperaban alcanzar sus objetivos mediante una alianza con Alemania y a la soldadesca más ínfima de la guerra y la conquista, reclutada en los brutales grupos auxiliares nazis de ocupación. Lo único que consiguieron despertar los japoneses fue una simpatía momentánea hacia la raza amarilla en lugar de la blanca. El principal atractivo del fascismo europeo, su condición de salvaguardia frente a los movimientos obreros, el socialismo, el comunismo y el satánico y ateo bastión de Moscú que los inspiraba, le había deparado un importante apoyo entre las clases adineradas conservadoras, aunque la adhesión del gran capital se basó siempre en motivos pragmáticos más que en razones de principio. No era una atracción que pudiera sobrevivir al fracaso y la derrota y, por otra parte, la consecuencia final de doce años de dominio del nacionalsocialismo era que extensas zonas de Europa habían quedado a merced de los bolcheviques.

El fascismo se disolvió como un terrón en el agua de un río y desapareció virtualmente de la escena política, excepto en Italia, donde un modesto movimiento neofascista (Movimento Sociale Italiano), que honra la figura de Mussolini, ha tenido una presencia permanente en la política italiana. Ese fenómeno no se debió tan sólo al hecho de que fueran excluidos de la vida política los que habían sido figuras destacadas en los regímenes fascistas, a quienes, por otra parte, no se excluyó de la administración del estado ni de la vida pública, y menos aún de la actividad económica. No se debió tampoco al trauma de los buenos alemanes (y, de otro modo, de los japoneses leales), cuyo mundo se derrumbó en el caos físico y moral de 1945 y para los que la mera fidelidad a sus viejas creencias era contraproducente. Pasaron un difícil proceso de adaptación a una vida nueva, poco comprensible al principio para ellos, bajo las potencias ocupantes que les imponían sus instituciones y sus formas, es decir, que les marcaban el camino que tenían que seguir. Después de 1945, el nacionalsocialismo no podía ofrecer a los alemanes otra cosa que recuerdos. Resulta característico que en una zona de la Alemania hitleriana con una fuerte implantación nacionalsocialista, en Austria (que por un capricho de la diplomacia internacional quedó incluida entre los inocentes y no entre los culpables), la política de posguerra volviera muy pronto a ser como antes de abolirse la democracia en 1933, salvo por el hecho de que se produjo un ligero giro hacia la izquierda (véase Flora, 1983, p. 99). El fascismo desapareció junto con la crisis mundial que había permitido que surgiera. Nunca había sido, ni siquiera en teoría, un programa o un proyecto político universal.

En cambio, el antifascismo, aunque su movilización fuese heterogénea y transitoria, consiguió unir a un extraordinario espectro de fuerzas. Además, la unidad que suscitó no fue negativa, sino positiva y, en algunos aspectos, duradera. Desde el punto de vista ideológico, se cimentaba en los valores y aspiraciones compartidos de la Ilustración y de la era de las revoluciones: el progreso mediante la razón y la ciencia; la educación y el gobierno populares; el rechazo de las desigualdades por razón de nacimiento u origen; sociedades que miraban hacia el futuro y no hacia el pasado. Algunas de esas similitudes existían sólo sobre el papel, aunque no carece de significado el hecho de que entidades políticas tan distantes de la democracia occidental (o de cualquier otro tipo) como la Etiopía de Mengistu, Somalia antes de la caída de Siad Barre, la Corea del Norte de Kim Il Sung, Argelia y la Alemania Oriental comunista se atribuyeran el título oficial de República Democrática o Democrática Popular. Es esta una etiqueta que los regímenes fascistas y autoritarios, y aun los conservadores tradicionales del período de entreguerras, habrían rechazado con desdén.

En otros aspectos, las aspiraciones comunes no estaban tan alejadas de la realidad común. Tanto el capitalismo constitucional occidental como los sistemas comunistas y el tercer mundo defendían la igualdad de derechos para todas las razas y para ambos sexos, esto es, todos quedaron lejos de alcanzar el objetivo común pero sin que existieran grandes diferencias entre ellos.[13] Todos eran estados laicos y a partir de 1945 todos rechazaban deliberada y activamente la supremacía del mercado y eran partidarios de la gestión y pla-

13. En particular, todos olvidaban el importante papel que había desempeñado la mujer en la guerra, la resistencia y la liberación.

nificación de la economía por el estado. Por extraño que pueda parecer en la era de la teología económica neoliberal, lo cierto es que desde comienzos de los años cuarenta y hasta los años setenta los más prestigiosos y antes influyentes defensores de la libertad total del mercado, como Friedrich von Hayek, se sentían como profetas que clamaban en el desierto, advirtiendo en vano al capitalismo occidental que había perdido el rumbo y que se estaba precipitando por el «camino de la esclavitud» (Hayek, 1944). La verdad es que avanzaba hacia una era de milagros económicos (véase el capítulo 9). Los gobiernos capitalistas tenían la convicción de que sólo el intervencionismo económico podía impedir que se reprodujera la catástrofe económica del período de entreguerras y evitar el peligro político que podía entrañar que la población se radicalizara hasta el punto de abrazar el comunismo, como un día había apoyado a Hitler. Los países del tercer mundo creían que sólo la intervención del estado podía sacar sus economías de la situación de atraso y dependencia. Una vez culminada la descolonización, la inspiración procedente de la Unión Soviética les llevaría a identificar el progreso con el socialismo. Para la Unión Soviética y sus nuevos aliados, el dogma de fe fundamental era la planificación centralizada. Por otra parte, las tres regiones del mundo iniciaron el período de posguerra con la convicción de que la victoria sobre el Eje, conseguida gracias a la movilización política y a la aplicación de programas revolucionarios, y con sangre, sudor y lágrimas, era el inicio de una nueva era de transformación social.

En un sentido estaban en lo cierto. Nunca la faz del planeta y la vida humana se han transformado tan radicalmente como en la era que comenzó bajo las nubes en forma de hongo de Hiroshima y Nagasaki. Pero, como de costumbre, la historia apenas tuvo en cuenta las intenciones humanas, ni siquiera las de los responsables políticos nacionales, y la transformación social que se produjo no fue la que se deseaba y se había previsto. En cualquier caso, la primera contingencia que tuvieron que afrontar fue la ruptura casi inmediata de la gran alianza antifascista. En cuanto desapareció el fascismo contra el que se habían unido, el capitalismo y el comunismo se dispusieron de nuevo a enfrentarse como enemigos irreconciliables.

Capítulo VI

LAS ARTES, 1914-1945

> También el París de los surrealistas es un «pequeño mundo». Esto es que tampoco en el grande, en el cosmos, hay otra cosa. En él hay *carrefours* en los que centellean espectrales las señales de tráfico y están a la orden del día analogías inimaginables e imbricaciones de sucesos. Es el espacio del que da noticia la lírica del surrealismo.
>
> WALTER BENJAMIN, «El surrealismo», en *Iluminaciones* (1990, p. 51)

> Al parecer, la nueva arquitectura no está haciendo grandes progresos en los Estados Unidos ... Sus defensores abogan ardientemente por el nuevo estilo, y algunos de ellos continúan con un estridente método pedagógico de seguidores del impuesto único ... pero, salvo en el caso del diseño industrial, no parece que estén consiguiendo demasiados adeptos.
>
> H. L. MENCKEN, 1931

I

La razón por la que los diseñadores de moda, unos profesionales poco analíticos, consiguen a veces predecir el futuro mejor que los vaticinadores profesionales es una de las cuestiones más incomprensibles de la historia, y para el historiador de la cultura, una de las más importantes. Es, desde luego, crucial para todo el que desee comprender las repercusiones de la era de los cataclismos en el mundo de la alta cultura, de las artes elitistas y, sobre todo, de la vanguardia. Porque se acepta con carácter general que estas artes anunciaron con varios años de anticipación el hundimiento de la sociedad burguesa liberal (véase *La era del imperio*, capítulo 9). Hacia 1914 ya existía prácticamente todo lo que se puede englobar bajo el término, amplio y poco definido, de «vanguardia»: el cubismo, el expresionismo, el futurismo y la abstracción en la pintura; el funcionalismo y el rechazo del ornamento en la arquitectura; el abandono de la tonalidad en la música y la ruptura con la tradición en la literatura.

Para entonces, muchos de los que figurarían en casi todas las listas de «modernos» eminentes eran ya personas maduras, prolíficas e incluso célebres.[1] El mismo T. S. Eliot, cuya poesía no empezó a publicarse hasta 1917, formaba parte ya de la escena vanguardista londinense, como colaborador, junto a Pound, de *Blast* de Wyndham Lewis. Estos hijos, como muy tarde, del decenio de 1880 seguían siendo ejemplos de modernidad cuarenta años después. Que un número de hombres y mujeres que sólo empezaron a destacar después de la guerra aparezcan en las listas de «modernos» eminentes resulta mucho menos sorprendente que el predominio de la generación mayor.[2] (Incluso los sucesores de Schönberg, Alban Berg y Anton Webern, pertenecen a la generación de 1880.)

De hecho, las únicas innovaciones formales que se registraron después de 1914 en el mundo del vanguardismo «establecido» parecen reducirse a dos: el *dadaísmo*, que prefiguró el *surrealismo*, en la mitad occidental de Europa, y el *constructivismo* soviético en el este. El constructivismo, una incursión en las construcciones tridimensionales básicas, preferiblemente móviles, cuyo equivalente más cercano en la vida real son ciertas estructuras feriales (la noria, la montaña rusa, etc.), se incorporó rápidamente a las principales tendencias arquitectónicas y de diseño industrial, sobre todo a través de la Bauhaus (de ella hablaremos más adelante). Sus proyectos más ambiciosos, como la famosa torre inclinada rotatoria de Tatlin, en honor de la Internacional Comunista, nunca se llegaron a construir, o tuvieron una vida efímera, como los decorados de las primeras ceremonias públicas soviéticas. Pese a su originalidad, la aportación del constructivismo consistió básicamente en la ampliación del repertorio de la vanguardia arquitectónica.

El dadaísmo surgió en 1916, en el seno de un grupo de exiliados residentes en Zurich (donde otro grupo de exiliados encabezado por Lenin esperaba la revolución), como una protesta nihilista angustiosa, pero a la vez irónica, contra la guerra mundial y la sociedad que la había engendrado, incluido su arte. Puesto que rechazaba cualquier tipo de arte, carecía de características formales, aunque tomó algunos recursos de las vanguardias cubistas y futuristas anteriores a 1914, en particular el *collage*, un procedimiento de reunir pegados diversos materiales, especialmente fragmentos de fotografías. Todo cuanto podía causar la perplejidad del aficionado al arte burgués convencional era aceptado como dadá. La provocación era el rasgo que caracteriza-

1. Matisse y Picasso; Schönberg y Stravinsky; Gropiüs y Mies van der Rohe; Proust, James Joyce, Thomas Mann y Franz Kafka; Yeats, Ezra Pound, Alexander Blok y Anna Ajmatova.

2. Entre otros, Isaak Babel (1894), Le Corbusier (1897), Ernest Hemingway (1899), Bertolt Brecht, García Lorca y Hanns Eisler (todos ellos nacidos en 1898), Kurt Weill (1900), Jean-Paul Sartre (1905) y W. H. Auden (1907).

ba todas sus manifestaciones. Por ello, la exposición en Nueva York por Marcel Duchamp (1887-1968), en 1917, de un urinario público como creación de «arte *ready-made*», estaba de acuerdo con el espíritu del movimiento dadá, al que se incorporó a su regreso de los Estados Unidos. Pero no puede decirse lo mismo de su posterior renuncia silenciosa a todo lo que tuviera que ver con el arte —prefería jugar al ajedrez—, puesto que no había nada silencioso en el dadaísmo.

Aunque el surrealismo también rechazaba el arte tal como se conocía hasta ese momento, propendía igualmente a la provocación y, como veremos, se sentía atraído por la revolución social; era algo más que una mera protesta negativa, como cabe esperar de un movimiento centrado básicamente en Francia, un país en el que cada moda precisa de una teoría. De hecho, se puede afirmar que, mientras que el dadaísmo desapareció a principios de los años veinte, junto con la época de la guerra y de la revolución que lo había engrendrado, el surrealismo nació de ella, como «el deseo de revitalizar la imaginación, basándose en el subconsciente tal como lo ha revelado el psicoanálisis, y con un nuevo énfasis en lo mágico, lo accidental, la irracionalidad, los símbolos y los sueños» (Willett, 1978).

Hasta cierto punto el surrealismo era una reposición del romanticismo con ropaje del siglo XX (véase *Las revoluciones burguesas*, capítulo 14), aunque con un mayor sentido del absurdo y de la burla. A diferencia de las principales vanguardias «modernas», pero igual que el dadaísmo, el surrealismo no tenía interés por la innovación formal en sí misma. Poco importaba que el subconsciente se expresara a través de un raudal de palabras escogidas al azar («escritura automática») o mediante el meticuloso estilo académico decimonónico en que Salvador Dalí (1904-1989) pintaba sus relojes derritiéndose en un paisaje desértico. Lo importante era reconocer la capacidad de la imaginación espontánea, sin mediación de sistemas de control racionales, para producir coherencia a partir de lo incoherente y una lógica aparentemente necesaria a partir de lo ilógico o de lo imposible. El *Castillo en los Pirineos* de René Magritte (1898-1967), pintado meticulosamente, como si fuera una postal, emerge de lo alto de una enorme roca, dando la sensación de haber crecido allí. Pero la roca, como un huevo gigantesco, está suspendida en el cielo sobre el mar, representado con el mismo realismo.

El surrealismo significó una aportación real al repertorio de estilos artísticos vanguardistas. De su novedad daba fe su capacidad de escandalizar, producir incomprensión o, lo que viene a ser lo mismo, provocar, en ocasiones, una carcajada desconcertada, incluso entre la generación de los vanguardistas anteriores. Debo admitir que esa fue la reacción juvenil que yo mismo experimenté en Londres en la Exposición Surrealista Internacional de 1936, y luego en París ante un pintor surrealista amigo mío, cuyo empeño en reproducir exactamente al óleo el contenido de una fotografía de las vísceras de un cuerpo humano se me hacía difícil de entender. No obstante, hoy hemos de verlo como un movimiento extraordinariamente fecundo, sobre todo en Francia y en los países (como los hispánicos) de marcada influencia francesa. Tuvo un notable ascendiente sobre poetas de primera línea en Francia (Éluard, Aragon), en España (García Lorca), en Europa oriental y en América Latina (César Vallejo en Perú, Pablo Neruda en Chile), donde sigue reflejándose, muchos años después, en el «realismo mágico». Sus imágenes y visiones —Max Ernst (1891-1976), Magritte, Joan Miró (1893-1983) e incluso Salvador Dalí— han pasado a formar parte de las nuestras. Y, a diferencia de la mayoría de los vanguardismos occidentales anteriores, ha hecho importantes aportaciones al arte por excelencia del siglo XX: el arte de la cámara. El cine está en deuda con el surrealismo en las personas de Luis Buñuel (1900-1983) y del principal guionista del cine francés de esa época, Jacques Prévert (1900-1977), y también lo está el periodismo fotográfico en la figura de Henri Cartier-Bresson (1908).

Con todo, esos movimientos eran sólo manifestaciones de la revolución vanguardista que se había registrado en las artes mayores antes de que se hiciera añicos el mundo cuya desintegración expresaban. Cabe destacar tres aspectos principales de esa revolución de la era de los cataclismos: el vanguardismo se integró en la cultura institucionalizada; pasó a formar parte, al menos parcialmente, de la vida cotidiana; y, tal vez lo más importante, experimentó una espectacular politización, posiblemente mayor que la del arte en ninguna época desde la era de las revoluciones. A pesar de ello, no hay que olvidar que durante todo ese período permaneció al margen de los gustos y las preocupaciones de la gran masa de la población, incluso en los países occidentales, aunque influía en ella más de lo que el propio público reconocía. Salvo por lo que se refiere a una minoría, más amplia que antes de 1914, no era lo que le gustaba a la mayor parte de la gente.

Afirmar que el nuevo vanguardismo se transformó en un elemento central del arte institucionalizado no equivale a decir que desplazara a las formas clásicas ni a las de moda, sino que las complementó, y se convirtió en una prueba de un serio interés por las cuestiones culturales. El repertorio operístico internacional siguió siendo fundamentalmente el mismo que en la era del imperialismo, en la que prevalecían compositores nacidos a principios del decenio de 1860 (Richard Strauss, Mascagni) o incluso antes (Puccini, Leoncavallo, Janaček), en los límites extremos de la «modernidad», tal como, en términos generales, sigue ocurriendo en la actualidad.[3]

Fue el gran empresario ruso Sergei Diághilev (1872-1929) el que transformó el ballet, compañero tradicional de la ópera, en una manifestación decididamente vanguardista, sobre todo durante la primera guerra mundial. Desde que hiciera su producción de *Parade*, presentada en 1917 en París (con diseños de Picasso, música de Satie, libreto de Jean Cocteau y notas del programa a cargo de Guillaume Apollinaire), se hizo obligado contar con

3. Salvo raras excepciones —Alban Berg, Benjamin Britten—, las principales creaciones para la escena musical realizadas después de 1918, por ejemplo *La ópera de cuatro cuartos, Grandeza y decadencia de la ciudad de Mahagonny* o *Porgy y Bess*, no fueron escritas para los teatros de ópera oficiales.

decorados de cubistas como Georges Braque (1882-1963) y Juan Gris (1887-1927), y música escrita, o reescrita, por Stravinsky, Falla, Milhaud y Poulenc. Al mismo tiempo, se modernizaron convenientemente los estilos de la danza y la coreografía. Antes de 1914, los filisteos habían abucheado la «Exposición Postimpresionista», al menos en Gran Bretaña, y Stravinsky sembraba escándalos por doquier, como sucedió con el Armory Show en Nueva York y en otros lugares. Después de la guerra, los filisteos enmudecían ante las exhibiciones provocativas de «modernidad», las declaraciones de independencia con respecto al desacreditado mundo anterior a la guerra y los manifiestos de revolución cultural. A través del ballet moderno, y gracias a su combinación excepcional de esnobismo, magnetismo de la moda y elitismo artístico, el vanguardismo consiguió superar su aislamiento. Un conocido representante del periodismo cultural británico de los años veinte escribió que, gracias a Diághilev, «el gran público ha disfrutado de los decorados realizados por los mejores y más ridiculizados pintores del momento. Nos ha ofrecido música moderna sin lágrimas y pintura moderna sin risas» (Mortimer, 1925).

El ballet de Diághilev fue sólo un medio para difundir el arte vanguardista, cuyas manifestaciones no eran idénticas en todos los países. El vanguardismo que se difundió por el mundo occidental no fue siempre el mismo pues, aunque París mantenía la hegemonía en muchas de las manifestaciones de la cultura de elite, hegemonía reforzada después de 1918 con la llegada de expatriados norteamericanos (la generación de Hemingway y Scott Fitzgerald), en el viejo mundo ya no existía una cultura unificada. En Europa, París tenía que competir con el eje Moscú-Berlín, hasta que los triunfos de Stalin y Hitler acallaron o dispersaron a los vanguardistas rusos y alemanes. En los restos de lo que habían sido los imperios austriaco y otomano, la literatura siguió un camino propio, aislado por unas lenguas que nadie se preocupó de traducir, de manera rigurosa y sistemática, hasta la época de la diáspora antifascista de los años treinta. El extraordinario florecimiento de la poesía en lengua española a ambos lados del Atlántico apenas tuvo repercusiones internacionales hasta que la guerra civil española de 1936-1939 la dio a conocer al mundo. Incluso las artes menos afectadas por la torre de Babel, las relacionadas con la vista y el sonido, fueron menos internacionales de lo que cabría pensar, como lo muestra la diferente proyección de una figura como Hindemith dentro y fuera de Alemania, o de Poulenc en y fuera de Francia. Ingleses cultos, amantes de las artes y familiarizados incluso con las figuras secundarias de la École de Paris del período de entreguerras, podían no haber oído hablar de pintores expresionistas alemanes tan importantes como Nolde y Franz Marc.

Sólo dos de las manifestaciones artísticas de vanguardia, el cine y el jazz, conseguían suscitar la admiración de los abanderados de las novedades artísticas en todos los países, y ambas procedían del nuevo mundo. La vanguardia adoptó el cine durante la primera guerra mundial, tras haberlo desdeñado con anterioridad (véase *La era del imperio*). A partir de entonces, no sólo fue imprescindible admirar este arte, y sobre todo a su personalidad más destacada, Charles Chaplin (a quien prácticamente todos los poetas modernos que se preciaban le dedicaron una composición), sino que los mismos artistas vanguardistas se dedicaron al cine, especialmente en la Alemania de Weimar y en la Rusia soviética, donde llegaron a dominar la producción. El canon de las «películas de arte» que se suponía que los cinéfilos debían admirar en pequeños templos cinematográficos especializados, en cualquier punto del globo, estaba formado básicamente por esas creaciones vanguardistas. *El acorazado Potemkin*, dirigida en 1925 por Sergei Eisenstein (1898-1948), era considerada la obra más importante de todos los tiempos. De la secuencia de la escalinata de Odessa, que nadie que haya visto esta película —como en mi caso, en un cine vanguardista de Charing Cross en los años treinta— podrá olvidar jamás, se ha dicho que es «la secuencia clásica del cine mudo y, posiblemente, los seis minutos que más influencia han tenido en la historia del cine» (Manvell, 1944, pp. 47-48).

Desde mediados de los años treinta los intelectuales favorecieron el cine populista francés de René Clair, Jean Renoir (no en vano era el hijo del pintor), Marcel Carné, el ex surrealista Prévert, y Auric, antiguo miembro del grupo musical vanguardista «Les Six». Como afirmaban los críticos no intelectuales, las obras de estos autores no eran tan divertidas, pero sin duda encerraban mayor valor artístico que la mayoría de las producciones, por lo general realizadas en Hollywood, que cientos de millones de personas (incluidos los intelectuales) veían cada semana en las salas cinematográficas, cada vez mayores y más lujosas. Por otra parte, los empresarios de Hollywood, con su sentido práctico, comprendieron casi tan rápidamente como Diághilev que el vanguardismo podía reportarles beneficios. El «tío» Carl Laemmle, jefe de los estudios Universal, y tal vez uno de los magnates de Hollywood con menos ambiciones intelectuales, regresaba de las visitas anuales a su Alemania natal con las ideas y los hombres más en boga, con el resultado de que el producto característico de sus estudios, las películas de terror (Frankenstein, Drácula, etc.), fuese en ocasiones copia fiel de los modelos expresionistas alemanes. La afluencia hacia el otro lado del Atlántico de directores procedentes de Europa central, como Lang, Lubitsch y Wilder, casi todos ellos valorados como intelectuales en sus lugares de origen, influyó notablemente en el mismo Hollywood, por no hablar de la aportación de técnicos como Karl Freund (1890-1969) o Eugen Schufftan (1893-1977). Sin embargo, la evolución del cine y de las artes populares será analizada más adelante.

El «jazz» de la «era del jazz», es decir, una combinación de espirituales negros, música de baile de ritmo sincopado y una instrumentación poco convencional según los cánones tradicionales, contó con la aprobación unánime de los seguidores del vanguardismo, no tanto por méritos propios como porque era otro símbolo de la modernidad, de la era de la máquina y de la ruptura con el pasado; en suma, un nuevo manifiesto de la revolución cultural. Los componentes de la Bauhaus se fotografiaron con un saxofón. Hasta la segunda mitad del siglo fue difícil percibir entre los intelectuales reconocidos, vanguardistas o no, una auténtica pasión por el tipo de jazz que hoy en día es considerado como una de las principales aportaciones de los Estados Unidos a la música del siglo XX. Los que lo cultivaron, como me ocurrió a mí tras la visita de Duke Ellington a Londres en 1933, eran una pequeña minoría.

Fuera cual fuese la variante local de la modernidad, en el período de entreguerras se convirtió en el distintivo de cuantos pretendían demostrar que eran personas cultas y que estaban al día. Con independencia de si gustaban o no, o de si se habían leído, visto u oído, era inconcebible no hablar con conocimiento de las obras de los personajes famosos (entre los estudiantes ingleses de literatura de la primera mitad de los años treinta, de T. S. Eliot, Ezra Pound, James Joyce y D. H. Lawrence). Lo que resultó tal vez más interesante fue que la vanguardia cultural de cada país reescribiera o reinterpretara el pasado para adecuarlo a las exigencias contemporáneas. A los ingleses se les pidió que olvidaran por completo a Milton y Tennyson y que admirasen a John Donne. El crítico literario británico más influyente del momento, F. R. Leavis, que procedía de Cambridge, elaboró incluso un catálogo de la novelística inglesa que era lo contrario de lo que debe ser un canon, pues omitía en la sucesión histórica todo aquello que no le gustaba, por ejemplo, todas las obras de Dickens a excepción de una novela, *Tiempos difíciles*, considerada hasta entonces como una obra menor del maestro.[4]

Para los amantes de la pintura española, Murillo había pasado de moda y era obligado admirar al Greco. Pero, sobre todo, cuanto tenía que ver con la era del capitalismo y con la era del imperio (salvo el arte vanguardista) no sólo era rechazado, sino que acabó resultando prácticamente invisible. Este hecho lo demuestra no sólo el descenso en picado de los precios de la pintura académica del siglo XIX (y el aumento, aún moderado, del precio de los cuadros de los impresionistas y de los modernistas tardíos), sino la imposibilidad virtual de vender esas obras hasta bien entrado el decenio de 1960. El mero intento de conceder cierto mérito a la arquitectura victoriana se consideraba como una ofensa deliberada al *auténtico* buen gusto y se asociaba con una mentalidad reaccionaria. El autor de este libro, que creció entre los grandes monumentos arquitectónicos de la burguesía liberal que rodean el casco antiguo de Viena, aprendió, mediante una especie de ósmosis cultural, que había que considerarlos falsos, pomposos, o ambas cosas. De hecho, la demolición masiva de esos edificios no se produjo hasta los años cincuenta y sesenta, la década más desastrosa de la arquitectura moderna, lo que explica que hasta 1958 no se estableciera en Gran Bretaña una Sociedad Victoriana para proteger los edificios del período 1840-1914 (más de veinticinco años después de que se creara un «Grupo Georgiano» para proteger el legado del siglo XVIII, mucho menos denostado).

4. Para ser justos hay que decir que finalmente el doctor Leavis, si bien con cierta reticencia, acabó dedicando algunos elogios al gran escritor.

La influencia del vanguardismo en el cine comercial indica que la «modernidad» empezaba a dejar su impronta en la vida cotidiana. Lo hizo de manera indirecta, a través de creaciones que el público en general no consideraba como «arte» y que, por tanto, no se juzgaban conforme a criterios apriorísticos del valor estético, sobre todo a través de la publicidad, el diseño industrial, los impresos y gráficos comerciales y los objetos. Así, de entre los símbolos de la modernidad, la famosa silla de tubos de acero (1925-1929) ideada por Marcel Breuer tenía un importante contenido ideológico y estético (Giedion, 1948, pp. 488-495). Y, sin embargo, no tuvo en el mundo moderno el valor de un manifiesto, sino el de una modesta silla plegable universalmente conocida. No cabe duda de que, a menos de veinte años del estallido de la primera guerra mundial, la vida urbana del mundo occidental estaba visiblemente marcada por la modernidad, incluso en países como Estados Unidos y el Reino Unido, que en los años veinte lo rechazaban de plano. Las formas aerodinámicas, que se impusieron en el diseño norteamericano a partir de los primeros años de la década de los treinta, aplicadas incluso a productos nada adecuados a ellas, evocaban al futurismo italiano. El estilo Art Déco (desarrollado a partir de la Exposición Internacional de Artes Decorativas, celebrada en París en 1925) moderó la angulosidad y la abstracción modernas. La revolución de las ediciones en rústica ocurrida en los años treinta (Penguin Books) se enriquecía con la tipografía vanguardista de Jan Tschichold (1902-1974). El asalto directo de la modernidad se había evitado todavía. Fue después de la segunda guerra mundial cuando el llamado «estilo internacional» de la arquitectura moderna transformó el entorno urbano, aunque sus propagandistas y representantes principales —Gropius, Le Corbusier, Mies van der Rohe, Frank Lloyd Wright, etc.— llevaban ya mucho tiempo trabajando. Salvo algunas excepciones, la mayoría de los edificios públicos, incluidos los proyectos de viviendas sociales de los ayuntamientos de izquierda, de los que habría sido lógico esperar que simpatizaran con una nueva arquitectura que reflejaba una cierta conciencia social, apenas muestran la influencia de dicho estilo, excepto en su aversión por la decoración. La reconstrucción en masa de la «Viena roja» de la clase trabajadora, en los años veinte, la realizaron arquitectos que apenas son mencionados en las historias de la arquitectura. Por el contrario, la modernidad remodeló muy pronto los pequeños objetos de la vida cotidiana.

Es la historia del arte la que debe establecer en qué medida ello se debió a la herencia de los movimientos de *arts-and-crafts* y del *art nouveau*, en los que el arte vanguardista se había orientado a los objetos de uso diario; a los constructivistas rusos, algunos de los cuales revolucionaron deliberadamente el diseño de la producción en serie; o al hecho de que el purismo vanguardista se adaptara perfectamente a la tecnología doméstica moderna (por ejemplo, al diseño de cocinas). Lo cierto es que una institución de corta vida, que se inició como un centro político y artístico vanguardista, llegó a marcar el estilo de dos generaciones, tanto en la arquitectura como en las artes aplicadas. Dicha institución fue la Bauhaus, la escuela de arte y diseño de Weimar y luego de

Dessau, en la Alemania central (1919-1933), cuya existencia coincidió con la República de Weimar (fue disuelta por los nacionalsocialistas poco después de la subida de Hitler al poder). La lista de nombres vinculados de una u otra forma a la Bauhaus es el *Quién es Quién* de las artes avanzadas entre el Rin y los Urales: Gropius y Mies van der Rohe; Lyonel Feininger, Paul Klee y Wassily Kandinsky; Malevich, El Lissitzky, Moholy-Nagy, etc. Su influencia se debió a esos hombres de talento y al hecho de que, desde 1921, se apartó de las antiguas tradiciones de *arts-and-crafts* y de bellas artes vanguardistas, para hacer diseños de uso práctico y para la producción industrial: carrocerías de automóviles (de Gropius), asientos de aeronaves, gráficos publicitarios (una pasión del constructivista ruso El Lissitzky), sin olvidar el diseño de los billetes de uno y de dos millones de marcos en 1923, durante el período de la hiperinflación alemana.

La Bauhaus —como demuestran los problemas que tuvo con políticos que no la veían con simpatía— adquirió la reputación de ser profundamente subversiva. Es verdad que el arte «serio» de la era de las catástrofes estuvo dominado por el compromiso político de uno u otro signo. En los años treinta esto llegó hasta Gran Bretaña, que todavía era un refugio de estabilidad social y política en medio de la revolución europea, y a los Estados Unidos, alejados de la guerra pero no de la Gran Depresión. El compromiso político no se reducía en modo alguno a la izquierda, aunque los amantes del arte radicales encontraban difícil, sobre todo en su juventud, concebir que el genio creativo no estuviera unido a las ideas progresistas. Sin embargo, en la Europa occidental era frecuente encontrar, especialmente en la literatura, convicciones profundamente reaccionarias, que en ocasiones se manifestaban en actitudes fascistas. Claro ejemplo de ello son los poetas T. S. Eliot y Ezra Pound, en Gran Bretaña y en el exilio; William Butler Yeats (1865-1939) en Irlanda; los novelistas Knut Hamsun (1859-1952), ferviente colaborador de los nazis, en Noruega, D. H. Lawrence (1859-1930) en Gran Bretaña y Louis Ferdinard Céline en Francia (1894-1961). Dado que el rechazo del bolchevismo reunió a emigrantes de diversos credos políticos, no es posible calificar de «reaccionarios» a todos los grandes talentos de la emigración rusa, aunque algunos de ellos lo eran, o llegarían a serlo.

Sin embargo, sí es posible afirmar que en el período posterior a la guerra mundial y a la revolución de octubre y, en mayor medida, durante la época antifascista de los años treinta y cuarenta, la vanguardia se sintió principalmente atraída por las posiciones de izquierda, y a menudo de la izquierda revolucionaria. De hecho, la guerra y la revolución politizaron, tanto en Francia como en Rusia, a una serie de movimientos vanguardistas que antes no tenían color político. (Inicialmente, la mayor parte de la vanguardia rusa mostró escaso entusiasmo por la revolución de octubre.) La influencia de Lenin, además de restituir al marxismo la condición de única teoría e ideología importante de la revolución social en el mundo occidental, consiguió que los vanguardistas se convirtieran en lo que el nacionalsocialismo denominó, acertadamente, «bolchevismo cultural» (*Kulturbolschewismus*). El dadaísmo estaba a favor de la revolución, y en cuanto al movimiento que lo sucedió, el surrealismo, su única dificultad estribaba en decidir con qué grupo de la revolución alinearse: la mayoría del movimiento escogió a Trotsky frente a Stalin. El eje Berlín-Moscú, que modeló en gran parte la cultura de la República de Weimar, se sustentaba en unas simpatías políticas comunes. Mies van der Rohe construyó, por encargo del Partido Comunista alemán, un monumento a los líderes espartaquistas asesinados, Karl Liebknecht y Rosa Luxemburg. Gropius, Bruno Taut (1880-1938), Le Corbusier, Hannes Meyer y muchos otros miembros de la Bauhaus aceptaron encargos del estado soviético —en unos momentos en que la Gran Depresión hacía que la URSS fuera atractiva para los arquitectos occidentales no sólo por razones ideológicas, sino también profesionales—. Se radicalizó incluso el cine alemán, por lo general poco comprometido políticamente. Un buen exponente de ello es el excelente director G. W. Pabst (1885-1967), más interesado en la mujer que en los asuntos públicos, y que más tarde no dudaría en trabajar con los nazis, pero que en los últimos años de la República de Weimar fue autor de algunas de las películas más radicales del momento, como *La ópera de cuatro cuartos* de Brecht-Weill.

El gran drama de los artistas modernos, tanto de izquierdas como de derechas, era que los rechazabn los movimientos de masas a los que pertenecían y los políticos de esos movimientos (y, por supuesto, también sus adversarios). Con la excepción parcial del fascismo italiano, influido por el futurismo, los nuevos regímenes autoritarios, tanto de derechas como de izquierdas, preferían, en arquitectura, los edificios y perspectivas monumentales, anticuados y grandiosos; en pintura y escultura, las representaciones simbólicas; en el arte teatral, las interpretaciones elaboradas de los clásicos, y en literatura, la moderación ideológica. Hitler era un artista frustrado que finalmente descubrió a un joven arquitecto competente, Albert Speer, capaz de llevar a la práctica sus proyectos colosales. Sin embargo, ni Mussolini, ni Stalin, ni Franco, todos los cuales inspiraron sus propios mastodontes arquitectónicos, albergaban inicialmente tal tipo de ambiciones personales. En consecuencia, ni el vanguardismo alemán ni el ruso sobrevivieron a la llegada al poder de Hitler y de Stalin, y los dos países, punta de lanza de lo más progresista y distinguido de las artes de los años veinte, desaparecieron prácticamente de la escena cultural.

Desde nuestro punto de vista podemos apreciar mejor que sus contemporáneos el desastre cultural que supuso el triunfo de Hitler y de Stalin, es decir, hasta qué punto las artes vanguardistas hundían sus raíces en el suelo revolucionario de Europa central y oriental. Lo mejor de las artes parecía proceder de los lugares sacudidos por la revolución. No era sólo que las autoridades culturales de los regímenes políticos revolucionarios concedieran mayor reconocimiento oficial (esto es, mayor apoyo material) a los artistas revolucionarios que los regímenes conservadores a los que sustituían, aun cuando sus autoridades políticas mostraran escaso entusiasmo por sus obras. Anatol Lunacharsky, «Comisario de Educación», fomentó el vanguardismo, pese a que el gusto artístico de Lenin era bastante convencional. El gobierno socialdemócrata de Prusia, antes de ser depuesto (sin oponer resistencia) por las autoridades del Reich alemán en 1932, estimuló al director de orquesta radical Otto Klemperer a transformar uno de los teatros de la ópera de Berlín en un escaparate de las tendencias musicales más avanzadas entre 1928 y 1931. Sin embargo, parece también que la era de los cataclismos agudizó la sensibilidad y acentuó las pasiones de quienes la vivieron en la Europa central y oriental. Tenían una visión amarga de la vida y, en ocasiones, ese mismo pesimismo y el sentimiento trágico que lo inspiraba otorgó a algunos autores, que no eran extraordinarios en sí mismos, una amarga elocuencia en la denuncia. Un buen ejemplo de ello es B. Traven, un insignificante emigrante anarquista bohemio que participó en la efímera república soviética de Munich de 1919 y que se dedicó a escribir emotivas historias sobre marineros y sobre México (la película de Huston *El tesoro de Sierra Madre*, con Humphrey Bogart como protagonista, se basa en una obra suya). Sin ello su nombre se habría mantenido en la oscuridad que merecía. Cuando esos artistas perdían el sentido de que el mundo era insoportable, como le sucedió, por ejemplo, al mordaz dibujante satírico alemán George Grosz cuando emigró a los Estados Unidos, sólo quedaba en ellos un sentimentalismo expresado con cierta solvencia técnica.

En la era de los cataclismos, el arte vanguardista de la Europa central no se caracterizaba por su tono esperanzador, aunque las convicciones ideológicas llevasen a sus representantes revolucionarios a adoptar una visión optimista del futuro. Sus logros principales, que en su mayoría datan de los años anteriores a la supremacía de Hitler y de Stalin —«no sé qué decir sobre Hitler»,[5] se mofaba el gran autor satírico austriaco Karl Kraus, a quien la primera guerra mundial no había dejado precisamente sin palabras (Kraus, 1922)—, surgen del apocalipsis y la tragedia: la ópera *Wozzek*, de Alban Berg (representada por primera vez en 1926); *La ópera de cuatro cuartos* (1928) y *Grandeza y decadencia de la ciudad de Mahagonny* (1931), de Brecht y Weill; *Die Massnahme* (1930), de Brecht-Eisler; las historias de *Caballería roja* (1926), de Isaak Babel; la película *El acorazado Potemkin* (1925), de Eisenstein; o *Berlín-Alexanderplatz* (1929), de Alfred Döblin. La caída del imperio de los Habsburgo produjo una gran eclosión literaria, desde la denuncia de Karl Kraus en *Los últimos días de la humanidad* (1922), pasando por la ambigua bufonada de Jaroslav Hašek, *Aventuras del valiente soldado Schwejk en tiempos de guerra* (1921), hasta el melancólico canto fúnebre de Josef Roth, *La marcha de Radetzky* (1932) y la reflexión interminable de Robert Musil, *El hombre sin atributos* (1930). Ningún acontecimiento político del siglo XX ha tenido una repercusión tan profunda en la imaginación creativa, aunque la revolución y la guerra civil en Irlanda (1916-1922), en la figura de O'Casey, y, de manera más simbólica, la revolución

5. «Mir fällt zu Hitler nichts ein». Esto no impidió a Kraus, tras un largo silencio, escribir varios centenares de páginas sobre el tema, que sobrepasaron sus posibilidades.

mexicana (1910-1920), a través de sus muralistas, fueron una fuente de inspiración artística en sus respectivos países. (En cambio, no puede decirse lo mismo de la revolución rusa.) Un imperio destinado a desaparecer como metáfora de la propia elite cultural occidental debilitada y decadente: estas imágenes han poblado desde tiempo inmemorial los rincones más oscuros de la imaginación de la Europa central. El fin del orden es el tema de las *Elegías del Duino* (1913-1923), del gran poeta Rainer Maria Rilke (1875-1926). Otro escritor de Praga en lengua alemana, Franz Kafka (1883-1924), expresó un sentimiento aún más extremo de la imposibilidad de aprehender la condición humana, tanto individual como colectiva; casi todas sus obras se publicaron póstumamente.

Este era, pues, el arte creado

> en los días en que el mundo se desplomaba
> en la hora en que cedieron los cimientos de la Tierra

en palabras del poeta y estudioso de los clásicos A. E. Housman, quien nada tenía que ver con el vanguardismo (Housman, 1988, p. 138). Este era el arte cuya visión era la del «ángel de la historia», que el marxista judeoalemán Walter Benjamin (1892-1940) dijo reconocer en el cuadro de Paul Klee *Angelus Novus*:

> Ha vuelto el rostro hacia el pasado. Donde a nosotros se nos manifiesta una cadena de datos, él ve una catástrofe única que amontona incansablemente ruina sobre ruina, arrojándolas a sus pies. Bien quisiera él detenerse, despertar a los muertos y recomponer lo despedazado. Pero desde el paraíso sopla un huracán que se ha enredado en sus alas y que es tan fuerte que el ángel ya no puede cerrarlas. Este huracán le empuja irreteniblemente hacia el futuro, al cual da la espalda, mientras que los montones de ruinas crecen ante él hasta el cielo. Este huracán es lo que nosotros llamamos progreso (Benjamin, 1990a, tesis 9 de *Tesis de filosofía de la historia*).

Al oeste de la zona donde se registraban el colapso y la revolución, el sentimiento de un desastre ineludible era menos pronunciado, pero el futuro parecía igualmente enigmático. Pese al trauma de la primera guerra mundial, la continuidad con el pasado no se rompió de manera evidente hasta los años treinta, el decenio de la Gran Depresión, el fascismo y la amenaza de una nueva guerra.[6] Aun así, el ánimo de los intelectuales occidentales parece menos desesperado y más confiado, visto desde nuestra perspectiva, que el de los de la Europa central, que vivían dispersos y aislados desde Moscú a

6. De hecho, las principales obras literarias que se hacían eco de los sucesos de la primera guerra mundial no empezaron a darse a conocer hasta los últimos años de la década de 1920, cuando, en un plazo de dieciocho meses, se vendieron dos millones y medio de ejemplares, en veinticinco idiomas, de la obra de Erich Maria Remarque *Sin novedad en el frente* (1929, llevada al cine en Hollywood en 1930).

Hollywood, o que el de los cautivos de la Europa oriental, acallados por el fracaso y el terror. Todavía se sentían defendiendo unos valores amenazados, pero que aún no habían sido destruidos, para revitalizar lo que aún estaba vivo en su sociedad, transformándola si era necesario. Como veremos (capítulo XVIII), la ceguera occidental ante los errores de la Unión Soviética estalinista se debía, en gran medida, a la convicción de que, después de todo, ésta representaba los valores de la Ilustración frente a la desintegración de la razón; del «progreso» en el viejo y sencillo sentido, mucho menos problemático que «el huracán que sopla desde el paraíso» de Walter Benjamin. Sólo los más reaccionarios tenían la sensación de que el mundo era una tragedia incomprensible, o, como diría el mejor novelista británico de este período, Evelyn Waugh, una comedia de humor negro para estoicos; o, según el novelista francés Louis Ferdinand Céline, una pesadilla incluso para los cínicos. Aunque el más brillante e inteligente de los jóvenes poetas vanguardistas británicos del momento, W. H. Auden (1907-1973), percibía la historia con un sentimiento trágico —*Spain, Palais des Beaux Arts*—, el grupo que él encabezaba consideraba aceptable la condición humana. La impresión que transmitían los artistas británicos más destacados de la vanguardia, el escultor Henry Moore (1898-1986) y el compositor Benjamin Britten (1913-1976), era que de buena gana habrían ignorado la crisis mundial si no les hubiera afectado. Pero les afectaba.

El arte vanguardista seguía siendo un concepto confinado a la cultura de Europa y a sus anexos y dependencias, e incluso allí, los avanzados en las fronteras de la revolución artística seguían volviendo la vista con nostalgia hacia París y, en menor grado, y sorprendentemente, a Londres.[7] Sin embargo, todavía no miraban hacia Nueva York. Esto significa que la vanguardia no europea era prácticamente inexistente fuera del hemisferio occidental, donde se había afianzado firmemente tanto en la experimentación artística como en la revolución social. Los representantes más destacados de ese período, los pintores muralistas de la revolución mexicana, sólo discrepaban acerca de Stalin y Trotsky, pero no sobre Zapata y Lenin, a quien Diego Rivera (1886-1957) se empeñó en incluir en un fresco destinado al nuevo Centro Rockefeller de Nueva York (un monumento del Art Déco superado solamente por el edificio de la Chrysler), para disgusto de los Rockefeller.

Aun así, para la mayoría de los artistas del mundo no occidental el principal problema residía en la modernidad y no en el vanguardismo. ¿Cómo iban los escritores a convertir las lenguas vernáculas habladas en idiomas literarios flexibles y válidos para el mundo contemporáneo, al igual que

7. El escritor argentino Jorge Luis Borges (1899-1986) era un ferviente anglófilo y conocedor de lo inglés; el extraordinario poeta griego de Alejandría C. P. Cavafis (1863-1933) había adoptado el inglés como lengua principal, al igual que Fernando Pessoa (1888-1935), el poeta portugués más importante del siglo. Es conocida, también, la influencia de Kipling sobre Bertolt Brecht.

habían hecho los bengalíes de la India a partir de mediados del siglo XIX? ¿Cómo conseguirían los hombres (y tal vez, en esos nuevos tiempos, las mujeres) escribir poesía en urdu, en lugar de utilizar el persa clásico, que había sido la lengua obligada hasta este momento; en turco, en lugar de en el árabe clásico que la revolución de Atatürk había arrojado al cubo de la basura de la historia junto con el fez y el velo de las mujeres? ¿Qué habían de hacer con las tradiciones en los países de culturas antiguas; con un arte que, aunque atractivo, no pertenecía al siglo XX? Abandonar el pasado resultaba lo suficientemente revolucionario como para hacer que la pugna occidental de una fase de la modernidad contra otra pareciera fuera de lugar o incluso incomprensible, sobre todo cuando el artista moderno solía ser, además, un revolucionario político. Chéjov y Tolstoi podían parecer modelos más apropiados que James Joyce para quienes sentían que su misión —y su inspiración— les conducía a «ir a las masas» para pintar una imagen realista de sus sufrimientos y ayudarlas a levantarse. Incluso en el grupo de escritores japoneses que se internaron en la senda de la modernidad a partir de los años veinte (gracias tal vez al contacto con el futurismo italiano) hubo un fuerte —y a veces, dominante— componente «proletario», socialista o comunista (Keene, 1984, capítulo 15). De hecho, el primer gran escritor moderno chino, Lu Hsün (1881-1936), rechazó los modelos occidentales y dirigió su mirada a la literatura rusa, en la que «podemos apreciar el alma generosa de los oprimidos, sus sufrimientos y sus luchas» (Lu Hsün, 1975, p. 23).

Para la mayoría de los talentos creadores del mundo no europeo, que ni se limitaban a sus tradiciones ni estaban simplemente occidentalizados, la tarea principal parecía ser la de descubrir, desvelar y representar la realidad contemporánea de sus pueblos. Su movimiento era el realismo.

II

En cierto sentido, ese deseo unió el arte de Oriente y de Occidente. Cada vez era más patente que el siglo XX era el siglo de la gente común, y que estaba dominado por el arte producido por ella y para ella. Dos instrumentos interrelacionados permitieron que este mundo del hombre común fuera más visible que nunca y pudiera ser documentado: los reportajes y la cámara. Ninguno de los dos era nuevo (véase *La era del capitalismo*, capítulo 15; *La era del imperio*, capítulo 9), pero ambos vivieron una edad de oro y plenamente consciente a partir de 1914. Los escritores, especialmente en los Estados Unidos, no sólo registraban los hechos de la vida real, sino que, como Ernest Hemingway (1899-1961), Theodore Dreiser (1871-1945) o Sinclair Lewis (1885-1951), escribían en los periódicos y eran, o habían sido, periodistas. El «reportaje» —es en 1929 cuando los diccionarios franceses recogen este término por primera vez, y en 1931, los ingleses— alcanzó en los años veinte la condición de un género aceptado de literatura y representación visual con un contenido de crítica social, en gran medida por influencia de la vanguardia revolucionaria rusa, que ensalzaba el valor de los hechos frente al entretenimiento popular que la izquierda europea siempre había condenado como el opio del pueblo. Se atribuye al periodista comunista checo Egon Erwin Kisch, que se envanecía de llamarse «El reportero frenético» (*Der rasende Reporter*, 1925, fue el título del primero de una serie de reportajes suyos), el haber puesto de moda el término en Europa central. Luego se difundió entre la vanguardia occidental, principalmente gracias al cine. Sus orígenes resultan claramente visibles en las secciones encabezadas con los títulos «Noticiario» y «El ojo en la cámara» —una alusión al documentalista de vanguardia Dziga Vertov—, intercaladas en la narración en la trilogía *USA* de John Dos Passos (1896-1970), que corresponde al período de orientación izquierdista del autor. La vanguardia de izquierdas convirtió el «documental» en un género autónomo, pero en los años treinta incluso los profesionales pragmáticos del negocio de la información y de las revistas reivindicaron una condición más intelectual y creativa, elevando algunos noticiarios cinematográficos, que por lo general solían ser producciones sin grandes pretensiones destinadas a rellenar huecos en la programación, a la categoría de ambiciosos documentales sobre «La marcha del tiempo», a la vez que adoptaban las innovaciones técnicas de los fotógrafos vanguardistas, como se habían experimentado en los años veinte en la comunista AIZ, para inaugurar una época dorada de las revistas gráficas: *Life* en los Estados Unidos, *Picture Post* en Gran Bretaña y *Vu* en Francia. Sin embargo, fuera de los países anglosajones, esta nueva tendencia no florecería hasta después de la segunda guerra mundial.

El triunfo del nuevo periodismo gráfico no se debe sólo a la labor de los hombres (y de algunas mujeres) inteligentes que descubrieron la fotografía como medio de comunicación; a la creencia ilusoria de que «la cámara no miente», esto es, que representa la «auténtica» verdad; y a los adelantos tecnológicos que hicieron posible tomar fotografías instantáneas con nuevas cámaras más pequeñas (la Leica, que apareció en 1924), sino tal vez ante todo al predominio universal del cine. Todo el mundo aprendió a ver la realidad a través del objetivo de la cámara. Porque aunque aumentó la difusión de la palabra impresa (acompañada, cada vez más, de fotografías en huecograbado, en la prensa sensacionalista), ésta perdió terreno frente al cine. La era de las catástrofes fue el período de la gran pantalla cinematográfica. A finales de los años treinta, por cada británico que compraba un diario, dos compraban una entrada de cine (Stevenson, 1984, pp. 396 y 403). Con la profundización de la crisis económica y el estallido de la guerra, la afluencia de espectadores a las salas cinematográficas alcanzó los niveles más altos en los países occidentales.

En los nuevos medios de comunicación visual, el vanguardismo y el arte de masas se beneficiaban mutuamente. En los viejos países occidentales, el predominio de las capas sociales más cultas y un cierto elitismo se dejaron sentir incluso en el cine, un medio de comunicación de masas. Eso dio lugar a una edad de oro del cine mudo alemán en la época de Weimar, del cine sonoro francés en los años treinta y también del cine italiano en cuanto se levantó el manto del fascismo que había sofocado a sus grandes talentos. Tal vez fue el cine populista francés de los años treinta el que mejor supo conjugar las aspiraciones culturales de los intelectuales con el deseo de entretenimiento del público en general. Fue el único cine intelectual que nunca olvidó la importancia del argumento, especialmente en las películas de amor o de crímenes, y el único en el que tenía cabida el sentido del humor. Cuando la vanguardia (política o artística) aplicó por entero sus principios, como ocurrió con el movimiento documentalista o el arte *agitprop*, sus obras sólo llegaron a una pequeña minoría.

Sin embargo, lo que da importancia al arte de masas de este período no es la aportación del vanguardismo, sino su hegemonía cultural creciente, aunque, como hemos visto, fuera de los Estados Unidos todavía no había escapado a la tutela de las clases cultas. El arte (o más bien el entretenimiento) que consiguió una situación de predominio fue el que se dirigía a la gran masa de la población, y no sólo al público creciente de las capas medias y medias bajas, de gustos más tradicionales. Estos gustos dominaban todavía en el teatro del «bulevar» o del «West End» europeos y sus equivalentes, al menos hasta que Hitler dispersó a sus realizadores, pero su interés era limitado. La novedad más interesante en el panorama cultural de estas capas medias fue el extraordinario desarrollo de un género que ya antes de 1914 había dado señales de vida, sin que pudiera preverse su auge posterior: las novelas policiacas. Era un género principalmente británico —quizás como homenaje al Sherlock Holmes de A. Conan Doyle, que adquirió renombre internacional en el decenio de 1890— y, lo que es más sorprendente, en gran medida femenino o académico. La precursora fue Agatha Christie (1891-1976), cuyas obras siguen alcanzando grandes ventas. Las versiones internacionales de este género se inspiraban en buena medida en el modelo británico, esto es, se ocupaban casi exclusivamente de asesinatos tratados como un juego de salón que requería simplemente cierto ingenio, más que como los elaborados crucigramas con pistas enigmáticas que eran una especialidad aún más exclusivamente británica. El género hay que considerarlo como una original invocación a un orden social amenazado, pero todavía entero. El asesinato, principal y casi único delito capaz de hacer intervenir al detective, se produce en un entorno ordenado —una casa en el campo, o un medio profesional conocido— y conduce hasta una de esas manzanas podridas que confirman el buen estado en que se halla el resto del cesto. El orden se restablece gracias a la inteligencia que para solucionar el problema pone a contribución el detective (por lo general un hombre) que representa por sí mismo el medio social. Por ello el investigador *privado*, a no ser que sea él mismo policía, pertenece a la clase media o alta. Es un género profundamente conservador y expresa un mundo aún confiado, a diferencia de las novelas de espionaje (género también predominantemente británico), caracterizadas por un cierto histerismo, y que tendrían mucho éxito en la segunda mitad del siglo. Frecuentemente, sus autores, hombres de escaso mérito literario, encontraron empleo en el servicio secreto de su país.[8]

Aunque ya en 1914 existían en diversos países occidentales medios de comunicación de masas a escala moderna, su crecimiento en la era de los cataclismos fue espectacular. En los Estados Unidos, la venta de periódicos aumentó mucho más rápidamente que la población, duplicándose entre 1920 y 1950. En ese momento se vendían entre 300 y 350 periódicos por cada mil habitantes en los países «desarrollados», aunque los escandinavos y los australianos consumían todavía más periódicos y los urbanizados británicos, posiblemente porque su prensa era más de carácter nacional que local, compraban la asombrosa cifra de seiscientos ejemplares por cada mil habitantes (*UN Statistical Yearbook,* 1948). La prensa interesaba a las personas instruidas, aunque en los países donde la enseñanza estaba generalizada hacía lo posible por llegar a las personas menos cultas, introduciendo en los periódicos fotografías y tiras de historietas, que aún no gozaban de la admiración de los intelectuales, y utilizando un lenguaje expresivo y popular, que evitaba las palabras con demasiadas sílabas. Su influencia en la literatura no fue desdeñable. En cambio, el cine requería muy escasa instrucción y, desde la introducción del sonido a finales de los años veinte, prácticamente ninguna.

A diferencia de la prensa, que en la mayor parte del mundo interesaba sólo a una pequeña elite, el cine fue, casi desde el principio, un medio internacional de masas. El abandono del lenguaje universal del cine mudo, con sus códigos para la comunicación transcultural, favoreció probablemente la difusión internacional del inglés hablado y contribuyó a que en los años finales del siglo XX sea la lengua de comunicación universal. Porque en la era dorada de Hollywood el cine era un fenómeno esencialmente norteamericano, salvo en Japón, donde se rodaba aproximadamente el mismo número de películas que en Estados Unidos. Por lo que se refiere al resto del mundo, en vísperas de la segunda guerra mundial, Hollywood producía casi tantas películas como todas las demás industrias juntas, incluyendo la de la India, donde se producían ya unas 170 películas al año para un público tan numeroso como el de Japón y casi igual al de Estados Unidos. En 1937 se produjeron 567 películas, más de diez a la semana. La diferencia entre la capacidad hegemónica del capitalismo y la del socialismo burocratizado se aprecia en la desproporción entre esa cifra y las 41 películas que la URSS decía haber producido en 1938. Sin embargo, por razones lingüísticas obvias, un predominio tan extraordinario de una sola industria no podía durar. En cualquier caso, no sobrevivió a la desintegración del *studio system,* que alcanzó su máximo esplendor en ese período

8. Los antepasados literarios de la moderna novela policiaca negra eran mucho más plebeyos. Dashiell Hammett (1894-1961) empezó trabajando como agente en la Pinkerton y publicando sus escritos en revistas de poca categoría y, por su parte, el belga Georges Simenon (1903-1989), único escritor que dotó a la novela policiaca de una auténtica calidad literaria, fue un escritor a sueldo autodidacto.

como una máquina de producir sueños en serie, pero que se hundió poco después de la segunda guerra mundial.

El tercero de los medios de comunicación de masas, la radio, era completamente nuevo. A diferencia de los otros dos, requería la propiedad privada por parte del oyente de lo que era todavía un artilugio complejo y relativamente caro, y por tanto sólo tuvo éxito en los países «desarrollados» más prósperos. En Italia, el número de receptores de radio no superó al de automóviles hasta 1931 (Isola, 1990). En vísperas de la segunda guerra mundial, eran Estados Unidos, Escandinavia, Nueva Zelanda y Gran Bretaña los países con un mayor número de aparatos de radio. Sin embargo en estos países se multiplicaban a una velocidad espectacular, e incluso los más pobres podían adquirirlos. De los nueve millones de aparatos de radio existentes en Gran Bretaña en 1939, la mitad los habían comprado personas que ganaban entre 2,5 y 4 libras esterlinas a la semana —un salario modesto—, y otros dos millones, personas con salarios aún menores (Briggs, 1961, vol. 2, p. 254). No debe sorprender que la audiencia radiofónica se duplicara en los años de la Gran Depresión, durante los cuales aumentó proporcionalmente más que en cualquier otro período. Puesto que la radio transformaba la vida de los pobres, y sobre todo la de las amas de casa pobres, como no lo había hecho hasta entonces ningún otro ingenio. Introducía el mundo en sus casas. A partir de entonces, los solitarios nunca volvieron a estar completamente solos, pues tenían a su alcance todo lo que se podía decir, cantar o expresar por medio del sonido. ¿Cabe sorprenderse de que un medio de comunicación desconocido al concluir la primera guerra mundial hubiera conquistado ya diez millones de hogares en los Estados Unidos el año de la quiebra de la bolsa, más de veintisiete millones en 1939 y más de cuarenta millones en 1950?

A diferencia del cine, o incluso de la prensa popular, la radio no transformó en profundidad la forma en que los seres humanos percibían la realidad. No creó modos nuevos de ver o de establecer relaciones entre las impresiones sensoriales y las ideas (véase *La era del imperio*). Era simplemente un medio, no un mensaje. Pero su capacidad de llegar simultáneamente a millones de personas, cada una de las cuales se sentía interpelada como un individuo, la convirtió en un instrumento de información de masas increíblemente poderoso y, como advirtieron inmediatamente los gobernantes y los vendedores, en un valioso medio de propaganda y publicidad. A principios del decenio de 1930, el presidente de los Estados Unidos había descubierto el valor potencial de las «charlas junto al fuego» radiofónicas, y el rey de Gran Bretaña, el del mensaje navideño (1932 y 1933, respectivamente). Durante la segunda guerra mundial, con su incesante demanda de noticias, la radio demostró su valor como instrumento político y como medio de información. El número de receptores aumentó considerablemente en todos los países de la Europa continental, excepto en los que sufrieron más gravemente los efectos de la guerra (Briggs, 1961, vol. 3, Apéndice C). En algunos casos, la cifra se duplicó con creces. En la mayoría de los países no europeos el incremento fue incluso más pronunciado. Aunque en Estados Unidos predominó desde el principio la radio comercial, la cosa fue distinta en otros países porque los gobiernos se resistían a ceder el control de un medio que podía ejercer una influencia tan profunda sobre los ciudadanos. La BBC conservó el monopolio público en Gran Bretaña. Donde se toleraban emisoras comerciales, se esperaba que éstas acatasen las directrices oficiales.

Es difícil apreciar las innovaciones de la cultura radiofónica, porque mucho de lo que introdujo —los comentarios deportivos, el boletín informativo, los programas con personajes famosos, las novelas radiofónicas o las series de cualquier tipo— se ha convertido en elemento habitual de nuestra vida cotidiana. El cambio más profundo que conllevó fue el de privatizar y estructurar la vida según un horario riguroso, que desde ese momento dominó no sólo la esfera del trabajo sino también el tiempo libre. Pero, curiosamente, este medio —y, hasta la llegada del vídeo, la televisión—, si bien estaba orientado básicamente al individuo y a la familia, creó también una dimensión pública. Por primera vez en la historia, dos desconocidos que se encontraban sabían, casi con certeza, lo que la otra persona había escuchado (y luego, lo que había visto) la noche anterior: el concurso, la comedia favorita, el discurso de Winston Churchill o el boletín de noticias.

Fue la música la manifestación artística en la que la radio influyó de forma más directa, pues eliminó las limitaciones acústicas o mecánicas para la difusión del sonido. La música, la última de las artes en escapar de la prisión corporal que confina la comunicación oral, había iniciado antes de 1914 la era de la reproducción mecánica, con el gramófono, aunque éste no estaba todavía al alcance de las masas. En el período de entreguerras, las clases populares empezaron a comprar gramófonos y discos, pero el hundimiento del mercado de los *race records*, esto es, de la música típica de la población pobre, durante la Depresión económica norteamericana, demuestra la fragilidad de esa expansión. Pese a la mejora de su calidad técnica a partir de 1930, el disco tenía sus limitaciones, aunque sólo fuera por su duración. Además, la variedad de la oferta dependía de las ventas. Por vez primera, la radio permitió que un número teóricamente ilimitado de oyentes escuchara música a distancia con una duración ininterrumpida de más de cinco minutos. De este modo, se convirtió en un instrumento único de divulgación de la música minoritaria (incluida la clásica) y en el medio más eficaz de promocionar la venta de discos, condición que todavía conserva. La radio no transformó la música —no influyó tanto en ella como el teatro o el cine, que pronto aprendió también a reproducir el sonido— pero la función de la música en el mundo contemporáneo, incluyendo su función de decorado sonoro de la vida cotidiana, es inconcebible sin ella.

Las fuerzas que dominaban las artes populares eran, pues, tecnológicas e industriales: la prensa, la cámara, el cine, el disco y la radio. No obstante, desde finales del siglo XIX un auténtico torrente de innovación creativa autónoma había empezado a fluir en los barrios populares y del entretenimiento de algunas grandes ciudades (véase *La era del imperio*). No estaba ni mucho menos agotado y la revolución de los medios de comunicación difundió sus productos mucho más allá de su medio originario. En ese momento tomó forma el tango argentino, que se extendió del baile a la canción, alcanzando su máximo esplendor e influencia en los años veinte y treinta. Cuando en 1935 murió en un accidente aéreo su estrella más célebre, Carlos Gardel (1890-1935), toda Hispanoamérica lo lloró, y los discos lo convirtieron en una presencia permanente. La samba, destinada a simbolizar el Brasil como el tango la Argentina, es el fruto de la democratización del carnaval de Río en los años veinte. Sin embargo, el descubrimiento más importante, y de mayor influencia a largo plazo, en este ámbito fue el del jazz, que surgió en los Estados Unidos como resultado de la emigración de la población negra de los estados sureños a las grandes ciudades del medio oeste y del noroeste: un arte musical autónomo de artistas profesionales (principalmente negros).

La influencia de algunas de estas innovaciones populares fuera de su medio originario era aún escasa. No era tampoco tan revolucionaria como llegaría a serlo en la segunda mitad del siglo, cuando —por poner un ejemplo— el lenguaje derivado directamente del *blues* negro norteamericano se convirtió, con el *rock-and-roll*, en el idioma universal de la cultura juvenil. Sin embargo, aunque —salvo en el caso del cine— el impacto de los medios de comunicación de masas y de la creación popular no era tan intenso como llegaría a serlo en la segunda mitad del siglo (este fenómeno se analizará más adelante), ya era notable, en cantidad y en calidad, especialmente en Estados Unidos, donde empezó a adquirir una indiscutible hegemonía en este ámbito gracias a su extraordinario predominio económico, a su firme adhesión a los principios del comercio y de la democracia y, después de la Gran Depresión, a la influencia del populismo de Roosevelt. En la esfera de la cultura popular, el mundo era o norteamericano o provinciano. Con una sola excepción, ningún otro modelo nacional o regional alcanzó un predominio mundial, aunque algunos tuvieron una notable influencia regional (por ejemplo, la música egipcia dentro del mundo islámico) y aunque ocasionalmente una nota exótica pudiera integrarse en la cultura popular internacional, como los elementos caribeños y latinoamericanos de la música de baile. Esa única excepción fue el deporte. En esa rama de la cultura popular —¿quién podría negarle la calidad de arte quien haya visto al equipo brasileño en sus días de gloria?—, la influencia de los Estados Unidos se dejó sentir únicamente en la zona de influencia política de Washington. Al igual que el cricket sólo es un deporte popular en las zonas de influencia británica, el béisbol sólo se difundió allí donde los marines norteamericanos habían desembarcado alguna vez. El deporte que adquirió preeminencia mundial fue el fútbol, como consecuencia de la presencia económica del Reino Unido, que había introducido equipos con los nombres de empresas británicas, o formados por británicos expatriados (como el São Paulo Athletic Club) desde el polo al ecuador. Este juego sencillo y elegante, con unas normas y una indumentaria poco complicadas, que se podía practicar en cualquier espacio más o menos llano de las medidas adecuadas, se abrió camino en el mundo por méritos propios y, con la creación del Campeonato del Mundo en 1930 (en la que venció Uruguay), pasó a ser genuinamente internacional.

Aun así los deportes de masas, si bien universales, siguieron siendo muy primitivos. Sus practicantes todavía no habían sido absorbidos por la economía capitalista. Las grandes figuras seguían siendo aficionados, al igual que en el tenis (es decir, asimilados a la condición burguesa tradicional), o profesionales con un sueldo equivalente al de un obrero industrial especializado, como ocurría en el fútbol británico. Para disfrutar del espectáculo todavía había que ir al estadio, pues la radio sólo podía transmitir la emoción del juego o la carrera mediante el aumento de decibelios en la voz del comentarista. Todavía faltaban algunos años para que llegara la era de la televisión y de los deportistas con sueldos de estrellas de cine. Pero, como veremos (capítulos IX al XI), tampoco tantos años.

Capítulo VII

EL FIN DE LOS IMPERIOS

Fue en 1918 cuando se convirtió en un revolucionario terrorista. Su gurú estaba presente en su noche de bodas y en los diez años que transcurrieron hasta la muerte de su esposa, en 1928, nunca vivió con ella. Los revolucionarios tenían que respetar una norma sagrada que estipulaba que no debían frecuentar a las mujeres ... Recuerdo que me decía que la India alcanzaría la libertad si luchaba como lo habían hecho los irlandeses. Mientras estaba con él leí la obra de Dan Breen *My Fight for Irish Freedom*. Dan Breen era el héroe de Masterda. Dio a su organización el nombre de «Ejército Republicano Indio, sección Chittagong» en honor del Ejército Republicano Irlandés.

KALPANA DUTT (1945, pp. 16-17)

La casta superior de los administradores coloniales toleró e incluso alentó la corrupción porque era un sistema poco costoso para controlar a una población levantisca y con frecuencia desafecta. Lo que eso significa es que cuanto un hombre desea (vencer en un proceso legal, obtener un contrato con el estado, recibir un regalo de cumpleaños o conseguir un puesto oficial) lo puede alcanzar si hace un favor a aquel que tiene el poder de dar y de negar. El «favor» no había de consistir necesariamente en la entrega de dinero (eso es burdo y pocos europeos en la India ensuciaban sus manos de esa forma). Podía ser un regalo de amistad y respeto, un acto de magnánima hospitalidad o la entrega de fondos para una «buena causa», pero, sobre todo, lealtad al *raj*.

M. CARRITT (1985, pp. 63-64)

I

En el curso del siglo XIX un puñado de países —en su mayor parte situados a orillas del Atlántico norte— conquistaron con increíble facilidad el resto del mundo no europeo y, cuando no se molestaron en ocuparlo y gobernarlo, establecieron una superioridad incontestada a través de su sistema económico y social, de su organización y su tecnología. El capitalismo y la sociedad burguesa transformaron y gobernaron el mundo y ofrecieron el modelo —hasta 1917 el *único* modelo— para aquellos que no deseaban verse aplastados o barridos por la historia. Desde 1917 el comunismo soviético ofreció un modelo alternativo, aunque en esencia del mismo tipo, excepto por el hecho de que prescindía de la empresa privada y de las instituciones liberales. Así pues, la historia del mundo no occidental (o, más exactamente, no noroccidental) durante el siglo XX está determinada por sus relaciones con los países que en el siglo XIX se habían erigido en «los señores de la raza humana».

Debido a ello, la historia del siglo XX aparece sesgada desde el punto de vista geográfico, y no puede ser escrita de otra forma por el historiador que quiera centrarse en la dinámica de la transformación mundial. Pero eso no significa que el historiador comparta el sentido de superioridad condescendiente, etnocéntrico e incluso racista, de los países favorecidos, ni la injustificada complacencia que aún es habitual en ellos. De hecho, este historiador rechaza con la máxima firmeza lo que E. P. Thompson ha denominado «la gran condescendencia» hacia las zonas atrasadas y pobres del mundo. Pero, a pesar de ello, lo cierto es que la dinámica de la mayor parte de la historia mundial del siglo XX es derivada y no original. Consiste fundamentalmente en los intentos por parte de las elites de las sociedades no burguesas de imitar el modelo establecido en Occidente, que era percibido como el de unas sociedades que generaban el progreso, en forma de riqueza, poder y cultura, mediante el «desarrollo» económico y técnico-científico, en la variante capitalista o socialista.[1] De hecho sólo existía un modelo operativo: el de la «occidentalización», «modernización», o como quiera llamársele. Del mismo modo, sólo un eufemismo político distingue los diferentes sinónimos de «atraso» (que Lenin no dudó en aplicar a la situación de su país y de «los países coloniales y atrasados») que la diplomacia internacional ha utilizado para referirse al mundo descolonizado («subdesarrollado», «en vías de desarrollo», etc.).

1. Hay que señalar que la dicotomía «capitalista»/«socialista» es política más que analítica. Refleja la aparición de movimientos obreros políticos de masas cuya ideología socialista era, en la práctica, la antítesis del concepto de la sociedad actual («capitalismo»). A partir de octubre de 1917 se reforzó con la larga guerra fría que enfrentó a las fuerzas rojas y antirrojas. En lugar de agrupar a los sistemas económicos de Estados Unidos, Corea del Sur, Austria, Hong Kong, Alemania Occidental y México, por ejemplo, bajo el epígrafe común de «capitalismo», sería posible clasificarlos en varios epígrafes.

El modelo operacional de «desarrollo» podía combinarse con otros conjuntos de creencias e ideologías, en tanto en cuanto no interfirieran con él, es decir, en la medida en que el país correspondiente no prohibiera, por ejemplo, la construcción de aeropuertos con el argumento de que no estaban autorizados por el Corán o la Biblia, o porque estaban en conflicto con la tradición inspiradora de la caballería medieval o eran incompatibles con el espíritu eslavo. Por otra parte, cuando ese conjunto de creencias se oponían *en la práctica*, y no sólo en teoría, al proceso de «desarrollo», el resultado era el fracaso y la derrota. Por profunda y sincera que fuera la convicción de que la magia desviaría los disparos de las ametralladoras, ello ocurría demasiado raramente como para tomarlo en cuenta. El teléfono y el telégrafo eran un medio mejor de comunicación que la telepatía del santón.

Esto no implica despreciar las tradiciones, creencias o ideologías, invariables o modificadas, en función de las cuales juzgaban al nuevo mundo del «desarrollo» las sociedades que entraban en contacto con él. Tanto el tradicionalismo como el socialismo coincidieron en detectar el espacio moral vacío existente en el triunfante liberalismo económico —y político— capitalista, que destruía todos los vínculos entre los individuos excepto aquellos que se basaban en la «inclinación a comerciar» y a perseguir sus satisfacciones e intereses personales de que hablaba Adam Smith. Como sistema moral, como forma de ordenar el lugar de los seres humanos en el mundo y como forma de reconocer qué y cuánto habían destruido el «desarrollo» y el «progreso», las ideologías y los sistemas de valores precapitalistas o no capitalistas eran superiores, en muchos casos, a las creencias que las cañoneras, los comerciantes, los misioneros y los administradores coloniales llevaban consigo. Como medio de movilizar a las masas de las sociedades tradicionales contra la modernización, tanto de signo capitalista como socialista, o más exactamente contra los foráneos que la importaban, podían resultar muy eficaces en algunas circunstancias, si bien ninguno de los movimientos de liberación que triunfaron en el mundo atrasado antes de la década de 1970 se inspiraba en una ideología tradicional o neotradicional, aunque uno de ellos, la efímera agitación Khilafat en la India británica (1920-1921), que exigía la preservación del sultán turco como califa de todos los creyentes, el mantenimiento del imperio turco en sus fronteras de 1914 y el control musulmán sobre los santos lugares del islam (incluida Palestina), forzó probablemente al vacilante Congreso Nacional Indio a adoptar una política de no cooperación y de desobediencia civil (Minault, 1982). Las movilizaciones de masas más características realizadas bajo los auspicios de la religión —la «Iglesia» conservaba una mayor influencia que la «monarquía» sobre la gente común— eran acciones de resistencia, a veces tenaces y heroicas, como la resistencia campesina a la revolución mexicana secularizadora bajo el estandarte de «Cristo Rey» (1926-1932), que su principal historiador ha descrito en términos épicos como «la cristiada» (Meyer, 1973-1979). El fundamentalismo religioso como fuerza capaz de movilizar a las masas es un fenómeno de las últimas décadas del siglo XX, durante las cuales se ha asistido incluso a la revitalización, entre algunos intelectuales, de lo que sus antepasados instruidos habrían calificado como superstición y barbarie.

En cambio, las ideologías, los programas e incluso los métodos y las formas de organización política en que se inspiraron los países dependientes para superar la situación de dependencia y los países atrasados para superar el atraso, eran occidentales: liberales, socialistas, comunistas y/o nacionalistas; laicos y recelosos del clericalismo; utilizando los medios desarrollados para los fines de la vida pública en las sociedades burguesas: la prensa, los mítines, los partidos y las campañas de masas, incluso cuando el discurso se expresaba, porque no podía ser de otro modo, en el vocabulario religioso usado por las masas. Esto supone que la historia de quienes han transformado el tercer mundo en este siglo es la historia de minorías de elite, muy reducidas en algunas ocasiones, porque —aparte de que casi en ningún sitio existían instituciones políticas democráticas— sólo un pequeño estrato poseía los conocimientos, la educación e incluso la instrucción elemental requeridos. Antes de la independencia más del 90 por 100 de la población del subcontinente indio era analfabeta. Y el número de los que conocían una lengua occidental (el inglés) era todavía menor: medio millón en una población de 300 millones de personas antes de 1914, o lo que es lo mismo, uno de cada 600 habitantes.[2] En el momento de la independencia (1949-1950), incluso la región de la India donde el deseo de instrucción era más intenso (Bengala occidental) tenía tan sólo 272 estudiantes universitarios por cada 100.000 habitantes, cinco veces más que en el norte del país. Estas minorías insignificantes desde el punto de vista numérico ejercieron una extraordinaria influencia. Los 38.000 parsis de la presidencia de Bombay, una de las principales divisiones de la India británica a finales del siglo XIX, más de una cuarta parte de los cuales conocían *el inglés*, formaron la elite de los comerciantes, industriales y financieros en todo el subcontinente. De los cien abogados admitidos entre 1890 y 1900 en el tribunal supremo de Bombay, dos llegaron a ser dirigentes nacionales importantes en la India independiente (Mohandas Karamchand Gandhi y Vallabhai Patel) y uno sería el fundador de Pakistán, Muhammad Ali Jinnah (Seal, 1968, p. 884; Misra, 1961, p. 328). La trayectoria de una familia india con la que este autor tenía relación ilustra la importancia de la función de estas elites educadas a la manera occidental. El padre, terrateniente y próspero abogado, y personaje de prestigio social durante el dominio británico, llegaría a ser diplomático y gobernador de un estado después de 1947. La madre fue la primera mujer ministro en los gobiernos provinciales del Congreso Nacional Indio de 1947. De los cuatro hijos (todos ellos educados en Gran Bretaña), tres ingresaron en el Partido Comunista, uno alcanzó el puesto de comandante en jefe del ejército indio; otra llegó a ser miembro de la asamblea del partido; un tercero, después de una accidentada carrera política, llegó a ser ministro del gobierno de Indira Gandhi y el cuarto hizo carrera en el mundo de los negocios.

2. Tomando como base el número de los que recibían educación secundaria de tipo occidental (Anil Seal, 1971, pp. 21-22).

Ello no implica que las elites occidentalizadas aceptaran todos los valores de los estados y las culturas que tomaban como modelo. Sus opiniones personales podían oscilar entre la actitud asimilacionista al ciento por ciento y una profunda desconfianza hacia Occidente, combinadas con la convicción de que sólo adoptando sus innovaciones sería posible preservar o restablecer los valores de la civilización autóctona. El objetivo que se proponía el proyecto de «modernización» más ambicioso y afortunado, el de Japón desde la restauración Meiji, no era occidentalizar el país, sino hacer al Japón tradicional viable. De la misma forma, lo que los activistas del tercer mundo tomaban de las ideologías y programas que adoptaban no era tanto el texto visible como lo que subyacía a él. Así, en el período de la independencia, el socialismo (en la versión comunista soviética) atraía a los gobiernos descolonizados no sólo porque la izquierda de la metrópoli siempre había defendido la causa del antiimperialismo, sino también porque veían en la URSS el modelo para superar el atraso mediante la industrialización planificada, un problema que les preocupaba más vitalmente que el de la emancipación de quienes pudieran ser descritos en su país como «el proletariado» (véanse pp. 352 y 376). Análogamente, si bien el Partido Comunista brasileño nunca vaciló en su ahesión al marxismo, desde comienzos de la década de 1930 un tipo especial de nacionalismo desarrollista pasó a ser «un ingrediente fundamental» de la política del partido, «incluso cuando entraba en conflicto con los intereses obreros considerados con independencia de los demás intereses» (Martins Rodrigues, 1984, p. 437). Fueran cuales fueren los objetivos que de manera consciente o inconsciente pretendieran conseguir aquellos a quienes les incumbía la responsabilidad de trazar el rumbo de la historia del mundo atrasado, la modernización, es decir, la imitación de los modelos occidentales, era el instrumento necesario e indispensable para conseguirlos.

La profunda divergencia de los planteamientos de las elites y de la gran masa de la población del tercer mundo hacía que esto fuera más evidente. Sólo el racismo blanco (encarnado en los países del Atlántico norte) suscitaba un resentimiento que podían compartir los marajás y los barrenderos. Sin embargo, ese factor podía resultar menos sentido por unos hombres, y especialmente por unas mujeres, acostumbrados a ocupar una posición inferior en cualquier sociedad, con independencia del color de su piel. Fuera del mundo islámico son raros los casos en que la religión común proveía un vínculo de esas características, en este caso el de la superioridad frente a los infieles.

II

La economía mundial del capitalismo de la era imperialista penetró y transformó prácticamente todas las regiones del planeta, aunque, tras la revolución de octubre, se detuvo provisionalmente ante las fronteras de la URSS. Esa es la razón por la que la Gran Depresión de 1929-1933 resultó un hito tan decisivo en la historia del antiimperialismo y de los movimientos de liberación del tercer mundo. Todos los países, con independencia de su riqueza y de sus características económicas, culturales y políticas, se vieron arrastrados hacia el mercado mundial cuando entraron en contacto con las potencias del Atlántico norte, salvo en los casos en que los hombres de negocios y los gobiernos occidentales los consideraron carentes de interés económico, aunque pintorescos, como les sucedió a los beduinos de los grandes desiertos antes de que se descubriera la existencia de petróleo o gas natural en su inhóspito territorio. La posición que se les reservaba en el mercado mundial era la de suministradores de productos primarios —las materias primas para la industria y la energía, y los productos agrícolas y ganaderos— y la de destinatarios de las inversiones, principalmente en forma de préstamos a los gobiernos, o en las infraestructuras del transporte, las comunicaciones o los equipamientos urbanos, sin las cuales no se podían explotar con eficacia los recursos de los países dependientes. En 1913, más de las tres cuartas partes de las inversiones británicas en los países de ultramar —los británicos exportaban más capital que el resto del mundo junto— estaban concentradas en deuda pública, ferrocarriles, puertos y navegación (Brown, 1963, p. 153).

La industrialización del mundo dependiente no figuraba en los planes de los desarrollados, ni siquiera en países como los del cono sur de América Latina, donde parecía lógico transformar productos alimentarios locales como la carne, que podía envasarse para que fuera más fácilmente transportada. Después de todo, enlatar sardinas y embotellar vino de Oporto no habían servido para industrializar Portugal, y tampoco era eso lo que se pretendía. De hecho, en el esquema de la mayoría de los estados y empresarios de los países del norte, al mundo dependiente le correspondía pagar las manufacturas que importaba mediante la venta de sus productos primarios. Tal había sido el principio en que se había basado el funcionamiento de la economía mundial dominada por Gran Bretaña en el período anterior a 1914 (*La era del imperio*, capítulo 2) aunque, excepto en el caso de los países del llamado «capitalismo colonizador», el mundo dependiente no era un mercado rentable para la exportación de productos manufacturados. Los 300 millones de habitantes del subcontinente indio y los 400 millones de chinos eran demasiado pobres y dependían demasiado del aprovisionamiento local de sus necesidades como para poder comprar productos fuera. Por fortuna para los británicos en el período de su hegemonía económica la pequeña capacidad de demanda individual de sus 700 millones de dependientes sumaba la riqueza suficiente para mantener en funcionamiento la industria algodonera del Lancashire. Su interés, como el de todos los productores de los países del norte, era que el mercado de las colonias dependiera completamente de lo que ellos fabricaban, es decir, que se ruralizaran.

Fuera o no este su objetivo, no podrían conseguirlo, en parte porque los mercados locales que se crearon como consecuencia de la absorción de las economías por un mercado mundial estimularon la producción local de bienes de consumo que resultaban más baratos, y en parte porque muchas de

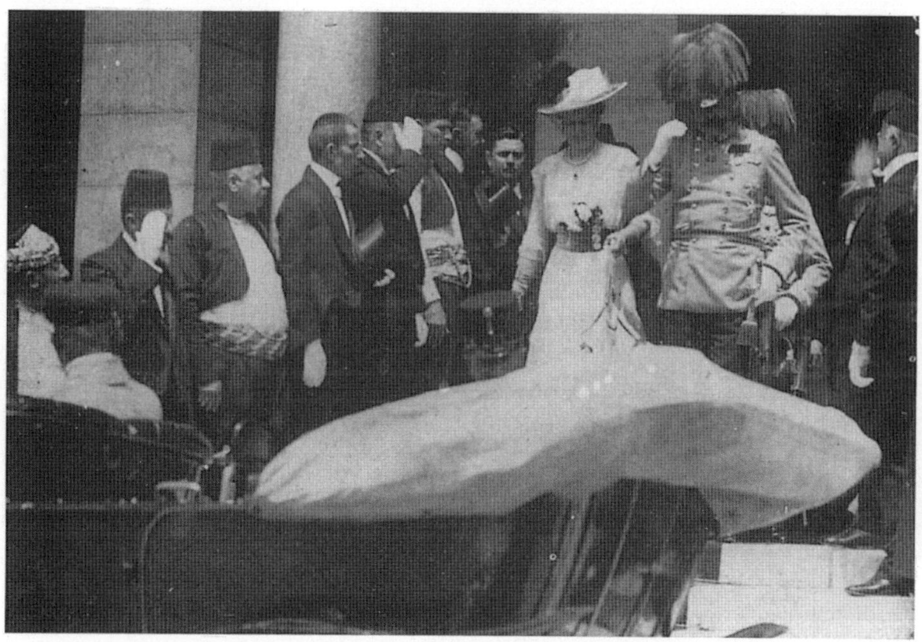

1. Sarajevo: el archiduque Francisco Fernando de Austria y su esposa a la salida del Ayuntamiento de Sarajevo poco antes de morir asesinados, lo que provocaría el estallido de la primera guerra mundial (28 de junio de 1914).

2. Los campos de la muerte en Francia, vistos por los que van a morir: soldados canadienses en cráteres de proyectiles (1918).

3. Los campos de la muerte en Francia, vistos por los supervivientes: el cementerio de guerra de Chalons-sur-Marne.

4. Rusia, 1917: soldados con pancartas revolucionarias («¡Proletarios del mundo, uníos!»).

5. Revolución de octubre: imagen de Lenin («gran líder del proletariado»). La pancarta de los obreros reza: «Todo el poder para los soviets».

6. La revolución mundial, vista por un cartel del 1.º de mayo soviético, *c.* 1920. En la bandera roja que rodea el globo se lee la inscripción «¡Proletarios del mundo, uníos!».

7. La traumática inflación de la postguerra, cuyo recuerdo todavía persigue a Alemania: un billete de banco de veinte millones de marcos (julio de 1923).

BROOKLYN DAILY EAGLE

And Complete Long Island News

LATE NEWS

WALL ST. IN PANIC AS STOCKS CRASH

Attempt Made to Kill Italy's Crown Prince

STOCKS CRASH IN RUSH TO SELL; BILLIONS LOST

ASSASSIN CAUGHT IN BRUSSELS MOB; PRINCE UNHURT

Hollywood Fire Destroys Films Worth Millions

FEAR 52 PERISHED IN LAKE MICHIGAN; FERRY IS MISSING

PIECE OF PLANE LIKE DITEMAN'S IS FOUND AT SEA

High Duty Group Gave $700,000 to Coolidge Drive

CARNEGIE CHARGE OF PAID ATHLETES ROUSES COLLEGES

HOOVER'S TRAIN HALTED BY AUTO PLACED ON RAILS

WARDER SOUGHT TO KEEP SEA TRIP SECRET, AID SAYS

SOMERS NAMED AS HEAD OF NEW EXCHANGE BANK

Today's News

THE EAGLE INDEX

8. Los umbrales de la Gran Depresión: el hundimiento de Wall Street de 1929.

9. Hombres sin trabajo: desempleados británicos en el decenio de 1930.

10. Los dos líderes del fascismo: Adolf Hitler (1889-1945) y Benito Mussolini (1883-1945) tienen muchas razones para sonreír en 1938.

11. El Duce: jóvenes fascistas italianos desfilan por Mussolini.

12. El Führer: ceremonia nazi en Nuremberg.

13. Guerra civil española de 1936-1939: milicianos anarquistas en Barcelona, en 1936, en un improvisado vehículo acorazado.

14. ¿Triunfo del fascismo? Adolf Hitler, conquistador de Europa, 1940-1941, en el París ocupado.

15. Segunda guerra mundial: las bombas. *Boeings* estadounidenses, las «Fortalezas volantes», bombardean Berlín.

16. Segunda guerra mundial: los tanques. Blindados soviéticos en pleno ataque en la mayor batalla de carros de combate de la historia, Kursk, 1943.

17. La guerra de los no combatientes: Londres en llamas, 1940.

18. La guerra de los no combatientes: Dresde asolado, 1945.

19. La guerra de los no combatientes: Hiroshima después de la bomba atómica, 1945.

20. La guerra de los resistentes: Josip Broz (mariscal Tito, 1892-1980), durante la lucha de los partisanos para la liberación de Yugoslavia.

21. El imperio antes de la caída: un cartel británico de tiempos de guerra.

22. El imperio en decadencia: la ciudad de Argel poco antes de la independencia argelina de Francia, 1961.

23. Después del imperio: la primera ministra Indira Gandhi (1917-1984) encabeza el desfile anual del Día de la Independencia en Nueva Delhi.

24. Misil de crucero norteamericano.

25. Silo para los misiles SS soviéticos.

26. Dos mundos divididos: el muro de Berlín (1961-1989), que separaba el capitalismo del «socialismo real», cerca de la puerta de Brandeburgo.

27. El tercer mundo en ebullición: el ejército rebelde de Fidel Castro entra en la liberada Santa Clara antes de tomar el poder en Cuba el 1 de enero de 1959.

28. Los guerrilleros: insurrectos en El Salvador en el decenio de 1980, preparando granadas de mano.

29. De las guerrillas del tercer mundo a los estudiantes del primer mundo: manifestación contra la intervención de Estados Unidos en Vietnam, en Grosvenor Square, Londres, 1968.

30. La revolución social en nombre de Dios: Irán en 1979, la mayor insurrección social del siglo XX sin relación con las tradiciones de 1789 y 1917.

31. Final de la guerra fría: el hombre que acabó con ella, Mijail Sergeievich Gorbachov, secretario general del partido Comunista de la Unión Soviética (1985-1991).

32. Final de la guerra fría: caída del muro de Berlín, 1989.

33. Caída del comunismo europeo: traslado de Stalin en Praga.

las economías de las regiones dependientes, especialmente en Asia, eran estructuras muy complejas con una larga historia en el sector de la manufactura, con una considerable sofisticación y con unos recursos y un potencial técnicos y humanos impresionantes. De esta forma, en los grandes centros de distribución portuarios que pasaron a ser los puntos de contacto por excelencia entre los países del norte y el mundo dependiente —desde Buenos Aires y Sydney a Bombay, Shanghai y Saigón— se desarrolló una industria local al socaire de la protección temporal de que gozaban frente a las importaciones, aunque no fuese esta la intención de sus gobernantes. No tardaron mucho los productores locales de productos textiles de Ahmedabad o Shanghai, ya fueran nativos o representantes de empresas extranjeras, en comenzar a abastecer los vecinos mercados indio o chino de los productos de algodón que hasta entonces importaban del distante y caro Lancashire. Eso fue lo que ocurrió después de la primera guerra mundial, asestando el golpe de gracia a la industria algodonera británica.

Sin embargo, cuando consideramos cuán lógica parecía la predicción de Marx respecto a la difusión de la revolución industrial al resto del mundo, es sorprendente que antes de que finalizara la era imperialista, e incluso hasta los años setenta, fueran tan pocas las industrias que se habían desplazado hacia otros lugares desde el mundo capitalista desarrollado. A finales de los años treinta, la única modificación importante del mapa mundial de la industrialización era la que se había registrado como consecuencia de los planes quinquenales soviéticos (véase el capítulo II). Todavía en 1960 más del 70 por 100 de la producción bruta mundial y casi el 80 por 100 del «valor añadido en la manufactura», es decir, de la producción industrial, procedía de los viejos núcleos de la industrialización de Europa occidental y América del Norte (N. Harris, 1987, pp. 102-103). Ha sido en el último tercio del siglo cuando se ha producido el gran desplazamiento de la industria desde sus antiguos centros de Occidente hacia otros lugares —incluyendo el despegue de la industria japonesa, que en 1960 únicamente aportaba el 4 por 100 de la producción industrial mundial. Sólo en los inicios de los años setenta comenzaron los economistas a publicar libros sobre «la nueva división internacional del trabajo» o, lo que es lo mismo, sobre el comienzo de la desindustrialización de los centros industriales tradicionales.

Evidentemente, el imperialismo, la vieja «división internacional del trabajo», tenía una tendencia intrínseca a reforzar el monopolio de los viejos países industriales. Esto daba pie a los marxistas del período de entreguerras, a los que se unieron a partir de 1945 diversos «teóricos de la dependencia», para atacar al imperialismo como una forma de perpetuar el atraso de los países atrasados. Pero, paradójicamente, era la relativa inmadurez del desarrollo de la economía capitalista mundial y, más concretamente, de la tecnología del transporte y la comunicación, la que impedía que la industria abandonara sus núcleos originarios. En la lógica de la empresa maximizadora de beneficios y de la acumulación de capital no había ningún principio que exigiera el emplazamiento de la manufactura de acero en Pensilvania o en el Ruhr, aunque no puede sorprender que los gobiernos de los países industriales, especialmente si eran proteccionistas o poseían grandes imperios coloniales, trataran por todos los medios de evitar que los posibles competidores perjudicaran a la industria nacional. Pero incluso los gobiernos imperiales podían tener razones para industrializar sus colonias, aunque el único que lo hizo sistemáticamente fue Japón, que desarrolló industrias pesadas en Corea (anexionada en 1911) y, con posterioridad a 1931, en Manchuria y Taiwan, porque esas colonias, dotadas de grandes recursos, estaban lo bastante próximas a Japón, país pequeño y pobre en materias primas, como para contribuir directamente a la industrialización nacional japonesa. En la India, la más extensa de todas las colonias, el descubrimiento durante la primera guerra mundial de que no tenía la capacidad necesaria para garantizar su autosuficiencia industrial y la defensa militar se tradujo en una política de protección oficial y de participación directa en el desarrollo industrial del país (Misra, 1961, pp. 239 y 256). Si la guerra hizo experimentar incluso a los administradores imperiales las desventajas de la insuficiente industria colonial, la crisis de 1929-1933 les sometió a una gran presión financiera. Al disminuir las rentas agrícolas, el gobierno colonial se vio en la necesidad de compensarlas elevando los aranceles sobre los productos manufacturados, incluidos los de la propia metrópoli, británica, francesa u holandesa. Por primera vez, las empresas occidentales, que hasta entonces importaban los productos en régimen de franquicia arancelaria, tuvieron un poderoso incentivo para fomentar la producción local en esos mercados marginales (Holland, 1985, p. 13). Pero, a pesar de las repercusiones de la guerra y la Depresión, lo cierto es que en la primera mitad del siglo XX el mundo dependiente continuó siendo fundamentalmente agrario y rural. Esa es la razón por la que el «gran salto adelante» de la economía mundial del tercer cuarto de siglo significaría para ese mundo un punto de inflexión tan importante.

III

Prácticamente todas las regiones de Asia, África, América Latina y el Caribe dependían —y se daban cuenta de ello— de lo que ocurría en un número reducido de países del hemisferio septentrional, pero (dejando aparte América) la mayor parte de esas regiones eran propiedad de esos países o estaban bajo su administración o su dominio. Esto valía incluso para aquellas en las que el gobierno estaba en manos de las autoridades autóctonas (por ejemplo, como «protectorados» de estados regidos por soberanos, ya que se entendía que el «consejo» del representante británico o francés en la corte del emir, bey, rajá, rey o sultán local era de obligado cumplimiento); e incluso en países formalmente independientes como China, donde los extranjeros gozaban de derechos extraterritoriales y supervisaban algunas de las funciones esenciales de los estados soberanos, como la recaudación de impuestos. Era inevitable que en esas zonas se planteara la necesidad de liberarse de la dominación extranjera. No ocurría lo mismo en América Central y del Sur, donde prácticamente todos los países eran estados soberanos, aunque Estados Unidos —pero nadie más— trataba a los pequeños estados centroamericanos como protectorados *de facto*, especialmente durante el primero y el último tercios del siglo.

Desde 1945, el mundo colonial se ha transformado en un mosaico de estados nominalmente soberanos, hasta el punto de que, visto desde nuestra perspectiva actual, parece que eso era, además de inevitable, lo que los pueblos coloniales habían deseado siempre. Sin duda ocurría así en los países con una larga historia como entidades políticas, los grandes imperios asiáticos —China, Persia, los turcos— y algún otro país como Egipto, especialmente si se habían constituido en torno a un importante *Staatsvolk* o «pueblo estatal», como los chinos han o los creyentes del islam chiíta, convertido virtualmente en la religión nacional del Irán. En esos países, el sentimiento popular contra los extranjeros era fácilmente politizable. No es fruto de la casualidad que China, Turquía e Irán hayan sido el escenario de importantes revoluciones autóctonas. Sin embargo, esos casos eran excepcionales. Las más de las veces, el concepto de entidad política territorial permanente, con unas fronteras fijas que la separaban de otras entidades del mismo tipo, y sometida a una autoridad permanente, esto es, la idea de un estado soberano independiente, cuya existencia nosotros damos por sentada, no tenía significado alguno, al menos (incluso en zonas de agricultura permanente y sedentaria) en niveles superiores al de la aldea. De hecho, incluso cuando existía un «pueblo» claramente reconocido, que los europeos gustaban de describir como una «tribu», la idea de que podía estar separado territorialmente de otro pueblo con el que coexistía, se mezclaba y compartía funciones era difícil de entender, porque no tenía mucho sentido. En dichas regiones, el único fundamento de los estados independientes aparecidos en el siglo XX eran las divisiones territoriales que la conquista y las rivalidades imperiales establecieron, generalmente sin relación alguna con las estructuras locales. El mundo poscolonial está, pues, casi completamente dividido por las fronteras del imperialismo.

Además, aquellos que en el tercer mundo rechazaban con mayor firmeza a los occidentales, por considerarlos infieles o introductores de todo tipo de innovaciones perturbadoras e impías o, simplemente, porque se oponían a cualquier cambio de la forma de vida del pueblo común, que suponían, no sin razón, que sería para peor, también rechazaban la convicción de las elites de que la modernización era indispensable. Esta actitud hacía difícil que se formara un frente común contra los imperialistas, incluso en los países coloniales donde todo el pueblo sometido sufría el desprecio que los colonialistas mostraban hacia la raza inferior.

En esos países, la principal tarea que debían afrontar los movimientos nacionalistas vinculados a las clases medias era la de conseguir el apoyo de las masas, amantes de la tradición y opuestas a lo moderno, sin poner en peligro sus propios proyectos de modernización. El dinámico Bal Ganghadar Tilak (1856-1920), uno de los primeros representantes del nacionalismo indio, tenía razón al suponer que la mejor manera de conseguir el apoyo de las masas, incluso de las capas medias bajas —y no sólo en la región occidental de la India de la que era originario—, consistía en defender el carácter sagrado de las vacas y la costumbre de que las muchachas indias contrajeran matrimonio a los diez años de edad, así como afirmar la superioridad espiritual de la antigua civilización hindú o «aria» y de su religión frente a la civilización «occidental» y a sus admiradores nativos. La primera fase importante del movimiento nacionalista indio, entre 1905 y 1910, se desarrolló bajo estas premisas y en ella tuvieron un peso importante los jóvenes terroristas de Bengala. Luego, Mohandas Karamchand Gandhi (1869-1948) conseguiría movilizar a decenas de millones de personas de las aldeas y bazares de la India apelando igualmente al nacionalismo como espiritualidad hindú, aunque cuidando de no romper el frente común con los modernizadores (de los que realmente formaba parte; véase *La era del imperio*, capítulo 13) y evitando el antagonismo con la India musulmana, que había estado siempre implícito en el nacionalismo hindú. Gandhi inventó la figura del político como hombre santo, la revolución mediante la resistencia pasiva de la colectividad («no cooperación no violenta») e incluso la modernización social, como el rechazo del sistema de castas, aprovechando el potencial reformista contenido en las ambigüedades cambiantes de un hinduismo en evolución. Su éxito fue más allá de cualquier expectativa (y de cualquier temor). Pero a pesar de ello, como reconoció al final de su vida, antes de ser asesinado por un fanático del exclusivismo hindú en la tradición de Tilak, había fracasado en su objetivo fundamental. A largo plazo resultaba imposible conciliar lo que movía a las masas y lo que convenía hacer. A fin de cuentas, la India independiente sería gobernada por aquellos que «no deseaban la revitalización de la India del pasado», por quienes «no amaban ni comprendían ese pasado ... sino que dirigían su mirada hacia Occidente y se sentían fuertemente atraídos por el progreso occidental» (Nehru, 1936, pp. 23-24). Sin embargo, en el momento de escribir este libro, la tradición antimodernista de Tilak, representada por el agresivo partido BJP, sigue siendo el principal foco de oposición popular y —entonces como ahora— la principal fuerza de división en la India, no sólo entre las masas, sino entre los intelectuales. El efímero intento de Mahatma Gandhi de dar vida a un hinduismo a la vez populista y progresista ha caído totalmente en el olvido.

En el mundo musulmán surgió un planteamiento parecido, aunque en él todos los modernizadores estaban obligados (salvo después de una revolución victoriosa) a manifestar su respeto hacia la piedad popular, fueran cuales fueren sus convicciones íntimas. Pero, a diferencia de la India, el intento de encontrar un mensaje reformista o modernizador en el islam no pretendía movilizar a las masas y no sirvió para ello. A los discípulos de Jamal al-Din al-Afghani (1839-1897) en Irán, Egipto y Turquía, los de su seguidor Mohammed Abduh (1849-1905) en Egipto y los del argelino Abdul Hamid Ben Badis (1889-1940) no había que buscarlos en las aldeas sino en las escuelas y universidades, donde el mensaje de resistencia a las potencias europeas habría encontrado en cualquier caso un auditorio propicio.[3] Sin embargo, ya hemos visto (véase el capítulo 5) que en el mundo islámico los auténticos revolucionarios y los que accedieron a posiciones de poder fueron modernizadores laicos que no profesaban el islamismo: hombres como Kemal Atatürk, que sustituyó el fez turco (que era una innovación introducida en el siglo XIX) por el sombrero hongo y la escritura árabe, asociada al islamismo, por el alfabeto latino, y que, de hecho, rompieron los lazos existentes entre el islam, el estado y el derecho. Sin embargo, como lo confirma una vez más la historia reciente, la movilización de las masas se podía conseguir más fácilmente partiendo de una religiosidad popular antimoderna (el «fundamentalismo islámico»). En resumen, en el tercer mundo un profundo conflicto separaba a los modernizadores, que eran también los nacionalistas (un concepto nada tradicional), de la gran masa de la población.

Así pues, los movimientos antiimperialistas y anticolonialistas anteriores a 1914 fueron menos importantes de lo que cabría pensar si se tiene en cuenta que medio siglo después del estallido de la primera guerra mundial no quedaba vestigio alguno de los imperios coloniales occidental y japonés. Ni siquiera en América Latina resultó un factor político importante la hostilidad contra la dependencia económica en general y contra Estados Unidos —el único estado imperialista que mantenía una presencia militar allí— en particular. El único imperio que se enfrentó en algunas zonas a problemas que no era posible solucionar con una simple actuación policiaca fue el británico. En 1914 ya había concedido la autonomía interna a las colonias en las que predominaba la población blanca, conocidas desde 1907 como «dominios» (Canadá, Australia, Nueva Zelanda y Suráfrica) y estaba concediendo autonomía («Home Rule») a la siempre turbulenta Irlanda. En la India y en Egipto se apreciaba ya que los intereses imperiales y las exigencias de autonomía, e incluso de independencia, podían requerir una solución política. Podría afirmarse, incluso, que a partir de 1905 el nacionalismo se había convertido en estos países en un movimiento de masas.

No obstante, fue la primera guerra mundial la que comenzó a quebrantar la estructura del colonialismo mundial, además de destruir dos imperios (el alemán y el turco, cuyas posesiones se repartieron sobre todo los británicos y los franceses) y dislocar temporalmente un tercero, Rusia (que recobró sus posesiones asiáticas al cabo de pocos años). Las dificultades causadas por la guerra en los territorios dependientes, cuyos recursos necesitaba Gran Bretaña, provocaron inestabilidad. El impacto de la revolución de octubre y el hundimiento general de los viejos regímenes, al que siguió la independencia irlandesa *de facto* para los veintiséis condados del sur (1921), hicieron pensar, por primera vez, que los imperios extranjeros no eran inmortales. A la conclusión de la guerra, el partido egipcio *Wafd* («delegación»), encabezado por Said Zaghlul e inspirado en la retórica del presidente Wilson, exigió por

3. En la zona del norte de África ocupada por los franceses, la religión del mundo rural estaba dominada por santones sufíes (*marabuts*) denunciados por los reformistas.

primera vez una independencia total. Tres años de lucha (1919-1922) obligaron a Gran Bretaña a convertir el protectorado en un territorio semiindependiente bajo control británico; fórmula que decidió aplicar también, con una sola excepción, a la administración de los territorios asiáticos tomados al antiguo imperio turco: Irak y Transjordania. (La excepción era Palestina, administrada directamente por las autoridades británicas, en un vano intento de conciliar las promesas realizadas durante la guerra a los judíos sionistas, a cambio de su apoyo contra Alemania, y a los árabes, por su apoyo contra los turcos.)

Más difícil le resultó encontrar una fórmula sencilla para mantener el control en la más extensa de sus colonias, la India, donde el lema de «autonomía» (*swaraj*), adoptado por el Congreso Nacional Indio por primera vez en 1906, estaba evolucionando cada vez más hacia una reclamación de independencia total. El período revolucionario de 1918-1922 transformó la política nacionalista de masas en el subcontinente, en parte porque los musulmanes se volvieron contra el gobierno británico, en parte por la sanguinaria histeria de un general británico que en el turbulento año 1919 atacó a una multitud desarmada en un lugar sin salida y mató a varios centenares de personas (la «matanza de Amritsar»), y, sobre todo, por la conjunción de una oleada de huelgas y de la desobediencia civil de las masas propugnada por Gandhi y por un Congreso radicalizado. Por un momento, el movimiento de liberación se sintió poseído de un estado de ánimo casi milenarista y Gandhi anunció que la *swaraj* se conseguiría a fines de 1921. El gobierno «no intentó ocultar que la situación le creaba una grave preocupación», con las ciudades paralizadas por la no cooperación, conmociones rurales en amplias zonas del norte de la India, Bengala, Orissa y Assam, y «una gran parte de la población musulmana de todo el país resentida y desafecta» (Cmd 1586, 1922, p. 13). A partir de entonces, la India fue intermitentemente ingobernable. Lo que salvó el dominio británico fue, probablemente, la conjunción de la resistencia de la mayor parte de los dirigentes del Congreso, incluido Gandhi, a lanzar el país al riesgo de una insurrección de masas incontrolable, su falta de confianza y la convicción de la mayor parte de los líderes nacionalistas de que los británicos estaban realmente decididos a acometer la reforma de la India. El hecho de que Gandhi interrumpiera la campaña de desobediencia civil a comienzos de 1922 porque había llevado a una matanza de policías en una aldea da pie para pensar que la presencia británica en la India dependía más de la moderación del dirigente indio que de la actuación de la policía y del ejército.

Tal convicción no carecía de fundamento. Aunque en Gran Bretaña había un poderoso grupo de imperialistas a ultranza, del que Winston Churchill se autoproclamó portavoz, lo cierto es que a partir de 1919 la clase dirigente consideraba inevitable conceder a la India una autonomía similar a la que conllevaba el «estatuto de dominio» y creía que el futuro de Gran Bretaña en la India dependía de que se alcanzara un entendimiento con la elite india, incluidos los nacionalistas. Por consiguiente, el fin del dominio británico unilateral en la India era sólo cuestión de tiempo. Dado que la India era el corazón del imperio británico, el futuro del conjunto de tal imperio parecía incierto, excepto en África y en las islas dispersas del Caribe y el Pacífico, donde el paternalismo no encontraba oposición. Nunca como en el período de entreguerras había estado un área tan grande del planeta bajo el control, formal o informal, de Gran Bretaña, pero nunca, tampoco, se habían sentido sus gobernantes menos confiados acerca de la posibilidad de conservar su vieja supremacía imperial. Esta es una de las razones principales por las que, cuando su posición se hizo insostenible, después de la segunda guerra mundial, los británicos no se resistieron a la descolonización. Posiblemente explica también, en un sentido contrario, que otros imperios, particularmente el francés —pero también el holandés—, utilizaran las armas para intentar mantener sus posiciones coloniales después de 1945. Sus imperios no habían sido socavados por la primera guerra mundial. El único problema grave con que se enfrentaban los franceses era que no habían completado aún la conquista de Marruecos, pero las levantiscas tribus beréberes de las montañas del Atlas representaban un problema militar, no político, que era todavía más grave para el Marruecos colonial español, donde un intelectual montañés, Abd-el-Krim, proclamó la república del Rif en 1923. Abd-el-Krim, que contaba con el apoyo entusiasta de los comunistas franceses y de otros elementos izquierdistas, fue derrotado en 1926 con la ayuda de Francia, tras lo cual los beréberes volvieron a su estrategia habitual de luchar en el extranjero integrados en los ejércitos coloniales francés y español y de resistirse a cualquier tipo de gobierno central en su país. Fue mucho después de la conclusión de la primera guerra mundial cuando surgió un movimiento anticolonial en las colonias francesas islámicas y en la Indochina francesa, aunque antes ya había existido cierta agitación, de escasa envergadura, en Túnez.

IV

El período revolucionario había afectado especialmente al imperio británico, pero la Gran Depresión de 1929-1933 hizo tambalearse a todo el mundo dependiente. La era del imperialismo había sido para la mayor parte de él un período de crecimiento casi constante, que ni siquiera se había interrumpido con una guerra mundial que se vivió como un acontecimiento lejano. Es cierto que muchos de sus habitantes no participaban activamente en la economía mundial en expansión, o no se sentían ligados a ella de una forma nueva, pues a unos hombres y mujeres que vivían en la pobreza y cuya tarea había sido siempre la de cavar y llevar cargas poco les importaba cuál fuera el contexto global en el que tenían que realizar esas faenas. Sin embargo, la economía imperialista modificó sustancialmente la vida de la gente corriente, especialmente en las regiones de producción de materias primas destinadas a la exportación. En algunos casos, esos cambios ya se habían manifestado en la política de las autoridades autóctonas o extranjeras. Por ejemplo, cuando, entre 1900 y 1930, las haciendas peruanas se transformaron en refinerías de azúcar en la costa y en ranchos de ovejas en las montañas, y el goteo de la mano de obra india que emigraba hacia la costa y la ciudad se convirtió en una inundación, empezaron a surgir nuevas ideas en las zonas más tradicionales del interior. A comienzos de los años treinta, en Huasicancha, una comunidad «especialmente remota» situada a unos 3.700 metros de altitud en las inaccesibles montañas de los Andes, se debatía ya cuál de los dos partidos radicales nacionales representaría mejor sus intereses (Smith, 1989, esp. p. 175). Pero en la mayor parte de los casos nadie, excepto la población local, sabía hasta qué punto habían cambiado las cosas, ni se preocupaba de saberlo.

¿Qué significaba, por ejemplo, para unas economías que apenas utilizaban el dinero, o que sólo lo usaban para un número limitado de funciones, integrarse en una economía en la que el dinero era el medio universal de intercambio, como sucedía en los mares indopacíficos? Se alteró el significado de bienes, servicios y transacciones entre personas, y con ello cambiaron los valores morales de la sociedad y sus formas de distribución social. En las sociedades matriarcales campesinas de los cultivadores de arroz de Negri Sembilan (Malaysia), las tierras ancestrales, que cultivaban preferentemente las mujeres, sólo podían ser heredadas por ellas o a través de ellas, pero las nuevas parcelas que roturaban los hombres en la jungla, y en las que se cultivaban otros productos como frutas y hortalizas, podían ser transmitidas directamente a los hombres. Pues bien, con el auge de las plantaciones de caucho, un cultivo mucho más rentable que el arroz, se modificó el equilibrio entre los sexos, al imponerse la herencia por vía masculina. A su vez, esto sirvió para reforzar la posición de los dirigentes patriarcales del islam ortodoxo, que intentaban hacer prevalecer la ortodoxia sobre la ley consuetudinaria, y también la del dirigente local y sus parientes, otra isla de descendencia patriarcal en medio del lago matriarcal local (Firth, 1954). Ese tipo de cambios y transformaciones se dieron con frecuencia en el mundo dependiente, en el seno de comunidades que apenas tenían contacto directo con el mundo exterior: en este caso concreto tal vez lo tuvieran a través de un comerciante chino, las más de las veces un campesino o artesano emigrante de Fukien, acostumbrado al esfuerzo constante y a las complejidades del dinero, pero igualmente ajeno al mundo de Henry Ford y de la General Motors (Freedman, 1959).

A pesar de ello, la economía mundial parecía remota, porque sus efectos inmediatos y reconocibles no habían adquirido el carácter de un cataclismo, excepto, tal vez, en los enclaves industriales que, aprovechando la existencia de mano de obra barata, aparecieron en lugares como la India y China, donde desde 1917 empezaron a ser frecuentes los conflictos laborales y las organizaciones obreras de tipo occidental, y en las gigantescas ciudades portuarias e industriales a través de las cuales se relacionaba el mundo dependiente con la economía mundial que determinaba su destino: Bombay, Shanghai (cuya población pasó de 200.000 habitantes a mediados del siglo XIX a tres millones y medio en los años treinta), Buenos Aires y, en menor escala, Casablanca, que, menos de treinta años después de que adquiriera la condición de puerto moderno contaba ya con 250.000 habitantes (Bairoch, 1985, pp. 517 y 525).

Todo ello fue trastocado por la Gran Depresión, durante la cual chocaron por primera vez de manera patente los intereses de la economía de la metrópoli y los de las economías dependientes, sobre todo porque los precios de los productos primarios, de los que dependía el tercer mundo, se hundieron mucho más que los de los productos manufacturados que se compraban a Occidente (capítulo III). Por primera vez, el colonialismo y la dependencia comenzaron a ser rechazados como inaceptables incluso por quienes hasta entonces se habían beneficiado de ellos. «Los estudiantes se alborotaban en El Cairo, Rangún y Yakarta (Batavia), no porque creyeran que se aproximaba un gran cambio político, sino porque la Depresión había liquidado las ventajas que habían hecho que el colonialismo resultara tan aceptable para la generación de sus padres» (Holland, 1985, p. 12). Lo que es más: por primera vez (salvo en las situaciones de guerra) la vida de la gente común se vio sacudida por unos movimientos sísmicos que no eran de origen natural y que movían más a la protesta que a la oración. Se formó así la base de masas para una movilización política, especialmente en zonas como la costa occidental de África y el sureste asiático donde los campesinos dependían estrechamente de la evolución del mercado mundial de cultivos comerciales. Al mismo tiempo, la Depresión desestabilizó tanto la política nacional como la internacional del mundo dependiente.

La década de 1930 fue, pues, crucial para el tercer mundo, no tanto porque la Depresión desencadenara una radicalización política sino porque determinó que en los diferentes países entraran en contacto las minorías politizadas y la población común. Eso ocurrió incluso en lugares como la India, donde el movimiento nacionalista ya contaba con un apoyo de masas. El recurso, por segunda vez, a la estrategia de la no cooperación al comienzo de los años treinta, la nueva Constitución de compromiso que concedió el gobierno británico y las primeras elecciones provinciales a escala nacional de 1937 mostraron el apoyo con que contaba el Congreso Nacional Indio, que en su centro neurálgico, en el Ganges, pasó de sesenta mil miembros en 1935 a 1,5 millones a finales de la década (Tomlinson, 1976, p. 86). El fenómeno fue aún más evidente en algunos países en los que hasta entonces la movilización había sido escasa. Comenzaron ya a distinguirse, más o menos claramente, los perfiles de la política de masas del futuro: el populismo latinoamericano basado en unos líderes autoritarios que buscaban el apoyo de los trabajadores de las zonas urbanas; la movilización política a cargo de los líderes sindicales que luego serían dirigentes partidistas, como en la zona del Caribe dominada por Gran Bretaña; un movimiento revolucionario con una fuerte base entre los trabajadores que emigraban a Francia o que regresaban de ella, como en Argelia; un movimiento de resistencia nacional de base comunista con fuertes vínculos agrarios, como en Vietnam. Cuando menos, como ocurrió en Malaysia, los años de la Depresión rompieron los lazos existentes entre las autoridades coloniales y las masas campesinas, dejando un espacio vacío para una nueva política.

Al final de los años treinta, la crisis del colonialismo se había extendido a otros imperios, a pesar de que dos de ellos, el italiano (que acababa de conquistar Etiopía) y el japonés (que intentaba dominar China), estaban todavía en proceso de expansión, aunque no por mucho tiempo. En la India, la nueva Constitución de 1935, un desafortunado compromiso con las fuerzas en ascenso del nacionalismo, resultó ser una concesión importante gracias al amplio triunfo electoral que el Congreso alcanzó en casi todo el país. En la zona francesa del norte de África surgieron importantes movimientos políticos en Túnez y en Argelia —se produjo incluso cierta agitación en Marruecos—, y por primera vez cobró fuerza en la Indochina francesa la agitación de masas bajo dirección comunista, ortodoxa y disidente. Los holandeses consiguieron mantener el control en Indonesia, una región que «acusa con mayor intensidad que la mayor parte de los países cuanto ocurre en Oriente» (Van Asbeck, 1939), no porque reinara la calma, sino por la división que existía entre las fuerzas de oposición: islámicas, comunistas y nacionalistas laicas. Incluso en el Caribe, que según los ministros encargados de los asuntos coloniales era una zona somnolienta, se registraron entre 1935 y 1938 una serie de huelgas en los campos petrolíferos de Trinidad y en las plantaciones y ciudades de Jamaica, que dieron paso a enfrentamientos en toda la isla, revelando por primera vez la existencia de una masa de desafectos.

Sólo el África subsahariana permanecía en calma, aunque también allí la Depresión provocó, a partir de 1935, las primeras huelgas importantes, que se iniciaron en las zonas productoras de cobre del África central. Londres empezó entonces a instar a los gobiernos coloniales a que crearan departamentos de trabajo, adoptaran medidas para mejorar las condiciones de los trabajadores y estabilizaran la mano de obra, reconociendo que el sistema imperante de emigración desde la aldea a la mina era social y políticamente desestabilizador. La oleada de huelgas de 1935-1940 se extendió por toda África, pero no tenía aún una dimensión política anticolonial, a menos que se considere como tal la difusión en la zona de los yacimientos de cobre de iglesias y profetas africanos de orientación negra y de movimientos como el milenarista de los Testigos de Jehová (de inspiración norteamericana), que rechazaba a los gobiernos mundanos. Por primera vez los gobiernos coloniales comenzaron a reflexionar sobre el efecto desestabilizador de las transformaciones económicas en la sociedad rural africana —que, de hecho, estaba atravesando por una época de notable prosperidad— y a fomentar la investigación de los antropólogos sociales sobre este tema.

No obstante, el peligro político parecía remoto. En las zonas rurales esta fue la época dorada del administrador blanco, con o sin la ayuda de «jefes» sumisos, creados a veces para auxiliarles, cuando la administración colonial se ejercía de manera «indirecta». A mediados de los años treinta existía ya en las ciudades un sector de africanos cultos e insatisfechos lo bastante nutrido como para que pudiera crearse una prensa política floreciente, con diarios como el *African Morning Post* en Costa de Oro (Ghana), el *West African Pilot* en Nigeria y el *Éclaireur de la Côte d'Ivoire* en Costa de Marfil («condujo una campaña contra jefes importantes y contra la policía; exigió medidas de reconstrucción social; defendió la causa de los desempleados y de los campesinos africanos golpeados por la crisis económica» [Hodgkin, 1961, p. 32]). Comenzaban ya a aparecer los dirigentes del nacionalismo político local, influidos por las ideas del movimiento negro de los Estados Unidos, de la Francia del Frente Popular, de las que difundía la Unión de Estudiantes del África Occidental en Londres, e incluso del movimiento comunista.[4] Algunos de los futuros presidentes de las futuras repúblicas africanas, como Jomo Kenyatta (1889-1978) de Kenia y el doctor Namdi Azikiwe, que sería presidente de Nigeria, desempeñaban ya un papel activo. Sin embargo, nada de eso preocupaba todavía a los ministros europeos de asuntos coloniales.

A la pregunta de si en 1939 podía verse como un acontecimiento inminente la previsible desaparición de los imperios coloniales he de dar una respuesta negativa, si me baso en mis recuerdos de una «escuela» para estudiantes comunistas británicos y «coloniales» celebrada en aquel año. Y nadie podía tener mayores expectativas en este sentido que los apasionados y esperanzados jóvenes militantes marxistas. Lo que transformó la situación fue la segunda guerra mundial: una guerra entre potencias imperialistas, aunque fuese mucho más que eso. Hasta 1943, mientras triunfaban las fuerzas del Eje, los grandes imperios coloniales estaban en el bando derrotado. Francia se hundió estrepitosamente, y si conservó muchas de sus dependencias fue porque se lo permitieron las potencias del Eje. Los japoneses se apoderaron de las colonias que aún poseían Gran Bretaña, Países Bajos y otros estados occidentales en el sureste de Asia y en el Pacífico occidental. Incluso en el norte de África los alemanes ocuparon diversas posiciones a fin de controlar una zona que se extendía hasta pocos kilómetros de Alejandría. En un momento determinado, Gran Bretaña pensó seriamente en la posibilidad de retirarse de Egipto. Sólo la parte del continente africano al sur de los desiertos permaneció bajo el firme control de los países aliados, y los británicos se las arreglaron para liquidar, sin grandes dificultades, el imperio italiano del Cuerno de África.

Lo que dañó irreversiblemente a las viejas potencias coloniales fue la demostración de que el hombre blanco podía ser derrotado de manera deshonrosa, y de que esas viejas potencias coloniales eran demasiado débiles, aun después de haber triunfado en la guerra, para recuperar su posición anterior. La gran prueba para el *raj* británico en la India no fue la gran rebelión organizada por el Congreso en 1942 bajo el lema Quit India («fuera de la India»), que pudo sofocarse sin gran dificultad; fue el hecho de que, por primera vez, cincuenta y cinco mil soldados indios se pasaran al enemigo para constituir un «Ejército Nacional Indio» comandado por el dirigente izquier-

4. Sin embargo, ni un solo dirigente africano abrazó el comunismo.

dista del Congreso Subhas Chandra Bose, que había decidido buscar el apoyo japonés para conseguir la independencia de la India (Bhargava y Singh Gill, 1988, p. 10; Sareen, 1988, pp. 20-21). Japón, cuya estrategia política la decidían tal vez los altos mandos navales, más sutiles que los del ejército de tierra, hizo valer el color de la piel de sus habitantes para atribuirse, con notable éxito, la función de liberador de colonias (excepto entre los chinos de ultramar y en Vietnam, donde mantuvo la administración francesa). En 1943 se organizó en Tokio una «Asamblea de naciones asiáticas del gran oriente» bajo el patrocinio de Japón,[5] a la que asistieron los «presidentes» o «primeros ministros» de China, India, Tailandia, Birmania y Manchuria (pero no el de Indonesia, al cual, cuando la guerra ya estaba perdida, se le ofreció incluso «independizarse» de Japón). Los nacionalistas de los territorios coloniales eran demasiado realistas como para adoptar una actitud pro japonesa, aunque veían con buenos ojos el apoyo de Japón, especialmente si, como en Indonesia, era un apoyo sustancial. Cuando los japoneses estaban al borde de la derrota, se volvieron contra ellos, pero nunca olvidaron cuán débiles habían demostrado ser los viejos imperios occidentales. Tampoco olvidaron que las dos potencias que en realidad habían derrotado al Eje, los Estados Unidos de Roosevelt y la URSS de Stalin, eran, por diferentes razones, hostiles al viejo colonialismo, aunque el anticomunismo norteamericano llevó muy pronto a Washington a defender el conservadurismo en el tercer mundo.

V

No puede sorprender que fuera en Asia donde primero se quebró el viejo sistema colonial. Siria y Líbano (posesiones francesas) consiguieron la independencia en 1945; la India y Pakistán en 1947; Birmania, Ceilán (Sri Lanka), Palestina (Israel) y las Indias Orientales Holandesas (Indonesia) en 1948. En 1946 los Estados Unidos habían concedido la independencia oficial a Filipinas, ocupada por ellos desde 1898 y, naturalmente, el imperio japonés desapareció en 1945. La zona islámica del norte de África estaba ya en plena efervescencia, pero no se había llegado aún al punto de ruptura. En cambio, la situación era relativamente tranquila en la mayor parte del África subsahariana y en las islas del Caribe y del Pacífico. Sólo en algunas zonas del sureste asiático encontró seria resistencia el proceso de descolonización política, particularmente en la Indochina francesa (correspondiente en la actualidad a Vietnam, Camboya y Laos), donde el movimiento comunista de resistencia, a cuyo frente se hallaba el gran Ho Chi Minh, declaró la independencia después de la liberación. Los franceses, apoyados por Gran Bretaña y, en una fase posterior, por Estados Unidos, llevaron a cabo un desesperado contraataque para reconquistar y conservar el país frente a la

5. Por razones que no están claras, el término «asiático» sólo comenzó a utilizarse corrientemente después de la segunda guerra mundial.

revolución victoriosa. Fueron derrotados y obligados a retirarse en 1954, pero Estados Unidos impidió la unificación del país e instaló un régimen satélite en la parte meridional del Vietnam dividido. El inminente hundimiento de ese régimen llevó a los Estados Unidos a intervenir en Vietnam, en una guerra que duró diez años y que terminó con su derrota y su retirada en 1975, después de haber lanzado sobre ese malhadado país más bombas de las que se habían utilizado en toda la segunda guerra mundial.

La resistencia fue más desigual en el resto del sureste asiático. Los holandeses (que tuvieron más éxito que los británicos en la descolonización de su imperio indio, sin necesidad de dividirlo) no eran lo bastante fuertes como para mantener la potencia militar necesaria en el extenso archipiélago indonesio, la mayor parte de cuyas islas los habrían apoyado para contrarrestar el predominio de Java, con sus cincuenta y cinco millones de habitantes. Abandonaron ese proyecto cuando descubrieron que para Estados Unidos Indonesia no era, a diferencia de Vietnam, un frente estratégico en la lucha contra el comunismo mundial. En efecto, los nuevos nacionalistas indonesios no sólo no eran de inspiración comunista, sino que en 1948 sofocaron una insurrección del Partido Comunista. Este episodio convenció a Estados Unidos de que la fuerza militar holandesa debía utilizarse en Europa contra la supuesta amenaza soviética, y no para mantener su imperio. Así pues, los holandeses sólo conservaron un enclave colonial en la mitad occidental de la gran isla melanésica de Nueva Guinea, que se incorporó también a Indonesia en los años sesenta. En cuanto a Malaysia, Gran Bretaña se encontró con un doble problema: por un lado, el que planteaban los sultanes tradicionales, que habían prosperado en el imperio, y por otro, el derivado de la existencia de dos comunidades diferentes y mutuamente enfrentadas, los malayos y los chinos, cada una de ellas radicalizada en una dirección diferente; los chinos bajo la influencia del Partido Comunista, que había alcanzado una posición preeminente como única fuerza que se oponía a los japoneses. Una vez iniciada la guerra fría, no cabía pensar en modo alguno en permitir que los comunistas, y menos aún los chinos, ocuparan el poder en una ex colonia, pero lo cierto es que desde 1948 los británicos necesitaron doce años, un ejército de cincuenta mil hombres, una fuerza de policía de sesenta mil y una guarnición de doscientos mil soldados para vencer en la guerra de guerrillas instigada principalmente por los chinos. Cabe preguntarse si en el caso de que el estaño y el caucho de Malaysia no hubieran sido una fuente de dólares tan importante, que garantizaba la estabilidad de la libra esterlina, Gran Bretaña habría mostrado la misma disposición a afrontar el costo de esas operaciones. Lo cierto es que la descolonización de Malaysia habría sido, en cualquier caso, una operación compleja y que no se produjo (para satisfacción de los conservadores malayos y de los millonarios chinos) hasta 1957. En 1965, la isla de Singapur, de población mayoritariamente china, se separó para constituir una ciudad-estado independiente y muy rica.

Su larga experiencia en la India había enseñado a Gran Bretaña algo que no sabían franceses y holandeses: cuando surgía un movimiento nacionalista importante, la renuncia al poder formal era la única forma de seguir disfrutando las ventajas del imperio. Los británicos se retiraron del subcontinente indio en 1947, antes de que resultara evidente que ya no podían controlarlo, y lo hicieron sin oponer la menor resistencia. También Ceilán (que en 1972 tomó el nombre de Sri Lanka) y Birmania obtuvieron la independencia, la primera con una agradable sensación de sorpresa y la segunda con más vacilación, dado que los nacionalistas birmanos, aunque dirigidos por una Liga Antifascista de Liberación del Pueblo, también habían cooperado con los japoneses. De hecho, la hostilidad de Birmania contra Gran Bretaña era tan intensa que de todas las posesiones británicas descolonizadas fue la única que se negó inmediatamente a integrarse en la Commonwealth, una forma de asociación laxa mediante la cual Londres intentaba mantener al menos el recuerdo del imperio. La decisión de Birmania se adelantó incluso a la de los irlandeses, que en el mismo año convirtieron a Irlanda en una república no integrada en la Commonwealth. Aunque la retirada rápida y pacífica de Gran Bretaña de ese sector del planeta, el más extenso que haya estado nunca sometido y administrado por un conquistador extranjero, hay que acreditarla en el haber del gobierno laborista que entró en funciones al terminar la segunda guerra mundial, no se puede afirmar que fuera un éxito rotundo, ya que se consiguió al precio de una sangrienta división de la India en dos estados (uno musulmán, Pakistán, y otro, la India, en su gran mayoría hindú, aunque no fuera un estado confesional), en el curso de la cual varios centenares de miles de personas murieron a manos de sus oponentes religiosos, y varios millones más tuvieron que abandonar su terruño ancestral para asentarse en lo que se había convertido en un país extranjero. Desde luego eso no figuraba en los planes ni del nacionalismo indio, ni de los movimientos musulmanes, ni en el de los gobernantes imperiales.

El proceso por el que llegó a hacerse realidad la idea de un «Pakistán» separado, un nombre y un concepto inventados por unos estudiantes en 1932-1933, continúa intrigando tanto a los estudiosos de la historia como a aquellos a quienes les gusta pensar qué habría ocurrido si las cosas hubieran sido de otro modo. La perspectiva del tiempo permite afirmar que la división de la India en función de parámetros religiosos creó un precedente siniestro para el futuro del mundo, de modo que es necesario explicarlo. En cierto sentido no fue culpa de nadie, o lo fue de todo el mundo. En las elecciones celebradas tras la entrada en vigor de la Constitución de 1935 había triunfado el Congreso, incluso en la mayor parte de las zonas musulmanas, y la Liga Musulmana, partido nacional que se arrogaba la representación de la comunidad minoritaria, había obtenido unos pobres resultados. El ascenso del Congreso Nacional Indio, laico y no sectario, hizo que muchos musulmanes, la mayor parte de los cuales (como la mayoría de los hindúes) no tenían todavía derecho de voto, recelaran del poder hindú, pues parecía lógico que fueran hindúes la mayoría de los líderes del Congreso en un país predominantemente hindú. En lugar de admitir esos temores y conceder a los musulmanes una representación especial, las elecciones parecieron reforzar la pretensión del Congreso de ser el *único* partido nacional que representaba tanto a los hindúes como a los musulmanes. Eso fue lo que indujo a la Liga Musulmana, conducida por su formidable líder Muhammad Ali Jinnah, a romper con el Congreso y avanzar por la senda que podía llevar al separatismo. No obstante, no fue hasta 1940 cuando Jinnah dejó de oponerse a la creación de un estado musulmán separado.

Fue la guerra la que produjo la ruptura de la India en dos mitades. En cierto sentido, este fue el último gran triunfo del *raj* británico y, al mismo tiempo, su último suspiro. Por última vez el *raj* movilizó los recursos humanos y económicos de la India para ponerlos al servicio de una guerra británica, en mayor escala aún que en 1914-1918, y en esta ocasión contra la oposición de las masas que se alineaban con un partido de liberación nacional, y —a diferencia de lo ocurrido en la primera guerra mundial— contra la inminente invasión militar de Japón. Se consiguió un éxito sorprendente, pero el precio que hubo que pagar fue muy elevado. La oposición del Congreso a la guerra determinó que sus dirigentes quedaran al margen de la política y, desde 1942, en prisión. Las dificultades inherentes a la economía de guerra enajenaron al *raj* el apoyo de importantes grupos de musulmanes, particularmente en el Punjab, y los aproximaron a la Liga Musulmana, que adquirió la condición de un movimiento de masas en el mismo momento en que el gobierno de Delhi, llevado del temor de que el Congreso pudiera sabotear el esfuerzo de guerra, utilizaba de forma deliberada y sistemática la rivalidad entre las comunidades hindú y musulmana para inmovilizar al movimiento nacionalista. En este caso puede decirse que Gran Bretaña aplicó la máxima de «divide y vencerás». En su último intento desesperado por ganar la guerra, el *raj* no sólo se destruyó a sí mismo sino que acabó con lo que lo legitimaba moralmente: el proyecto de lograr un subcontinente indio unido en el que sus múltiples comunidades pudieran coexistir en una paz relativa bajo la misma administración y el mismo ordenamiento jurídico. Cuando concluyó la guerra resultó imposible dar marcha atrás al motor de una política confesionalista.

Con la excepción de Indochina, el proceso de descolonización estaba ya concluido en Asia en 1950. Mientras tanto, la región musulmana occidental, desde Persia (Irán) a Marruecos, experimentó una transformación impulsada por una serie de movimientos populares, golpes revolucionarios e insurrecciones, que comenzaron con la nacionalización de las compañías petrolíferas occidentales en Irán (1951) y la implantación del populismo con Muhammad Mussadiq (1880-1967) y el apoyo del poderoso Partido Tude (comunista). (No puede sorprender que los partidos comunistas del Próximo Oriente adquirieran cierta influencia a raíz de la gran victoria soviética.) Mussadiq sería derrocado en 1953 como consecuencia de un golpe preparado por el servicio secreto anglonorteamericano. La revolución de los Oficiales Libres en Egipto (1952), dirigida por Gamal Abdel Nasser (1918-1970), y el posterior derrumbamiento de los regímenes dependientes de Occidente en Irak (1958) y Siria fueron hechos irreversibles, aunque británicos y franceses, en colaboración con el nuevo estado antiárabe de Israel, intentaron por todos los medios aniquilar a Nasser en la guerra de Suez de 1956 (véase p. 360). En cambio, Francia se opuso con energía al levantamiento de las fuerzas que luchaban por la independencia nacional en Argelia (1954-1961), uno de esos territorios, como Suráfrica y —en un sentido distinto— Israel, donde la coexistencia de la población autóctona con un núcleo numeroso de colonos europeos dificultaba la solución del problema de la descolonización. La guerra de Argelia fue un conflicto sangriento que contribuyó a institucionalizar la tortura en el ejército, la policía y las fuerzas de seguridad de unos países que se declaraban civilizados. Popularizó la utilización de la tortura mediante descargas eléctricas que se aplicaban en distintas zonas del cuerpo como la lengua, los pezones y los genitales, y provocó la caída de la cuarta república (1958) y casi la de la quinta (1961), antes de que Argelia consiguiera la independencia, que el general De Gaulle había considerado inevitable hacía mucho tiempo. Mientras tanto, el gobierno francés había negociado secretamente la autonomía y la independencia (1956) de los otros dos protectorados que poseía en el norte de África: Túnez (que se convirtió en una república) y Marruecos (que siguió siendo una monarquía). Ese mismo año Gran Bretaña se desprendió tranquilamente de Sudán, cuyo mantenimiento como colonia era insostenible desde que perdiera el control sobre Egipto.

Es difícil decir con certeza cuándo comprendieron los viejos imperios que la era del imperialismo había concluido definitivamente. Visto desde la actualidad, el intento de Gran Bretaña y de Francia de reafirmar su posición como potencias imperialistas en la aventura del canal de Suez de 1956 parece más claramente condenado al fracaso de lo que debieron pensar los gobiernos de Londres y París que proyectaron esa operación militar para acabar con el gobierno egipcio revolucionario del coronel Nasser, en una acción concertada con Israel. El episodio constituyó un sonoro fracaso (salvo desde el punto de vista de Israel), tanto más ridículo por la combinación de indecisión y falta de sinceridad de que hizo gala el primer ministro británico Anthony Eden. La operación —que, apenas iniciada, tuvo que ser cancelada bajo la presión de Estados Unidos— inclinó a Egipto hacia la URSS y terminó para siempre con lo que se ha llamado «el momento de Gran Bretaña en el Próximo Oriente», es decir, la época de hegemonía británica incontestable en la región, iniciada en 1918.

Sea como fuere, a finales de los años cincuenta los viejos imperios eran conscientes de la necesidad de liquidar el colonialismo formal. Sólo Portugal continuaba resistiéndose, porque la economía de la metrópoli, atrasada y aislada políticamente, no podía permitirse el neocolonialismo. Necesitaba explotar sus recursos africanos y, como su economía no era competitiva, sólo podía hacerlo mediante el control directo. Suráfrica y Rodesia del Sur, los dos estados africanos en los que existía un importante núcleo de colonos de raza blanca (aparte de Kenia), se negaron también a seguir la senda que desembocaría inevitablemente en el establecimiento de unos regímenes dominados por la población africana, y para evitar ese destino Rodesia del Sur se declaró independiente de Gran Bretaña (1965). Sin embargo, París, Londres y Bruselas (el

Congo belga) decidieron que la concesión voluntaria de la independencia formal y el mantenimiento de la dependencia económica y cultural eran preferibles a una larga lucha que probablemente desembocaría en la independencia y el establecimiento de regímenes de izquierdas. Únicamente en Kenia se produjo una importante insurrección popular y se inició una guerra de guerrillas, aunque sólo participaron en ella algunos sectores de una etnia local, los kikuyu (el llamado movimiento Mau-Mau, 1952-1956). En todos los demás lugares, se practicó con éxito la política de descolonización profiláctica, excepto en el Congo belga, donde muy pronto degeneró en anarquía, guerra civil e intervención internacional. Por lo que respecta al África británica, en 1957 se concedió la independencia a Costa de Oro (la actual Ghana), donde ya existía un partido de masas conducido por un valioso político e intelectual panafricanista llamado Kwame Nkrumah. En el África francesa, Guinea fue abocada a una independencia prematura y empobrecida en 1958, cuando su líder, Sekou Touré, se negó a integrarse en una «Comunidad Francesa» ofrecida por De Gaulle, que conjugaba la autonomía con una dependencia estricta de la economía francesa y, por ende, fue el primero de los líderes africanos negros que se vio obligado a buscar ayuda en Moscú. Casi todas las restantes colonias británicas, francesas y belgas de África obtuvieron la independencia en 1960-1962, y el resto poco después. Sólo Portugal y los estados que los colonos blancos habían declarado independientes se resistieron a seguir esa tendencia.

Las posesiones británicas más extensas del Caribe fueron descolonizadas sin disturbios en los años sesenta; las islas más pequeñas, a intervalos desde ese momento hasta 1981, las del Índico y el Pacífico, a finales de los años sesenta y durante la década de los setenta. De hecho en 1970 ningún territorio de gran extensión continuaba bajo la administración directa de las antiguas potencias coloniales o de los regímenes controlados por sus colonos, excepto en el centro y sur de África y, naturalmente, en Vietnam, donde en ese momento rugían las armas. La era imperialista había llegado a su fin. Setenta y cinco años antes el imperialismo parecía indestructible e incluso treinta años antes afectaba a la mayor parte de los pueblos del planeta. El imperialismo, un elemento irrecuperable del pasado, pasó a formar parte de los recuerdos literarios y cinematográficos idealizados de los antiguos estados imperiales, cuando una nueva generación de escritores autóctonos de los antiguos países coloniales comenzaron su creación literaria al iniciarse el período de la independencia.

Segunda parte

LA EDAD DE ORO

Capítulo VIII

LA GUERRA FRÍA

Aunque la Rusia de los soviets pretende extender su influencia por todos los medios a su alcance, la revolución a escala mundial ya no forma parte de su programa, y no existe ningún elemento en la situación interna de la Unión que pueda promover el retorno a las antiguas tradiciones revolucionarias. Cualquier comparación entre la amenaza de la Alemania de antes de la guerra y la amenaza soviética actual debe tener en cuenta ... diferencias fundamentales ... Así pues, el riesgo de una catástrofe repentina es mucho menor con los rusos que con los alemanes.

FRANK ROBERTS, Embajada británica en Moscú,
al Foreign Office, Londres, 1946
(Jensen, 1991, p. 56)

La economía de guerra les facilita una posición cómoda a decenas de miles de burócratas vestidos de uniforme o de paisano que van a la oficina cada día a construir armas atómicas o a planificar la guerra atómica; a millones de trabajadores cuyos puestos de trabajo dependen del sistema de terrorismo nuclear; a científicos e ingenieros pagados para buscar la «solución tecnológica» definitiva que proporcione una seguridad absoluta; a contratistas que no quieren dejar pasar la ocasión de obtener beneficios fáciles; a guerreros intelectuales que venden amenazas y bendicen guerras.

RICHARD BARNET (1981, p. 97)

I

Los cuarenta y cinco años transcurridos entre la explosión de las bombas atómicas y el fin de la Unión Soviética no constituyen un período de la historia universal homogéneo y único. Tal como veremos en los capítulos siguientes, se dividen en dos mitades, una a cada lado del hito que representan los primeros años setenta (véanse los capítulos IX y XIV). Sin embargo, la historia del período en su conjunto siguió un patrón único marcado por la peculiar situación internacional que lo dominó hasta la caída de la URSS: el enfrentamiento constante de las dos superpotencias surgidas de la segunda guerra mundial, la denominada «guerra fría».

La segunda guerra mundial apenas había acabado cuando la humanidad se precipitó en lo que sería razonable considerar una tercera guerra mundial, aunque muy singular; y es que, tal como dijo el gran filósofo Thomas Hobbes, «La guerra no consiste sólo en batallas, o en la acción de luchar, sino que es un lapso de tiempo durante el cual la voluntad de entrar en combate es suficientemente conocida» (Hobbes, capítulo 13). La guerra fría entre los dos bandos de los Estados Unidos y la URSS, con sus respectivos aliados, que dominó por completo el escenario internacional de la segunda mitad del siglo XX, fue sin lugar a dudas un lapso de tiempo así. Generaciones enteras crecieron bajo la amenaza de un conflicto nuclear global que, tal como creían muchos, podía estallar en cualquier momento y arrasar a la humanidad. En realidad, aun a los que no creían que cualquiera de los dos bandos tuviera intención de atacar al otro les resultaba difícil no caer en el pesimismo, ya que la ley de Murphy es una de las generalizaciones que mejor cuadran al ser humano («Si algo puede ir mal, irá mal»). Con el correr del tiempo, cada vez había más cosas que podían ir mal, tanto política como tecnológicamente, en un enfrentamiento nuclear permanente basado en la premisa de que sólo el miedo a la «destrucción mutua asegurada» (acertadamente resumida en inglés con el acrónimo MAD, «loco») impediría a cualquiera de los dos bandos dar la señal, siempre a punto, de la destrucción planificada de la civilización. No llegó a suceder, pero durante cuarenta años fue una posibilidad cotidiana.

La singularidad de la guerra fría estribaba en que, objetivamente hablando, no había ningún peligro inminente de guerra mundial. Más aún: pese a la retórica apocalíptica de ambos bandos, sobre todo del lado norteamericano, los gobiernos de ambas superpotencias aceptaron el reparto global de fuerzas establecido al final de la segunda guerra mundial, lo que suponía un equilibrio de poderes muy desigual pero indiscutido. La URSS dominaba o ejercía una influencia preponderante en una parte del globo: la zona ocupada por el ejército rojo y otras fuerzas armadas comunistas al final de la guerra, sin intentar extender más allá su esfera de influencia por la fuerza de las armas. Los Estados Unidos controlaban y dominaban el resto del mundo capitalista, además del hemisferio occidental y los océanos, asumiendo los restos de la vieja hegemonía imperial de las antiguas potencias coloniales. En contrapartida, no intervenían en la zona aceptada como de hegemonía soviética.

En Europa las líneas de demarcación se habían trazado en 1943-1945, tanto por los acuerdos alcanzados en las cumbres en que participaron Roosevelt, Churchill y Stalin, como en virtud del hecho de que sólo el ejército rojo era realmente capaz de derrotar a Alemania. Hubo vacilaciones, sobre todo de Alemania y Austria, que se resolvieron con la partición de Alemania de acuerdo con las líneas de las fuerzas de ocupación del Este y del Oeste, y la retirada de todos los ex contendientes de Austria, que se convirtió en una especie de segunda Suiza: un país pequeño con vocación de neutralidad, envidiado por su constante prosperidad y, en consecuencia, descrito (correctamente) como «aburrido». La URSS aceptó a regañadientes el Berlín Oeste como un enclave occidental en la parte del territorio alemán que controlaba, pero no estaba dispuesta a discutir el tema con las armas.

La situación fuera de Europa no estaba tan clara, salvo en el caso de Japón, en donde los Estados Unidos establecieron una ocupación totalmente unilateral que excluyó no sólo a la URSS, sino también a los demás aliados. El problema era que ya se preveía el fin de los antiguos imperios coloniales, cosa que en 1945, en Asia, ya resultaba inminente, aunque la orientación futura de los nuevos estados poscoloniales no estaba nada clara. Como veremos (capítulos XII y XV), esta fue la zona en que las dos superpotencias siguieron compitiendo en busca de apoyo e influencia durante toda la guerra fría y, por lo tanto, fue la de mayor fricción entre ambas, donde más probables resultaban los conflictos armados, que acabaron por estallar. A diferencia de Europa, ni siquiera se podían prever los límites de la zona que en el futuro iba a quedar bajo control comunista, y mucho menos negociarse, ni aun del modo más provisional y ambiguo. Así, por ejemplo, la URSS no sentía grandes deseos de que los comunistas tomaran el poder en China,[1] pero eso fue lo que sucedió a pesar de todo.

Sin embargo, incluso en lo que pronto dio en llamarse el «tercer mundo», las condiciones para la estabilidad internacional empezaron a aparecer a los pocos años, a medida que fue quedando claro que la mayoría de los nuevos estados poscoloniales, por escasas que fueran sus simpatías hacia los Estados Unidos y sus aliados, no eran comunistas, sino, en realidad, sobre todo anticomunistas en política interior, y «no alineados» (es decir, fuera del bloque militar soviético) en asuntos exteriores. En resumen, el «bando comunista» no presentó síntomas de expansión significativa entre la

1. Las referencias a China brillaban por su ausencia en el informe de Zhdanov sobre la situación mundial con que se inauguró la conferencia de la Oficina de Información Comunista (Cominform) en septiembre de 1947, aunque Indonesia y Vietnam recibieron el calificativo de «miembros del bando antiimperialista», e India, Egipto y Siria, de «simpatizantes» del mismo (Spriano, 1933, p. 286). Todavía en abril de 1949, al abandonar Chiang Kai-shek su capital, Nanking, el embajador soviético —el *único* de entre todo el cuerpo diplomático— se unió a él en su retirada hacia Cantón. Seis meses más tarde, Mao proclamaba la República Popular (Walker, 1993, p. 63).

revolución china y los años setenta, cuando la China comunista ya no formaba parte del mismo.

En la práctica, la situación mundial se hizo razonablemente estable poco después de la guerra y siguió siéndolo hasta mediados de los setenta, cuando el sistema internacional y sus componentes entraron en otro prolongado período de crisis política y económica. Hasta entonces ambas superpotencias habían aceptado el reparto desigual del mundo, habían hecho los máximos esfuerzos por resolver las disputas sobre sus zonas de influencia sin llegar a un choque abierto de sus fuerzas armadas que pudiese llevarlas a la guerra y, en contra de la ideología y de la retórica de guerra fría, habían actuado partiendo de la premisa de que la coexistencia pacífica entre ambas era posible. De hecho, a la hora de la verdad, la una confiaba en la moderación de la otra, incluso en las ocasiones en que estuvieron oficialmente a punto de entrar, o entraron, en guerra. Así, durante la guerra de Corea de 1950-1953, en la que participaron oficialmente los norteamericanos, pero no los rusos, Washington sabía perfectamente que unos 150 aviones chinos eran en realidad aviones soviéticos pilotados por aviadores soviéticos (Walker, 1993, pp. 75-77). La información se mantuvo en secreto porque se dedujo, acertadamente, que lo último que Moscú deseaba era la guerra. Durante la crisis de los misiles cubanos de 1962, tal como sabemos hoy (Ball, 1992; Ball, 1993), la principal preocupación de ambos bandos fue cómo evitar que se malinterpretaran gestos hostiles como preparativos bélicos reales.

Este acuerdo tácito de tratar la guerra fría como una «paz fría» se mantuvo hasta los años setenta. La URSS supo (o, mejor dicho, aprendió) en 1953 que los llamamientos de los Estados Unidos para «hacer retroceder» al comunismo era simple propaganda radiofónica, porque los norteamericanos ni pestañearon cuando los tanques soviéticos restablecieron el control comunista durante un importante levantamiento obrero en la Alemania del Este. A partir de entonces, tal como confirmó la revolución húngara de 1956, Occidente no se entrometió en la esfera de control soviético. La guerra fría, que sí procuraba estar a la altura de su propia retórica de lucha por la supremacía o por la aniquilación, no era un enfrentamiento en el que las decisiones fundamentales las tomaban los gobiernos, sino la sorda rivalidad entre los distintos servicios secretos reconocidos y por reconocer, que en Occidente produjo el fruto más característico de la tensión internacional: las novelas de espionaje y de asesinatos encubiertos. En este género, los británicos, gracias al James Bond de Ian Fleming y a los héroes agridulces de John Le Carré —ambos habían trabajado por un tiempo en los servicios secretos británicos—, mantuvieron la primacía, compensando así el declive de su país en el mundo del poder real. No obstante, con la excepción de lo sucedido en algunos de los países más débiles del tercer mundo, las operaciones del KGB, la CIA y semejantes fueron desdeñables en términos de poder político real, por teatrales que resultasen a menudo.

En tales circunstancias, ¿hubo en algún momento peligro real de guerra mundial durante este largo período de tensión, con la lógica excepción de los accidentes que amenazan inevitablemente a quienes patinan y patinan sobre una delgada capa de hielo? Es difícil de decir. Es probable que el período más explosivo fuera el que medió entre la proclamación formal de la «doctrina Truman» en marzo de 1947 («La política de los Estados Unidos tiene que ser apoyar a los pueblos libres que se resisten a ser subyugados por minorías armadas o por presiones exteriores») y abril de 1951, cuando el mismo presidente de los Estados Unidos destituyó al general Douglas MacArthur, comandante en jefe de las fuerzas de los Estados Unidos en la guerra de Corea (1950-1953), que llevó demasiado lejos sus ambiciones militares. Durante esta época el temor de los norteamericanos a la desintegración social o a la revolución en países no soviéticos de Eurasia no era simple fantasía: al fin y al cabo, en 1949 los comunistas se hicieron con el poder en China. Por su parte, la URSS se vio enfrentada con unos Estados Unidos que disfrutaban del monopolio del armamento atómico y que multiplicaban las declaraciones de anticomunismo militante y amenazador, mientras la solidez del bloque soviético empezaba a resquebrajarse con la ruptura de la Yugoslavia de Tito (1948). Además, a partir de 1949, el gobierno de China no sólo se involucró en una guerra de gran calibre en Corea sin pensárselo dos veces, sino que, a diferencia de otros gobiernos, estaba dispuesto a afrontar la posibilidad real de luchar y sobrevivir a un holocausto nuclear.[2] Todo podía suceder.

Una vez que la URSS se hizo con armas nucleares —cuatro años después de Hiroshima en el caso de la bomba atómica (1949), nueve meses después de los Estados Unidos en el de la bomba de hidrógeno (1953)—, ambas superpotencias dejaron de utilizar la guerra como arma política en sus relaciones mutuas, pues era el equivalente de un pacto suicida. Que contemplaran seriamente la posibilidad de utilizar las armas nucleares contra terceros —los Estados Unidos en Corea en 1951 y para salvar a los franceses en Indochina en 1954; la URSS contra China en 1969— no está muy claro, pero lo cierto es que no lo hicieron. Sin embargo, ambas superpotencias se sirvieron de la amenaza nuclear, casi con toda certeza sin tener intención de cumplirla, en algunas ocasiones: los Estados Unidos, para acelerar las negociaciones de paz en Corea y Vietnam (1953, 1954); la URSS, para obligar a Gran Bretaña y a Francia a retirarse de Suez en 1956. Por desgracia, la certidumbre misma de que ninguna de las dos superpotencias *deseaba* realmente apretar el botón atómico tentó a ambos bandos a agitar el recurso al arma atómica con finalidades negociadoras o (en los Estados Unidos) para el consumo doméstico, en la confianza de que el otro tampoco quería la guerra. Esta confianza demostró estar justificada, pero al precio de desquiciar los nervios de varias generaciones. La crisis de los misiles

2. Se dice que Mao le comentó al dirigente comunista italiano Togliatti: «¿Quién le ha dicho que Italia vaya a sobrevivir? Quedarán trescientos millones de chinos, y eso bastará para la continuidad de la raza humana». «La disposición de Mao para aceptar lo inevitable de una guerra atómica y su posible utilidad para precipitar la derrota final del capitalismo dejó atónitos a sus camaradas de otros países» en 1957 (Walker, 1993, p. 126).

cubanos de 1962, uno de estos recursos enteramente innecesarios, estuvo a punto de arrastrar al mundo a una guerra innecesaria a lo largo de unos pocos días y, de hecho, llegó a asustar a las cúpulas dirigentes hasta hacerles entrar temporalmente en razón.[3]

II

¿Cómo podemos, pues, explicar los cuarenta años de enfrentamiento armado y de movilización permanente, basados en la premisa siempre inverosímil, y en este caso totalmente infundada, de que el planeta era tan inestable que podía estallar una guerra mundial en cualquier momento, y que eso sólo lo impedía una disuasión mutua sin tregua? En primer lugar, la guerra fría se basaba en la creencia occidental, absurda vista desde el presente pero muy lógica tras el fin de la segunda guerra mundial, de que la era de las catástrofes no se había acabado en modo alguno; que el futuro del capitalismo mundial y de la sociedad liberal distaba mucho de estar garantizado. La mayoría de los observadores esperaba una crisis económica de posguerra grave, incluso en los Estados Unidos, por analogía con lo que había sucedido tras el fin de la primera guerra mundial. Un futuro premio Nobel de economía habló en 1943 de la posibilidad de que se diera en los Estados Unidos «el período más grande de desempleo y de dislocación de la industria al que jamás se haya enfrentado economía alguna» (Samuelson, 1943, p. 51). De hecho, los planes del gobierno de los Estados Unidos para la posguerra se dirigían mucho más a evitar otra Gran Depresión que a evitar otra guerra, algo a lo que Washington había dedicado poca atención antes de la victoria (Kolko, 1969, pp. 244-246).

Si Washington esperaba «serias alteraciones de posguerra» que socavasen «la estabilidad social, política y económica del mundo» (Dean Acheson, citado en Kolko, 1969, p. 485) era porque al acabar la guerra los países beligerantes, con la excepción de los Estados Unidos, eran mundos en ruinas habitados por lo que a los norteamericanos les parecían poblaciones hambrientas, desesperadas y tal vez radicalizadas, predispuestas a prestar oído a los cantos de sirena de la revolución social y de políticas económicas incompatibles con el sistema internacional de libertad de empresa, libre mercado y libertad de movimiento de capitales que había de salvar a los Estados Unidos y al mundo. Además, el sistema internacional de antes de la guerra se había hundido, dejando a los Estados Unidos frente a una URSS comunista enormemente for-

3. El dirigente soviético N. S. Kruschev decidió instalar misiles en Cuba para compensar los misiles que los norteamericanos habían instalado ya en el otro lado de la frontera soviética, en Turquía (Burlatsky, 1992). Los Estados Unidos le obligaron a retirarlos con amenazas de guerra, pero también retiraron sus misiles de Turquía. Los misiles soviéticos, como le habían dicho al presidente Kennedy por aquel entonces, carecían de importancia en el marco del equilibrio estratégico, pero sí la tenían de cara a la imagen pública del presidente (Ball, 1992, p. 18; Walker, 1988). Los misiles norteamericanos que se retiraron fueron calificados de «obsoletos».

talecida que ocupaba amplias extensiones de Europa y extensiones aún más amplias del mundo no europeo, cuyo futuro político parecía incierto —menos que en ese mundo explosivo e inestable todo lo que ocurriera era probable que debilitase al capitalismo de los Estados Unidos, y fortaleciese a la potencia que había nacido por y para la revolución.

La situación en la inmediata posguerra en muchos de los países liberados y ocupados parecía contraria a los políticos moderados, con escasos apoyos salvo el de sus aliados occidentales, asediados desde dentro y fuera de sus gobiernos por los comunistas, que después de la guerra aparecieron en todas partes con mucha más fuerza que en cualquier otro tiempo anterior y, a veces, como los partidos y formaciones políticas mayores en sus respectivos países. El primer ministro (socialista) de Francia fue a Washington a advertir que, sin apoyo económico, probablemente sucumbiría ante los comunistas. La pésima cosecha de 1946, seguida por el terrible invierno de 1946-1947, puso aún más nerviosos tanto a los políticos europeos como a los asesores presidenciales norteamericanos.

En esas circunstancias no es sorprendente que la alianza que habían mantenido durante la guerra las principales potencias capitalista y socialista, ésta ahora a la cabeza de su propia esfera de influencia, se rompiera, como tan a menudo sucede con coaliciones aún menos heterogéneas al acabar una guerra. Sin embargo, ello no basta para explicar por qué la política de los Estados Unidos —los aliados y satélites de Washington, con la posible excepción de Gran Bretaña, mostraron una vehemencia mucho menor— tenía que basarse, por lo menos en sus manifestaciones públicas, en presentar el escenario de pesadilla de una superpotencia moscovita lanzada a la inmediata conquista del planeta, al frente de una «conspiración comunista mundial» y atea siempre dispuesta a derrocar los dominios de la libertad. Y mucho menos sirve esa ruptura para explicar la retórica de J. F. Kennedy durante la campaña presidencial de 1960, cuando era impensable que lo que el primer ministro británico Harold Macmillan denominó «nuestra sociedad libre aotual, la nueva forma de capitalismo» (Horne, 1989, vol. II, p. 238) pudiera considerarse directamente amenazada.[4]

¿Por qué se puede tachar de «apocalíptica» (Hughes, 1969, p. 28) la visión de «los profesionales del Departamento de Estado» tras el fin de la guerra? ¿Por qué hasta el sereno diplomático británico que rechazaba toda comparación de la URSS con la Alemania nazi informaba luego desde Moscú que el mundo «se enfrentaba ahora al equivalente moderno de las guerras de religión del siglo XVI, en el que el comunismo soviético luchará contra la democracia social occidental y la versión norteamericana del capitalismo por la dominación mundial»? (Jensen, 1991, pp. 41 y 53-54: Roberts, 1991).

4. «El enemigo es el sistema comunista en sí: implacable, insaciable, infatigable en su pugna por dominar el mundo ... Esta no es una lucha sólo por la supremacía armamentística. También es una lucha por la supremacía entre dos ideologías opuestas: la libertad bajo un Dios, y una tiranía atea» (Walker, 1993, p. 132).

Y es que ahora resulta evidente, y era tal vez razonable incluso en 1945-1947, que la URSS ni era expansionista —menos aún agresiva— ni contaba con extender el avance del comunismo más allá de lo que se supone se había acordado en las cumbres de 1943-1945. De hecho, allí en donde la URSS controlaba regímenes y movimientos comunistas satélites, éstos tenían el compromiso específico de *no* construir estados según el modelo de la URSS, sino economías mixtas con democracias parlamentarias pluripartidistas, muy diferentes de la «dictadura del proletariado» y «más aún» de la de un partido único, descritas en documentos internos del partido comunista como «ni útiles ni necesarias» (Spriano, 1983, p. 265). (Los únicos regímenes comunistas que se negaron a seguir esta línea fueron aquellos cuyas revoluciones, que Stalin desalentó firmemente, escaparon al control de Moscú, como Yugoslavia.) Además, y aunque esto sea algo a lo que no se haya prestado mucha atención, la URSS desmovilizó sus tropas —su principal baza en el campo militar— casi tan deprisa como los Estados Unidos, con lo que el ejército rojo disminuyó sus efectivos de un máximo de casi doce millones de hombres en 1945 a tres millones antes de finales de 1948 (*New York Times*, 24-10-1946 y 24-10-1948).

Desde cualquier punto de vista racional, la URSS no representaba ninguna amenaza inmediata para quienes se encontrasen fuera del ámbito de ocupación de las fuerzas del ejército rojo. Después de la guerra, se encontraba en ruinas, desangrada y exhausta, con una economía civil hecha trizas y un gobierno que desconfiaba de una población gran parte de la cual, fuera de Rusia, había mostrado una clara y comprensible falta de adhesión al régimen. En sus confines occidentales, la URSS continuó teniendo dificultades con las guerrillas ucranianas y de otras nacionalidades durante años. La dirigía un dictador que había demostrado ser tan poco partidario de correr riesgos fuera del territorio bajo su dominio directo, como despiadado dentro del mismo: J. V. Stalin (véase el capítulo XIII). La URSS necesitaba toda la ayuda económica posible y, por lo tanto, no tenía ningún interés, a corto plazo, en enemistarse con la única potencia que podía proporcionársela, los Estados Unidos. No cabe duda de que Stalin, en tanto que comunista, creía en la inevitable sustitución del capitalismo por el comunismo, y, en ese sentido, que la coexistencia de ambos sistemas no sería permanente. Sin embargo, los planificadores soviéticos no creían que el capitalismo como tal se encontrase en crisis al término de la segunda guerra mundial, sino que no les cabía duda de que seguiría por mucho tiempo bajo la égida de los Estados Unidos, cuya riqueza y poderío, enormemente aumentados, no eran sino evidentes (Loth, 1988, pp. 36-37). Eso es, de hecho, lo que la URSS sospechaba y temía.[5] Su postura de fondo tras la guerra no era agresiva sino defensiva.

5. Mayores aún hubieran sido sus suspicacias de haber sabido que la junta de jefes de estado mayor de los Estados Unidos trazó un plan para lanzar bombas atómicas sobre las veinte ciudades principales de la Unión Soviética a las pocas semanas del fin de la guerra (Walker, 1993, pp. 26-27).

Sin embargo, la política de enfrentamiento entre ambos bandos surgió de su propia situación. La URSS, consciente de lo precario e inseguro de su posición, se enfrentaba a la potencia mundial de los Estados Unidos, conscientes de lo precario e inseguro de la situación en Europa central y occidental, y del incierto futuro de gran parte de Asia. El enfrentamiento es probable que se hubiese producido aun sin la ideología de por medio. George Kennan, el diplomático norteamericano que, a principios de 1946, formuló la política de «contención» que Washington abrazó con entusiasmo, no creía que Rusia se batiera en una cruzada por el comunismo, y —tal como demostró su carrera posterior— él mismo se guardó mucho de participar en cruzadas ideológicas (con la posible excepción de sus ataques a la política democrática, de la que tenía una pobre opinión). Kennan no era más que un buen especialista en Rusia de la vieja escuela de diplomacia entre potencias —había muchos así en las cancillerías europeas— que veía en Rusia, ya fuese la de los zares o la bolchevique, una sociedad atrasada y bárbara gobernada por hombres a quienes impulsaba una «sensación rusa tradicional e instintiva de inseguridad», siempre aislada del mundo exterior, siempre regida por autócratas, buscando siempre su «seguridad» sólo en un combate paciente y a muerte por la completa destrucción de la potencia rival, sin llegar jamás a pactos o compromisos con ésta; reaccionando siempre, por lo tanto, sólo a «la lógica de la fuerza», no a la de la razón. El comunismo, por supuesto, pensaba Kennan, hacía a la antigua Rusia más peligrosa porque reforzaba a la más brutal de las grandes potencias con la más despiadada de las utopías, es decir, de las ideologías de dominación mundial. Pero esa tesis implicaba que la única «potencia rival» de Rusia, a saber, los Estados Unidos, habría tenido que «contener» la presión rusa con una resistencia inflexible aunque Rusia no hubiese sido comunista.

Por otra parte, desde el punto de vista de Moscú, la única estrategia racional para defender y explotar su nueva posición de gran, aunque frágil, potencia internacional, era exactamente la misma: la intransigencia. Nadie sabía mejor que Stalin lo malas que eran sus cartas. No cabía negociar las posiciones que le habían ofrecido Roosevelt y Churchill cuando la intervención soviética era esencial para derrotar a Hitler y todavía se creía que sería esencial para derrotar a Japón. La URSS podía estar dispuesta a retirarse de las zonas en donde no estaba amparada por los acuerdos de las cumbres de 1943-1945, y sobre todo de Yalta —por ejemplo, la frontera entre Irán y Turquía en 1945-1946—, pero todo intento de revisión de Yalta sólo podía acogerse con una rotunda negativa, y, de hecho, el «no» del ministro de Asuntos Exteriores de Stalin, Molotov, en todas las reuniones internacionales posteriores a Yalta se hizo famoso. Los norteamericanos tenían la fuerza de su lado, aunque hasta diciembre de 1947 no dispusieron de aviones capaces de transportar las doce bombas atómicas con que contaban y el personal militar capaz de montarlas (Moisi, 1981, pp. 78-79). La URSS, no. Washington no estaba dispuesto a renunciar a nada sino a cambio de concesiones, pero eso era exactamente lo que Moscú no podía permitirse, ni siquiera a cambio de la ayuda económica que necesitaba desesperadamente y que, en cualquier caso, los norteamericanos no querían concederles, con la excusa de que se les había «traspapelado» la petición soviética de un crédito de posguerra, presentada antes de Yalta.

En resumen, mientras que a los Estados Unidos les preocupaba el peligro de una hipotética supremacía mundial de la URSS en el futuro, a Moscú le preocupaba la hegemonía real de los Estados Unidos en el presente sobre todas las partes del mundo no ocupadas por el ejército rojo. No hubiera sido muy difícil convertir a una URSS agotada y empobrecida en otro satélite de la economía estadounidense, más poderosa por aquel entonces que todas las demás economías mundiales juntas. La intransigencia era la táctica lógica. Que destaparan el farol de Moscú, si querían.

Pero esa política de mutua intransigencia e incluso de rivalidad permanente no implica un riesgo cotidiano de guerra. Los ministros de Asuntos Exteriores británicos del siglo XIX, que daban por sentado que el afán expansionista de la Rusia de los zares debía «contenerse» constantemente al modo de Kennan, sabían perfectamente que los momentos de enfrentamiento abierto eran contados, y las crisis bélicas, todavía más. La intransigencia mutua implica aún menos una política de lucha a vida o muerte o de guerra de religión. Sin embargo, había en la situación dos elementos que contribuyeron a desplazar el enfrentamiento del ámbito de la razón al de las emociones. Como la URSS, los Estados Unidos eran una potencia que representaba una ideología considerada sinceramente por muchos norteamericanos como modelo para el mundo. A diferencia de la URSS, los Estados Unidos eran una democracia. Por desgracia, este segundo elemento era probablemente el más peligroso.

Y es que el gobierno soviético, aunque también satanizara a su antagonista global, no tenía que preocuparse por ganarse los votos de los congresistas o por las elecciones presidenciales y legislativas, al contrario que el gobierno de los Estados Unidos. Para conseguir ambos objetivos, el anticomunismo apocalíptico resultaba útil y, por consiguiente, tentador, incluso para políticos que no estaban sinceramente convencidos de su propia retórica, o que, como el secretario de Estado para la Marina del presidente Truman, James Forrestal (1882-1949), estaban lo bastante locos, médicamente hablando, como para suicidarse porque veían venir a los rusos desde la ventana del hospital. Un enemigo exterior que amenazase a los Estados Unidos les resultaba práctico a los gobiernos norteamericanos, que habían llegado a la acertada conclusión de que los Estados Unidos eran ahora una potencia mundial —en realidad, la mayor potencia mundial con mucho— y que seguían viendo el «aislacionismo» o un proteccionismo defensivo como sus mayores obstáculos internos. Si los mismísimos Estados Unidos no estaban a salvo, entonces no podían renunciar a las responsabilidades —y recompensas— del liderazgo mundial, igual que al término de la primera gran guerra. Más concretamente, la histeria pública facilitaba a los presidentes la obtención de las enormes sumas necesarias para financiar la política norteamericana gracias a una ciudadanía notoria por su escasa predisposición a pagar impuestos. Y el anticomunismo era auténtica y visceralmente popular en un país basado en el individualismo y en la empresa privada, cuya definición nacional se daba en unos parámetros exclusivamente ideológicos («americanismo») que podían considerarse prácticamente el polo opuesto al comunismo. (Y tampoco hay que olvidar los votos de los inmigrantes procedentes de la Europa del Este sovietizada.) No fue el gobierno de los Estados Unidos quien inició el sórdido e irracional frenesí de la caza de brujas anticomunista, sino demagogos por lo demás insignificantes —algunos, como el tristemente famoso senador Joseph McCarthy, ni siquiera especialmente anticomunistas— que descubrieron el potencial político de la denuncia a gran escala del enemigo interior.[6] El potencial burocrático ya hacía tiempo que lo había descubierto J. Edgar Hoover (1885-1972), el casi incombustible jefe del Federal Bureau of Investigations (FBI). Lo que uno de los arquitectos principales de la guerra fría denominó «el ataque de los Primitivos» (Acheson, 1970, p. 462) facilitaba y limitaba al mismo tiempo la política de Washington al hacerle adoptar actitudes extremas, sobre todo en los años que siguieron a la victoria comunista en China, de la que naturalmente se culpó a Moscú.

Al mismo tiempo, la exigencia esquizoide por parte de políticos necesitados de votos de que se instrumentara una política que hiciera retroceder la «agresión comunista» y, a la vez, ahorrase dinero y perturbase lo menos posible la tranquilidad de los norteamericanos comprometió a Washington, y también a sus demás aliados, no sólo a una estrategia de bombas atómicas en lugar de tropas, sino a la tremenda estrategia de las «represalias masivas» anunciada en 1954. Al agresor en potencia había que amenazarlo con armas atómicas aun en el caso de un ataque convencional limitado. En resumen, los Estados Unidos se vieron obligados a adoptar una actitud agresiva, con una flexibilidad táctica mínima.

Así, ambos bandos se vieron envueltos en una loca carrera de armamentos que llevaba a la destrucción mutua, en manos de la clase de generales atómicos y de intelectuales atómicos cuya profesión les exigía que no se dieran cuenta de esta locura. Ambos grupos se vieron también implicados en lo que el presidente Eisenhower, un militar moderado de la vieja escuela que se encontró haciendo de presidente en pleno viaje a la locura sin acabar de contagiarse del todo, calificó, al retirarse, de «complejo militar-industrial», es decir, la masa creciente de hombres y recursos dedicados a la preparación de la guerra. Los intereses creados de estos grupos eran los mayores que jamás hubiesen existido en tiempos de paz entre las potencias. Como era de esperar, ambos complejos militar-industriales contaron con el apoyo de sus respectivos gobiernos para usar su superávit para atraerse y

6. El único político con entidad propia que surgió del submundo de la caza de brujas fue Richard Nixon, el más desagradable de entre los presidentes norteamericanos de la posguerra (1968-1974).

armar aliados y satélites, y, cosa nada desdeñable, para hacerse con lucrativos mercados para la exportación, al tiempo que se guardaban para sí las armas más modernas, así como, desde luego, las armas atómicas. Y es que, en la práctica, las superpotencias mantuvieron el monopolio nuclear. Los británicos consiguieron sus propias bombas en 1952, irónicamente con el propósito de disminuir su dependencia de los Estados Unidos; los franceses (cuyo arsenal atómico era de hecho independiente de los Estados Unidos) y los chinos en los años sesenta. Mientras duró la guerra fría, ninguno de estos arsenales contó. Durante los años setenta y ochenta, algunos otros países adquirieron la capacidad de producir armas atómicas, sobre todo Israel, Suráfrica y seguramente la India, pero esta proliferación nuclear no se convirtió en un problema internacional grave hasta después del fin del orden mundial bipolar de las dos superpotencias en 1989.

Así pues, ¿quién fue el culpable de la guerra fría? Como el debate sobre el tema fue durante mucho tiempo un partido de tenis ideológico entre quienes le echaban la culpa exclusivamente a la URSS y quienes (en su mayoría, todo hay que decirlo, norteamericanos) decían que era culpa sobre todo de los Estados Unidos, resulta tentador unirse al grupo intermedio, que le echa la culpa al temor mutuo surgido del enfrentamiento hasta que «los dos bandos armados empezaron a movilizarse bajo banderas opuestas» (Walker, 1993, p. 55). Esto es verdad, pero no toda la verdad. Explica lo que se ha dado en llamar la «congelación» de los frentes en 1947-1949; la partición gradual de Alemania, desde 1947 hasta la construcción del muro de Berlín en 1961; el fracaso de los anticomunistas occidentales a la hora de evitar verse envueltos en la alianza militar dominada por los Estados Unidos (con la excepción del general De Gaulle en Francia); y el fracaso de quienes, en el lado oriental de la línea divisoria, intentaron evitar la total subordinación a Moscú (con la excepción del mariscal Tito en Yugoslavia). Pero no explica el *tono* apocalíptico de la guerra fría. Eso vino de los Estados Unidos. Todos los gobiernos de Europa occidental, con o sin partidos comunistas importantes, fueron sin excepción plenamente anticomunistas, decididos a protegerse contra un posible ataque militar soviético. Ninguno hubiera dudado de haber tenido que elegir entre los Estados Unidos y la URSS, ni siquiera los comprometidos por su historia, su política o por tratar de ser neutrales. Y, sin embargo, la «conspiración comunista mundial» no fue nunca parte importante de la política interna de ninguno de los países que podían afirmar ser políticamente democráticos, por lo menos tras la inmediata posguerra. Entre los países democráticos, *sólo* en los Estados Unidos se eligieron presidentes (como John F. Kennedy en 1960) para ir en contra del comunismo, que, en términos de política interna, era tan insignificante en el país como el budismo en Irlanda. Si alguien puso el espíritu de cruzada en la *Realpolitik* del enfrentamiento internacional entre potencias y allí lo dejó fue Washington. En realidad, tal como demuestra la retórica electoral de J. F. Kennedy con la claridad de la buena oratoria, la cuestión no era la amenaza teórica de dominación mundial comunista, sino el mantenimiento de la supremacía real de los Estados Unidos.[7] Hay que añadir, no obstante, que los gobiernos de la OTAN, aunque no estuviesen del todo contentos con la política norteamericana, estaban dispuestos a aceptar la supremacía norteamericana como precio de la protección contra el poderío militar de un sistema político abominable mientras ese sistema continuara existiendo. Esos gobiernos estaban tan poco dispuestos a confiar en la URSS como Washington. En resumen, la «contención» era la política de todos; la destrucción del comunismo, no.

III

Aunque el aspecto más visible de la guerra fría fuera el enfrentamiento militar y la carrera de armamento atómico cada vez más frenética en Occidente, ese no fue su impacto principal. Las armas atómicas no se usaron, pese a que las potencias nucleares participaran en tres grandes guerras (aunque sin llegar a enfrentarse). Sobresaltados por la victoria comunista en China, los Estados Unidos y sus aliados (bajo el disfraz de las Naciones Unidas) intervinieron en Corea en 1950 para impedir que el régimen comunista del norte de ese país dividido se extendiera hacia el sur. El resultado fue de tablas. Volvieron a hacer lo mismo en Vietnam, y perdieron. La URSS se retiró en 1988 después de haber prestado asistencia militar al gobierno amigo de Afganistán contra las guerrillas apoyadas por los Estados Unidos y pertrechadas por Pakistán. En resumen, los costosos equipamientos militares propios de la rivalidad entre superpotencias demostraron ser ineficaces. La amenaza de guerra constante generó movimientos pacifistas internacionales, dirigidos fundamentalmente contra las armas nucleares, que ocasionalmente se convirtieron en movimientos de masas en parte de Europa, y que los apóstoles de la guerra fría consideraban como armas secretas de los comunistas. Los movimientos en pro del desarme nuclear tampoco resultaron decisivos, aunque un movimiento antibelicista en concreto, el de los jóvenes norteamericanos que se opusieron a ser reclutados para participar en la guerra de Vietnam (1965-1975), demostró ser más eficaz. Al final de la guerra fría, estos movimientos dejaron tras de sí el recuerdo de una buena causa y algunas curiosas reliquias periféricas, como la adopción del logotipo antinuclear por parte de los movimientos contraculturales post-1968, y un arraigado prejuicio entre los ecologistas contra cualquier clase de energía nuclear.

Mucho más evidentes resultan las consecuencias políticas de la guerra fría, que, casi de inmediato, polarizó el mundo dominado por las superpotencias en dos «bandos» claramente divididos. Los gobiernos de unidad nacional antifascista que habían dirigido Europa hasta el final de la guerra

7. «Haremos acopio de energía y volveremos a ser los primeros. No los primeros si... No los primeros, pero... Sino los primeros, y punto. No quiero que el mundo se pregunte qué hace el señor Kruschev. Quiero que se pregunten qué hacen los Estados Unidos» (Beschloss, 1991, p. 28).

(con la significativa excepción de los tres principales contendientes, la URSS, los Estados Unidos y Gran Bretaña) se escindieron en regímenes pro y anticomunistas homogéneos en 1947-1948. En Occidente, los comunistas desaparecieron de los gobiernos para convertirse en parias políticos permanentes. Los Estados Unidos tenían prevista una intervención militar en caso de victoria comunista en las elecciones italianas de 1948. La URSS siguió el mismo camino eliminando a los no comunistas de las «democracias populares» pluripartidistas, que fueron clasificadas desde entonces como «dictaduras del proletariado», o sea, de los partidos comunistas. Se creó una Internacional Comunista curiosamente limitada y eurocéntrica (la «Cominform» u Oficina de Información Comunista) para hacer frente a los Estados Unidos, pero se disolvió discretamente en 1956 en cuanto el clima internacional se hubo enfriado un poco. La dominación soviética directa quedó firmemente establecida en toda la Europa oriental, salvo, curiosamente, Finlandia, que estaba a merced de los soviéticos y cuyo importante Partido Comunista se salió del gobierno en 1948. El porqué Stalin se contuvo cuando podría haber instalado un gobierno satélite allí sigue estando poco claro, aunque tal vez lo disuadieran las altas probabilidades de que los finlandeses se alzaran en armas una vez más (igual que en 1939-1940 y 1941-1944), pues lo cierto es que Stalin no tenía ningunas ganas de correr el riesgo de entrar en una guerra que se le pudiera ir de las manos. Por otra parte, Stalin intentó en vano imponer el dominio soviético a la Yugoslavia de Tito, que, en consecuencia, rompió con Moscú en 1948, sin unirse al otro bando.

La política del bloque comunista fue, a partir de entonces, previsiblemente monolítica, aunque la fragilidad del monolito fue cada vez más evidente a partir de 1956 (véase el capítulo XVI). La política de los estados europeos alineados con los Estados Unidos fue menos unicolor, ya que a la práctica totalidad de los partidos políticos locales, salvo los comunistas, les unía su antipatía por los soviéticos. En cuestiones de política exterior, no importaba quién estuviera al mando. Sin embargo, los Estados Unidos simplificaron las cosas en dos de los antiguos países enemigos, Japón e Italia, al crear lo que venía a ser un sistema permanente de partido único. En Tokio, los Estados Unidos impulsaron la fundación del Partido Demócrata-Liberal (1955), y en Italia, al insistir en la exclusión total del poder del partido de oposición natural porque daba la casualidad de que eran los comunistas, entregaron el país a la Democracia Cristiana, con el apoyo suplementario, según lo requiriera la ocasión, de una selección de minipartidos: liberales, republicanos, etc. A partir de principios de los años sesenta, el único partido importante que faltaba, el socialista, se unió a la coalición gubernamental, tras haber disuelto su larga alianza con los comunistas después de 1956. Las consecuencias para ambos países fueron la estabilización de los comunistas (en Japón, los socialistas) como la principal fuerza opositora, y la instalación de unos regímenes de corrupción institucional a una escala tan asombrosa que, cuando finalmente afloró en 1992-1993, escandalizó a los propios italianos y japoneses. Tanto gobierno como oposición, encallados por este procedimiento, se hundieron con el equilibrio de las superpotencias que había creado ese estado de cosas.

Aunque los Estados Unidos pronto alteraron la política de reformas antimonopolísticas que sus asesores rooseveltianos habían impuesto inicialmente en la Alemania y el Japón ocupados, por suerte para la tranquilidad de los aliados de los norteamericanos, la guerra había eliminado de la escena pública al nacionalsocialismo, al fascismo, al nacionalismo japonés radical y a gran parte de los sectores derechistas y nacionalistas del espectro político. Era, pues, imposible de momento movilizar a esos elementos anticomunistas de eficacia incuestionable en la lucha del «mundo libre» contra el «totalitarismo», pero sí podía hacerse, en cambio, con las restauradas grandes empresas alemanas y los *zaibatsu* japoneses.[8] La base política de los gobiernos occidentales de la guerra fría abarcaba, así, desde la izquierda socialdemócrata de antes de la guerra a la derecha moderada no nacionalista de antes de la guerra. En este último campo, los partidos vinculados a la Iglesia católica demostraron ser particularmente útiles, ya que las credenciales anticomunistas y conservadoras de la Iglesia eran de primer orden, pero sus partidos «cristianodemócratas» (véase el capítulo IV) poseían sólidas credenciales antifascistas y, al mismo tiempo, programas sociales no socialistas. Así, estos partidos desempeñaron un papel básico en la política occidental posterior a 1945, temporalmente en Francia y de modo más permanente en Alemania, Italia, Bélgica y Austria (véanse también pp. 285-286).

Sin embargo, los efectos de la guerra fría sobre la política internacional europea fueron más notables que sobre la política interna continental: la guerra fría creó la Comunidad Europea con todos sus problemas; una forma de organización política sin ningún precedente, a saber, un organismo permanente (o por lo menos de larga duración) para integrar las economías y, en cierta medida, los sistemas legales de una serie de estados-nación independientes. Formada al principio (1957) por seis estados (Francia, República Federal de Alemania, Italia, Países Bajos, Bélgica y Luxemburgo), a finales del siglo XX corto, cuando el sistema empezó a tambalearse al igual que todos los productos de la guerra fría, se le habían unido seis más (Gran Bretaña, Irlanda, España, Portugal, Dinamarca, Grecia), y se había comprometido en principio a alcanzar un mayor grado de integración tanto política como económica, que llevara a una unión política permanente, federal o confederal, de «Europa».

La Comunidad fue creada, como otras muchas cosas en la Europa de después de 1945, tanto por los Estados Unidos como en contra de ellos, e ilustra tanto el poder como la ambigüedad de este país y sus limitaciones; pero también ilustra la fuerza del miedo que mantenía unida a la alianza antisoviética, miedo no sólo a la URSS: para Francia, Alemania seguía siendo el peligro principal, y el temor a una gran potencia renacida en la Europa cen-

8. Sin embargo, a los antiguos fascistas los emplearon sistemáticamente desde un principio en los servicios de inteligencia y en otras funciones apartadas del escrutinio público.

tral lo compartían, en menor grado, los demás países ex contendientes u ocupados de Europa, todos los cuales se veían ahora unidos en la OTAN tanto con los Estados Unidos como con una Alemania resucitada en lo económico y rearmada, aunque afortunadamente mutilada. También había miedo a los Estados Unidos, aliado indispensable frente a la URSS, pero sospechoso por su falta de fiabilidad: un aliado que, de forma nada sorprendente, podía ser capaz de poner los intereses de la supremacía mundial norteamericana por encima de todo lo demás, incluidos los intereses de sus aliados. No hay que olvidar que en todos los cálculos efectuados sobre el mundo de la posguerra, así como en todas las decisiones de la posguerra, «la premisa de toda política era la preeminencia económica norteamericana» (Maier, 1987, p. 125).

Por suerte para los aliados de los norteamericanos, la situación de la Europa occidental en 1946-1947 parecía tan tensa que Washington creyó que el desarrollo de una economía europea fuerte, y algo más tarde de una economía japonesa fuerte, era la prioridad más urgente y, en consecuencia, los Estados Unidos lanzaron en junio de 1947 el plan Marshall, un proyecto colosal para la recuperación de Europa. A diferencia de las ayudas anteriores, que formaban parte de una diplomacia económica agresiva, el plan Marshall adoptó la forma de transferencias a fondo perdido más que de créditos. Una vez más fue una suerte para los aliados que los planes norteamericanos para una economía mundial de libre comercio, libre convertibilidad de las monedas y mercados libres en una posguerra dominada por ellos, carecieran totalmente de realismo, aunque sólo fuese porque las tremendas dificultades de pago de Europa y Japón, sedientos de los tan escasos dólares, significaban que no había perspectivas inmediatas de liberalización del comercio y de los pagos. Tampoco estaban los Estados Unidos en situación de imponer a los estados europeos su ideal de un plan europeo único, que condujera, a ser posible, hacia una Europa unida según el modelo estadounidense en su estructura política, así como en una floreciente economía de libre empresa. Ni a los británicos, que todavía se consideraban una potencia mundial, ni a los franceses, que soñaban con una Francia fuerte y una Alemania dividida, les gustaba. No obstante, para los norteamericanos, una Europa reconstruida eficazmente y parte de la alianza antisoviética que era el lógico complemento del plan Marshall —la Organización del Tratado del Atlántico Norte (OTAN) de 1949— tenía que basarse, siendo realistas, en la fortaleza económica alemana ratificada con el rearme de Alemania. Lo mejor que los franceses podían hacer era vincular los asuntos de Alemania Occidental y de Francia tan estrechamente que resultara imposible un conflicto entre estos dos antiguos adversarios. Así pues, los franceses propusieron su propia versión de una unión europea, la Comunidad Europea del Carbón y del Acero (1951), que luego se transformó en la Comunidad Económica Europea o Mercado Común Europeo (1957), más adelante simplemente en la Comunidad Europea, y, a partir de 1993, en la Unión Europea. Tenía su cuartel general en Bruselas, pero la alianza franco-alemana era su núcleo. La Comunidad Europea se creó como *alternativa* a los planes de integración europea de los Estados Unidos. Una vez más, el fin de la guerra fría socavó las bases sobre las que se asentaban la Comunidad Europea y la alianza franco-alemana, en buena medida por los desequilibrios provocados por la reunificación alemana de 1990 y los problemas económicos imprevistos que acarreó.

No obstante, aunque los Estados Unidos fuesen incapaces de imponer a los europeos sus planes económico-políticos en todos sus detalles, eran lo bastante fuertes como para controlar su posición internacional. La política de alianza contra la URSS era de los Estados Unidos, al igual que sus planes militares. Alemania se rearmó, las ansias de neutralidad europea fueron eliminadas con firmeza y el único intento de determinadas potencias occidentales por adoptar una política exterior independiente de la de Estados Unidos —la guerra anglo-francesa de Suez contra Egipto en 1956— fue abortado por la presión de los norteamericanos. Lo máximo que los aliados o los satélites podían permitirse era rechazar la total integración dentro de la alianza militar sin salirse del todo de la misma (como hizo el general De Gaulle).

Y sin embargo, a medida que se fue prolongando la guerra fría fue creciendo la distancia entre el avasallador dominio militar y, por lo tanto, político, de la alianza por parte de Washington y los resultados cada vez peores de la economía norteamericana. El peso económico del mundo se estaba desplazando de los Estados Unidos a las economías europea y japonesa, que aquéllos tenían la convicción de haber rescatado y reconstruido (véase el capítulo IX). Los dólares, tan escasos en 1947, habían ido saliendo de Estados Unidos como un torrente cada vez mayor, acelerado —sobre todo en los años sesenta— por la afición norteamericana a financiar el déficit provocado por los enormes costes de sus actividades militares planetarias, especialmente la guerra de Vietnam (después de 1965), así como por el programa de bienestar social más ambicioso de la historia de los Estados Unidos. El dólar, pieza fundamental de la economía mundial de posguerra tal como la habían concebido y garantizado los Estados Unidos, se debilitó. Respaldado en teoría por el oro de Fort Knox, que había llegado a poseer tres cuartas partes de las reservas mundiales, en la práctica se trataba cada vez más de un torrente de papel o de asientos en libros de contabilidad; pero como la estabilidad del dólar la garantizaba su vínculo con una cantidad determinada de oro, los precavidos europeos, encabezados por los superprecavidos franceses, preferían cambiar papel potencialmente devaluado por lingotes macizos. Así pues, el oro salió a chorros de Fort Knox, y su precio aumentó al tiempo que lo hacía la demanda. Durante la mayor parte de los años sesenta la estabilidad del dólar, y con ella la del sistema internacional de pagos, ya no se basó más en las reservas de los Estados Unidos, sino en la disposición de los bancos centrales europeos —presionados por los Estados Unidos— a no cambiar sus dólares por oro, y a unirse a un «bloque del oro» para estabilizar el precio del metal en los mercados. Pero eso no duró: en 1968, el «bloque del oro», agotados sus recursos, se disolvió, con lo que, de hecho, se puso fin a la convertibilidad del dólar, formalmente abandonada en agosto de 1971 y, con ella, la estabilidad del sistema internacional de pagos, cuyo dominio por parte de los Estados Unidos o de cualquier otro país tocó a su fin.

Cuando acabó la guerra fría, la hegemonía económica norteamericana había quedado tan mermada que el país ni siquiera podía financiar su propia hegemonía militar. La guerra del Golfo de 1991 contra Irak, una operación militar esencialmente norteamericana, la pagaron, con ganas o sin ellas, terceros países que apoyaban a Washington, y fue una de las escasas guerras de las que una gran potencia sacó pingües beneficios. Por suerte para las partes afectadas, salvo para la infeliz población iraquí, todo terminó en cuestión de días.

IV

En un determinado momento de principios de los años sesenta, pareció como si la guerra fría diera unos pasos hacia la senda de la cordura. Los años peligrosos, desde 1947 hasta los dramáticos acontecimientos de la guerra de Corea (1950-1953), habían transcurrido sin una conflagración mundial, al igual que sucedió con los cataclismos que sacudieron el bloque soviético tras la muerte de Stalin (1953), sobre todo a mediados de los años cincuenta. Así, lejos de desencadenarse una crisis social, los países de la Europa occidental empezaron a darse cuenta de que en realidad estaban viviendo una época de prosperidad inesperada y general, que comentaremos con mayor detalle en el capítulo siguiente. En la jerga tradicional de los diplomáticos, la disminución de la tensión era la «distensión», una palabra que se hizo de uso corriente.

El término había surgido a finales de los años cincuenta, cuando N. S. Kruschev estableció su supremacía en la URSS después de los zafarranchos postestalinistas (1958-1964). Este admirable diamante en bruto, que creía en la reforma y en la coexistencia pacífica, y que, por cierto, vació los campos de concentración de Stalin, dominó la escena internacional en los años que siguieron. Posiblemente fue también el único campesino que haya llegado a dirigir un estado importante. Sin embargo, la distensión tuvo que sobrevivir primero a lo que pareció una etapa de confrontaciones de una tensión insólita entre la afición de Kruschev a las fanfarronadas y a las decisiones impulsivas y la política de grandes gestos de John F. Kennedy (1960-1963), el presidente norteamericano más sobrevalorado de este siglo. Las dos superpotencias estaban dirigidas, pues, por dos amantes del riesgo en una época en la que, es difícil de recordar, el mundo occidental capitalista creía estar perdiendo su ventaja sobre las economías comunistas, que habían crecido más deprisa que las suyas en los años cincuenta. ¿Acaso no habían demostrado una (breve) superioridad tecnológica respecto a los Estados Unidos con el espectacular triunfo de los satélites y cosmonautas soviéticos? Además, ¿no acababa de triunfar el comunismo, ante el asombro general, en Cuba, un país que se encontraba apenas a unos kilómetros de Florida? (capítulo XV).

La URSS, en cambio, estaba preocupada no sólo por la retórica ambigua y a menudo belicosa en extremo de Washington, sino también por la ruptura fundamental con China, que ahora acusaba a Moscú de haber suavizado su actitud respecto al capitalismo, con lo que Kruschev, pese a sus intenciones pacíficas, se vio forzado a adoptar en público una actitud más intransigente hacia Occidente. Al mismo tiempo, la brusca aceleración de la descolonización y de las revoluciones en el tercer mundo (véanse los capítulos VII, XII y XV) parecía favorecer a los soviéticos. Unos Estados Unidos nerviosos pero confiados se enfrentaron así a una URSS confiada pero nerviosa por Berlín, por el Congo, por Cuba.

En realidad, el resultado neto de esta fase de amenazas mutuas y de apurar los límites fue la relativa estabilización del sistema internacional y el acuerdo tácito por parte de ambas superpotencias de no asustarse mutuamente ni asustar al resto del mundo, cuyo símbolo fue la instalación del «teléfono rojo» que entonces (1963) conectó a la Casa Blanca con el Kremlin. El muro de Berlín (1961) cerró la última frontera indefinida existente entre el Este y el Oeste en Europa. Los Estados Unidos aceptaron tener a la Cuba comunista a su puerta. Las diminutas llamas de las guerras de liberación y de guerrillas encendidas por la revolución cubana en América Latina y por la ola de descolonización en África no se convirtieron en incendios forestales, sino que aparentemente se fueron apagando (véase el capítulo XV). Kennedy fue asesinado en 1963; a Kruschev le obligó a hacer las maletas en 1964 la clase dirigente soviética, que prefería una forma menos impetuosa de actuar en política. De hecho, en los años sesenta y setenta se dieron pasos significativos hacia el control y la limitación del armamento nuclear: tratados de prohibición de las pruebas nucleares, tentativas por detener la proliferación nuclear (aceptadas por quienes ya tenían armas atómicas o no creían llegar a tenerlas nunca, pero no por quienes estaban armando su propio arsenal atómico, como China, Francia e Israel), un Tratado de Limitación de las Armas Estratégicas (SALT) entre los Estados Unidos y la URSS, e incluso un cierto acuerdo sobre los misiles antibalísticos (ABM) de cada bando. Y, lo que hace más al caso, el comercio entre los Estados Unidos y la URSS, estrangulado por razones políticas por ambos lados durante tanto tiempo, empezó a florecer con el paso de los años sesenta a los setenta. Las perspectivas parecían halagüeñas.

No fue así. A mediados de los años setenta el mundo entró en lo que se ha denominado la «segunda» guerra fría (véase el capítulo XV), que coincidió con importantes cambios en la economía mundial, el período de crisis prolongada que caracterizó a las dos décadas a partir de 1973 y que llegó a su apogeo a principios de los años ochenta (capítulo XIV). Sin embargo, al principio el cambio de clima económico apenas fue apreciado por los participantes en el juego de las superpotencias, salvo por el brusco tirón de los precios de las fuentes de energía provocado por el certero golpe de mano del cártel de productores de petróleo, la OPEP, uno de los acontecimientos que parecían apuntar hacia un debilitamiento de la dominación internacional de los Estados Unidos. Ambas superpotencias estaban satisfechas con la solidez de sus respectivas economías. Los Estados Unidos se vieron mucho menos perjudicados por la recesión económica que Europa; la URSS —los dioses hacen felices al principio a quienes quieren destruir— creía que todo le iba viento en popa. Leónidas Brezhnev, el sucesor de Kruschev, presidente durante lo que los reformistas soviéticos denominarían «la era del estancamiento», parecía tener razones para sentirse optimista, sobre todo porque la crisis del petróleo de 1973 acababa de cuadruplicar el valor internacional a precios de mercado de los gigantescos yacimientos de petróleo y gas natural recién descubiertos en la URSS a mediados de los años sesenta.

Pero dejando aparte la economía, dos acontecimientos interrelacionados produjeron un aparente desequilibrio entre las superpotencias. El primero fue lo que parecía ser la derrota y desestabilización de los Estados Unidos al embarcarse en una guerra de importancia: Vietnam desmoralizó y dividió a la nación, entre escenas televisadas de disturbios y de manifestaciones antibélicas; destruyó a un presidente norteamericano; condujo a una derrota y una retirada anunciadas por todo el mundo al cabo de diez años (1965-1975); y, lo que es más importante en este contexto, demostró el aislamiento de los Estados Unidos. Y es que ni un solo aliado europeo de los norteamericanos envió siquiera un contingente de tropas simbólico a luchar junto a las fuerzas estadounidenses. Por qué los Estados Unidos acabaron enfangados en una guerra que estaban condenados a perder, y contra la cual tanto sus aliados como la misma URSS les habían alertado,[9] es algo que resultaría casi imposible de entender, de no ser por la espesa niebla de incomprensión, confusión y paranoia por entre la que los principales protagonistas de la guerra fría iban tanteando el camino.

Y, por si Vietnam no hubiera bastado para demostrar el aislamiento de los Estados Unidos, la guerra del Yom Kippur de 1973 entre Israel, convertido en el máximo aliado de los Estados Unidos en Próximo Oriente, y las fuerzas armadas de Egipto y Siria, equipadas por la Unión Soviética, lo puso todavía más de manifiesto. Y es que cuando Israel, en situación extrema, falto de aviones y de munición, pidió a los Estados Unidos que le facilitaran suministros, los aliados europeos, con la única salvedad de Portugal, uno de los últimos bastiones del fascismo de antes de la guerra, se negaron incluso a permitir que los aviones estadounidenses emplearan sus bases aéreas conjuntas para este fin. (Los suministros llegaron a Israel a través de las Azores.) Los Estados Unidos creían, sin que uno pueda ver por qué, que estaban en juego sus propios intereses vitales. De hecho, el secretario de Estado norteamericano, Henry Kissinger (cuyo presidente, Richard Nixon, estaba ocupado tratando de librarse de que lo destituyeran), llegó a declarar la primera alerta atómica desde la crisis de los misiles cubanos, una maniobra típica, por

9. «Si quieren, vayan y peleen en las junglas del Vietnam. Allí pelearon siete años los franceses, y al final tuvieron que irse. Puede que los americanos duren ahí algo más, pero al final también tendrán que irse»; Kruschev a Dean Rusk en 1961 (Beschloss, 1991, p. 649).

su brutal doblez, de este personaje hábil y cínico, pero que no hizo cambiar de opinión a los aliados de los norteamericanos, más pendientes del suministro de crudo de Próximo Oriente que de apoyar una jugada de los Estados Unidos que según Washington sostenía, con poco éxito, era esencial en la lucha global contra el comunismo. Y es que, mediante la OPEP, los países árabes de Próximo Oriente habían hecho todo lo posible por impedir que se apoyara a Israel, cortando el suministro de petróleo y amenazando con un embargo de crudo. Al hacerlo, descubrieron que podían conseguir que se multiplicara el precio mundial del petróleo. Los ministros de Asuntos Exteriores del mundo entero tomaron nota de que los todopoderosos Estados Unidos no hicieron ni podían hacer nada al respecto.

Vietnam y Próximo Oriente debilitaron a los Estados Unidos, aunque no alteraron el equilibrio global de las superpotencias ni la naturaleza de la confrontación en los distintos escenarios regionales de la guerra fría. No obstante, entre 1974 y 1979 surgió una nueva oleada de revoluciones por una extensa zona del globo (véase el capítulo XV). Esta tercera ronda de convulsiones del siglo XX corto parecía como si fuera a alterar el equilibrio de las superpotencias en contra de los Estados Unidos, ya que una serie de regímenes africanos, asiáticos e incluso americanos se pasaron al bando soviético y, en concreto, facilitaron a la URSS bases militares, sobre todo navales, fuera del territorio original de ésta, sin apenas salida al mar. La coincidencia de esta tercera oleada de revoluciones mundiales con el fracaso y derrota públicos de los norteamericanos fue lo que engendró la segunda guerra fría. Pero también fue la coincidencia de ambos elementos con el optimismo y la autosatisfacción de la URSS de Brezhnev en los años setenta lo que convirtió esta segunda guerra fría en una realidad. En esta etapa los conflictos se dirimieron mediante una combinación de guerras locales en el tercer mundo, en las que combatieron indirectamente los Estados Unidos, que evitaron esta vez el error de Vietnam de comprometer sus propias tropas, y mediante una aceleración extraordinaria de la carrera de armamentos atómicos, lo primero menos irracional que lo segundo.

Dado que la situación en Europa se había estabilizado de forma tan visible —ni siquiera la revolución portuguesa de 1974 ni el fin del régimen de Franco en España la alteraron— y que las líneas divisorias estaban tan claras, en la práctica ambas superpotencias habían trasladado su rivalidad al tercer mundo. La distensión en Europa dio a los Estados Unidos en tiempos de Nixon (1968-1974) y de Kissinger la oportunidad de apuntarse dos grandes éxitos: la expulsión de los soviéticos de Egipto y, algo mucho más significativo, la entrada informal de China en la alianza antisoviética. La nueva oleada de revoluciones, probablemente todas dirigidas contra los regímenes conservadores cuyo adalid mundial eran los Estados Unidos, dio a la URSS la oportunidad de recuperar la iniciativa. Al pasar los restos del imperio colonial portugués en África (Angola, Mozambique, Guinea Bissau, Cabo Verde) al dominio comunista y al mirar hacia el Este la revolución que derrocó al emperador de Etiopía; al adquirir la marina soviética, en rápido crecimiento, nuevas e importantes bases a ambos lados del océano Índico; al caer el sha del Irán, un estado de ánimo cercano a la histeria se apoderó del debate público y privado de los norteamericanos. ¿De qué otro modo (salvo, en parte, por una prodigiosa ignorancia de la topografía de Asia) podemos explicar la opinión de los norteamericanos, expresada en serio en esos momentos, de que la entrada de tropas soviéticas en Afganistán representaba el primer paso de un avance soviético que pronto llegaría al océano Índico y al golfo Pérsico?[10] (véase la p. 476).

La injustificada autosatisfacción de los soviéticos alentó el miedo. Mucho antes de que los propagandistas norteamericanos explicaran, *a posteriori*, cómo los Estados Unidos se lanzaron a ganar la guerra fría arruinando a su antagonista, el régimen de Brezhnev había empezado a arruinarse él solo al emprender un programa de armamento que elevó los gastos en defensa en un promedio anual del 4-5 por 100 (en términos reales) durante los veinte años posteriores a 1964. La carrera había sido absurda, aunque le proporcionó a la URSS la satisfacción de poder decir que había alcanzado la paridad con los Estados Unidos en lanzadoras de misiles en 1971, y una superioridad del 25 por 100 en 1976 (aunque siguió estando muy por debajo de los Estados Unidos en cabezas nucleares). Hasta el pequeño arsenal atómico soviético había disuadido a los Estados Unidos durante la crisis de Cuba, y hacía tiempo que ambos bandos podían convertir el uno al otro en un montón de escombros. El esfuerzo sistemático soviético por crear una marina con una presencia mundial en todos los océanos —o, más bien, dado que su fuerte eran los submarinos, debajo de los mismos— tampoco era mucho más sensato en términos estratégicos, pero por lo menos era comprensible como gesto político de una superpotencia global, que reclamaba el derecho a hacer ondear su pabellón en todo el mundo. Pero el hecho mismo de que la URSS ya no aceptase su confinamiento regional les pareció a los guerreros fríos norteamericanos la prueba palpable de que la supremacía occidental terminaría si no se reafirmaba mediante una demostración de fuerza. La creciente confianza que llevó a Moscú a abandonar la cautela poskruscheviana en asuntos internacionales se lo confirmaba.

Por supuesto, la histeria de Washington no se basaba en razonamientos lógicos. En términos reales, el poderío norteamericano, a diferencia de su prestigio, continuaba siendo decisivamente mayor que el poderío soviético. En cuanto a la economía y la tecnología de ambos bandos, la superioridad occidental (y japonesa) era incalculable. Puede que los soviéticos, duros e inflexibles, hubieran conseguido mediante esfuerzos titánicos levantar la mejor economía del mundo al estilo de 1890 (por citar a Jowitt, 1991, p. 78), pero ¿de qué le servía a la URSS que a mediados de los años ochenta produjera un 80 por 100 más de acero, el doble de hierro en lingotes y cinco veces

10. La afirmación de que los sandinistas de Nicaragua habían llevado una amenaza militar a pocos días de camino por carretera de la frontera de Texas fue otra muestra típica de geopolítica de mapa de escuela.

más tractores que los Estados Unidos, si no había logrado adaptarse a una economía basada en la silicona y en el *software*? (véase el capítulo XVI). No había absolutamente ningún indicio ni probabilidad de que la URSS deseara una guerra (excepto, tal vez, contra China), y mucho menos de que planeara un ataque militar contra Occidente. Los delirantes escenarios de ataque nuclear procedentes de los guerreros fríos en activo y la propaganda gubernamental de Occidente a principios de los años ochenta eran de cosecha propia, aunque, en la práctica, acabaron por convencer a los soviéticos de que un ataque nuclear preventivo occidental contra la URSS era posible o incluso —como en algunos momentos de 1983— inminente (Walker, 1993, capítulo 11), y desencadenaron el mayor movimiento pacifista y antinuclear de masas de la guerra fría, la campaña contra el despliegue de una nueva gama de misiles en Europa.

Los historiadores del siglo XXI, lejos del recuerdo vivo de los setenta y los ochenta, se devanarán los sesos ante la aparente insentatez de este brote de fiebre militar, la retórica apocalíptica y la conducta internacional a menudo extravagante de los gobiernos estadounidenses, sobre todo en los primeros años del presidente Reagan (1980-1988). Tendrán que valorar la hondura de los traumas subjetivos de derrota, impotencia y pública ignominia que afligieron a la clase política de los Estados Unidos en los años setenta, doblemente penosos por el desprestigio en que cayó la presidencia de los Estados Unidos en los años en que Richard Nixon (1968-1974) tuvo que dimitir por un sórdido escándalo, para ser luego ejercida por dos insignificantes presidentes. Todo ello culminó en el humillante episodio de la toma de los diplomáticos estadounidenses como rehenes en Irán durante la revolución iraní, en las revoluciones comunistas de un par de pequeños países centroamericanos y en una segunda crisis internacional del petróleo, al subir de nuevo la OPEP los precios del crudo hasta un máximo histórico.

La política de Ronald Reagan, elegido presidente en 1980, sólo puede entenderse como el afán de lavar la afrenta de lo que se vivía como una humillación, demostrando la supremacía y la invulnerabilidad incontestables de los Estados Unidos con gestos de fuerza militar contra blancos fáciles, como la invasión de la islita caribeña de Granada (1983), el contundente ataque naval y aéreo contra Libia (1986) y la todavía más contundente y absurda invasión de Panamá (1989). Reagan, acaso porque era un actor del montón, comprendió el estado de ánimo de su pueblo y la hondura de las heridas de su amor propio. Al final, el trauma sólo sanó gracias al inesperado, imprevisto y definitivo hundimiento del gran antagonista, que dejó a los Estados Unidos como única potencia global. Pero aun entonces cabe detectar en la guerra del Golfo contra Irak en 1991 una tardía compensación por los terribles momentos de 1973 y 1979, cuando la mayor potencia de la tierra no supo cómo responder a un consorcio de débiles países tercermundistas que amenazaban con asfixiar sus suministros de crudo.

La cruzada contra el «imperio del mal», a la que el gobierno del presidente Reagan —por lo menos en público— consagró sus energías, estaba, pues, concebida como una terapia para los Estados Unidos más que como un intento práctico de restablecer el equilibrio mundial entre las superpotencias. Esto último, en realidad, se había llevado a cabo discretamente a finales de los años setenta, cuando la OTAN —con un presidente norteamericano demócrata y gobiernos socialdemócratas y laboristas en Alemania y en Gran Bretaña— empezó a rearmarse, y a los nuevos estados africanos de izquierdas los mantenían a raya desde el principio movimientos o estados apoyados por los Estados Unidos, con apreciable éxito en el centro y el sur de África (donde podían actuar en conjunción con el formidable régimen del *apartheid* de la República de Suráfrica), pero con menos fortuna en el Cuerno de África. (En ambas áreas los rusos contaron con la inapreciable ayuda de fuerzas expedicionarias cubanas, prueba del compromiso de Fidel Castro con las revoluciones del tercer mundo, así como de su alianza con la URSS.) La aportación reaganiana a la guerra fría fue de otra índole.

Fue una aportación no tanto práctica como ideológica: parte de la reacción occidental a las alteraciones de la época de disturbios e incertidumbres en que pareció entrar el mundo tras el fin de la edad de oro (véase el capítulo XIV). Una larga etapa de gobiernos centristas y socialdemócratas moderados tocó a su fin con el fracaso aparente de las políticas económicas y sociales de la edad de oro. Hacia 1980 llegaron al poder en varios países gobiernos de la derecha ideológica, comprometidos con una forma extrema de egoísmo empresarial y de *laissez-faire*. Entre ellos, Reagan y la tremenda señora Thatcher, siempre segura de sí misma, en Gran Bretaña (1979-1990), fueron los más destacados. Para esta nueva derecha, el capitalismo de la sociedad del bienestar de los años cincuenta y sesenta, bajo la tutela estatal, y que ya no contaba con el sostén del éxito económico, siempre había sido como una subespecie de aquel socialismo («el camino de servidumbre», como lo llamó el economista e ideólogo Von Hayek) cuya culminación final veían en la URSS. La guerra fría de Ronald Reagan no estaba dirigida contra el «imperio del mal» exterior, sino contra el recuerdo de Franklin D. Roosevelt en el interior: contra el estado del bienestar igual que contra todo intrusismo estatal. Su enemigo era tanto el liberalismo (la «palabrota que empieza por l» que tan buenos resultados obtuvo en las campañas presidenciales) como el comunismo.

Como la URSS se hundió justo al final de la era de Reagan, los propagandistas norteamericanos, por supuesto, afirmaron que su caída se había debido a una activa campaña de acoso y derribo. Los Estados Unidos habían luchado en la guerra fría y habían ganado, derrotando completamente a su enemigo. No hace falta tomar en serio la versión de estos cruzados de los años ochenta, porque no hay la menor señal de que el gobierno de los Estados Unidos contemplara el hundimiento inminente de la URSS o de que estuviera preparado para ello llegado el momento. Si bien, desde luego, tenía la esperanza de poner en un aprieto a la economía soviética, el gobierno norteamericano había sido informado (erróneamente) por sus propios servicios de inteligencia de que la URSS se encontraba en buena forma y era capaz de mantener la carrera de armamentos. A principios de los ochenta, todavía se creía (también erróneamente) que la URSS estaba librando una firme ofensiva global. En realidad, el mismo presidente Reagan, a pesar de la retórica que le pusieran por delante quienes le escribían los discursos, y a pesar de lo que pudiera pasar por su mente no siempre lúcida, creía realmente en la coexistencia entre los Estados Unidos y la URSS, pero una coexistencia que no estuviese basada en un repugnante equilibrio de terror nuclear mutuo: lo que Reagan soñaba era un mundo totalmente libre de armas nucleares, al igual que el nuevo secretario general del Partido Comunista de la Unión Soviética, Mijail Serguéievich Gorbachov, como quedó claro en la extraña cumbre celebrada en la penumbra del otoño ártico de Islandia en 1986.

La guerra fría acabó cuando una de las superpotencias, o ambas, reconocieron lo siniestro y absurdo de la carrera de armamentos atómicos, y cuando una, o ambas, aceptaron que la otra deseaba sinceramente acabar con esa carrera. Seguramente le resultaba más fácil tomar la iniciativa a un dirigente soviético que a un norteamericano, porque la guerra fría nunca se había visto en Moscú como una cruzada, a diferencia de lo habitual en Washington, tal vez porque no había que tener en cuenta a una opinión pública soliviantada. Por otra parte, por esa misma razón, le resultaría más difícil al dirigente soviético convencer a Occidente de que iba en serio. Por eso es por lo que el mundo le debe tantísimo a Mijail Gorbachov, que no sólo tomó la iniciativa sino que consiguió, él solo, convencer al gobierno de los Estados Unidos y a los demás gobiernos occidentales de que hablaba sinceramente. Sin embargo, no hay que menospreciar la aportación del presidente Reagan, cuyo idealismo simplón pudo atravesar las tremendas barreras formadas por los ideólogos, los fanáticos, los advenedizos, los desesperados y los guerreros profesionales que lo rodeaban, para llegar a convencerse a sí mismo. A efectos prácticos, la guerra fría acabó en las dos cumbres de Reykjavik (1986) y Washington (1987).

¿Representó el fin de la guerra fría el fin del sistema soviético? Los dos fenómenos son separables históricamente, aunque es evidente que están interrelacionados. La forma soviética de socialismo afirmaba ser una alternativa global al sistema del mundo capitalista. Dado que el capitalismo no se hundió ni parecía hundirse —aunque uno se pregunta qué habría pasado si todos los países deudores socialistas y del tercer mundo se hubiesen unido en 1981 para declarar la suspensión del pago de sus deudas a Occidente—, las perspectivas del socialismo como alternativa mundial dependían de su capacidad de competir con la economía capitalista mundial, reformada tras la Gran Depresión y la segunda guerra mundial y transformada por la revolución «postindustrial» de las comunicaciones y de la informática de los años setenta. Que el socialismo se iba quedando cada vez más atrasado era evidente desde 1960: ya no era competitivo y, en la medida en que esta competición adoptó la forma de una confrontación entre dos superpotencias políticas, militares e ideológicas, su inferioridad resultó ruinosa.

Ambas superpotencias abusaron de sus economías y las distorsionaron mediante la competencia en una carrera de armamentos colosal y enormemente cara, pero el sistema capitalista mundial podía absorber la deuda de tres billones de dólares —básicamente en gastos militares— en que los años ochenta hundieron a los Estados Unidos, hasta entonces el mayor acreedor mundial. Nadie, ni dentro ni fuera, estaba dispuesto a hacerse cargo de una deuda equivalente en el caso soviético, que, de todos modos, representaba una proporción de la producción soviética (posiblemente la cuarta parte) mucho mayor que el 7 por 100 del gigantesco PIB de los Estados Unidos que se destinó a partidas de defensa a mediados de los años ochenta. Los Estados Unidos, gracias a una combinación de buena suerte histórica y de su política, vieron cómo sus satélites se convertían en economías tan florecientes que llegaban a aventajar a la suya. A finales de los años setenta, las economías de la Comunidad Europea y Japón, juntas, eran un 60 por 100 mayores que la de los Estados Unidos. En cambio, los aliados y satélites de los soviéticos nunca llegaron a emanciparse, sino que siguieron practicando una sangría abundante y permanente de decenas de miles de millones de dólares anuales a la URSS. Geográfica y demográficamente, los países atrasados del mundo, cuyas movilizaciones revolucionarias habrían de acabar, según Moscú, con el predominio mundial del capitalismo, representaban el 80 por 100 del planeta, pero, en el plano económico, eran secundarios. En cuanto a la tecnología, a medida que la superioridad occidental fue creciendo de forma casi exponencial no hubo competencia posible. En resumen, la guerra fría fue, desde el principio, una lucha desigual.

Pero no fue el enfrentamiento hostil con el capitalismo y su superpotencia lo que precipitó la caída del socialismo, sino más bien la combinación de sus defectos económicos cada vez más visibles y gravosos, y la invasión acelerada de la economía socialista por parte de la economía del mundo capitalista, mucho más dinámica, avanzada y dominante. En la medida en que la retórica de la guerra fría etiquetaba al capitalismo y al socialismo como «el mundo libre» y el «totalitarismo», respectivamente, los veía como los bordes de una sima infranqueable y rechazaba todo intento de superarla;[11] se podría decir que, fuera del suicidio mutuo que representaba la guerra nuclear, garantizaba la supervivencia del competidor más débil. Y es que, parapetada tras el telón de acero, hasta la ineficaz y desfalleciente economía de planificación central era viable; puede que se estuviera deshaciendo lentamente, pero no era probable que se hundiera sin previo aviso.[12] Fue la interacción de la economía de modelo soviético con la economía del mundo capitalista a partir de los años sesenta lo que hizo vulnerable al socialismo. Cuando en los años setenta los dirigentes socialistas decidieron explotar los nuevos recursos del mercado mundial a su alcance (precios del petróleo, créditos blandos, etc.) en lugar de

11. Cf. el uso del término «finlandización» como insulto por parte de los norteamericanos.

12. Por citar un caso extremo, la pequeña y montañosa república de Albania era pobre y atrasada, pero fue viable durante los treinta y tantos años en que estuvo prácticamente aislada del resto del mundo. Sólo al quedar arrasados los muros que la protegían de la economía mundial se vino abajo y quedó convertida en una ruina económica.

enfrentarse a la ardua tarea de reformar su sistema económico, cavaron sus propias tumbas (véase el capítulo XVI). La paradoja de la guerra fría fue que lo que derrotó y al final arruinó a la URSS no fue la confrontación, sino la distensión.

Sin embargo, en un punto los ultras de la guerra fría de Washington no estaban del todo equivocados. La verdadera guerra fría, como resulta fácil ver desde nuestra perspectiva actual, terminó con la cumbre de Washington de 1987, pero no fue posible *reconocer* que había acabado hasta que la URSS dejó de ser una superpotencia o, en realidad, una potencia a secas. Cuarenta años de miedo y recelo, de afilar los dientes del dragón militar-industrial, no podían borrarse así como así. Los engranajes de la maquinaria de guerra continuaron girando en ambos bandos. Los servicios secretos, profesionales de la paranoia, siguieron sospechando que cualquier movimiento del otro lado no era más que un astuto truco para hacer bajar la guardia al enemigo y derrotarlo mejor. El hundimiento del imperio soviético en 1989, la desintegración y disolución de la propia URSS en 1989-1991, hizo imposible pretender que nada había cambiado y, menos aún, creerlo.

V

Pero ¿qué era exactamente lo que había cambiado? La guerra fría había transformado la escena internacional en tres sentidos. En primer lugar, había eliminado o eclipsado totalmente las rivalidades y conflictos, salvo uno, que configuraron la política mundial antes de la segunda guerra mundial. Algunos de ellos desaparecieron porque las grandes potencias coloniales de la época imperial se desvanecieron, y con ellas sus rivalidades sobre las dependencias que gobernaban. Otros acabaron porque todas las «grandes potencias» excepto dos habían quedado relegadas a la segunda o tercera división de la política internacional, y las relaciones entre ellas ya no eran autónomas ni, en realidad, mucho más que de interés local. Francia y Alemania (Federal) enterraron el hacha de guerra después de 1947, no porque un conflicto franco-alemán se hubiera vuelto algo impensable —los gobiernos franceses de la época pensaron y mucho en ello—, sino porque el hecho de formar parte del mismo bando liderado por los norteamericanos y la hegemonía de Washington sobre la Europa occidental no permitía que los alemanes se descontrolaran. Aun así, es asombrosa la rapidez con que se perdió de vista la principal preocupación de los estados al acabar una gran guerra, a saber, la inquietud de los vencedores acerca de los planes de recuperación de los vencidos, y los proyectos de los vencidos para superar la derrota. Pocos occidentales se preocuparon seriamente por el espectacular retorno de la Alemania Federal y de Japón a su condición de potencias, armadas, aunque no nucleares; siempre, claro está, que fueran, en la práctica, miembros subalternos de la alianza estadounidense. Incluso la URSS y sus aliados, aunque denunciaran el peligro alemán, del que habían tenido una amarga experiencia, lo hacían por razones propagandísticas más que por auténtico temor. Lo que Moscú temía no eran las fuerzas armadas alemanas, sino los misiles de la OTAN en territorio alemán. Pero después de la guerra fría era posible que surgiesen otros conflictos de poder.

En segundo lugar, la guerra fría había congelado la situación internacional y, al hacerlo, había estabilizado lo que era un estado de las cosas provisional y por fijar. Alemania era el caso más visible: durante cuarenta y seis años permaneció dividida —*de facto*, si no, durante largos períodos, *de jure*— en cuatro sectores: el occidental, que se convirtió en la República Federal en 1948; el central, que se convirtió en la República Democrática Alemana en 1954; y el oriental, más allá de la línea Oder-Neisse, de donde se expulsó a la mayor parte de alemanes y que se convirtió en parte de Polonia y de la URSS. El fin de la guerra fría y la desintegración de la URSS reunificó los dos sectores occidentales y dejó las zonas de Prusia oriental anexionadas por los soviéticos aisladas, separadas del resto de Rusia por el estado ahora independiente de Lituania. Dejó a los polacos con la promesa de Alemania de aceptar las fronteras de 1945, lo cual no les inspiró confianza. La estabilización no era la paz. Con la excepción de Europa, la guerra fría no fue una época en la que se olvidó lo que significaba pelear. Apenas pasó algún año entre 1948 y 1989 sin que hubiese conflictos armados graves en alguna parte. No obstante, los conflictos estaban controlados, o amortiguados, por el miedo a que provocasen una guerra abierta —o sea, atómica— entre las superpotencias. Las reclamaciones de Irak frente a Kuwait —el pequeño protectorado británico, rico en petróleo, en el golfo Pérsico, independiente desde 1961— eran antiguas y constantes, pero no condujeron a la guerra hasta que el golfo Pérsico dejó de ser un foco de tensión y de confrontación automática entre las dos superpotencias. Antes de 1989 es seguro que la URSS, el principal proveedor de armas de Irak, hubiera desaconsejado firmemente cualquier aventura de Bagdad en la zona.

Por supuesto, el desarrollo de la política interna de los estados no resultó congelada de la misma forma, salvo allí en donde tales cambios alteraran, o pareciesen alterar, la lealtad del estado a la superpotencia dominante respectiva. Los Estados Unidos no estaban más dispuestos a tolerar a comunistas o filocomunistas en el poder en Italia, Chile o Guatemala que la URSS a renunciar al derecho a mandar sus tropas a las repúblicas hermanas con gobiernos disidentes, como Hungría y Checoslovaquia. Es cierto que la URSS toleraba mucha menos variedad en regímenes amigos y satélites, pero por otro lado su capacidad de afirmar su autoridad en el interior de éstos era mucho menor. Aun antes de 1970 había perdido del todo el poco control que había tenido sobre Yugoslavia, Albania y China; había tenido que tolerar la conducta individualista de los dirigentes de Cuba y Rumania; y, en cuanto a los países del tercer mundo a los que abastecía de armas, y cuya hostilidad hacia el imperialismo norteamericano compartía, aparte de unos intereses comunes, no ejercía sobre ellos ningún dominio efectivo, y casi ninguno de ellos toleraba la existencia legal de partidos comunistas en su interior. No obstante, la combinación de poder, influencia política, corrupción y la lógica de la bipolaridad y del antiimperialismo mantuvieron más o menos estable la división del mundo. Con la excepción de China, ningún país realmente importante cambió de bando a no ser por alguna revolución local, que las superpotencias no podían provocar ni impedir, como descubrieron los Estados Unidos en los años setenta. Ni siquiera aquellos aliados de los Estados Unidos cuya política se veía cada vez más limitada por la alianza, como sucedió con los sucesivos gobiernos alemanes en el tema de la *Ostpolitik* a partir de 1969, se retiraron de una asociación cada vez más problemática. Entidades políticas inestables, impotentes e indefendibles desde el punto de vista político, incapaces de sobrevivir en una auténtica jungla internacional —la zona comprendida entre el mar Rojo y el golfo Pérsico estaba llena de ellas— consiguieron mantenerse de algún modo. La sombra del hongo nuclear garantizaba no sólo la supervivencia de las democracias liberales de la Europa occidental, sino de regímenes como Arabia Saudí y Kuwait. La guerra fría fue la mejor de las épocas para los miniestados, porque tras ella la diferencia entre problemas resueltos y problemas aparcados se hizo evidente.

En tercer lugar, la guerra fría había llenado el mundo de armas hasta un punto que cuesta creer. Ese fue el resultado natural de cuarenta años de competencia constante entre los grandes estados industriales por armarse a sí mismos para una guerra que podía estallar en cualquier momento; cuarenta años durante los cuales las superpotencias compitieron por ganar amigos e influencias repartiendo armas por todo el planeta, por no hablar de los cuarenta años de conflictos «de baja intensidad» con estallidos esporádicos de guerras de importancia. A las economías muy militarizadas y cuyos complejos militar-industriales eran en todo caso enormes e influyentes les interesaba económicamente vender sus productos en el exterior, aunque sólo fuera para consolar a sus gobiernos con la prueba de que *no se limitaban* a tragarse los astronómicos presupuestos militares económicamente improductivos que las mantenían en funcionamiento. La moda a escala planetaria y sin precedentes de los gobiernos militares (véase el capítulo XII) les proporcionó un mercado agradecido, alimentado no sólo por la generosidad de las superpotencias, sino también, desde la revolución en los precios del crudo, por los ingresos locales multiplicados hasta desafiar la imaginación de sultanes y jeques hasta entonces tercermundistas. Todo el mundo exportaba armas. Las economías socialistas y algunos estados capitalistas en decadencia como Gran Bretaña tenían poco más por exportar que pudiese competir en el mercado internacional. Este comercio con la muerte no se reducía a la amplia gama de aparatos que sólo podían utilizar los gobiernos, sino que el surgimiento de una época de guerrillas y terrorismo originó una gran demanda de armas ligeras, portátiles y suficientemente destructivas y mortíferas, y los bajos fondos de las ciudades de finales del siglo XX proporcionaron un nuevo mercado civil a esos productos. En esos ambientes, las metralletas Uzi (israelíes), los rifles Kalashnikov (rusos) y el explosivo Semtex (checo) se convirtieron en marcas familiares.

De este modo la guerra fría se perpetuó a sí misma. Las pequeñas guerras que en otro tiempo habían enfrentado a los satélites de una superpotencia contra los de la otra prosiguieron después de finalizar el viejo conflicto a nivel local, resistiéndose a la voluntad de quienes las habían empezado y ahora querían acabarlas. Los rebeldes de la UNITA en Angola siguieron actuando contra el gobierno, aunque los surafricanos y los cubanos se hubieran retirado de ese desgraciado país, y a pesar de que los Estados Unidos y la ONU hubiesen renegado de ellos y hubiesen reconocido al otro bando; armas no les faltaban. Somalia, armada primero por los rusos, cuando el emperador de Etiopía estaba del lado de los Estados Unidos, y luego por los Estados Unidos, cuando la Etiopía revolucionaria cambió de lado, hizo su entrada en el mundo posterior a la guerra fría como un territorio castigado por el hambre y por anárquicas guerras de clanes, carente de todo salvo de reservas casi ilimitadas de armas de fuego, municiones, minas y transportes militares. Los Estados Unidos y la ONU se movilizaron para llevarles alimentos y paz, y resultó más difícil que inundar el país de armas. En Afganistán, los Estados Unidos habían distribuido al por mayor misiles antiaéreos portátiles y lanzadoras Stinger entre las guerrillas tribales anticomunistas, calculando, acertadamente, que así contrarrestarían la supremacía aérea soviética. Cuando se retiraron los rusos, la guerra prosiguió como si nada hubiera cambiado, salvo que, a falta de aviones, los nativos podían explotar por sí mismos la floreciente demanda de Stingers, que vendían con grandes beneficios en el mercado internacional de armas. Desesperados, los Estados Unidos se ofrecieron a comprárselos a cien mil dólares cada uno, con una espectacular falta de éxito (*International Herald Tribune*, 5-7-93, p. 24; *Repubblica*, 6-4-94). Tal como exclamaba el aprendiz de brujo de Goethe: «Die ich rief die Geister, werd'ich nun nicht los».

El fin de la guerra fría suprimió de repente los puntales que habían sostenido la estructura internacional y, hasta un punto que todavía somos incapaces de apreciar, las estructuras de los sistemas mundiales de política interna. Y lo que quedó fue un mundo de confusión y parcialmente en ruinas, porque no hubo nada que los reemplazara. La idea, que los portavoces norteamericanos sostuvieron por poco tiempo, de que el antiguo orden bipolar podía sustituirse con un «nuevo orden mundial» basado en la única superpotencia que había quedado y que, por ello, parecía más fuerte que nunca, pronto demostró ser irreal. No podía volverse al mundo de antes de la guerra fría porque era demasiado lo que había cambiado y demasiado lo que había desaparecido: todos los indicadores habían caído, había que modificar todos los mapas. A políticos y economistas acostumbrados a un mundo de una sola clase incluso les resultaba difícil o imposible apreciar la naturaleza de problemas de otra clase. En 1947 los Estados Unidos habían reconocido la necesidad de un proyecto urgente y colosal de restauración de las economías de la Europa occidental, porque la presunta amenaza contra esas economías —el comunismo y la URSS— era de fácil definición. Las consecuencias económicas y políticas del hundimiento de la Unión

Soviética y de la Europa del Este eran aún más tremendas que los problemas de la Europa occidental, y demostrarían tener un alcance aún mayor. Ya resultaban bastante previsibles, incluso evidentes, a finales de los ochenta, pero ninguna de las opulentas economías capitalistas trató esa crisis en ciernes como una emergencia planetaria que exigía una actuación urgente y contundente, porque las consecuencias *políticas* no eran tan fáciles de concretar. Con la posible excepción de la Alemania Occidental, la reacción fue lenta, e incluso los alemanes entendieron pésimamente y subestimaron la naturaleza del problema, como las dificultades suscitadas por la anexión de la antigua República Democrática Alemana demostrarían.

Las consecuencias del final de la guerra fría seguramente habrían sido enormes en cualquier caso, aunque no hubiese coincidido con una grave crisis de la economía capitalista mundial y con la crisis definitiva de la Unión Soviética y su sistema. Como el ámbito del historiador es lo sucedido y no lo que habría podido suceder si las cosas hubiesen sido distintas, no es necesario tener en cuenta otros escenarios posibles. El fin de la guerra fría demostró ser no el fin de un conflicto internacional, sino el fin de una época, no sólo para Occidente, sino para el mundo entero. Hay momentos históricos en que incluso los contemporáneos pueden reconocer que marcan el fin de una era. Los años en torno a 1990 fueron claramente uno de los momentos decisivos del siglo. Pero mientras cualquiera pudo ver que el viejo mundo se había acabado, existía una absoluta incertidumbre sobre la naturaleza y las perspectivas del nuevo.

Sólo una cosa parecía sólida e irreversible entre tanta incertidumbre: los extraordinarios cambios, sin precedentes en su magnitud, que experimentó la economía mundial, y, en consecuencia, las sociedades humanas, durante el período transcurrido desde el inicio de la guerra fría. Estos cambios ocuparán, o deberían ocupar, un espacio mucho mayor en los libros de historia del tercer milenio que la guerra de Corea, las crisis de Berlín y de Cuba y los misiles de crucero. A esas transformaciones dirigimos ahora nuestra atención.

Capítulo IX

LOS AÑOS DORADOS

> En los últimos cuarenta años Módena ha dado realmente el gran salto adelante. El período que va desde la Unidad Italiana hasta entonces había sido una larga etapa de espera o de modificaciones lentas e intermitentes, antes de que la transformación se acelerase a una velocidad de relámpago. La gente llegó a disfrutar de un nivel de vida sólo reservado antes a una pequeña elite.
>
> G. MUZZIOLI (1993, p. 323)

> A ninguna persona hambrienta que esté también sobria se la podrá convencer de que se gaste su último dólar en algo que no sea comida. Pero a un individuo bien alimentado, bien vestido, con una buena vivienda y en general bien cuidado se le puede convencer de que escoja entre una maquinilla de afeitar eléctrica y un cepillo dental eléctrico. Junto con los precios y los costes, la demanda pasa a estar sujeta a la planificación.
>
> J. K. GALBRAITH, *El nuevo estado industrial* (1967, p. 24)

I

La mayoría de los seres humanos se comporta como los historiadores: sólo reconoce la naturaleza de sus experiencias vistas retrospectivamente. Durante los años cincuenta mucha gente, sobre todo en los cada vez más prósperos países «desarrollados», se dio cuenta de que los tiempos habían mejorado de forma notable, sobre todo si sus recuerdos se remontaban a los años anteriores a la segunda guerra mundial. Un primer ministro conservador británico lanzó su campaña para las elecciones generales de 1959, que ganó, con la frase «Jamás os ha ido tan bien», afirmación sin duda correcta. Pero no fue hasta que se hubo acabado el gran *boom*, durante los turbulentos años setenta, a la espera de los traumáticos ochenta, cuando los observadores

—principalmente, para empezar, los economistas— empezaron a darse cuenta de que el mundo, y en particular el mundo capitalista desarrollado, había atravesado una etapa histórica realmente excepcional, acaso única. Y le buscaron un nombre: los «treinta años gloriosos» de los franceses (*les trente glorieuses*); la edad de oro de un cuarto de siglo de los angloamericanos (Marglin y Schor, 1990). El oro relució con mayor intensidad ante el panorama monótono o sombrío de las décadas de crisis subsiguientes.

Existen varias razones por las que se tardó tanto en reconocer el carácter excepcional de la época. Para los Estados Unidos, que dominaron la economía mundial tras el fin de la segunda guerra mundial, no fue tan revolucionaria, sino que apenas supuso la prolongación de la expansión de los años de la guerra, que, como ya hemos visto, fueron de una benevolencia excepcional para con el país: no sufrieron daño alguno, su PNB aumentó en dos tercios (Van der Wee, 1987, p. 30) y acabaron la guerra con casi dos tercios de la producción industrial del mundo. Además, precisamente debido al tamaño y a lo avanzado de la economía estadounidense, su comportamiento durante los años dorados no fue tan impresionante como los índices de crecimiento de otros países, que partían de una base mucho menor. Entre 1950 y 1973 los Estados Unidos crecieron más lentamente que ningún otro país industrializado con la excepción de Gran Bretaña, y, lo que es más, su crecimiento no fue superior al de las etapas más dinámicas de su desarrollo. En el resto de países industrializados, incluida la indolente Gran Bretaña, la edad de oro batió todas las marcas anteriores (Maddison, 1987, p. 650). En realidad, para aquéllos, económica y tecnológicamente, esta fue una época de relativo retroceso, más que de avance. La diferencia en productividad por hora trabajada entre los Estados Unidos y otros países disminuyó, y si en 1950 aquéllos disfrutaban de una riqueza nacional (PIB) per cápita doble que la de Francia y Alemania, cinco veces la de Japón y más del 50 por 100 mayor que la de Gran Bretaña, los demás estados fueron ganando terreno, y continuaron haciéndolo en los años setenta y ochenta.

La recuperación tras la guerra era la prioridad absoluta de los países europeos y de Japón, y en los primeros años posteriores a 1945 midieron su éxito simplemente por la proximidad a objetivos fijados con el pasado, y no el futuro, como referente. En los estados no comunistas la recuperación también representaba la superación del miedo a la revolución social y al avance comunista. Mientras la mayoría de los países (exceptuando Alemania y Japón) habían vuelto a los niveles de preguerra en 1950, el principio de la guerra fría y la persistencia de partidos comunistas fuertes en Francia y en Italia no invitaban a la euforia. En cualquier caso, los beneficios materiales del desarrollo tardaron lo suyo en hacerse sentir. En Gran Bretaña no fue hasta mediados de los años cincuenta cuando se hicieron palpables. Antes de esa fecha ningún político hubiese podido ganar unas elecciones con el citado eslogan de Harold Macmillan. Incluso en una región de una prosperidad tan espectacular como la Emilia-Romaña, en Italia, las ventajas de la «sociedad opulenta» no se generalizaron hasta los años sesenta (Francia y Muzzioli,

1984, pp. 327-329). Además, el arma secreta de una sociedad opulenta *popular*, el pleno empleo, no se generalizó hasta los años sesenta, cuando el índice medio de paro en Europa occidental se situó en el 1,5 por 100. En los cincuenta Italia aún tenía un paro de casi un 8 por 100. En resumen, no fue hasta los años sesenta cuando Europa acabó dando por sentada su prosperidad. Por aquel entonces, ciertos observadores sutiles empezaron a admitir que, de algún modo, la economía en su conjunto continuaría subiendo y subiendo para siempre. «No existe ningun motivo para poner en duda que las tendencias desarrollistas subyacentes a principios y mediados de los años setenta no sean como en los sesenta», decía un informe de las Naciones Unidas en 1972. «No cabe prever ninguna influencia especial que pueda provocar alteraciones drásticas en el marco externo de las economías europeas.» El club de economías capitalistas industriales avanzadas, la OCDE (Organización para la Cooperación y el Desarrollo Económico), revisó al alza sus previsiones de crecimiento económico con el paso de los años sesenta. Para principios de los setenta, se esperaba que estuvieran («a medio plazo») por encima del 5 por 100 (Glyn, Hughes, Lipietz y Singh, 1990, p. 39). No fue así.

Resulta ahora evidente que la edad de oro correspondió básicamente a los países capitalistas desarrollados, que, a lo largo de esas décadas, representaban alrededor de tres cuartas partes de la producción mundial y más del 80 por 100 de las exportaciones de productos elaborados (*OECD Impact*, pp. 18-19). Otra razón por la que se tardó tanto en reconocer lo limitado de su alcance fue que en los años cincuenta el crecimiento económico parecía ser de ámbito mundial con independencia de los regímenes económicos. De hecho, en un principio pareció como si la parte socialista recién expandida del mundo llevara la delantera. El índice de crecimiento de la URSS en los años cincuenta era más alto que el de cualquier país occidental, y las economías de la Europa oriental crecieron casi con la misma rapidez, más deprisa en países hasta entonces atrasados, más despacio en los ya total o parcialmente industrializados. La Alemania Oriental comunista, sin embargo, quedó muy por detrás de la Alemania Federal no comunista. Aunque el bloque de la Europa del Este perdió velocidad en los años sesenta, su PIB per cápita en el conjunto de la edad de oro creció un poco más deprisa (o, en el caso de la URSS, justo por debajo) que el de los principales países capitalistas industrializados (FMI, 1990, p. 65). De todos modos, en los años sesenta se hizo evidente que era el capitalismo, más que el socialismo, el que se estaba abriendo camino.

Pese a todo, la edad de oro fue un fenómeno de ámbito mundial, aunque la generalización de la opulencia quedara lejos del alcance de la mayoría de la población mundial: los habitantes de países para cuya pobreza y atraso los especialistas de la ONU intentaban encontrar eufemismos diplomáticos. Sin embargo, la población del tercer mundo creció a un ritmo espectacular: la cifra de habitantes de África, Extremo Oriente y sur de Asia se duplicó con creces en los treinta y cinco años transcurridos a partir de 1950, y la cifra de habitantes de América Latina aumentó aún más deprisa (*World Resour-*

ces, 1986, p. 11). Los años setenta y ochenta volvieron a conocer las grandes hambrunas, cuya imagen típica fue el niño exótico muriéndose de hambre, visto después de cenar en las pantallas de todos los televisores occidentales, pero durante las décadas doradas no hubo grandes épocas de hambre, salvo como resultado de la guerra y de locuras políticas, como en China (véase la p. 464). De hecho, al tiempo que se multiplicaba la población, la esperanza de vida se prolongó una media de siete años, o incluso diecisiete años si comparamos los datos de finales de los años treinta con los de finales de los sesenta (Morawetz, 1977, p. 48). Eso significa que la producción de alimentos aumentó más deprisa que la población, tal como sucedió tanto en las zonas desarrolladas como en todas las principales regiones del mundo no industrializado. A finales de los años cincuenta, aumentó a razón de más de un 1 por 100 per cápita en todas las regiones de los países «en vías de desarrollo» excepto en América Latina, en donde, por otra parte, también hubo un aumento per cápita, aunque más modesto. En los años sesenta siguió aumentando en todas partes en el mundo no industrializado, pero (una vez más con la excepción de América Latina, esta vez por delante de los demás) sólo ligeramente. No obstante, la producción total de alimentos de los países pobres tanto en los cincuenta como en los sesenta aumentó más deprisa que en los países desarrollados.

En los años setenta las diferencias entre las distintas partes del mundo subdesarrollado hacen inútiles estas cifras de ámbito planetario. Para aquel entonces algunas regiones, como el Extremo Oriente y América Latina, crecían muy por encima del ritmo de crecimiento de su población, mientras que África iba quedando por detrás a un ritmo de un 1 por 100 anual. En los años ochenta la producción de alimentos per cápita en los países subdesarrollados no aumentó en absoluto fuera del Asia meridional y oriental, y aun ahí algunos países produjeron menos alimentos por habitante que en los años setenta: Bangladesh, Sri Lanka, las Filipinas. Ciertas regiones se quedaron muy por debajo de sus niveles de los setenta o incluso siguieron cayendo, sobre todo en África, Centroamérica y Oriente Medio (Van der Wee, 1987, p. 106; FAO, *The State of Food*, 1989, Apéndice, cuadro 2, pp. 113-115).

Mientras tanto, el problema de los países desarrollados era que producían unos excedentes de productos alimentarios tales, que ya no sabían qué hacer con ellos, y, en los años ochenta, decidieron producir bastante menos, o bien (como en la Comunidad Europea) inundar el mercado con sus «montañas de mantequilla» y sus «lagos de leche» por debajo del precio de coste, compitiendo así con el precio de los productores de países pobres. Acabó por resultar más barato comprar queso holandés en las Antillas que en Holanda. Curiosamente, el contraste entre los excedentes de alimentos, por una parte, y, por la otra, personas hambrientas, que tanto había indignado al mundo durante la Gran Depresión de los años treinta, suscitó menos comentarios a finales del siglo XX. Fue un aspecto de la divergencia creciente entre el mundo rico y el mundo pobre que se puso cada vez más de manifiesto a partir de los años sesenta.

El mundo industrial, desde luego, se expandió por doquier, por los países capitalistas y socialistas y por el «tercer mundo». En el viejo mundo hubo espectaculares ejemplos de revolución industrial, como España y Finlandia. En el mundo del «socialismo real» (véase el capítulo XIII) países puramente agrícolas como Bulgaria y Rumania adquirieron enormes sectores industriales. En el tercer mundo el asombroso desarrollo de los llamados «países de reciente industrialización» (NIC [*Newly Industrializing Countries*]), se produjo después de la edad de oro, pero en todas partes el número de países dependientes en primer lugar de la agricultura, por lo menos para financiar sus importaciones del resto del mundo, disminuyó de forma notable. A finales de los ochenta apenas quince estados pagaban la mitad o más de sus importaciones con la exportación de productos agrícolas. Con una sola excepción (Nueva Zelanda), todos estaban en el África subsahariana y en América Latina (FAO, *The State of Food*, 1989, Apéndice, cuadro 11, pp. 149-151).

La economía mundial crecía, pues, a un ritmo explosivo. Al llegar los años sesenta, era evidente que nunca había existido algo semejante. La producción mundial de manufacturas se cuadruplicó entre principios de los cincuenta y principios de los setenta, y, algo todavía más impresionante, el comercio mundial de productos elaborados se multiplicó por diez. Como hemos visto, la producción agrícola mundial también se disparó, aunque sin tanta espectacularidad, no tanto (como acostumbraba suceder hasta entonces) gracias al cultivo de nuevas tierras, sino más bien gracias al aumento de la productividad. El rendimiento de los cereales por hectárea casi se duplicó entre 1950-1952 y 1980-1982, y se duplicó con creces en América del Norte, Europa occidental y Extremo Oriente. Las flotas pesqueras mundiales, mientras tanto, triplicaron sus capturas antes de volver a sufrir un descenso (*World Resources*, 1986, pp. 47 y 142).

Hubo un efecto secundario de esta extraordinaria explosión que apenas si recibió atención, aunque, visto desde la actualidad, ya presentaba un aspecto amenazante: la contaminación y el deterioro ecológico. Durante la edad de oro apenas se fijó nadie en ello, salvo los entusiastas de la naturaleza y otros protectores de las rarezas humanas y naturales, porque la ideología del progreso daba por sentado que el creciente dominio de la naturaleza por parte del hombre era la justa medida del avance de la humanidad. Por eso, la industrialización de los países socialistas se hizo totalmente de espaldas a las consecuencias ecológicas que iba a traer la construcción masiva de un sistema industrial más bien arcaico basado en el hierro y en el carbón. Incluso en Occidente, el viejo lema del hombre de negocios decimonónico «Donde hay suciedad, hay oro» (o sea, la contaminación es dinero) aún resultaba convincente, sobre todo para los constructores de carreteras y los promotores inmobiliarios que descubrieron los increíbles beneficios que podían hacerse en especulaciones infalibles en el momento de máxima expansión del siglo. Todo lo que había que hacer era esperar a que el valor de los solares edificables se disparase hasta la estratosfera. Un solo edificio bien situado podía hacerlo a uno multimillonario prácticamente sin coste alguno, ya que se podía pedir un crédito con la garantía de la futura construcción, y ampliar ese crédito a medida que el valor del edificio (construido o por construir, lleno o vacío) fuera subiendo. Al final, como de costumbre, se produjo un desplome —la edad de oro, al igual que épocas anteriores de expansión, terminó con un colapso inmobiliario y financiero—, pero hasta que llegó los centros de las ciudades, grandes y pequeñas, fueron arrasados por los constructores en todo el mundo, destruyendo de paso ciudades medievales construidas alrededor de su catedral, como Worcester, en Inglaterra, o capitales coloniales españolas, como Lima, en Perú. Como las autoridades tanto del Este como occidentales descubrieron que podía utilizarse algo parecido a los métodos industriales de producción para construir viviendas públicas rápido y barato, llenando los suburbios con enormes bloques de apartamentos anónimos, los años sesenta probablemente pasarán a la historia como el decenio más nefasto del urbanismo humano.

En realidad, lejos de preocuparse por el medio ambiente, parecía haber razones para sentirse satisfecho, a medida que los resultados de la contaminación del siglo XIX fueron cediendo el terreno a la tecnología y la conciencia ecológica del siglo XX. ¿Acaso no es cierto que la simple prohibición del uso del carbón como combustible en Londres a partir de 1953 eliminó de un plumazo la espesa niebla que cubría la ciudad, inmortalizada por las novelas de Charles Dickens? ¿No volvió a haber, al cabo de unos años, salmones remontando el río Támesis, muerto en otro tiempo? En lugar de las inmensas factorías envueltas en humo que habían sido sinónimo de «industria», otras fábricas más limpias, más pequeñas y más silenciosas se esparcieron por el campo. Los aeropuertos sustituyeron a las estaciones de ferrocarril como el edificio simbólico del transporte por excelencia. A medida que se fue vaciando el campo, la gente, o por lo menos la gente de clase media que se mudó a los pueblos y granjas abandonados, pudo sentirse más cerca de la naturaleza que nunca.

Sin embargo, no se puede negar que el impacto de las actividades humanas sobre la naturaleza, sobre todo las urbanas e industriales, pero también, como pronto se vio, las agrícolas, sufrió un pronunciado incremento a partir de mediados de siglo, debido en gran medida al enorme aumento del uso de combustibles fósiles (carbón, petróleo, gas natural, etc.), cuyo posible agotamiento había preocupado a los futurólogos del pasado desde mediados del siglo XIX. Ahora se descubrían nuevos recursos antes de que pudieran utilizarse. Que el consumo de energía total se disparase —de hecho se triplicó en los Estados Unidos entre 1950 y 1973 (Rostow, 1978, p. 256; cuadro III, p. 58)— no es nada sorprendente. Una de las razones por las que la edad de oro fue de oro es que el precio medio del barril de crudo saudí era inferior a los dos dólares a lo largo de todo el período que va de 1950 a 1973, haciendo así que la energía fuese ridículamente barata y continuara abaratándose constantemente. Sólo después de 1973, cuando el cártel de productores de petróleo, la OPEP, decidió por fin cobrar lo que el mercado estuviese dispuesto a pagar (véanse pp. 470-471), los guardianes del medio ambiente levantaron acta, preocupados, de los efectos del enorme aumento del tráfico de vehículos con motor de gasolina, que ya oscurecía los cielos de las grandes ciudades en los países motorizados, y sobre todo en los Estados Unidos. El *smog* fue, comprensiblemente, su primera preocupación. Sin embargo, las emisiones de dióxido de carbono que calentaban la atmósfera casi se triplicaron entre 1950 y 1973, es decir, que la concentración de este gas en la atmósfera aumentó en poco menos de un 1 por 100 anual (*World Resources*, 1986, cuadro 11.1, p. 318; 11.4, p. 319; Smil, 1990, p. 4, fig. 2). La producción de clorofluorocarbonados, productos químicos que afectan la capa de ozono, experimentó un incremento casi vertical. Antes del final de la guerra apenas se habían utilizado, pero en 1974, más de 300.000 toneladas de un compuesto y más de 400.000 de otro iban a parar a la atmósfera cada año (*World Resources*, 1986, cuadro 11.3, p. 319). Los países occidentales ricos producían la parte del león de esta contaminación, aunque la industrialización sucia de la URSS produjera casi tanto dióxido de carbono como los Estados Unidos, casi cinco veces más en 1985 que en 1950. Per cápita, por supuesto, los Estados Unidos seguían siendo los primeros con mucho. Sólo Gran Bretaña redujo la cantidad de emisiones por habitante durante este período (Smil, 1990, cuadro I, p. 14).

II

Al principio este asombroso estallido económico parecía no ser más que una versión gigantesca de lo que había sucedido antes; como una especie de universalización de la situación de los Estados Unidos antes de 1945, con la adopción de este país como modelo de la sociedad capitalista industrial. Y, en cierta medida, así fue. La era del automóvil hacía tiempo que había llegado a Norteamérica, pero después de la guerra llegó a Europa, y luego, a escala más modesta, al mundo socialista y a la clase media latinoamericana, mientras que la baratura de los combustibles hizo del camión y el autobús los principales medios de transporte en la mayor parte del planeta. Si el advenimiento de la sociedad opulenta occidental podía medirse por la multiplicación del número de coches particulares —de los 469.000 de Italia en 1938 a los 15 millones del mismo país en 1975 (Rostow, 1978, p. 212; *UN Statistical Yearbook*, 1982, cuadro 15, p. 960)—, el desarrollo económico de muchos países del tercer mundo podía reconocerse por el ritmo de crecimiento del número de camiones.

Buena parte de la gran expansión mundial fue, por lo tanto, un proceso de ir acortando distancias o, en los Estados Unidos, la continuación de viejas tendencias. El modelo de producción en masa de Henry Ford se difundió por las nuevas industrias automovilísticas del mundo, mientras que en los Estados Unidos los principios de Ford se aplicaron a nuevas formas de producción, desde casas a comidas-basura (McDonald's es un éxito de posguerra). Bienes y servicios hasta entonces restringidos a minorías se pensaban ahora para un mercado de masas, como sucedió con el turismo masivo a playas soleadas. Antes de la guerra jamás habían viajado más de 150.000 norteamericanos a Centroamérica y al Caribe en un año, pero entre 1950 y 1970 la cifra creció de 300.000 a 7 millones (*US Historical Statistics* I, p. 403). No es sorprendente que las cifras europeas fuesen aún más espectaculares. Así, España, que prácticamente no había conocido el turismo de masas hasta los años cincuenta, acogía a más de 54 millones de extranjeros al año a finales de los ochenta, cantidad que sólo superaban ligeramente los 55 millones de Italia (*Stat. Jahrbuch*, 1990, p. 262). Lo que en otro tiempo había sido un lujo se convirtió en un indicador de bienestar habitual, por lo menos en los países ricos: neveras, lavadoras, teléfonos. Ya en 1971 había más de 270 millones de teléfonos en el mundo, en su abrumadora mayoría en Norteamérica y en la Europa occidental, y su difusión iba en aumento. Al cabo de diez años la cantidad casi se había duplicado. En las economías de mercado desarrolladas había más de un teléfono por cada dos habitantes (*UN World Situation*, 1985, cuadro 19, p. 63). En resumen, ahora al ciudadano medio de esos países le era posible vivir como sólo los muy ricos habían vivido en tiempos de sus padres, con la natural diferencia de que la mecanización había sustituido a los sirvientes.

Sin embargo, lo más notable de esta época es hasta qué punto el motor aparente de la expansión económica fue la revolución tecnológica. En este sentido, no sólo contribuyó a la multiplicación de los productos de antes, mejorados, sino a la de productos desconocidos, incluidos muchos que prácticamente nadie se imaginaba siquiera antes de la guerra. Algunos productos revolucionarios, como los materiales sintéticos conocidos como «plásticos», habían sido desarrollados en el período de entreguerras o incluso habían llegado a ser producidos comercialmente, como el nylon (1935), el poliéster y el polietileno. Otros, como la televisión y los magnetófonos, apenas acababan de salir de su fase experimental. La guerra, con su demanda de alta tecnología, preparó una serie de procesos revolucionarios luego adaptados al uso civil, aunque bastantes más por parte británica (luego también por los Estados Unidos) que entre los alemanes, tan amantes de la ciencia: el radar, el motor a reacción, y varias ideas y técnicas que prepararon el terreno para la electrónica y la tecnología de la información de la posguerra. Sin ellas el transistor (inventado en 1947) y los primeros ordenadores digitales civiles (1946) sin duda habrían aparecido mucho más tarde. Fue tal vez una suerte que la energía nuclear, empleada al principio con fines destructivos durante la guerra, permaneciese en gran medida fuera de la economía civil, salvo como una aportación marginal (de momento) a la producción mundial de energía eléctrica (alrededor de un 5 por 100 en 1975). Que estas innovaciones se basaran en los avances científicos del período de posguerra o de entreguerras, en los avances técnicos o incluso comerciales pioneros de entreguerras o en el gran salto adelante post-1945 —los circuitos integrados, desarrollados en los años cincuenta, los láseres de los sesenta o los productos derivados de la industria espacial— apenas tiene importancia desde nuestro punto de vista, excepto en un solo sentido: más que cualquier época anterior, la edad de oro descansaba sobre la investigación científica más avanzada y a menudo abstrusa, que ahora encontraba una aplicación práctica al cabo de pocos años. La industria e incluso la agricultura superaron por primera vez decisivamente la tecnología del siglo XIX (véase el capítulo XVIII).

Tres cosas de este terremoto tecnológico sorprenden al observador. *Primero*, transformó completamente la vida cotidiana en los países ricos e incluso, en menor medida, en los pobres, donde la radio llegaba ahora hasta las aldeas más remotas gracias a los transistores y a las pilas miniaturizadas de larga duración, donde la «revolución verde» transformó el cultivo del arroz y del trigo y las sandalias de plástico sustituyeron a los pies descalzos. Todo lector europeo de este libro que haga un inventario rápido de sus pertenencias personales podrá comprobarlo. La mayor parte del contenido de la nevera o del congelador (ninguno de los cuales hubiera figurado en la mayoría de los hogares en 1945) es nuevo: alimentos liofilizados, productos de granja avícola, carne llena de enzimas y de productos químicos para alterar su sabor, o incluso manipulada para «imitar cortes deshuesados de alta calidad» (Considine, 1982, pp. 1.164 ss.), por no hablar de productos frescos importados del otro lado del mundo por vía aérea, algo que antes hubiera sido imposible.

Comparada con 1950, la proporción de materiales naturales o tradicionales —madera natural, metales tratados a la antigua, fibras o rellenos naturales, incluso las cerámicas de nuestras cocinas, el mobiliario del hogar y nuestras ropas— ha bajado enormemente, aunque el coro de alabanzas que rodea a todos los productos de las industrias de higiene personal y belleza ha sido tal, que ha llegado a minimizar (exagerándolo sistemáticamente) el grado de novedad de su producción, más variada y cada vez mayor. Y es que la revolución tecnológica penetró en la conciencia del consumidor hasta tal punto, que la novedad se convirtió en el principal atractivo a la hora de venderlo todo, desde detergentes sintéticos (surgidos en los años cincuenta) hasta ordenadores portátiles. La premisa era que «nuevo» no sólo quería decir algo mejor, sino también revolucionario.

En cuanto a productos que representaron novedades tecnológicas visibles, la lista es interminable y no precisa de comentarios: la televisión; los discos de vinilo (los LPs aparecieron en 1948), seguidos por las cintas magnetofónicas (las *cassettes* aparecieron en los años sesenta) y los discos compactos; los pequeños radiotransistores portátiles —el primero que tuvo este autor fue un regalo de un amigo japonés de finales de los años cincuenta—; los relojes digitales, las calculadoras de bolsillo, primero a pilas y luego con energía solar; y luego los demás componentes de los equipos electrónicos, fotográficos y de vídeo domésticos. No es lo menos significativo de estas innovaciones el sistemático proceso de miniaturización de los productos: la *portabilidad*, que aumentó inmensamente su gama y su mercado potenciales. Sin embargo, acaso el mejor símbolo de la revolución tecnológica sean productos a los que ésta apenas pareció alterar, aunque en realidad los hubiese transformado de arriba abajo desde la segunda guerra mundial, como las embarcaciones recreativas: sus mástiles y cascos, sus velas y aparejos, su instrumental de navegación casi no tienen nada que ver con los barcos de entreguerras, salvo en la forma y la función.

Segundo, a más complejidad de la tecnología en cuestión, más complicado se hizo el camino desde el descubrimiento o la invención hasta la producción, y más complejo y caro el proceso de creación. La «Investigación y Desarrollo» (I+D) se hizo crucial en el crecimiento económico y, por eso, la ya entonces enorme ventaja de las «economías de mercado desarrolladas» sobre las demás se consolidó. (Como veremos en el capítulo XVI, la innovación tecnológica no floreció en las economías socialistas.) Un «país desarrollado» típico tenía más de 1.000 científicos e ingenieros por millón de habitantes en los años setenta, mientras que Brasil tenía unos 250, la India 130, Pakistán unos 60 y Kenia y Nigeria unos 30 (UNESCO, 1985, cuadro 5.18). Además, el proceso innovador se hizo tan continuo, que el coste del desarrollo de nuevos productos se convirtió en una proporción cada vez mayor e indispensable de los costes de producción. En el caso extremo de las industrias de armamento, donde hay que reconocer que el dinero no era problema, apenas los nuevos productos eran aptos para su uso práctico, ya estaban siendo sustituidos por equipos más avanzados (y, por supuesto, mucho más caros), con los consiguientes enormes beneficios económicos de las compañías correspondientes. En industrias más orientadas a mercados de masas, como la farmacéutica, un medicamento nuevo y realmente necesario, sobre todo si se protegía de la competencia patentándolo, podía amasar no una, sino varias fortunas, necesarias, según sus fabricantes, para poder seguir investigando. Los innovadores que no podían protegerse con tanta facilidad tenían que aprovechar la oportunidad más deprisa, porque tan pronto como otros productos entraban en el mercado, los precios caían en picado.

Tercero, en su abrumadora mayoría, las nuevas tecnologías empleaban de forma intensiva el capital y eliminaban mano de obra (con la excepción de científicos y técnicos altamente cualificados) o llegaban a sustituirla. La característica principal de la edad de oro fue que necesitaba grandes inversiones constantes y que, en contrapartida, no necesitaba a la gente, salvo como consumidores. Sin embargo, el ímpetu y la velocidad de la expansión económica fueron tales, que durante una generación, eso no resultó evidente. Al contrario, la economía creció tan deprisa que, hasta en los países industrializados, la clase trabajadora industrial mantuvo o incluso aumentó su porcentaje dentro de la población activa. En todos los países avanzados, excepto los Estados Unidos, las grandes reservas de mano de obra que se habían formado durante la Depresión de la preguerra y la desmovilización de la posguerra se agotaron, lo que llevó a la absorción de nuevas remesas de mano de obra procedentes del campo y de la inmigración; y las mujeres casadas, que hasta entonces se habían mantenido fuera del mercado laboral, entraron en él en número creciente. No obstante, el ideal al que aspiraba la edad de oro, aunque la gente sólo se diese cuenta de ello poco a poco, era la producción o incluso el servicio sin la intervención del ser humano: robots automáticos que construían coches, espacios vacíos y en silencio llenos de terminales de ordenador controlando la producción de energía, trenes sin conductor. El ser humano como tal sólo resultaba necesario para la economía en un sentido: como comprador de bienes y servicios. Y ahí radica su principal problema. En la edad de oro todavía parecía algo irreal y remoto, como la futura muerte del universo por entropía sobre la que los científicos victorianos ya habían alertado al género humano.

Por el contrario, todos los problemas que habían afligido al capitalismo en la era de las catástrofes parecieron disolverse y desaparecer. El ciclo terrible e inevitable de expansión y recesión, tan devastador entre guerras, se convirtió en una sucesión de leves oscilaciones gracias —o eso creían los economistas keynesianos que ahora asesoraban a los gobiernos— a su inteligente gestión macroeconómica. ¿Desempleo masivo? ¿Dónde estaba, en Occidente en los años sesenta, si Europa tenía un paro medio del 1,5 por 100 y Japón un 1,3 por 100? (Van der Wee, 1987, p. 77). Sólo en Norteamérica no se había eliminado aún. ¿Pobreza? Pues claro que la mayor parte de la humanidad seguía siendo pobre, pero en los viejos centros obreros industriales ¿qué sentido podían tener las palabras de la *Internacional*, «Arriba, parias de la tierra», para unos trabajadores que tenían su propio coche y pasaban sus vacaciones pagadas anuales en las playas de España? Y, si las cosas se les torcían, ¿no les otorgaría el estado del bienestar, cada vez más amplio y generoso, una protección, antes inimaginable, contra el riesgo de enfermedad, desgracias personales o incluso contra la temible vejez de los pobres? Los ingresos de los trabajadores aumentaban año tras año de forma casi automática. ¿Acaso no continuarían subiendo para siempre? La gama de bienes y servicios que ofrecía el sistema productivo y que les resultaba asequible convirtió lo que había sido un lujo en productos de consumo diario, y esa gama se ampliaba un año tras otro. ¿Qué más podía pedir la humanidad, en términos materiales, sino hacer extensivas las ventajas de que ya disfrutaban los privilegiados habitantes de algunos países a los infelices habitantes de las partes del mundo que, hay que reconocerlo, aún constituían la mayoría de la humanidad, y que todavía no se habían embarcado en el «desarrollo» y la «modernización»?

¿Qué problemas faltaban por resolver? Un político socialista británico extremadamente inteligente escribió en 1956:

> Tradicionalmente el pensamiento socialista ha estado dominado por los problemas económicos que planteaba el capitalismo: pobreza, paro, miseria, inestabilidad e incluso el posible hundimiento de todo el sistema ... El capitalismo ha sido reformado hasta quedar irreconocible. Pese a recesiones esporádicas y secundarias y crisis de la balanza de pagos, es probable que se mantengan el pleno empleo y un nivel de estabilidad aceptable. La automatización es de suponer que resolverá pronto los problemas de subproducción aún pendientes. Con la vista puesta en el futuro, nuestro ritmo de crecimiento actual hará que se triplique nuestro producto nacional dentro de cincuenta años (Crosland, 1956, p. 517).

III

¿Cómo hay que explicar este triunfo extraordinario e inédito de un sistema que, durante una generación y media, pareció hallarse al borde de la ruina? Lo que hay que explicar no es el simple hecho de la existencia de una prolongada etapa de expansión y de bienestar económicos, tras una larga etapa de problemas y disturbios económicos y de otro tipo. Al fin y al cabo, esta sucesión de ciclos «de onda larga» de aproximadamente medio siglo de duración ha constituido el ritmo básico de la historia del capitalismo desde finales del siglo XVIII. Tal como hemos visto (capítulo II), la era de las catástrofes atrajo la atención sobre este ritmo de fluctuaciones seculares, cuya naturaleza sigue estando poco clara. Se conocen generalmente con el nombre del economista ruso Kondratiev. Vista en perspectiva, la edad de oro fue sólo otra fase culminante del ciclo de Kondratiev, como la gran expansión victoriana de 1850-1873 —curiosamente, con un siglo de diferencia, las fechas son casi las mismas— y la *belle époque* de los últimos victorianos y de los eduardianos. Al igual que otras fases semejantes, estuvo precedida y seguida por fases de declive. Lo que hay que explicar no es eso, sino la extraordinaria escala y el grado de profundidad de esta época de expansión dentro del siglo XX, que actúa como una especie de contrapeso de la extraordinaria escala y profundidad de la época de crisis y depresiones que la precedieron.

No existen explicaciones realmente satisfactorias del alcance de la escala misma de este «gran salto adelante» de la economía capitalista mundial y, por consiguiente, no las hay para sus consecuencias sociales sin precedentes. Desde luego, los demás países tenían mucho terreno por delante para acortar distancias con el modelo económico de la sociedad industrial de principios del siglo XX: los Estados Unidos, un país que no había sido devastado por la guerra, la derrota o la victoria, aunque había acusado la breve sacudida de la Gran Depresión. Los demás países trataron sistemáticamente de imitar a los Estados Unidos, un proceso que aceleró el desarrollo económico, ya que siempre resulta más fácil adaptar la tecnología ya existente que inventar una nueva. Eso, como demostraría el ejemplo japonés, vendría más tarde. Sin embargo, es evidente que el «gran salto» no fue sólo eso, sino que se produjo una reestructuración y una reforma sustanciales del capitalismo, y un avance espectacular en la globalización e internacionalización de la economía.

El primer punto produjo una «economía mixta», que facilitó a los estados la planificación y la gestión de la modernización económica, además de incrementar muchísimo la demanda. Los grandes éxitos económicos de la posguerra en los países capitalistas, con contadísimas excepciones (Hong Kong), son ejemplos de industrialización efectuada con el apoyo, la supervisión, la dirección y a veces la planificación y la gestión de los gobiernos, desde Francia y España en Europa hasta Japón, Singapur y Corea del Sur. Al mismo tiempo, el compromiso político de los gobiernos con el pleno empleo y —en menor grado— con la reducción de las desigualdades económicas, es decir, un compromiso con el bienestar y la seguridad social, dio pie por primera vez a la existencia de un mercado de consumo masivo de artículos de lujo que ahora pasarían a considerarse necesarios. Cuanto más pobre es la gente, más alta es la proporción de sus ingresos que tiene que dedicar a gastos indispensables como los alimentos (una sensata observación conocida como «Ley de Engel»). En los años treinta, hasta en los opulentos Estados Unidos aproximadamente un tercio del gasto doméstico se dedicaba a la comida, pero ya a principios de los ochenta, sólo el 13 por 100. El resto quedaba libre para otros gastos. La edad de oro democratizó el mercado.

El segundo factor multiplicó la capacidad productiva de la economía mundial al posibilitar una división internacional del trabajo mucho más compleja y minuciosa. Al principio, ésta se limitó principalmente al colectivo de las denominadas «economías de mercado desarrolladas», es decir, los países del bando estadounidense. El área socialista del mundo quedó en gran medida aparte (véase el capítulo 13), y los países del tercer mundo con un desarrollo más dinámico optaron por una industrialización separada y planificada, reemplazando con su producción propia la importación de artículos manufacturados. El núcleo de países capitalistas occidentales, por supuesto, comerciaba con el resto del mundo, y muy ventajosamente, ya que los términos en los que se efectuaba el comercio les favorecían, o sea, que podían conseguir sus materias primas y productos alimentarios más baratos. De todos modos, lo que experimentó un verdadero estallido fue el comercio de productos industriales, principalmente entre los propios países industrializados. El comercio mundial de manufacturas se multiplicó por diez en los veinte años posteriores a 1953. Las manufacturas, que habían constituido una parte más o menos constante del comercio mundial desde el siglo XIX, de algo menos de la mitad, se dispararon hasta superar el 60 por 100 (W. A. Lewis, 1981). La edad de oro permaneció anclada en las economías del núcleo central de países capitalistas, incluso en términos puramente cuantitativos. En 1975 los Siete Grandes del capitalismo por sí solos (Canadá, los Estados Unidos, Japón, Francia, Alemania Federal, Italia y Gran Bretaña) poseían las tres cuartas partes de los automóviles del planeta, y una proporción casi idéntica de los teléfonos (*UN Statistical Yearbook*, 1982, pp. 955 ss., 1.018 ss.). No obstante, la nueva revolución industrial no podía limitarse a una sola zona del planeta.

La reestructuración del capitalismo y el avance de la internacionalización de la economía fueron fundamentales. No está tan claro que la revolución tecnológica explique la edad de oro, aunque la hubo y mucha. Tal como se ha demostrado, gran parte de la nueva industrialización de esas décadas consistió en la extensión a nuevos países de las viejas industrias basadas en las viejas tecnologías: la industrialización del siglo XIX, del carbón, el hierro y el acero en los países socialistas agrícolas; las industrias norteamericanas del siglo XX del petróleo y el motor de explosión en Europa. El impacto sobre la industria civil de la tecnología producida gracias a la investigación científica de alto nivel seguramente no fue decisivo hasta los decenios de crisis posteriores a 1973, cuando se produjeron los grandes avances de la informática y de la ingeniería genética, así como toda una serie de saltos hacia lo desconocido. Puede que las principales innovaciones que empezaron a transformar el mundo nada más acabar la guerra fuesen en el campo de la química y de la farmacología. Su impacto sobre la demografía del tercer mundo fue inmediato (véase el capítulo XII). Sus efectos culturales tardaron algo más en dejarse sentir, pero no mucho, porque la revolución sexual de Occidente de los años sesenta y setenta se hizo posible gracias a los antibióticos —desconocidos antes de la segunda guerra mundial—, que parecían haber eliminado el principal peligro de la promiscuidad sexual al convertir las enfermedades venéreas en fácilmente curables, y gracias a la píldora anticonceptiva, disponible a partir de los años sesenta. (El peligro volvería al sexo en los ochenta con el SIDA.)

Sea como fuere, la alta tecnología y sus innovaciones pronto se constituyeron en parte misma de la expansión económica, por lo que hay que tenerlas en cuenta para explicar el proceso, aunque no las consideremos decisivas por ellas mismas.

El capitalismo de la posguerra era, en expresión tomada de la cita de Crosland, un sistema «reformado hasta quedar irreconocible» o, en palabras del primer ministro británico Harold Macmillan, una versión «nueva» del viejo sistema. Lo que sucedió fue mucho más que un regreso del sistema, tras una serie de «errores» evitables en el período de entreguerras, a su práctica «normal» de «mantener tanto ... un nivel de empleo alto como ... disfrutar de un índice de crecimiento económico no desdeñable» (H. G. Johnson, 1972, p. 6). En lo esencial, era una especie de matrimonio entre liberalismo económico y socialdemocracia (o, en versión norteamericana, política rooseveltiana del New Deal), con préstamos sustanciales de la URSS, que había sido pionera en la idea de planificación económica. Por eso la reacción en su contra por parte de los teólogos del mercado libre fue tan apasionada en los años setenta y ochenta, cuando a las políticas basadas en ese matrimonio ya no las amparaba el éxito económico. Hombres como el economista austriaco Friedrich von Hayek (1899-1992) nunca habían sido pragmáticos, y estaban dispuestos (aunque fuese a regañadientes) a dejarse convencer de que las actividades económicas que interferían con el *laissez-faire* funcionaban; aunque, por supuesto, negasen con sutiles argumentos que pudieran hacerlo. Creían en la ecuación «mercado libre = libertad del individuo» y, por lo tanto, condenaban toda desviación de la misma como el *Camino de servidumbre*, por citar el título de un libro de 1944 del propio Von Hayek. Habían defendido la pureza del mercado durante la Gran Depresión, y siguieron condenando las políticas que hicieron de la edad de oro una época de prosperidad, a medida que el mundo se fue enriqueciendo y el capitalismo (más el liberalismo político) volvió a florecer a partir de la mezcla del mercado con la intervención gubernamental. Pero entre los años cuarenta y los setenta nadie hizo caso a esos guardianes de la fe.

Tampoco cabe dudar de que el capitalismo fuese deliberadamente reformado, en gran medida por parte de los hombres que se encontraban en situación de hacerlo en los Estados Unidos y en Gran Bretaña, en los últimos años de la guerra. Es un error suponer que la gente nunca aprende nada de la historia. La experiencia de entreguerras y sobre todo la Gran Depresión habían sido tan catastróficas que nadie podía ni siquiera soñar, como tantos hombres públicos tras la primera guerra mundial, en regresar lo antes posible a los tiempos anteriores a las alarmas antiaéreas. Todos los hombres (las mujeres apenas tenían cabida en la primera división de la vida pública por aquel entonces) que esbozaron lo que confiaban serían los principios de la economía mundial de la posguerra y del futuro orden económico mundial habían vivido la Gran Depresión. Algunos, como J. M. Keynes, habían participado en la vida pública desde 1914. Y por si la memoria económica de los años treinta no hubiera bastado para incitarles a reformar el capitalismo, los riesgos políticos mortales en caso de no hacerlo eran evidentes para todos los que acababan de luchar contra la Alemania de Hitler, hija de la Gran Depresión, y se enfrentaban a la perspectiva del comunismo y del poderío soviético avanzando hacia el oeste a través de las ruinas de unas economías capitalistas que no habían funcionado.

Había cuatro cosas que los responsables de tomar decisiones tenían claras. El desastre de entreguerras, que no había que permitir que se reprodujese en ningún caso, se había debido en gran parte a la disrupción del sistema comercial y financiero mundial y a la consiguiente fragmentación del mundo en economías nacionales o imperios con vocación autárquica. El sistema planetario había gozado de estabilidad en otro tiempo gracias a la hegemonía, o por lo menos al papel preponderante, de la economía británica y de su divisa, la libra esterlina. En el período de entreguerras, Gran Bretaña y la libra ya no habían sido lo bastante fuertes para cargar con esa responsabilidad, que ahora sólo podían asumir los Estados Unidos y el dólar. (Esta conclusión, naturalmente, despertó mayor entusiasmo en Washington que en ninguna otra parte.) En tercer lugar, la Gran Depresión se había debido al fracaso del mercado libre sin restricciones. A partir de entonces habría que complementar el mercado con la planificación y la gestión pública de la economía, o bien actuar dentro del marco de las mismas. Finalmente, por razones sociales y políticas, había que impedir el retorno del desempleo masivo.

Era poco lo que los responsables de tomar decisiones fuera del mundo anglosajón podían hacer por la reconstrucción del sistema comercial y financiero mundial, pero les resultaba atractivo el rechazo al viejo liberalismo económico. La firme tutela y la planificación estatal en materia económica no eran una novedad en algunos países, desde Francia hasta Japón. Incluso la titularidad y gestión estatal de industrias era bastante habitual y estaba bastante extendida en los países occidentales después de 1945. No era en absoluto cuestión de socialismo o antisocialismo, aunque las tendencias izquierdistas generales latentes en la actividad política de los movimientos de resistencia durante la guerra le otorgaron mayor relieve del que había tenido antes de la guerra, como en el caso de las constituciones francesa e italiana de 1946-1947. Así, aún después de quince años de gobierno socialista, Noruega tenía en 1960 un sector público en cifras relativas (y, desde luego, también en cifras absolutas) más reducido que el de la Alemania Occidental, un país poco dado a las nacionalizaciones.

En cuanto a los partidos socialistas y a los movimientos obreros que tan importantes habían sido en Europa después de la guerra, encajaban perfectamente con el nuevo capitalismo reformado, porque a efectos prácticos no disponían de una política económica propia, a excepción de los comunistas, cuya política consistía en alcanzar el poder y luego seguir el modelo de la URSS. Los pragmáticos escandinavos dejaron intacto su sector privado, a diferencia del gobierno laborista británico de 1945, aunque éste no hizo nada por reformarlo y demostró una falta de interés en la planificación absolutamente asombrosa, sobre todo cuando se la compara con el entusiasmo de los planes de modernización de los gobiernos franceses (no socialistas) contemporáneos. En la práctica, la izquierda dirigió su atención hacia la mejora de las condiciones de vida de su electorado de clase obrera y hacia la introducción de reformas a tal efecto. Como no disponía de otra alternativa, salvo hacer un llamamiento a la abolición del capitalismo, que ningún gobierno socialdemócrata sabía cómo destruir, o ni siquiera lo intentaba, la izquierda tuvo que fiarse de que una economía capitalista fuerte y generadora de riqueza financiaría sus objetivos. A la hora de la verdad, un capitalismo reformado que reconociera la importancia de la mano de obra y de las aspiraciones socialdemócratas ya les parecía bien.

En resumen, por distintas razones, los políticos, funcionarios e incluso muchos hombres de negocios occidentales durante la posguerra estaban convencidos de que la vuelta al *laissez-faire* y a una economía de libre mercado inalterada era impensable. Determinados objetivos políticos —el pleno empleo, la contención del comunismo, la modernización de unas economías atrasadas o en decadencia— gozaban de prioridad absoluta y justificaban una intervención estatal de la máxima firmeza. Incluso regímenes consagrados al liberalismo económico y político pudieron y tuvieron que gestionar la economía de un modo que antes hubiera sido rechazado por «socialista». Al fin y al cabo, es así como Gran Bretaña e incluso los Estados Unidos habían dirigido su economía de guerra. El futuro estaba en la «economía mixta». Aunque hubo momentos en los que las viejas ortodoxias de disciplina fiscal y estabilidad monetaria y de los precios ganaron en importancia, ni siquiera entonces se convirtieron en imperativos absolutos. Desde 1933 los espantajos de la inflación y el déficit público ya no alejaban a las aves de los campos de la economía, y sin embargo los cultivos aparentemente crecían.

Estos cambios no fueron secundarios, sino que llevaron a que un estadista norteamericano de credenciales capitalistas a toda prueba —Averell Harriman— dijera en 1946 a sus compatriotas: «La gente de este país ya no le tiene miedo a palabras como "planificación"... La gente ha aceptado el hecho de que el gobierno, al igual que los individuos, tiene un papel que desempeñar en este país» (Maier, 1987, p. 129). Esto hizo que resultase natural que un adalid del liberalismo económico y admirador de la economía de los Estados Unidos, Jean Monnet (1888-1979) se convirtiera en un apasionado defensor de la planificación económica en Francia. Convirtió a Lionel (lord) Robbins, un economista liberal que en otro tiempo había defendido la ortodoxia frente a Keynes en un seminario dirigido conjuntamente con Hayek en la London School of Economics, en el director de la economía semisocialista británica de guerra. Durante unos treinta años existió un consenso en Occidente entre los pensadores y los responsables de tomar las decisiones, sobre todo en los Estados Unidos, que marcaban la pauta de lo que los demás países del área no comunista podían hacer o, mejor dicho, de lo que no podían hacer. Todos querían un mundo de producción creciente, con un comercio internacional en expansión, pleno empleo, industrialización y modernización, y todos estaban dispuestos a conseguirlo, si era necesario, mediante el control y la gestión gubernamentales sistemáticas de economías mixtas, y asociándose con movimientos obreros organizados, siempre que no fuesen comunistas. La edad de oro del capitalismo habría sido imposible sin el consenso de que la economía de la empresa privada («libre empresa» era la expresión preferida)[1] tenía que ser salvada de sí misma para sobrevivir.

Sin embargo, si bien es cierto que el capitalismo se reformó, hay que distinguir claramente entre la disposición general a hacer lo que hasta entonces había sido impensable y la eficacia real de cada una de las nuevas recetas que creaban los chefs de los nuevos restaurantes económicos, y eso es difícil de evaluar. Los economistas, al igual que los políticos, siempre tienden a atribuir el éxito a la sagacidad de su política, y durante la edad de oro, cuando hasta economías débiles como la británica florecieron y prosperaron, parecía haber razones de sobra para felicitarse. No obstante, esas políticas obtuvieron éxitos resonantes. En 1945-1946, Francia, por ejemplo, emprendió un programa serio de planificación económica para modernizar la economía industrial francesa. La adaptación de ideas soviéticas a las economías capitalistas mixtas debió tener consecuencias, ya que entre 1950 y 1979 Francia, hasta entonces un paradigma de atraso económico, acortó distancias con respecto a la productividad de los Estados Unidos más que ningún otro de los principales países industrializados, Alemania incluida (Maddison, 1982, p. 46). No obstante, dejemos a los economistas, una tribu notablemente pendenciera, que discutan las virtudes y defectos y la eficacia de las diversas políticas que adoptaron distintos gobiernos (muchas de ellas asociadas al nombre de J. M. Keynes, que había muerto en 1946).

1. La palabra «capitalismo», al igual que «imperialismo», se vio marginada del discurso público, por sus connotaciones negativas para el público. Hasta los años setenta no encontramos a políticos y propagandistas orgullosos de declararse «capitalistas», algo a lo que se anticipó ligeramente a partir de 1965 el lema de la revista de negocios *Forbes*, que, dándole la vuelta a una expresión de la jerga comunista norteamericana, empezó a describirse a sí misma como un «instrumento al servicio del capitalismo».

IV

La diferencia entre las intenciones generales y su aplicación detallada resulta particularmente clara en la reconstrucción de la economía internacional, pues aquí las «lecciones» de la Gran Depresión (la palabra aparece constantemente en el discurso de los años cuarenta) se tradujeron por lo menos parcialmente en acuerdos institucionales concretos. La supremacía de los Estados Unidos era un hecho, y las presiones políticas incitando a la acción vinieron de Washington, aunque muchas de las ideas y de las iniciativas procediesen de Gran Bretaña, y en caso de discrepancia, como entre Keynes y el portavoz norteamericano Harry White[2] a propósito del recién creado Fondo Monetario Internacional (FMI), prevaleció el punto de vista norteamericano. Pero el proyecto original del nuevo orden económico liberal planetario lo incluía dentro del nuevo orden político internacional, también proyectado en los últimos años de guerra como las Naciones Unidas, y no fue hasta el hundimiento del modelo original de la ONU con la guerra fría cuando las dos únicas instituciones internacionales que habían entrado realmente en funcionamiento en virtud de los acuerdos de Bretton Woods de 1944, el Banco Mundial (Banco Internacional para la Reconstrucción y el Desarrollo) y el FMI, que todavía subsisten, quedaron subordinadas de hecho a la política de los Estados Unidos. Estas instituciones tenían por finalidad facilitar la inversión internacional a largo plazo y mantener la estabilidad monetaria, además de abordar problemas de balanza de pagos. Otros puntos del programa internacional no dieron lugar a organizaciones concretas (por ejemplo, para el control de los precios de los productos de primera necesidad y para la adopción de medidas destinadas al mantenimiento del pleno empleo), o se llevaron a cabo de forma incompleta. La propuesta de una Organización Internacional del Comercio acabó en el mucho más humilde Acuerdo General de Aranceles y Comercio (GATT, General Agreement on Tariffs and Trade).

En definitiva, en la medida en que los planificadores del nuevo mundo feliz intentaron crear un conjunto de instituciones operativas que diesen cuerpo a sus proyectos, fracasaron. El mundo no salió de la guerra en forma de un sistema internacional operativo y multilateral de libre comercio y de pagos, y los esfuerzos norteamericanos por establecer uno se vinieron abajo a los dos años de la victoria. Y sin embargo, a diferencia de las Naciones Unidas, el sistema internacional de comercio y de pagos funcionó, aunque no de la forma prevista en principio. En la práctica, la edad de oro fue la época de libre comercio, libertad de movimiento de capitales y estabilidad cambiaria que tenían en mente los planificadores durante la guerra. No cabe duda de que ello se debió sobre todo al abrumador dominio económico de los Estados Unidos y del dólar, que funcionó aún más eficazmente como estabi-

2. Irónicamente, White se convertiría más tarde en víctima de la caza de brujas en los Estados Unidos, por presuntas simpatías, mantenidas en secreto, con el Partido Comunista.

lizador gracias a que estaba vinculado a una cantidad concreta de oro hasta que el sistema se vino abajo a finales de los sesenta y principios de los setenta. Hay que tener siempre presente que en 1950 los Estados Unidos poseían por sí solos alrededor del 60 por 100 de las existencias de capital de todos los países capitalistas avanzados, generaban alrededor del 60 por 100 de toda la producción de los mismos, e incluso en el momento culminante de la edad de oro (1970) seguían teniendo más del 50 por 100 de las existencias de capital de todos esos países y casi la mitad de su producto total (Armstrong, Glyn y Harrison, 1991, p. 151).

Todo eso también era debido al miedo al comunismo. Y es que, en contra de las convicciones de los Estados Unidos, el principal obstáculo a la economía capitalista de libre comercio internacional no eran los instintos proteccionistas de los extranjeros, sino la combinación de los elevados aranceles domésticos de los Estados Unidos y de la tendencia a una fuerte expansión de las exportaciones norteamericanas, que los planificadores de Washington durante la guerra consideraban «esencial para la consecución del pleno empleo efectivo en los Estados Unidos» (Kolko, 1969, p. 13). Una expansión agresiva era lo que estaba en el ánimo de los responsables de la política norteamericana tan pronto como la guerra acabó. Fue la guerra fría lo que les incitó a adoptar una perspectiva a más largo plazo, al convencerlos de que ayudar a sus futuros competidores a crecer lo más rápido posible era de la máxima urgencia política. Se ha llegado a argüir que, en ese sentido, la guerra fría fue el principal motor de la gran expansión económica mundial (Walker, 1993), lo cual probablemente sea una exageración, aunque la gigantesca generosidad de los fondos del plan Marshall (véanse pp. 244-245) contribuyó a la modernización de todos los beneficiarios que quisieron utilizarlos con este fin —como lo hicieron Austria y Francia—, y la ayuda norteamericana fue decisiva a la hora de acelerar la transformación de la Alemania Occidental y Japón. No cabe duda de que estos dos países se hubieran convertido en grandes potencias económicas en cualquier caso, pero el mero hecho de que, en su calidad de perdedores, no fuesen dueños de su política exterior les representó una ventaja, ya que no sintieron la tentación de arrojar más que una cantidad mínima al agujero estéril de los gastos militares. No obstante, sólo tenemos que preguntarnos qué hubiese sido de la economía alemana si su recuperación hubiera dependido de los europeos, que temían su renacimiento. ¿A qué ritmo se habría recuperado la economía japonesa, si los Estados Unidos no se hubiesen encontrado reconstruyendo Japón como base industrial para la guerra de Corea y luego otra vez durante la guerra de Vietnam después de 1965? Los norteamericanos financiaron la duplicación de la producción industrial japonesa entre 1949 y 1953, y no es ninguna casualidad que 1966-1970 fuese para Japón el período de máximo crecimiento: no menos de un 14,6 por 100 anual. El papel de la guerra fría, por lo tanto, no se debe subestimar, aunque las consecuencias económicas a largo plazo de la desviación, por parte de los estados, de ingentes recursos hacia la carrera de armamentos fuesen nocivas, o en el caso extremo de la URSS, seguramente fatales. Sin embargo, hasta los Estados Unidos optaron por debilitar su economía en aras de su poderío militar.

La economía capitalista mundial se desarrolló, pues, en torno a los Estados Unidos; una economía que planteaba menos obstáculos a los movimientos internacionales de los factores de producción que cualquier otra desde mediados de la era victoriana, con una excepción: los movimientos migratorios internacionales tardaron en recuperarse de su estrangulamiento de entreguerras, aunque esto último fuese, en parte, una ilusión óptica. La gran expansión económica de la edad de oro se vio alimentada no sólo por la mano de obra antes parada, sino por grandes flujos migratorios internos, del campo a la ciudad, de abandono de la agricultura (sobre todo en regiones de suelos accidentados y poco fértiles) y de las regiones pobres a las ricas. Así, por ejemplo, las fábricas de Lombardía y Piamonte se inundaron de italianos del sur, y en veinte años 400.000 aparceros de Toscana abandonaron sus propiedades. La industrialización de la Europa del Este fue básicamente un proceso migratorio de este tipo. Además, algunas de estas migraciones interiores eran en realidad migraciones internacionales, sólo que los emigrantes habían llegado al país receptor no en busca de empleo, sino formando parte del éxodo terrible y masivo de refugiados y de poblaciones desplazadas después de 1945.

No obstante, es notable que en una época de crecimiento económico espectacular y de carestía cada vez mayor de mano de obra, y en un mundo occidental tan consagrado a la libertad de movimiento en la economía, los gobiernos se resistiesen a la libre inmigración y, cuando se vieron en el trance de tener que autorizarla (como en el caso de los habitantes caribeños y de otras procedencias de la Commonwealth, que tenían derecho a instalarse en Gran Bretaña por ser legalmente británicos), le pusieran frenos. En muchos casos, a esta clase de inmigrantes, en su mayoría procedentes de países mediterráneos menos desarrollados, sólo se les daban permisos de residencia condicionales y temporales, para que pudieran ser repatriados fácilmente, aunque la expansión de la Comunidad Económica Europea, con la consiguiente inclusión de varios países con saldo migratorio negativo (Italia, España, Portugal, Grecia), lo dificultó. De todos modos, a principios de los años setenta había 7,5 millones de inmigrantes en los países europeos desarrollados (Potts, 1990, pp. 146-147). Incluso durante la edad de oro la inmigración era un tema político delicado; en las difíciles décadas posteriores a 1973 conduciría a un acusado aumento público de la xenofobia en Europa.

Sin embargo, durante la edad de oro la economía siguió siendo más *internacional* que *transnacional*. El comercio recíproco entre países era cada vez mayor. Hasta los Estados Unidos, que habían sido en gran medida autosuficientes antes de la segunda guerra mundial, cuadruplicaron sus exportaciones al resto del mundo entre 1950 y 1970, pero también se convirtieron en grandes importadores de bienes de consumo a partir de finales de los años cincuenta. A finales de los sesenta incluso empezaron a importar automóviles (Block, 1977, p. 145). Pero aunque las economías industrializadas comprasen y vendiesen cada vez más los productos de unas y otras, el grueso de su actividad económica continuó siendo doméstica. Así, en el punto culminante de la edad de oro los Estados Unidos exportaban algo menos del 8 por 100 de su PIB y, lo que es más sorprendente, Japón, pese a su vocación exportadora, tan sólo un poco más (Marglin y Schor, p. 43, cuadro 2.2).

No obstante, empezó a aparecer, sobre todo a partir de los años sesenta, una economía cada vez más *transnacional*, es decir, un sistema de actividades económicas para las cuales los estados y sus fronteras no son la estructura básica, sino meras complicaciones. En su formulación extrema, nace una «economía mundial» que en realidad no tiene una base o unos límites territoriales concretos y que determina, o más bien restringe, las posibilidades de actuación incluso de las economías de grandes y poderosos estados. En un momento dado de principios de los años setenta, esta economía transnacional se convirtió en una fuerza de alcance mundial, y continuó creciendo con tanta o más rapidez que antes durante las décadas de las crisis posteriores a 1973, de cuyos problemas es, en gran medida, responsable. Desde luego, este proceso vino de la mano con una creciente *internacionalización*; así, por ejemplo, entre 1965 y 1990 el porcentaje de la producción mundial dedicado a la exportación se duplicó (*World Development*, 1992, p. 235).

Tres aspectos de esta transnacionalización resultaban particularmente visibles: las compañías transnacionales (a menudo conocidas por «multinacionales»), la nueva división internacional del trabajo y el surgimiento de actividades *offshore* (extraterritoriales) en paraísos fiscales. Estos últimos no sólo fueron de las primeras formas de transnacionalismo en desarrollarse, sino también las que demuestran con mayor claridad el modo en que la economía capitalista escapó a todo control, nacional o de otro tipo.

Los términos *offshore* y «paraíso fiscal» se introdujeron en el vocabulario público durante los años sesenta para describir la práctica de registrar la sede legal de un negocio en territorios por lo general minúsculos y fiscalmente generosos que permitían a los empresarios evitar los impuestos y demás limitaciones que les imponían sus propios países. Y es que todo país o territorio serio, por comprometido que estuviera con la libertad de obtener beneficios, había establecido a mediados de siglo ciertos controles y restricciones a la práctica de negocios legítimos en interés de sus habitantes. Una combinación compleja e ingeniosa de agujeros legales en las legislaciones mercantiles y laborales de benévolos miniterritorios —como por ejemplo Curaçao, las islas Vírgenes y Liechtenstein— podía hacer milagros en la cuenta de resultados de una compañía. Y es que «la esencia de los paraísos fiscales estriba en la transformación de una enorme cantidad de agujeros legales en una estructura corporativa viable, pero sin controlar» (Raw, Page y Hodgson, 1972, p. 83). Por razones evidentes, los paraísos fiscales se prestaban muy bien a las transacciones financieras, si bien ya hacía tiempo que Panamá y Liberia pagaban a sus políticos con los ingresos procedentes del registro de navíos mercantes de terceros, cuyos propietarios encontraban demasiado onerosas las normas laborales y de seguridad de sus países de origen.

En un momento dado de los años sesenta, un poco de ingenio transformó un viejo centro financiero internacional, la City de Londres, en una gran plaza financiera *offshore*, gracias a la invención de las «eurodivisas», sobre todo los «eurodólares». Los dólares depositados en bancos de fuera de los Estados Unidos y no repatriados, más que nada para evitar las restricciones de las leyes financieras de los Estados Unidos, se convirtieron en un instrumento financiero negociable. Estos dólares flotantes, acumulados en enormes cantidades gracias a las crecientes inversiones norteamericanas en el exterior y a los grandes gastos políticos y militares del gobierno de los Estados Unidos, se convirtieron en la base de un mercado global totalmente incontrolado, principalmente en créditos a corto plazo, y experimentaron un tremendo crecimiento. Así, el mercado neto de eurodivisas subió de unos 14.000 millones de dólares en 1964 a 160.000 millones en 1973 y casi 500.000 millones al cabo de cinco años, cuando este mercado se convirtió en el mecanismo principal de reciclaje del Potosí de beneficios procedentes del petróleo que los países de la OPEP se encontraron de repente en mano preguntándose cómo gastarlos e invertirlos (véase la p. 471). Los Estados Unidos fueron la primera economía que se encontró a merced de estos inmensos y cada vez más numerosos torrentes de capital que circulaba sin freno por el planeta en busca de beneficios fáciles. Al final, todos los gobiernos acabaron por ser sus víctimas, ya que perdieron el control sobre los tipos de cambio y la masa monetaria. A principios de los noventa incluso la acción conjunta de destacados bancos centrales se demostró impotente.

Que compañías con base en un país pero con operaciones en varios otros expandiesen sus actividades era bastante natural. Tampoco eran una novedad estas «multinacionales»: las compañías estadounidenses de este tipo aumentaron el número de sus filiales de unas 7.500 en 1950 a más de 23.000 en 1966, en su mayoría en la Europa occidental y en el hemisferio oeste (Spero, 1977, p. 92). Sin embargo, cada vez más compañías de otros países siguieron su ejemplo. La compañía alemana de productos químicos Hoechst, por ejemplo, se estableció o se asoció con 117 plantas en cuarenta y cinco países, en todos los casos, salvo en seis, después de 1950 (Fröbel, Heinrichs y Kreye, 1986, cuadro IIIA, pp. 281 ss.). La novedad radicaba sobre todo en la escala de las operaciones de estas entidades transnacionales: a principios de los años ochenta las compañías transnacionales de los Estados Unidos acumulaban tres cuartas partes de las exportaciones del país y casi la mitad de sus importaciones, y compañías de este tipo (tanto británicas como extranjeras) eran responsables de más del 80 por 100 de las exportaciones británicas (*UN Transnational*, 1988, p. 90).

En cierto sentido, estas cifras son irrelevantes, ya que la función principal de tales compañías era «internacionalizar los mercados más allá de las fronteras nacionales», es decir, convertirse en independientes de los estados y de su territorio. Gran parte de lo que las estadísticas (que básicamente recogen los datos país por país) reflejan como importaciones o exportaciones es en realidad comercio *interno* dentro de una entidad transnacional como la General Motors, que opera en cuarenta países. La capacidad de actuar de este modo reforzó la tendencia natural del capital a concentrarse, habitual desde los tiempos de Karl Marx. Ya en 1960 se calculaba que las ventas de las doscientas mayores firmas del mundo (no socialista) equivalían al 17 por 100 del PNB de ese sector del mundo, y en 1984 se decía que representaban el 26 por 100.[3] La mayoría de estas transnacionales tenían su sede en estados «desarrollados» importantes. De hecho, el 85 por 100 de las «doscientas principales» tenían su sede en los Estados Unidos, Japón, Gran Bretaña y Alemania, mientras que el resto lo formaban compañías de otros once países. Pero aunque es probable que la vinculación de estos supergigantes con los gobiernos de sus países de origen fuese estrecha, a finales de la edad de oro es dudoso que de cualquiera de ellos, exceptuando a los japoneses y a algunas compañías esencialmente militares, pudiera decirse con certeza que se *identificaba* con su gobierno o con los intereses de su país. Ya no estaba tan claro como había llegado a parecer que, en expresión de un magnate de Detroit que ingresó en el gobierno de los Estados Unidos, «lo que es bueno para la General Motors es bueno para los Estados Unidos». ¿Cómo podía estar claro, cuando sus operaciones en el país de origen no eran más que las que se efectuaban en uno solo de los cien mercados en los que actuaba, por ejemplo, Mobil Oil, o de los 170 en los que estaba presente Daimler-Benz? La lógica comercial obligaba a las compañías petrolíferas a calcular su estrategia y su política hacia su país de origen exactamente igual que respecto de Arabia Saudí o Venezuela, o sea, en términos de ganancias y pérdidas, por un lado y, por otro, en términos del poder relativo de la compañía y del gobierno.

La tendencia de las transacciones comerciales y de las empresas de negocios —que no era privativa de unos pocos gigantes— a emanciparse de los estados nacionales se hizo aún más pronunciada a medida que la producción industrial empezó a trasladarse, lentamente al principio, pero luego cada vez más deprisa, fuera de los países europeos y norteamericanos que habían sido los pioneros de la industrialización y el desarrollo del capitalismo. Estos países siguieron siendo los motores del crecimiento durante la edad de oro. A mediados de los años cincuenta los países industrializados se vendieron unos a otros cerca de tres quintos de sus exportaciones de productos elaborados, y a principios de los setenta, tres cuartas partes. Sin embargo, pronto las cosas empezaron a cambiar. Los países desarrollados empezaron a exportar una proporción algo mayor de sus productos elaborados al resto del mundo, pero —lo que es más significativo— el tercer mundo empezó a exportar manufacturas a una escala considerable hacia los países desarrollados e industrializados. A medida que las exportaciones tradicionales de materias primas de las regiones atrasadas perdían terreno (excepto, tras la revolución de la OPEP, los combustibles de origen mineral), éstas empezaron a industrializarse, desigualmente, pero con rapidez. Entre 1970 y 1983 la proporción de exportaciones de productos industriales correspondiente al tercer mundo,

3. Estas estimaciones deben utilizarse con cautela, y es mejor tratarlas como simples indicadores de magnitud.

que hasta entonces se había mantenido estable en torno a un 5 por 100, se duplicó con creces (Fröbel, Heinrichs y Kreye, 1986, p. 200).

Así pues, una nueva división internacional del trabajo empezó a socavar a la antigua. La marca alemana Volkswagen instaló fábricas de automóviles en Argentina, Brasil (tres fábricas), Canadá, Ecuador, Egipto, México, Nigeria, Perú, Suráfrica y Yugoslavia, sobre todo a partir de mediados de los años sesenta. Las nuevas industrias del tercer mundo abastecían no sólo a unos mercados locales en expansión, sino también al mercado mundial, cosa que podían hacer tanto exportando artículos totalmente producidos por la industria local (como productos textiles, la mayoría de los cuales, ya en 1970, había emigrado de sus antiguos países de origen a los países «en vías de desarrollo») como *formando parte del proceso de fabricación transnacional.*

Esta fue la innovación decisiva de la edad de oro, aunque no cuajó del todo hasta más tarde. No hubiese podido ocurrir de no ser por la revolución en el ámbito del transporte y las comunicaciones, que hizo posible y económicamente factible dividir la producción de un solo artículo entre, digamos, Houston, Singapur y Tailandia, transportando por vía aérea el producto parcialmente acabado entre estos centros y dirigiendo de forma centralizada el proceso en su conjunto gracias a la moderna informática. Las grandes industrias electrónicas empezaron a globalizarse a partir de los años sesenta. La cadena de producción ahora ya no atravesaba hangares gigantescos en un solo lugar, sino el mundo entero. Algunas se instalaron en las «zonas francas industriales» extraterritoriales (*offshore*) que ahora empezaron a extenderse en su abrumadora mayoría por países pobres con mano de obra barata, principalmente joven y femenina, lo que era un nuevo recurso para evadir el control por parte de un solo país. Así, uno de los primeros centros francos de producción industrial, Manaos, en las profundidades de la selva amazónica, fabricaba productos textiles, juguetes, artículos de papel y electrónicos y relojes digitales para compañías estadounidenses, holandesas y japonesas.

Todo esto generó un cambio paradójico en la estructura política de la economía mundial. A medida que el mundo se iba convirtiendo en su verdadera unidad, las economías nacionales de los grandes estados se vieron desplazadas por estas plazas financieras extraterritoriales, situadas en su mayoría en los pequeños o minúsculos miniestados que se habían multiplicado, de forma harto práctica, con la desintegración de los viejos imperios coloniales. Al final del siglo XX el mundo, según el Banco Mundial, contiene setenta y una economías con menos de dos millones y medio de habitantes (dieciocho de ellas con menos de 100.000 habitantes), es decir, dos quintas partes del total de unidades políticas oficialmente tratadas como «economías» (*World Development*, 1992). Hasta la segunda guerra mundial unidades así hubiesen sido consideradas económicamente risibles y, por supuesto, no como estados.[4]

4. Hasta principios de los años noventa no se trató a los antiguos miniestados de Europa —Andorra, Liechtenstein, Mónaco, San Marino— como miembros en potencia de las Naciones Unidas.

Eran, y son, incapaces de defender su independencia teórica en la jungla internacional, pero en la edad de oro se hizo evidente que podían prosperar tanto como las grandes economías nacionales, e incluso más, proporcionando directamente servicios a la economía global. De aquí el auge de las nuevas ciudades-estado (Hong Kong, Singapur), entidades políticas que no se había visto florecer desde la Edad Media, de zonas desérticas del golfo Pérsico que se convirtieron en participantes destacados en el mercado global de inversiones (Kuwait) y de los múltiples paraísos fiscales.

La situación proporcionaría a los cada vez más numerosos movimientos étnicos del nacionalismo de finales del siglo XX argumentos poco convincentes en defensa de la viabilidad de la independencia de Córcega o de las islas Canarias; poco convincentes porque la única separación que se lograría con la secesión sería la separación del estado nacional con el que estos territorios habían estado asociados con anterioridad. Económicamente, en cambio, la separación los convertiría, con toda certeza, en mucho más dependientes de las entidades transnacionales cada vez más determinantes en estas cuestiones. El mundo más conveniente para los gigantes multinacionales es un mundo poblado por estados enanos o sin ningún estado.

V

Era natural que la industria se trasladara de unos lugares de mano de obra cara a otros de mano de obra barata tan pronto como fuese técnicamente posible y rentable, y el descubrimiento (nada sorprendente) de que la mano de obra de color en algunos casos estaba tan cualificada y preparada como la blanca fue una ventaja añadida para las industrias de alta tecnología. Pero había una razón convincente por la que la expansión de la edad de oro debía producir el desplazamiento de las viejas industrias del núcleo central de países industrializados, y era la peculiar combinación «keynesiana» de crecimiento económico en una economía capitalista basada en el consumo masivo por parte de una población activa plenamente empleada y cada vez mejor pagada y protegida.

Esta combinación era, como hemos visto, una creación política, que descansaba sobre el consenso político entre la izquierda y la derecha en la mayoría de países occidentales, una vez eliminada la extrema derecha fascista y ultranacionalista por la segunda guerra mundial, y la extrema izquierda comunista por la guerra fría. Se basaba también en un acuerdo tácito o explícito entre las organizaciones obreras y las patronales para mantener las demandas de los trabajadores dentro de unos límites que no mermaran los beneficios, y que mantuvieran las expectativas de tales beneficios lo bastante altas como para justificar las enormes inversiones sin las cuales no habría podido producirse el espectacular crecimiento de la productividad laboral de la edad de oro. De hecho, en las dieciséis economías de mercado más industrializadas, la inversión creció a un ritmo del 4,5 por 100, casi el triple que en el período de 1870 a 1913, incluso teniendo en cuenta el ritmo de crecimiento mucho menos impresionante de Norteamérica, que hace bajar la media (Maddison, 1982, cuadro 5.1, p. 96). En la práctica, los acuerdos eran a tres bandas, con las negociaciones entre capital y mano de obra —descritos ahora, por lo menos en Alemania, como los «interlocutores sociales»— presididas formal o informalmente por los gobiernos. Con el fin de la edad de oro estos acuerdos sufrieron el brutal asalto de los teólogos del libre mercado, que los acusaron de «corporativismo», una palabra con resonancias, medio olvidadas y totalmente irrelevantes, del fascismo de entreguerras (véanse pp. 120-121).

Los acuerdos resultaban aceptables para todas las partes. Los empresarios, a quienes apenas les importaba pagar salarios altos en plena expansión y con cuantiosos beneficios, veían con buenos ojos esta posibilidad de prever que les permitía planificar por adelantado. Los trabajadores obtenían salarios y beneficios complementarios que iban subiendo con regularidad, y un estado del bienestar que iba ampliando su cobertura y era cada vez más generoso. Los gobiernos conseguían estabilidad política, debilitando así a los partidos comunistas (menos en Italia), y unas condiciones predecibles para la gestión macroeconómica que ahora practicaban todos los estados. A las economías de los países capitalistas industrializados les fue maravillosamente en parte porque, por vez primera (fuera de Norteamérica y tal vez Oceanía), apareció una economía de consumo masivo basada en el pleno empleo y en el aumento sostenido de los ingresos reales, con el sostén de la seguridad social, que a su vez se financiaba con el incremento de los ingresos públicos. En la euforia de los años sesenta algunos gobiernos incautos llegaron al extremo de ofrecer a los parados —que entonces eran poquísimos— el 80 por 100 de su salario anterior.

Hasta finales de los años sesenta, la política de la edad de oro reflejó este estado de cosas. Tras la guerra hubo en todas partes gobiernos fuertemente reformistas, rooseveltianos en los Estados Unidos, dominados por socialistas o socialdemócratas en la práctica totalidad de países ex combatientes de Europa occidental, menos en la Alemania Occidental ocupada (donde no hubo ni instituciones independientes ni elecciones hasta 1949). Incluso los comunistas participaron en algunos gobiernos hasta 1947 (véanse pp. 241-242). El radicalismo de los años de resistencia afectó incluso a los nacientes partidos conservadores —los cristianodemócratas de la Alemania Occidental creyeron hasta 1949 que el capitalismo era malo para Alemania (Leaman, 1988)—, o por lo menos les hizo difícil el navegar a contracorriente. Así, por ejemplo, el Partido Conservador británico reclamó para sí parte del mérito de las reformas del gobierno laborista de 1945.

De forma sorprendente, el reformismo se batió pronto en retirada, aunque se mantuvo el consenso. La gran expansión económica de los años cincuenta estuvo dirigida, casi en todas partes, por gobiernos conservadores moderados. En los Estados Unidos (a partir de 1952), en Gran Bretaña (desde 1951), en Francia (a excepción de breves períodos de gobiernos de coalición), Alemania Occidental, Italia y Japón, la izquierda quedó completamente apartada del poder, si bien los países escandinavos siguieron siendo socialdemócratas, y algunos partidos socialistas participaron en coaliciones gubernamentales en varios pequeños países. El retroceso de la izquierda resulta indudable. Y no se debió a la pérdida masiva de apoyo a los socialistas, o incluso a los comunistas en Francia y en Italia, donde eran los partidos principales de la clase obrera.[5] Y tampoco —salvo tal vez en Alemania, donde el Partido Socialdemócrata (SPD) era «poco firme» en el tema de la unidad alemana, y en Italia, donde los socialistas continuaron aliados a los comunistas— se debió a la guerra fría. Todos, menos los comunistas, estaban firmemente en contra de los rusos. Lo que ocurrió es que el espíritu de los tiempos durante la década de expansión estaba en contra de la izquierda: no era momento de cambiar.

En los años sesenta, el centro de gravedad del consenso se desplazó hacia la izquierda, en parte a causa del retroceso del liberalismo económico ante la gestión keynesiana, aun en bastiones anticolectivistas como Bélgica y la Alemania Federal, y en parte porque la vieja generación que había presidido la estabilización y el renacimiento del sistema capitalista desapareció de escena hacia 1964: Dwight Eisenhower (nacido en 1890) en 1960, Konrad Adenauer (nacido en 1876) en 1965, Harold Macmillan (nacido en 1894) en 1964. Al final (1969) hasta el gran general De Gaulle (nacido en 1890) desapareció. Se produjo así un cierto rejuvenecimiento de la política. De hecho, los años culminantes de la edad de oro parecieron ser tan favorables a la izquierda moderada, que volvió a gobernar en muchos estados de la Europa occidental, como contrarios le habían sido los años cincuenta. Este giro a la izquierda se debió en parte a cambios electorales, como los que se produjeron en la Alemania Federal, Austria y Suecia, que anticiparon los cambios mucho más notables de los años setenta y principios de los ochenta, en que tanto los socialistas franceses como los comunistas italianos alcanzaron sus máximos históricos, aunque las tendencias de voto generales permanecieron estables. Lo que pasaba era que los sistemas electorales exageraban cambios relativamente menores.

Sin embargo, existe un claro paralelismo entre el giro a la izquierda y el acontecimiento público más importante de la década: la aparición de estados del bienestar en el sentido literal de la expresión, es decir, estados en los que el gasto en bienestar —subsidios, cuidados sanitarios, educación, etc.— se convirtió en *la mayor parte* del gasto público total, y la gente dedicada a actividades de bienestar social pasó a formar el conjunto más importante de empleados públicos; por ejemplo, a mediados de los años setenta, representaba el 40 por 100 en Gran Bretaña y el 47 por 100 en Suecia (Therborn,

5. Sin embargo, todos los partidos de izquierda eran minoritarios, aunque de dimensiones considerables. El porcentaje máximo del voto obtenido por un partido de izquierda fue el 48,8 por 100 del Partido Laborista británico en 1951, en unas elecciones que, irónicamente, ganaron los conservadores con un porcentaje de sufragios algo inferior, gracias a los caprichos del sistema electoral británico.

1983). Los primeros estados del bienestar en este sentido aparecieron alrededor de 1970. Es evidente que la reducción de los gastos militares en los años de la distensión aumentó el gasto proporcional en otras partidas, pero el ejemplo de los Estados Unidos muestra que se produjo un verdadero cambio. En 1970, mientras la guerra de Vietnam se encontraba en su apogeo, el número de empleados en las escuelas en los Estados Unidos pasó a ser por primera vez significativamente más alto que el del «personal civil y militar de defensa» (*Statistical History*, 1976, II, pp. 1.102, 1.104 y 1.141). Ya a finales de los años setenta todos los estados capitalistas avanzados se habían convertido en «estados del bienestar» semejantes, y en el caso de seis estados (Australia, Bélgica, Francia, Alemania Federal, Italia, Holanda) el gasto en bienestar social superaba el 60 por 100 del gasto público. Todo ello originaría graves problemas tras el fin de la edad de oro.

Mientras tanto, la política de las economías de mercado desarrolladas parecía tranquila, cuando no soñolienta. ¿Qué podía desatar pasiones, en ellas, excepto el comunismo, el peligro de guerra atómica y las crisis importadas por culpa de sus actividades políticas imperialistas en el exterior, como la aventura británica de Suez en 1956 o la guerra de Argelia, en el caso de Francia (1954-1961) y, después de 1965, la guerra de Vietnam en los Estados Unidos? Por eso mismo el súbito y casi universal estallido de radicalismo estudiantil de 1968 pilló a los políticos y a los intelectuales maduros por sorpresa.

Era un signo de que la estabilidad de la edad de oro no podía durar. Económicamente dependía de la coordinación entre el crecimiento de la productividad y el de las ganancias que mantenía los beneficios estables. Un parón en el aumento constante de la productividad y/o un aumento desproporcionado de los salarios provocaría su desestabilización. Dependía de algo que se había echado a faltar en el período de entreguerras: el equilibrio entre el aumento de la producción y la capacidad de los consumidores de absorberlo. Los salarios tenían que subir lo bastante deprisa como para mantener el mercado a flote, pero no demasiado deprisa, para no recortar los márgenes de beneficio. Pero ¿cómo controlar los salarios en una época de escasez de mano de obra o, más en general, los precios en una época de demanda excepcional y en expansión constante? En otras palabras, ¿cómo controlar la inflación, o por lo menos mantenerla dentro de ciertos límites? Por último, la edad de oro dependía del dominio avasallador, político y económico, de los Estados Unidos, que actuaba, a veces sin querer, de estabilizador y garante de la economía mundial.

En el curso de los años sesenta todos estos elementos mostraron signos de desgaste. La hegemonía de los Estados Unidos entró en decadencia y, a medida que fue decayendo, el sistema monetario mundial, basado en la convertibilidad del dólar en oro, se vino abajo. Hubo indicios de ralentización en la productividad en varios países, y avisos de que las grandes reservas de mano de obra que aportaban las migraciones interiores, que habían alimentado la gran expansión de la industria, estaban a punto de agotarse. Al cabo de veinte años, había alcanzado la edad adulta una nueva generación para la que las experiencias de entreguerras —desempleo masivo, falta de seguridad, precios estables o deflación— eran historia y no formaban parte de sus experiencias. Sus expectativas se ajustaban a la única experiencia que tenía su generación: la de pleno empleo e inflación constante (Friedman, 1968, p. 11). Cualquiera que fuese la situación concreta que desencadenó el «estallido salarial mundial» de finales de los sesenta —escasez de mano de obra, esfuerzos crecientes de los empresarios para contener los salarios reales o, como en los casos de Francia y de Italia, las grandes rebeliones estudiantiles—, todo ello se basaba en el descubrimiento, por parte de una generación de trabajadores que se había acostumbrado a tener o encontrar un empleo, de que los aumentos salariales regulares que durante tanto tiempo habían negociado sus sindicatos eran en realidad muy inferiores a los que podían conseguir apretándole las tuercas al mercado. Tanto si detectamos un retorno a la lucha de clases en este reconocimiento de las realidades del mercado (como sostenían muchos de los miembros de la «nueva izquierda» post-1968) como si no, no cabe duda del notable cambio de actitud que hubo de la moderación y la calma de las negociaciones salariales anteriores a 1968 y las de los últimos años de la edad de oro.

Al incidir directamente en el funcionamiento de la economía, este cambio de actitud de los trabajadores fue mucho más significativo que el gran estallido de descontento estudiantil en torno a 1968, aunque los estudiantes proporcionasen a los medios de comunicación de masas un material mucho más dramático, y más carnaza a los comentaristas. La rebelión estudiantil fue un fenómeno ajeno a la economía y a la política. Movilizó a un sector minoritario concreto de la población, hasta entonces apenas reconocido como un grupo especial dentro de la vida pública, y —dado que muchos de sus miembros todavía estaban cursando estudios— ajeno en gran parte a la economía, salvo como compradores de grabaciones de rock: la juventud (de clase media). Su trascendencia cultural fue mucho mayor que la política, que fue efímera, a diferencia de movimientos análogos en países dictatoriales y del tercer mundo (véanse las pp. 333 y 443). Pero sirvió de aviso, de una especie de *memento mori* para una generación que casi creía haber resuelto para siempre los problemas de la sociedad occidental. Los principales textos del reformismo de la edad de oro, *El futuro del socialismo* de Crosland, *La sociedad opulenta* de J. K. Galbraith, *Más allá del estado del bienestar* de Gunnar Myrdal y *El fin de las ideologías* de Daniel Bell, todos ellos escritos entre 1956 y 1960, se basaban en la suposición de la creciente armonía interna de una sociedad que ahora resultaba básicamente satisfactoria, aunque mejorable, es decir, en la economía del consenso social organizado. Ese consenso no sobrevivió a los años sesenta.

Así pues, 1968 no fue el fin ni el principio de nada, sino sólo un signo. A diferencia del estallido salarial, del hundimiento del sistema financiero internacional de Bretton Woods en 1971, del *boom* de las materias primas de 1972-1973 y de la crisis del petróleo de la OPEP de 1973, no tiene gran relieve en las explicaciones que del fin de la edad de oro hacen los historiadores de la economía. Un fin que no era inesperado. La expansión de la economía a principios de los años setenta, acelerada por una inflación en rápido crecimiento, por un enorme aumento de la masa monetaria mundial y por el ingente déficit norteamericano, se volvió frenética. En la jerga de los economistas, el sistema se «recalentó». En los doce meses transcurridos a partir de julio de 1972, el PIB en términos reales de los países de la OCDE creció un 7,5 por 100, y la producción industrial en términos reales, un 10 por 100. Los historiadores que no hubiesen olvidado el modo en que terminó la gran expansión de mediados de la era victoriana podían haberse preguntado si el sistema no estaría entrando en la recta final hacia la crisis. Y habrían tenido razón, aunque no creo que nadie predijese el batacazo de 1974, o se lo tomase tan en serio como luego resultó ser, porque, si bien el PNB de los países industrializados avanzados *cayó* sustancialmente —algo que no ocurría desde la guerra—, la gente todavía pensaba en las crisis económicas en términos de lo sucedido en 1929, y no había señal alguna de catástrofe. Como siempre, la reacción inmediata de los asombrados contemporáneos fue buscar causas especiales del hundimiento del viejo *boom*: «un cúmulo inusual de desgraciadas circunstancias que es improbable vuelva a repetirse en la misma escala, y cuyo impacto se agravó por culpa de errores innecesarios», por citar a la OCDE (McCracken, 1977, p. 14). Los más simplistas le echaron toda la culpa a la avaricia de los jeques del petróleo de la OPEP. Pero todo historiador que atribuya cambios drásticos en la configuración de la economía mundial a la mala suerte y a accidentes evitables debería pensárselo dos veces. Y el cambio fue drástico: la economía mundial no recuperó su antiguo ímpetu tras el crac. Fue el fin de una época. Las décadas posteriores a 1973 serían, una vez más, una era de crisis.

La edad de oro perdió su brillo. No obstante, había empezado y, de hecho, había llevado a cabo en gran medida, la revolución más drástica, rápida y profunda en los asuntos humanos de la que se tenga constancia histórica. A ese hecho dirigimos ahora nuestra atención.

Capítulo X

LA REVOLUCIÓN SOCIAL, 1945-1990

LILY: Mi abuela nos contaba cosas de la Depresión. También puedes leerlas.
ROY: Siempre nos andan diciendo que deberíamos estar contentos de tener comida y todo eso, porque en los años treinta nos decían que la gente se moría de hambre y no tenía trabajo y tal.

BUCKY: Nunca he tenido una depresión, o sea que en realidad no me preocupa.
ROY: Por lo que he oído, hubieras odiado vivir en esa época.
BUCKY: Vale, pero no vivo en esa época.

STUDS TERKEL, *Hard Times* (1970, pp. 22-23)

Cuando [el general De Gaulle] llegó al poder había un millón de televisores en Francia … Cuando se fue, había diez millones … El estado siempre ha sido un espectáculo. Pero el estado-teatro de ayer era muy diferente del estado-TV de hoy.

REGIS DEBRAY (1994, p. 34)

I

Cuando la gente se enfrenta a algo para lo que no se la ha preparado con anterioridad, se devana los sesos buscando un nombre para lo desconocido, aunque no pueda ni definirlo ni entenderlo. Entrado ya el tercer cuarto del presente siglo, podemos ver este proceso en marcha entre los intelectuales de Occidente. La palabra clave fue la pequeña preposición «después», usada generalmente en su forma latina de «post» como prefijo a una de las numerosas palabras que se han empleado, desde hace varias generaciones, para delimitar el territorio mental de la vida en el siglo XX. El mundo, o sus aspectos relevantes, se ha convertido en postindustrial, postimperialista, postmoderno, postestructuralista, postmarxista, postgutenberguiano o lo que sea. Al igual que los funerales, estos prefijos indicaban el reconocimiento oficial de una defunción, sin implicar consenso o certeza alguna acerca de la naturaleza de la vida después de la muerte. De este modo fue como la transformación social mayor y más intensa, rápida y universal de la historia de la humanidad se introdujo en la conciencia de las mentes reflexivas que la vivieron. Esta transformación es el tema del presente capítulo.

La novedad de esta transformación estriba tanto en su extraordinaria rapidez como en su universalidad. Es verdad que las zonas desarrolladas del mundo —o sea, a efectos prácticos, la Europa central y occidental y América del Norte, además del reducido estrato de los cosmopolitas ricos y poderosos de cualquier lugar— hacía tiempo que vivían en un mundo de cambios, transformaciones tecnológicas e innovaciones culturales constantes. Para ellas la revolución de la sociedad global representó una aceleración, o una intensificación, de un movimiento al que ya estaban acostumbradas. Al fin y al cabo, los habitantes de Nueva York de mediados de los años treinta ya podían contemplar un rascacielos, el Empire State Building (1934), cuya altura no se superó hasta los años setenta, y aun entonces sólo por unos escasos treinta metros. Pasó bastante tiempo antes de que la gente se diese cuenta de la transformación del crecimiento económico cuantitativo en un conjunto de alteraciones cualitativas de la vida humana, y todavía más antes de que la gente pudiese evaluarlas, incluso en los países antes mencionados. Pero para la mayor parte del planeta los cambios fueron tan repentinos como cataclísmicos. Para el 80 por 100 de la humanidad la Edad Media se terminó de pronto en los años cincuenta; o, tal vez mejor, *sintió* que se había terminado en los años sesenta.

En muchos sentidos quienes vivieron la realidad de estas transformaciones *in situ* no se hicieron cargo de su alcance, ya que las experimentaron de forma progresiva, o como cambios en la vida del individuo que, por drásticos que sean, no se conciben como revoluciones permanentes. ¿Por qué tenía que implicar la decisión de la gente del campo de ir a buscar trabajo en la ciudad, desde su punto de vista, una transformación más duradera de la que supuso para los hombres y mujeres de Gran Bretaña y Alemania en las dos guerras mundiales alistarse en el ejército o participar en cualquiera de los sectores de la economía de guerra? Ellos no tenían intención de cambiar de forma de vida para siempre, aunque eso fuera lo que ocurrió. Son los observadores exteriores que revisan las escenas de estas transformaciones por etapas quienes reconocen lo que ha cambiado. Qué distinta era, por ejemplo, la Valencia de principios de los ochenta a la de principios de los cincuenta, la última vez en que este autor visitó esa parte de España. Cuán desorientado se sintió un campesino siciliano, especie de moderno Rip van Winkle —un bandido local que se había pasado un par de décadas en la cárcel, desde mediados de los años cincuenta—, cuando regresó a las afueras de Palermo, que entretanto habían quedado irreconocibles debido a la actuación de las inmobiliarias. «Donde antes había viñedos, ahora hay *palazzi*», me decía meneando incrédulo la cabeza. Realmente, la rapidez del cambio fue tal, que el tiempo histórico puede medirse en etapas aún más cortas. Menos de diez años (1962-1971) separan un Cuzco en donde, fuera de los límites de la ciudad, la mayoría de los indios todavía vestían sus ropas tradicionales, de un Cuzco en donde una parte sustancial de los mismos vestían ya ropas *cholas*, es decir, a la europea. A finales de los años setenta los vendedores de los puestos del mercado de un pueblo mexicano ya determinaban los precios a pagar por sus clientes con calculadoras de bolsillo japonesas, desconocidas allí a principios de la década.

No hay modo de que los lectores que no sean lo bastante mayores o viajeros como para haber visto avanzar así la historia desde 1950 puedan revivir estas experiencias, aunque a partir de los años sesenta, cuando los jóvenes occidentales descubrieron que viajar a países del tercer mundo no sólo era factible, sino que estaba de moda, todo lo que hace falta para contemplar la transformación del planeta es un par de ojos bien abiertos. Sea como sea, los historiadores no pueden conformarse con imágenes y anécdotas, por significativas que sean, sino que necesitan concretar y contar.

El cambio social más drástico y de mayor alcance de la segunda mitad de este siglo, y el que nos separa para siempre del mundo del pasado, es la muerte del campesinado. Y es que, desde el Neolítico, la mayoría de seres humanos había vivido de la tierra y de los animales domésticos o había recogido los frutos del mar pescando. Excepto en Gran Bretaña, agricultores y campesinos siguieron formando una parte muy importante de la población activa, incluso en los países industrializados, hasta bien entrado el siglo XX, hasta el punto de que, en los tiempos de estudiante de este autor, los años treinta, el hecho de que el campesinado se resistiera a desaparecer todavía se utilizaba como argumento en contra de la predicción de Marx de que acabaría haciéndolo. Al fin y al cabo, en vísperas de la segunda guerra mundial, sólo había un país industrializado, además de Gran Bretaña, en donde la agricultura y la pesca emplearan a menos del 20 por 100 de la población: Bélgica. Incluso en Alemania y en los Estados Unidos, las dos mayores economías industriales, en donde la población rural ciertamente había experimentado una sostenida disminución, ésta seguía representando aproximadamente la cuarta parte de la población; y en Francia, Suecia y Austria todavía se situaba entre el 35 y el 40 por 100. En cuanto a países agrícolas atrasados, como, en Europa, Bulgaria y Rumania, cerca de cuatro de cada cinco habitantes trabajaba la tierra.

Pero considérese lo que ocurrió en el tercer cuarto de siglo. Puede que no resulte demasiado sorprendente que, ya a principios de los años ochenta, menos de tres de cada cien ingleses o belgas se dedicaran a la agricultura, de modo que es más probable que, en su vida cotidiana, el inglés medio entre en relación con alguien que haya sido un campesino en la India o en Bangladesh que con alguien que lo haya sido en el Reino Unido. La población rural de los Estados Unidos había caído hasta el mismo porcentaje, pero esto, dado lo prolongado y ostensible de su declive, resulta menos sorprendente que el hecho de que esta minúscula fracción de la población activa se encontrara en situación de inundar los Estados Unidos y el mundo con cantidades ingentes de alimentos. Lo que pocos hubiesen podido esperar en los años cuarenta era que para principios de los ochenta *ningún* país situado al oeste del telón de acero tuviese una población rural superior al 10 por 100, salvo Irlanda (que estaba muy poco por encima de esta cifra) y los estados de la península ibérica. Pero el mismo hecho de que, en España y en Portugal, la población dedicada a la agricultura, que constituía algo menos de la mitad de la población total en 1950, se hubiera visto reducida al 14,5 por 100 y al 17,6 por 100 respectivamente al cabo de treinta años habla por sí mismo. El campesinado español se redujo a la mitad en los veinte años posteriores a 1950, y el portugués, en los veinte posteriores a 1960 (*ILO*, 1990, cuadro 2A; FAO, 1989).

Las cifras son espectaculares. En Japón, por ejemplo, la proporción de campesinos se redujo del 52,4 por 100 de la población en 1947 al 9 por 100 en 1985, es decir, en el tiempo que va del retorno de un soldado joven de las batallas de la segunda guerra mundial al momento de su jubilación en su carrera civil subsiguiente. En Finlandia —por citar un caso real conocido por el autor— una muchacha hija de campesinos y que, en su primer matrimonio, había sido la mujer trabajadora de un campesino, pudo convertirse, antes de llegar a ser de mediana edad, en una figura intelectual y política cosmopolita. En 1940, cuando murió su padre en la guerra de invierno contra los rusos, dejando a madre e hija al cuidado de la heredad familiar, el 57 por 100 de los finlandeses eran campesinos y leñadores; cuando cumplió cuarenta y cinco años, menos del 10 por 100 lo eran. ¿Qué podría ser más natural que el hecho de que, en tales circunstancias, los finlandeses empezasen en el campo y acabaran de modo muy diferente?

Pero si el pronóstico de Marx de que la industrialización eliminaría al campesinado se estaba cumpliendo por fin en países de industrialización precipitada, el acontecimiento realmente extraordinario fue el declive de la población rural en países cuya evidente falta de desarrollo industrial intentaron disimular las Naciones Unidas con el empleo de una serie de eufemismos en lugar de las palabras «atrasados» y «pobres». En el preciso momento en que los izquierdistas jóvenes e ilusionados citaban la estrategia de Mao Tsetung para hacer triunfar la revolución movilizando a los incontables millones de campesinos contra las asediadas fortalezas urbanas del sistema, esos millones estaban abandonando sus pueblos para irse a las mismísimas ciudades. En América Latina, el porcentaje de campesinos se redujo a la mitad en veinte años en Colombia (1951-1973), en México (1960-1980) y —casi— en Brasil (1960-1980), y cayó en dos tercios, o cerca de esto, en la República Dominicana (1960-1981), Venezuela (1961-1981) y Jamaica (1953-1981). En todos estos países —menos en Venezuela—, al término de la segunda guerra mundial los campesinos constituían la mitad o la mayoría absoluta de la población activa. Pero ya en los años setenta, en América Latina —fuera de los miniestados de Centroamérica y de Haití— no había *ningún* país en que no estuvieran en minoría. La situación era parecida en los países islámicos occidentales. Argelia redujo su población rural del 75 por 100 al 20 por 100 del total; Túnez, del 68 al 23 por 100 en poco más de treinta años. La pérdida de la mayoría en Marruecos, menos drástica, se produjo en diez años (1971-1982). Siria e Irak aún tenían a media población trabajando la tierra a mediados de los cincuenta, pero al cabo de unos veinte años, Siria había reducido este porcentaje a la mitad, e Irak, a menos de un tercio. En Irán los campesinos pasaron de aproximadamente el 55 por 100 a mediados de los años cincuenta al 29 por 100 a mediados de los ochenta.

Mientras tanto, los campesinos europeos habían dejado de labrar la tierra. En los años ochenta incluso los antiguos reductos del campesinado agrícola en el este y el sureste del continente no tenían a más de un tercio de la población activa trabajando en el campo (Rumania, Polonia, Yugoslavia, Grecia), y algunos, una cantidad notablemente inferior, sobre todo Bulgaria (16,5 por 100 en 1985). Sólo quedó un bastión agrícola en Europa y sus cercanías y en Oriente Medio: Turquía, donde la población rural disminuyó, pero a mediados de los ochenta seguía teniendo la mayoría absoluta.

Sólo tres regiones del planeta seguían estando dominadas por sus pueblos y sus campos: el África subsahariana, el sur y el sureste del continente asiático, y China. Sólo en estas regiones era aún posible encontrar países por los que el declive de la población rural parecía haber pasado de largo, donde los encargados de cultivar la tierra y cuidar los animales continuaron siendo una mayoría estable de la población a lo largo de las décadas tormentosas: más del 90 por 100 en Nepal, alrededor del 70 por 100 en Liberia o del 60 por 100 en Ghana, o incluso —hecho bastante sorprendente— cerca del 70 por 100 en la India en los veinticinco años que siguieron a la independencia, y apenas algo menos (el 66,4 por 100) todavía en 1981. Es cierto que estas regiones de población rural dominante seguían representando a la mitad del género humano a finales de la época. Sin embargo, incluso ellas acusaban los embates del desarrollo económico. El bloque macizo del campesinado indio estaba rodeado de países cuyas poblaciones rurales estaban en franco y rápido declive: Pakistán, Bangladesh y Sri Lanka, donde hace tiempo que los campesinos dejaron de ser mayoritarios, al igual que, llegados los ochenta, en Malaysia, Filipinas e Indonesia y, por supuesto, en los nuevos estados industriales de Extremo Oriente, Taiwan y Corea del Sur, cuya población todavía se dedicaba a la agricultura en un 60 por 100 en 1961. Además, en África el dominio de la población rural en determinados países meridionales era una ilusión propia de los bantustanes. La agricultura, de la que eran responsables mayoritarias las mujeres, era la cara visible de una economía que en realidad dependía en gran medida de las remesas de la mano de obra emigrada a las minas y ciudades de los blancos del sur.

Lo extraño de este silencioso éxodo en masa del terruño en la mayoría de los continentes, y aún más en las islas,[1] es que sólo en parte se debió al progreso de la agricultura, por lo menos en las antiguas zonas rurales. Tal como

1. Aproximadamente tres quintas partes de las tierras del planeta, excluyendo el continente antártico, que está desierto.

hemos visto (véase el capítulo IX), los países desarrollados industrializados, con una o dos excepciones, también se convirtieron en los principales productores de productos agrícolas destinados al mercado mundial, y eso al tiempo que reducían constantemente su población agrícola, hasta llegar a veces a porcentajes ridículos. Todo eso se logró evidentemente gracias a un salto extraordinario en la productividad con un uso intensivo de capital por agricultor. Su aspecto más visible era la enorme cantidad de maquinaria que los campesinos de los países ricos y desarrollados tenían a su disposición, y que convirtió en realidad los sueños de abundancia gracias a la mecanización de la agricultura; sueños que inspiraron todos esos tractoristas simbólicos con el torso desnudo de las fotos propagandísticas de la joven URSS, y en cuya realización fracasó tan palpablemente la agricultura soviética. Menos visibles, aunque igualmente significativos, fueron los logros cada vez más impresionantes de la agronomía, la cría selectiva de ganado y la biotecnología. En estas condiciones, la agricultura ya no necesitaba la cantidad de manos sin las cuales, en la era pretecnológica, no se podía recoger la cosecha, ni tampoco la gran cantidad de familias con sus auxiliares permanentes. Y en donde hiciesen falta, el transporte moderno hacía innecesario que tuvieran que permanecer en el campo. Así, en los años setenta, los ovejeros de Perthshire (Escocia) comprobaron que les salía a cuenta importar esquiladores especializados de Nueva Zelanda cuando llegaba la temporada (corta) de esquilar, que, naturalmente, no coincidía con la del hemisferio sur.

En las regiones pobres del mundo la revolución agrícola no estuvo ausente, aunque fue más incompleta. De hecho, de no ser por el regadío y por la aportación *científica* canalizada mediante la denominada «revolución verde»,[2] por controvertidas que puedan ser a largo plazo las consecuencias de ambos, gran parte del sur y del sureste de Asia habrían sido incapaces de alimentar a una población en rápido crecimiento. Sin embargo, en conjunto, los países del tercer mundo y parte del segundo mundo (anteriormente o todavía socialista) dejaron de alimentarse a sí mismos, y no producían los excedentes alimentarios exportables que serían de esperar en el caso de países agrícolas. Como máximo se les animaba a especializarse en cultivos de exportación para los mercados del mundo desarrollado, mientras sus campesinos, cuando no compraban los excedentes alimentarios subvencionados de los países del norte, continuaban cavando y arando al viejo estilo, con uso intensivo del trabajo. No había ninguna razón de peso para que dejasen una agricultura que requería su trabajo, salvo tal vez la explosión demográfica, que amenazaba con hacer que escaseara la tierra. Pero las regiones de las que marcharon los campesinos estaban a menudo escasamente pobladas, como en el caso de América Latina, y solían tener «fronteras» abiertas hacia las que una reducida porción de campesinos emigró como ocupantes y formando asentamientos libres, que

2. La introducción sistemática en zonas del tercer mundo de nuevas variedades de alto rendimiento, cultivadas con métodos especialmente apropiados, principalmente a partir de los años sesenta.

a menudo constituían la base, como en los casos de Colombia y Perú, de movimientos guerrilleros locales. En cambio, las regiones de Asia en donde mejor se ha mantenido el campesinado acaso sean las más densamente pobladas del mundo, con densidades de entre 100 y 800 habitantes por kilómetro cuadrado (el promedio de América Latina es de 16).

Cuando el campo se vacía se llenan las ciudades. El mundo de la segunda mitad del siglo XX se urbanizó como nunca. Ya a mediados de los años ochenta el 42 por 100 de su población era urbana y, de no haber sido por el peso de las enormes poblaciones rurales de China y la India, que poseen tres cuartas partes de los campesinos de Asia, habría sido mayoritaria (*Population*, 1984, p. 214). Hasta en el corazón de las zonas rurales la gente se iba del campo a la ciudad, y sobre todo a la gran ciudad. Entre 1960 y 1980 la población urbana de Kenia se duplicó, aunque en 1980 sólo alcanzase el 14,2 por 100; pero casi seis de cada diez personas que vivían en una ciudad habitaban en Nairobi, mientras que veinte años antes esto sólo ocurría con cuatro de cada diez. En Asia, las ciudades de poblaciones millonarias, por lo general capitales, aparecieron por doquier. Seúl, Teherán, Karachi, Yakarta, Manila, Nueva Delhi, Bangkok, tenían todas entre 5 y 8,5 millones de habitantes en 1980, y se esperaba que tuviesen entre 10 y 13,5 millones en el año 2000. En 1950 ninguna de ellas (salvo Yakarta) tenía más de 1,5 millones de habitantes, aproximadamente (*World Resources*, 1986). En realidad, las aglomeraciones urbanas más gigantescas de finales de los ochenta se encontraban en el tercer mundo: El Cairo, Ciudad de México, São Paulo y Shanghai, cuya población alcanzaba las ocho cifras. Y es que, paradójicamente, mientras el mundo desarrollado seguía estando mucho más urbanizado que el mundo pobre (salvo partes de América Latina y del mundo islámico), sus propias grandes ciudades se disolvían, tras haber alcanzado su apogeo a principios del siglo XX, antes de que la huida a suburbios y a ciudades satélite adquiriese ímpetu, y los antiguos centros urbanos se convirtieran en cascarones vacíos de noche, al volver a sus casas los trabajadores, los comerciantes y las personas en busca de diversión. Mientras la población de Ciudad de México casi se quintuplicó en los treinta años posteriores a 1950, Nueva York, Londres y París fueron declinando o pasando a las últimas posiciones entre las ciudades de primera división.

Pero, curiosamente, el viejo mundo y el nuevo convergieron. La típica «gran ciudad» del mundo desarrollado se convirtió en una región de centros urbanos interrelacionados, situados generalmente alrededor de una zona administrativa o de negocios reconocible desde el aire como una especie de cordillera de bloques de pisos y rascacielos, menos en donde (como en París) tales edificios no estaban permitidos.[3] Su interconexión, o tal vez la disrup-

3. Estos centros urbanos de edificios altos, consecuencia natural de los elevados precios de los solares en tales zonas, eran extremadamente raros antes de 1950 —Nueva York era un caso prácticamente único—, pero se convirtieron en algo corriente a partir de los años sesenta, en los que incluso ciudades descentralizadas con edificios de pocas plantas como Los Ángeles adquirieron «centros» de esta clase.

ción del tráfico de vehículos privados provocada por la ingente cantidad de automóviles en manos de particulares, se puso de manifiesto, a partir de los años sesenta, gracias a una nueva revolución en el transporte público. Jamás, desde la construcción de las primeras redes de tranvías y de metro, habían surgido tantas redes periféricas de circulación subterránea rápida en tantos lugares, de Viena a San Francisco, de Seúl a México. Al mismo tiempo, la descentralización se extendió, al irse desarrollando en los distintos barrios o complejos residenciales suburbanos sus propios servicios comerciales y de entretenimiento, sobre todo gracias a los «centros comerciales» periféricos de inspiración norteamericana.

En cambio, la ciudad del tercer mundo, aunque conectada también por redes de transporte público (por lo general viejas e inadecuadas) y por un sinfín de autobuses y «taxis colectivos» desvencijados, no podía evitar estar dispersa y mal estructurada, aunque sólo fuese porque no hay modo de impedirlo en el caso de aglomeraciones de veinte o treinta millones de personas, sobre todo si gran parte de los núcleos que las componen surgieron como barrios de chabolas, establecidos probablemente por grupos de ocupantes ilegales en espacios abiertos sin utilizar. Es posible que los habitantes de estas ciudades se pasen varias horas al día yendo de casa al trabajo y viceversa (ya que un puesto de trabajo fijo es valiosísimo), y es posible que estén dispuestos a efectuar peregrinaciones de la misma duración para ir a centros de rituales públicos como el estadio de Maracaná en Río de Janeiro (doscientos mil asientos), donde los cariocas adoran a los dioses del *futebol*; pero, en realidad, las conurbaciones tanto del viejo mundo como del nuevo eran cada vez más amasijos de comunidades teóricamente —o, en el caso de Occidente, a menudo también formalmente— autónomas, aunque en los países ricos de Occidente, por lo menos en las afueras, gozaban de muchísimas más zonas verdes que en los países pobres o superpoblados de Oriente y del Sur. Mientras que en las chabolas y ranchitos los seres humanos vivían en simbiosis con las resistentes ratas y cucarachas, la extraña tierra de nadie que se extendía entre la ciudad y el campo que rodeaba lo que quedaba de los «centros urbanos» del mundo desarrollado fue colonizada por la fauna salvaje: comadrejas, zorros y mapaches.

II

Casi tan drástico como la decadencia y caída del campesinado, y mucho más universal, fue el auge de las profesiones para las que se necesitaban estudios secundarios y superiores. La enseñanza general básica, es decir, la alfabetización elemental, era, desde luego, algo a lo que aspiraba la práctica totalidad de los gobiernos, hasta el punto de que a finales de los años ochenta sólo los estados más honestos o desamparados confesaban tener más de media población analfabeta, y sólo diez —todos ellos, menos Afganistán, en África— estaban dispuestos a reconocer que menos del 20 por 100 de su población sabía leer y escribir. La alfabetización efectuó grandes progresos, de forma nada desdeñable en los países revolucionarios bajo regímenes comunistas, cuyos logros en este sentido fueron impresionantes, aun cuando sus afirmaciones de que habían «eliminado» el analfabetismo en un plazo de una brevedad inverosímil pecasen a veces de optimistas. Pero, tanto si la alfabetización de las masas era general como no, la demanda de plazas de enseñanza secundaria y, sobre todo, superior se multiplicó a un ritmo extraordinario, al igual que la cantidad de gente que había cursado o estaba cursando esos estudios.

Este estallido numérico se dejó sentir sobre todo en la enseñanza universitaria, hasta entonces tan poco corriente que era insignificante desde el punto de vista demográfico, excepto en los Estados Unidos. Antes de la segunda guerra mundial, Alemania, Francia y Gran Bretaña, tres de los países mayores, más desarrollados y cultos del mundo, con un total de 150 millones de habitantes, no tenían más de unos 150.000 estudiantes universitarios entre los tres, es decir, una décima parte del 1 por 100 de su población conjunta. Pero ya a finales de los años ochenta los estudiantes se contaban por millones en Francia, la República Federal de Alemania, Italia, España y la URSS (limitándonos a países europeos), por no hablar de Brasil, la India, México, Filipinas y, por supuesto, los Estados Unidos, que habían sido los pioneros en la educación universitaria de masas. Para aquel entonces, en los países ambiciosos desde el punto de vista de la enseñanza, los estudiantes constituían más del 2,5 por 100 de la población *total* —hombres, mujeres y niños—, o incluso, en casos excepcionales, más del 3 por 100. No era insólito que el 20 por 100 de la población de edad comprendida entre los 20 y los 24 años estuviera recibiendo alguna forma de enseñanza formal. Hasta en los países más conservadores desde el punto de vista académico —Gran Bretaña y Suiza— la cifra había subido al 1,5 por 100. Además, algunas de las mayores poblaciones estudiantiles se encontraban en países que distaban mucho de estar avanzados: Ecuador (3,2 por 100), Filipinas (2,7 por 100) o Perú (2 por 100).

Todo esto no sólo fue algo nuevo, sino también repentino. «El hecho más llamativo del análisis de los estudiantes universitarios latinoamericanos de mediados de los años sesenta es que fuesen tan pocos» (Liebman, Walker y Glazer, 1972, p. 35), escribieron en esa década unos investigadores norteamericanos, convencidos de que ello reflejaba el modelo de educación superior europeo elitista al sur del río Grande. Y eso a pesar de que el número de estudiantes hubiese ido creciendo a razón de un 8 por 100 anual. En realidad, hasta los años sesenta no resultó innegable que los estudiantes se habían convertido, tanto a nivel político como social, en una fuerza mucho más importante que nunca, pues en 1968 las revueltas del radicalismo estudiantil hablaron más fuerte que las estadísticas, aunque a éstas ya no fuera posible ignorarlas. Entre 1960 y 1980, ciñéndonos a la cultivada Europa, lo típico fue que el número de estudiantes se triplicase o se cuadruplicase, menos en los casos en que se multiplicó por cuatro y cinco, como en la Alemania Federal,

Irlanda y Grecia; entre cinco y siete, como en Finlandia, Islandia, Suecia e Italia; y de siete a nueve veces, como en España y Noruega (Burloiu, 1983, pp. 62-63). A primera vista resulta curioso que, en conjunto, la fiebre universitaria fuera menos acusada en los países socialistas, pese a que éstos se enorgulleciesen de su política de educación de las masas, si bien el caso de la China de Mao es una aberración: el «gran timonel» suprimió la práctica totalidad de la enseñanza superior durante la revolución cultural (1966-1976). A medida que las dificultades del sistema socialista se fueron acrecentando en los años setenta y ochenta, estos países fueron quedando atrás con respecto a Occidente. Hungría y Checoslovaquia tenían un porcentaje de población en la enseñanza superior más reducido que el de la práctica totalidad de los demás estados europeos.

¿Resulta tan extraño, si se mira con atención? Puede que no. El extraordinario crecimiento de la enseñanza superior, que, a principios de los ochenta, produjo por lo menos siete países con más de 100.000 *profesores* universitarios, se debió a la demanda de los consumidores, a la que los sistemas socialistas no estaban preparados para responder. Era evidente para los planificadores y los gobiernos que la economía moderna exigía muchos más administradores, maestros y peritos técnicos que antes, y que a éstos había que formarlos en alguna parte; y las universidades o instituciones de enseñanza superior similares habían funcionado tradicionalmente como escuelas de formación de cargos públicos y de profesionales especializados. Pero mientras que esto, así como una tendencia a la democratización, justificaba una expansión sustancial de la enseñanza superior, la magnitud de la explosión estudiantil superó con mucho las previsiones racionales de los planificadores.

De hecho, allí donde las familias podían escoger, corrían a meter a sus hijos en la enseñanza superior, porque era la mejor forma, con mucho, de conseguirles unos ingresos más elevados, pero, sobre todo, un nivel social más alto. De los estudiantes latinoamericanos entrevistados por investigadores estadounidenses a mediados de los años sesenta en varios países, entre un 79 y un 95 por 100 estaban convencidos de que el estudio los situaría en una clase social más alta antes de diez años. Sólo entre un 21 y un 38 por 100 creía que así conseguiría un nivel económico muy superior al de su familia (Liebman, Walker y Glazer, 1972). En realidad, era casi seguro que les proporcionaría unos ingresos superiores a los de los no universitarios y, en países con una enseñanza minoritaria, donde una licenciatura garantizaba un puesto en la maquinaria del estado y, por lo tanto, poder, influencia y extorsión económica, podía ser la clave para la auténtica riqueza. Por supuesto, la mayoría de los estudiantes procedía de familias más acomodadas que el término medio —de otro modo, ¿cómo habrían podido permitirse pagar a jóvenes adultos en edad de trabajar unos años de estudio?—, pero no necesariamente ricas. A menudo sus padres hacían auténticos sacrificios. El milagro educativo coreano, según se dice, se apoyó en los cadáveres de las vacas vendidas por modestos campesinos para conseguir que sus hijos engrosaran las honorables y privilegiadas filas de los estudiosos. (En ocho años —1975-1983— los estudiantes coreanos pasaron a ser del 0,8 a casi el 3 por 100 de la población.) Nadie que haya tenido la experiencia de ser el primero de su familia en ir a la universidad a tiempo completo tendrá la menor dificultad en comprender sus motivos. La gran expansión económica mundial hizo posible que un sinnúmero de familias humildes —oficinistas y funcionarios públicos, tenderos y pequeños empresarios, agricultores y, en Occidente, hasta obreros especializados prósperos— pudiera permitirse que sus hijos estudiasen a tiempo completo. El estado del bienestar occidental, empezando por los subsidios de los Estados Unidos a los ex combatientes que quisieran estudiar después de 1945, proporcionaba abundantes ayudas para el estudio, aunque la mayoría de los estudiantes todavía esperaba encontrarse con una vida más bien austera. En países democráticos e igualitarios, se solía aceptar algo semejante al derecho de los estudiantes de enseñanza secundaria a pasar a un nivel superior, hasta el punto de que en Francia la selectividad en las universidades públicas se consideraba inconstitucional en 1991. (Ningún derecho semejante existía en los países socialistas.) A medida que la cantidad de jóvenes en la enseñanza superior iba aumentando, los gobiernos —porque, fuera de los Estados Unidos, Japón y unos cuantos países más, la inmensa mayoría de las universidades eran instituciones públicas— multiplicaron los establecimientos que pudiesen absorberlos, especialmente en los años setenta, en que la cifra mundial de universidades se duplicó con creces.[4] Y, por supuesto, las ex colonias recién independizadas que proliferaron en los años sesenta insistieron en tener sus propias instituciones de enseñanza superior como símbolo de independencia, del mismo modo que insistían en tener una bandera, una línea aérea o un ejército.

Esta multitud de jóvenes con sus profesores, que se contaban por millones o al menos por cientos de miles en todos los países, salvo en los más pequeños o muy atrasados, cada vez más concentrados en grandes y aislados «campus» o «ciudades universitarias», eran un factor nuevo tanto en la cultura como en la política. Eran transnacionales, al desplazarse y comunicarse ideas y experiencias más allá de las fronteras nacionales con facilidad y rapidez, y seguramente se sentían más cómodos que los gobiernos con la tecnología de las telecomunicaciones. Tal como revelaron los años sesenta, no sólo eran políticamente radicales y explosivos, sino de una eficacia única a la hora de dar una expresión nacional e incluso internacional al descontento político y social. En países dictatoriales, solían ser el *único* colectivo ciudadano capaz de emprender acciones políticas colectivas, y es un hecho significativo que, mientras las demás poblaciones estudiantiles de América Latina crecían, en el Chile de la dictadura militar de Pinochet, después de 1973, se hiciese disminuir su número: del 1,5 al 1,1 por 100 de la población. Si hubo algún momento en los años dorados posteriores a 1945 que correspondiese al estallido mundial simultáneo con que habían soñado los revolucionarios des-

4. Una vez más, el mundo socialista no tuvo que hacer frente a tantas presiones.

de 1917, fue en 1968, cuando los estudiantes se rebelaron desde los Estados Unidos y México en Occidente, a Polonia, Checoslovaquia y Yugoslavia en el bloque socialista, estimulados en gran medida por la extraordinaria erupción de mayo de 1968 en París, epicentro de un levantamiento estudiantil de ámbito continental. Distó mucho de ser una revolución, pero fue mucho más que el «psicodrama» o el «teatro callejero» desdeñado por observadores poco afectos como Raymond Aron. Al fin y al cabo, 1968 marcó el fin de la época del general De Gaulle en Francia, de la época de los presidentes demócratas en los Estados Unidos, de las esperanzas de los comunistas liberales en el comunismo centroeuropeo y (mediante los silenciosos efectos posteriores de la matanza estudiantil de Tlatelolco) el principio de una nueva época de la política mexicana.

El motivo por el que 1968 (y su prolongación en 1969 y 1970) no fue la revolución, y nunca pareció que pudiera serlo, fue que los estudiantes, por numerosos y movilizables que fueran, no podían hacerla solos. Su eficacia política descansaba sobre su capacidad de actuación como señales y detonadores de grupos mucho mayores pero más difíciles de inflamar. Desde los años sesenta los estudiantes han conseguido a veces actuar así: precipitaron una enorme ola de huelgas de obreros en Francia y en Italia en 1968, pero, después de veinte años de mejoras sin paralelo para los asalariados en economías de pleno empleo, la revolución era lo último en que pensaban las masas proletarias. No fue hasta los años ochenta, y eso en países no democráticos tan diferentes como China, Corea del Sur y Checoslovaquia, cuando las rebeliones estudiantiles parecieron actualizar su potencial para detonar revoluciones, o por lo menos para forzar a los gobiernos a tratarlos como un serio peligro público, masacrándolos a gran escala, como en la plaza de Tiananmen, en Pekín. Tras el fracaso de los grandes sueños de 1968, algunos estudiantes radicales intentaron realmente hacer la revolución por su cuenta formando bandas armadas terroristas, pero, aunque estos movimientos recibieron mucha publicidad (con lo que alcanzaron por lo menos uno de sus principales objetivos), rara vez tuvieron una incidencia política seria. Donde amenazaron con tenerla, fueron suprimidos rápidamente en cuanto las autoridades se decidieron a actuar: en los años setenta, mediante la brutalidad extrema y la tortura en las «guerras sucias» de América del Sur, o mediante sobornos y negociaciones por debajo de la mesa en Italia. Los únicos supervivientes significativos de estas iniciativas en la década final del siglo eran los terroristas vascos de ETA y la guerrilla campesina, teóricamente comunista, de Sendero Luminoso en Perú, un regalo indeseado del personal y los estudiantes de la Universidad de Ayacucho a sus compatriotas.

No obstante, todo esto nos deja con una pregunta un tanto desconcertante: ¿por qué fue este movimiento del nuevo grupo social de los estudiantes el único de entre los nuevos o viejos agentes sociales que optó por la izquierda radical?; porque (dejando a un lado las revueltas contra regímenes comunistas) incluso los movimientos estudiantiles nacionalistas acostumbraron a poner el emblema rojo de Marx, Lenin o Mao en sus banderas, hasta los años ochenta.

Esto nos lleva inevitablemente más allá de la estratificación social, ya que el nuevo colectivo estudiantil era también, por definición, un grupo de edad joven, es decir, en una fase temporal estable dentro de su paso por la vida, e incluía también una componente femenina muy grande y en rápido crecimiento, suspendida entre la mutabilidad de su edad y la inmutabilidad de su sexo. Más adelante abordaremos el surgimiento de una cultura juvenil específica, que vinculaba a los estudiantes con el resto de su generación, y de la nueva conciencia femenina, que también iba más allá de las universidades. Los grupos de jóvenes, aún no asentados en la edad adulta, son el foco tradicional del entusiasmo, el alboroto y el desorden, como sabían hasta los rectores de las universidades medievales, y las pasiones revolucionarias son más habituales a los dieciocho años que a los treinta y cinco, como les han dicho generaciones de padres europeos burgueses a generaciones de hijos y (luego) de hijas incrédulos. En realidad, esta creencia estaba tan arraigada en la cultura occidental, que la clase dirigente de varios países —en especial la mayoría de los latinos de ambas orillas del Atlántico— daba por sentada la militancia estudiantil, incluso hasta la lucha armada de guerrillas, de las jóvenes generaciones, lo cual, en todo caso, era prueba de una personalidad más enérgica que apática. Los estudiantes de San Marcos en Lima (Perú), se decía en broma, «hacían el servicio revolucionario» en alguna secta ultramaoísta antes de sentar la cabeza como profesionales serios y apolíticos de clase media, mientras el resto de ese desgraciado país continuaba con su vida normal (Lynch, 1990). Los estudiantes mexicanos aprendieron pronto *a*) que el estado y el aparato del partido reclutaban sus cuadros fundamentalmente en las universidades, y *b*) que cuanto más revolucionarios fuesen como estudiantes, mejores serían los empleos que les ofrecerían al licenciarse. Incluso en la respetable Francia, el ex maoísta de principios de los setenta que hacía más tarde una brillante carrera como funcionario estatal se convirtió en una figura familiar.

No obstante, esto no explica por qué colectivos de jóvenes que estaban a las puertas de un futuro mucho mejor que el de sus padres o, por lo menos, que el de muchos no estudiantes, se sentían atraídos —con raras excepciones— por el radicalismo político.[5] En realidad, un alto porcentaje de los estudiantes no era así, sino que prefería concentrarse en obtener el título que le garantizaría el futuro, pero éstos resultaban menos visibles que la minoría —aunque, de todos modos, numéricamente importante— de los políticamente activos, sobre todo al dominar estos últimos los aspectos visibles de la vida universitaria con manifestaciones públicas que iban desde paredes llenas de pintadas y carteles hasta asambleas, manifestaciones y piquetes. De todos modos, incluso este grado de radicalismo era algo nuevo en los países desa-

5. Entre esas raras excepciones destaca Rusia, donde, a diferencia de los demás países comunistas de la Europa del Este y de China, los estudiantes nunca fueron un grupo destacado ni influyente en los años de hundimiento del comunismo. El movimiento democrático ruso ha sido descrito como «una revolución de cuarentones», observada por una juventud despolitizada y desmoralizada (Riordan, 1991).

rrollados, aunque no en los atrasados y dependientes. Antes de la segunda guerra mundial, la gran mayoría de los estudiantes de la Europa central o del oeste y de América del Norte eran apolíticos o de derechas.

El simple estallido numérico de las cifras de estudiantes indica una posible respuesta. El número de estudiantes franceses al término de la segunda guerra mundial era de menos de 100.000. Ya en 1960 estaba por encima de los 200.000, y en el curso de los diez años siguientes se triplicó hasta llegar a los 651.000 (Flora, 1983, p. 582; *Deux Ans*, 1990, p. 4). (En estos diez años el número de estudiantes de letras se multiplicó casi por tres y medio, y el número de estudiantes de ciencias sociales, por cuatro.) La consecuencia más inmediata y directa fue una inevitable tensión entre estas masas de estudiantes mayoritariamente de primera generación que de repente invadían las universidades y unas instituciones que no estaban ni física, ni organizativa ni intelectualmente preparadas para esta afluencia. Además, a medida que una proporción cada vez mayor de este grupo de edad fue teniendo la oportunidad de estudiar —en Francia era el 4 por 100 en 1950 y el 15,5 por 100 en 1970—, ir a la universidad dejó de ser un privilegio excepcional que constituía su propia recompensa, y las limitaciones que imponía a los jóvenes (y generalmente insolventes) adultos crearon un mayor resentimiento. El resentimiento contra una clase de autoridades, las universitarias, se hizo fácilmente extensivo a todas las autoridades, y eso hizo (en Occidente) que los estudiantes se inclinaran hacia la izquierda. No es sorprendente que los años sesenta fueran la década de disturbios estudiantiles por excelencia. Había motivos concretos que los intensificaron en este o en aquel país —la hostilidad a la guerra de Vietnam (o sea, al servicio militar) en los Estados Unidos, el resentimiento racial en Perú (Lynch, 1990, pp. 32-37)—, pero el fenómeno estuvo demasiado generalizado como para necesitar explicaciones concretas *ad hoc*.

Y sin embargo, en un sentido general y menos definible, este nuevo colectivo estudiantil se encontraba, por así decirlo, en una situación incómoda con respecto al resto de la sociedad. A diferencia de otras clases o colectivos sociales más antiguos, no tenía un lugar concreto en el interior de la sociedad, ni unas estructuras de relación definidas con la misma; y es que ¿cómo podían compararse las nuevas legiones de estudiantes con los colectivos, minúsculos a su lado (cuarenta mil en la culta Alemania de 1939), de antes de la guerra, que no eran más que una etapa juvenil de la vida de la clase media? En muchos sentidos la existencia misma de estas nuevas masas planteaba interrogantes acerca de la sociedad que las había engendrado, y de la interrogación a la crítica sólo hay un paso. ¿Cómo encajaban en ella? ¿De qué clase de sociedad se trataba? La misma juventud del colectivo estudiantil, la misma amplitud del abismo generacional existente entre estos hijos del mundo de la posguerra y unos padres que recordaban y comparaban dio mayor urgencia a sus preguntas y un tono más crítico a su actitud. Y es que el descontento de los jóvenes no era menguado por la conciencia de estar viviendo unos tiempos que habían mejorado asombrosamente, mucho mejores de lo que sus padres jamás creyeron que llegarían a ver. Los nuevos tiempos eran los únicos que los jóvenes universitarios conocían. Al contrario, creían que las cosas podían ser distintas y mejores, aunque no supiesen exactamente cómo. Sus mayores, acostumbrados a épocas de privaciones y de paro, o que por lo menos las recordaban, no esperaban movilizaciones de masas radicales en una época en que los incentivos económicos para ello eran, en los países desarrollados, menores que nunca. La explosión de descontento estudiantil se produjo en el momento culminante de la gran expansión mundial, porque estaba dirigido, aunque fuese vaga y ciegamente, contra lo que los estudiantes veían como característico de *esa* sociedad, no contra el hecho de que la sociedad anterior no hubiera mejorado lo bastante las cosas. Paradójicamente, el hecho de que el empuje del nuevo radicalismo procediese de grupos no afectados por el descontento económico estimuló incluso a los grupos acostumbrados a movilizarse por motivos económicos a descubrir que, al fin y al cabo, podían pedir a la sociedad mucho más de lo que habían imaginado. El efecto más inmediato de la rebelión estudiantil europea fue una oleada de huelgas de obreros en demanda de salarios más altos y de mejores condiciones laborales.

III

A diferencia de las poblaciones rural y universitaria, la clase trabajadora industrial no experimentó cataclismo demográfico alguno hasta que en los años ochenta entró en ostensible decadencia, lo cual resulta sorprendente, considerando lo mucho que se habló, incluso a partir de los años cincuenta, de la «sociedad postindustrial», y lo realmente revolucionarias que fueron las transformaciones técnicas de la producción, la mayoría de las cuales ahorraba o suprimía mano de obra, y considerando lo evidente de la crisis de los partidos y movimientos políticos de base obrera después de 1970. Pero la idea generalizada de que la vieja clase obrera industrial agonizaba era un error desde el punto de vista estadístico, por lo menos a escala planetaria.

Con la única excepción importante de los Estados Unidos, donde el porcentaje de la población empleada en la industria empezó a disminuir a partir de 1965, y de forma muy acusada desde 1970, la clase obrera industrial se mantuvo bastante estable a lo largo de los años dorados, incluso en los antiguos países industrializados,[6] en torno a un tercio de la población activa. De hecho, en ocho de los veintiún países de la OCDE —el club de los más desarrollados— siguió en aumento entre 1960 y 1980. Aumentó, naturalmente, en las zonas de industrialización reciente de la Europa no comunista, y luego se mantuvo estable hasta 1980, mientras que en Japón experimentó un fuerte crecimiento, y luego se mantuvo bastante estable en los años setenta y ochenta. En los países comunistas que experimentaron una rápida industria-

6. Bélgica, Alemania (Federal), Gran Bretaña, Francia, Suecia, Suiza.

lización, sobre todo en la Europa del Este, la cifra de proletarios se multiplicó más deprisa que nunca, al igual que en las zonas del tercer mundo que emprendieron su propia industrialización: Brasil, México, India, Corea y otros. En resumen, al final de los años dorados había ciertamente muchísimos más obreros en el mundo, en cifras absolutas, y muy probablemente una proporción de trabajadores industriales dentro de la población mundial más alta que nunca. Con muy pocas excepciones, como Gran Bretaña, Bélgica y los Estados Unidos, en 1970 los obreros seguramente constituían una proporción del total de la población activa ocupada mayor que en la década de 1890 en todos los países en donde, a finales del siglo XIX, surgieron grandes partidos socialistas basados en la concienciación del proletariado. Sólo en los años ochenta y noventa del presente siglo se advierten indicios de una importante contracción de la clase obrera.

El espejismo del hundimiento de la clase obrera se debió a los cambios internos de la misma y del proceso de producción, más que a una sangría demográfica. Las viejas industrias del siglo XIX y principios del XX entraron en decadencia, y su notoriedad anterior, cuando simbolizaban «la industria» en su conjunto, hizo que su decadencia fuese más evidente. Los mineros del carbón, que antaño se contaban por cientos de miles, y en Gran Bretaña incluso por millones, acabaron siendo más escasos que los licenciados universitarios. La industria siderúrgica estadounidense empleaba ahora a menos gente que las hamburgueserías McDonald's. Cuando no desaparecían, las industrias tradicionales se iban de los viejos países industrializados a otros nuevos. La industria textil, de la confección y del calzado emigró en masa. La cantidad de empleados en la industria textil y de la confección en la República Federal de Alemania se redujo a menos de la mitad entre 1960 y 1984, pero a principios de los ochenta por cada cien trabajadores alemanes, la industria de la confección alemana empleaba a treinta y cuatro trabajadores en el extranjero (en 1966 eran menos de tres). La siderurgia y los astilleros desaparecieron prácticamente de los viejos países industrializados, pero emergieron en Brasil y Corea, en España, Polonia y Rumania. Las viejas zonas industriales se convirtieron en «cinturones de herrumbre» —*rustbelts*, una expresión inventada en los Estados Unidos en los años setenta—, e incluso países enteros identificados con una etapa anterior de la industria, como Gran Bretaña, se desindustrializaron en gran parte, para convertirse en museos vivientes, o muertos, de un pasado extinto, que los empresarios explotaron, con cierto éxito, como atracción turística. Mientras desaparecían las últimas minas de carbón del sur de Gales, donde más de 130.000 personas se habían ganado la vida como mineros a principios de la segunda guerra mundial, los ancianos supervivientes bajaban a las minas abandonadas para mostrar a grupos de turistas lo que antes habían hecho en la eterna oscuridad de las profundidades.

Y aunque nuevas industrias sustituyeran a las antiguas, no eran las mismas industrias, a menudo no estaban en los mismos lugares, y lo más probable era que estuviesen organizadas de modo diferente. La jerga de los años ochenta, que hablaba de «posfordismo» lo sugiere.[7] Las grandes fábricas de producción en masa construidas en torno a la cadena de montaje; las ciudades o regiones dominadas por una sola industria, como Detroit o Turín por la automovilística; la clase obrera local unida por la segregación residencial y por el lugar de trabajo en una unidad multicéfala: todas estas parecían ser las características de la era industrial clásica. Era una imagen poco realista, pero representaba algo más que una verdad simbólica. En los lugares donde las viejas estructuras industriales florecieron a finales del siglo XX, como en los países de industrialización reciente del tercer mundo o las economías socialistas industriales, detenidas (a propósito) en el tiempo del fordismo, las semejanzas con el mundo industrial de Occidente en el período de entreguerras, o hasta con el anterior a 1914, eran evidentes, incluso en el surgimiento de poderosas organizaciones sindicales en los grandes centros industriales basados en la industria de la automoción (como en São Paulo) o en los astilleros (como en Gdansk), tal como los sindicatos de los United Auto Workers y de los Steel Workers habían surgido de las grandes huelgas de 1937 en lo que ahora es el cinturón de herrumbre del Medio Oeste norteamericano. En cambio, mientras que las grandes empresas de producción en masa y las grandes fábricas sobrevivieron en los años noventa, aunque automatizadas y modificadas, las nuevas industrias *eran* muy diferentes. Las clásicas regiones industriales «posfordianas» —por ejemplo, el Véneto, Emilia-Romaña y Toscana en el norte y el centro de Italia— no tenían grandes ciudades industriales, empresas dominantes, enormes fábricas. Eran mosaicos o redes de empresas que iban desde industrias caseras hasta modestas fábricas (de alta tecnología, eso sí), dispersas por el campo y la ciudad. ¿Qué le parecería a la ciudad de Bolonia, le preguntó una de las mayores compañías de Europa al alcalde, si instalaba una de sus principales fábricas en ella? El alcalde[8] rechazó educadamente la oferta. Su ciudad y su región, prósperas, sofisticadas y, casualmente, comunistas, sabían cómo manejar la situación socioeconómica de la nueva economía agroindustrial; que Turín y Milán se arreglaran con los problemas de las ciudades industriales de su tipo.

Desde luego, al final —y de forma harto visible en los años ochenta— la clase obrera acabó siendo víctima de las nuevas tecnologías, especialmente los hombres y mujeres no cualificados, o sólo a medias, de las cadenas de montaje, fácilmente sustituibles por máquinas automáticas. O mejor dicho, con el paso de las décadas de la gran expansión económica mundial de los años cincuenta y sesenta a una etapa de problemas económicos mundiales en los años setenta y los ochenta, la industria dejó de expandirse al ritmo de antes, que había hecho crecer la población laboral al mismo tiempo que la tecnología permitía ahorrar trabajo (véase el capítulo XIV). Las crisis económicas de principios de los años ochenta volvieron a generar paro masivo por primera vez en cuarenta años, por lo menos en Europa.

7. Esta expresión, surgida de los intentos de repensar el análisis izquierdista de la sociedad industrial, fue popularizada por Alain Lipietz, que sacó el término «fordismo» de Gramsci.
8. Me lo dijo él en persona.

En algunos países mal aconsejados, la crisis desencadenó una verdadera hecatombe industrial. Gran Bretaña perdió el 25 por 100 de su industria manufacturera en 1980-1984. Entre 1973 y finales de los ochenta, la cifra total de empleados en la industria de los seis países industrializados veteranos de Europa cayó en siete millones, aproximadamente la cuarta parte, cerca de la mitad de la cual se perdió entre 1979 y 1983. A fines de los años ochenta, con el desgaste sufrido por la clase obrera de los antiguos países industrializados y el auge de los nuevos, la población laboral empleada en la industria manufacturera se estabilizó en torno a la cuarta parte de la población activa civil del conjunto de las áreas desarrolladas, menos en los Estados Unidos, en donde a esas alturas se encontraba muy por debajo del 20 por 100 (Bairoch, 1988). Quedaba muy lejos el viejo sueño marxista de unas poblaciones cada vez más proletarizadas por el desarrollo de la industria, hasta que la mayoría de la población fuesen obreros (manuales). Salvo en casos excepcionales, entre los cuales el más notable era el de Gran Bretaña, la clase obrera industrial siempre había sido una minoría de la población activa. No obstante, la crisis aparente de la clase obrera y de sus movimientos, sobre todo en el viejo mundo industrial, fue evidente mucho antes de que se produjesen indicios serios —a nivel mundial— de decadencia.

No fue una crisis de clase, sino de conciencia. A finales del siglo XIX (véase el capítulo 5 de *La era del imperio*), las variopintas y nada homogéneas poblaciones que se ganaban la vida vendiendo su trabajo manual a cambio de un salario en los países desarrollados aprendieron a verse como una clase obrera única, y a considerar este hecho como el más importante, con mucho, de su situación como seres humanos dentro de la sociedad. O por lo menos llegó a esta conclusión un número suficiente como para convertir a los partidos y movimientos que apelaban a ellos esencialmente en su calidad de obreros (como indicaban sus nombres: Labour Party, Parti Ouvrier, etc.) en grandes fuerzas políticas al cabo de unos pocos años. Por supuesto, los unía no sólo el hecho de ser asalariados y de ensuciarse las manos trabajando, sino también el hecho de pertenecer, en una inmensa mayoría, a las clases pobres y económicamente inseguras, pues, aunque los pilares fundamentales de los movimientos obreros no fueran la miseria ni la indigencia, lo que esperaban y conseguían de la vida era poco, y estaba muy por debajo de las expectativas de la clase media. De hecho, la economía de bienes de consumo no perecederos para las masas les había dejado de lado en todas partes hasta 1914, y en todas partes salvo en Norteamérica y en Australia en el período de entreguerras. Un organizador comunista británico enviado a las fábricas de armamento de Coventry durante la guerra regresó boquiabierto: «¿Os dais cuenta —nos contó a sus amigos de Londres, a mí incluido— de que allí los camaradas tienen *coche*?».

También los unía la tremenda segregación social, su estilo de vida propio e incluso su ropa, así como la falta de oportunidades en la vida que los diferenciaba de los empleados administrativos y comerciales, que gozaban de mayor movilidad social, aunque su situación económica fuese igual de precaria. Los hijos de los obreros no esperaban ir, y rara vez iban, a la universidad. La mayoría ni siquiera esperaba ir a la escuela secundaria una vez llegados a la edad límite de escolarización obligatoria (normalmente, catorce años). En la Holanda de antes de la guerra, sólo el 4 por 100 de los muchachos de entre diez y diecinueve años iba a escuelas secundarias después de alcanzar esa edad, y en la Suecia y la Dinamarca democráticas la proporción era aún más reducida. Los obreros vivían de un modo diferente a los demás, con expectativas vitales diferentes, y en lugares distintos. Como dijo uno de sus primeros hijos educados en la universidad (en Gran Bretaña) en los años cincuenta, cuando esta segregación todavía era evidente: «esa gente tiene su propio tipo de vivienda ... sus viviendas suelen ser de alquiler, no de propiedad» (Hoggart, 1958, p. 8).[9]

Los unía, por último, el elemento fundamental de sus vidas: la colectividad, el predominio del «nosotros» sobre el «yo». Lo que proporcionaba a los movimientos y partidos obreros su fuerza era la convicción justificada de los trabajadores de que la gente como ellos no podía mejorar su situación mediante la actuación individual, sino sólo mediante la actuación colectiva, preferiblemente a través de organizaciones, en programas de asistencia mutua, huelgas o votaciones, y a la vez, que el número y la peculiar situación de los trabajadores manuales asalariados ponía a su alcance la actuación colectiva. Allí donde los trabajadores veían vías de escape individual fuera de su clase, como en los Estados Unidos, su conciencia de clase, aunque no estuviera totalmente ausente, era un rasgo menos definitorio de su identidad. Pero el «nosotros» dominaba al «yo» no sólo por razones instrumentales, sino porque —con la importante y a menudo trágica excepción del ama de casa de clase trabajadora, prisionera tras las cuatro paredes de su casa— la vida de la clase trabajadora tenía que ser en gran parte pública, por culpa de lo inadecuado de los espacios privados. E incluso las amas de casa participaban en la vida pública del mercado, la calle y los parques vecinos. Los niños tenían que jugar en la calle o en el parque. Los jóvenes tenían que bailar y cortejarse en público. Los hombres hacían vida social en «locales públicos». Hasta la introducción de la radio, que transformó la vida de las mujeres de clase obrera dedicadas a sus labores en el período de entreguerras —y eso, sólo en unos cuantos países privilegiados—, todas las formas de entretenimiento, salvo las fiestas particulares, tenían que ser públicas, y en los países más pobres, incluso la televisión fue, al principio, algo que se veía en un bar. Desde los partidos de fútbol a los mítines políticos o las excursiones en días festivos, la vida era, en sus aspectos más placenteros, una experiencia colectiva.

En muchísimos aspectos esta cohesión de la conciencia de la clase obrera culminó, en los antiguos países desarrollados, al término de la segunda guerra

9. Por supuesto, también «el predominio de la industria, con su abrupta división entre trabajadores y gestores, tiende a provocar que ambas clases vivan separadas, de modo que algunos barrios de las ciudades se convierten en reservas o guetos» (Allen, 1968, pp. 32-33).

mundial. Durante las décadas doradas casi todos sus elementos quedaron tocados. La combinación del período de máxima expansión del siglo, del pleno empleo y de una sociedad de consumo auténticamente de masas transformó por completo la vida de la gente de clase obrera de los países desarrollados, y siguió transformándola. Desde el punto de vista de sus padres y, si eran lo bastante mayores para recordar, desde el suyo propio, ya no eran pobres. Una existencia mucho más próspera de lo que jamás hubiera esperado llevar alguien que no fuese norteamericano o australiano pasó a «privatizarse» gracias al abaratamiento de la tecnología y a la lógica del mercado: la televisión hizo innecesario ir al campo de fútbol, del mismo modo que la televisión y el vídeo han hecho innecesario ir al cine, o el teléfono ir a cotillear con las amigas en la plaza o en el mercado. Los sindicalistas o los miembros del partido que en otro tiempo se presentaban a las reuniones locales o a los actos políticos públicos, entre otras cosas porque también eran una forma de diversión y de entretenimiento, ahora podían pensar en formas más atractivas de pasar el tiempo, a menos que fuesen anormalmente militantes. (En cambio, el contacto cara a cara dejó de ser una forma eficaz de campaña electoral, aunque se mantuvo por tradición y para animar a los cada vez más atípicos activistas de los partidos.) La prosperidad y la privatización de la existencia separaron lo que la pobreza y el colectivismo de los espacios públicos habían unido.

No es que los obreros dejaran de ser reconocibles como tales, aunque extrañamente, como veremos, la nueva cultura juvenil independiente (véanse pp. 326 y ss.), a partir de los años cincuenta, adoptó la moda, tanto en el vestir como en la música, de los jóvenes de clase obrera. Fue más bien que ahora la mayoría tenía a su alcance una cierta opulencia, y la distancia entre el dueño de un Volkswagen Escarabajo y el dueño de un Mercedes era mucho menor que la existente entre el dueño de un coche y alguien que no lo tiene, sobre todo si los coches más caros eran (teóricamente) asequibles en plazos mensuales. Los trabajadores, sobre todo en los últimos años de su juventud, antes de que los gastos derivados del matrimonio y del hogar dominaran su presupuesto, podían comprar artículos de lujo, y la industrialización de los negocios de alta costura y de cosmética a partir de los años sesenta respondía a esta realidad. Entre los límites superior e inferior del mercado de ar-tículos de alta tecnología de lujo que surgió entonces —por ejemplo, entre la cámara Hasselblad más cara y la Olympus o la Nikon más baratas, que dan buenos resultados y un cierto nivel— sólo había una diferencia de grado. En cualquier caso, y empezando por la televisión, formas de entretenimiento de las que hasta entonces sólo habían podido disfrutar los millonarios en calidad de servicios personales se introdujeron en las salas de estar más humildes. En resumen, el pleno empleo y una sociedad de consumo dirigida a un mercado auténticamente de masas colocó a la mayoría de la clase obrera de los antiguos países desarrollados, por lo menos durante una parte de sus vidas, muy por encima del nivel en el que sus padres o ellos mismos habían vivido, en el que el dinero se gastaba sobre todo para cubrir las necesidades básicas.

Además, varios acontecimientos significativos dilataron las grietas surgidas entre los distintos sectores de la clase obrera, aunque eso no se hizo evidente hasta el fin del pleno empleo, durante la crisis económica de los setenta y los ochenta, y hasta que se hicieron sentir las presiones del neoliberalismo sobre las políticas de bienestar y los sistemas «corporativistas» de relaciones industriales que habían cobijado sustancialmente a los elementos más débiles de la clase obrera. Los situados en los niveles superiores de la clase obrera —la mano de obra cualificada y empleada en tareas de supervisión— se ajustaron más fácilmente a la era moderna de producción de alta tecnología,[10] y su posición era tal, que en realidad podían beneficiarse del mercado libre, aun cuando sus hermanos menos favorecidos perdiesen terreno. Así, en la Gran Bretaña de la señora Thatcher, ciertamente un caso extremo, a medida que se desmantelaba la protección del gobierno y de los sindicatos, el 20 por 100 peor situado de los trabajadores pasó a estar peor, en comparación con el resto de los trabajadores, de lo que había estado un siglo antes. Y mientras el 10 por 100 de los trabajadores mejor situados, con unos ingresos brutos del triple que los del 10 por 100 de trabajadores en peor situación, se felicitaba por su ascenso, resultaba cada vez más probable que considerase que, con sus impuestos, estaba subsidiando a lo que, en los años ochenta, pasó a designarse con la expresión «los subclase», que vivían del sistema de bienestar público del que ellos confiaban poder pasar, salvo en caso de emergencia. La vieja división victoriana entre los «respetables» y los «indeseables» resurgió, tal vez en una nueva forma más agria, porque en los días gloriosos de la expansión económica global, cuando el pleno empleo parecía satisfacer las necesidades materiales de la mayoría de los trabajadores, las prestaciones de la seguridad social se habían incrementado hasta niveles generosos que, en los nuevos días de demanda masiva de subsidios, parecía como si le permitiesen a una legión de «indeseables» vivir mucho mejor de los «subsidios» que los pobres «residuales» victorianos, y mucho mejor, en opinión de los hacendosos contribuyentes, de lo que tenían derecho.

Así pues, los trabajadores cualificados y respetables se convirtieron, acaso por primera vez, en partidarios potenciales de la derecha política,[11] y más aún debido a que las organizaciones socialistas y obreras tradicionales siguieron naturalmente comprometidas con el propósito de redistribuir la riqueza y de proporcionar bienestar social, especialmente a medida que la cantidad de los necesitados de protección pública fue en aumento. El

10. Así, por ejemplo, en los Estados Unidos, los «artesanos y capataces» bajaron del 16 por 100 de la población activa al 13 por 100 entre 1950 y 1990, mientras que los «peones» pasaron del 31 al 18 por 100 en el mismo período.

11. «El socialismo de la redistribución, del estado del bienestar ... recibió un duro golpe con la crisis económica de los setenta. Sectores importantes de la clase media, así como los mejor remunerados de la clase trabajadora, rompieron sus vínculos con las alternativas del socialismo democrático y cedieron su voto para la formación de nuevas mayorías conservadoras de gobierno» (*Programa 2000*, 1990).

éxito de los gobiernos de Thatcher en Gran Bretaña se basó fundamentalmente en el abandono del Partido Laborista por parte de los trabajadores cualificados. El fin de la segregación, o la modificación de la misma, promovió esta desintegración del bloque obrero. Así, los trabajadores cualificados en plena ascensión social se marcharon del centro de las ciudades, sobre todo ahora que las industrias se mudaban a la periferia y al campo, dejando que los viejos y compactos barrios urbanos de clase trabajadora, o «cinturones rojos», se convirtiesen en guetos, o en barrios de ricos, mientras que las nuevas ciudades-satélite o industrias verdes no generaban concentraciones de una sola clase social de la misma magnitud. En los núcleos urbanos, las viviendas públicas, edificadas en otro tiempo para la mayoría de la clase obrera, y con una cierta y natural parcialidad para quienes podían pagar regularmente un alquiler, se convirtieron ahora en centros de marginados, de personas con problemas sociales y dependientes de los subsidios públicos.

Al mismo tiempo, las migraciones en masa provocaron la aparición de un fenómeno hasta entonces limitado, por lo menos desde la caída del imperio austrohúngaro, sólo a los Estados Unidos y, en menor medida, a Francia: la diversificación étnica y racial de la clase obrera, con los consiguientes conflictos en su seno. El problema no radicaba tanto en la diversidad étnica, aunque la inmigración de gente de color, o que (como los norteafricanos en Francia) era probable que fuesen clasificados como tal, hizo aflorar un racismo siempre latente, incluso en países que habían sido considerados inmunes a él, como Italia y Suecia. El debilitamiento de los movimientos socialistas obreros tradicionales facilitó esto último, pues esos movimientos siempre se habían opuesto vehementemente a esta clase de discriminación, amortiguando así las manifestaciones más antisociales del sentimiento racista entre su electorado. Sin embargo, y dejando a un lado el racismo, tradicionalmente, incluso en el siglo XIX, las migraciones de mano de obra rara vez habían llevado a grupos étnicos distintos a esta competencia directa, capaz de dividir a la clase obrera, ya que cada grupo de inmigrantes solía encontrar un hueco dentro de la economía, que acababa monopolizando. La inmigración judía de la mayoría de los países occidentales se dedicaba sobre todo a la industria de la confección, pero no, por ejemplo, a la de la automoción. Por citar un caso aún más especializado, el personal de los restaurantes indios, tanto de Londres como de Nueva York, y, sin duda, de todos los lugares donde esta vertiente de la cultura asiática se ha expandido fuera del subcontinente indio, todavía en los años noventa se nutría primordialmente de emigrantes de una provincia concreta de Bangladesh (Sylhet). En otros casos, los grupos de inmigrantes se concentraban en distritos, plantas, fábricas o niveles concretos dentro de la misma industria, dejando el resto a los demás. En esta clase de «mercado laboral segmentado» (por utilizar un tecnicismo), la solidaridad entre los distintos grupos étnicos de trabajadores era más fácil que arraigase y se mantuviera, ya que los grupos no competían, y las diferencias en su situación no se atribuían nunca —o raramente— al egoísmo de otros grupos de trabajadores.[12]

Por varias razones, entre ellas el hecho de que la inmigración en la Europa occidental de la posguerra fue una reacción, auspiciada por el estado, ante la escasez de mano de obra, los nuevos inmigrantes ingresaron en el mismo mercado laboral que los nativos, y con los mismos derechos, excepto en países donde se les marginó oficialmente al considerarlos trabajadores «invitados» temporales y, por lo tanto, inferiores. En ambos casos se produjeron tensiones. Los hombres y mujeres cuyos derechos eran formalmente inferiores difícilmente consideraban que sus intereses fueran los mismos que los de la gente que disfrutaba de una categoría superior. En cambio, los trabajadores franceses y británicos, aunque no les importase trabajar hombro con hombro y en las mismas condiciones que marroquíes, antillanos, portugueses o turcos, no estaban dispuestos a verlos promovidos por encima de ellos, especialmente a los considerados colectivamente inferiores a los nativos. Además, y por motivos parecidos, hubo tensiones entre los distintos grupos de inmigrantes, aun cuando todos ellos se sintieran resentidos por el trato que dispensaban los nativos a los extranjeros.

En resumen, mientras que, en la época de formación de los movimientos y partidos obreros clásicos, todos los sectores obreros (a no ser que los separasen barreras nacionales o religiosas excepcionlmente insuperables) podían asumir que las mismas políticas, estrategias y reformas institucionales los beneficiarían a todos y a cada uno, más adelante la situación dejó de ser así. Al mismo tiempo, los cambios en la producción, el surgimiento de la «sociedad de los dos tercios» (véanse pp. 341-342) y la cambiante y cada vez más difusa frontera entre lo que era y no era trabajo «manual» difuminaron y disolvieron los contornos, hasta entonces nítidos, del «proletariado».

IV

Un cambio importante que afectó a la clase obrera, igual que a la mayoría de los sectores de las sociedades desarrolladas, fue el papel de una importancia creciente que pasaron a desempeñar las mujeres, y, sobre todo —un fenómeno nuevo y revolucionario—, las mujeres casadas. El cambio fue realmente drástico. En 1940 las mujeres casadas que vivían con sus maridos y trabajaban a cambio de un salario constituían menos del 14 por 100 de la población femenina de los Estados Unidos. En 1980 constituían algo más de la mitad, después de que el porcentaje se hubiera duplicado entre 1950 y 1970. La entrada de la mujer en el mercado laboral no era ninguna novedad: a partir de finales del siglo XIX, el trabajo de oficina, en las tiendas y en determinados

12. Irlanda del Norte, en donde los católicos fueron expulsados sistemáticamente de los puestos de trabajo cualificados en la industria, que pasaron a convertirse cada vez más en un monopolio protestante, constituye una excepción.

tipos de servicio, como la atención de centralitas telefónicas o el cuidado de personas, experimentaron una fuerte feminización, y estas ocupaciones terciarias se expandieron y crecieron a expensas (en cifras relativas y absolutas) tanto de las primarias como de las secundarias, es decir, de la agricultura y la industria. En realidad, este auge del sector terciario ha sido una de las tendencias más notables del siglo XX. No es tan fácil generalizar a propósito de la situación de la mujer en la industria manufacturera. En los viejos países industrializados, las industrias con fuerte participación de mano de obra en las que típicamente se habían concentrado las mujeres, como la industria textil y de la confección, se encontraban en decadencia, pero también lo estaban, en los países y regiones del cinturón de herrumbre, las industrias pesadas y mecánicas de personal abrumadoramente masculino, por no decir machista: la minería, la siderometalurgia, las construcciones navales, la industria de la automoción. Por otra parte, en los países de desarrollo reciente y en los enclaves industriales del tercer mundo, florecían las industrias con fuerte participación de mano de obra, que buscaban ansiosamente mano de obra femenina (tradicionalmente peor pagada y menos rebelde que la masculina). Así pues, la proporción de mujeres en la población activa aumentó, aunque el caso de las islas Mauricio, donde se disparó de aproximadamente un 20 por 100 a principios de los años setenta hasta más del 60 por 100 a mediados de los ochenta, es más bien extremo. Tanto su crecimiento (aunque menor que en el sector servicios) como su mantenimiento en los países industrializados desarrollados dependió de las circunstancias nacionales. En la práctica, la distinción entre las mujeres del sector secundario y las del sector terciario no era significativa, ya que la inmensa mayoría desempeñaba, en ambos casos, funciones subalternas, y en varias de las profesiones fuertemente feminizadas del sector servicios, sobre todo las relacionadas con servicios públicos y sociales, había una fuerte presencia sindical.

Las mujeres hicieron su entrada también, en número impresionante y cada vez mayor, en la enseñanza superior, que se había convertido en la puerta de entrada más visible a las profesiones de responsabilidad. Inmediatamente después de la segunda guerra mundial, constituían entre el 15 y el 30 por 100 de todos los estudiantes de la mayoría de los países desarrollados, salvo Finlandia, una avanzada en la lucha por la emancipación femenina, donde ya formaban casi el 43 por 100. Aún en 1960 no habían llegado a constituir la mitad de la población estudiantil en ningún país europeo ni en Norteamérica, aunque Bulgaria —otro país pro femenino, menos conocido— casi había alcanzado esa cifra. (Los estados socialistas, en conjunto, impulsaron con mayor celeridad la incorporación femenina al estudio —la RDA superó a la RFA—, aunque en otros campos sus credenciales feministas eran más dudosas.) Sin embargo, en 1980, la mitad o más de todos los estudiantes eran mujeres en los Estados Unidos, Canadá y en seis países socialistas, encabezados por la RDA y Bulgaria, y en sólo cuatro países europeos constituían menos del 40 por 100 del total (Grecia, Suiza, Turquía y el Reino Unido). En una palabra, el acceso a la enseñanza superior era ahora tan habitual para las chicas como para los chicos.

La entrada masiva de mujeres casadas —o sea, en buena medida, de madres— en el mercado laboral y la extraordinaria expansión de la enseñanza superior configuraron el telón de fondo, por lo menos en los países desarrollados occidentales típicos, del impresionante renacer de los movimientos feministas a partir de los años sesenta. En realidad, los movimientos feministas son inexplicables sin estos acontecimientos. Desde que las mujeres de muchísimos países europeos y de Norteamérica habían logrado el gran objetivo del voto y de la igualdad de derechos civiles como consecuencia de la primera guerra mundial y la revolución rusa (*La era del imperio*, capítulo 8), los movimientos feministas habían pasado de estar en el candelero a la oscuridad, y eso donde el triunfo de regímenes fascistas y reaccionarios no los había destruido. Permanecieron en la sombra, pese a la victoria del antifascismo y (en la Europa del Este y en ciertas regiones de Extremo Oriente) de la revolución, que extendió los derechos conquistados después de 1917 a la mayoría de los países que todavía no disfrutaban de ellos, de forma especialmente visible con la concesión del sufragio a las mujeres de Francia e Italia en Europa occidental y, de hecho, a las mujeres de todos los nuevos países comunistas, en casi todas las antiguas colonias y (en los diez primeros años de la posguerra) en América Latina. En realidad, en todos los lugares del mundo en donde se celebraban elecciones de algún tipo, las mujeres habían obtenido el sufragio en los años sesenta o antes, excepto en algunos países islámicos y, curiosamente, en Suiza.

Pero estos cambios ni se lograron por presiones feministas ni tuvieron una repercusión inmediata en la situación de las mujeres, incluso en los relativamente pocos países donde el sufragio tenía consecuencias políticas. Sin embargo, a partir de los años sesenta, empezando por los Estados Unidos pero extendiéndose rápidamente por los países occidentales ricos y, más allá, a las elites de mujeres cultas del mundo subdesarrollado —aunque no, al principio, en el corazón del mundo socialista—, observamos un impresionante renacer del feminismo. Si bien estos movimientos pertenecían, básicamente, a un ambiente de clase media culta, es probable que en los años setenta y sobre todo en los ochenta se difundiera entre la población de este sexo (que los ideólogos insisten en que debería llamarse «género») una forma de conciencia femenina política e ideológicamente menos concreta que iba mucho más allá de lo que había logrado la primera oleada de feminismo. En realidad, las mujeres, como grupo, se convirtieron en una fuerza política destacada como nunca antes lo habían sido. El primer, y tal vez más sorprendente, ejemplo de esta nueva conciencia sexual fue la rebelión de las mujeres tradicionalmente fieles de los países católicos contra las doctrinas más impopulares de la Iglesia, como quedó demostrado en los referenda italianos a favor del divorcio (1974) y de una ley del aborto más liberal (1981); y luego con la elección de Mary Robinson como presidenta de la devota Irlanda, una abogada estrechamente vinculada a la liberalización del código moral católico (1990). Ya a principios de los noventa los sondeos de opinión recogían importantes diferencias en las opiniones políticas de ambos sexos.

No es de extrañar que los políticos comenzaran a cortejar esta nueva conciencia femenina, sobre todo la izquierda, cuyos partidos, por culpa del declive de la conciencia de clase obrera, se habían visto privados de parte de su antiguo electorado.

Sin embargo, la misma amplitud de la nueva conciencia femenina y de sus intereses convierte en insuficiente toda explicación hecha a partir tan sólo del análisis del papel cambiante de las mujeres en la economía. Sea como sea, lo que cambió en la revolución social no fue sólo el carácter de las actividades femeninas en la sociedad, sino también el papel desempeñado por la mujer o las expectativas convencionales acerca de cuál debía ser ese papel, y en particular las ideas sobre el papel *público* de la mujer y su prominencia pública. Y es que, si bien cambios trascendentales como la entrada en masa de mujeres casadas en el mercado laboral era de esperar que produjesen cambios consiguientes, no tenía por qué ser así, como atestigua la URSS, donde (después del abandono de las aspiraciones utópico-revolucionarias de los años veinte) las mujeres casadas se habían encontrado en general con la doble carga de las viejas responsabilidades familiares y de responsabilidades nuevas como asalariadas, sin que hubiera cambio alguno en las relaciones entre ambos sexos o en el ámbito público o el privado. En cualquier caso, los motivos por los que las mujeres en general, y las casadas en particular, se lanzaron a buscar trabajo remunerado no tenían que estar necesariamente relacionados con su punto de vista sobre la posición social y los derechos de la mujer, sino que podían deberse a la pobreza, a la preferencia de los empresarios por la mano de obra femenina en vez de masculina por ser más barata y tratable, o simplemente al número cada vez mayor —sobre todo en el mundo subdesarrollado— de mujeres en el papel de cabezas de familia. La emigración masiva de hombres, como la del campo a las ciudades de Suráfrica, o de zonas de África y Asia a los estados del golfo Pérsico, dejó inevitablemente a las mujeres en casa como responsables de la economía familiar. Tampoco hay que olvidar las matanzas, no indiscriminadas en lo que al sexo se refiere, de las grandes guerras, que dejaron a la Rusia de después de 1945 con cinco mujeres por cada tres hombres.

Pese a todo, los indicadores de que existen cambios significativos, revolucionarios incluso, en lo que esperan las mujeres de sí mismas y lo que el mundo espera de ellas en cuanto a su lugar en la sociedad, son innegables. La nueva importancia que adquirieron algunas mujeres en la política resulta evidente, aunque no puede utilizarse como indicador directo de la situación del conjunto de las mujeres en los países afectados. Al fin y al cabo, el porcentaje de mujeres en los parlamentos electos de la machista América Latina (11 por 100) de los ochenta era considerablemente más alto que el porcentaje de mujeres en las asambleas equivalentes de la más «emancipada» —con los datos en la mano— Norteamérica. Del mismo modo, una parte importante de las mujeres que ahora, por vez primera, se encontraban a la cabeza de estados y de gobiernos en el mundo subdesarrollado se vieron en esa situación por herencia familiar: Indira Gandhi (India, 1966-1984), Benazir Bhutto (Pakistán, 1988-1990; 1994) y Aung San Xi (que se habría convertido en jefe de estado de Birmania de no haber sido por el veto de los militares), en calidad de hijas; Sirimavo Bandaranaike (Sri Lanka, 1960-1965; 1970-1977), Corazón Aquino (Filipinas, 1986-1992) e Isabel Perón (Argentina, 1974-1976), en calidad de viudas. En sí mismo, no era más revolucionario que la sucesión de María Teresa o de Victoria al trono de los imperios austriaco y británico mucho antes. De hecho, el contraste entre las gobernantes de países como la India, Pakistán y Filipinas, y la situación de excepcional depresión y opresión de las mujeres en esa parte del mundo pone de relieve su carácter atípico.

Y sin embargo, antes de la segunda guerra mundial, el acceso de *cualquier* mujer a la jefatura de *cualquier* república en *cualquier* clase de circunstancias se habría considerado políticamente impensable. Después de 1945 fue políticamente posible —Sirimavo Bandaranaike, en Sri Lanka, se convirtió en la primera jefe de gobierno en 1960—, y al llegar a 1990 las mujeres eran o habían sido jefes de gobierno en dieciséis estados (*World's Women*, p. 32). En los años noventa, las mujeres que habían llegado a la cumbre de la política profesional se convirtieron en parte aceptada, aunque insólita, del paisaje: como primeras ministras en Israel (1969), Islandia (1980), Noruega (1981), sin olvidar a Gran Bretaña (1979), Lituania (1990) y Francia (1991); o, en el caso de la señora Doi, como jefa del principal partido de la oposición (socialista) en el nada feminista Japón (1986). Desde luego, el mundo de la política estaba cambiando rápidamente, si bien el reconocimiento público de las mujeres (aunque sólo fuese en calidad de grupo de presión en política) todavía acostumbrase a adoptar la forma, incluso en muchos de los países más «avanzados», de una representación simbólica en los organismos públicos.

Sin embargo, apenas tiene sentido generalizar sobre el papel de la mujer en el ámbito público, y las consiguientes aspiraciones públicas de los movimientos políticos femeninos. El mundo subdesarrollado, el desarrollado y el socialista o ex socialista sólo se pueden comparar muy a grandes rasgos. En el tercer mundo, igual que en la Rusia de los zares, la inmensa mayoría de las mujeres de clase humilde y escasa cultura permanecieron apartadas del ámbito público, en el sentido «occidental» moderno, aunque en algunos de estos países apareciese, o existiese ya en otros, un reducido sector de mujeres excepcionalmente emancipadas y «avanzadas», principalmente las esposas, hijas y parientes de sexo femenino de la clase alta y la burguesía autóctonas, análogo a la intelectualidad y a las activistas femeninas de la Rusia de los zares. Un sector así había existido en el imperio de la India incluso en la época colonial, y pareció haber surgido en varios de los países musulmanes menos rigurosos —sobre todo Egipto, Irán, el Líbano y el Magreb— hasta que el auge del fundamentalismo islámico volvió a empujar a las mujeres a la oscuridad. Estas minorías emancipadas contaban con un espacio público propio en los niveles sociales más altos de sus respectivos países, en donde podían actuar y sentirse en casa de forma más o menos igual que (ellas o sus homólogas) en Europa y en Norteamérica, si bien es probable que tardasen en abandonar los convencionalismos en materia sexual y las obligaciones familiares tradicionales de su cultura más que las mujeres occidentales, o por lo menos las no católicas.[13] En este sentido, las mujeres emancipadas de países tercermundistas «occidentalizados» se encontraban mucho mejor situadas que sus hermanas de, por ejemplo, los países no socialistas del Extremo Oriente, en donde la fuerza de los roles y convenciones tradicionales era enorme y restrictiva. Las japonesas y coreanas cultas que habían vivido unos años en los países emancipados de Occidente sentían a menudo miedo a regresar a su propia civilización y al sentimiento, prácticamente incólume, de subordinación de la mujer.

En el mundo socialista la situación era paradójica. La práctica totalidad de las mujeres formaba parte de la población asalariada de la Europa del Este; o, por lo menos, ésta comprendía a casi tantas mujeres como hombres (un 90 por 100), una proporción mucho más alta que en ninguna otra parte. El comunismo, desde el punto de vista ideológico, era un defensor apasionado de la igualdad y la liberación femeninas, en todos los sentidos, incluido el erótico, pese al desagrado que Lenin sentía por la promiscuidad sexual.[14] (Sin embargo, tanto Krupskaya como Lenin eran de los pocos revolucionarios partidarios de compartir los quehaceres domésticos entre ambos sexos.) Además, el movimiento revolucionario, de los *narodniks* a los marxistas, había dispensado una acogida excepcionalmente cálida a las mujeres, sobre todo a las intelectuales, y les había proporcionado numerosas oportunidades, como todavía resultaba evidente en los años setenta, en que estaban desproporcionadamente representadas en algunos movimientos terroristas de izquierdas. Pero, con excepciones más bien raras (Rosa Luxemburg, Ruth Fischer, Anna Pauker, la Pasionaria, Federica Montseny) no destacaban en las primeras filas de la política de sus partidos, si es que llegaban a destacar en algo,[15] y en los nuevos estados de gobierno comunista aún eran menos visibles. De hecho, las mujeres en funciones políticas señaladas prácticamente desaparecieron. Tal como hemos visto, uno o dos países, sobre todo Bulgaria y la República Democrática Alemana, dieron a sus mujeres oportunidades insóli-

13. Es difícil que sea una casualidad el hecho de que los índices de divorcios y segundos matrimonios en Italia, Irlanda, España y Portugal fuesen espectacularmente más bajos en los años ochenta que en el resto de la Europa occidental y en Norteamérica. Índices de divorcio: 0,58 por 1.000, frente al 2,5 de promedio de otros nueve países (Bélgica, Francia, Alemania Federal, Países Bajos, Suecia, Suiza, Reino Unido, Canadá, Estados Unidos). Segundos matrimonios (porcentaje sobre el total de matrimonios): 2,4 frente al 18,6 de promedio de los nueve países mencionados.

14. Así, por ejemplo, el derecho al aborto, prohibido por el código civil alemán, fue un elemento de agitación importante en manos del Partido Comunista alemán, por lo cual la RDA disfrutaba de una ley de aborto mucho más permisiva que la República Federal de Alemania (influida por los demócrata-cristianos), cosa que complicó los problemas legales de la unificación alemana en 1990.

15. En 1929, en el KPD, entre los 63 miembros y candidatos a miembro del Comité Central había 6 mujeres. De entre los 504 dirigentes del partido del período 1924-1929, sólo el 7 por 100 eran mujeres.

tas de destacar públicamente, al igual que de acceder a la enseñanza superior, pero, en conjunto, la situación pública de las mujeres en los países comunistas no era sensiblemente distinta de la de los países capitalistas desarrollados y, allí en donde lo era, no resultaba siempre ventajosa. Cuando las mujeres afluían hacia las profesiones que se les abrían, como en la URSS, donde la medicina, consecuentemente, experimentó una fuerte feminización, estas profesiones perdían nivel social y económico. Al contrario de las feministas occidentales, la mayoría de las mujeres casadas soviéticas, acostumbradas desde hacía tiempo a una vida de asalariadas, soñaba con el lujo de quedarse en casa y tener un solo trabajo.

De hecho, el sueño revolucionario original de transformar las relaciones entre ambos sexos y modificar las instituciones y los hábitos que encarnaban la vieja dominación masculina se quedó por lo general en humo de pajas, incluso en los lugares —como la URSS en sus primeros años, aunque no, por lo general, en los nuevos regímenes comunistas posteriores a 1944— en donde se intentó seriamente convertirlo en realidad. En los países atrasados, y la mayoría de regímenes comunistas se establecieron en países así, el intento se vio bloqueado por la no cooperación pasiva de poblaciones tradicionalistas, que insistían en que, en la práctica, a pesar de lo que dijese la ley, a las mujeres se las tratara como inferiores a los hombres. Los heroicos esfuerzos emancipadores de las mujeres no fueron, por supuesto, en vano. Conferir a las mujeres la igualdad de derechos legales y políticos, insistir en que accedieran a la enseñanza, a los mismos puestos de trabajo y a las mismas responsabilidades que los hombres, e incluso que pudieran quitarse el velo y circular libremente en público, son cambios nada despreciables, como puede comprobar cualquiera que compare la situación de las mujeres en países donde sigue vigente, o ha sido reinstaurado, el fundamentalismo religioso. Además, hasta en los países comunistas donde la realidad femenina iba muy por detrás de la teoría, incluso en épocas de imposición de auténticas contrarrevoluciones morales por parte de los gobiernos, que intentaban reentronizar la familia y encasillar a las mujeres como responsables de criar a los hijos (como en la URSS de los años treinta), la mera libertad de elección de que disponían las mujeres en el nuevo sistema, libertad sexual incluida, era incomparablemente mayor que antes del advenimiento de los nuevos regímenes. Sus limitaciones no eran tanto legales o convencionales como materiales, como la escasez de medios de control de la natalidad, que las economías planificadas, al igual que en el caso de las demás necesidades ginecológicas, apenas tenían en consideración.

De todos modos, cualesquiera que fuesen los logros y fracasos del mundo socialista, éste no generó movimientos específicamente feministas, y difícilmente podía hacerlo, dada la práctica imposibilidad de llevar a cabo antes de mediados de los ochenta iniciativas políticas que no contasen con la aprobación del estado y del partido. Sin embargo, es improbable que las cuestiones que preocupaban a los movimientos feministas occidentales hubieran encontrado amplia resonancia en los estados comunistas hasta entonces.

Inicialmente estas cuestiones que en Occidente, y sobre todo en los Estados Unidos, representaron la avanzadilla del renacimiento del feminismo se relacionaban sobre todo con los problemas de las mujeres de clase media, o con el modo en que estos problemas las afectaban. Ello resulta evidente si examinamos las profesiones de las mujeres de los Estados Unidos, donde las presiones feministas alcanzaron sus mayores éxitos, y que, presumiblemente, reflejan la concentración de sus esfuerzos. Ya en 1981 las mujeres no sólo habían eliminado a la práctica totalidad de los hombres de las profesiones administrativas, la mayoría de las cuales eran, bien es verdad, subalternas, aunque respetables, sino que constituían casi el 50 por 100 de los agentes e intermediarios de la propiedad inmobiliaria y casi el 40 por 100 de los cargos bancarios y gestores financieros, y habían establecido una presencia sustancial, aunque todavía insuficiente, en las profesiones intelectuales, si bien en las profesiones legal y médica, más tradicionales, todavía se veían confinadas a modestas cabezas de puente. Pero si el 35 por 100 del profesorado universitario, más de la cuarta parte de los especialistas en ordenadores y un 22 por 100 del personal de ciencias naturales eran ahora mujeres, el monopolio masculino de las profesiones manuales, cualificadas o no, seguía prácticamente intacto: sólo el 2,7 por 100 de los camioneros, el 1,6 por 100 de los electricistas y el 0,6 por 100 de los mecánicos eran mujeres. Su resistencia a la entrada de mujeres no era menor que la de doctores y abogados, que les habían cedido un 14 por 100 del total, pero es razonable suponer que la presión por conquistar estos bastiones de la masculinidad era menor.

Hasta una lectura superficial de las pioneras norteamericanas del nuevo feminismo de los años sesenta indica una perspectiva de clase diferenciada en relación con los problemas de la mujer (Friedan, 1963; Degler, 1987). Les preocupaba sobremanera la cuestión de «cómo puede combinar la mujer su carrera o trabajo con el matrimonio y la familia», que sólo era importante para quienes tuviesen esa posibilidad de elección, de la que no disponían ni la mayoría de las mujeres del mundo ni la totalidad de las mujeres pobres. Les preocupaba, con toda la razón, la *igualdad* entre el hombre y la mujer, un concepto que se convirtió en el instrumento principal de las conquistas legales e institucionales de las mujeres de Occidente, ya que la palabra «sexo» se introdujo en la American Civil Rights Act de 1964, originariamente concebida sólo para prohibir la discriminación racial. Pero la «igualdad» o, mejor dicho, la «igualdad de trato» e «igualdad de oportunidades» daban por sentado que no había diferencias significativas entre hombres y mujeres, ya fuesen en el ámbito social o en cualquier otro ámbito, y para la mayor parte de las mujeres del mundo, y sobre todo para las pobres, era evidente que la inferioridad social de la mujer se debía en parte al hecho de no ser del mismo sexo que el hombre, y necesitaba por lo tanto soluciones que tuvieran en cuenta esta especificidad, como, por ejemplo, disposiciones especiales para casos de embarazo y maternidad o protección especial contra los ataques del sexo más fuerte y con mayor agresividad física. El feminismo estadounidense tardó lo suyo en hacer frente a cuestiones de interés tan vital para las mujeres trabajadoras como la baja por maternidad. La fase posterior del movimiento feminista aprendió a insistir en la diferencia existente entre ambos sexos, además de en las desigualdades, aunque la utilización de una ideología liberal de un individualismo abstracto y el instrumento de la «igualdad legal de derechos» no eran fácilmente reconciliables con el reconocimiento de que las mujeres no eran, o no tenían que ser, como los hombres, y viceversa.[16]

Además, en los años cincuenta y sesenta, la misma exigencia de salirse del ámbito doméstico y entrar en el mercado laboral tenía una fuerte carga ideológica entre las mujeres casadas prósperas, cultas y de clase media, que no tenía en cambio para las otras, pues los motivos de aquéllas en esos dominios rara vez eran económicos. Entre las mujeres pobres o con dificultades económicas, las mujeres casadas fueron a trabajar después de 1945 porque sus hijos ya no iban. La mano de obra infantil casi había desaparecido de Occidente, mientras que, en cambio, la necesidad de dar una educación a los hijos para mejorar sus perspectivas de futuro representó para sus padres una carga económica mayor y más duradera de lo que había sido con anterioridad. En resumen, como ya se ha dicho, «antes los niños trabajaban para que sus madres pudieran quedarse en casa encargándose de sus responsabilidades domésticas y reproductivas. Ahora, al necesitar las familias ingresos adicionales, las madres se pusieron a trabajar en lugar de sus hijos» (Tilly y Scott, 1987, p. 219). Eso hubiera sido casi imposible sin menos hijos, a pesar de que la sustancial mecanización de las labores domésticas (sobre todo gracias a las lavadoras) y el auge de las comidas preparadas y precocinadas contribuyeran a hacerlo más fácil. Pero para las mujeres casadas de clase media cuyos maridos tenían unos ingresos correspondientes con su nivel social, ir a trabajar rara vez representaba una aportación sustancial a los ingresos familiares, aunque sólo fuese porque a las mujeres les pagaban mucho menos que a los hombres en los empleos que tenían a su disposición. La aportación neta a los ingresos familiares podía no ser significativa cuando había que contratar asistentas de pago para que cuidaran de la casa y de los niños (en forma de mujeres de la limpieza y, en Europa, de canguros o chicas *au pair*) para que la mujer pudiera ganar un sueldo fuera del hogar.

Si, a esos niveles, había alguna motivación para que las mujeres casadas

16. Así, la «discriminación positiva», es decir, el dar a un grupo un trato *preferente* a la hora de acceder a determinados recursos o actividades sociales, sólo es congruente con la igualdad partiendo de la premisa de que se trata de una medida temporal, que se abolirá cuando la igualdad de acceso se haya conseguido por méritos propios; es decir, partiendo de la premisa de que el trato preferente no representa más que la supresión de un obstáculo injusto para los participantes en la misma competición, lo cual, desde luego, a veces es así. Pero en casos donde se da una diferencia permanente, no puede justificarse. Es absurdo, incluso a primera vista, dar prioridad a los hombres en la inscripción en cursos de canto de soprano, o insistir en que sería de desear, en teoría, y por cuestiones demográficas, que el 50 por 100 de los generales fuesen mujeres. En cambio, es totalmente legítimo dar a todo hombre deseoso y potencialmente dotado para cantar *Norma* y a toda mujer con el deseo y el potencial para dirigir un ejército la oportunidad de hacerlo.

abandonaran el hogar era la demanda de libertad y autonomía: para la mujer casada, el derecho a ser una persona por sí misma y no un apéndice del marido y el hogar, alguien a quien el mundo juzgase como individuo, y no como miembro de una especie («simplemente una madre y un ama de casa»). El dinero estaba de por medio no porque fuera necesario, sino porque era algo que la mujer podía gastar o ahorrar sin tener que pedir antes permiso al marido. Por supuesto, a medida que los hogares de clase media con dos fuentes de ingresos fueron haciéndose más corrientes, el presupuesto familiar se fue calculando cada vez más en base a dos sueldos. De hecho, al universalizarse la enseñanza superior entre los hijos de la clase media, y verse obligados los padres a contribuir económicamente al mantenimiento de su prole hasta bien entrados los veinte años o más, el empleo remunerado dejó de ser sobre todo una declaración de independencia para las mujeres casadas de clase media, para convertirse en lo que era desde ya hacía tiempo para los pobres: una forma de llegar a fin de mes. No obstante, su componente emancipatoria no desapareció, como demuestra el incremento de los «matrimonios itinerantes». Y es que los costes (no sólo económicos) de los matrimonios en los que cada cónyuge trabajaba en lugares con frecuencia muy alejados eran altos, aunque la revolución del transporte y las comunicaciones lo convirtió en algo cada vez más común en profesiones como la académica, a partir de los años setenta. Sin embargo, mientras que antes las esposas de clase media (aunque no los hijos de más de cierta edad) habían seguido automáticamente a sus esposos dondequiera que el trabajo los llevase, ahora se convirtió en algo casi impensable, por lo menos en círculos intelectuales de clase media, el interrumpir la carrera de la mujer y su derecho a elegir dónde quería desarrollarla. Por fin, al parecer, hombres y mujeres se trataban de igual a igual en este aspecto.[17]

Sin embargo, en los países desarrollados, el feminismo de clase media o el movimiento de las mujeres cultas o intelectuales se transformó en una especie de afirmación genérica de que había llegado la hora de la liberación de la mujer, y eso porque el feminismo específico de clase media, aunque a veces no tuviera en cuenta las preocupaciones de las demás mujeres occidentales, planteó cuestiones que las afectaban a todas; y esas cuestiones se convirtieron en urgentes al generar las convulsiones sociales que hemos esbozado una profunda, y en muchos aspectos repentina, revolución moral y cultural, una transformación drástica de las pautas convencionales de conducta social e individual. Las mujeres fueron un elemento crucial de esta revolución cultural, ya que ésta encontró su eje central, así como su expresión, en los cambios experimentados por la familia y el hogar tradicionales, de los que las mujeres siempre habían sido el componente central. Y es hacia esos cambios hacia donde pasamos a dirigir nuestra atención.

17. Aunque más raros, los casos de maridos que tuvieron que enfrentarse al problema de seguir a sus esposas donde el nuevo empleo de éstas las llevara también se hicieron más habituales. A todo académico de los años noventa se le ocurrirán ejemplos dentro de su círculo de conocidos.

Capítulo XI

LA REVOLUCIÓN CULTURAL

En la película [*La ley del deseo*], Carmen Maura interpreta a un hombre que se ha sometido a una operación de cambio de sexo y que, debido a un desgraciado asunto amoroso con su padre, ha abandonado a los hombres para establecer una relación lésbica (supongo) con una mujer, interpretada por un famoso transexual madrileño.

Reseña cinematográfica en *Village Voice*,
PAUL BERMAN (1987, p. 572)

Las manifestaciones de más éxito no son necesariamente las que movilizan a más gente, sino las que suscitan más interés entre los periodistas. A riesgo de exagerar un poco, podría decirse que cincuenta tipos listos que sepan montar bien un *happening* para que salga cinco minutos por la tele pueden tener tanta incidencia política como medio millón de manifestantes.

PIERRE BOURDIEU (1994)

I

Por todo lo que acabamos de exponer, la mejor forma de acercarnos a esta revolución cultural es a través de la familia y del hogar, es decir, a través de la estructura de las relaciones entre ambos sexos y entre las distintas generaciones. En la mayoría de sociedades, estas estructuras habían mostrado una impresionante resistencia a los cambios bruscos, aunque eso no quiere decir que fuesen estáticas. Además, a pesar de las apariencias de signo contrario, las estructuras eran de ámbito mundial, o por lo menos presentaban semejanzas básicas en amplias zonas, aunque, por razones socioeconómicas y tecnológicas, se ha sugerido que existe una notable diferencia entre Eurasia (incluyendo ambas orillas del Mediterráneo), por un lado, y el resto de África, por el otro (Goody, 1990, p. XVII). Así, por ejemplo, la poligamia, que, según se dice, estaba o había llegado a estar prácticamente ausente de Eurasia, salvo entre algunos grupos privilegiados y en el mundo árabe, floreció en África, donde se dice que más de la cuarta parte de los matrimonios eran polígamos (Goody, 1990, p. 379).

No obstante, a pesar de las variaciones, la inmensa mayoría de la humanidad compartía una serie de características, como la existencia del matrimonio formal con relaciones sexuales privilegiadas para los cónyuges (el «adulterio» se considera una falta en todo el mundo), la superioridad del marido sobre la mujer («patriarcalismo») y de los padres sobre los hijos, además de la de las generaciones más ancianas sobre las más jóvenes, unidades familiares formadas por varios miembros, etc. Fuese cual fuese el alcance y la complejidad de la red de relaciones de parentesco y los derechos y obligaciones mutuos que se daban en su seno, el núcleo fundamental —la pareja con hijos— estaba presente en alguna parte, aunque el grupo o conjunto familiar que cooperase o conviviese con ellos fuera mucho mayor. La idea de que la familia nuclear, que se convirtió en el patrón básico de la sociedad occidental en los siglos XIX y XX, había evolucionado de algún modo a partir de una familia y unas unidades de parentesco mucho más amplias, como un elemento más del desarrollo del individualismo burgués o de cualquier otra clase, se basa en un malentendido histórico, sobre todo del carácter de la cooperación social y su razón de ser en las sociedades preindustriales. Hasta en una institución tan comunista como la *zadruga* o familia conjunta de los eslavos de los Balcanes, «cada mujer trabaja para su familia en el sentido estricto de la palabra, o sea, para su marido y sus hijos, pero también, cuando le toca, para los miembros solteros de la comunidad y los huérfanos» (Guidetti y Stahl, 1977, p. 58). La existencia de este núcleo familiar y del hogar, por supuesto, no significa que los grupos o comunidades de parentesco en los que se integra se parezcan en otros aspectos.

Sin embargo, en la segunda mitad del siglo XX esta distribución básica y duradera empezó a cambiar a la velocidad del rayo, por lo menos en los países occidentales «desarrollados», aunque de forma desigual dentro de estas regiones. Así, en Inglaterra y Gales —un ejemplo, lo reconozco, bastante espectacular—, en 1938 había un divorcio por cada cincuenta y ocho bodas (Mitchell, 1975, pp. 30-32), pero a mediados de los ochenta, había uno por cada 2,2 bodas (*UN Statistical Yearbook*, 1987). Después, podemos ver la aceleracion de esta tendencia en los alegres sesenta. A finales de los años setenta, en Inglaterra y Gales había más de 10 divorcios por cada 1.000 parejas casadas, o sea, cinco veces más que en 1961 (*Social Trends*, 1980, p. 84).

Esta tendencia no se limitaba a Gran Bretaña. En realidad, el cambio espectacular se ve con la máxima claridad en países de moral estricta y con una fuerte carga tradicional, como los católicos. En Bélgica, Francia y los Países Bajos el índice bruto de divorcios (el número anual de divorcios por cada 1.000 habitantes) se triplicó aproximadamente entre 1970 y 1985. Sin embargo, incluso en países con tradición de emancipados en estos aspectos, como Dinamarca y Noruega, se duplicaron o casi triplicaron en el mismo período. Está claro que algo insólito le estaba ocurriendo al matrimonio en Occidente. Las pacientes de una clínica ginecológica de California en los años setenta presentaban «una disminución sustancial en el número de matrimonios formales, una reducción del deseo de tener hijos ... y un cambio de actitud hacia la aceptación de una adaptación bisexual» (Esman, 1990, p. 67). No es probable que una reacción así en una muestra de población femenina de parte alguna del mundo, incluida California, se hubiese podido dar antes de esa década.

La cantidad de gente que vivía sola (es decir, que no pertenecía a una pareja o a una familia más amplia) también empezó a dispararse. En Gran Bretaña permaneció más o menos estable durante el primer tercio del siglo, en torno al 6 por 100 de todos los hogares, con una suave tendencia al alza a partir de entonces. Pero entre 1960 y 1980 el porcentaje casi se duplicó, pasando del 12 al 22 por 100 de todos los hogares, y en 1991 ya era más de la cuarta parte (Abrams, 1945; Carr-Saunders *et al.*, 1958; *Social Trends*, 1993, p. 26). En muchas de las grandes ciudades occidentales constituían más de la mitad de los hogares. En cambio, la típica familia nuclear occidental, la pareja casada con hijos, se encontraba en franca retirada. En los Estados Unidos estas familias cayeron del 44 por 100 del total de hogares al 29 por 100 en veinte años (1960-1980); en Suecia, donde casi la mitad de los niños nacidos a mediados de los años ochenta eran hijos de madres solteras (Ecosoc, p. 21), pasaron del 37 al 25 por 100. Incluso en los países desarrollados en donde aún representaban más de la mitad de los hogares en 1960 (Canadá, Alemania Federal, Países Bajos, Gran Bretaña) se encontraban ahora en franca minoría.

En determinados casos, dejó de ser incluso típica. Así, por ejemplo, en 1991 el 58 por 100 de todas las familias negras de los Estados Unidos estaban encabezadas por mujeres solteras, y el 70 por 100 de los niños eran hijos de madres solteras. En 1940 las madres solteras sólo eran cabezas de familia del 11,3 por 100 de las familias de color, e incluso en las ciudades, sólo del 12,4 por 100 (Frazier, 1957, p. 317). Todavía en 1970 la cifra era de sólo el 33 por 100 (*New York Times*, 5-10-92).

La crisis de la familia estaba vinculada a importantes cambios en las actitudes públicas acerca de la conducta sexual, la pareja y la procreación, tanto oficiales como extraoficiales, los más importantes de los cuales pueden datarse, de forma coincidente, en los años sesenta y setenta. Oficialmente esta fue una época de liberalización extraordinaria tanto para los heterosexuales (o sea, sobre todo, para las mujeres, que hasta entonces habían gozado de mucha menos libertad que los hombres) como para los homosexuales, además de para las restantes formas de disidencia en materia de cultura sexual. En Gran Bretaña la mayor parte de las actividades homosexuales fueron legalizadas en la segunda mitad de los años sesenta, unos años más tarde que en los Estados Unidos, donde el primer estado en legalizar la sodomía (Illinois) lo hizo en 1961 (Johansson y Percy, 1990, pp. 304 y 1.349). En la mismísima Italia del papa, el divorcio se legalizó en 1970, derecho confirmado mediante referéndum en 1974. La venta de anticonceptivos y la información sobre los métodos de control de la natalidad se legalizaron en 1971, y en 1975 un nuevo código de derecho familiar sustituyó al viejo que había estado en vigor desde la época fascista. Finalmente, el aborto pasó a ser legal en 1978, lo cual fue confirmado mediante referéndum en 1981.

Aunque no cabe duda de que unas leyes permisivas hicieron más fáciles unos actos hasta entonces prohibidos y dieron mucha más publicidad a estas cuestiones, la ley reconoció más que creó el nuevo clima de relajación sexual. Que en los años cincuenta sólo el 1 por 100 de las mujeres británicas hubiesen cohabitado durante un tiempo con su futuro marido antes de casarse no se debía a la legislación, como tampoco el hecho de que a principios de los años ochenta el 21 por 100 de las mujeres lo hiciesen (Gillis, 1985, p. 307). Pasaron a estar permitidas cosas que hasta entonces habían estado prohibidas, no sólo por la ley o la religión, sino también por la moral consuetudinaria, las convenciones y el qué dirán.

Estas tendencias no afectaron por igual a todas las partes del mundo. Mientras que el divorcio fue en aumento en todos los países donde era permitido (asumiendo, por el momento, que la disolución formal del matrimonio mediante un acto oficial significase lo mismo en todos ellos), el matrimonio se había convertido en algo mucho menos estable en algunos. En los años ochenta siguió siendo mucho más permanente en los países católicos (no comunistas). El divorcio era mucho menos corriente en la península ibérica y en Italia, y aún menos en América Latina, incluso en países que presumen de avanzados: un divorcio por cada 22 matrimonios en México, por cada 33 en Brasil (pero uno por cada 2,5 en Cuba). Corea del Sur se mantuvo como un país insólitamente tradicional teniendo en cuenta lo rápido de su desarrollo (un divorcio por cada 11 matrimonios), pero a principios de los ochenta hasta Japón tenía un índice de divorcio de menos de la cuarta parte que Francia y muy inferior al de los británicos y los norteamericanos, más propensos a divorciarse. Incluso dentro del mundo (entonces) socialista se daban diferencias, aunque más reducidas que en el mundo capitalista, salvo en la URSS, a la que sólo superaban los Estados Unidos en la propensión de sus habitantes a disolver sus matrimonios (*UN World Social Situation*, 1989, p. 36). Estas diferencias no nos sorprenden. Lo que era y sigue siendo mucho más interesante es que, grandes o pequeñas, las mismas transformaciones pueden detectarse por todo el mundo «en vías de modernización». Algo que resulta evidente, sobre todo, en el campo de la cultura popular o, más concretamente, de la cultura juvenil.

II

Y es que si el divorcio, los hijos ilegítimos y el auge de las familias monoparentales (es decir, en la inmensa mayoría, sólo con la madre) indicaban la crisis de la relación entre los sexos, el auge de una cultura específicamente juvenil muy potente indicaba un profundo cambio en la relación existente entre las distintas generaciones. Los jóvenes, en tanto que grupo con conciencia propia que va de la pubertad —que en los países desarrollados empezó a darse algunos años antes que en la generación precedente (Tanner, 1962, p. 153)— hasta mediados los veinte años, se convirtieron ahora en un grupo social independiente. Los acontecimientos más espectaculares, sobre todo de los años sesenta y setenta, fueron las movilizaciones de sectores generacionales que, en países menos politizados, enriquecían a la industria discográfica, el 75-80 por 100 de cuya producción —a saber, música rock— se vendía casi exclusivamente a un público de entre catorce y veinticinco años (Hobsbawm, 1993, pp. XXVIII-XXIX). La radicalización política de los años sesenta, anticipada por contingentes reducidos de disidentes y automarginados culturales etiquetados de varias formas, perteneció a los jóvenes, que rechazaron la condición de niños o incluso de adolescentes (es decir, de personas todavía no adultas), al tiempo que negaban el carácter plenamente humano de toda generación que tuviese más de treinta años, con la salvedad de algún que otro gurú.

Con la excepción de China, donde el anciano Mao movilizó a las masas juveniles con resultados terribles (véase el capítulo XVI), a los jóvenes radicales los dirigían —en la medida en que aceptasen que alguien los dirigiera— miembros de su mismo grupo. Este es claramente el caso de los movimientos estudiantiles, de alcance mundial, aunque en los países en donde éstos precipitaron levantamientos de las masas obreras, como en Francia y en Italia en 1968-1969, la iniciativa también venía de trabajadores jóvenes. Nadie con un mínimo de experiencia de las limitaciones de la vida real, o sea, nadie verdaderamente adulto, podría haber ideado las confiadas pero manifiestamente absurdas consignas del mayo parisino de 1968 o del «otoño caliente» italiano de 1969: «tutto e subito», lo queremos todo y ahora mismo (Albers/Goldschmidt/Oehlke, 1971, pp. 59 y 184).

La nueva «autonomía» de la juventud como estrato social independiente quedó simbolizada por un fenómeno que, a esta escala, no tenía seguramente parangón desde la época del romanticismo: el héroe cuya vida y juventud acaban al mismo tiempo. Esta figura, cuyo precedente en los años cincuenta fue la estrella de cine James Dean, era corriente, tal vez incluso el ideal típico, dentro de lo que se convirtió en la manifestación cultural característica de la juventud: la música rock. Buddy Holly, Janis Joplin, Brian Jones de los Rolling Stones, Bob Marley, Jimmy Hendrix y una serie de divinidades populares cayeron víctimas de un estilo de vida ideado para morir pronto. Lo que convertía esas muertes en simbólicas era que la juventud, que representaban, era transitoria por definición. La de actor puede ser una profesión para toda la vida, pero no la de *jeune premier*.

No obstante, aunque los componentes de la juventud cambian constantemente —es público y notorio que una «generación» estudiantil sólo dura tres o cuatro años—, sus filas siempre vuelven a llenarse. El surgimiento del adolescente como agente social consciente recibió un reconocimiento cada vez más amplio, entusiasta por parte de los fabricantes de bienes de consumo, menos caluroso por parte de sus mayores, que veían cómo el espacio existente entre los que estaban dispuestos a aceptar la etiqueta de «niño» y los que insistían en la de «adulto» se iba expandiendo. A mediados de los sesenta, incluso el mismísimo movimiento de Baden Powell, los Boy Scouts ingleses, abandonó la primera parte de su nombre como concesión al espíritu de los tiempos, y cambió el viejo sombrero de explorador por la menos indiscreta boina (Gillis, 1974, p. 197).

Los grupos de edad no son nada nuevo en la sociedad, e incluso en la civilización burguesa se reconocía la existencia de un sector de quienes habían alcanzado la madurez sexual, pero todavía se encontraban en pleno crecimiento físico e intelectual y carecían de la experiencia de la vida adulta. El hecho de que este grupo fuese cada vez más joven al empezar la pubertad y que alcanzara antes su máximo crecimiento (Floud *et al.*, 1990) no alteraba de por sí la situación, sino que se limitaba a crear tensiones entre los jóvenes y sus padres y profesores, que insistían en tratarlos como menos adultos de lo que ellos creían ser. Los ambientes burgueses esperaban de sus muchachos —a diferencia de las chicas— que pasasen por una época turbulenta y «hicieran sus locuras» antes de «sentar la cabeza». La novedad de la nueva cultura juvenil tenía una triple vertiente.

En primer lugar, la «juventud» pasó a verse no como una fase preparatoria para la vida adulta, sino, en cierto sentido, como la fase culminante del pleno desarrollo humano. Al igual que en el deporte, la actividad humana en la que la juventud lo es todo, y que ahora definía las aspiraciones de más seres humanos que ninguna otra, la vida iba claramente cuesta abajo a partir de los treinta años. Como máximo, después de esa edad ya era poco lo que tenía interés. El que esto no se correspondiese con una realidad social en la que (con la excepción del deporte, algunos tipos de espectáculo y tal vez las matemáticas puras) el poder, la influencia y el éxito, además de la riqueza, aumentaban con la edad, era una prueba más del modo insatisfactorio en que estaba organizado el mundo. Y es que, hasta los años setenta, el mundo de la posguerra estuvo gobernado por una gerontocracia en mucha mayor medida que en épocas pretéritas, en especial por hombres —apenas por mujeres, todavía— que ya eran adultos al final, o incluso al principio, de la primera guerra mundial. Esto valía tanto para el mundo capitalista (Adenauer, De Gaulle, Franco, Churchill) como para el comunista (Stalin y Kruschev, Mao, Ho Chi Minh, Tito), además de para los grandes estados poscoloniales (Gandhi, Nehru, Sukarno). Los dirigentes de menos de cuarenta años eran una rareza, incluso en regímenes revolucionarios surgidos de golpes militares, una clase de cambio político que solían llevar a cabo oficiales de rango relativamente bajo, por tener menos que perder que los de rango superior; de ahí gran parte del impacto de Fidel Castro, que se hizo con el poder a los treinta y dos años.

No obstante, se hicieron algunas concesiones tácitas y acaso no siempre conscientes a los sectores juveniles de la sociedad, por parte de las clases dirigentes y sobre todo por parte de las florecientes industrias de los cosméticos, del cuidado del cabello y de la higiene íntima, que se beneficiaron desproporcionadamente de la riqueza acumulada en unos cuantos países desarrollados.[1] A partir de finales de los años sesenta hubo una tendencia a rebajar la edad de voto a los dieciocho años —por ejemplo en los Estados Unidos, Gran Bretaña, Alemania y Francia— y también se dio algún signo de disminución de la edad de consentimiento para las relaciones sexuales (heterosexuales). Paradójicamente, a medida que se iba prolongando la esperanza de vida, el porcentaje de ancianos aumentaba y, por lo menos entre la clase alta y la media, la decadencia senil se retrasaba, se llegaba antes a la edad de jubilación y, en tiempos difíciles, la «jubilación anticipada» se convirtió en uno de los métodos predilectos para recortar costos laborales. Los ejecutivos de más de cuarenta años que perdían su empleo encontraban tantas dificultades como los trabajadores manuales y administrativos para encontrar un nuevo trabajo.

La segunda novedad de la cultura juvenil deriva de la primera: era o se convirtió en dominante en las «economías desarrolladas de mercado», en parte porque ahora representaba una masa concentrada de poder adquisitivo, y en parte porque cada nueva generación de adultos se había socializado formando parte de una cultura juvenil con conciencia propia y estaba marcada por esta experiencia, y también porque la prodigiosa velocidad del cambio tecnológico daba a la juventud una ventaja tangible sobre edades más conservadoras o por lo menos no tan adaptables. Sea cual sea la estructura de edad de los ejecutivos de IBM o de Hitachi, lo cierto es que sus nuevos ordenadores y sus nuevos programas los diseñaba gente de veintitantos años. Y aunque esas máquinas y esos programas se habían hecho con la esperanza de que hasta un tonto pudiese manejarlos, la generación que no había crecido con ellos se daba perfecta cuenta de su inferioridad respecto a las generaciones que lo habían hecho. Lo que los hijos podían aprender de sus padres resultaba menos evidente que lo que los padres no sabían y los hijos sí. El papel de las generaciones se invirtió. Los tejanos, la prenda de vestir deliberadamente humilde que popularizaron en los campus universitarios norteamericanos los estudiantes que *no* querían tener el mismo aspecto que sus mayores, acabaron por asomar, en días festivos y en vacaciones, o incluso en el lugar de trabajo de profesionales «creativos» o de otras ocupaciones de moda, por debajo de más de una cabeza gris.

La tercera peculiaridad de la nueva cultura juvenil en las sociedades urbanas fue su asombrosa internacionalización. Los tejanos y el rock se convirtieron en las marcas de la juventud «moderna», de las minorías destinadas a convertirse en mayorías en todos los países en donde se los toleraba e incluso en algunos donde no, como en la URSS a partir de los años sesenta

1. Del mercado mundial de «productos de uso personal» en 1990, el 34 por 100 le correspondía a la Europa no comunista, el 30 por 100 a Norteamérica y el 19 por 100 a Japón. El 85 por 100 restante de la población mundial se repartía el 16-17 por 100 entre todos sus miembros (más ricos) (*Financial Times*, 11-4-1991).

(Starr, 1990, capítulos 12 y 13). El inglés de las letras del rock a menudo ni siquiera se traducía, lo que reflejaba la apabullante hegemonía cultural de los Estados Unidos en la cultura y en los estilos de vida populares, aunque hay que destacar que los propios centros de la cultura juvenil de Occidente no eran nada patrioteros en este terreno, sobre todo en cuanto a gustos musicales, y recibían encantados estilos importados del Caribe, de América Latina y, a partir de los años ochenta, cada vez más, de África.

La hegemonía cultural no era una novedad, pero su *modus operandi* había cambiado. En el período de entreguerras, su vector principal había sido la industria cinematográfica norteamericana, la única con una distribución masiva a escala planetaria, y que era vista por un público de cientos de millones de individuos que alcanzó sus máximas dimensiones justo después de la segunda guerra mundial. Con el auge de la televisión, de la producción cinematográfica internacional y con el fin del sistema de estudios de Hollywood, la industria norteamericana perdió parte de su preponderancia y una parte aún mayor de su público. En 1960 no produjo más que una sexta parte de la producción cinematográfica mundial, aun sin contar a Japón ni a la India (*UN Statistical Yearbook*, 1961), si bien con el tiempo recuperaría gran parte de su hegemonía. Los Estados Unidos no consiguieron nunca dominar de modo comparable los distintos mercados televisivos, inmensos y lingüísticamente más variados. Su moda juvenil se difundió directamente, o bien amplificada por la intermediación de Gran Bretaña, gracias a una especie de osmosis informal, a través de discos y luego cintas, cuyo principal medio de difusión, ayer igual que hoy y que mañana, era la anticuada radio. Se difundió también a través de los canales de distribución mundial de imágenes; a través de los contactos personales del turismo juvenil internacional, que diseminaba cantidades cada vez mayores de jóvenes en tejanos por el mundo; a través de la red mundial de universidades, cuya capacidad para comunicarse con rapidez se hizo evidente en los años sesenta. Y se difundió también gracias a la fuerza de la moda en la sociedad de consumo que ahora alcanzaba a las masas, potenciada por la presión de los propios congéneres. Había nacido una cultura juvenil global.

¿Habría podido surgir en cualquier otra época? Casi seguro que no. Su público habría sido mucho más reducido, en cifras relativas y absolutas, pues la prolongación de la duración de los estudios, y sobre todo la aparición de grandes conjuntos de jóvenes que convivían en grupos de edad en las universidades provocó una rápida expansión del mismo. Además, incluso los adolescentes que entraban en el mercado laboral al término del período mínimo de escolarización (entre los catorce y dieciséis años en un país «desarrollado» típico) gozaban de un poder adquisitivo mucho mayor que sus predecesores, gracias a la prosperidad y al pleno empleo de la edad de oro, y gracias a la mayor prosperidad de sus padres, que ya no necesitaban tanto las aportaciones de sus hijos al presupuesto familiar. Fue el descubrimiento de este mercado juvenil a mediados de los años cincuenta lo que revolucionó el negocio de la música pop y, en Europa, el sector de la industria de la moda dedicado al consumo de masas. El «*boom* británico de los adolescentes», que comenzó por aquel entonces, se basaba en las concentraciones urbanas de muchachas relativamente bien pagadas en las cada vez más numerosas tiendas y oficinas, que a menudo tenían más dinero para gastos que los chicos, y dedicaban entonces cantidades menores a gastos tradicionalmente masculinos como la cerveza y el tabaco. El *boom* «mostró su fuerza primero en el mercado de artículos propios de muchachas adolescentes, como blusas, faldas, cosméticos y discos» (Allen, 1968, pp. 62-63), por no hablar de los conciertos de música pop, cuyo público más visible, y audible, eran ellas. El poder del dinero de los jóvenes puede medirse por las ventas de discos en los Estados Unidos, que subieron de 277 millones en 1955, cuando hizo su aparición el rock, a 600 millones en 1959 y a 2.000 millones en 1973 (Hobsbawm, 1993, p. XXIX). En los Estados Unidos, cada miembro del grupo de edad comprendido entre los cinco y los diecinueve años se gastó por lo menos cinco veces más en discos en 1970 que en 1955. Cuanto más rico el país, mayor el negocio discográfico: los jóvenes de los Estados Unidos, Suecia, Alemania Federal, los Países Bajos y Gran Bretaña gastaban entre siete y diez veces más por cabeza que los de países más pobres pero en rápido desarrollo como Italia y España.

Su poder adquisitivo facilitó a los jóvenes el descubrimiento de señas materiales o culturales de identidad. Sin embargo, lo que definió los contornos de esa identidad fue el enorme abismo histórico que separaba a las generaciones nacidas antes de, digamos, 1925 y las nacidas después, digamos, de 1950; un abismo mucho mayor que el que antes existía entre padres e hijos. La mayoría de los padres de adolescentes adquirió plena conciencia de ello durante o después de los años sesenta. Los jóvenes vivían en sociedades divorciadas de su pasado, ya fuesen transformadas por la revolución, como China, Yugoslavia o Egipto; por la conquista y la ocupación, como Alemania y Japón; o por la liberación del colonialismo. No se acordaban de la época de antes del diluvio. Con la posible y única excepción de la experiencia compartida de una gran guerra nacional, como la que unió durante algún tiempo a jóvenes y mayores en Rusia y en Gran Bretaña, no tenían forma alguna de entender lo que sus mayores habían experimentado o sentido, ni siquiera cuando éstos estaban dispuestos a hablar del pasado, algo que no acostumbraba a hacer la mayoría de alemanes, japoneses y franceses. ¿Cómo podía un joven indio, para quien el Congreso era el gobierno o una maquinaria política, comprender a alguien para quien éste había sido la expresión de una lucha de liberación nacional? ¿Cómo podían ni siquiera los jóvenes y brillantes economistas indios que conquistaron las facultades de economía del mundo entero llegar a entender a sus maestros, para quienes el colmo de la ambición, en la época colonial, había sido simplemente llegar a ser «tan buenos como» el modelo de la metrópoli?

La edad de oro ensanchó este abismo, por lo menos hasta los años setenta. ¿Cómo era posible que los chicos y chicas que crecieron en una época de pleno empleo entendiesen la experiencia de los años treinta, o viceversa, que una generación mayor entendiese a una juventud para la que un empleo no era un puerto seguro después de la tempestad, sino algo que podía conseguirse en cualquier momento y abandonarse siempre que a uno le vinieran ganas de irse a pasar unos cuantos meses al Nepal? Esta versión del abismo generacional no se circunscribía a los países industrializados, pues el drástico declive del campesinado produjo brechas similares entre las generaciones rurales y ex rurales, manuales y mecanizadas. Los profesores de historia franceses, educados en una Francia en donde todos los niños venían del campo o pasaban las vacaciones en él, descubrieron en los años setenta que tenían que explicar a los estudiantes lo que hacían las pastoras y qué aspecto tenía un patio de granja con su montón de estiércol. Más aún, el abismo generacional afectó incluso a aquellos —la mayoría de los habitantes del mundo— que habían quedado al margen de los grandes acontecimientos políticos del siglo, o que no se habían formado una opinión acerca de ellos, salvo en la medida en que afectasen su vida privada.

Pero hubiese quedado o no al margen de estos acontecimientos, la mayoría de la población mundial era más joven que nunca. En los países del tercer mundo donde todavía no se había producido la transición de unos índices de natalidad altos a otros más bajos, era probable que entre dos quintas partes y la mitad de los habitantes tuvieran menos de catorce años. Por fuertes que fueran los lazos de familia, por poderosa que fuese la red de la tradición que los rodeaba, no podía dejar de haber un inmenso abismo entre su concepción de la vida, sus experiencias y sus expectativas y las de las generaciones mayores. Los exiliados políticos surafricanos que regresaron a su país a principios de los años noventa tenían una percepción de lo que significaba luchar por el Congreso Nacional Africano diferente de la de los jóvenes «camaradas» que hacían ondear la misma bandera en los guetos africanos. Y ¿cómo podía interpretar a Nelson Mandela la mayoría de la gente de Soweto, nacida mucho después de que éste ingresara en prisión, sino como un símbolo o una imagen? En muchos aspectos, el abismo generacional era mayor en países como estos que en Occidente, donde la existencia de instituciones permanentes y de continuidad política unía a jóvenes y mayores.

III

La cultura juvenil se convirtió en la matriz de la revolución cultural en el sentido más amplio de una revolución en el comportamiento y las costumbres, en el modo de disponer del ocio y en las artes comerciales, que pasaron a configurar cada vez más el ambiente que respiraban los hombres y mujeres urbanos. Dos de sus características son importantes: era populista e iconoclasta, sobre todo en el terreno del comportamiento individual, en el que todo el mundo tenía que «ir a lo suyo» con las menores injerencias posibles, aunque en la práctica la presión de los congéneres y la moda impusieran la misma uniformidad que antes, por lo menos dentro de los grupos de congéneres y de las subculturas.

Que los niveles sociales más altos se inspirasen en lo que veían en «el pueblo» no era una novedad en sí mismo. Aun dejando a un lado a la reina María Antonieta, que jugaba a hacer de pastora, los románticos habían adorado la cultura, la música y los bailes populares campesinos, sus intelectuales más a la moda (Baudelaire) habían coqueteado con la *nostalgie de la boue* (nostalgia del arroyo) urbana, y más de un victoriano había descubierto que las relaciones sexuales con miembros de las clases inferiores, de uno u otro sexo según los gustos personales, eran muy gratificantes. (Estos sentimientos no han desaparecido aún a fines del siglo XX.) En la era del imperialismo las influencias culturales empezaron a actuar sistemáticamente de abajo arriba (véase *La era del imperio*, capítulo 9) gracias al impacto de las nuevas artes plebeyas y del cine, el entretenimiento de masas por excelencia. Pero la mayoría de los espectáculos populares y comerciales de entreguerras seguían bajo la hegemonía de la clase media o amparados por su cobertura. La industria cinematográfica del Hollywood clásico era, antes que nada, *respetable*: sus ideas sociales eran la versión estadounidense de los sólidos «valores familiares», y su ideología, la de la oratoria patriótica. Siempre que, buscando el éxito de taquilla, Hollywood descubría un género incompatible con el universo moral de las quince películas de la serie de «Andy Hardy» (1937-1947), que ganó un Oscar por su «aportación al fomento del modo de vida norteamericano» (Halliwell, 1988, p. 321), como ocurrió con las primeras películas de *gangsters*, que corrían el riesgo de idealizar a los delincuentes, el orden moral quedaba pronto restaurado, si es que no estaba ya en las seguras manos del Código de Producción de Hollywood (1934-1966), que limitaba la duración permitida de los besos (con la boca cerrada) en pantalla a un máximo de treinta segundos. Los mayores triunfos de Hollywood —como *Lo que el viento se llevó*— se basaban en novelas concebidas para un público de cultura y clase medias, y pertenecían a ese universo cultural en el mismo grado que *La feria de las vanidades* de Thackeray o el *Cyrano de Bergerac* de Edmond Rostand. Sólo el género anárquico y populista de la comedia cinematográfica, hija del vodevil y del circo, se resistió un tiempo a ser ennoblecido, aunque en los años treinta acabó sucumbiendo a las presiones de un brillante género de bulevar, la «comedia loca» de Hollywood.

También el triunfante «musical» de Broadway del período de entreguerras, y los números bailables y canciones que contenía, eran géneros burgueses, aunque inconcebibles sin la influencia del jazz. Se escribían para la clase media de Nueva York, con libretos y letras dirigidos claramente a un público adulto que se veía a sí mismo como gente refinada de ciudad. Una rápida comparación de las letras de Cole Porter con las de los Rolling Stones basta para ilustrar este punto. Al igual que la edad de oro de Hollywood, la edad de oro de Broadway se basaba en la simbiosis de lo plebeyo y lo respetable, pero no de lo populista.

La novedad de los años cincuenta fue que los jóvenes de clase media y alta, por lo menos en el mundo anglosajón, que marcaba cada vez más la pauta universal, empezaron a aceptar como modelos la música, la ropa e incluso el lenguaje de la clase baja urbana, o lo que creían que lo era. La música rock fue el caso más sorprendente. A mediados de los años cincuenta, surgió del gueto de la «música étnica» o de *rythm and blues* de los catálogos de las compañías de discos norteamericanas, destinadas a los negros norteamericanos pobres, para convertirse en el lenguaje universal de la juventud, sobre todo de la juventud *blanca*. Anteriormente, los jóvenes elegantes de clase trabajadora habían adoptado los estilos de la moda de los niveles sociales más altos o de subculturas de clase media como los artistas bohemios; en mayor grado aún las chicas de clase trabajadora. Ahora parecía tener lugar una extraña inversión de papeles: el mercado de la moda joven plebeya se independizó, y empezó a marcar la pauta del mercado patricio. Ante el avance de los tejanos (para ambos sexos), la alta costura parisina se retiró, o aceptó su derrota utilizando sus marcas de prestigio para vender productos de consumo masivo, directamente o a través de franquicias. El de 1965 fue el primer año en que la industria de la confección femenina de Francia produjo más pantalones que faldas (Veillon, 1993, p. 6). Los jóvenes aristócratas empezaron a desprenderse de su acento y a emplear algo parecido al habla de la clase trabajadora londinense.[2] Jóvenes respetables de uno y otro sexo empezaron a copiar lo que hasta entonces no había sido más que una moda indeseable y machista de obreros manuales, soldados y similares: el uso despreocupado de tacos en la conversación. La literatura siguió la pauta: un brillante crítico teatral llevó la palabra *fuck* [«joder»] a la audiencia radiofónica de Gran Bretaña. Por primera vez en la historia de los cuentos de hadas, la Cenicienta se convirtió en la estrella del baile por el hecho de *no* llevar ropajes espléndidos.

El giro populista de los gustos de la juventud de clase media y alta en Occidente, que tuvo incluso algunos paralelismos en el tercer mundo, con la conversión de los intelectuales brasileños en adalides de la samba,[3] puede tener algo que ver con el fervor revolucionario que en política e ideología mostraron los estudiantes de clase media unos años más tarde. La moda suele ser profética, aunque nadie sepa cómo. Y ese estilo se vio probablemente reforzado entre los jóvenes de sexo masculino por la aparición de una subcultura homosexual de singular importancia a la hora de marcar las pautas de la moda y el arte. Sin embargo, puede que baste considerar que el estilo populista era una forma de rechazar los valores de la generación de los padres o, más bien, un lenguaje con el que los jóvenes tanteaban nuevas formas de relacionarse con un mundo para el que las normas y los valores de sus mayores parecía que ya no eran válidos.

2. Los jóvenes de Eton empezaron a hacerlo a finales de los años cincuenta, según un vicedirector de esa institución de elite.

3. Chico Buarque de Holanda, la máxima figura en el panorama de la música popular brasileña, era hijo de un destacado historiador progresista que había sido una importante figura en el renacimiento cultural e intelectual de su país en los años treinta.

El carácter iconoclasta de la nueva cultura juvenil afloró con la máxima claridad en los momentos en que se le dio plasmación intelectual, como en los carteles que se hicieron rápidamente famosos del mayo francés del 68: «Prohibido prohibir», y en la máxima del radical pop norteamericano Jerry Rubin de que uno nunca debe fiarse de alguien que no haya pasado una temporada a la sombra (de una cárcel) (Wiener, 1984, p. 204). Contrariamente a lo que pudiese parecer en un principio, estas no eran consignas políticas en el sentido tradicional, ni siquiera en el sentido más estricto de abogar por la derogación de leyes represivas. No era ese su objetivo, sino que eran anuncios públicos de sentimientos y deseos privados. Tal como decía la consigna de mayo del 68: «Tomo mis deseos por realidades, porque creo en la realidad de mis deseos» (Katsiaficas, 1987, p. 101). Aunque tales deseos apareciesen en declaraciones, grupos y movimientos públicos, incluso en lo que parecían ser, y a veces acababan por desencadenar, rebeliones de las masas, el subjetivismo era su esencia. «Lo personal es político» se convirtió en una importante consigna del nuevo feminismo, que acaso fue el resultado más duradero de los años de radicalización. Significaba algo más que la afirmación de que el compromiso político obedecía a motivos y a satisfacciones personales, y que el criterio del éxito político era cómo afectaba a la gente. En boca de algunos, sólo quería decir que «todo lo que me preocupe, lo llamaré político», como en el título de un libro de los años setenta, *Fat Is a Feminist Issue** (Orbach, 1978).

La consigna de mayo del 68 «Cuando pienso en la revolución, me entran ganas de hacer el amor» habría desconcertado no sólo a Lenin, sino también a Ruth Fischer, la joven militante comunista vienesa cuya defensa de la promiscuidad sexual atacó Lenin (Zetkin, 1968, pp. 28 ss.). Pero, en cambio, hasta para los típicos radicales neomarxistas-leninistas de los años sesenta y setenta, el agente de la Comintern de Brecht que, como un viajante de comercio, «hacía el amor teniendo otras cosas en la mente» («Der Liebe pflegte ich achtlos», Brecht, 1976, II, p. 722) habría resultado incomprensible. Para ellos lo importante no era lo que los revolucionarios esperasen conseguir con sus actos, sino lo que hacían y cómo se sentían al hacerlo. Hacer el amor y hacer la revolución no podían separarse con claridad.

La liberación personal y la liberación social iban, pues, de la mano, y las formas más evidentes de romper las ataduras del poder, las leyes y las normas del estado, de los padres y de los vecinos eran el sexo y las drogas. El primero, en sus múltiples formas, no estaba ya por descubrir. Lo que el poeta conservador y melancólico quería decir con el verso «Las relaciones sexuales empezaron en 1963» (Larkin, 1988, p. 167) no era que esta actividad fuese poco corriente antes de los años sesenta o que él no la hubiese practicado, sino que su carácter público cambió con —los ejemplos son suyos— el proceso a *El amante de Lady Chatterley* y «el primer LP de los

* «La gordura es un tema feminista». (*N. del t.*)

Beatles». En los casos en que había existido una prohibición previa, estos gestos contra los usos establecidos eran fáciles de hacer. En los casos en que se había dado una cierta tolerancia oficial o extraoficial, como por ejemplo en las relaciones lésbicas, el hecho de que eso *era* un gesto tenía que recalcarse de modo especial. Comprometerse en público con lo que hasta entonces estaba prohibido o no era convencional («salir a la luz») se convirtió, pues, en algo importante. Las drogas, en cambio, menos el alcohol y el tabaco, habían permanecido confinadas en reducidas subculturas de la alta sociedad, la baja y los marginados, y no se beneficiaron de mayor permisividad legal. Las drogas se difundieron no sólo como gesto de rebeldía, ya que las sensaciones que posibilitaban les daban atractivo suficiente. No obstante, el consumo de drogas era, por definición, una actividad ilegal, y el mismo hecho de que la droga más popular entre los jóvenes occidentales, la marihuana, fuese posiblemente menos dañina que el alcohol y el tabaco, hacía del fumarla (generalmente, una actividad social) no sólo un acto de desafío, sino de superioridad sobre quienes la habían prohibido. En los anchos horizontes de la Norteamérica de los años sesenta, donde coincidían los fans del rock con los estudiantes radicales, la frontera entre pegarse un colocón y levantar barricadas a veces parecía nebulosa.

La nueva ampliación de los límites del comportamiento públicamente aceptable, incluida su vertiente sexual, aumentó seguramente la experimentación y la frecuencia de conductas hasta entonces consideradas inaceptables o pervertidas, y las hizo más visibles. Así, en los Estados Unidos, la aparición pública de una subcultura homosexual practicada abiertamente, incluso en las dos ciudades que marcaban la pauta, San Francisco y Nueva York, y que se influían mutuamente, no se produjo hasta bien entrados los años sesenta, y su aparición como grupo de presión política en ambas ciudades, hasta los años setenta (Duberman *et al.*, 1989, p. 460). Sin embargo, la importancia principal de estos cambios estriba en que, implícita o explícitamente, rechazaban la vieja ordenación histórica de las relaciones humanas dentro de la sociedad, expresadas, sancionadas y simbolizadas por las convenciones y prohibiciones sociales.

Lo que resulta aún más significativo es que este rechazo no se hiciera en nombre de otras pautas de ordenación social, aunque el nuevo libertarismo recibiese justificación ideológica de quienes creían que necesitaba esta etiqueta,[4] sino en el nombre de la ilimitada autonomía del deseo individual, con lo que se partía de la premisa de un mundo de un individualismo egocéntrico llevado hasta el límite. Paradójicamente, quienes se rebelaban contra las convenciones y las restricciones partían de la misma premisa en que se basaba la sociedad de consumo, o por lo menos de las mismas motivaciones psicológi-

4. Sin embargo, apenas suscitó un interés renovado la única ideología que creía que la acción espontánea, sin organizar, antiautoritaria y libertaria provocaría el nacimiento de una sociedad nueva, justa y sin estado, o sea, el *anarquismo* de Bakunin o de Kropotkin, aunque éste se encontrase mucho más cerca de las auténticas ideas de la mayoría de los estudiantes rebeldes de los años sesenta y setenta que el marxismo tan en boga por aquel entonces.

cas que quienes vendían productos de consumo y servicios habían descubierto que eran más eficaces para la venta.

Se daba tácitamente por sentado que el mundo estaba compuesto por varios miles de millones de seres humanos, definidos por el hecho de ir en pos de la satisfacción de sus propios deseos, incluyendo deseos hasta entonces prohibidos o mal vistos, pero ahora permitidos, no porque se hubieran convertido en moralmente aceptables, sino porque los compartía un gran número de egos. Así, hasta los años noventa, la liberalización se quedó en el límite de la legalización de las drogas, que continuaron estando prohibidas con más o menos severidad, y con un alto grado de ineficacia. Y es que a partir de fines de los años sesenta se desarrolló un gran mercado de cocaína, sobre todo entre la clase media alta de Norteamérica y, algo después, de Europa occidental. Este hecho, al igual que el crecimiento anterior y más plebeyo del mercado de la heroína (también, sobre todo, en los Estados Unidos), convirtió por primera vez el crimen en un negocio de auténtica importancia (Arlacchi, 1983, pp. 215 y 208).

IV

La revolución cultural de fines del siglo XX debe, pues, entenderse como el triunfo del individuo sobre la sociedad o, mejor, como la ruptura de los hilos que hasta entonces habían imbricado a los individuos en el tejido social. Y es que este tejido no sólo estaba compuesto por las relaciones reales entre los seres humanos y sus formas de organización, sino también por los modelos generales de esas relaciones y por las pautas de conducta que era de prever que siguiesen en su trato mutuo los individuos, cuyos papeles estaban predeterminados, aunque no siempre escritos. De ahí la inseguridad traumática que se producía en cuanto las antiguas normas de conducta se abolían o perdían su razón de ser, o la incomprensión entre quienes sentían esa desaparición y quienes eran demasiado jóvenes para haber conocido otra cosa que una sociedad sin reglas.

Así, un antropólogo brasileño de los años ochenta describía la tensión de un varón de clase media, educado en la cultura mediterránea del honor y la vergüenza de su país, enfrentado al suceso cada vez más habitual de que un grupo de atracadores le exigiera el dinero y amenazase con violar a su novia. En tales circunstancias, se esperaba tradicionalmente que un caballero protegiese a la mujer, si no al dinero, aunque le costara la vida, y que la mujer prefiriese morir antes que correr una suerte tenida por «peor que la muerte». Sin embargo, en la realidad de las grandes ciudades de fines del siglo XX era poco probable que la resistencia salvara el «honor» de la mujer o el dinero. Lo razonable en tales circunstancias era ceder, para impedir que los agresores perdiesen los estribos y causaran serios daños o incluso llegaran a matar. En cuanto al honor de la mujer, definido tradicionalmente como la virginidad antes del matrimonio y la total fidelidad a su marido después, ¿qué era lo que se podía defender, a la luz de las teorías y de las prácticas sexuales habituales entre las personas cultas y liberadas de los años ochenta? Y sin embargo, tal como demostraban las investigaciones del antropólogo, todo eso no hacía el caso menos traumático. Situaciones no tan extremas podían producir niveles de inseguridad y de sufrimiento mental comparables; por ejemplo, contactos sexuales corrientes. La alternativa a una vieja convención, por poco razonable que fuera, podía acabar siendo no una nueva convención o un comportamiento racional, sino la total ausencia de reglas, o por lo menos una falta total de consenso acerca de lo que había que hacer.

En la mayor parte del mundo, los antiguos tejidos y convenciones sociales, aunque minados por un cuarto de siglo de transformaciones socioeconómicas sin parangón, estaban en situación delicada, pero aún no en plena desintegración, lo cual era una suerte para la mayor parte de la humanidad, sobre todo para los pobres, ya que las redes de parentesco, comunidad y vecindad eran básicas para la supervivencia económica y sobre todo para tener éxito en un mundo cambiante. En gran parte del tercer mundo, estas redes funcionaban como una combinación de servicios informativos, intercambios de trabajo, fondos de mano de obra y de capital, mecanismos de ahorro y sistemas de seguridad social. De hecho, sin la cohesión familiar resulta difícilmente explicable el éxito económico de algunas partes del mundo, como por ejemplo el Extremo Oriente.

En las sociedades más tradicionales, las tensiones afloraron en la medida en que el triunfo de la economía de empresa minó la legitimidad del orden social aceptado hasta entonces, basado en la desigualdad, tanto porque las aspiraciones de la gente pasaron a ser más igualitarias, como porque las justificaciones funcionales de la desigualdad se vieron erosionadas. Así, la opulencia y la prodigalidad de los rajás de la India (igual que la exención fiscal de la fortuna de la familia real británica, que no fue criticada hasta los años noventa) no despertaba ni las envidias ni el resentimiento de sus súbditos, como las podría haber despertado las de un vecino, sino que eran parte integrante y signo de su papel singular en el orden social e incluso cósmico, que, en cierto sentido, se creía que mantenía, estabilizaba y simbolizaba su reino. De modo parecido, los considerables lujos y privilegios de los grandes empresarios japoneses resultaban menos inaceptables, en la medida en que se veían no como su fortuna particular, sino como un complemento a su situación oficial dentro de la economía, al modo de los lujos de que disfrutan los miembros del gabinete británico —limusinas, residencias oficiales, etc.—, que les son retirados a las pocas horas de cesar en el cargo al que están asociados. La distribución real de las rentas en Japón, como sabemos, era mucho menos desigual que en las sociedades capitalistas occidentales; sin embargo, a cualquier persona que observase la situación japonesa en los años ochenta, incluso desde lejos, le resultaba difícil eludir la impresión de que, durante esta década de crecimiento económico, la acumulación de riqueza individual y su exhibición en público ponía más de manifiesto el contraste entre las condiciones en que vivían los japoneses comunes y corrientes —mucho más modestamente que sus homólogos occidentales— y la situación de los japoneses ricos. Y puede que por primera vez no estuviesen suficientemente protegidos por lo que se consideraban privilegios legítimos de quienes están al servicio del estado y de la sociedad.

En Occidente, las décadas de revolución social habían creado un caos mucho mayor. Los extremos de esta disgregación son especialmente visibles en el discurso público ideológico del fin de siglo occidental, sobre todo en la clase de manifestaciones públicas que, si bien no tenían pretensión alguna de análisis en profundidad, se formulaban como creencias generalizadas. Pensemos, por ejemplo, en el argumento, habitual en determinado momento en los círculos feministas, de que el trabajo doméstico de las mujeres tenía que calcularse (y, cuando fuese necesario, pagarse) a precios de mercado, o la justificación de la reforma del aborto en pro de un abstracto «derecho a escoger» ilimitado del individuo (mujer).[5] La influencia generalizada de la economía neoclásica, que en las sociedades occidentales secularizadas pasó a ocupar cada vez más el lugar reservado a la teología, y (a través de la hegemonía cultural de los Estados Unidos) la influencia de la ultraindividualista jurisprudencia norteamericana promovieron esta clase de retórica, que encontró su expresión política en la primera ministra británica Margaret Thatcher: «La sociedad no existe, sólo los individuos».

Sin embargo, fueran los que fuesen los excesos de la teoría, la práctica era muchas veces igualmente extrema. En algún momento de los años setenta, los reformadores sociales de los países anglosajones, justamente escandalizados (al igual que los investigadores) por los efectos de la institucionalización sobre los enfermos mentales, promovieron con éxito una campaña para que al máximo número posible de éstos les permitieran abandonar su reclusión «para que puedan estar al cuidado de la comunidad». Pero en las ciudades de Occidente ya no había comunidades que cuidasen de ellos. No tenían parientes. Nadie les conocía. Lo único que había eran las calles de ciudades como Nueva York, que se llenaron de mendigos con bolsas de plástico y sin hogar que gesticulaban y hablaban solos. Si tenían suerte, buena o mala (dependía del punto de vista), acababan yendo de los hospitales que los habían echado a las cárceles que, en los Estados Unidos, se convirtieron en el principal receptáculo de los problemas sociales de la sociedad norteamericana, sobre todo de sus miembros de raza negra: en 1991 el 15 por 100 de la que era proporcionalmente la mayor población de reclusos del mundo —426 presos por cada 100.000 habitantes— se decía que estaba mentalmente enfermo (Walker, 1991; *Human Development*, 1991, p. 32, fig. 2.10).

5. La legitimidad de una demanda tiene que diferenciarse claramente de la de los argumentos que se utilizan para justificarla. La relación entre marido, mujer e hijos en el hogar no tiene absolutamente nada que ver con la de vendedores y consumidores en el mercado, ni siquiera a nivel conceptual. Y tampoco la decisión de tener o no tener un hijo, aunque se adopte unilateralmente, afecta exclusivamente al individuo que toma la decisión. Esta perogrullada es perfectamente compatible con el deseo de transformar el papel de la mujer en el hogar o de favorecer el derecho al aborto.

Las instituciones a las que más afectó el nuevo individualismo moral fueron la familia tradicional y las iglesias tradicionales de Occidente, que sufrieron un colapso en el tercio final del siglo. El cemento que había mantenido unida a la comunidad católica se desintegró con asombrosa rapidez. A lo largo de los años sesenta, la asistencia a misa en Quebec (Canadá) bajó del 80 al 20 por 100, y el tradicionalmente alto índice de natalidad francocanadiense cayó por debajo de la media de Canadá (Bernier y Boily, 1986). La liberación de la mujer, o, más exactamente, la demanda por parte de las mujeres de más medios de control de natalidad, incluidos el aborto y el derecho al divorcio, seguramente abrió la brecha más honda entre la Iglesia y lo que en el siglo XIX había sido su reserva espiritual básica (véase *La era del capitalismo*), como se hizo cada vez más evidente en países con tanta fama de católicos como Irlanda o como la mismísima Italia del papa, e incluso —tras la caída del comunismo— en Polonia. Las vocaciones sacerdotales y las demás formas de vida religiosa cayeron en picado, al igual que la disposición a llevar una existencia célibe, real u oficial. En pocas palabras, para bien o para mal, la autoridad material y moral de la Iglesia sobre los fieles desapareció en el agujero negro que se abría entre sus normas de vida y moral y la realidad del comportamiento humano a finales del siglo XX. Las iglesias occidentales con un dominio menor sobre los feligreses, incluidas algunas de las sectas protestantes más antiguas, experimentaron un declive aún más rápido.

Las consecuencias morales de la relajación de los lazos tradicionales de familia acaso fueran todavía más graves, pues, como hemos visto, la familia no sólo era lo que siempre había sido, un mecanismo de autoperpetuación, sino también un mecanismo de cooperación social. Como tal, había sido básico para el mantenimiento tanto de la economía rural como de la primitiva economía industrial, en el ámbito local y en el planetario. Ello se debía en parte a que no había existido ninguna estructura empresarial capitalista *impersonal* adecuada hasta que la concentración del capital y la aparición de las grandes empresas empezó a generar la organización empresarial moderna a finales del siglo XIX, la «mano visible» (Chandler, 1977) que tenía que complementar la «mano invisible» del mercado según Adam Smith.[6] Pero un motivo aún más poderoso era que el mercado no proporciona por sí solo un elemento esencial en cualquier sistema basado en la obtención del beneficio privado: la confianza, o su equivalente legal, el cumplimiento de los contratos. Para eso se necesitaba o bien el poder del estado (como sabían los teóricos del individualismo político del siglo XVII) o bien los lazos familiares o comunitarios. Así, el comercio, la banca y las finanzas internacionales, cam-

6. El modelo operativo de las grandes empresas antes de la época del capitalismo financiero («capitalismo monopolista») no se inspiraba en la experiencia de la empresa privada, sino en la burocracia estatal o militar; cf. los uniformes de los empleados del ferrocarril. De hecho, con frecuencia estaba, y tenía que estar, dirigida por el estado o por otra autoridad pública sin afán de lucro, como los servicios de correos y la mayoría de los de telégrafos y teléfonos.

pos de actuación a veces físicamente alejados, de enormes beneficios y gran inseguridad, los habían manejado con el mayor de los éxitos grupos empresariales relacionados por nexos de parentesco, sobre todo grupos con una solidaridad religiosa especial, como los judíos, los cuáqueros o los hugonotes. De hecho, incluso a finales del siglo XX esos vínculos seguían siendo indispensables en el negocio del crimen, que no sólo estaba en contra de la ley, sino fuera de su amparo. En una situación en la que no había otra garantía posible de los contratos, sólo los lazos de parentesco y la amenaza de muerte podían cumplir ese cometido. Por ello, las familias de la mafia calabresa de mayor éxito estaban compuestas por un nutrido grupo de hermanos (Ciconte, 1992, pp. 361-362).

Pero eran justamente estos vínculos y esta solidaridad de grupos no económicos lo que estaba siendo erosionado, al igual que los sistemas morales que los sustentaban, más antiguos que la sociedad burguesa industrial moderna, pero adaptados para formar una parte esencial de esta. El viejo vocabulario moral de derechos y deberes, obligaciones mutuas, pecado y virtud, sacrificio, conciencia, recompensas y sanciones, ya no podía traducirse al nuevo lenguaje de la gratificación deseada. Al no ser ya aceptadas estas prácticas e instituciones como parte del modo de ordenación social que unía a unos individuos con otros y garantizaba la cooperación y la reproducción de la sociedad, la mayor parte de su capacidad de estructuración de la vida social humana se desvaneció, y quedaron reducidas a simples expresiones de las preferencias individuales, y a la exigencia de que la ley reconociese la supremacía de estas preferencias.[7] La incertidumbre y la imprevisibilidad se hicieron presentes. Las brújulas perdieron el norte, los mapas se volvieron inútiles. Todo esto se fue convirtiendo en algo cada vez más evidente en los países más desarrollados a partir de los años sesenta. Este individualismo encontró su plasmación ideológica en una serie de teorías, del liberalismo económico extremo al «posmodernismo» y similares, que se esforzaban por dejar de lado los problemas de juicio y de valores o, mejor dicho, por reducirlos al denominador común de la libertad ilimitada del individuo.

Al principio las ventajas de una liberalización social generalizada habían parecido enormes a todo el mundo menos a los reaccionarios empedernidos, y su coste, mínimo; además, no parecía que conllevase también una liberalización económica. La gran oleada de prosperidad que se extendía por las poblaciones de las zonas más favorecidas del mundo, reforzada por sistemas de seguridad social cada vez más amplios y generosos, parecía haber eliminado los escombros de la desintegración social. Ser progenitor único (o sea, en la inmensa mayoría de los casos, madre soltera) todavía era la mejor

7. Esa es la diferencia existente entre el lenguaje de los «derechos» (legales y constitucionales), que se convirtió en el eje de la sociedad del individualismo incontrolado, por lo menos en los Estados Unidos, y la vieja formulación moral para la que derechos y deberes eran las dos caras de la misma moneda.

garantía para una vida de pobreza, pero en los modernos estados del bienestar, también garantizaba un mínimo de ingresos y un techo. Las pensiones, los servicios de bienestar social y, finalmente, los centros geriátricos cuidaban de los ancianos que vivían solos, y cuyos hijos e hijas ya no podían hacerse cargo de sus padres en sus años finales, o no se sentían obligados a ello. Parecía natural ocuparse igualmente de otras situaciones que antes habían sido parte del orden familiar, por ejemplo, trasladando la responsabilidad de cuidar los niños de las madres a las guarderías y jardines de infancia públicos, como los socialistas, preocupados por las necesidades de las madres asalariadas, hacía tiempo que exigían.

Tanto los cálculos racionales como el desarrollo histórico parecían apuntar en la misma dirección que varias formas de ideología progresista, incluidas las que criticaban a la familia tradicional porque perpetuaba la subordinación de la mujer o de los niños y adolescentes, o por motivos libertarios de tipo más general. En el aspecto material, lo que los organismos públicos podían proporcionar era muy superior a lo que la mayoría de las familias podía dar de sí, bien por ser pobres, bien por otras causas; el hecho de que los niños de los países democráticos salieran de las guerras mundiales más sanos y mejor alimentados que antes lo demostraba. Y el hecho de que los estados del bienestar sobrevivieran en los países más ricos a finales de siglo, pese al ataque sistemático de los gobiernos y de los ideólogos partidarios del mercado libre, lo confirmaba. Además, entre sociólogos y antropólogos sociales era un tópico el que, en general, el papel de los lazos de parentesco «disminuye al aumentar la importancia de las instituciones gubernamentales». Para bien o para mal, ese papel disminuyó «con el auge del individualismo económico y social en las sociedades industriales» (Goody, 1968, pp. 402-403). En resumen, y tal como se había predicho hacía tiempo, la *Gemeinschaft* estaba cediendo el puesto a la *Gesellschaft*; las comunidades, a individuos unidos en sociedades anónimas.

Las ventajas materiales de vivir en un mundo en donde la comunidad y la familia estaban en decadencia eran, y siguen siendo, innegables. De lo que pocos se dieron cuenta fue de lo mucho que la moderna sociedad industrial había dependido hasta mediados del siglo XX de la simbiosis entre los viejos valores comunitarios y familiares y la nueva sociedad, y, por lo tanto, de lo duras que iban a ser las consecuencias de su rápida desintegración. Eso resultó evidente en la era de la ideología neoliberal, en la que la expresión «los subclase» se introdujo, o se reintrodujo, en el vocabulario sociopolítico de alrededor de 1980.[8] Los subclase eran los que, en las sociedades capitalistas desarrolladas y tras el fin del pleno empleo, no podían o no querían ganarse el propio sustento ni el de sus familias en la economía de mercado (complementada por el sistema de seguridad social), que parecía funcionar bastante bien para dos tercios de la mayoría de habitantes de

8. Su equivalente en la Gran Bretaña de finales del siglo XIX era *the residuum* [«los residuales»].

esos países, por lo menos hasta los años noventa (de ahí la fórmula «la sociedad de los dos tercios», inventada en esa década por un angustiado político socialdemócrata alemán, Peter Glotz). Básicamente, los «subclase» subsistían gracias a la vivienda pública y a los programas de bienestar social, aunque de vez en cuando complementasen sus ingresos con escapadas a la economía sumergida o semisumergida o al mundo del «crimen», es decir, a las áreas de la economía adonde no llegaban los sistemas fiscales del gobierno. Sin embargo, dado que este era el nivel social en donde la cohesión familiar se había desintegrado por completo, incluso sus incursiones en la economía informal, legales o no, eran marginales e inestables, porque, como demostraron el tercer mundo y sus nuevas masas de inmigrantes hacia los países del norte, incluso la economía oficial de los barrios de chabolas y de los inmigrantes ilegales sólo funciona bien si existen redes de parentesco.

Los sectores pobres de la pobación nativa de color de los Estados Unidos, es decir, la mayoría de los negros norteamericanos,[9] se convirtieron en el paradigma de los «subclase»: un colectivo de ciudadanos prácticamente excluido de la sociedad oficial, sin formar parte de la misma o —en el caso de muchos de sus jóvenes varones— del mercado laboral. De hecho, muchos de estos jóvenes, sobre todo los varones, se consideraban prácticamente como una sociedad de forajidos o una antisociedad. El fenómeno no era exclusivo de la gente de un determinado color, sino que, con la decadencia y caída de las industrias que empleaban mano de obra abundante en los siglos XIX y XX, los «subclase» hicieron su aparición en una serie de países. Pero en las viviendas construidas por autoridades públicas socialmente responsables para todos los que no podían permitirse pagar alquileres a precios de mercado o comprar su propia casa, y que ahora habitaban los «subclase», tampoco había comunidades, y bien poca asistencia mutua familiar. Hasta el «espíritu de vecindad», la última reliquia de la comunidad, sobrevivía a duras penas al miedo universal, por lo común a los adolescentes incontrolados, armados con frecuencia cada vez mayor, que acechaban en esas junglas hobbesianas.

Sólo en las zonas del mundo que todavía no habían entrado en el universo en que los seres humanos vivían unos junto a otros pero no como seres sociales, sobrevivían en cierta medida las comunidades y, con ellas el orden social, aunque un orden, para la mayoría, de una pobreza desoladora. ¿Quién podía hablar de una minoría «subclase» en un país como Brasil, donde, a mediados de los años ochenta, el 20 por 100 más rico de la población percibía más del 60 por 100 de la renta nacional, mientras que el 40 por 100 de

9. La etiqueta que suele preferirse en la actualidad es la de «afroamericanos». Sin embargo, estos nombres cambian —a lo largo de la vida de este autor se han producido varios cambios de este tipo («personas de color», «negros»)— y seguirán cambiando. Utilizo el vocablo que han utilizado durante más tiempo que ningún otro quienes querían mostrar respeto por los descendientes americanos de esclavos africanos.

los más pobres percibía el 10 por 100 o menos? (*UN World Social Situation*, 1984, p. 84). Era, en general, una existencia de desigualdad tanto social como económica. Pero, para la mayoría, carecía de la inseguridad propia de la vida urbana en las sociedades «desarrolladas», cuyos antiguos modelos de comportamiento habían sido desmantelados y sustituidos por un vacío de incertidumbre. La triste paradoja del presente fin de siglo es que, de acuerdo con todos los criterios conmensurables de bienestar y estabilidad social, vivir en Irlanda del Norte, un lugar socialmente retrógrado pero estructurado tradicionalmente, en el paro y después de veinte años ininterrumpidos de algo parecido a una guerra civil, es mejor y más seguro que vivir en la mayoría de las grandes ciudades del Reino Unido.

El drama del hundimiento de tradiciones y valores no radicaba tanto en los inconvenientes materiales de prescindir de los servicios sociales y personales que antes proporcionaban la familia y la comunidad, porque éstos se podían sustituir en los prósperos estados del bienestar, aunque no en las zonas pobres del mundo, donde la gran mayoría de la humanidad seguía contando con bien poco, salvo la familia, el patronazgo y la asistencia mutua (para el sector socialista del mundo, véanse los capítulos XIII y XVI); radicaba en la desintegración tanto del antiguo código de valores como de las costumbres y usos que regían el comportamiento humano, una pérdida sensible, reflejada en el auge de lo que se ha dado en llamar (una vez más, en los Estados Unidos, donde el fenómeno resultó apreciable a partir de finales de los años sesenta) «políticas de identidad», por lo general de tipo étnico/nacional o religioso, y de movimientos nostálgicos extremistas que desean recuperar un pasado hipotético sin problemas de orden ni de seguridad. Estos movimientos eran llamadas de auxilio más que portadores de programas; llamamientos en pro de una «comunidad» a la que pertenecer en un mundo anómico; de una familia a la que pertenecer en un mundo de aislamiento social; de un refugio en la selva. Todos los observadores realistas y la mayoría de los gobiernos sabían que la delincuencia no disminuía con la ejecución de los criminales o con el poder disuasorio de largas penas de reclusión, pero todos los políticos eran conscientes de la enorme fuerza que tenía, con su carga emotiva, racional o no, la demanda por parte de los ciudadanos de que *se castigase* a los antisociales.

Estos eran los riesgos políticos del desgarramiento y la ruptura de los antiguos sistemas de valores y de los tejidos sociales. Sin embargo, a medida que fueron avanzando los años ochenta, por lo general bajo la bandera de la soberanía del mercado puro, se hizo cada vez más patente que también esta ruptura ponía en peligro la triunfante economía capitalista.

Y es que el sistema capitalista, pese a cimentarse en las operaciones del mercado, se basaba también en una serie de tendencias que no estaban intrínsecamente relacionadas con el afán de beneficio personal que, según Adam Smith, alimentaba su motor. Se basaba en «el hábito del trabajo», que Adam Smith dio por sentado que era uno de los móviles esenciales de la conducta humana; en la disposición del ser humano a posponer durante mucho tiempo la gratificación inmediata, es decir, a ahorrar e invertir pensando en recompensas futuras; en la satisfacción por los logros propios; en la confianza mutua; y en otras actitudes que no estaban implícitas en la optimización de los beneficios de nadie. La familia se convirtió en parte integrante del capitalismo primitivo porque le proporcionaba algunas de estas motivaciones, al igual que «el hábito del trabajo», los hábitos de obediencia y lealtad, incluyendo la lealtad de los ejecutivos a la propia empresa, y otras formas de comportamiento que no encajaban fácilmente en una teoría racional de la elección basada en la optimización. El capitalismo podía funcionar en su ausencia, pero, cuando lo hacía, se convertía en algo extraño y problemático, incluso para los propios hombres de negocios. Esto ocurrió durante las «opas» piráticas para adueñarse de sociedades anónimas y de otras formas de especulación económica que se extendieron por las plazas financieras y los países económicamente ultraliberales como los Estados Unidos y Gran Bretaña en los años ochenta, y que prácticamente rompieron toda conexión entre el afán de lucro y la economía como sistema productivo. Por eso los países capitalistas que no habían olvidado que el crecimiento no se alcanza sólo con la maximización de beneficios (Alemania, Japón, Francia) procuraron dificultar o impedir estos actos de piratería.

Karl Polanyi, al examinar las ruinas de la civilización del siglo XIX durante la segunda guerra mundial, señaló cuán extraordinarias y sin precedentes eran las premisas en las que esa civilización se había basado: las de un sistema de mercados universal y autorregulable. Polanyi argumentó que «la propensión al trueque o al cambio de una cosa por otra» de Adam Smith había inspirado «un sistema industrial ... que, teórica y prácticamente, implicaba que el género humano se encontraba bajo el dominio de esa propensión particular en todas sus actividades económicas, cuando no en sus actividades políticas, intelectuales y espirituales» (Polanyi, 1945, pp. 50-51). Pero Polanyi exageraba la lógica del capitalismo de su época, del mismo modo que Adam Smith había exagerado la medida en que, por sí mismo, el afán de lucro de todos los hombres maximizaría la riqueza de las naciones.

Del mismo modo que nosotros damos por sentada la existencia del aire que respiramos y que hace posibles todas nuestras actividades, así el capitalismo dio por sentada la existencia del ambiente en el que actuaba, y que había heredado del pasado. Sólo descubrió lo esencial que era cuando el aire se enrareció. En otras palabras, el capitalismo había triunfado porque no era sólo capitalista. La maximización y la acumulación de beneficios eran condiciones necesarias para el éxito, pero no suficientes. Fue la revolución cultural del último tercio del siglo lo que comenzó a erosionar el patrimonio histórico del capitalismo y a demostrar las dificultades de operar sin ese patrimonio. La ironía histórica del neoliberalismo que se puso de moda en los años setenta y ochenta, y que contempló con desprecio las ruinas de los regímenes comunistas, es que triunfó en el momento mismo en que dejó de ser tan plausible como había parecido antes. El mercado proclamó su victoria cuando ya no podía ocultar su desnudez y su insuficiencia.

La revolución cultural se hizo sentir con especial fuerza en las «economías de mercado industrializadas» y urbanas de los antiguos centros del capitalismo. Sin embargo, tal como veremos, las extraordinarias fuerzas económicas y sociales que se han desencadenado a finales del siglo XX también han transformado lo que se dio en llamar el «tercer mundo».

Capítulo XII

EL TERCER MUNDO

> [Insinué que,] sin libros que leer, la vida de noche en sus fincas [de Egipto] debía hacérsele pesada, y que un buen sillón y un buen libro en una galería fresca harían de la vida algo mucho más agradable. Mi amigo dijo de inmediato:
>
> —¿No creerá usted que un hacendado de esta provincia puede sentarse en la galería de su casa después de cenar con una luz brillando sobre su cabeza sin que le peguen un tiro?
>
> Ya se me habría podido ocurrir.
>
> RUSSELL PASHA (1949)

> Siempre que, en el pueblo, la conversación tocaba el tema de la asistencia mutua y del préstamo de dinero a los vecinos como una de esas formas de asistencia, rara vez dejaba de oírse a gente que se quejaba de la cooperación cada vez menor entre los vecinos ... Estas quejas iban siempre acompañadas de referencias al hecho de que la gente del pueblo se estaba volviendo cada vez más calculadora en cuestiones de dinero. Los vecinos evocaban entonces, sin falta, lo que llamaban los «viejos tiempos» en que la gente estaba siempre dispuesta a prestar ayuda.
>
> M. b. ABDUL RAHIM (1973)

I

La descolonización y las revoluciones transformaron drásticamente el mapa político del globo. La cifra de estados asiáticos reconocidos internacionalmente como independientes se quintuplicó. En África, donde en 1939 sólo existía uno, ahora eran unos cincuenta. Incluso en América, donde la temprana descolonización del siglo XIX había dejado una veintena de repúblicas latinoamericanas, la descolonización añadió una docena más. Sin embargo, lo importante de estos países no era su número, sino el enorme y creciente peso y presión demográficos que representaban en conjunto.

Este fue el resultado de una asombrosa explosión demográfica en los países dependientes tras la segunda guerra mundial, que alteró, y sigue alterando, el equilibrio de la población mundial. Desde la primera revolución industrial, y es posible que desde el siglo XVI, este equilibrio se había inclinado a favor del mundo «desarrollado», es decir, de la población europea u originaria de Europa. De menos del 20 por 100 de la población mundial en 1750, los europeos habían pasado a constituir aproximadamente un tercio de la humanidad antes de 1900. La era de las catástrofes paralizó la situación, pero desde mediados de siglo la población mundial ha crecido a un ritmo sin precedentes, y la mayor parte de ese crecimiento ha procedido de regiones antes gobernadas por un puñado de imperios. Si consideramos que los países ricos miembros de la OCDE representan el «mundo desarrollado», su población sumada a finales de los años ochenta no representaba más que el 15 por 100 de la humanidad, una proporción en declive inevitable (de no ser por la inmigración), pues varios países «desarrollados» ya no tenían suficientes hijos para renovar la población.

Esta explosión demográfica en los países pobres del mundo, que despertó por primera vez una grave preocupación internacional a finales de la edad de oro, es probablemente el cambio más fundamental del siglo XX, aunque aceptemos que la población del planeta acabará estabilizándose en torno a los diez mil millones de habitantes (o cualquiera que sea la cifra que se baraje actualmente) en algún momento del siglo XXI.[1] Una población mundial que se duplicó en los cuarenta años transcurridos desde 1950, o una población como la de África, que se supone que se va a duplicar en menos de treinta años, es algo que no tiene ningún precedente histórico, como no lo tienen los problemas que esto plantea. Sólo hace falta que consideremos la situación socioeconómica de un país con un 60 por 100 de sus habitantes con menos de quince años.

La explosión demográfica del mundo pobre fue tan grande porque los índices básicos de natalidad de esos países solían ser mucho más altos que los del mismo período histórico en los países «desarrollados», y porque los elevados índices de mortalidad, que antes frenaban el crecimiento de la población, cayeron en picado a partir de los años cuarenta, a un ritmo cuatro o cinco veces más rápido que el de la caída equivalente que se produjo en la Europa del siglo XIX (Kelley, 1988, p. 168). Y es que, mientras en Europa este descenso tuvo que esperar hasta que se produjo una mejora gradual de la cali-

1. Si la espectacular aceleración del crecimiento que hemos experimentado en este siglo continuase, la catástrofe sería inevitable. La humanidad alcanzó los mil millones de almas hace unos doscientos años. Para llegar a los siguientes mil millones pasaron ciento veinte años; para los tres mil, treinta y cinco años; para los cuatro mil, quince años. A finales de los años ochenta la población mundial se situaba en 5.200 millones de habitantes, y se esperaba que sobrepasara los 6.000 millones antes del año 2000.

dad de vida y del entorno, la nueva tecnología barrió el mundo de los países pobres como un huracán durante la edad de oro en forma de medicinas modernas y de la revolución del transporte. A partir de los años cuarenta, las innovaciones médicas y farmacológicas estuvieron por primera vez en situación de salvar vidas a gran escala (gracias, por ejemplo, al DDT y a los antibióticos), algo que antes habían sido incapaces de conseguir, salvo, tal vez, en el caso de la viruela. Así, mientras las tasas de natalidad seguían siendo altas, o incluso subían en épocas de prosperidad, las tasas de mortalidad cayeron verticalmente —en México quedaron reducidas a menos de la mitad en 25 años a partir de 1944— y la población se disparó, aunque no hubiesen cambiado gran cosa la economía ni sus instituciones. Un efecto secundario de este fenómeno fue el aumento de la diferencia entre países ricos y pobres, avanzados y atrasados, aunque las economías de ambas regiones creciesen al mismo ritmo. Repartir un PIB el doble de grande que hace treinta años en un país de población estable es una cosa; repartirlo entre una población que (como en el caso de México) se ha duplicado en treinta años, es otra.

Conviene empezar todo análisis del tercer mundo con algunas consideraciones acerca de su demografía, ya que la explosión demográfica es el hecho fundamental de su existencia. La historia de los países desarrollados parece indicar que el tercer mundo también pasará por lo que los especialistas llaman «la transición demográfica», al estabilizarse su población gracias a una natalidad y una mortalidad bajas, es decir, dejando de tener más de uno o dos hijos. Sin embargo, si bien hay indicios de que la «transición demográfica» se estaba produciendo en algunos países, sobre todo en el Extremo Oriente, a fines del siglo XX, la gran masa de los países pobres no había hecho muchos progresos en este sentido, salvo en el bloque ex soviético. Esta es una de las razones de su continua miseria. Algunos países con poblaciones gigantescas estaban tan preocupados por las decenas de millones de nuevas bocas que había que alimentar cada año, que de vez en cuando sus gobiernos emprendían campañas de coacción despiadada para imponer el control de la natalidad o algún tipo de planificación familiar a sus ciudadanos (sobre todo la campaña de esterilización de los años setenta en la India y la política de «un solo hijo» en China). No es probable que los problemas de población de ningún país puedan resolverse de este modo.

II

Sin embargo, cuando vieron la luz en el mundo poscolonial y de la posguerra, no eran estas las primeras preocupaciones de los estados del mundo pobre, sino la forma que debían adoptar.

No resulta sorprendente que adoptasen, o se vieran obligados a adoptar, sistemas políticos derivados de los de sus amos imperiales o de sus conquistadores. La minoría de los que surgían de la revolución social, o (lo que venía a ser lo mismo) de largas guerras de liberación, era más probable que siguieran el modelo de la revolución soviética. En teoría, pues, el mundo estaba cada vez más lleno de lo que pretendían ser repúblicas parlamentarias con elecciones libres, y de una minoría de «repúblicas democráticas populares» de partido único. (En teoría, todas ellas eran democráticas, aunque sólo los regímenes comunistas o revolucionarios insistían en añadirles las palabras «popular» y/o «democrática» a su nombre oficial.)[2]

En la práctica estas etiquetas indicaban como máximo en qué lugar de la escena internacional querían situarse estos países, y en general eran tan poco realistas como solían serlo las constituciones de las repúblicas latinoamericanas, y por los mismos motivos: en la mayoría de los casos, carecían de las condiciones materiales y políticas necesarias para hacer viables estos sistemas. Esto sucedía incluso en los nuevos estados de tipo comunista, aunque su estructura autoritaria y el recurso a un «partido único dirigente» hacía que resultasen menos inadecuados en un entorno no occidental que en las repúblicas liberales. Así, uno de los pocos principios políticos indiscutibles e indiscutidos de los estados comunistas era el de la supremacía del partido (civil) sobre el ejército. Pero en los años ochenta, entre los estados de inspiración revolucionaria, Argelia, Benín, Birmania, la República del Congo, Etiopía, Madagascar y Somalia —además de la algo excéntrica Libia— estaban gobernados por militares que se habían hecho con el poder mediante golpes de estado, al igual que Siria e Irak, gobernados por el Partido Socialista Baasista, aunque en versiones rivales.

De hecho, el predominio de regímenes militares, o la tendencia a ellos, unía a los estados del tercer mundo, cualesquiera que fuesen sus modalidades políticas o constitucionales. Si dejamos a un lado el núcleo principal de regímenes comunistas del tercer mundo (Corea del Norte, China, las repúblicas de Indochina y Cuba) y el régimen que surgió de la revolución mexicana, es difícil dar con alguna república que no haya conocido por lo menos etapas de regímenes militares desde 1945. Las escasas monarquías, salvo excepciones (Tailandia), parecen haber sido más seguras. La India sigue siendo, en el momento de escribir estas líneas, el ejemplo más impresionante de un país del tercer mundo que ha sabido mantener de forma ininterrumpida la supremacía del gobierno civil y una serie también ininterrumpida de gobiernos elegidos en comicios regulares y relativamente limpios, pero que esto justifique la calificación de «la mayor democracia del mundo» depende de cómo definamos el «gobierno del pueblo, para el pueblo, por el pueblo» de Abraham Lincoln.

Nos hemos acostumbrado tanto a la existencia de golpes y regímenes militares en el mundo —incluso en Europa— que vale la pena recordar que, en

2. Antes del hundimiento del comunismo, los siguientes estados tenían las palabras «del pueblo», «popular», «democrática» o «socialista» en su denominación oficial: Albania, Angola, Argelia, Bangladesh, Benín, Birmania, Bulgaria, Camboya, Checoslovaquia, China, Congo, Corea del Norte, Etiopía, Hungría, Laos, Libia, Madagascar, Mongolia, Mozambique, Polonia, República Democrática Alemana, Rumania, Somalia, Sri Lanka, URSS, Vietnam, Yemen (del Sur) y Yugoslavia. Guyana se titulaba «república cooperativa».

la escala presente, son un fenómeno muy nuevo. Hasta 1914 no había habido ni un solo estado soberano gobernado por los militares, salvo en América Latina, donde los golpes de estado formaban parte de la tradición local, y aun allí, la única república importante que no estaba gobernada por civiles era México, que se encontraba en plena revolución y guerra civil. Había muchos estados militaristas, en los que el ejército tenía más peso político del debido, y varios estados en los que la gran masa de la oficialidad no sintonizaba con el gobierno, cuyo ejemplo más visible era Francia. No obstante, el instinto y los hábitos de los militares en países estables y adecuadamente gobernados les llevaban a obedecer y mantenerse al margen de la política; o a participar en política del mismo modo que otro grupo de personajes oficialmente sin voz, las mujeres de la clase gobernante: intrigando entre bastidores.

La política del golpe de estado fue, pues, el fruto de una nueva época de gobiernos vacilantes o ilegítimos. El primer análisis serio del tema, escrito por un periodista italiano que se inspiraba en Maquiavelo, *Técnica del golpe de estado*, de Curzio Malaparte, apareció en 1931, justo en la mitad de la era de las catástrofes. En la segunda mitad del siglo, mientras el equilibrio de las superpotencias parecía estabilizar las fronteras y, en menor medida, los regímenes, los hombres de armas entraron de forma cada vez más habitual en política, aunque sólo fuera porque el planeta estaba ahora lleno de estados, unos doscientos, la mayoría de los cuales eran de creación reciente (carecían, por lo tanto, de una tradición de legitimidad), y sufrían unos sistemas políticos más aptos para crear caos político que para proporcionar un gobierno eficaz. En situaciones semejantes las fuerzas armadas eran con frecuencia el único organismo capaz de actuar en política o en cualquier otro campo a escala nacional. Además, como, a nivel internacional, la guerra fría entre las superpotencias se desarrollaba sobre todo mediante la intervención de las fuerzas armadas de los satélites o aliados, éstas recibían cuantiosos subsidios y suministros de armas por parte de la superpotencia correspondiente, o, en algunos casos, por parte primero de una y luego de la otra, como en Somalia. Había más oportunidades políticas que nunca antes para los hombres con tanques.

En los países centrales del comunismo, a los militares se les mantenía bajo control gracias a la presunción de supremacía civil a través del partido, aunque en el delirio de sus últimos años Mao Tse-tung estuvo a punto de abandonarla. Entre los aliados occidentales, las perspectivas de intervención de los militares se vieron limitadas por la ausencia de inestabilidad política o por la eficacia de los mecanismos de control. Así, tras la muerte del general Franco en España, la transición hacia la democracia liberal se negoció con éxito bajo la égida del nuevo rey, y la intentona golpista de unos oficiales franquistas recalcitrantes en 1981 fue abortada inmediatamente, al negarse el rey a aceptarla. En Italia, donde los Estados Unidos mantenían la amenaza de un golpe de estado en caso de que llegase a participar en el gobierno del país el poderoso Partido Comunista, el gobierno civil se mantuvo en el poder, aunque en los años setenta se produjeron manejos todavía por explicar en las oscuras profundidades del submundo del ejército, los servicios secretos y el terrorismo. Sólo en los casos en que los traumas de la descolonización (es decir, de la derrota a manos de los insurrectos de las colonias) llegaron a ser intolerables, los oficiales de los países occidentales sintieron la tentación de dar golpes militares, como en Francia durante la inútil lucha por retener Indochina y Argelia en los años cincuenta, y (con una orientación izquierdista) en Portugal, al hundirse su imperio africano en los años setenta. En ambos casos las fuerzas armadas volvieron pronto a quedar bajo control civil. El único golpe militar apoyado de hecho por los Estados Unidos en Europa fue el que llevó al poder en 1967 (por iniciativa local, seguramente) a un grupo de coroneles griegos de ultraderecha singularmente estúpidos, en un país donde la guerra civil entre los comunistas y sus oponentes (1944-1949) había dejado recuerdos amargos por ambas partes. Este régimen, caracterizado por su afición a torturar a sus oponentes, se hundió al cabo de siete años bajo el peso de su propia estupidez.

La situación era mucho más favorable a una intervención militar en el tercer mundo, sobre todo en estados de reciente creación, débiles y en ocasiones diminutos, donde unos centenares de hombres armados, reforzados o a veces incluso reemplazados por extranjeros, podían resultar decisivos, y donde la inexperiencia o la incompetencia de los gobiernos era fácil que produjese estados recurrentes de caos, corrupción o confusión. Los típicos gobernantes militares de la mayoría de los países de África no eran aspirantes a dictador, sino gente que realmente se esforzaba por poner un poco de orden, con la esperanza —a menudo vana— de que un gobierno civil asumiese pronto el poder, propósitos en los que acostumbraban a fracasar, por lo que muy pocos dirigentes militares duraban en el cargo. De todos modos, el más leve indicio de que el gobierno del país podía caer en manos de los comunistas garantizaba el apoyo de los norteamericanos.

En resumen, la política de los militares, al igual que los servicios de información militares, solía llenar el vacío que dejaba la ausencia de política o de servicios ordinarios. No era una forma especial de política, sino que estaba en función de la inestabilidad y la inseguridad del entorno. Sin embargo, fue adueñándose de cada vez más países del tercer mundo porque la práctica totalidad de ex colonias y territorios dependientes del mundo estaban comprometidos en políticas que requerían justamente la clase de estado estable, eficaz y con un adecuado nivel de funcionamiento del que muy pocos disfrutaban. Estaban comprometidos en ser económicamente independientes y «desarrollados». Después del segundo conflicto de ámbito mundial, de la revolución mundial y de la descolonización, parecía que ya no había futuro para los viejos programas de desarrollo basados en el suministro de materias primas al mercado internacional dominado por los países imperialistas: el programa de los estancieros argentinos y uruguayos, en cuya imitación pusieron grandes esperanzas Porfirio Díaz en México y Leguía en Perú. En todo caso, esto había dejado de parecer factible a partir de la Gran Depresión.

Además, tanto el nacionalismo como el antiimperialismo pedían políticas de menor dependencia respecto a los antiguos imperios, y el ejemplo de la URSS constituía un modelo alternativo de «desarrollo»; un ejemplo que nunca había parecido tan impresionante como en los años posteriores a 1945.

Por eso los estados más ambiciosos decidieron acabar con su atraso agrícola mediante una industrialización sistemática, bien fuese según el modelo soviético de planificación central, bien mediante la sustitución de importaciones, basados ambos, aunque de forma diferente, en la intervención y el predominio del estado. Hasta los menos ambiciosos, que no soñaban con un futuro de grandes complejos siderúrgicos tropicales impulsados por la energía procedente de inmensas instalaciones hidroeléctricas a la sombra de presas colosales, querían controlar y desarrollar por su cuenta sus propios recursos. El petróleo lo habían extraído tradicionalmente compañías privadas occidentales, por lo común estrechamente relacionadas con las potencias imperiales. Los gobiernos, siguiendo el ejemplo de México en 1938, comenzaron a nacionalizarlas y a gestionarlas como empresas estatales. Los que no se decidieron a nacionalizar descubrieron (sobre todo después de 1950, cuando ARAMCO ofreció a Arabia Saudí un trato hasta entonces inaudito: repartirse los ingresos a medias) que la posesión material de petróleo y gas era una baza ganadora en las negociaciones con compañías extranjeras. En la práctica, la OPEP, que acabó teniendo al mundo entero por rehén en los años setenta, fue posible porque la propiedad del petróleo mundial había pasado de las compañías petrolíferas a un número relativamente limitado de países productores. En definitiva, incluso los gobiernos de los países descolonizados a los que no importaba en absoluto depender de capitalistas a la antigua o nueva usanza (del «neocolonialismo» en terminología izquierdista contemporánea), lo hacían en el marco de una economía dirigida. Seguramente el estado de este tipo que tuvo más éxito hasta los años ochenta fue la antigua colonia francesa de Costa de Marfil.

Los que tuvieron menos éxito fueron, probablemente, los nuevos países que subestimaron las limitaciones de su atraso: falta de técnicos, administradores y cuadros económicos cualificados y con experiencia; analfabetismo; desconocimiento o desconfianza hacia los programas de modernización económica, sobre todo cuando sus gobiernos se imponían objetivos difíciles de cumplir incluso en países desarrollados, como la industrialización planificada. Ghana, que, con Sudán, fue el primer estado africano en conseguir la independencia, malgastó así reservas de divisas por valor de doscientos millones de libras, acumuladas gracias al alto precio del cacao y a sus ingresos durante la guerra —más elevados que los de la India independiente—, al intentar crear una economía industrial dirigida, por no hablar de los planes de unidad africana de Kwame Nkrumah. El resultado fue un desastre, que empeoró todavía más con el hundimiento del precio del cacao en los años sesenta. Para 1972 los grandes proyectos habían fracasado, la industria del pequeño país sólo podía protegerse detrás de altísimos aranceles, controles de precios y permisos de importación, lo cual provocó el florecimiento de la economía sumergida y de una corrupción general que se ha convertido en inerradicable. Tres cuartas partes de todos los asalariados eran empleados públicos, mientras la agricultura de subsistencia (al igual que en muchísimos otros países africanos) quedó abandonada. Tras el derrocamiento de Nkrumah mediante el consabido golpe militar (1966), el país prosiguió su desilusionada andadura entre una serie de gobiernos en ocasiones civiles, aunque generalmente de militares desilusionados.

El funesto balance de los nuevos estados del África subsahariana no debería inducirnos a subestimar los importantes logros de las antiguas colonias o dependencias coloniales mejor situadas, que eligieron el camino del desarrollo económico bajo la tutela o la planificación del estado. Los que a partir de los años setenta comenzaron a conocerse, en la jerga de los funcionarios internacionales, como NIC (Newly Industrializing Countries) se basaban, con la excepción de la ciudad-estado de Hong Kong, en políticas de este tipo. Como puede atestiguar cualquiera que conozca mínimamente Brasil y México, estas políticas generaban burocracia, una corrupción espectacular y despilfarro en abundancia, pero también un índice de crecimiento anual del 7 por 100 en ambos países durante décadas: en una palabra, ambos países pasaron a ser economías industriales modernas. De hecho, Brasil fue por un tiempo la octava economía del mundo no comunista. Ambos países poseían una población lo bastante grande como para constituir un importante mercado interior, de modo que la industrialización por sustitución de importaciones tenía sentido allí, o por lo menos lo tuvo durante mucho tiempo. La actividad y el gasto públicos mantenían alta la demanda interna. Hubo un momento en que el sector público brasileño representaba la mitad del producto interior bruto y controlaba diecinueve de las veinte compañías principales, mientras que en México daba empleo a la quinta parte de la población activa y representaba dos quintos de la masa salarial del país (Harris, 1987, pp. 84-85). La planificación estatal en el Extremo Oriente estaba por lo general basada menos directamente en la empresa pública y más en grupos empresariales protegidos, dominados por el control gubernamental del crédito y la inversión, pero el grado de dependencia del desarrollo económico para con el estado era el mismo. La planificación y la iniciativa estatal era lo que se llevaba en todo el mundo en los años cincuenta y los sesenta, y en los NIC, hasta los años noventa. Que esta modalidad de desarrollo económico produjese resultados satisfactorios o decepcionantes dependía de las condiciones de cada país y de los errores humanos.

III

El desarrollo, dirigido o no por el estado, no resultaba de interés inmediato para la gran mayoría de los habitantes del tercer mundo que vivía del cultivo de sus propios alimentos, pues incluso en los países y colonias cuyas fuentes de ingresos principales eran uno o dos cultivos de exportación —café, plátanos o cacao—, éstos solían concentrarse en áreas muy determinadas. En el África subsahariana y en la mayor parte del sur y el sureste asiático, además de en China, la mayoría de la gente continuaba viviendo de la agricultura. Sólo en el hemisferio occidental y en las tierras áridas del mundo islámico occidental el campo se estaba volcando sobre las grandes ciudades, convirtiendo sociedades rurales en urbanas en un par de decenios (véase el capítulo X). En regiones fértiles y con una densidad de población no excesiva, como buena parte del África negra, la mayoría de la gente se las habría arreglado bien si la hubieran dejado en paz. La mayoría de sus habitantes no necesitaba a sus estados, por lo general demasiado débiles como para hacer mucho daño, y si el estado les daba demasiados quebraderos de cabeza, siempre podían prescindir de él y refugiarse en la autosuficiencia de la vida rural. Pocos continentes iniciaron la era de la independencia con mayores ventajas, aunque muy pronto las desperdiciarían. La mayor parte de los campesinos asiáticos y musulmanes eran mucho más pobres —en ocasiones, como en la India, de una miseria absoluta e histórica—, o estaban mucho peor alimentados, y la presión demográfica sobre una cantidad limitada de tierra era más grave para ellos. No obstante, a muchos países africanos les pareció que la mejor solución a sus problemas no era mezclarse con quienes les decían que el desarrollo económico les proporcionaría riquezas y prosperidad sin cuento, sino mantenerlos a raya. La experiencia de muchos años, suya y de sus antepasados, les había demostrado que nada bueno venía de fuera. Generaciones de cálculos silenciosos les habían enseñado que era mejor minimizar los riesgos que maximizar los beneficios. Esto no los mantuvo al margen de la revolución económica global, que no sólo llegó hasta los más aislados en forma de sandalias de plástico, bidones de gasolina, camiones viejos y —claro está— de despachos gubernamentales llenos de papeles, sino que, además, esta revolución tendió a dividir a la población de esas zonas entre los que actuaban dentro o a través del mundo de la escritura y de los despachos, y los demás. En la mayor parte del tercer mundo rural, la distinción básica era entre «la costa» y «el interior», o entre ciudad y selva.[3]

El problema era que, al ir juntos modernidad y gobierno, «el interior» estaba gobernado por «la costa»; la selva, por la ciudad; los analfabetos, por los cultos. En el principio era el verbo. La Asamblea de lo que pronto se convertiría en el estado independiente de Ghana comprendía entre sus 104 miembros a sesenta y ocho que habían recibido alguna clase de formación más allá de la básica. De los 106 miembros de la Asamblea legislativa de Telengana (sur de la India) había noventa y siete que habían cursado estudios secundarios o superiores, incluyendo cincuenta licenciados universitarios. Por aquel entonces, en ambos territorios la mayoría de la población era analfabeta

3. Divisiones parecidas se daban en algunas de las regiones atrasadas de estados socialistas; por ejemplo, en el Kazajstán soviético, donde la población autóctona no demostró ningún interés por abandonar la agricultura y la ganadería, dejando la industrialización y las ciudades a una cantidad notable de inmigrantes (rusos).

(Hodgkin, 1961, p. 29; Gray, 1970, p. 135). Más aún, toda persona que deseara ejercer alguna actividad dentro del gobierno *nacional* de un estado del tercer mundo tenía que saber leer y escribir no sólo en la lengua común de la región (que no tenía por qué ser la de su comunidad), sino también en una de entre el reducido grupo de lenguas internacionales (inglés, francés, español, árabe, chino mandarín), o por lo menos en las lenguas francas regionales a las que los gobiernos solían dar la categoría de lengua escrita «nacional» (swahili, bahasa, pidgin). La única excepción eran los países latinoamericanos donde la lengua oficial escrita (español y portugués) coincidía con la lengua que hablaba la mayoría. De los candidatos a un escaño por Hyderabad (India) en las elecciones generales de 1967, sólo tres (de treinta y cuatro) no hablaban inglés (Bernstorff, 1970, p. 146).

Por eso hasta las gentes más lejanas y atrasadas se dieron cuenta de las ventajas de tener estudios superiores, aunque no pudieran compartirlas, o tal vez porque no podían compartirlas. Conocimiento equivalía, literalmente, a poder, algo especialmente visible en países donde el estado era, a los ojos de sus súbditos, una máquina que absorbía sus recursos y los repartía entre los empleados públicos. Tener estudios era tener un empleo, a menudo un empleo asegurado,[4] como funcionario, y, con suerte, hacer carrera, lo que le permitía a uno obtener sobornos y comisiones y dar trabajo a parientes y amigos. Un pueblo de, por ejemplo, África central que invirtiese en los estudios de uno de sus jóvenes esperaba recibir a cambio unos ingresos y protección para toda la comunidad, gracias al cargo en la administración que esos estudios aseguraban. En cualquier caso, los funcionarios que tenían éxito eran los mejor pagados de toda la población. En un país como la Uganda de los años sesenta, podían percibir un salario (legal) 112 veces mayor que la renta per cápita media de sus paisanos (frente a una proporción equivalente de 10/1 en Gran Bretaña) (*UN World Social Situation*, 1970, p. 66).

Donde parecía que la gente pobre del campo podía beneficiarse de las ventajas de la educación, o ofrecérselas a sus hijos (como en América Latina, la región del tercer mundo más cercana a la modernidad y más alejada del colonialismo), el deseo de aprender era prácticamente universal. «Todo el mundo quiere aprender algo —le dijo al autor en 1962 un responsable de organización del Partido Comunista chileno que actuaba entre los indios mapuches—. Yo no soy un intelectual, y no puedo enseñarles nada de lo que enseñan en la escuela, o sea que les enseño a jugar a fútbol.» Estas ansias de conocimiento explican en buena medida la enorme migración del campo a la ciudad que despobló el agro de América del Sur a partir de los años cincuenta. Y es que todas las investigaciones sobre el tema coinciden en que el atractivo de la ciudad residía, ante todo, en las oportunidades que ofrecía de educar y formar a los hijos. En la ciudad, éstos podían «llegar a ser algo». La escolarización abría las perspectivas más halagüeñas, pero en los países más atrasados, el mero

4. Por ejemplo, hasta mediados de los ochenta, en Benín, Congo, Guinea, Somalia, Sudán, Mali, Ruanda y la República Centroafricana (*World Labour*, 1989, p. 49).

hecho de saber conducir un vehículo a motor podía ser la clave de una vida mejor. Era lo primero que el emigrante de un pueblo quechua de los Andes enseñaba a los primos y sobrinos que se le unían en la ciudad, con la esperanza de abrirse camino en el mundo moderno, porque ¿no había sido el haber conseguido un empleo como conductor de ambulancia lo que había constituido la base del éxito de su propia familia? (Julca, 1992).

Seguramente no fue hasta los años sesenta, o más tarde, cuando la población rural del resto del mundo, además de la de América del Sur, empezó a ver sistemáticamente la modernidad como algo más prometedor que amenazante. Y sin embargo, había un aspecto de la política de desarrollo económico que habría sido de esperar que les resultara atractivo, ya que afectaba a las tres quintas partes o más de los seres humanos que vivían de la agricultura: la reforma agraria. Esta consigna general de la política de los países agrarios podía significar cualquier cosa, desde la división y reparto de los latifundios entre el campesinado y los jornaleros sin tierra, hasta la abolición de los regímenes de propiedad y las servidumbres de tipo feudal; desde la rebaja de los arriendos y su reforma hasta la nacionalización y colectivización revolucionarias de la tierra.

Es probable que jamás se hayan producido tantas reformas agrarias como en la década que siguió a la segunda guerra mundial, ya que las llevaron a cabo gobiernos de todo el espectro político. Entre 1945 y 1950 casi la mitad del género humano se encontró con que en sus países se estaba llevando a cabo alguna clase de reforma agraria: de tipo comunista en la Europa del Este y, después de 1949, en China; como consecuencia de la descolonización del antiguo imperio británico en la India, y como consecuencia de la derrota de Japón o, mejor dicho, de la política de ocupación norteamericana en Japón, Taiwan y Corea. La revolución egipcia de 1952 extendió su alcance al mundo islámico occidental: Irak, Siria y Argelia siguieron el ejemplo de El Cairo. La revolución boliviana de 1952 la introdujo en América del Sur, aunque México, desde la revolución de 1910, o, más exactamente, desde el nuevo estallido revolucionario de los años treinta, hacía tiempo que propugnaba el agrarismo. No obstante, a pesar de la proliferación de declaraciones políticas y encuestas sobre el tema, América Latina tuvo demasiado pocas revoluciones, descolonizaciones o derrotas militares como para que hubiese una auténtica reforma agraria, hasta que la revolución cubana de Fidel Castro (que la introdujo en la isla) puso el tema en el orden del día.

Para los modernizadores, los argumentos a favor de la reforma agraria eran políticos (ganar el apoyo del campesinado para regímenes revolucionarios o para regímenes que podían evitar la revolución o algo semejante), ideológicos («la tierra para quien la trabaja», etc.) y a veces económicos, aunque no era mucho lo que la mayoría de los revolucionarios y reformadores esperaba conseguir con el simple reparto de tierras a campesinos tradicionales y a peones que tenían poca o ninguna tierra. De hecho, la producción agrícola cayó drásticamente en Bolivia e Irak inmediatamente después de las reformas agrarias respectivas, en 1952 y 1958, aunque en justicia debería añadirse que, allí donde la preparación y la productividad de los campesinos ya eran altas, la reforma agraria actualizó un potencial productivo hasta entonces reprimido por el escepticismo de los campesinos, como en Egipto, Japón y, sorprendentemente, Taiwan (*Land Reform*, 1968, pp. 570-575). Los argumentos favorables al mantenimiento de un campesinado numeroso eran y son antieconómicos, ya que en la historia del mundo moderno el gran aumento de la producción agrícola ha ido en paralelo con el declive en la cifra y la proporción de agricultores, en especial a partir de la segunda guerra mundial. La reforma agraria, sin embargo, podía demostrar y demostró que el cultivo de la tierra por los campesinos, sobre todo por propietarios medios de mentalidad moderna, podía ser tan eficiente y más flexible que la agricultura latifundista tradicional, las plantaciones imperialistas y, ciertamente, que cualquier intento desencaminado de practicar la agricultura con métodos casi industriales, como las gigantescas granjas estatales de tipo soviético y el plan británico para la producción de cacahuetes en Tanganika (la actual Tanzania) después de 1945. Cultivos como el café, o incluso el azúcar y el caucho, que antes se consideraban típicos de plantación, han dejado de serlo, aunque las plantaciones sigan aventajando en algunos casos a las explotaciones en pequeña escala y en manos de productores no cualificados. Con todo, los mayores progresos que la agricultura del tercer mundo ha experimentado desde la guerra, la «revolución verde» de nuevos cultivos seleccionados científicamente, los llevaron a cabo agricultores con olfato comercial como los del Punjab.

Pero el argumento económico más poderoso en favor de la reforma agraria no se basa en la productividad, sino en la igualdad. En conjunto, el desarrollo económico ha solido aumentar y luego disminuir las desigualdades en la distribución de la renta nacional a largo plazo, aunque la crisis económica y la fe dogmática en el mercado libre hayan empezado a invertir esta tendencia aquí y allá. La igualdad al final de la edad de oro era mayor en los países occidentales desarrollados que en el tercer mundo. Pero mientras que la disparidad de los ingresos alcanzaba sus cotas máximas en América Latina, seguida por África, era muy baja en varios países asiáticos, donde las fuerzas de ocupación norteamericanas habían impuesto reformas agrarias radicales: Japón, Corea del Sur, Taiwan. (Aunque ninguna llegó a ser tan igualitaria como las de los países socialistas de la Europa del Este o la efectuada por aquel entonces en Australia.) (Kakwani, 1980.) Los que han observado el triunfo de la industrialización en estos países han especulado acerca de la medida en que se vieron ayudados por las ventajas sociales o económicas de esta situación, al igual que los que han observado el progreso mucho más inconstante de la economía brasileña (siempre a punto de convertirse, aunque sin conseguirlo nunca, en los Estados Unidos del hemisferio sur) se han preguntado hasta qué punto su progreso se ha visto frenado por la gran desigualdad en la distribución de la renta, que limita irremediablemente el mercado interior de la industria. Verdaderamente, la gran desigualdad social de América Latina no puede dejar de guardar relación con la ausencia de reforma agraria en tantos de sus países.

No cabe duda de que la reforma agraria fue bien acogida por el campesinado del tercer mundo, por lo menos hasta que se pasó a la colectivización de las tierras o a la constitución de cooperativas, como fue norma general de los países comunistas. Sin embargo, lo que los modernizadores vieron en esta reforma no era lo que representaba para los campesinos, a quienes no interesaban los problemas macroeconómicos, que veían la política nacional desde un punto de vista diferente del de los reformadores de las ciudades, y cuyas demandas de tierra no se basaban en principios generales, sino en exigencias concretas. Así, la reforma agraria radical instituida por los generales peruanos reformistas en 1969, que destruyó el sistema de haciendas del país de un solo golpe, fracasó por este motivo. Para las comunidades indias del altiplano, que habían vivido en difícil coexistencia con las grandes haciendas ganaderas de los Andes a las que proporcionaban mano de obra, la reforma representaba simplemente la justa devolución a las «comunidades indígenas» de las tierras y pastos comunales de los que les despojaron los terratenientes, cuyos límites habían conservado en su recuerdo durante siglos, y cuya pérdida no habían aceptado jamás (Hobsbawm, 1974). A los indios no les interesaban ni el mantenimiento de las viejas empresas como unidades de producción (propiedad ahora de las comunidades y de los antiguos trabajadores), ni los experimentos cooperativistas, ni otras prácticas agrícolas innovadoras, sino la asistencia mutua tradicional en el seno de comunidades que distaban mucho de ser igualitarias. Después de la reforma las comunidades volvieron a «ocupar» las tierras de las haciendas convertidas en cooperativas (de las que ahora eran copropietarios), como si nada hubiese cambiado en el conflicto entre haciendas y comunidades (y entre comunidades envueltas en disputas por las tierras) (Gómez Rodríguez, 1977, pp. 242-255). Para ellos, nada había cambiado realmente. La reforma agraria más próxima al ideal de los campesinos fue seguramente la mexicana de los años treinta, que dio las tierras comunales de forma inalienable a las comunidades rurales para que las organizasen como quisieran (ejidos) y que partía de la convicción de que los campesinos se dedicaban a la agricultura de subsistencia. Fue un éxito político enorme, pero sin consecuencias económicas de cara al desarrollo agrícola posterior de México.

IV

No ha de sorprender que los estados poscoloniales que surgieron por docenas después de la segunda guerra mundial, junto con la mayor parte de América Latina, que era también una de las regiones dependientes del viejo mundo imperial e industrializado, se vieran agrupados con el nombre de «tercer mundo» —una expresión según se dice acuñada en 1952 (Harris, 1987, p. 18)— para distinguirlos del «primer mundo» de los países capitalistas desarrollados y del «segundo mundo» de los países comunistas. Pese a lo absurdo de tratar Egipto y Gabón, la India y Papúa-Nueva Guinea como sociedades del mismo tipo, era relativamente plausible, en la medida en que todos ellos eran sociedades pobres en comparación con el mundo «desarrollado»,[5] todos eran dependientes, todos tenían gobiernos que querían «desarrollo», y ninguno creía, después de la Gran Depresión y la segunda guerra mundial, que el mercado mundial del capitalismo (o sea, la doctrina de la «ventaja comparativa» de los economistas) o la libre iniciativa de la empresa privada doméstica se lo iba a proporcionar. Además, al cerrarse la red de acero de la guerra fría sobre el planeta, todos los que tenían libertad de acción quisieron evitar adherirse a cualquiera de los dos sistemas de alianzas, es decir, mantenerse al margen de la tercera guerra mundial que todos temían.

Esto no significa que los «no alineados» se opusieran por igual a ambos bandos durante la guerra fría. Los inspiradores y adalides del movimiento (al cual solía llamarse con el nombre de su primera conferencia internacional en Bandung, Indonesia, en 1955) eran ex revolucionarios anticolonialistas radicales: Jawaharlal Nehru de la India, Sukarno de Indonesia, el coronel Gamal Abdel Nasser de Egipto y un comunista disidente, el presidente Tito de Yugoslavia. Todos ellos, al igual que otros regímenes ex coloniales, eran o decían ser socialistas a su manera (es decir, no soviéticos), incluyendo el socialismo monárquico y budista de Camboya. Todos simpatizaban con la Unión Soviética, o por lo menos estaban dispuestos a recibir su asistencia económica y militar, lo cual no resulta sorprendente, ya que los Estados Unidos habían abandonado su tradición anticolonialista de la noche a la mañana después de que el mundo quedase dividido, y buscaban ostensiblemente aliados entre los elementos más conservadores del tercer mundo: Irak (antes de la revolución de 1958), Turquía, Pakistán y el Irán del sha, que constituyeron la Organización del Tratado Central (CENTO); Pakistán, Filipinas y Tailandia, que formaron la Organización del Tratado del Sureste Asiático (SEATO), ambas pensadas para completar el sistema militar antisoviético cuyo pilar principal era la OTAN, aunque ninguna de las dos llegara a tener gran importancia. Cuando el grupo básicamente afroasiático de los no alineados se convirtió en tricontinental tras la revolución cubana de 1959, sus miembros latinoamericanos se reclutaron, lo que no es nada sorprendente, entre las repúblicas del hemisferio occidental menos allegadas al «gran hermano del norte». No obstante, a diferencia de los simpatizantes de los Estados Unidos en el tercer mundo, que podían unirse al sistema occidental de alianzas, los estados no comunistas de Bandung no tenían intención alguna de verse involucrados en una confrontación mundial entre las superpotencias, ya que, como demostrarían las guerras de Corea y Vietnam y la crisis de los misiles cubanos, estaban en la primera línea potencial de ese conflicto. Cuanto más estable fuese la frontera (europea) entre ambos bandos, más probable era que, llegada la hora de las armas y de las bombas, éstas se cebasen en las montañas de Asia o en las selvas de África.

5. Con rarísimas excepciones, como sobre todo Argentina, que, pese a ser un país rico, nunca se recuperó de la decadencia y caída del imperio británico, que la había hecho prosperar como exportadora de productos alimentarios hasta 1929.

Pero aunque la confrontación entre las superpotencias dominase y, en cierta medida, estabilizase las relaciones internacionales a nivel mundial, no las controlaba por completo. Había dos regiones en las que las tensiones propias del tercer mundo, sin relación en principio con la guerra fría, creaban situaciones de conflicto permanente que periódicamente estallaban en guerras: Próximo Oriente y el sector norte del subcontinente indio (no por casualidad, herederas de las particiones efectuadas por los imperios). Este último conflicto era fácil que se mantuviese al margen de la guerra fría, pese a los esfuerzos pakistaníes por involucrar a los norteamericanos, en lo que fracasaron hasta la guerra de Afganistán de los años ochenta (véanse los capítulos VIII y XVI). De ahí que Occidente haya sabido poco y no recuerde apenas nada de las tres guerras regionales: la guerra entre la India y China de 1962, provocada por la indefinición de la frontera entre ambos países y ganada por China; la primera guerra indo-pakistaní de 1965 (ganada por la India); y la segunda guerra indo-pakistaní de 1971, provocada por la secesión del Pakistán Oriental (Bangladesh), con el apoyo de la India. Los Estados Unidos y la URSS intentaron actuar aquí como mediadores neutrales y benevolentes. La situación en Próximo Oriente, en cambio, no podía mantenerse al margen de la guerra fría, porque varios aliados de los norteamericanos estaban directamente involucrados en el conflicto: Israel, Turquía y el Irán del sha. Además, tal como demostró una sucesión de revoluciones regionales, militares y civiles —de Egipto en 1952 al propio Irán en 1979, pasando por Irak y Siria en los años cincuenta y sesenta y por el sur de la península arábiga en los años sesenta y setenta—, la región era y continúa siendo socialmente inestable.

Estos conflictos regionales no estaban necesariamente relacionados con la guerra fría; la URSS había sido de los primeros países en reconocer al nuevo estado de Israel, que luego se consolidaría como el principal aliado de los Estados Unidos, y los estados árabes o islámicos, de izquierdas o de derechas, estaban unidos por la represión del comunismo en su interior. El principal elemento de disrupción fue Israel, donde los colonos crearon un estado judío mayor de lo que había dispuesto la partición diseñada por los ingleses, expulsando a setecientos mil palestinos no judíos, una cifra probablemente mayor que la de la población judía en 1948 (Calvocoressi, 1989, p. 215), y mantuvieron una guerra por década con este fin (1948, 1956, 1967, 1973, 1982). En el curso de estas guerras, cuyo equivalente más exacto son las que hizo el rey Federico II de Prusia en el siglo XVIII para obtener el reconocimiento de la posesión de Silesia, que le había robado a la vecina Austria, Israel se convirtió en la mayor potencia militar de la región y adquirió armas atómicas, pero no consiguió crear una base estable de relaciones con los estados vecinos, y menos aún con los palestinos permanentemente resentidos dentro de sus fronteras en expansión o en la diáspora del Próximo Oriente. El hundimiento de la URSS apartó al Próximo Oriente de la primera línea de fuego de la guerra fría, pero lo dejó tan explosivo como antes.

Tres focos de conflicto contribuían a ello: el Mediterráneo oriental, el golfo Pérsico y la región fronteriza entre Turquía, Irán, Irak y Siria, donde los kurdos intentaban en vano conseguir la independencia nacional que el incauto presidente Wilson les había animado a exigir. Incapaces de encontrar aliados permanentes entre los estados más poderosos, los kurdos perturbaron las relaciones entre todos sus vecinos, que les masacraron con todos los medios disponibles, incluyendo el gas venenoso en los años ochenta, allí donde no topaban con su resistencia, pues su habilidad como guerrilleros era proverbial. El Mediterráneo oriental permaneció en calma relativa, dado que tanto Grecia como Turquía eran miembros de la OTAN, aunque el conflicto entre ambos países condujo a la invasión turca de Chipre, que quedó dividido en 1974. Por otro lado, la rivalidad existente entre las dos potencias occidentales del golfo Pérsico, Irán e Irak, por la obtención de mejores posiciones en sus costas provocó la salvaje guerra de ocho años (1980-1988) entre Irak y el Irán revolucionario y más tarde, finalizada la guerra fría, la guerra entre los Estados Unidos y sus aliados contra Irak en 1991.

Hubo una parte del tercer mundo que se mantuvo alejada de conflictos tanto globales como regionales hasta después de la revolución cubana: América Latina. Con la excepción de pequeños enclaves continentales (las Guayanas y Belice, entonces conocido como Honduras Británica) y algunas islas del Caribe, hacía tiempo que había sido descolonizada. Cultural y lingüísticamente, su población era occidental, ya que la gran masa de sus pobres habitantes eran católicos y, salvo en algunas zonas de los Andes y de Centroamérica, hablaba o entendía una lengua de cultura europea. Si bien la región había heredado de sus conquistadores ibéricos una intrincada jerarquía racial, también heredó de esos conquistadores, en su inmensa mayoría de sexo masculino, una tradición de mestizaje en gran escala. Había poca gente que fuese totalmente blanca, salvo en el cono sur (Argentina, Uruguay, sur de Brasil), poblado con inmigrantes europeos y con muy pocos indígenas. En ambos casos el éxito y la posición social borraban las distinciones raciales. Ya en 1861, México había elegido como presidente a un indio zapoteca, Benito Juárez. En el momento de escribir estas líneas, el presidente de Argentina es un inmigrante sirio de origen musulmán, y el de Perú, un inmigrante japonés, dos casos todavía hoy impensables en los Estados Unidos. Hasta el día de hoy América Latina se ha mantenido al margen del círculo vicioso de política y nacionalismo étnicos que hace estragos en los demás continentes.

Además, si bien la mayor parte del continente reconocía ser lo que ahora se denominaba una dependencia «neocolonial» de una potencia imperial única, los Estados Unidos eran lo bastante realistas como para no enviar barcos de guerra y *marines* a los estados más grandes —aunque no dudaban en emplearlos contra los más pequeños—, y los gobiernos latinoamericanos, de Río Grande al cabo de Hornos, sabían perfectamente que lo inteligente era estar del lado de Washington. La Organización de Estados Americanos (OEA), fundada en 1948 y con sede en Washington, no era un organismo que acostumbrara a discrepar de los Estados Unidos: cuando Cuba hizo la revolución, la OEA la expulsó.

V

Y sin embargo, justo en el momento en que el tercer mundo y las ideologías basadas en él estaban en su apogeo, el concepto empezó a desmoronarse. En los años setenta se hizo cada vez más evidente que un solo nombre no podía abarcar adecuadamente a un grupo de países cada vez más diferentes. El término seguía siendo útil para diferenciar a los países pobres del mundo de los ricos, y en la medida en que la diferencia entre ambas zonas, ahora designadas con frecuencia «el Norte» y «el Sur», se iba acrecentando a ojos vista, la distinción estaba plenamente justificada. La diferencia en el PNB per cápita entre los países «desarrollados» y los subdesarrollados (es decir, entre los países de la OCDE y las «economías pequeñas y medianas»)[6] siguió aumentando: el de los primeros era, en promedio, 14,5 veces mayor que el PNB per cápita de los segundos en 1970, y en 1990 era más de 24 veces mayor (*World Tables*, 1991, cuadro 1). Sin embargo, es evidente que el tercer mundo ha dejado de ser una entidad única.

Lo que lo dividió fue básicamente el desarrollo económico. El triunfo de la OPEP en 1973 generó por vez primera un grupo de estados del tercer mundo, en su mayoría atrasados, desde cualquier punto de vista, y hasta entonces pobres, que se convirtieron en supermillonarios a escala mundial, sobre todo los que no eran más que pequeñas franjas de arena o de selva, escasamente pobladas, gobernadas por jeques o sultanes (por lo general musulmanes). Era manifiestamente imposible clasificar, por citar un ejemplo, a los Emiratos Árabes Unidos, cada uno de cuyo medio millón de habitantes (1975) podía disponer en teoría de una participación en PNB de 13.000 dólares —casi el doble del PNB per cápita de los Estados Unidos en aquel entonces (*World Tables*, 1991, pp. 596 y 604)—, en el mismo apartado que, por ejemplo, Pakistán, con un PNB per cápita de 130 dólares. A los estados productores de crudo con poblaciones numerosas no les iba tan bien, pero a pesar de todo resultó evidente que estados dependientes de la exportación de una sola materia prima, por más desventajas que tuviesen en otros terrenos, podían hacerse extremadamente ricos, aunque estas rápidas ganancias los tentaran, casi invariablemente, a tirarlas por la ventana.[7] Al llegar a los años noventa, hasta Arabia Saudí se las había apañado para endeudarse.

En segundo lugar, parte del tercer mundo se estaba industrializando rápida y ostensiblemente, hasta unirse al primer mundo, aunque continuase sien-

6. La OCDE, que abarca la mayoría de países capitalistas «desarrollados», incluye a Bélgica, Dinamarca, Francia, Gran Bretaña, Irlanda, Islandia, Italia, Luxemburgo, Noruega, Países Bajos, República Federal de Alemania, Suecia, Suiza, Canadá, Estados Unidos, Japón y Australia. Por motivos políticos, esta organización, creada en plena guerra fría, incluía también a España, Grecia, Portugal y Turquía.

7. Este no es un fenómeno tercermundista. Cuando lo informaron de la riqueza de los yacimientos petrolíferos británicos del mar del Norte, un político francés cínico se dice que formuló la siguente profecía: «La malgastarán y entrarán en crisis».

do mucho más pobre. Corea del Sur, un ejemplo de industrialización con tanto éxito como el que más en la historia, tenía en 1989 un PNB per cápita algo más alto que el de Portugal, el país más pobre de la Comunidad Europea (*World Bank Atlas*, 1990, p. 7). Diferencias cualitativas aparte, Corea del Sur ya no es hoy comparable con, por ejemplo, Papúa-Nueva Guinea, aunque el PNB per cápita de ambos países fuese exactamente el mismo en 1969, y se mantuviese en la misma proporción hasta mediados de los años setenta: ahora es cinco veces mayor (*World Tables*, 1991, pp. 352 y 456). Tal como hemos visto, una nueva categoría, la de los NIC, entró en el vocabulario internacional. No existe ninguna definición exacta de los NIC, pero todas las listas incluyen a los cuatro «tigres del Pacífico» (Hong Kong, Singapur, Taiwan y Corea del Sur), la India, Brasil y México, si bien el proceso de industrialización del tercer mundo avanza de un modo tal, que Malaysia, Filipinas, Colombia, Pakistán y Tailandia, así como otros países, han sido incluidos en la lista. De hecho, la categoría de países de industrialización reciente y rápida va más allá de los límites de los tres mundos, porque en sentido estricto debería incluir también «economías industrializadas de mercado» (o sea, países capitalistas) como España y Finlandia, y la mayoría de los estados ex socialistas de la Europa del Este, por no hablar, desde finales de los años setenta, de la China comunista.

En realidad, en los años setenta los observadores empezaron a llamar la atención sobre la «nueva división internacional del trabajo», es decir, sobre el traslado en masa de las industrias productivas del mercado mundial desde las economías industriales de primera generación, que antes las habían monopolizado, hacia otros lugares del mundo. Este fenómeno se debió en parte al traslado deliberado por parte de empresas del viejo mundo industrial de parte o de la totalidad de su producción o de sus suministros al segundo o al tercer mundo, seguido al final por el traslado incluso de procesos de fabricación muy complejos en industrias de alta tecnología, como los de investigación y desarrollo. La revolución del transporte y de las comunicaciones hizo que la producción en un ámbito mundial fuese posible y rentable al mismo tiempo. El fenómeno se debió también a los esfuerzos de los gobiernos del tercer mundo por industrializarse conquistando mercados para la exportación, si era preciso (aunque mejor que no fuese así) a expensas de la protección tradicional del mercado interior.

Esta globalización de la economía, que puede comprobar cualquier persona que examine la procedencia nacional de los productos en venta en cualquier galería comercial norteamericana, arrancó con lentitud en los años sesenta, y experimentó una aceleración sorprendente en las décadas de crisis económica posteriores a 1973. Lo rápido de su avance puede ilustrarse una vez más con el ejemplo de Corea del Sur, cuya población, a finales de los años cincuenta, se dedicaba aún en casi un 80 por 100 a la agricultura, de la que salían casi tres cuartas partes de la renta nacional (Rado, 1962, pp. 740 y 742-743). Corea del Sur emprendió su primer plan quinquenal de desarrollo en 1962. Al llegar a 1980 sólo el 10 por 100 de su PIB procedía de la agricultura, y se había convertido en la octava economía industrial del mundo no comunista.

En tercer lugar, en la cola de las estadísticas internacionales, emergieron (o mejor, fueron sumergidos) una serie de países a los que resultaba difícil describir incluso con el eufemismo de «en vías de desarrollo», ya que su pobreza y su atraso cada vez mayores resultaban patentes. Alguien tuvo la delicadeza de crear un subgrupo de países de renta baja en vías de desarrollo para clasificar a los tres mil millones de seres humanos cuyo PNB per cápita (de haberlo percibido) habría alcanzado un promedio de 330 dólares en 1989, distinguiéndolos de los quinientos millones de habitantes más afortunados de países menos pobres, como la República Dominicana, Ecuador y Guatemala, cuyo PNB medio era unas tres veces más alto, y de los privilegiados del siguiente grupo (Brasil, Malaysia, México y similares) con un promedio ocho veces mayor. Los aproximadamente ochocientos millones del grupo más próspero disfrutaban en teoría de un PNB por persona de 18.280 dólares, o sea, cincuenta y cinco veces más que las tres quintas partes de la humanidad (*World Bank Atlas*, 1990, p. 10). En la práctica, a medida que la economía mundial se fue globalizando de verdad y, sobre todo tras la caída de la zona soviética, se fue convirtiendo en más puramente capitalista y dominada por el mundo de los negocios, los inversores y los empresarios descubrieron que gran parte del mundo no tenía ningún interés económico para ellos, a menos, tal vez, que pudiesen sobornar a sus políticos y funcionarios para que malgastaran en armamento o en proyectos de prestigio el dinero que les sacaban a sus desgraciados ciudadanos.[8]

Una cantidad desproporcionadamente alta de estos países se encontraba en el desdichado continente africano. El fin de la guerra fría los privó de la ayuda económica (es decir, militar) que había convertido a algunos, como Somalia, en campos de entrenamiento militar y en eventuales campos de batalla.

Además, con el aumento de la división entre los pobres, la globalización de la economía produjo movimientos, en especial de personas, que cruzaban las líneas divisorias entre regiones y clasificaciones. Turistas de países ricos invadieron el tercer mundo como jamás lo habían hecho. A mediados de los ochenta (1985), por citar sólo algunos países musulmanes, los dieciséis millones de habitantes de Malaysia recibían a tres millones de turistas al año; los siete millones de tunecinos, a dos millones; los tres millones de jordanos, a dos millones (Kadir Din, 1989, p. 545). Procedente de los países pobres, un enorme torrente de mano de obra emigró a los países ricos, siempre que no lo frenasen las barreras políticas. Hacia 1968, los inmigrantes magrebíes

8. «Por regla general, el 5 por 100 de 200.000 dólares conseguirá la colaboración de un alto cargo, aunque no de la máxima categoría. El mismo porcentaje de 2 millones de dólares, y ya tenemos al secretario de Estado. Llegados a los 20 millones, hacen su entrada el ministro y el personal adjunto, mientras que un porcentaje sobre 200 millones "justifica la seria consideración del jefe del estado"» (Holman, 1993).

(tunecinos, marroquíes y, sobre todo, argelinos) constituían ya cerca de la cuarta parte del total de extranjeros en Francia (en 1975, un 5,5 por 100 de la población argelina emigró), y un tercio de todos los inmigrantes de los Estados Unidos procedían de América Latina —por aquel entonces todavía, en su abrumadora mayoría, de Centroamérica (Potts, 1990, pp. 145, 146 y 150)—. Estos movimientos migratorios no se dirigían sólo hacia los antiguos países industrializados. El número de trabajadores extranjeros en los estados productores de petróleo de Oriente Medio y en Libia se disparó de 1,8 a 2,8 millones en apenas cinco años (1975-1980) (*Population*, 1984, p. 109). La mayoría procedía de la región, pero una parte importante venía del sureste asiático y de más lejos. Por desgracia, en los negros años setenta y ochenta, los movimientos migratorios de trabajadores se convirtieron en cada vez más difíciles de separar de los torrentes de hombres, mujeres y niños que huían del hambre, la persecución política o étnica, y la guerra, o que eran desarraigados por ellas, enfrentando a los países del primer mundo —tan dedicados (en teoría) a ayudar a los refugiados como (en la práctica) a no dejar entrar a inmigrantes de países pobres— a graves problemas de casuística política y legal. Con la excepción de los Estados Unidos y, en menor medida, de Canadá y Australia, que fomentaban o permitían la entrada masiva de inmigrantes del tercer mundo, los demás países optaron por impedírsela, presionados por la creciente xenofobia de la población local.

VI

El asombroso «gran salto adelante» de la economía del mundo (capitalista) y su creciente globalización no sólo provocaron la división y la disrupción del concepto de tercer mundo, sino que situaron conscientemente a la práctica totalidad de sus habitantes en el mundo moderno. Y eso no tenía por qué gustarles. En realidad, muchos de los movimientos «fundamentalistas» y nominalmente tradicionalistas que a partir de entonces ganaron terreno en varios países del tercer mundo, sobre todo, pero no exclusivamente, en los musulmanes, eran rebeliones específicamente contra la modernidad, aunque ese no sea el caso de todos los movimientos a los que se les ha aplicado esta vaga denominación.[9] La gente sabía ahora que formaba parte de un mundo que no era como el de sus padres. Les llegaba en forma del autobús o el camión que se desplazaban por pistas polvorientas; en forma de surtidor de gasolina; en forma de la radio de pilas que llevaba el mundo hasta ellos, tal vez hasta a los analfabetos en su propia lengua o dialecto no escritos, aunque esto solía ser privilegio de los inmigrantes urbanos. Pero en un mundo donde

9. Así, por ejemplo, la conversión a sectas «fundamentalistas» cristianas, frecuente en América Latina, es, en todo caso, una reacción «modernista» contra el antiguo orden representado por la Iglesia católica local. Otros «fundamentalismos» son análogos a nacionalismos étnicos, como por ejemplo en la India.

la gente del campo emigraba a la ciudad por millones, e incluso en países africanos rurales donde poblaciones urbanas superiores a un tercio del total eran cada vez más habituales —Nigeria, Zaire, Tanzania, Senegal, Ghana, Costa de Marfil, Chad, República Centroafricana, Gabón, Benín, Zambia, Congo, Somalia, Liberia—, casi todo el mundo había trabajado en la ciudad, o tenía un pariente que vivía allí. Desde entonces, pueblo y ciudad se entremezclaron. Hasta las gentes más alejadas vivían en un mundo de cubiertas de plástico, botellas de Coca-Cola, relojes digitales baratos y fibras artificiales. Por obra de una extraña inversión del proceso histórico, las zonas más rústicas del tercer mundo empezaron a comercializar sus habilidades en el primer mundo: en las esquinas de las ciudades de Europa, grupitos de indios peripatéticos de los Andes suramericanos tocaban sus melancólicas flautas, y en las aceras de Nueva York, París y Roma, vendedores ambulantes negros del África occidental vendían baratijas a los nativos, tal como habían hecho los antepasados de estos nativos en sus expediciones comerciales al continente negro.

La gran ciudad se convirtió en el crisol del cambio, aunque sólo fuese porque era moderna por definición. «En Lima —les decía a sus hijos un inmigrante andino— hay más progreso, mucho más roce» (Julca, 1992). Por más que los inmigrantes utilizasen las herramientas de la sociedad tradicional para construir su propia existencia urbana, creando y estructurando las nuevas barriadas de chabolas a imagen y semejanza de sus viejas comunidades rurales, en la ciudad era demasiado lo que había de nuevo y sin precedentes; eran demasiados los hábitos propios de la ciudad que entraban en conflicto con los tradicionales. En ninguna otra faceta resultaba todo ello más visible que en el comportamiento de las muchachas, de cuya ruptura con la tradición se lamentaban desde África al Perú. En un *huayno* de Lima (*La gringa*), un muchacho inmigrado se lamenta:

> Cuando viniste de tu tierra, eras una chica del campo,
> ahora que estás en Lima, llevas un peinado de ciudad.
> Hasta dices «por favor». Voy a bailar el twist.
> ...
> No seas vanidosa, sé menos orgullosa
> ...
> Entre tu pelo y el mío, no hay diferencia.
>
> (Mangin, 1970, pp. 31-32)[10]

La idea de modernidad pasó de la ciudad al campo (incluso a los lugares donde la vida rural no había sido transformada por los nuevos cultivos, la nueva tecnología y las nuevas formas de organización y comercialización), a

10. En Nigeria, nos encontramos con la imagen del nuevo tipo de chica africana en las crónicas de Onitsha: «Las chicas ya no son los juguetes tradicionales, apacibles y recatados de sus padres. Escriben cartas de amor. Son coquetas. Les exigen regalos a sus novios y a sus víctimas. Incluso engañan a los hombres. Ya no son las tontitas que había que ganarse a través de sus padres» (Nwoga, 1965, pp. 178-179).

través de la «revolución verde» del cultivo de variedades de cereales diseñadas científicamente en parte de Asia, que se difundió a partir de los años sesenta, o algo más tarde, a través del desarrollo de nuevos cultivos de exportación para los mercados mundiales, gracias al transporte por vía aérea de productos perecederos (frutos tropicales, flores) y a las nuevas modas entre los consumidores del mundo «desarrollado» (cocaína). No hay que subestimar las consecuencias de estos cambios en el mundo rural. En ninguna otra parte chocaron los nuevos y los viejos usos tan frontalmente como en la frontera amazónica de Colombia, que en los años setenta se convirtió en el punto de embarque de la coca de Bolivia y Perú, y en sede de los laboratorios que la transformaban en cocaína. Esto ocurrió al cabo de pocos años de que se instalasen allí colonias de campesinos que huían del estado y de los terratenientes, y a los que defendían quienes se identificaban como protectores del modo de vida rural, la guerrilla (comunista) de las FARC. Aquí el mercado en su versión más despiadada entró en colisión con quienes vivían de la agricultura de subsistencia y de lo que se podía conseguir con una escopeta, un perro y una red de pescar. ¿Cómo podía competir un campo sembrado de yuca o de plátano con la tentación de cultivar algo que alcanzaba precios astronómicos —aunque inestables—, o el modo de vida de antes con los aeródromos y los asentamientos surgidos de la noche a la mañana por obra de los traficantes y productores de droga y con el desenfreno de sus pistoleros, sus bares y sus burdeles? (Molano, 1988).

El campo estaba siendo transformado, pero incluso su transformación dependía de la civilización urbana y de sus industrias, pues su economía dependía a menudo de las remesas de los emigrantes, como en los «*homelands* para los negros» del *apartheid* en la República de Suráfrica, que sólo generaban el 10-15 por 100 de los ingresos de sus habitantes, mientras que el resto procedía de las ganancias de trabajadores inmigrantes en territorio blanco (Ripken y Wellmer, 1978, p. 196). Paradójicamente, en el tercer mundo, al igual que en parte del primero, la ciudad podía convertirse en la salvación de una economía rural que, de no ser por el impacto de aquélla, podría haber quedado abandonada por unas gentes que habían aprendido de la experiencia de la emigración —propia o de sus vecinos— que hombres y mujeres tenían alternativas. Descubrieron que no era inevitable que tuviesen que trabajar como esclavos toda su vida arrancando lo que pudiesen a unas tierras de mala calidad, agotadas y pedregosas, como sus antepasados habían hecho. Numerosas poblaciones rurales de todo el planeta, en paisajes románticos y, justamente por eso, desdeñables desde el punto de vista de la agricultura, se vaciaron de todos sus habitantes menos los ancianos a partir de los años sesenta. Pero una comunidad del altiplano cuyos emigrantes descubriesen en la economía de la gran ciudad un puesto que pudiesen ocupar —en este caso, la venta de fruta, o, más concretamente, de fresas en Lima— podía mantener o revitalizar su carácter agrícola con el paso de unos ingresos procedentes de la agricultura a otros de distinta procedencia, realizado mediante una compleja simbiosis de familias emigradas y residentes (Smith, 1989, capítulo 4).

Puede que sea significativo que, en este caso concreto, extraordinariamente bien estudiado, los emigrantes rara vez se convirtieron en obreros, sino que prefirieron integrarse en la gran red de la «economía informal» del tercer mundo como pequeños comerciantes. Y es que el cambio principal en la sociedad del tercer mundo seguramente haya sido el que llevó a cabo la nueva y creciente clase media y media baja de inmigrantes, que se dedicaba a ganar dinero mediante una o, más probablemente, de varias actividades distintas, y cuya principal forma de vida —sobre todo en los países más pobres— era la economía informal que quedaba fuera de las estadísticas oficiales.

Así pues, en un momento dado del último tercio del siglo, el ancho foso que separaba las reducidas minorías gobernantes modernizadoras u occidentalizadas de los países del tercer mundo de la masa de la población empezó a colmarse gracias a la transformación general de la sociedad. Aún no sabemos cómo ni cuándo ocurrió, ni qué nuevas percepciones creó esta transformación, ya que la mayoría de estos países carecían de los servicios estadísticos gubernamentales adecuados, o de los mecanismos necesarios para efectuar estudios de mercado o de opinión, o de departamentos universitarios de ciencias sociales con estudiantes de doctorado a los que mantener ocupados. En cualquier caso, lo que sucede en las comunidades de base siempre es difícil de descubrir, incluso en los países más documentados, hasta que ya ha sucedido, lo cual explica por qué las etapas iniciales de las nuevas modas sociales y culturales entre los jóvenes resultan imprevisibles, imprevistas y a menudo irreconocibles incluso para quienes viven a costa de ellas, como quienes se dedican a la industria de la cultura popular, e incluso para la generación de sus padres. Pero estaba claro que algo se movía en las ciudades del tercer mundo por debajo de la conciencia de las elites, incluso en un país en apariencia tan estancado como el antiguo Congo belga (el actual Zaire), porque ¿cómo, si no, podemos explicar que la clase de música popular que se desarrolló ahí en los abúlicos años cincuenta se convirtiese en la más influyente de África en los años sesenta y setenta? (Manuel, 1988, pp. 86 y 97-101). O, en este mismo terreno, ¿cómo explicar el auge de la concienciación política que obliga a los belgas a entregar al Congo la independencia en 1960, prácticamente de la noche a la mañana, aunque hasta entonces esta colonia, tan hostil a la educación de los nativos como a sus actividades políticas, les parecía a la mayoría de los observadores «probable que permaneciese tan cerrada al resto del mundo como Japón antes de la restauración Meiji»? (Calvocoressi, 1989, p. 377).

Fuesen cuales fuesen los movimientos de los años cincuenta, llegados los sesenta y los setenta, los indicios de una importante transformación social eran ya visibles en el hemisferio occidental, e innegables en el mundo islámico y en los países principales del sur y del sureste asiático. Paradójicamente, es probable que el lugar donde resultasen menos visibles fuese la zona del mundo socialista correspondiente al tercer mundo, por ejemplo el Asia central soviética y el Cáucaso. Y es que no suele reconocerse que la revolución comunista fue un mecanismo de conservación que, si bien se proponía transformar una serie de aspectos de la vida de la gente —el poder del estado, las relaciones de propiedad, la estructura económica y otros similares—, congeló otros en su forma prerrevolucionaria, o, en todo caso, los protegió contra los cambios subversivos y continuos de las sociedades capitalistas. En cualquier caso, su arma más fuerte, el simple poder del estado, fue menos eficaz a la hora de transformar el comportamiento humano de lo que tanto a la retórica positiva sobre el «nuevo hombre socialista» como a la retórica negativa sobre el «totalitarismo» les gustaría creer. Los uzbecos y los tadjiks que vivían al norte de la frontera afgano-soviética estaban más alfabetizados y secularizados y vivían mejor que sus vecinos del sur, pero es probable que sus formas de vida no fuesen tan diferentes como se podría creer al cabo de sesenta años de socialismo. Las venganzas de sangre seguramente no preocupaban demasiado a las autoridades del Cáucaso desde los años treinta (aunque durante la colectivización, la muerte accidental de un hombre por culpa de una trilladora en un koljós dio lugar a una venganza que pasó a los anales de la jurisprudencia soviética), pero a principios de los años noventa los observadores alertaron acerca del «peligro de autoexterminio nacional [en Chechenia], ya que la mayoría de las familias chechenas se había visto involucrada en venganzas personales» (Trofimov y Djangava, 1993).

Las consecuencias culturales de esta transformación social son algo a lo que tendrán que enfrentarse los historiadores. Aquí no podemos examinarlas, aunque está claro que, incluso en sociedades muy tradicionales, los sistemas de obligaciones mutuas y de costumbres sufrieron tensiones cada vez mayores. «La familia extensa en Ghana —decía un observador— funciona bajo una presión inmensa. Al igual que un puente que ha soportado demasiado tráfico de alta velocidad durante demasiado tiempo, sus cimientos se resquebrajan ... A los ancianos del campo y a los jóvenes de la ciudad los separan cientos de kilómetros de malas carreteras y siglos de desarrollo» (Harden, 1990, p. 67).

Políticamente es más fácil evaluar sus consecuencias paradójicas. Y es que, con la irrupción en masa de esta población, o por lo menos de los jóvenes y de los habitantes de la ciudad, en el mundo moderno, se desafiaba el monopolio de las reducidas elites occidentalizadas que configuraron la primera generación de la historia poscolonial, y con él, los programas, las ideologías, el propio vocabulario y la sintaxis del discurso público, sobre los que se asentaban los nuevos estados. Porque las nuevas masas urbanas y urbanizadas, incluso la nueva y enorme clase media, por cultas que fuesen, no eran y, por su mismo número, no podían ser la vieja elite, cuyos miembros sabían estar a la altura de los colonizadores o de sus condiscípulos de universidades de Europa y Norteamérica. A menudo —algo que resulta muy evidente en el sur de Asia— la gente se sentía resentida con ellos. En cualquier caso, la gran masa de los pobres no compartía su fe en las aspiraciones occidentales decimonónicas de progreso secular. En los países musulmanes occidentales, el conflicto entre los antiguos dirigentes seculares y la nueva democracia islámica se convirtió en algo manifiesto y explosivo. De Argelia a Turquía, los valores que, en los países liberales de Occidente, se asocian con el gobierno constitucional y el imperio de la ley, como por ejemplo los derechos de la mujer, estaban siendo protegidos —en los casos en que existían— contra la democracia por las fuerzas armadas de los libertadores de sus naciones, o por sus herederos.

El conflicto no se circunscribía a los países islámicos, ni la reacción contra los viejos valores progresistas, a las masas de los pobres. El exclusivismo hindú del BJP de la India contaba con un nutrido apoyo entre las nuevas clases empresariales y medias. El encendido y salvaje nacionalismo etnorreligioso que convirtió en los años ochenta a la pacífica Sri Lanka en un matadero sólo comparable a El Salvador, se produjo, inesperadamente, en un próspero país budista. Este conflicto tenía sus raíces en dos transformaciones sociales: la profunda crisis de identidad de pueblos cuyo orden social había quedado hecho pedazos, y el auge de un amplio estrato social de jóvenes mejor preparados (Spencer, 1990). Los pueblos —transformados por el ir y venir de los movimientos migratorios, divididos por las diferencias cada vez mayores entre ricos y pobres que creaba la economía monetaria, hostigados por la inestabilidad que provocaba una movilidad social desigual basada en la educación, así como por la desaparición de los indicadores materiales y lingüísticos de casta y de nivel que separaban a la gente, pero que no dejaban lugar a dudas en cuanto a su posición— vivían en un estado de ansiedad permanente acerca de su comunidad. Se han utilizado estos hechos para explicar, entre otras cosas, la aparición de nuevos símbolos y ritos de comunidades también nuevas, como el repentino surgimiento de congregaciones de culto budista en los años setenta, en sustitución de formas de culto particulares y familiares; o la institución de jornadas deportivas escolares inauguradas con la interpretación del himno nacional en cintas tomadas en préstamo.

Esta era la política de un mundo cambiante e inflamable. Lo que la hacía menos predecible era que, en muchos países del tercer mundo, la política nacional, en el sentido en que había sido inventada y reconocida en Occidente desde la revolución francesa, jamás había existido, o no la habían dejado funcionar. Donde había una larga tradición de política con un cierto apoyo en las masas, o incluso con una aceptación sustancial, ante la pasividad ciudadana, de la legitimidad de la «clase política» que dirigía sus asuntos, podía mantenerse cierto grado de continuidad. Los colombianos, como saben los lectores de García Márquez, continuaron siendo liberales o conservadores de nacimiento, como lo habían sido durante más de un siglo, aunque el contenido de las botellas así etiquetadas cambiase. El Congreso Nacional Indio cambió, se dividió y se reformó en el medio siglo transcurrido desde la independencia, pero hasta los años noventa, en la India, las elecciones generales —con contadísimas excepciones— siguieron ganándolas quienes apelaban a los objetivos y tradiciones históricos del Congreso. Aunque el comunismo se desintegró en el resto del mundo, la arraigada tradición izquierdista de Bengala Occidental, en la India, así como una administración competente, mantuvieron en el gobierno de forma casi permanente al Partido Comunista (marxista) de un estado en donde la lucha nacional contra Gran Bretaña no la habían encarnado ni Gandhi ni siquiera Nehru, sino los terroristas y Subhas Bose.

Además, los cambios estructurales podían llevar en sí mismos a la política por caminos conocidos en la historia del primer mundo. En los «países de reciente industrialización» era probable que surgiese una clase obrera industrial que luchase por sus derechos y por la creación de sindicatos, como demuestran los casos de Brasil y Corea del Sur, al igual que el de la Europa del Este. No tenían por qué aparecer partidos políticos populares y obreros al mismo tiempo, al modo de los movimientos socialdemócratas de la Europa de antes de 1914, aunque no deja de ser significativo que Brasil produjese un influyente partido de ámbito nacional justamente de este tipo en los años ochenta, el Partido de los Trabajadores (PT). Sin embargo, la tradición del movimiento obrero en su lugar de origen, la industria automovilística de São Paulo, era una combinación de un derecho laboral de corte populista con la militancia de obreros comunistas, y la tradición de los intelectuales que acudieron en su apoyo era de un izquierdismo sin fisuras, como lo era la ideología del clero católico, cuyo sostén contribuyó a llevar el proyecto de partido a buen puerto.[11] Por otro lado, el rápido crecimiento de la industria tendía a generar una clase profesional amplia y cultivada que, pese a no ser subversiva en absoluto, habría acogido con sumo gusto la liberalización de los regímenes autoritarios industrializadores. Estas ansias de liberalización podían encontrarse en los años ochenta, en contextos y con resultados diferentes, en América Latina y en los NIC del Extremo Oriente (Corea del Sur y Taiwan), además de en el seno del bloque soviético.

No obstante, había amplias zonas del tercer mundo donde las consecuencias políticas de la transformación social eran realmente imposibles de predecir. Lo que era seguro era que ese mundo iba a ser inestable e inflamable, como lo atestiguaba el medio siglo transcurrido desde la segunda guerra mundial.

Ahora debemos centrarnos en la parte que, para la mayoría del tercer mundo descolonizado, parecía ofrecer un modelo de progreso más adecuado y esperanzador que el de Occidente: el «segundo mundo» de los sistemas socialistas cuyo modelo era la Unión Soviética.

11. Aparte de la orientación socialista del uno y la ideología antisocialista del otro, las semejanzas entre el Partido de los Trabajadores brasileño y el movimiento polaco contemporáneo Solidaridad son sorprendentes: un cabecilla proletario de buena fe —el electricista de unos astilleros y un obrero cualificado del sector del automóvil—, un grupo de asesores intelectuales y el fuerte apoyo de la Iglesia. Y las semejanzas resultan aún más numerosas si recordamos que el PT intentó sustituir a la organización comunista, que se opuso a ello.

Capítulo XIII

EL «SOCIALISMO REAL»

> La revolución de octubre no sólo produjo una división en la historia del mundo al establecer el primer estado y la primera sociedad poscapitalistas, sino que también dividió la política marxista y la socialista ... Después de la revolución de octubre, las estrategias y perspectivas socialistas empezaron a basarse en el ejemplo político, en vez de en el análisis del capitalismo.
>
> GÖRAN THERBORN (1985, p. 227)

> Los economistas de hoy ... entienden mucho mejor que antes el modo de funcionamiento real de la economía, por oposición a su modo de funcionamiento formal. Han oído hablar de la «economía paralela», y puede que incluso de otras economías, y de un montón de prácticas informales, pero muy extendidas, sin las cuales nada funciona.
>
> MOSHE LEWIN en Kerblay (1983, p. XXII)

I

Cuando hubo pasado la polvareda de las batallas de la guerra, primero, y de la guerra civil, después, a principios de los años veinte, y dejó de correr la sangre de los cadáveres y de las heridas, la mayor parte de lo que hasta 1914 había sido el imperio ortodoxo ruso de los zares se mantuvo intacto como imperio, pero bajo la autoridad de los bolcheviques y consagrado a la construcción del socialismo en el mundo. Fue el único de los antiguos imperios dinástico-religiosos que sobrevivió a la primera guerra mundial, que hizo trizas tanto al imperio otomano, cuyo sultán era el califa de todos los fieles musulmanes, como al imperio de los Habsburgo, que mantenía una relación especial con la Iglesia de Roma. Ambos se desintegraron bajo el peso de la derrota. Que Rusia sobreviviera como una sola entidad multiétnica que se extendía de la frontera con Polonia, al oeste, hasta la frontera con Japón, al este, se debió muy probablemente a la revolución de octubre, pues las tensiones que habían acabado con los imperios anteriores aparecieron, o reaparecieron, en la Unión Soviética a fines de los ochenta, cuando el sistema comunista que había mantenido la unidad desde 1917 abdicó. Trajera lo que trajese el futuro, lo que nació a principios de los años veinte fue un solo estado, muy pobre y atrasado, mucho más atrasado que la Rusia de los zares, pero de enormes dimensiones —«la sexta parte de la superficie mundial», como gustaban de presumir los comunistas en el período de entreguerras—, dedicado a crear una sociedad diferente y opuesta a la del capitalismo.

En 1945 las fronteras de la región que se escindía del mundo capitalista se ampliaron considerablemente. En Europa pasaron a incluir toda la zona comprendida al este de una línea que iba, aproximadamente, del río Elba en Alemania hasta el Adriático, incluyendo toda la península balcánica menos Grecia y la pequeña parte que Turquía conservaba en Europa. Polonia, Checoslovaquia, Hungría, Yugoslavia, Rumania, Bulgaria y Albania pasaron a la zona socialista, así como la parte de Alemania ocupada por el ejército rojo después de la guerra y convertida en la República Democrática Alemana en 1954. La mayoría de las zonas que Rusia perdió como consecuencia de la guerra y la revolución después de 1917, y un par de territorios que antes habían pertenecido al imperio austrohúngaro, los recuperó también o los adquirió la Unión Soviética entre 1939 y 1945. Mientras tanto, se produjo una enorme ampliación de la futura zona socialista en el Extremo Oriente con la llegada al poder de regímenes comunistas en China (1949) y en parte de Corea (1945), y de lo que había sido la Indochina francesa (Vietnam, Laos, Camboya) después de una guerra de treinta años (1945-1975). La zona comunista se amplió todavía un par de veces algo más tarde, en ambas ocasiones en el hemisferio occidental —Cuba (1959) y algunos países africanos en los años setenta—, pero, en lo esencial, el área socialista había quedado configurada al llegar a 1950. Gracias a la enorme población de China, incluía aproximadamente a la tercera parte de la población mundial, aunque el tamaño medio de los países socialistas, con la excepción de China, la URSS y Vietnam (58 millones de habitantes) no era muy grande: su población iba de los 1,8 millones de habitantes de Mongolia a los 36 millones de Polonia.

Esta era la parte del mundo cuyos sistemas sociales, a partir de un momento determinado de los años sesenta, pasaron a conocerse, en la terminología ideológica soviética, como países del «socialismo real»; un término ambiguo que implicaba o sugería que podía haber otras clases distintas y mejores de socialismo, pero que en la práctica esta era la única que funcionaba. También fue esta la zona cuyos sistemas sociales y económicos, además de sus regímenes políticos, se desmoronaron por completo en Europa en el tránsito de la década de los ochenta a la de los noventa. En Oriente, estos sistemas políticos se mantenían, aunque la reestructuración económica que emprendieron representaba la liquidación del socialismo tal como hasta entonces lo habían entendido esos regímenes, sobre todo China. Los regímenes diseminados por el resto del mundo y que habían imitado el «socialismo real» o se inspiraban en él, o se habían hundido o ya no les quedaba mucho de vida.

Lo primero que hay que decir acerca del área socialista es que durante la mayor parte de su existencia formó un subuniverso autónomo y en gran medida autosuficiente política y económicamente. Sus relaciones con el resto de la economía mundial, capitalista o dominada por el capitalismo de los países desarrollados, eran muy escasas. Incluso en el momento culminante de la expansión del comercio mundial de la edad de oro, sólo alrededor de un 4 por 100 de las exportaciones de las economías de mercado desarrolladas iba a parar a las «economías planificadas», y, llegados los ochenta, la proporción de las exportaciones del tercer mundo que les llegaba no era mucho mayor. Las economías socialistas enviaban una parte bastante mayor de sus modestas exportaciones al resto del mundo, pero, aun así, dos tercios de su comercio internacional en los años sesenta (1965) se realizaba dentro de su propia zona (*UN International Trade*, 1983, vol. 1, p. 1.046).[1]

Por razones evidentes, había pocos movimientos humanos entre el «primer mundo» y el «segundo», aunque algunos países de la Europa del Este empezaron a fomentar la industria turística a partir de los años sesenta. La emigración y los desplazamientos temporales a países no socialistas estaban estrechamente vigilados, y a veces eran prácticamente imposibles. Los sistemas políticos del mundo socialista, que eran básicamente imitaciones del sistema soviético, no tenían equivalente en el resto del mundo. Se basaban en un partido único fuertemente jerarquizado y autoritario que monopolizaba el poder estatal —en realidad, suplantaba en ocasiones al estado— y que gestionaba una economía de planificación centralizada, e imponía (por lo menos teóricamente) un credo marxista-leninista único a los habitantes del país. La separación o autoseparaciónn del «campo socialista» (como pasó a llamarse en terminología soviética a partir de finales de los años cuarenta) fue desmoronándose poco a poco en los años setenta y ochenta. No obstante, el grado de ignorancia e incomprensión mutuas que persistía entre los dos mundos era extraordinario, sobre todo si tenemos en cuenta que esta es la época en la que tanto el transporte como las comunicaciones experimentaron una revolución total. Durante largos períodos fue muy poca la información sobre sí mismos que esos países dejaron salir, y muy poca la del resto del mundo que dejaron entrar. A su vez, incluso a ciudadanos cultos y refinados del primer mundo que no fuesen especialistas les parecía incomprensible lo que veían u oían en países cuyo pasado y presente eran tan distintos del de los suyos, y cuyas lenguas les eran generalmente desconocidas.

Los motivos fundamentales de separación de los dos «campos» eran sin duda políticos. Como hemos visto, después de la revolución de octubre la

1. Los datos se refieren, estrictamente hablando, a la URSS y a sus asociados, pero pueden servir como punto de referencia.

Rusia soviética veía en el capitalismo al enemigo que había que derrocar lo antes posible mediante la revolución universal. Pero la revolución no se produjo, y la Rusia de los soviets quedó aislada, rodeada por el mundo capitalista, muchos de cuyos gobiernos más poderosos deseaban impedir la consolidación de este centro mundial de la subversión, y eliminarlo lo antes posible. El mero hecho de que la URSS no obtuviera el reconocimiento diplomático de su existencia por parte de los Estados Unidos hasta 1933 demuestra su condición inicial al margen de la ley. Además, incluso cuando Lenin, siempre realista, estuvo dispuesto, y hasta ansioso, para hacer las mayores concesiones imaginables a los inversores extranjeros a cambio de su contribución al desarrollo económico de Rusia, se encontró con que nadie aceptaba su oferta. Así pues, la joven URSS se vio obligada a emprender un desarrollo autárquico, prácticamente aislada del resto de la economía mundial, que, paradójicamente, pronto le proporcionaría su argumento ideológico más poderoso, al aparecer inmune a la gigantesca Depresión económica que asoló la economía capitalista después del crac de Wall Street de 1929.

La política contribuyó una vez más a aislar la economía soviética en los años treinta y todavía más la de la extensa zona soviética de después de 1945. La guerra fría congeló las relaciones tanto políticas como económicas entre ambos bandos. A efectos prácticos, todas las relaciones económicas entre ellos, aparte de las más triviales (o inconfesables), tenían que pasar por los controles estatales impuestos por ambos. El comercio entre los bloques estaba en función de las relaciones políticas. No fue hasta los años setenta y ochenta cuando aparecieron indicios de que el universo autónomo del «campo socialista» se estaba integrando en la economía mundial. Visto en perspectiva, puede decirse que ese fue el principio del fin del «socialismo real». Pero no existe ninguna razón teórica por la que la economía soviética, tal como surgió de la revolución y la guerra civil, no hubiese podido evolucionar en relación más íntima con el resto de la economía mundial. Las economías de planificación centralizada y las de corte occidental pueden estar estrechamente vinculadas, como demuestra el caso de Finlandia, que en un momento determinado (1983) obtenía la cuarta parte de sus importaciones de la URSS, a la que exportaba en una proporción similar. Sin embargo, el «campo socialista» del que se ocupan los historiadores es el que surgió realmente, no el que habría podido existir.

El hecho fundamental de la Rusia soviética era que sus nuevos gobernantes, el Partido Bolchevique, no esperaban que sobreviviese en el aislamiento, y menos aún que se convirtiese en el centro de una economía colectivista autárquica («el socialismo en un solo país»). Ninguna de las condiciones que Marx y sus seguidores habían considerado necesarias para el establecimiento de una economía socialista estaban presentes en esta masa ingente de territorio que era un sinónimo de atraso social y económico en Europa. Los fundadores del marxismo creían que la función de una revolución en Rusia sería tan sólo la de precipitar el estallido revolucionario en los países industrializados más avanzados, donde se daban las condiciones previas para la construcción del socialismo. Como hemos visto, eso fue exactamente lo que se suponía que iba a ocurrir en 1917-1918, y lo que parecía justificar la polémica decisión —por lo menos para los marxistas— de Lenin de trazar la estrategia de los bolcheviques rusos para la conquista del poder soviético y del socialismo. Para Lenin, Moscú sólo sería la sede temporal del socialismo hasta que pudiese trasladarse a su capital permanente en Berlín. No es ninguna coincidencia que el idioma oficial de la Internacional Comunista, el estado mayor de la revolución mundial, fundada en 1919, no fuese el ruso, sino el alemán.

Cuando resultó evidente que la Rusia soviética iba a ser, y no por poco tiempo, el único país donde había triunfado la revolución proletaria, la única política lógica que podían hacer los bolcheviques era la de transformar su economía y sociedad de atrasada en moderna lo antes posible. La manera más obvia de conseguirlo era combinar una ofensiva general contra el atraso cultural de las masas, contra su oscurantismo, ignorancia, analfabetismo y superstición, con una campaña en todos los frentes en pos de la modernización tecnológica y de la revolución industrial. El comunismo soviético se convirtió, por lo tanto, en un programa para transformar países atrasados en avanzados. Este énfasis en el crecimiento económico ultrarrápido no carecía de atractivo, ni siquiera para el mundo capitalista, que vivía su era de las catástrofes y buscaba desesperadamente el modo de recuperar el dinamismo económico. Y, además de para la Europa occidental y para América del Norte, era un modelo todavía más apropiado para los problemas del resto del mundo, que en su mayor parte reconocía su imagen en el atraso rural de la Rusia de los soviets. La fórmula soviética de desarrollo económico —una planificación estatal centralizada encaminada a la construcción ultrarrápida de las industrias básicas y las infraestructuras esenciales para una sociedad industrial moderna— parecía pensada para ellos. Moscú no sólo resultaba un modelo más atractivo que Detroit o Manchester por el hecho de ser antiimperialista, sino que parecía más adecuado para países que carecían tanto de capital privado como de un sector industrial privado orientado a la consecución de beneficios. Esta idea de «socialismo» inspiró a una serie de ex colonias que acababan de acceder a la independencia después de la segunda guerra mundial, cuyos gobiernos rechazaban el sistema político comunista (véase el capítulo XII). Como los países que se unieron a este sistema eran también economías primitivas y agrícolas, con la excepción de Checoslovaquia, de la futura República Democrática Alemana y, en menor medida, de Hungría, la fórmula económica soviética también les parecía adecuada, y sus nuevos gobernantes emprendieron la tarea de construcción económica con verdadero entusiasmo. Además, la fórmula parecía eficaz. En el período de entreguerras, y sobre todo durante los años treinta, el ritmo de crecimiento de la economía soviética superó al de los demás países, salvo Japón, y en los primeros quince años que siguieron a la segunda guerra mundial las economías del «campo socialista» crecieron considerablemente más deprisa que las de Occidente, hasta el punto de que dirigentes soviéticos como Nikita Kruschev creían sinceramente que, de seguir la curva de crecimiento al mismo ritmo, el socialismo superaría en producción al capitalismo en un futuro inmediato, como lo creía también el primer ministro británico Harold Macmillan. Más de un observador económico de los años cincuenta se preguntaba si eso no llegaría a ocurrir.

Es curioso que en la obra de Marx y Engels falte cualquier tipo de discusión acerca de la «planificación», que se convertiría en el criterio esencial del socialismo, o acerca de una industrialización con prioridad para la producción pesada, aunque la planificación esté implícita en una economía socializada. Pero antes de 1917 los socialistas, marxistas o no, habían estado demasiado atareados combatiendo al capitalismo como para pensar en serio en el carácter de la economía que debía sustituirlo, y, después de octubre, el propio Lenin, después de mojar el pie, en expresión de su propia cosecha, en las profundas aguas del socialismo, no hizo ningún intento de zambullirse en lo desconocido. Fue la crisis de la guerra civil la que le hizo enfrentarse directamente al problema. La guerra condujo a la nacionalización de todas las industrias a mediados de 1918 y al «comunismo de guerra», mediante el cual un estado bolchevique en pie de guerra organizó su lucha a vida o muerte frente a la contrarrevolución y a la invasión extranjera, y se esforzó por obtener los recursos necesarios para ello. Todas las economías de guerra, hasta en los países capitalistas, conllevan la planificación y la dirección de la economía por el estado. En realidad, la inspiración inmediata del concepto de planificación de Lenin era la economía de guerra de la Alemania de 1914-1918 (que, como hemos visto, es probable que no fuese el mejor modelo de su tiempo y de su clase). Las economías de guerra comunistas tendían por naturaleza y por principio a sustituir la propiedad y la gestión privadas por las públicas, y a prescindir del mercado y del mecanismo de los precios, sobre todo porque ninguno de estos elementos resultaba útil para improvisar la organización del esfuerzo nacional para la guerra de la noche a la mañana. De hecho, había comunistas idealistas como Nikolai Bujarin que veían en la guerra civil la oportunidad de establecer las estructuras centrales de una utopía comunista, y en la triste economía de crisis, de escasez general permanente y en la distribución no monetaria de productos de primera necesidad mediante el racionamiento —pan, ropa, billetes de autobús—, un anticipo espartano de este ideal social. En realidad, tras la victoria del régimen soviético en la lucha de 1918-1920, era evidente que el comunismo de guerra, por necesario que hubiese sido en su momento, no podía continuar, en parte porque los campesinos se sublevarían contra la confiscación militar de su grano, que había sido la base del sistema, y los obreros, contra sus sufrimientos; y en parte también porque el comunismo de guerra no proporcionaba ningún método eficaz para restaurar una economía que había quedado prácticamente destruida: la producción de hierro y acero había bajado de 4,2 millones de toneladas en 1913 a 200.000 en 1920.

Con su habitual realismo, Lenin introdujo la Nueva Política Económica (NEP) en 1921, lo que significaba en la práctica el restablecimiento del mercado y suponía una retirada del comunismo de guerra al «capitalismo de estado». Fue en este mismo momento, en el que la economía rusa, ya de por sí retrógrada, había quedado reducida al 10 por 100 de su tamaño de antes de la guerra (véase el capítulo II), cuando la necesidad de proceder a una industrialización masiva mediante la planificación estatal se convirtió en una clara prioridad para el gobierno soviético. Y aunque la NEP desmantelase el comunismo de guerra, el control y la coacción del estado siguió siendo el único modelo conocido de una economía en que propiedad y gestión habían sido socializados. La primera institución planificadora, la Comisión Estatal para la Electrificación de Rusia (GOELRO), creada en 1920, tenía por objetivo la modernización tecnológica, pero la Comisión de Planificación Estatal, organizada en 1921 (Gosplan), tenía objetivos más generales, y continuó existiendo con ese nombre hasta el fin de la URSS. Se convirtió en el antepasado e inspirador de todas las instituciones estatales de planificación, o incluso de las dedicadas al control macroeconómico de la economía de los estados del siglo XX.

La NEP fue un tema de acalorada discusión en la Rusia de los años veinte, y volvió a serlo en los años de Gorbachov, a principios de los ochenta, pero por la razón contraria. En los años veinte se veía como una derrota del comunismo, o por lo menos como una desviación en la marcha hacia el socialismo, fuera del camino principal, al que era necesario regresar dc un modo u otro. Los radicales, como Trotsky, querían romper lo antes posible con la NEP y emprender una campaña de industrialización acelerada, que fue la política que acabó adoptando Stalin. Los moderados, con Bujarin a la cabeza, que había dejado atrás el ultrarradicalismo de los años del comunismo de guerra, eran plenamente conscientes de las limitaciones políticas y económicas con que el gobierno bolchevique tenía que actuar en un país más dominado incluso por la agricultura que antes de la revolución, y eran partidarios de una transformación gradual. Lenin no pudo expresar adecuadamente su punto de vista después de sufrir un ataque de parálisis en 1922 —sobrevivió solamente hasta principios de 1924—, pero, mientras pudo hacerlo, parece haber sido partidario de la postura gradualista. Por otro lado, las polémicas de los años ochenta eran análisis retrospectivos en busca de una alternativa en la historia socialista al estalinismo que sucedió a la NEP, una vía hacia el socialismo diferente de la que habían propuesto tanto la izquierda como la derecha bolcheviques en los años veinte. Visto retrospectivamente, Bujarin se convirtió en una especie de proto-Gorbachov.

Estas polémicas son hoy en día irrelevantes. Si miramos hacia atrás, podemos ver que la justificación original de la decisión de establecer un gobierno socialista en Rusia desapareció cuando la «revolución proletaria» no consiguió adueñarse de Alemania. Y lo que es peor: Rusia, tras la guerra civil, se encontraba en ruinas y mucho más atrasada que en la época de los zares. Es cierto que el zar, y la nobleza, grande y pequeña, habían desaparecido. Dos millones de personas emigraron, privando de paso al estado soviético de una gran proporción de sus cuadros más preparados. Y también desaparecieron el desarrollo industrial de la época zarista, y la mayor parte de los obreros industriales que formaban la base sociopolítica del Partido Bolchevique, muertos o dispersados por la revolución y la guerra civil, o trasladados a las oficinas del estado y del partido. Lo que quedaba era una Rusia todavía más anclada en el pasado, la masa inmóvil e inalterable del campesinado en las comunidades rurales restauradas, a quienes la revolución (contra los criterios marxistas tradicionales) había dado tierras, o mejor, cuya ocupación y reparto de la tierra en 1917-1918 se había aceptado como el precio necesario de la victoria y la supervivencia. En muchos sentidos la NEP fue una breve edad de oro para la Rusia rural. Por encima de esta masa estaba el Partido Bolchevique, que ya no representaba a nadie. Tal como reconoció Lenin con su lucidez habitual, todo lo que el partido tenía a su favor era el hecho de haber sido y, con toda probabilidad, de continuar siendo el gobierno aceptado y consolidado del país; nada más. Aun así, lo que gobernaba de hecho el país era una plétora de burócratas grandes o pequeños, cuyo nivel medio de cultura y cualificaciones era aún más bajo que antes.

¿Qué opciones tenía ese régimen, que se encontraba, además, aislado y boicoteado por los gobiernos y los capitalistas extranjeros, preocupados por los activos y las inversiones rusas expropiados por la revolución? La NEP tuvo un verdadero éxito en su empeño por restaurar la economía soviética a partir de su estado ruinoso de 1920. Al llegar a 1926, la producción industrial soviética había recuperado más o menos el nivel de antes de la guerra, aunque eso no quería decir mucho. La población de la URSS seguía siendo tan abrumadoramente rural como en 1913 (el 82 por 100 en ambos casos) (Bergson y Levine, 1983, p. 100; Nove, 1969), y de hecho sólo un 7,5 por 100 de la población trabajaba fuera del sector agrícola. Lo que el campesinado quería vender a las ciudades; lo que quería comprarles; la parte de sus ingresos que quería ahorrar; y cuántos de los muchos millones que habían decidido alimentarse a sí mismos en los pueblos antes que enfrentarse a la miseria en la ciudad querían abandonar las granjas: todo eso era determinante para el futuro económico de Rusia, pues, aparte de los ingresos estatales en concepto de impuestos, el país no tenía otra fuente de inversiones y de mano de obra. Dejando a un lado las consideraciones políticas, la continuación de la NEP, con o sin enmiendas, habría producido en el mejor de los casos un ritmo de industrialización modesto. Además, hasta que hubiese un desarrollo industrial mucho mayor, era muy poco lo que los campesinos podían comprar en las ciudades y que podía tentarles a vender sus excedentes antes que comérselos y bebérselos en los pueblos. Este hecho (conocido por «crisis de las tijeras») sería la soga que acabaría estrangulando a la NEP. Sesenta años después, unas «tijeras» parecidas, aunque proletarias, desestabilizarían la *perestroika* de Gorbachov, al preguntarse los trabajadores soviéticos por qué tenían que aumentar la productividad para ganar salarios más altos, si la economía no producía artículos de consumo que comprar con esos aumentos salariales Pero ¿cómo podían producirse esos artículos, a menos que los trabajadores soviéticos aumentasen la productividad?

Por consiguiente, no resultaba muy probable que la NEP —es decir, un crecimiento económico equilibrado, basado en una economía agrícola de mercado dirigida desde arriba por el estado— se consolidara como una estrategia duradera. Para un régimen comprometido con el socialismo, en todo caso, los argumentos en su contra eran contundentes. Las escasas fuerzas dedicadas a la construcción de la nueva sociedad ¿no quedarían a merced de la producción de mercancías en pequeña escala y de la pequeña empresa, que acabarían regenerando el capitalismo que la revolución acababa de derrocar? Y, sin embargo, lo que hacía vacilar al Partido Bolchevique era el coste previsible de la alternativa: la industrialización forzosa implicaba una segunda revolución, pero esta vez no desde abajo, sino impuesta por el poder del estado desde arriba.

Stalin, que presidió la edad de hierro de la URSS que vino a continuación, fue un autócrata de una ferocidad, una crueldad y una falta de escrúpulos excepcionales o, a decir de algunos, únicas. Pocos hombres han manipulado el terror en tal escala. No cabe duda de que, bajo el liderazgo de alguna otra figura del Partido Bolchevique, los sufrimientos de los pueblos de la URSS habrían sido menores, al igual que la cantidad de víctimas. No obstante, cualquier política de modernización acelerada de la URSS, en las circunstancias de la época, habría resultado forzosamente despiadada, porque había que imponerla en contra de la mayoría de la población, a la que se condenaba a grandes sacrificios, impuestos en buena medida por la coacción. La economía de dirección centralizada responsable mediante los «planes» de llevar a cabo esta ofensiva industrializadora estaba más cerca de una operación militar que de una empresa económica. Por otro lado, al igual que sucede con las empresas militares que tienen una legitimidad moral popular, la industrialización salvaje de los primeros planes quinquenales (1929-1941) ganó apoyo gracias a la «sangre, sudor y lágrimas» que impuso a la gente. Como sabía Churchill, el sacrificio en sí puede motivar. Por difícil que resulte de creer, hasta el sistema estalinista, que volvió a convertir a los campesinos en siervos de la gleba e hizo que partes importantes de la economía dependieran de una mano de obra reclusa de entre cuatro y trece millones de personas (los gulags) (Van der Linden, 1993), contó, casi con toda certeza, con un apoyo sustancial, aunque no entre el campesinado (Fitzpatrick, 1994).

La «economía planificada» de los planes quinquenales que sustituyó a la NEP en 1928 era un mecanismo rudimentario, mucho más rudimentario que los cálculos de los economistas pioneros del Gosplan de los años veinte, que a su vez eran más rudimentarios que los mecanismos de planificación de que disponen los gobiernos y las grandes empresas de finales del siglo XX. Su tarea esencial era la de crear nuevas industrias más que gestionarlas, dando máxima prioridad a las industrias pesadas básicas y a la producción de energía, que eran la base de todas las grandes economías industriales: carbón, hierro y acero, electricidad, petróleo, etc. La riqueza excepcional de la URSS en las materias primas adecuadas hacía esta elección tan lógica como práctica. Al igual que en una economía de guerra —y la economía dirigida soviética era una especie de economía de guerra—, los objetivos de producción se pueden y a veces se deben fijar sin tener en cuenta el coste, ni la relación coste-eficacia, ya que el criterio es si se cumplen, y cuándo. Como en toda lucha a vida o muerte, el método más eficaz para cumplir los objetivos y las fechas es dar órdenes urgentes que produzcan paroxismos de actividad. La crisis es su forma de gestión. La economía soviética se consolidó como una serie de procesos rutinarios interrumpidos de vez en cuando por «esfuerzos de choque» casi institucionalizados en respuesta a las órdenes de la autoridad superior. Nikita Kruschev se desesperaría más tarde buscando una forma de hacer que el sistema funcionase sin que fuera «a gritos» (Kruschev, 1990, p. 18). Antes, Stalin había explotado este método fijando a sabiendas objetivos que no eran realistas para estimular esfuerzos sobrehumanos.

Además, los objetivos, una vez fijados, tenían que entenderlos y cumplirlos, hasta en las más recónditas avanzadillas de la producción en el interior de Asia, administradores, gerentes, técnicos y trabajadores que, por lo menos en la primera generación, carecían de experiencia y de formación, y estaban más acostumbrados a manejar arados que máquinas. (El caricaturista David Low, que visitó la URSS a principios de los años treinta, hizo un dibujo de una muchacha de una granja colectiva «intentando por descuido ordeñar un tractor».) Esto eliminaba todo rastro de sofisticación, menos en los niveles más altos, que, por eso mismo, cargaban con la responsabilidad de una centralización cada vez más absoluta. Al igual que Napoleón y su jefe de estado mayor habían tenido que compensar a veces las deficiencias técnicas de sus mariscales, oficiales de combate sin apenas formación que habían sido promovidos desde las más bajas graduaciones, del mismo modo todas las decisiones pasaron a concentrarse cada vez más en el vértice del sistema soviético. La fuerte centralización del Gosplan compensaba la escasez de gestores. El inconveniente de este proceder era la enorme burocratización del aparato económico, así como del conjunto del sistema.[2]

Mientras la economía se mantuvo a un nivel de semisubsistencia y sólo tuvo que poner los cimientos de la industria moderna, este sistema improvisado, que se desarrolló sobre todo en los años treinta, funcionó. Incluso llegó a desarrollar una cierta flexibilidad, de forma igualmente rudimentaria: la fijación de una serie de objetivos no interfería necesariamente en la fijación de otra serie de objetivos, como ocurriría en el complejo laberinto de una economía moderna. En realidad, para un país atrasado y primitivo, carente de toda asistencia exterior, la industrialización dirigida, pese a su despilfarro e ineficacia, funcionó de una forma impresionante. Convirtió a la URSS en una economía industrial en pocos años, capaz, a diferencia de la Rusia de los zares, de sobrevivir y ganar la guerra contra Alemania, pese a la pérdida temporal de zonas que comprendían un tercio de la población y más de la mitad

2. «Si hay que dar instrucciones suficientemente claras a cada sector productivo importante y a cada unidad de producción, y en ausencia de una planificación a varios niveles, entonces es inevitable que el centro cargue con una masa colosal de trabajo» (Dyker, 1985, p. 9).

de las fábricas de muchas industrias. Hay que añadir que en pocos regímenes la gente hubiera podido o querido soportar los sacrificios del esfuerzo de guerra soviético (véase Milward, 1979, pp. 92-97), o los de los años treinta. Pero si el sistema mantenía el nivel de consumo de la población bajo mínimos —en 1940 la economía produjo poco más de un par de zapatos por habitante de la URSS—, les garantizaba en cambio un mínimo social. Les daba trabajo, comida, ropa y vivienda de acuerdo con precios y salarios controlados (esto es, subsidiados), pensiones, atención sanitaria y cierto igualitarismo, hasta que el sistema de recompensas y privilegios especiales para la *nomenklatura* se descontroló tras la muerte de Stalin. Con mucha mayor generosidad, proporcionaba también educación. La transformación de un país en buena parte analfabeto en la moderna URSS fue, se mire como se mire, un logro gigantesco. Y para los millones de aldeanos para los que, incluso en los momentos más difíciles, el desarrollo soviético representó la apertura de nuevos horizontes, una escapatoria del oscurantismo y la ignorancia hacia la ciudad, la luz y el progreso, por no hablar de la promoción personal y la posibilidad de hacer carrera, los argumentos en favor de la nueva sociedad resultaban convincentes. Por otra parte, tampoco conocían otra.

Sin embargo, este éxito no se hizo extensivo a la agricultura y a quienes vivían de ella, ya que la industrialización se hizo a costa de la explotación del campesinado. Poco se puede decir en favor de la política agraria soviética, salvo, tal vez, que los campesinos no fueron los únicos que cargaron con la «acumulación primitiva socialista», por citar la fórmula favorita, según se dice,[3] de un seguidor de Trotsky: a los obreros también les tocó asumir en parte la carga de generar recursos destinados a una futura reinversión.

Los campesinos —la mayoría de la población— no sólo pertenecían a una categoría legal y política inferior, por lo menos hasta la Constitución de 1936 (totalmente inoperante); no sólo tenían que pagar más impuestos a cambio de menos protección, sino que la política agrícola que sustituyó a la NEP, la colectivización forzosa de la tierra en cooperativas o granjas estatales, fue entonces, y seguiría siéndolo más tarde, un desastre. Su efecto inmediato fue el descenso de la producción de cereales y la reducción a la mitad de la cabaña ganadera, lo que provocó una terrible hambruna en 1932-1933. La colectivización hizo disminuir la ya de por sí baja productividad de la agricultura rusa, que no volvió a alcanzar el nivel de la NEP hasta 1940 o, si tenemos en cuenta los desastres posteriores de la segunda guerra mundial, hasta 1950 (Tuma, 1965, p. 102). La colosal mecanización que intentó compensar estas carencias fue también, y ha seguido siéndolo, colosalmente ineficaz. Después de una etapa prometedora en la posguerra, en que la economía soviética llegó a producir modestos excedentes de cereales destinados a la exportación —aunque la URSS no llegase a parecer nunca un

3. Según Marx, la «acumulación primitiva» mediante la expropiación y el pillaje fue necesaria para permitir al capitalismo adquirir el capital cuya acumulación se efectuaría luego de forma endógena.

exportador importante, como lo había sido la Rusia de los zares—, la agricultura soviética dejó de ser capaz de alimentar a la población. A partir de los años setenta dependió del mercado mundial de cereales para cubrir a veces hasta la cuarta parte de sus necesidades. De no ser por la ligera relajación del sistema colectivista, que permitió a los campesinos producir para el mercado en las pequeñas parcelas de su propiedad —que constituían aproximadamente el 4 por 100 de la superficie cultivada en 1938—, los consumidores soviéticos habrían tenido poco que comer, salvo pan negro. En resumen, la URSS cambió una agricultura campesina ineficiente por una agricultura colectivista ineficiente a un precio enorme.

Como tantas veces ocurre, este hecho reflejaba las condiciones sociales y políticas de la Rusia soviética más que el carácter del propio proyecto bolchevique. La creación de cooperativas y la colectivización, combinadas en mayor o menor medida con la agricultura privada —o incluso, como en el caso de los *kibbuzim* israelíes, más comunistas que todo lo existente en la URSS—, puede tener éxito, mientras que la agricultura campesina se ha mostrado con frecuencia más capaz de sacar subsidios a los gobiernos que beneficios a la tierra.[4] Sin embargo, en la URSS no cabe duda de que la política agrícola fue un fracaso, que, sin embargo, copiaron con demasiada frecuencia, por lo menos al principio, los regímenes socialistas posteriores.

El otro aspecto del desarrollo soviético en favor del cual puede decirse poco es la enorme e inflada burocratización engendrada por la centralización estatal, con la que no pudo ni siquiera Stalin. Se ha sugerido incluso, con la más absoluta seriedad, que el gran terror de la segunda mitad de los años treinta fue un método desesperado de Stalin para «vencer al laberinto burocrático y la artera habilidad con que éste eludía la mayor parte de controles y órdenes del gobierno» (Lewin, 1991, p. 17), o por lo menos para impedir que acabara adueñándose del poder, convertido en un aparato de gobierno osificado, como terminó sucediendo en la época de Brezhnev. Todo intento de hacer más flexible y eficiente la administración no hacía más que hincharla y hacerla aún más indispensable. A finales de los años treinta, creció dos veces y media por encima del ritmo medio de creación de empleo. Poco antes de la guerra había ya más de un administrador por cada dos trabajadores manuales (Lewin, 1991). En época de Stalin, los cuadros de los niveles superiores del escalafón eran, como se ha dicho, «esclavos de un poder único, siempre al borde del desastre. Su poder y sus privilegios quedaban oscurecidos por la presencia constante de un *memento mori*». Después de Stalin, o más bien después de la eliminación del último «gran jefe», Nikita Kruschev, en 1964, ya no había nada en el sistema que impidiese su estancamiento.

4. Así, por ejemplo, en la primera mitad de los años ochenta, Hungría, con una gran cantidad de explotaciones agrícolas colectivas, exportaba más productos agrícolas que Francia, pese a contar con una superficie cultivable de poco más de la cuarta parte de la francesa, y casi el doble (en valor) de lo que exportaba Polonia, con una superficie cultivada casi tres veces mayor que la de Hungría. Las explotaciones polacas, al igual que las francesas, no eran colectivas (*FAO Production*, 1986; *FAO Trade*, vol. 40, 1986).

El tercer inconveniente del sistema, y el que acabó por hundirlo, era su inflexibilidad. Estaba concebido para generar un aumento constante de la producción de bienes cuya naturaleza y calidad había sido predeterminada, pero no estaba dotado de mecanismo externo alguno para variar la cantidad (salvo para aumentarla) ni la calidad, ni para innovar. En realidad, el sistema no sabía qué hacer con los inventos, y no los utilizaba en la economía civil, a diferencia de lo que ocurría en el complejo militar-industrial.[5] En cuanto a los consumidores, no contaban ni con un mercado, que habría indicado sus preferencias, ni con un trato de favor en el sistema económico ni, como veremos, en el político; al contrario, la maquinaria planificadora reproducía la tendencia del sistema hacia un máximo incremento de los bienes de equipo. Lo más que puede decirse es que, a medida que la economía fue desarrollándose, produjo más artículos de consumo, aunque la estructura industrial siguiese favoreciendo los bienes de equipo. De todos modos, el sistema de distribución era tan malo y, sobre todo, el sistema de organización de los servicios era de una nulidad tal, que el aumento del nivel de vida en la URSS —y la mejoría de los años cuarenta a los setenta fue muy notable— sólo pudo darse con la colaboración, o tal vez gracias a la intervención, de una extensa economía «paralela» o «sumergida», que creció rápidamente, en especial a partir de fines de los años sesenta. Dado que las economías extraoficiales no figuran, por definición, en los documentos oficiales, sólo podemos hacer conjeturas sobre su tamaño, pero a fines de los años setenta se calculaba que la población urbana soviética gastaba unos veinte mil millones de rublos en artículos de consumo y servicios médicos y legales privados, y unos siete mil millones de rublos en «propinas» para asegurarse de ser atendida (Alexeev, 1990), una suma comparable, por aquel entonces, al total de importaciones del país.

En resumen, el sistema soviético estaba pensado para industrializar un país muy atrasado y subdesarrollado lo más rápidamente posible, dando por sentado que la población se conformaría con un nivel de vida que garantizaba unos mínimos sociales y que se hallaba algo por encima del de subsistencia, si bien su nivel exacto dependía de lo que sobrara en una economía organizada para una continua industrialización. Por más ineficiente y derrochador que fuera el sistema, estos objetivos se cumplieron. En 1913, el imperio de los zares, con el 9,4 por 100 de la población mundial, generaba el 6 por 100 del total de las «rentas nacionales» del mundo y el 3,6 por 100 de la producción industrial. En 1986 la URSS, con menos del 6 por 100 de la población del planeta, generaba el 14 por 100 de las «rentas nacionales» del mundo y el 14,6 por 100 de la producción industrial. (Pero obtenía tan sólo una parte un poco mayor de la producción agrícola mundial.) (Bolotin, 1987, pp. 148-152.) Rusia se había transformado en una gran potencia industrial, y, de hecho, su condición de superpotencia, mantenida a lo largo de casi medio

5. «Sólo un tercio del total de inventos llegaban a aplicarse en la economía, y aun en tales casos, raramente se difundían» (Vernikov, 1989, p. 7). Los datos parecen referirse a 1986.

siglo, se basaba en este éxito. Sin embargo, y contrariamente a lo que esperaban los comunistas, el motor del desarrollo económico soviético estaba diseñado de tal modo, que frenaba en lugar de acelerar cuando, después de que el vehículo había avanzado cierta distancia, el conductor apretaba el acelerador. Su dinamismo contenía el mecanismo de su propio agotamiento. Y este era el sistema que, a partir de 1944, se convirtió en un modelo para las economías en las que vivía un tercio del género humano.

Sin embargo, la revolución soviética también desarrollo un sistema político muy especial. Los movimientos populares de izquierdas de Europa, incluyendo los movimientos obreros y socialistas marxistas a los que pertenecía el Partido Bolchevique, bebían de dos tradiciones: la democracia electiva y, en ocasiones, directa, y la ejecución de acciones revolucionarias dirigidas de forma centralizada, herencia de la etapa jacobina de la revolución francesa. Los movimientos obreros y socialistas de masas que surgieron casi por doquier en Europa a finales del siglo XIX, ya en forma de partidos, sindicatos y cooperativas, ya como la combinación de todo esto, eran profundamente democráticos tanto en su estructura interna como en sus aspiraciones políticas. En los países donde todavía no existían constituciones basadas en un amplio sufragio, se encontraban entre las fuerzas que luchaban con más empeño por ellas. A diferencia de los anarquistas, los marxistas estaban fundamentalmente entregados a la acción *política*. El sistema político de la URSS, que más tarde se transferiría al mundo socialista, rompió abruptamente con la vertiente democrática de los movimientos socialistas, aunque siguió en teoría apoyándola, de forma cada vez más académica.[6] Fue incluso mucho más allá de la herencia jacobina, que, pese a su empeño por el rigor revolucionario y la acción más despiadada, no era favorable a las dictaduras personales. En resumen, del mismo modo en que la economía soviética era una economía dirigida, la política soviética era también una política dirigida.

Esta evolución reflejaba por una parte la historia del Partido Bolchevique, por otra, las crisis y las prioridades urgentes del joven régimen soviético y también las peculiaridades del ex seminarista de Georgia, hijo de un zapatero borrachín, que se convirtió en el dictador de la URSS con el nombre, de su propia elección, de «hombre de acero»: J. V. Stalin (1879-1953). El modelo leninista de «partido de vanguardia», una organización disciplinada y eficiente de revolucionarios profesionales, con la misión de llevar a cabo las tareas que les asignase la dirección central, era potencialmente autoritario, como señalaron desde el principio muchos marxistas rusos revolucionarios. ¿Qué podría frenar la tendencia a la sustitución de las masas por el

6. Así, por ejemplo, el centralismo autoritario tan típico de los partidos comunistas conservó la denominación oficial de «centralismo democrático», y la Constitución soviética de 1936 es, sobre el papel, una Constitución típicamente democrática, con tanta cabida para la democracia pluripartidista como, por ejemplo, la democracia norteamericana. No era esta una simple política de aparador, ya que gran parte del texto constitucional la redactó Nikolai Bujarin, quien, siendo un viejo revolucionario marxista de los de antes de 1917, sin duda creía que una Constitución de este tipo era la adecuada para una sociedad socialista.

partido que aseguraba liderarlas, de sus miembros —o mejor, de los congresos en que expresaban sus puntos de vista— por los comités (elegidos), del comité central por los dirigentes efectivos, hasta que el dirigente único (en teoría elegido) acabase reemplazándolos a todos? El peligro, como se vio, no dejaba de existir por el hecho de que Lenin ni quisiera ni estuviera en situación de ser un dictador, ni por el hecho de que el Partido Bolchevique, al igual que todas las organizaciones de ideología izquierdista, no operase como un estado mayor militar sino como un grupo de discusión permanente. Ese peligro se hizo más inmediato después de la revolución de octubre, al pasar los bolcheviques de ser un grupo de unos miles de activistas clandestinos a un partido de masas de cientos de miles, y, al final, de millones de activistas profesionales, administradores, ejecutivos y supervisores, que sumergió a la «vieja guardia» y a los demás socialistas de antes de 1917 que se les habían unido, como León Trotsky. Esa gente no compartía la vieja cultura política de la izquierda. Todo lo que sabían era que el partido tenía razón y que las decisiones de la autoridad superior debían cumplirse si se quería salvar la revolución.

Cualquiera que fuese la actitud prerrevolucionaria de los bolcheviques hacia la democracia dentro y fuera del partido, la libertad de expresión, las libertades civiles y la tolerancia, las circunstancias de los años 1917-1921 impusieron un modo de gobierno cada vez más autoritario dentro y fuera de un partido consagrado a realizar cualquier acción que fuese (o pareciese) necesaria para mantener el frágil y amenazado poder de los soviets. De hecho, al principio no era un gobierno de un solo partido, ni rechazaba a la oposición, pero ganó la guerra civil como una dictadura monopartidista apuntalada por un poderoso aparato de seguridad, que empleaba métodos terroristas contra los contrarrevolucionarios. En la misma línea, el partido abandonó la democracia interna, al prohibirse (en 1921) la discusión colectiva de políticas alternativas. El «centralismo democrático» por el que el partido se regía teóricamente se convirtió en centralismo a secas, y el partido dejó de actuar de acuerdo con sus estatutos. Las convocatorias anuales del congreso del partido se volvieron cada vez más irregulares, hasta que, en época de Stalin, su convocatoria pasó a ser imprevisible y esporádica. Los años de la NEP relajaron la atmósfera al margen de la política, pero no la sensación de que el partido era una minoría amenazada que tal vez tuviese de su parte a la historia, pero que actuaba a contrapelo del pueblo ruso y del momento presente. La decisión de emprender la revolución industrial desde arriba obligó al sistema a imponer su autoridad, de forma acaso más despiadada aún que en los años de la guerra civil, porque su maquinaria para el ejercicio continuo del poder era ahora mucho mayor. Fue entonces cuando los últimos vestigios de la separación de poderes, el modesto margen de maniobra que se reservaba el gobierno soviético por oposición al partido, quedaron eliminados. La dirección política unificada del partido concentró el poder absoluto en sus manos, subordinando todo lo demás.

Fue en este punto cuando el sistema, bajo la dirección de Stalin, se convirtió en una autocracia que intentaba imponer su dominio sobre todos los aspectos de la vida y el pensamiento de los ciudadanos, subordinando toda su existencia, en la medida de lo posible, al logro de los objetivos del sistema, definidos y especificados por la autoridad suprema. No era esto, por supuesto, lo que habían planeado Marx y Engels, ni había surgido en la Segunda Internacional (marxista) ni en la mayoría de sus partidos. Así, Karl Liebknecht, que, junto con Rosa Luxemburg, se convirtió en el jefe de los comunistas alemanes y fue asesinado junto a ella en 1919 por oficiales reaccionarios, ni siquiera se proclamaba marxista, pese a ser hijo de uno de los fundadores del Partido Socialdemócrata alemán. Los austromarxistas, pese a ser seguidores de Marx, como su mismo nombre indica, no tuvieron reparo en seguir sus propias ideas, y hasta cuando se tachaba a alguien de hereje, como a Eduard Bernstein, acusado de «revisionismo», se daba por sentado que se trataba de un socialdemócrata legítimo. De hecho, Bernstein continuó siendo uno de los editores oficiales de las obras de Marx y Engels. La idea de que un estado socialista tenía que obligar a todos los ciudadanos a pensar igual, y menos aún la de otorgar al colectivo de sus dirigentes (que alguien intentase ejercer esas funciones en solitario era impensable) algo semejante a la infalibilidad papal, no habría pasado por la cabeza de ningún socialista destacado antes de 1917.

Podía decirse, a lo sumo, que el socialismo marxista era para sus adherentes un compromiso personal apasionado, un sistema de fe y de esperanza que poseía algunos de los rasgos de una religión secular (aunque no más que la de otros colectivos de activistas no socialistas), y que las sutilezas teóricas acabaron siendo, al convertirse en un movimiento de masas, un catecismo, en el mejor de los casos, y, en el peor, un símbolo de identidad y lealtad, como una bandera que había que saludar. Estos movimientos de masas, como hacía mucho que habían observado algunos socialistas centroeuropeos inteligentes, tenían una tendencia a admirar, e incluso a adorar, a sus dirigentes, si bien la conocida tendencia a la polémica y a la rivalidad en el seno de los partidos de izquierda acostumbraba a tener controlada esta tendencia. La construcción del mausoleo de Lenin en la Plaza Roja, donde el cuerpo embalsamado del gran líder estaría permanentemente expuesto ante los fieles, no derivaba ni siquiera de la tradición revolucionaria rusa, sino que era una tentativa de utilizar la atracción que ejercían los santos cristianos y sus reliquias sobre un campesinado primitivo en provecho del régimen soviético. También podría decirse que, en el Partido Bolchevique tal como fue concebido por Lenin, la ortodoxia y la intolerancia habían sido implantadas, no como valores en sí mismas, sino por razones prácticas. Como un buen general —y Lenin fue ante todo un estratega— no quería discusiones en las filas que pudiesen entorpecer su eficacia práctica. Además, al igual que otros genios pragmáticos, Lenin estaba convencido de estar en posesión de la verdad, y tenía poco tiempo para ocuparse de las opiniones ajenas. En teoría era un marxista ortodoxo, casi fundamentalista, porque tenía claro que jugar con el texto de una teoría cuya esencia era la revolución podía dar ánimos a pactistas y reformistas. En la práctica, no dudó en modificar las opiniones de Marx y en agregarles generosos añadidos de cosecha propia, proclamando siempre su lealtad literal al maestro. Dado que hasta 1917 Lenin fue sobre todo el dirigente y representante de una minoría atrincherada en el seno de la izquierda rusa, e incluso dentro de la socialdemocracia rusa, ganó fama de ser intolerante con los disidentes, pero dudaba tan poco en dar la bienvenida a sus oponentes, cuando cambiaba la situación, como en denunciarlos, e incluso después de la revolución de octubre nunca se apoyó en su autoridad dentro del partido, sino siempre en la discusión. Y, como hemos visto, sus puntos de vista nunca fueron aceptados sin discusión. De haber vivido, no cabe duda de que Lenin habría seguido denunciando a sus contrincantes y, al igual que durante la guerra civil, habría mostrado una ilimitada intolerancia pragmática. Pero no hay prueba alguna de que hubiese concebido, o hubiese tolerado, esa especie de versión de una religión de estado, universal y obligatoria que surgió a su muerte. Es posible que Stalin no la instituyera conscientemente, sino que se limitase a seguir la corriente a la Rusia primitiva y campesina, con sus tradiciones autocráticas y ortodoxas. Pero no es probable que sin Stalin hubiese aparecido ese culto, y es seguro que no habría sido copiado o impuesto a los demás regímenes socialistas.

Sin embargo, hay algo que debe quedar claro. La posibilidad dc una dictadura está implícita en cualquier régimen basado en un partido único e inamovible. En un partido organizado sobre una base jerárquica centralizada como los bolcheviques de Lenin es, más que posible, algo probable. Y la inamovilidad no era más que otro nombre para la convicción de los bolcheviques de que no había que dar marcha atrás a la revolución, y que su destino estaba en sus manos, y en las de nadie más. Los bolcheviques argumentaban que un régimen burgués podía contemplar tranquilamente la perspectiva de la derrota de una administración conservadora y su sucesión por una liberal, ya que eso no alteraría el carácter burgués de la sociedad, pero no querría ni podría tolerar un régimen comunista por la misma razón por la que un régimen comunista no podía tolerar ser derrocado por fuerza alguna que desease restaurar el orden anterior. Los revolucionarios, incluidos los revolucionarios socialistas, no son demócratas en el sentido electoral, por más sinceramente convencidos que estén de actuar en interés «del pueblo». No obstante, aunque el hecho de que el partido fuese un monopolio político con un «papel dirigente» hiciera de un régimen soviético democrático algo tan improbable como una Iglesia católica democrática, ello no implicaba la dictadura personal. Fue José Stalin quien convirtió los sistemas políticos comunistas en monarquías no hereditarias.[7]

7. El parecido con una monarquía lo pone de manifiesto la tendencia de algunos de esos estados a adoptar en la práctica la sucesión hereditaria, algo que les hubiera parecido un absurdo inconcebible a los primeros socialistas y comunistas. Corea del Norte y Rumania son dos ejemplos ilustrativos.

En muchos sentidos, Stalin, bajito,[8] cauteloso, inseguro, cruel, noctámbulo e infinitamente suspicaz, parece un personaje sacado de las *Vidas de los doce césares* de Suetonio más que de la política moderna. De apariencia nada impresionante, «una mancha gris», como lo llamó un observador contemporáneo en 1917 (Sujánov), fue conciliador y maniobrero cuando hizo falta, hasta que llegó a la cumbre; aunque sus considerables dotes personales ya lo habían llevado muy cerca de la cumbre antes de la revolución. Fue miembro del primer gobierno revolucionario con el cargo de comisario para las nacionalidades. Cuando se convirtió por fin en jefe indiscutible del partido y (en la práctica) del estado, le faltaba la noción de destino personal, el carisma y la confianza en sí mismo que hicieron de Hitler el fundador y jefe acatado de su partido y le granjearon la lealtad de sus allegados sin necesidad de coacciones. Stalin gobernó su partido, al igual que todo lo que estaba al alcance de su poder personal, por medio del terror y del miedo.

Convirtiéndose en una especie de zar, defensor de la fe ortodoxa secular, el cuerpo de cuyo fundador, transformado en santo secular, esperaba a los peregrinos fuera del Kremlin, Stalin demostró un agudo sentido de las relaciones públicas. Para un amasijo de pueblos agrícolas y ganaderos cuya mentalidad era la equivalente de la del siglo XI occidental, esta era con seguridad la forma más eficaz de establecer la legitimidad del nuevo régimen, al igual que los catecismos simples, sin matices y dogmáticos a los que Stalin redujo el «marxismo-leninismo» eran ideales para comunicar ideas a la primera generación de individuos que sabían leer y escribir.[9] Tampoco se puede ver su terror como la simple afirmación del poder personal ilimitado del tirano. No cabe duda de que Stalin disfrutaba con el poder, con el miedo que inspiraba, con su capacidad de dar la vida o la muerte, del mismo modo que no hay duda de que no le importaban en absoluto las compensaciones materiales de las que alguien en su posición podía beneficiarse. Pero, cualesquiera que fuesen sus peculiaridades psicológicas, el terror estalinista era, en teoría, un instrumento táctico tan racional como su cautela cuando no controlaba las cosas. Ambos se basaban en el principio de evitar riesgos, que, a su vez, reflejaba la falta de confianza en su capacidad de análisis de las situaciones («de análisis marxista», en jerga bolchevique) por la que Lenin había destacado. La terrorífica carrera de Stalin no tiene sentido salvo si se la ve como la persecución terca e incesante del objetivo utópico de una sociedad comunista a cuya reafirmación consagró Stalin la última de sus publicaciones, pocos meses antes de morir (Stalin, 1952).

Todo lo que habían conseguido los bolcheviques con la revolución de

8. Este autor, que vio el cuerpo embalsamado de Stalin en el mausoleo de la Plaza Roja antes de que fuese trasladado en 1957, recuerda la impresión que le causó ver un hombre tan diminuto y, sin embargo, tan poderoso. Es significativo que todas sus filmaciones y fotografías disimularan el hecho de que sólo medía un metro sesenta.

9. Y no sólo los catecismos: la *Breve Historia* del Partido Comunista soviético de 1939, a pesar de sus mentiras y limitaciones intelectuales, es un texto magistral desde el punto de vista pedagógico.

octubre era el poder en la Unión Soviética. El poder era la única herramienta de la que podían servirse para cambiar la sociedad, algo para lo que constantemente surgían dificultades, continuamente renovadas. (Este es el sentido de la absurda tesis de Stalin de que la lucha de clases se intensificaría décadas después de que «el proletariado se hiciera con el poder».) Sólo la determinación de usar el poder de manera consistente y despiadada con el fin de eliminar todos los obstáculos posibles al proceso podía garantizar el éxito final.

Tres cosas llevaron la política basada en este principio a extremos absurdos y mortíferos.

En primer lugar, la creencia de Stalin de que, en última instancia, él era el único que sabía cuál era el buen camino y que estaba decidido a seguirlo. Montones de políticos y de generales tienen esta sensación de ser indispensables, pero sólo quienes disfrutan del poder absoluto están en situación de obligar a los demás a compartir esa creencia. Así, las grandes purgas de los años treinta, que, a diferencia de formas anteriores de terror, estaban dirigidas contra el partido mismo, y sobre todo contra su dirección, comenzaron después de que muchos bolcheviques curtidos, incluidos los que habían sostenido a Stalin frente a sus distintos contrincantes en los años veinte, y que habían apoyado sinceramente el gran salto hacia adelante de la colectivización y del plan quinquenal, llegaron a la conclusión de quc la crueldad inmisericorde del período y los sacrificios que imponía eran más de lo que estaban dispuestos a aceptar. Sin duda muchos de ellos recordaban la negativa de Lenin a apoyar a Stalin como sucesor suyo por su brutalidad excesiva. El XVII Congreso del PCUS(b) reveló la existencia de una nutrida oposición a Stalin. Si ésta constituía realmente una amenaza a su poder, es algo que no sabremos nunca, porque entre 1934 y 1939 cuatro o cinco millones de miembros del partido y de funcionarios fueron arrestados por motivos políticos, cuatrocientos o quinientos mil de ellos fueron ejecutados sin juicio previo, y en el XVIII Congreso del PCUS que se celebró en la primavera de 1939 apenas había 37 supervivientes de los 1.827 delegados presentes en el XVII Congreso de 1934 (Kerblay, 1983, p. 245).

Lo que confirió a este terror una inhumanidad sin precedentes fue que no admitía límites de ninguna clase. No era tanto la idea de que un gran fin justifica todos los medios necesarios para conseguirlo (aunque es probable que esto fuese lo que creía Mao Tse-tung), ni siquiera la idea de que los sacrificios impuestos a la generación actual, por grandes que sean, no son nada comparados con los infinitos beneficios que cosecharán las generaciones venideras, sino la aplicación constante del principio de guerra total. El leninismo, debido seguramente a su fuerte componente de voluntarismo que llevó a otros marxistas a desconfiar de Lenin por «blanquista» o «jacobino», pensaba fundamentalmente en términos militares, como lo indica la admiración de Lenin por Clausewitz, aunque este hecho no quedase reflejado en el vocabulario político de los bolcheviques. «¿Quién a quién?» era la máxima esencial de Lenin: la lucha como un juego de suma cero en el que el ganador se queda con todo, y el perdedor, con nada. Como sabemos, hasta los estados liberales lucharon en las dos guerras mundiales con la misma mentalidad, y no reconocieron límite alguno al sufrimiento que estaban dispuestos a imponer a la población «enemiga», y, en la primera guerra mundial, incluso a sus propias fuerzas armadas. De hecho, incluso la persecución de colectivos humanos enteros, definidos *a priori*, se convirtió en parte de la guerra, como lo muestra el internamiento en campos de concentración, durante la segunda guerra mundial, de todos los ciudadanos estadounidenses de origen japonés o de todos los alemanes o austriacos residentes en Gran Bretaña, con el argumento de que podían contener agentes enemigos en potencia. Esta fue una parte de la caída desde el progreso de la civilización en el siglo XIX hasta este renacimiento de la barbarie que recorre este libro como un hilo oscuro.

Por suerte, en los estados constitucionales y preferiblemente democráticos donde rige el imperio de la ley y hay libertad de prensa, existen algunos contrapesos. En un sistema de poder absoluto, no los hay, aunque pueden acabar apareciendo limitaciones convencionales al poder, aunque sólo sea por razones de supervivencia y porque el uso del poder absoluto puede ser contraproducente. La paranoia es su resultado final lógico. Tras la muerte de Stalin, sus sucesores llegaron a un acuerdo tácito para poner punto final al derramamiento de sangre, aunque (hasta la época de Gorbachov) fueron los disidentes del interior y los estudiosos o los publicistas del exterior los que se ocuparon de evaluar el coste humano total de las décadas de gobierno de Stalin. A partir de entonces, los políticos soviéticos murieron en la cama, y en ocasiones a edad avanzada. Mientras los gulags se vaciaban a finales de los años cincuenta, la URSS seguía siendo una sociedad que trataba mal a sus ciudadanos según criterios occidentales, pero dejó de ser una sociedad que los encarcelaba y asesinaba en una escala única por sus dimensiones. De hecho, a finales de los ochenta, su población reclusa era proporcionalmente inferior a la de los Estados Unidos (268 presos por cada 100.000 habitantes, frente a 426 por 100.000 en los Estados Unidos) (Walker, 1991). Además, en los años sesenta y setenta la URSS se convirtió en una sociedad en la que el ciudadano de a pie seguramente corría menos peligro de ser asesinado por criminales, por conflictos civiles o por el estado que en muchos países de Asia, África y América. No obstante, siguió siendo un estado policial, una sociedad autoritaria y, de acuerdo con cualquier criterio realista, carente de libertad. Sólo la información autorizada oficialmente estaba al alcance del ciudadano —la propagación de la otra siguió estando penada por la ley, por lo menos técnicamente, hasta la política de *glasnost* («transparencia») de Gorbachov—, y la libertad de desplazamiento y residencia estaba sujeta a autorización oficial, un obstáculo cada vez más teórico en el interior de la URSS, pero muy real cuando se trataba de cruzar la frontera, aunque fuese la de un país socialista «amigo». En todos estos aspectos, la URSS permaneció en una situación de inferioridad en comparación con la Rusia zarista. Además, aunque en la mayoría de los casos regía el imperio de la ley, la facultad de imponer un encarcelamiento administrativo, o sea arbitrario, o un destierro interior se mantuvo.

Nunca se podrá probablemente calcular de modo adecuado el coste humano de las décadas de hierro rusas, ya que incluso las estadísticas de ejecuciones o de población reclusa en los gulags que existen, o que puedan obtenerse en el futuro, son incapaces de evaluar todas las pérdidas, y las estimaciones varían enormemente según los puntos de vista de quienes las hacen. «Por una siniestra paradoja —se ha dicho— estamos mejor informados sobre las pérdidas de la cabaña ganadera soviética en esta época que sobre el número de oponentes al régimen que fueron exterminados» (Kerslay, 1983, p. 26). La mera supresión del censo de 1937 plantea dificultades casi insalvables. Sea como fuere, en todos los cálculos[10] la cantidad de víctimas directas e indirectas debe medirse en cifras de ocho, más que de siete, dígitos. En estas circunstancias, no importa demasiado que optemos por una estimación «conservadora», más cerca de los 10 que de los 20 millones, o por una cifra mayor: ninguna puede ser otra cosa que una vergüenza sin paliativos y sin justificación posible. Añadiré, sin comentarios, que el total de habitantes de la URSS en 1937 se dice que era de 164 millones, o sea, 16,7 millones menos que las previsiones demográficas del segundo plan quinquenal (1933-1938).

Por brutal y dictatorial que fuese, el sistema soviético no era «totalitario», término que se popularizó entre los críticos del comunismo después de la segunda guerra mundial, y que había sido inventado en los años veinte por el fascismo italiano para describir sus objetivos. Hasta entonces este término prácticamente sólo se había utilizado para criticar al fascismo italiano y al nacionalsocialismo alemán, y era sinónimo de un sistema centralizado que lo abarcaba todo y que no se limitaba a ejercer un control físico total sobre la población, sino que, mediante el monopolio de la propaganda y la educación, conseguía que la gente interiorizase sus valores. *1984*, de George Orwell (publicado en 1948), dio a esta imagen occidental de la sociedad totalitaria su más impresionante formulación: una sociedad de masas a las que habían lavado el cerebro, vigiladas por la mirada escrutadora del «Gran Hermano», en la que sólo algunos individuos aislados discrepaban de vez en cuando.

Eso, desde luego, es lo que Stalin hubiera *querido* conseguir, aunque hubiese provocado la indignación de Lenin y de la vieja guardia bolchevique, por no hablar de Marx. En la medida en que su objetivo era la práctica divinización del líder (lo que luego se designaría con el eufemismo de «culto a la personalidad»), o por lo menos su presentación como dechado de virtudes, tuvo un cierto éxito, que satirizó Orwell. Paradójicamente esto tenía poco que ver con el poder absoluto de Stalin. Así, los militantes comunistas de fuera de los países «socialistas» que lloraron sinceramente al enterarse de su muerte en 1953 —y hubo muchos que lo hicieron— eran gente que se había

10. Acerca de lo incierto de tales procedimientos, véase Kosinski, 1987, pp. 151-152.

convertido voluntariamente a un movimiento que creían que Stalin simbolizaba e inspiraba. A diferencia de la mayoría de los extranjeros, todos los rusos sabían lo mucho que les había tocado, y les tocaría aún, sufrir, aunque por el simple hecho de ser un firme y legítimo gobernante de la tierra rusa y su modernizador Stalin representaba algo de sí mismos, en especial como su caudillo en una guerra que, por lo menos para los habitantes de la Gran Rusia, había sido una auténtica guerra nacional.

Sin embargo, en todos los demás sentidos, el sistema no era «totalitario», un hecho que muestra cuán dudosa es la utilidad del término. El sistema no practicaba un verdadero «control del pensamiento» de sus súbditos, y aún menos conseguía su «conversión», sino que despolitizó a la población de un modo asombroso. Las doctrinas oficiales del marxismo-leninismo apenas tenían incidencia sobre la gran masa de la población, ya que para ellos carecían de toda relevancia, a menos que estuvieran interesados en hacer una carrera para la que fuese necesario adquirir tan esotéricos conocimientos. Después de cuarenta años de educación en un país consagrado al marxismo, preguntaron a los transeúntes de la plaza Karl Marx de Budapest quién era Karl Marx. Las respuestas fueron las siguientes:

> Era un filósofo soviético, amigo de Engels. Bueno, ¿qué más puedo decir? Murió ya mayor. (*Otra voz*): Pues claro, un político. Y también fue el traductor de las obras de, bueno, ¿de quién era? De Lenin, Lenin, de las obras de Lenin; bueno, pues él las tradujo al húngaro (Garton Ash, 1990, p. 261).

La mayoría de los ciudadanos soviéticos no absorbía de forma consciente la mayor parte de las declaraciones públicas sobre política e ideología procedentes de las altas esferas, a menos que estuviesen directamente relacionadas con sus problemas cotidianos, cosa que raramente sucedía. Sólo los intelectuales estaban obligados a tomarlas en serio, en una sociedad construida sobre y alrededor de una ideología que se decía racional y «científica». Pero, paradójicamente, el mismo hecho de que sistemas así tuvieran necesidad de intelectuales y otorgasen privilegios y ventajas a quienes no discrepaban de ellos en público creaba un espacio social fuera del control del estado. Sólo un terror tan despiadado como el de Stalin pudo acallar por completo a la intelectualidad no oficial, que resurgió tan pronto como, en los años cincuenta, el hielo del miedo empezó a fundirse —*El deshielo* (1954) es el título de una influyente novela de tesis de Iliá Ehrenburg (1891-1967), un superviviente con talento. En los sesenta y los setenta, las discrepancias, tanto en la forma medio tolerada de los reformadores comunistas como en la de una disidencia intelectual, política y cultural absoluta, dominaron el panorama soviético, aunque el país siguiera siendo oficialmente «monolítico», uno de los calificativos favoritos de los bolcheviques. Esas discrepancias se harían visibles en los ochenta.

II

Los estados comunistas que nacieron después de la segunda guerra mundial, o sea, todos menos la URSS, estaban dirigidos por partidos comunistas formados o configurados según el patrón soviético, es decir, estalinista. Eso es válido hasta cierto punto incluso para el Partido Comunista chino, que se independizó de Moscú en los años treinta bajo la dirección de Mao Tse-tung, aunque seguramente lo es menos en el caso de quienes se adhirieran posteriormente al «campo socialista» procedentes del tercer mundo: la Cuba de Fidel Castro y diversos regímenes africanos, asiáticos y latinoamericanos de corta duración surgidos en los años setenta, y que tendían a amoldarse a los cánones soviéticos. En todos ellos encontramos sistemas políticos monopartidistas con estructuras de autoridad muy centralizadas; una verdad cultural e intelectual promulgada oficialmente y determinada por la autoridad política; economías de planificación central; y hasta la reliquia más evidente de la herencia estalinista: la magnificación de la personalidad de los dirigentes supremos. De hecho, en los estados ocupados directamente por el ejército soviético (incluidos los servicios secretos), los gobiernos locales se vieron obligados a seguir el ejemplo soviético, organizando por ejemplo procesos públicos y purgas de los comunistas locales según el modelo estalinista, algo por lo que los partidos comunistas del país no solían mostrar ningún entusiasmo espontáneo. En Polonia y en la Alemania del Este, incluso se las arreglaron para evitar estas caricaturas del proceso judicial, y ningún comunista destacado fue ejecutado o entregado a los servicios de seguridad soviéticos, aunque, tras la ruptura con Tito, dirigentes importantes de Bulgaria (Traicho Kostov) y de Hungría (Laszlo Rajk) fueron ejecutados, y en el último año de la vida de Stalin, el implausible juicio en masa de altos cargos del Partido Comunista checo, de cariz marcadamente antisemita, diezmó su dirección. Este hecho puede tener relación o no con el comportamiento cada vez más paranoico del mismo Stalin, a medida que empeoraba su salud tanto física como mental, y que planeaba eliminar incluso a sus partidarios más leales.

Los nuevos regímenes europeos de los años cuarenta, aunque sólo fueran posibles gracias a la victoria del ejército rojo, no fueron impuestos exclusivamente por la fuerza de las armas más que en cuatro casos: Polonia, la Alemania ocupada, Rumania (donde el movimiento comunista local lo formaban unos pocos centenares de individuos, en su mayoría de origen étnico no rumano) y, en lo esencial, Hungría. En Yugoslavia y Albania, eran más o menos de origen local; en Checoslovaquia el 40 por 100 de los votos obtenidos por los comunistas en las elecciones de 1947 reflejaba su verdadera fuerza en aquellos momentos, y en Bulgaria la influencia comunista estaba reforzada por el sentimiento rusófilo generalizado en el país. La llegada del comunismo al poder en China, Corea y la antigua Indochina francesa —o, mejor dicho, después de las divisiones de la guerra fría, en las mitades septentrionales de estos dos últimos países— no debía nada a las armas soviéticas, aunque a partir de 1949 los regímenes comunistas más pequeños disfrutasen durante algún tiempo del apoyo chino. Las adhesiones subsiguientes al «campo socialista», empezando por Cuba, se habían producido por iniciativa propia, aunque los movimientos guerrilleros de liberación de África podían contar con el firme apoyo del bloque soviético.

Sin embargo, incluso en los estados en que los comunistas se impusieron en el poder gracias al ejército rojo, los nuevos regímenes disfrutaron al principio de una legitimidad temporal y, durante cierto tiempo, de un genuino apoyo popular. Tal como hemos visto (capítulo V), la idea de construir un mundo nuevo sobre las ruinas totales del viejo inspiraba a muchos jóvenes e intelectuales. Por impopulares que fuesen el partido y el gobierno, la propia energía y determinación que ambos aportaban a la tarea de reconstrucción de la posguerra recibió una amplia aunque reticente aprobación. El éxito de los nuevos regímenes en esta tarea resulta difícil de negar. En los países agrícolas más atrasados, tal como hemos visto, el compromiso comunista con la industrialización, o sea, con el progreso y la modernidad, tuvo resonancia mucho más allá de las filas del partido. ¿Quién podía dudar de que países como Bulgaria y Yugoslavia avanzaban más deprisa de lo que parecía probable o incluso posible antes de la guerra? Sólo en lugares donde una primitiva y despiadada URSS había ocupado y asimilado por fuerza regiones menos atrasadas, o, en todo caso, regiones con ciudades desarrolladas, como en las zonas anexionadas en 1939-1940 y en la zona soviética de Alemania (después de 1954, la República Democrática Alemana), que continuó saqueando por algún tiempo después de 1945 para favorecer su propia reconstrucción, el balance parecía totalmente negativo.

Políticamente, los estados comunistas, autóctonos o impuestos, empezaron a formar un bloque único bajo el liderazgo de la URSS, que, por motivos de solidaridad antioccidental, contó también con el apoyo del régimen comunista que se adueñó por completo de China en 1949, aunque la influencia de Moscú sobre el Partido Comunista chino había sido escasa desde que Mao Tse-tung se había convertido en su líder indiscutible a mediados de los años treinta. Mao iba por su cuenta en medio de profesiones de lealtad a la URSS, y Stalin, realista, tuvo buen cuidado de no perturbar sus relaciones con el gigantesco partido hermano del este, que era independiente en la práctica. Cuando a finales de los cincuenta Nikita Kruschev las perturbó, el resultado fue una agria ruptura, al cuestionar China el liderazgo soviético del movimiento comunista internacional, aunque sin mucho éxito. La actitud de Stalin hacia los estados y países comunistas de la parte de Europa ocupada por el ejército soviético fue menos conciliadora, en parte porque sus ejércitos seguían presentes allí, pero también porque creía que podía contar con la lealtad de los comunistas a Moscú y a su persona. Se sorprendió en 1948 cuando la dirección comunista de Yugoslavia, tan leal que Belgrado había sido designada como sede de la Internacional Comunista reconstruida durante la guerra fría (la Oficina de Información Comunista o Cominform) hacía sólo unos meses, llevó su resistencia a las directivas soviéticas hasta el punto de la ruptura abierta, y cuando el llamamiento de Moscú a la lealtad de los buenos comunistas, puenteando a Tito, apenas recibió respuesta alguna en Yugoslavia. Su reacción, muy característica, fue la de extender las purgas y los procesos públicos a la dirección de los demás satélites comunistas.

No obstante, la secesión de Yugoslavia no afectó al resto del movimiento comunista. El desmoronamiento político del bloque soviético empezó con la muerte de Stalin en 1953, pero sobre todo con los ataques oficiales a la era estalinista en general y, con mayor cautela, al propio Stalin, en el XX Congreso del PCUS en 1956. Aunque su público fuese soviético y muy limitado —a los comunistas extranjeros no les dejaron asistir al discurso de Kruschev—, pronto corrió la noticia de que el monolito soviético se había roto. El efecto dentro de la zona europea de dominio soviético fue inmediato. A los pocos meses, una nueva dirección de reformadores comunistas de Polonia recibía la pacífica aprobación de Moscú (seguramente con el consejo de China) y estallaba una revolución en Hungría. En este país, el nuevo gobierno. bajo la dirección de otro reformador comunista, Imre Nagy, anunció el fin del monopartidismo, algo que los soviéticos podrían haber tolerado —había división de opiniones acerca de este punto entre ellos—, pero también la retirada de Hungría del Pacto de Varsovia y su futura neutralidad, que los soviéticos no estaban dispuestos a tolerar. La revolución fue aniquilada por el ejército ruso en noviembre de 1956.

Que esta grave crisis dentro del bloque soviético no fuese explotada por la alianza occidental (salvo con fines propagandísticos) demostraba la estabilidad de las relaciones Este-Oeste. Ambos bandos aceptaban los límites de la esfera de influencia del otro, y en los años cincuenta y sesenta no se produjo ninguna revolución local que alterase el equilibrio, salvo en Cuba.[11]

En regímenes tan ostensiblemente dominados por la política, no cabe trazar una línea divisoria clara entre acontecimientos políticos y económicos. Así, los gobiernos de Polonia y de Hungría no pudieron dejar de hacer concesiones a sus pueblos, que habían demostrado con tanta claridad su falta de entusiasmo por el comunismo. En Polonia, la agricultura se descolectivizó, aunque esto no la hiciese más eficiente, y, lo que es más significativo, la fuerza política de la clase trabajadora, potenciada por la propia industrialización, recibió a partir de entonces un reconocimiento tácito. Al fin y al cabo, fue un movimiento industrial en Poznan lo que precipitó los acontecimientos de 1956. Desde entonces hasta el triunfo de Solidaridad a finales de los años ochenta, la política y la economía polacas estuvieron dominadas por el enfrentamiento entre un objeto inmóvil, el gobierno, y una masa irresistible, la cla-

11. Las revoluciones de los años cincuenta en Próximo Oriente, en Egipto en 1952 y en Irak en 1958, contrariamente a lo que temían los occidentales, no alteraron el equilibrio, pese a proporcionar luego a la URSS un terreno abonado para su éxito diplomático, principalmente porque los regímenes locales eliminaron sin contemplaciones a los comunistas de sus respectivos países, en donde habían llegado a ser influyentes, como en Siria e Irak.

se trabajadora, que, sin organizar al principio, acabó configurando un movimiento obrero típico, aliado como de costumbre a los intelectuales, y al final formó un movimiento político, tal como Marx había predicho; sólo que la ideología de este movimiento, como hubieron de observar melancólicamente los marxistas, no era anticapitalista, sino antisocialista. Los enfrentamientos solían producirse debido a los intentos periódicos del gobierno polaco de recortar los gravosos subsidios al coste de los productos de primera necesidad, aumentando su precio, lo cual provocaba huelgas, seguidas (después de una crisis de gobierno) de una retirada. En Hungría, los dirigentes impuestos por los soviéticos después de la derrota de la revolución de 1956 fueron de un reformismo más auténtico y eficaz. Bajo la dirección de János Kádár (1912-1989), emprendieron la liberalización sistemática del régimen (posiblemente con el apoyo tácito de sectores influyentes de la URSS), la reconciliación con las fuerzas opositoras y, en la práctica, la consecución de los objetivos de 1956 dentro de los límites que la URSS considerase aceptables, algo en lo que consiguieron un notable éxito hasta los años ochenta.

No fue ese el caso de Checoslovaquia, políticamente inerte desde las despiadadas purgas de principios de los años cincuenta, pero que emprendió una cautelosa tentativa de desestalinización. Por dos razones distintas, el proceso fue cada vez a más durante la segunda mitad de los años sesenta. Los eslovacos (incluyendo el sector eslovaco del Partido Comunista), que nunca se habían sentido del todo a gusto en el estado binacional, apoyaron la oposición potencial dentro del partido. No es una coincidencia que el hombre elegido como secretario general en un golpe en el seno del partido fuese eslovaco, Alexander Dubček.

No obstante, sin que guardasen relación con estos hechos, las presiones en favor de la reforma de la economía y de la introducción de cierta medida de racionalidad y flexibilidad en el sistema de planificación soviético se hicieron cada vez más difíciles de resistir en los años sesenta. Como veremos, estas presiones se dieron en todo el bloque comunista. La descentralización económica, que no era en sí misma potencialmente explosiva, pasó a serlo al combinarse con la exigencia de una liberalización intelectual y, más aún, política. En Checoslovaquia, esta demanda era aún más fuerte, no sólo porque el estalinismo había sido brutal y duradero, sino también porque muchísimos de sus comunistas, sobre todo los intelectuales, surgidos de un partido con auténtico apoyo popular antes y después de la ocupación nazi, estaban profundamente dolidos por el contraste entre las esperanzas comunistas que todavía albergaban y la realidad del régimen. Como tantas veces en la Europa ocupada por los nazis, donde el partido se convirtió en el corazón del movimiento de resistencia, atrajo a jóvenes idealistas cuyo compromiso en aquellos momentos era garantía de altruismo. ¿Qué otra cosa sino esperanza y posiblemente tortura y la muerte podía esperar alguien que, como un amigo del autor, se unió al partido en Praga en 1941?

Como siempre —algo inevitable, dada la estructura de los estados comunistas— la reforma vino de arriba, es decir, del interior del partido. La «primavera de Praga» de 1968, precedida y acompañada por un fermento y una agitación político-culturales, coincidió con el estallido mundial de radicalismo estudiantil que hemos analizado en otra sección (véase el capítulo 10): uno de los raros movimientos que cruzaron los océanos y las fronteras de los sistemas sociales, y que produjo movimientos sociales simultáneos, de base estudiantil en su mayoría, desde California y México hasta Polonia y Yugoslavia. El «programa de actuación» del Partido Comunista checoslovaco puede que hubiese sido aceptable —o no— para los soviéticos, aunque llevaba la dictadura de un solo partido peligrosamente cerca de la democracia multipartidista. Sin embargo, la cohesión, y tal vez la existencia misma del bloque soviético de la Europa del Este parecían estar en juego, al revelar y aumentar la «primavera de Praga» las grietas que existían en su seno. Por un lado, los regímenes de línea dura y sin apoyo popular, como los de Polonia y Alemania del Este, temían que la situación interna de sus países se desestabilizara siguiendo el ejemplo checo, que criticaron duramente; por otro lado, los checos recibieron el apoyo entusiasta de la mayoría de los partidos comunistas europeos, de los reformistas húngaros y, desde fuera del bloque, del régimen comunista independiente de Tito en Yugoslavia, además del de Rumania, que, desde 1965, había empezado a marcar distancias con Moscú por cuestiones de nacionalismo bajo la dirección de un nuevo líder, Nicolae Ceaucescu (1918-1989). (En política interna, Ceaucescu era cualquier cosa menos reformista.) Tanto Tito como Ceaucescu visitaron Praga, y el público les dio una bienvenida de héroes. Por eso Moscú, aunque no sin divisiones ni dudas, decidió derrocar el régimen de Praga por la fuerza de las armas. Este hecho demostró ser el fin del movimiento comunista internacional con centro en Moscú, que ya se había resquebrajado con la crisis de 1956. Sin embargo, esto mantuvo unido al bloque soviético durante veinte años más, aunque a partir de entonces sólo por la amenaza de una intervención militar soviética. En los últimos veinte años del bloque soviético, incluso los dirigentes de los partidos comunistas en el poder parecen haber perdido toda fe en lo que hacían.

Mientras tanto, y con independencia absoluta de la política, la necesidad de reformar o cambiar el sistema de economía dirigida de tipo soviético se fue haciendo cada vez más urgente. Por un lado, las economías desarrolladas no socialistas crecían y prosperaban como nunca (véase el capítulo 9), aumentando la ya considerable diferencia entre ambos sistemas, algo que resultaba especialmente visible en Alemania, donde los dos convivían en partes distintas del mismo país. Por otro lado, el ritmo de crecimiento de las economías socialistas, que había superado al de las economías occidentales hasta la segunda mitad de los años cincuenta, empezó a flojear a ojos vista. El PNB soviético, que había crecido a un ritmo anual del 5,7 por 100 en los años cincuenta (casi tanto como en los doce primeros años de industrialización, 1928-1940), bajó al 5,2 por 100 en los años sesenta, al 3,7 por 100 en la primera mitad de los setenta, al 2,6 por 100 en la segunda mitad de la década y al 2 por 100 en los cinco años anteriores a Gorbachov (1980-1985) (Ofer, 1987, p. 1.778). La situación de la Europa del Este era parecida. En los años sesenta se hicieron intentos por flexibilizar el sistema, esencialmente mediante la descentralización, en la práctica totalidad del bloque soviético, y también en la URSS en la época del primer ministro Kosiguin, en los años sesenta. Con excepción de las reformas húngaras, las demás no tuvieron éxito apreciable y, en varios casos, apenas llegaron a arrancar o (como en Checoslovaquia) no fueron autorizadas por razones políticas. Un miembro algo excéntrico de la familia de sistemas socialistas, Yugoslavia, no alcanzó mucho más éxito cuando, por hostilidad hacia el estalinismo, sustituyó la economía de planificación centralizada por un sistema de empresas cooperativas autónomas. Con la entrada de la economía mundial en un nuevo período de incertidumbre, en los años setenta, nadie en el Este o en Occidente esperaba ya que las economías del «socialismo real» alcanzaran o adelantaran, ni siquiera que llegasen a seguir el ritmo, de las no socialistas. Sin embargo, aunque fuera más problemático que antes, su futuro no parecía causar preocupación inmediata. Esa situación pronto cambiaría.

UN MUNDO EN TRANSFORMACIÓN

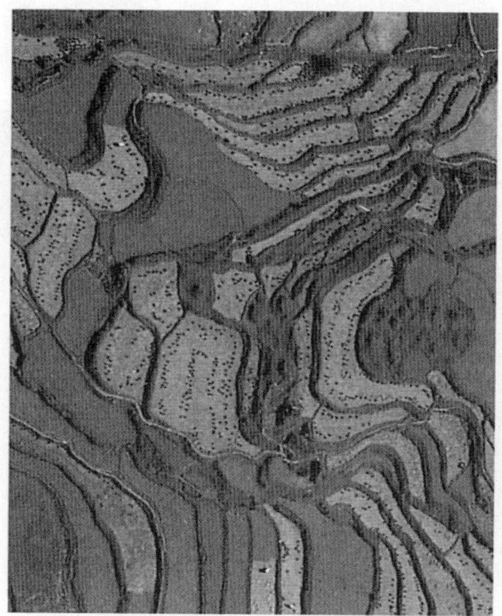

34. El patrón de lo viejo: terrenos para el cultivo distribuidos en terrazas en el valle del Liping, Guizhou, China.

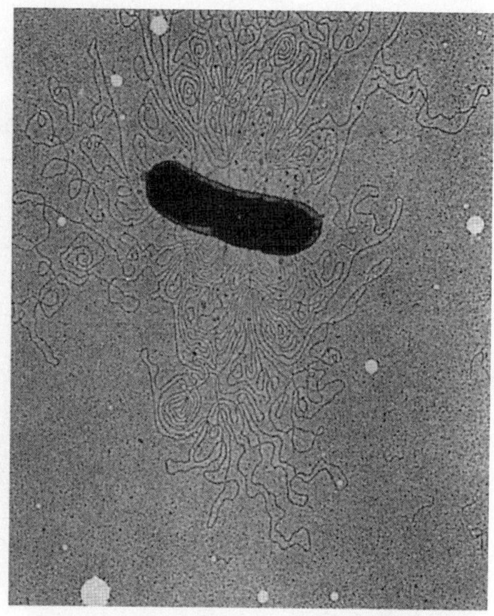

35. El patrón de lo nuevo: micrografía electrónica de una bacteria intestinal expulsando sus cromosomas (ampliación × 55.000).

DE LO VIEJO A LO NUEVO

36. El mundo que finalizó tras 8.000 años: campesino chino arando.

37. El viejo mundo se encuentra con el nuevo: pareja de inmigrantes turcos en Berlín occidental.

38. Los emigrantes: naturales de las Antillas británicas arriban esperanzados a Londres en el decenio de 1950.

39. Refugiados: África a finales de siglo.

40. Vida urbana: la ciudad vieja, Ahmedabad (India).

41. Vida urbana: la ciudad nueva, Chicago.

42. Vida urbana: el metro; hora punta en Shinjuku, Tokio.

43. Transporte: el ferrocarril, herencia del siglo XIX (Augsburgo, Alemania).

44. Transporte: el motor de combustión interna ha triunfado en el siglo XX. Autopistas, coches y contaminación en Houston, Texas.

45. Transporte más allá de la Tierra. El primer desembarco en la Luna, 1969.

DE LAS PERSONAS A LAS MÁQUINAS

46. Personas a cargo de la producción: fábrica de conservas en los años treinta (Amarillo, Texas).

47. Producción sin personas: central nuclear de Dungeness.

48. Lugares donde una vez hubo producción: desindustrialización en el norte de Inglaterra (Middlesbrough).

TRANSFORMACIÓN DE LA VIDA COTIDIANA

49. Revolución en la cocina: el frigorífico.

50. Revolución en la sala de estar: el equipo de televisión.

51. Transformación del mercado: el supermercado.

52. Transformación del ocio: miniaturización y movilidad en el radiocasete portátil.

53. Antiguo régimen en versión de paisano: Neville Chamberlain (1869-1940), primer ministro británico (1937-1940), de pesca.

54. Antiguo régimen en versión uniformada: Louis (Francis Albert Victor Nicholas), primer conde Mountbatten de Birmania (1900-1979), último virrey de la India.

55. Nuevo régimen: el líder como revolucionario; Lenin hablando desde un camión en 1917.

56. Nuevo régimen: el líder como revolucionario; Gandhi se dirige desde un lugar en el East End, Londres, a negociar con el gobierno británico en 1931.

57. Stalin (Josif Vissarionovich Djugashvili, 1879-1953).

58. Desfile en conmemoración del cumpleaños de Hitler en 1939.

59. «Presidente Mao» de China: Mao Tse-tung (1893-1976), según Andy Warhol.

60. Los restos mortales del ayatolá Jomeini (1900-1989), líder del Irán revolucionario, descansan con grandes honores en Teherán.

61. El artista como rebelde después de 1917: George Grosz (1893-1959) satiriza a la clase dirigente alemana.

62. Los años treinta: el proletariado; trabajadores de los astilleros británicos marchan sobre Londres.

63. Los años sesenta: los estudiantes; manifestación contra la guerra de Vietnam, en Berkeley, California. Obsérvese el papel destacado de las mujeres.

MIRANDO HACIA ADELANTE

64. Fin de siglo: pretensiones de conquistar el mundo.

65. Tras la guerra del Golfo, 1991.

66. Tras el libre mercado: gentes sin hogar.

67. Antes de la libertad: esperando votar en Suráfrica, 1994.

68. Sarajevo ochenta años después de 1914.

Tercera parte

EL DERRUMBAMIENTO

Capítulo XIV

LAS DÉCADAS DE CRISIS

El otro día me preguntaron acerca de la competitividad de los Estados Unidos, y yo respondí que no pienso en absoluto en ella. En la NCR nos consideramos una empresa competitiva mundial, que prevé tener su sede central en los Estados Unidos.

JONATHAN SCHELL, *NY Newsday* (1993)

Uno de los resultados cruciales (del desempleo masivo) puede ser el de que los jóvenes se aparten progresivamente de la sociedad. Según encuestas recientes, estos jóvenes siguen *queriendo* trabajo, por difícil que les resulte obtenerlo, y siguen *aspirando* también a tener una carrera importante. En general, puede haber algún peligro de que en la próxima década se dé una sociedad en la que no sólo «nosotros» estemos progresivamente divididos de «ellos» (representando, cada una de estas divisiones, a grandes rasgos, la fuerza de trabajo y la administración), sino en que la mayoría de los grupos estén cada vez más fragmentados; una sociedad en la que los jóvenes y los relativamente desprotegidos estén en las antípodas de los individuos más experimentados y mejor protegidos de la fuerza de trabajo.

El secretario general de la OCDE
(discurso de investidura, 1983, p. 15)

I

La historia de los veinte años que siguieron a 1973 es la historia de un mundo que perdió su rumbo y se deslizó hacia la inestabilidad y la crisis. Sin embargo, hasta la década de los ochenta no se vio con claridad hasta qué punto estaban minados los cimientos de la edad de oro. Hasta que una parte del mundo —la Unión Soviética y la Europa oriental del «socialismo real»— se colapsó por completo, no se percibió la naturaleza mundial de la crisis, ni se admitió su existencia en las regiones desarrolladas no comunistas. Durante muchos años los problemas económicos siguieron siendo «recesiones». No se había superado todavía el tabú de mediados de siglo sobre el uso de los términos «depresión» o «crisis», que recordaban la era de las catástrofes. El simple uso de la palabra podía conjurar la cosa, aun cuando las «recesiones» de los ochenta fuesen «las más graves de los últimos cincuenta años», frase con la que se evitaba mencionar los años treinta. La civilización que había transformado las frases mágicas de los anunciantes en principios básicos de la economía se encontraba atrapada en su propio mecanismo de engaño. Hubo que esperar a principios de los años noventa para que se admitiese —como, por ejemplo, en Finlandia— que los problemas económicos del momento eran peores que los de los años treinta.

Esto resultaba extraño en muchos sentidos. ¿Por qué el mundo económico era ahora menos estable? Como han señalado los economistas, los elementos estabilizadores de la economía eran más fuertes ahora que antes, a pesar de que algunos gobiernos de libre mercado —como los de los presidentes Reagan y Bush en los Estados Unidos, y el de la señora Thatcher y el de su sucesor en el Reino Unido— hubiesen tratado de debilitar algunos de ellos (*World Economic Survey*, 1989, pp. 10-11). Los controles de almacén informatizados, la mejora de las comunicaciones y la mayor rapidez de los transportes redujeron la importancia del «ciclo de stocks» [*inventory cycle*] de la vieja producción en masa, que creaba grandes reservas de mercancías para el caso de que fuesen necesarias en los momentos de expansión, y las frenaba en seco en épocas de contracción, mientras se saldaban los stocks. El nuevo método, posible por las tecnologías de los años setenta e impulsado por los japoneses, permitía tener stocks menores, producir lo suficiente para atender al momento a los compradores y tener una capacidad mucho mayor de adaptarse a corto plazo a los cambios de la demanda. No estábamos en la época de Henry Ford, sino en la de Benetton. Al mismo tiempo, el considerable peso del consumo gubernamental y de la parte de los ingresos privados que procedían del gobierno («transferencias» como la seguridad social y otros beneficios del estado del bienestar) estabilizaban la economía. En conjunto sumaban casi un tercio del PIB, y crecían en tiempo de crisis, aunque sólo fuese por el aumento de los costes del desempleo, de las pensiones y de la atención sanitaria. Dado que esto perdura aún a fines del siglo XX, tendremos tal vez que aguardar unos años para que los economistas puedan usar, para darnos una explicación convincente, el arma definitiva de los historiadores, la perspectiva a largo plazo.

La comparación de los problemas económicos de las décadas que van de los años setenta a los noventa con los del período de entreguerras es incorrecta, aun cuando el temor de otra Gran Depresión fuese constante durante todos esos años. «¿Puede ocurrir de nuevo?», era la pregunta que muchos se hacían, especialmente después del nuevo y espectacular hundimiento en 1987 de la bolsa en Estados Unidos (y en todo el mundo) y de una crisis de los cambios internacionales en 1992 (Temin, 1993, p. 99). Las «décadas de crisis» que siguieron a 1973 no fueron una «Gran Depresión», a la manera de la de 1930, como no lo habían sido las que siguieron a 1873, aunque en su momento se las hubiese calificado con el mismo nombre. La economía global no quebró, ni siquiera momentáneamente, aunque la edad de oro finalizase en 1973-1975 con algo muy parecido a la clásica depresión cíclica, que redujo en un 10 por 100 la producción industrial en las «economías desarrolladas de mercado», y el comercio internacional en un 13 por 100 (Armstrong y Glyn, 1991, p. 225). En el mundo capitalista avanzado continuó el desarrollo económico, aunque a un ritmo más lento que en la edad de oro, a excepción de algunos de los «países de industrialización reciente» (fundamentalmente asiáticos), cuya revolución industrial había empezado en la década de los sesenta. El crecimiento del PIB colectivo de las economías avanzadas apenas fue interrumpido por cortos períodos de estancamiento en los años de recesión de 1973-1975 y de 1981-1983 (OCDE, 1993, pp. 18-19). El comercio internacional de productos manufacturados, motor del crecimiento mundial, continuó, e incluso se aceleró, en los prósperos años ochenta, a un nivel comparable al de la edad de oro. A fines del siglo XX los países del mundo capitalista desarrollado eran, en conjunto, más ricos y productivos que a principios de los setenta y la economía mundial de la que seguían siendo el núcleo central era mucho más dinámica.

Por otra parte, la situación en zonas concretas del planeta era bastante menos halagüeña. En África, Asia occidental y América Latina, el crecimiento del PIB se estancó. La mayor parte de la gente perdió poder adquisitivo y la producción cayó en las dos primeras de estas zonas durante gran parte de la década de los ochenta, y en algunos años también en la última (*World Economic Survey*, 1989, pp. 8 y 26). Nadie dudaba de que en estas zonas del mundo la década de los ochenta fuese un período de grave depresión. En la antigua zona del «socialismo real» de Occidente, las economías, que habían experimentado un modesto crecimiento en los ochenta, se hundieron por completo después de 1989. En este caso resulta totalmente apropiada la comparación de la crisis posterior a 1989 con la Gran Depresión, y todavía queda por debajo de lo que fue el hundimiento de principios de los noventa. El PIB de Rusia cayó un 17 por 100 en 1990-1991, un 19 por 100 en 1991-1992 y un 11 por 100 en 1992-1993. Polonia, aunque a principios de los años noventa experimentó cierta estabilización, perdió un 21 por 100 de su PIB en 1988-1992; Checoslovaquia, casi un 20 por 100; Rumania y Bulgaria, un 30 por 100 o más. A mediados de 1992 su producción industrial se cifraba entre la mitad y los dos tercios de la de 1989 (*Financial Times*, 24-2-1994; *EIB Papers*, noviembre de 1992, p. 10).

No sucedió lo mismo en Oriente. Nada resulta más sorprendente que el contraste entre la desintegración de las economías de la zona soviética y el crecimiento espectacular de la economía china en el mismo período. En este país, y en gran parte de los países del sureste y del este asiáticos, que en los años setenta se convirtieron en la región económica más dinámica de la economía mundial, el término «depresión» carecía de significado, excepto, curiosamente, en el Japón de principios de los noventa. Sin embargo, si la economía mundial capitalista prosperaba, no lo hacía sin problemas. Los problemas que habían dominado en la crítica al capitalismo de antes de la guerra, y que la edad de oro había eliminado en buena medida durante una generación —«la pobreza, el paro, la miseria y la inestabilidad» (véase la p. 270)— reaparecieron tras 1973. El crecimiento volvió a verse interrumpido por graves crisis, muy distintas de las «recesiones menores», en 1974-1975, 1980-1982 y a fines de los ochenta. En la Europa occidental el desempleo creció de un promedio del 1,5 por 100 en los sesenta hasta un 4,2 por 100 en los setenta (Van der Wee, 1987, p. 77). En el momento culminante de la expansión, a finales de los ochenta, era de un 9,2 por 100 en la Comunidad Europea y de un 11 por 100 en 1993. La mitad de los desempleados (1986-1987) hacía más de un año que estaban en paro, y un tercio de ellos más de dos (*Human Development*, 1991, p. 184). Dado que —a diferencia de lo sucedido en la edad de oro— la población trabajadora potencial no aumentaba con la afluencia de los hijos de la posguerra, y que la gente joven —tanto en épocas buenas como malas— solía tener un mayor índice de desempleo que los trabajadores de más edad, se podía haber esperado que el desempleo permanente disminuyese.[1]

Por lo que se refiere a la pobreza y la miseria, en los años ochenta incluso muchos de los países más ricos y desarrollados tuvieron que acostumbrarse de nuevo a la visión cotidiana de mendigos en las calles, así como al espectáculo de las personas sin hogar refugiándose en los soportales al abrigo de cajas de cartón, cuando los policías no se ocupaban de sacarlos de la vista del público. En una noche cualquiera de 1993, en la ciudad de Nueva York, veintitrés mil hombres y mujeres durmieron en la calle o en los albergues públicos, y esta no era sino una pequeña parte del 3 por 100 de la población de la ciudad que, en un momento u otro de los cinco años anteriores, se encontró sin techo bajo el que cobijarse (*New York Times,* 16-11-1993). En el Reino Unido (1989), cuatrocientas mil personas fueron calificadas oficialmente como «personas sin hogar» (*Human Development*, 1992, p. 31). ¿Quién, en los años cincuenta, o incluso a principios de los setenta, hubiera podido esperarlo?

La reaparición de los pobres sin hogar formaba parte del gran crecimiento de las desigualdades sociales y económicas de la nueva era. En relación con las medias mundiales, las «economías desarrolladas de mercado» más ricas no eran —o no lo eran todavía— particularmente injustas en la distribución de sus ingresos. En las menos igualitarias (Australia, Nueva Zelanda, Estados Unidos, Suiza), el 20 por 100 de los hogares del sector más rico de la población disfrutaban de una renta media entre ocho y diez veces superior

1. Entre 1960 y 1975 la población de quince a veinticuatro años creció en unos veintinueve millones en las «economías desarrolladas de mercado», pero entre 1970 y 1990 sólo aumentó en unos seis millones. El índice de desempleo de los jóvenes en la Europa de los ochenta era muy alto, excepto en la socialdemócrata Suecia y en la Alemania Occidental. Hacia 1982-1988 este índice alcanzaba desde un 20 por 100 en el Reino Unido, hasta más de un 40 por 100 en España y un 46 por 100 en Noruega (*World Economic Survey*, 1989, pp. 15-16).

a las del 20 por 100 de los hogares del sector bajo, y el 10 por 100 de la cúspide se apropiaba normalmente de entre el 20 y el 25 por 100 de la renta total del país; sólo los potentados suizos y neozelandeses, así como los ricos de Singapur y Hong Kong, disponían de una renta muy superior. Esto no era nada comparado con las desigualdades en países como Filipinas, Malaysia, Perú, Jamaica o Venezuela, donde el sector alto obtenía casi un tercio de la renta total del país, por no hablar de Guatemala, México, Sri Lanka y Botswana, donde obtenía cerca del 40 por 100, y de Brasil, el máximo candidato al campeonato de la desigualdad económica.[2] En este paradigma de la injusticia social el 20 por 100 del sector bajo de la población se reparte el 2,5 por 100 de la renta total de la nación, mientras que el 20 por 100 situado en el sector alto disfruta de casi los dos tercios de la misma. El 10 por 100 superior se apropia de casi la mitad (*World Development*, 1992, pp. 276-277; *Human Development*, 1991, pp. 152-153 y 186).[3]

Sin embargo, en las décadas de crisis la desigualdad creció inexorablemente en los países de las «economías desarrolladas de mercado», en especial desde el momento en que el aumento casi automático de los ingresos reales al que estaban acostumbradas las clases trabajadoras en la edad de oro llegó a su fin. Aumentaron los extremos de pobreza y riqueza, al igual que lo hizo el margen de la distribución de las rentas en la zona intermedia. Entre 1967 y 1990 el número de negros estadounidenses que ganaron menos de 5.000 dólares (1990) y el de los que ganaron más de 50.000 crecieron a expensas de las rentas intermedias (*New York Times*, 25-9-1992). Como los países capitalistas ricos eran más ricos que nunca con anterioridad, y sus habitantes, en conjunto, estaban protegidos por los generosos sistemas de bienestar y seguridad social de la edad de oro (véanse pp. 286-287), hubo menos malestar social del que se hubiera podido esperar, pero las haciendas gubernamentales se veían agobiadas por los grandes gastos sociales, que aumentaron con mayor rapidez que los ingresos estatales en economías cuyo crecimiento era más lento que antes de 1973. Pese a los esfuerzos realizados, casi ninguno de los gobiernos de los países ricos —y básicamente democráticos—, ni siquiera los más hostiles a los gastos sociales, lograron reducir, o mantener controlada, la gran proporción del gasto público destinada a estos fines.[4]

2. Los verdaderos campeones, esto es, los que tienen un índice de Gini superior al 0,6, eran países mucho más pequeños, también en el continente americano. El índice de Gini mide la desigualdad en una escala que va de 0,0 —distribución igual de la renta— hasta un máximo de desigualdad de 1,0. En 1967-1985 el coeficiente para Honduras era del 0,62; para Jamaica, del 0,66 (*Human Development*, 1990, pp. 158-159).

3. No hay datos comparables en relación con algunos de los países menos igualitarios, pero es seguro que la lista debería incluir también algún otro estado africano y latinoamericano y, en Asia, Turquía y Nepal.

4. En 1972, 13 de estos estados distribuyeron una media del 48 por 100 de los gastos del gobierno central en vivienda, seguridad social, bienestar y salud. En 1990 la media fue del 51 por 100. Los estados en cuestión son: Australia y Nueva Zelanda, Estados Unidos y Canadá, Austria, Bélgica, Gran Bretaña, Dinamarca, Finlandia, Alemania (Federal), Italia, Países Bajos, Noruega y Suecia (calculado a partir de *UN World Development*, 1992, cuadro 11).

En 1970 nadie hubiese esperado, ni siquiera imaginado, que sucediesen estas cosas. A principios de los noventa empezó a difundirse un clima de inseguridad y de resentimiento incluso en muchos de los países ricos. Como veremos, esto contribuyó a la ruptura de sus pautas políticas tradicionales. Entre 1990 y 1993 no se intentaba negar que incluso el mundo capitalista desarrollado estaba en una depresión. Nadie sabía qué había que hacer con ella, salvo esperar a que pasase. Sin embargo, el hecho central de las décadas de crisis no es que el capitalismo funcionase peor que en la edad de oro, sino que sus operaciones estaban fuera de control. Nadie sabía cómo enfrentarse a las fluctuaciones caprichosas de la economía mundial, ni tenía instrumentos para actuar sobre ellas. La herramienta principal que se había empleado para hacer esa función en la edad de oro, la acción política coordinada nacional o internacionalmente, ya no funcionaba. Las décadas de crisis fueron la época en la que el estado nacional perdió sus poderes económicos.

Esto no resultó evidente enseguida, porque, como de costumbre, la mayor parte de los políticos, los economistas y los hombres de negocios no percibieron la persistencia del cambio en la coyuntura económica. En los años setenta, las políticas de muchos gobiernos, y de muchos estados, daban por supuesto que los problemas eran temporales. En uno o dos años se podrían recuperar la prosperidad y el crecimiento. No era necesario, por tanto, cambiar unas políticas que habían funcionado bien durante una generación. La historia de esta década fue, esencialmente, la de unos gobiernos que compraban tiempo —y en el caso de los países del tercer mundo y de los estados socialistas, a costa de sobrecargarse con lo que esperaban que fuese una deuda a corto plazo— y aplicaban las viejas recetas de la economía keynesiana. Durante gran parte de la década de los setenta sucedió también que en la mayoría de los países capitalistas avanzados se mantuvieron en el poder —o volvieron a él tras fracasados intermedios conservadores (como en Gran Bretaña en 1974 y en los Estados Unidos en 1976)— gobiernos socialdemócratas, que no estaban dispuestos a abandonar la política de la edad de oro.

La única alternativa que se ofrecía era la propugnada por la minoría de los teólogos ultraliberales. Incluso antes de la crisis, la aislada minoría de creyentes en el libre mercado sin restricciones había empezado su ataque contra la hegemonía de los keynesianos y de otros paladines de la economía mixta y el pleno empleo. El celo ideológico de los antiguos valedores del individualismo se vio reforzado por la aparente impotencia y el fracaso de las políticas económicas convencionales, especialmente después de 1973. El recientemente creado (1969) premio Nobel de Economía respaldó el neoliberalismo después de 1974, al concederlo ese año a Friedrich von Hayek (véase la p. 273) y, dos años después, a otro defensor militante del ultraliberalismo económico, Milton Friedman.[5] Tras 1974 los partidarios del libre mercado pasaron a la

5. El premio fue instaurado en 1969, y antes de 1974 fue concedido a personajes significativamente *no* asociados con la economía del *laissez-faire*.

ofensiva, aunque no llegaron a dominar las políticas gubernamentales hasta 1980, con la excepción de Chile, donde una dictadura militar basada en el terror permitió a los asesores estadounidenses instaurar una economía ultraliberal, tras el derrocamiento, en 1973, de un gobierno popular. Con lo que se demostraba, de paso, que no había una conexión necesaria entre el mercado libre y la democracia política. (Para ser justos con el profesor Von Hayek, éste, a diferencia de los propagandistas occidentales de la guerra fría, no sostenía que hubiese tal conexión.)

La batalla entre los keynesianos y los neoliberales no fue simplemente una confrontación técnica entre economistas profesionales, ni una búsqueda de maneras de abordar nuevos y preocupantes problemas económicos. (¿Quién, por ejemplo, había pensado en la imprevisible combinación de estancamiento económico y precios en rápido aumento, para la cual hubo que inventar en los años setenta el término de «estanflación»?) Se trataba de una guerra entre ideologías incompatibles. Ambos bandos esgrimían argumentos económicos: los keynesianos afirmaban que los salarios altos, el pleno empleo y el estado del bienestar creaban la demanda del consumidor que alentaba la expansión, y que bombear más demanda en la economía era la mejor manera de afrontar las depresiones económicas. Los neoliberales aducían que la economía y la política de la edad de oro dificultaban —tanto al gobierno como a las empresas privadas— el control de la inflación y el recorte de los costes, que habían de hacer posible el aumento de los beneficios, que era el auténtico motor del crecimiento en una economía capitalista. En cualquier caso, sostenían, la «mano oculta» del libre mercado de Adam Smith produciría con certeza un mayor crecimiento de la «riqueza de las naciones» y una mejor distribución posible de la riqueza y la rentas; afirmación que los keynesianos negaban. En ambos casos, la economía racionalizaba un compromiso ideológico, una visión *a priori* de la sociedad humana. Los neoliberales veían con desconfianza y desagrado la Suecia socialdemócrata —un espectacular éxito económico de la historia del siglo XX— no porque fuese a tener problemas en las décadas de crisis —como les sucedió a economías de otro tipo—, sino porque este exito se basaba en «el famoso modelo económico sueco, con sus valores colectivistas de igualdad y solidaridad» (*Financial Times*, 11-11-1990). Por el contrario, el gobierno de la señora Thatcher en el Reino Unido fue impopular entre la izquierda, incluso durante sus años de éxito económico, porque se basaba en un egoísmo asocial e incluso antisocial.

Estas posiciones dejaban poco margen para la discusión. Supongamos que se pueda demostrar que el suministro de sangre para usos médicos se obtiene mejor comprándola a alguien que esté dispuesto a vender medio litro de su sangre a precio de mercado. ¿Debilitaría esto la fundamentación del sistema británico basado en los donantes voluntarios altruistas, que con tanta elocuencia y convicción defendió R. M. Titmuss en *The Gift Relationship*? (Titmuss, 1970). Seguramente no, aunque Titmuss demostró también que el sistema de donación de sangre británico era tan eficiente como el sistema comercial y más seguro.[6] En condiciones iguales, muchos de nosotros preferimos una sociedad cuyos ciudadanos están dispuestos a prestar ayuda desinteresada a sus semejantes, aunque sea simbólicamente, a otra en que no lo están. A principios de los noventa el sistema político italiano se vino abajo porque los votantes se rebelaron contra su corrupción endémica, no porque muchos italianos hubieran sufrido directamente por ello —un gran número, quizá la mayoría, se habían beneficiado—, sino por razones morales. Los únicos partidos políticos que no fueron barridos por la avalancha moral fueron los que no estaban integrados en el sistema. Los paladines de la libertad individual absoluta permanecieron impasibles ante las evidentes injusticias sociales del capitalismo de libre mercado, aun cuando éste (como en Brasil durante gran parte de los ochenta) no producía crecimiento económico. Por el contrario, quienes, como este autor, creen en la igualdad y la justicia social agradecieron la oportunidad de argumentar que el éxito económico capitalista podría incluso asentarse más firmemente en una distribución de la renta relativamente igualitaria, como en Japón (véase la p. 357).[7] Que cada bando tradujese sus creencias fundamentales en argumentos pragmáticos —por ejemplo, acerca de si la asignación de recursos a través de los precios de mercado era o no óptima— resulta secundario. Pero, evidentemente, ambos tenían que elaborar fórmulas políticas para enfrentarse a la ralentización económica.

En este aspecto los defensores de la economía de la edad de oro no tuvieron éxito. Esto se debió, en parte, a que estaban obligados a mantener su compromiso político e ideológico con el pleno empleo, el estado del bienestar y la política de consenso de la posguerra. O, más bien, a que se encontraban atenazados entre las exigencias del capital y del trabajo, cuando ya no existía el crecimiento de la edad de oro que hizo posible el aumento conjunto de los beneficios y de las rentas que no procedían de los negocios, sin obstaculizarse mutuamente. En los años setenta y ochenta Suecia, el estado socialdemócrata por excelencia, mantuvo el pleno empleo con bastante éxito gracias a los subsidios industriales, creando puestos de trabajo y aumentando considerablemente el empleo estatal y público, lo que hizo posible una notable expansión del sistema de bienestar. Una política semejante sólo podía mantenerse reduciendo el nivel de vida de los trabajadores empleados, con

6. Esto quedó confirmado a principios de los noventa, cuando los servicios de transfusión de sangre de algunos países —pero no los del Reino Unido— descubrieron que algunos pacientes habían resultado infectados por el virus de la inmunodeficiencia adquirida (SIDA), mediante transfusiones realizadas con sangre obtenida por vías comerciales.

7. En los años ochenta el 20 por 100 más rico de la población poseía 4,3 veces el total de renta del 20 por 100 más pobre, una proporción inferior a la de cualquier otro país (capitalista) industrial, incluyendo Suecia. El promedio en los ocho países más industrializados de la Comunidad Europea era 6; en los Estados Unidos, 8,9 (Kidron y Segal, 1991, pp. 36-37). Dicho en otros términos: en 1990 en los Estados Unidos había noventa y tres multimillonarios —en dólares—; en la Comunidad Europea, cincuenta y nueve, sin contar los treinta y tres domiciliados en Suiza y Liechtenstein. En Japón había nueve (*ibid.*).

impuestos penalizadores sobre las rentas altas y a costa de grandes déficits. Si no volvían los tiempos del gran salto hacia adelante, estas medidas sólo podían ser temporales, de modo que comenzó a hacerse marcha atrás desde mediados de los ochenta. A finales del siglo XX, el «modelo sueco» estaba en retroceso, incluso en su propio país de origen.

Sin embargo, este modelo fue también minado —y quizás en mayor medida— por la mundialización de la economía que se produjo a partir de 1970, que puso a los gobiernos de todos los estados —a excepción, tal vez, del de los Estados Unidos, con su enorme economía— a merced de un incontrolable «mercado mundial». (Por otra parte, es innegable que «el mercado» engendra muchas más suspicacias en los gobiernos de izquierdas que en los gobiernos conservadores.) A principios de los ochenta incluso un país tan grande y rico como Francia, en aquella época bajo un gobierno socialista, encontraba imposible impulsar su economía unilateralmente. A los dos años de la triunfal elección del presidente Mitterrand, Francia tuvo que afrontar una crisis en la balanza de pagos, se vio forzada a devaluar su moneda y a sustituir el estímulo keynesiano de la demanda por una «austeridad con rostro humano».

Por otra parte, los neoliberales estaban también perplejos, como resultó evidente a finales de los ochenta. Tuvieron pocos problemas para atacar las rigideces, ineficiencias y despilfarros económicos que a veces conllevaban las políticas de la edad de oro, cuando éstas ya no pudieron mantenerse a flote gracias a la creciente marea de prosperidad, empleo e ingresos gubernamentales. Había amplio margen para aplicar el limpiador neoliberal y desincrustar el casco del buque de la «economía mixta», con resultados beneficiosos. Incluso la izquierda británica tuvo que acabar admitiendo que algunos de los implacables correctivos impuestos a la economía británica por la señora Thatcher eran probablemente necesarios. Había buenas razones para esa desilusión acerca de la gestión de las industrias estatales y de la administración pública que acabó siendo tan común en los ochenta.

Sin embargo, la simple fe en que la empresa era buena y el gobierno malo (en palabras del presidente Reagan, «el gobierno no es la solución, sino el problema») no constituía una política económica alternativa. Ni podía serlo en un mundo en el cual, incluso en los Estados Unidos «reaganianos», el gasto del gobierno central representaba casi un cuarto del PNB, y en los países desarrollados de la Europa comunitaria, casi el 40 por 100 (*World Development*, 1992, p. 239). Estos enormes pedazos de la economía podían administrarse con un estilo empresarial, con el adecuado sentido de los costes y los beneficios (como no siempre sucedía), pero no podían operar como mercados, aunque lo pretendiesen los ideólogos. En cualquier caso, la mayoría de los gobiernos neoliberales se vieron obligados a gestionar y a dirigir sus economías, aun cuando pretendiesen que se limitaban a estimular las fuerzas del mercado. Además, no existía ninguna fórmula con la que se pudiese reducir el peso del estado. Tras catorce años en el poder, el más ideológico de los regímenes de libre mercado, el Reino Unido «thatcherita», acabó gravando a sus ciudadanos con una carga impositiva considerablemente mayor que la que habían soportado bajo el gobierno laborista.

De hecho, no hubo nunca una política económica neoliberal única y específica, excepto después de 1989 en los antiguos estados socialistas del área soviética, donde —con el asesoramiento de jóvenes leones de la economía occidental— se hicieron intentos condenados previsiblemente al desastre de implantar una economía de mercado de un día a otro. El principal régimen neoliberal, los Estados Unidos del presidente Reagan, aunque oficialmente comprometidos con el conservadurismo fiscal (esto es, con el equilibrio presupuestario) y con el «monetarismo» de Milton Friedman, utilizaron en realidad métodos keynesianos para intentar salir de la depresión de 1979-1982, creando un déficit gigantesco y poniendo en marcha un no menos gigantesco plan armamentístico. Lejos de dejar el valor del dólar a merced del mercado y de la ortodoxia monetaria, Washington volvió después de 1984 a la intervención deliberada a través de la presión diplomática (Kuttner, 1991, pp. 88-94). Así ocurrió que los regímenes más profundamente comprometidos con la economía del *laissez-faire* resultaron algunas veces ser, especialmente los Estados Unidos de Reagan y el Reino Unido de Thatcher, profunda y visceralmente nacionalistas y desconfiados ante el mundo exterior. Los historiadores no pueden hacer otra cosa que constatar que ambas actitudes son contradictorias. En cualquier caso, el triunfalismo neoliberal no sobrevivió a los reveses de la economía mundial de principios de los noventa, ni tal vez tampoco al inesperado descubrimiento de que la economía más dinámica y de más rápido crecimiento del planeta, tras la caída del comunismo soviético, era la de la China comunista, lo cual llevó a los profesores de las escuelas de administración de empresas occidentales y a los autores de manuales de esta materia —un floreciente género literario— a estudiar las enseñanzas de Confucio en relación con los secretos del éxito empresarial.

Lo que hizo que los problemas económicos de las décadas de crisis resultaran más preocupantes —y socialmente subversivos— fue que las fluctuaciones coyunturales coincidiesen con cataclismos estructurales. La economía mundial que afrontaba los problemas de los setenta y los ochenta ya no era la economía de la edad de oro, aunque era, como hemos visto, el producto predecible de esa época. Su sistema productivo quedó transformado por la revolución tecnológica, y se globalizó o «transnacionalizó» extraordinariamente, con unas consecuencias espectaculares. Además, en los años setenta era imposible intuir las revolucionarias consecuencias sociales y culturales de la edad de oro —de las que hemos hablado en capítulos precedentes—, así como sus potenciales consecuencias ecológicas.

Todo esto se puede explicar muy bien con los ejemplos del trabajo y el paro. La tendencia general de la industrialización ha sido la de sustituir la destreza humana por la de las máquinas; el trabajo humano, por fuerzas mecánicas, dejando a la gente sin trabajo. Se supuso, correctamente, que el vasto crecimiento económico que engendraba esta constante revolución industrial crearía automáticamente puestos de trabajo más que suficientes para compensar los antiguos puestos perdidos, aunque había opiniones muy diversas respecto a qué cantidad de desempleados se precisaba para que semejante economía pudiese funcionar. La edad de oro pareció confirmar este optimismo. Como hemos visto (en el capítulo 10) el crecimiento de la industria era tan grande que la cantidad y la proporción de trabajadores industriales no descendió significativamente, ni siquiera en los países más industrializados. Pero las décadas de crisis empezaron a reducir el empleo en proporciones espectaculares, incluso en las industrias en proceso de expansión. En los Estados Unidos el número de telefonistas del servicio de larga distancia descendió un 12 por 100 entre 1950 y 1970, mientras las llamadas se multiplicaban por cinco, y entre 1970 y 1990 cayó un 40 por 100, al tiempo que se triplicaban las llamadas (*Technology*, 1986, p. 328). El número de trabajadores disminuyó rápidamente en términos relativos y absolutos. El creciente desempleo de estas décadas no era simplemente cíclico, sino estructural. Los puestos de trabajo perdidos en las épocas malas no se recuperaban en las buenas: nunca volverían a recuperarse.

Esto no sólo se debe a que la nueva división internacional del trabajo transfirió industrias de las antiguas regiones, países o continentes a los nuevos, convirtiendo los antiguos centros industriales en «cinturones de herrumbre» o en espectrales paisajes urbanos en los que se había borrado cualquier vestigio de la antigua industria, como en un estiramiento facial. El auge de los nuevos países industriales es sorprendente: a mediados de los ochenta, siete de estos países tercermundistas consumían el 24 por 100 del acero mundial y producían el 15 por 100, por tomar un índice de industrialización tan bueno como cualquier otro.[8] Además, en un mundo donde los flujos económicos atravesaban las fronteras estatales —con la excepción del de los emigrantes en busca de trabajo—, las industrias con uso intensivo de trabajo emigraban de los países con salarios elevados a países de salarios bajos; es decir, de los países ricos que componían el núcleo central del capitalismo, como los Estados Unidos, a los países de la periferia. Cada trabajador empleado a salarios tejanos en El Paso representaba un lujo si, con sólo cruzar el río hasta Juárez, en México, se podía disponer de un trabajador que, aunque fuese inferior, costaba varias veces menos.

Pero incluso los países preindustriales o de industrialización incipiente estaban gobernados por la implacable lógica de la mecanización, que más pronto o más tarde haría que incluso el trabajador más barato costase más caro que una máquina capaz de hacer su trabajo, y por la lógica, igualmente implacable, de la competencia del libre comercio mundial. Por barato que resultase el trabajo en Brasil, comparado con Detroit o Wolfsburg, la industria automovilística de São Paulo se enfrentaba a los mismos problemas de desplazamiento del trabajo por la mecanización que tenían en Michigan o en la Baja Sajonia; o, por lo menos, esto decían al autor los dirigentes sindicales

8. China, Corea del Sur, India, México, Venezuela, Brasil y Argentina (Piel, 1992, pp. 286-289).

brasileños en 1992. El rendimiento y la productividad de la maquinaria podían ser constante y —a efectos prácticos— infinitamente aumentados por el progreso tecnológico, y su coste ser reducido de manera espectacular. No sucede lo mismo con los seres humanos, como puede demostrarlo la comparación entre la progresión de la velocidad en el transporte aéreo y la de la marca mundial de los cien metros lisos. El coste del trabajo humano no puede ser en ningún caso inferior al coste de mantener vivos a los seres humanos al nivel mínimo considerado aceptable en su sociedad, o, de hecho, a cualquier nivel. Cuanto más avanzada es la tecnología, más caro resulta el componente humano de la producción comparado con el mecánico.

La tragedia histórica de las décadas de crisis consistió en que la producción prescindía de los seres humanos a una velocidad superior a aquella en que la economía de mercado creaba nuevos puestos de trabajo para ellos. Además, este proceso fue acelerado por la competencia mundial, por las dificultades financieras de los gobiernos que, directa o indirectamente, eran los mayores contratistas de trabajo, así como, después de 1980, por la teología imperante del libre mercado, que presionaba para que se transfiriese el empleo a formas de empresa maximizadoras del beneficio, en especial a las privadas, que, por definición, no tomaban en cuenta otro interés que el suyo en términos estrictamente pecuniarios. Esto significó, entre otras cosas, que los gobiernos y otras entidades públicas dejaron de ser contratistas de trabajo en última instancia (*World Labour*, 1989, p. 48). El declive del sindicalismo, debilitado tanto por la depresión económica como por la hostilidad de los gobiernos neoliberales, aceleró este proceso, puesto que una de las funciones que más cuidaba era precisamente la protección del empleo. La economía mundial estaba en expansión, pero el mecanismo automático mediante el cual esta expansión generaba empleo para los hombres y mujeres que accedían al mercado de trabajo sin una formación especializada se estaba desintegrando.

Para plantearlo de otra manera. La revolución agrícola hizo que el campesinado, del que la mayoría de la especie humana formó parte a lo largo de la historia, resultase innecesario, pero los millones de personas que ya no se necesitaban en el campo fueron absorbidas por otras ocupaciones intensivas en el uso de trabajo, que sólo requerían una voluntad de trabajar, la adaptación de rutinas campesinas, como las de cavar o construir muros, o la capacidad de aprender en el trabajo. ¿Qué les ocurriría a esos trabajadores cuando estas ocupaciones dejasen a su vez de ser necesarias? Aun cuando algunos pudiesen reciclarse para desempeñar los oficios especializados de la era de la información que continúan expandiéndose (la mayoría de los cuales requieren una formación superior), no habría puestos suficientes para compensar los perdidos (*Technology*, 1986, pp. 7-9 y 335). ¿Qué les sucedería, entonces, a los campesinos del tercer mundo que seguían abandonando sus aldeas?

En los países ricos del capitalismo tenían sistemas de bienestar en los que apoyarse, aun cuando quienes dependían permanentemente de estos sistemas debían afrontar el resentimiento y el desprecio de quienes se veían a sí mismos como gentes que se ganaban la vida con su trabajo. En los países pobres entraban a formar parte de la amplia y oscura economía «informal» o «paralela», en la cual hombres, mujeres y niños vivían, nadie sabe cómo, gracias a una combinación de trabajos ocasionales, servicios, chapuzas, compra, venta y hurto. En los países ricos empezaron a constituir, o a reconstituir, una «subclase» cada vez más segregada, cuyos problemas se consideraban *de facto* insolubles, pero secundarios, ya que formaban tan sólo una minoría permanente. El gueto de la población negra nativa[9] de los Estados Unidos se convirtió en el ejemplo tópico de este submundo social. Lo cual no quiere decir que la «economía sumergida» no exista en el primer mundo. Los investigadores se sorprendieron al descubrir que a principios de los noventa había en los veintidós millones de hogares del Reino Unido más de diez millones de libras esterlinas en efectivo, o sea un promedio de 460 libras por hogar, una cifra cuya cuantía se justificaba por el hecho de que «la economía sumergida funciona por lo general en efectivo» (*Financial Times*, 18-10-1993).

II

La combinación de depresión y de una economía reestructurada en bloque para expulsar trabajo humano creó una sorda tensión que impregnó la política de las décadas de crisis. Una generación entera se había acostumbrado al pleno empleo, o a confiar en que pronto podría encontrar un trabajo adecuado en alguna parte. Y aunque la recesión de principios de los ochenta trajo inseguridad a la vida de los trabajadores industriales, no fue hasta la crisis de principios de los noventa que amplios sectores de profesionales y administrativos de países como el Reino Unido empezaron a sentir que ni su trabajo ni su futuro estaban asegurados: casi la mitad de los habitantes de las zonas más prósperas del país temían que podían perder su empleo. Fueron tiempos en que la gente, con sus antiguas formas de vida minadas o prácticamente arruinadas (véanse los capítulos X y XI), estuvieron a punto de perder el norte. ¿Fue un accidente que «ocho de los diez asesinatos en masa más importantes de la historia de los Estados Unidos ... se produjeran a partir de 1980», y que fuesen acciones realizadas por hombres blancos de mediana edad, de treinta o cuarenta años, «tras un prolongado período de soledad, frustración y rabia», acciones precipitadas muchas veces por una catástrofe en sus vidas, como la pérdida de su trabajo o un divorcio?[10] La creciente «cultura del odio que se generó en los Estados Unidos» y que tal vez contribuyó a empujarles ¿fue quizá un accidente? (Butterfield, 1991). Este odio estaba

9. Los emigrantes negros que llegan a los Estados Unidos procedentes del Caribe y de la América hispana se comportan, esencialmente, como otras comunidades emigrantes, y no aceptan ser excluidos en la misma medida del mercado de trabajo.

10. «Esto es especialmente cierto ... para alguno de los millones de personas de mediana edad que encontraron un trabajo por el cual tuvieron que trasladarse de residencia. Cambiaron de lugar y, si perdían el trabajo, no encontraban a nadie que pudiese ayudarlos.»

presente en la letra de muchas canciones populares de los años ochenta, y en la crueldad manifiesta de muchas películas y programas de televisión.

Esta sensación de desorientación y de inseguridad produjo cambios y desplazamientos significativos en la política de los países desarrollados, antes incluso de que el final de la guerra fría destruyese el equilibrio internacional sobre el cual se asentaba la estabilidad de muchas democracias parlamentarias occidentales. En épocas de problemas económicos los votantes suelen inclinarse a culpar al partido o régimen que está en el poder, pero la novedad de las décadas de crisis fue que la reacción contra los gobiernos no beneficiaba necesariamente a las fuerzas de la oposición. Los máximos perdedores fueron los partidos socialdemócratas o laboristas occidentales, cuyo principal instrumento para satisfacer las necesidades de sus partidarios —la acción económica y social a través de los gobiernos nacionales— perdió fuerza, mientras que el bloque central de sus partidarios, la clase obrera, se fragmentaba (véase el capítulo X). En la nueva economía transnacional, los salarios internos estaban más directamente expuestos que antes a la competencia extranjera, y la capacidad de los gobiernos para protegerlos era bastante menor. Al mismo tiempo, en una época de depresión los intereses de varias de las partes que constituían el electorado socialdemócrata tradicional divergían: los de quienes tenían un trabajo (relativamente) seguro y los que no lo tenían; los trabajadores de las antiguas regiones industrializadas con fuerte sindicación, los de las nuevas industrias menos amenazadas, en nuevas regiones con baja sindicación, y las impopulares víctimas de los malos tiempos caídas en una «subclase». Además, desde 1970 muchos de sus partidarios (especialmente jóvenes y/o de clase media) abandonaron los principales partidos de la izquierda para sumarse a movimientos de cariz más específico —especialmente los ecologistas, feministas y otros de los llamados «nuevos movimientos sociales»—, con lo cual aquéllos se debilitaron. A principios de la década de los noventa los gobiernos socialdemócratas eran tan raros como en 1950, ya que incluso administraciones nominalmente encabezadas por socialistas abandonaron sus políticas tradicionales, de grado o forzadas por las circunstancias.

Las nuevas fuerzas políticas que vinieron a ocupar este espacio cubrían un amplio espectro, que abarcaba desde los grupos xenófobos y racistas de derechas a través de diversos partidos secesionistas (especialmente, aunque no sólo, los étnico-nacionalistas) hasta los diversos partidos «verdes» y otros «nuevos movimientos sociales» que reclamaban un lugar en la izquierda. Algunos lograron una presencia significativa en la política de sus países, a veces un predominio regional, aunque a fines del siglo XX ninguno haya reemplazado de hecho a los viejos *establishments* políticos.

Mientras tanto, el apoyo electoral a los otros partidos experimentaba grandes fluctuaciones. Algunos de los más influyentes abandonaron el universalismo de las políticas democráticas y ciudadanas y abrazaron las de alguna identidad de grupo, compartiendo un rechazo visceral hacia los extranjeros y marginados y hacia el estado-nación omnicomprensivo de la tradición revolucionaria estadounidense y francesa. Más adelante nos ocuparemos del auge de las nuevas «políticas de identidad».

Sin embargo, la importancia de estos movimientos no reside tanto en su contenido positivo como en su rechazo de la «vieja política». Algunos de los más importantes fundamentaban su identidad en esta afirmación negativa; por ejemplo la Liga del Norte italiana, el 20 por 100 del electorado estadounidense que en 1992 apoyó la candidatura presidencial de un tejano independiente o los electores de Brasil y Perú que en 1989 y 1990 eligieron como presidentes a hombres en los que creían poder confiar, por el hecho de que nunca antes habían oído hablar de ellos. En Gran Bretaña, desde principios de los setenta, sólo un sistema electoral poco representativo ha impedido en diversas ocasiones la emergencia de un tercer partido de masas, cuando los liberales —solos o en coalición, o tras la fusión con una escisión de socialdemócratas moderados del Partido Laborista— obtuvieron casi tanto, o incluso más, apoyo electoral que el que lograron individualmente uno u otro de los dos grandes partidos.

Desde principios de los años treinta —en otro período de depresión— no se había visto nada semejante al colapso del apoyo electoral que experimentaron, a finales de los ochenta y principios de los noventa, partidos consolidados y con gran experiencia de gobierno, como el Partido Socialista en Francia (1990), el Partido Conservador en Canadá (1993), y los partidos gubernamentales italianos (1993). En resumen, durante las décadas de crisis las estructuras políticas de los países capitalistas democráticos, hasta entonces estables, empezaron a desmoronarse. Y las nuevas fuerzas políticas que mostraron un mayor potencial de crecimiento eran las que combinaban una demagogia populista con fuertes liderazgos personales y la hostilidad hacia los extranjeros. Los supervivientes de la era de entreguerras tenían razones para sentirse descorazonados.

III

También fue alrededor de 1970 cuando empezó a producirse una crisis similar, desapercibida al principio, que comenzó a minar el «segundo mundo» de las «economías de planificación centralizada». Esta crisis resultó primero encubierta, y posteriormente acentuada, por la inflexibilidad de sus sistemas políticos, de modo que el cambio, cuando se produjo, resultó repentino, como sucedió en China tras la muerte de Mao y, en 1983-1985, en la Unión Soviética, tras la muerte de Brezhnev (véase el capítulo 16). Desde el punto de vista económico, estaba claro desde mediados de la década de los sesenta que el socialismo de planificación centralizada necesitaba reformas urgentes. Y a partir de 1970 se evidenciaron graves síntomas de auténtica regresión. Este fue el preciso momento en que estas economías se vieron expuestas —como todas las demás, aunque quizá no en la misma medida— a los movimientos incontrolables y a las impredecibles fluctuaciones de la economía mundial transnacional. La entrada masiva de la Unión Soviética en el mercado internacional de cereales y el impacto de las crisis petrolíferas de los setenta representaron el fin del «campo socialista» como una economía regional autónoma, protegida de los caprichos de la economía mundial (véase la p. 374).

Curiosamente, el Este y el Oeste estaban unidos no sólo por la economía transnacional, que ninguno de ellos podía controlar, sino también por la extraña interdependencia del sistema de poder de la guerra fría. Como hemos visto en el capítulo VIII, este sistema estabilizó a las superpotencias y a sus áreas de influencia, pero había de sumir a ambas en el desorden en el momento en que se desmoronase. No se trataba de un desorden meramente político, sino también económico. Con el súbito desmoronamiento del sistema político soviético, se hundieron también la división interregional del trabajo y las redes de dependencia mutua desarrolladas en la esfera soviética, obligando a los países y regiones ligados a éstas a enfrentarse individualmente a un mercado mundial para el cual no estaban preparados. Tampoco Occidente lo estaba para integrar los vestigios del antiguo «sistema mundial paralelo» comunista en su propio mercado mundial, como no pudo hacerlo, aun queriéndolo, la Comunidad Europea.[11]

Finlandia, un país que experimentó uno de los éxitos económicos más espectaculares de la Europa de la posguerra, se hundió en una gran depresión debido al derrumbamiento de la economía soviética. Alemania, la mayor potencia económica de Europa, tuvo que imponer tremendas restricciones a su economía, y a la de Europa en su conjunto, porque su gobierno (contra las advertencias de sus banqueros, todo hay que decirlo) había subestimado la dificultad y el coste de la absorción de una parte relativamente pequeña de la economía socialista, los dieciséis millones de personas de la República Democrática Alemana. Estas fueron consecuencias imprevistas de la quiebra soviética, que casi nadie esperaba hasta que se produjeron.

En el intervalo, igual que en Occidente, lo impensable resultó pensable en el Este, y los problemas invisibles se hicieron visibles. Así, en los años setenta, tanto en el Este como en el Oeste la defensa del medio ambiente se convirtió en uno de los temas de campaña política más importantes, bien se tratase de la defensa de las ballenas o de la conservación del lago Baikal en Siberia. Dadas las restricciones del debate público, no podemos seguir con exactitud el desarrollo del pensamiento crítico en esas sociedades, pero ya en 1980 economistas de primera línea del régimen, antiguos reformistas, como János Kornai en Hungría, publicaron análisis muy negativos sobre el sistema económico socialista, y los implacables sondeos sobre los defectos del sistema social soviético, que fueron conocidos a mediados de los ochen-

11. Recuerdo la angustiosa intervención de un búlgaro en un coloquio internacional celebrado en 1993: «¿Qué quieren que hagamos? Hemos perdido nuestros mercados en los antiguos países socialistas. La Comunidad Europea no quiere absorber nuestras exportaciones. Como miembros leales de las Naciones Unidas ahora ni siquiera podemos vender a Serbia, a causa del bloqueo bosnio. ¿A dónde vamos a ir?».

ta, se habían estado gestando desde hacía tiempo entre los académicos de Novosibirsk y de muchos otros lugares. Es difícil determinar el momento exacto en el que los dirigentes comunistas abandonaron su fe en el socialismo, ya que después de 1989-1991 tenían interés en anticipar retrospectivamente su conversión. Si esto es cierto en el terreno económico, aún lo es más en el político, como demostraría —al menos en los países socialistas occidentales— la *perestroika* de Gorbachov. Con toda su admiración histórica y su adhesión a Lenin, caben pocas dudas de que muchos comunistas reformistas hubiesen querido abandonar gran parte de la herencia política del leninismo, aunque pocos de ellos (fuera del Partido Comunista italiano, que ejercía un gran atractivo para los reformistas del Este) estaban dispuestos a admitirlo.

Lo que muchos reformistas del mundo socialista hubiesen querido era transformar el comunismo en algo parecido a la socialdemocracia occidental. Su modelo era más bien Estocolmo que Los Ángeles. No parece que Hayek y Friedman tuviesen muchos admiradores secretos en Moscú o Budapest. La desgracia de estos reformistas fue que la crisis de los sistemas comunistas coincidiese con la crisis de la edad de oro del capitalismo, que fue a su vez la crisis de los sistemas socialdemócratas. Y todavía fue peor que el súbito desmoronamiento del comunismo hiciese indeseable e impracticable un programa de transformación gradual, y que esto sucediese durante el (breve) intervalo en que en el Occidente capitalista triunfaba el radicalismo rampante de los ideólogos del ultraliberalismo. Éste proporcionó, por ello, la inspiración teórica a los regímenes poscomunistas, aunque en la práctica mostró ser tan irrealizable allí como en cualquier otro lugar.

Sin embargo, aunque en muchos aspectos las crisis discurriesen por caminos paralelos en el Este y en el Oeste, y estuviesen vinculadas en una sola crisis global tanto por la política como por la economía, divergían en dos puntos fundamentales. Para el sistema comunista, al menos en la esfera soviética, que era inflexible e inferior, se trataba de una cuestión de vida o muerte, a la que no sobrevivió. En los países capitalistas desarrollados lo que estaba en juego nunca fue la supervivencia del sistema económico y, pese a la erosión de sus sistemas políticos, tampoco lo estaba la viabilidad de éstos. Ello podría explicar —aunque no justificar— la poco convincente afirmación de un autor estadounidense según el cual con el fin del comunismo la historia de la humanidad sería en adelante la historia de la democracia liberal. Sólo en un aspecto crucial estaban estos sistemas en peligro: su futura existencia como estados territoriales individuales ya no estaba garantizada. Pese a todo, a principios de los noventa, ni uno solo de estos estados-nación occidentales amenazados por los movimientos secesionistas se había desintegrado.

Durante la era de las catástrofes, el final del capitalismo había parecido próximo. La Gran Depresión podía describirse, como en el título de un libro contemporáneo, como *This Final Crisis* (Hutt, 1935). Pocos tenían ahora una visión apocalíptica sobre el futuro inmediato del capitalismo desarrollado, aunque un historiador y marchante de arte francés predijese rotundamente el fin de la civilización occidental para 1976 argumentando, con cierto fundamento, que el empuje de la economía estadounidense, que había hecho avanzar en el pasado al resto del mundo capitalista, era ya una fuerza agotada (Gimpel, 1992). Consideraba, por tanto, que la depresión actual «se prolongará hasta bien entrado el próximo milenio». Para ser justos habrá que decir que, hasta mediados o incluso fines de los ochenta, tampoco muchos se mostraban apocalípticos respecto de las perspectivas de la Unión Soviética.

Sin embargo, y debido precisamente al mayor y más incontrolable dinamismo de la economía capitalista, el tejido social de las sociedades occidentales estaba bastante más minado que el de las sociedades socialistas, y por tanto, en este aspecto la crisis del Oeste era más grave. El tejido social de la Unión Soviética y de la Europa oriental se hizo pedazos a consecuencia del derrumbamiento del sistema, y no como condición previa del mismo. Allá donde las comparaciones son posibles, como en el caso de la Alemania Occidental y la Alemania Oriental, parece que los valores y las costumbres de la Alemania tradicional se conservaron mejor bajo la égida comunista que en la región occidental del milagro económico.

Los judíos que emigraron de la Unión Soviética a Israel promovieron en este país la música clásica, ya que provenían de un país en el que asistir a conciertos en directo seguía siendo una actividad normal, por lo menos entre el colectivo judío. El público de los conciertos no se había reducido allí a una pequeña minoría de personas de mediana o avanzada edad.[12]

Los habitantes de Moscú y de Varsovia se sentían menos preocupados por problemas que abrumaban a los de Nueva York o Londres: el visible crecimiento del índice de criminalidad, la inseguridad ciudadana y la impredecible violencia de una juventud sin normas. Había, lógicamente, escasa ostentación pública del tipo de comportamiento que indignaba a las personas socialmente conservadoras o convencionales, que lo veían como una evidencia de la descomposición de la civilización y presagiaban un colapso como el de Weimar.

Es difícil determinar en qué medida esta diferencia entre el Este y el Oeste se debía a la mayor riqueza de las sociedades occidentales y al rígido control estatal de las del Este. En algunos aspectos, este y oeste evolucionaron en la misma dirección. En ambos, las familias eran cada vez más pequeñas, los matrimonios se rompían con mayor facilidad que en otras partes, y la población de los estados —o, en cualquier caso, la de sus regiones más urbanizadas e industrializadas— se reproducía poco. En ambos también —aunque estas afirmaciones siempre deban hacerse con cautela— se debilitó el arraigo de las religiones occidentales tradicionales, aunque especialistas en la materia afirmaban que en la Rusia postsoviética se estaba produciendo un

12. En 1990 se consideraba que en Nueva York, uno de los dos mayores centros musicales del mundo, el público de los conciertos se circunscribía a veinte o treinta mil personas, en una población total de diez millones.

resurgimiento de las creencias religiosas, aunque no de la práctica. En 1989 las mujeres polacas —como los hechos se encargaron de demostrar— eran tan refractarias a dejar que la Iglesia católica dictase sus hábitos de emparejamiento como las mujeres italianas, pese a que en la etapa comunista los polacos hubiesen manifestado una apasionada adhesión a la Iglesia por razones nacionalistas y antisoviéticas. Evidentemente los regímenes comunistas dejaban menos espacio para las subculturas, las contraculturas o los submundos de cualquier especie, y reprimían las disidencias. Además, los pueblos que han experimentado períodos de terror general y despiadado, como sucedía en muchos de estos estados, es más probable que sigan con la cabeza gacha incluso cuando se suaviza el ejercicio del poder. Con todo, la relativa tranquilidad de la vida socialista no se debía al temor. El sistema aisló a sus ciudadanos del pleno impacto de las transformaciones sociales de Occidente porque los aisló del pleno impacto del capitalismo occidental. Los cambios que experimentaron procedían del estado o eran una respuesta al estado. Lo que el estado no se propuso cambiar permaneció como estaba antes. La paradoja del comunismo en el poder es que resultó ser conservador.

IV

Es prácticamente imposible hacer generalizaciones sobre la extensa área del tercer mundo (incluyendo aquellas zonas del mismo que estaban ahora en proceso de industrialización). En la medida en que sus problemas pueden estudiarse en conjunto, he procurado hacerlo en los capítulos VII y XII. Como hemos visto, las décadas de crisis afectaron a aquellas regiones de maneras muy diferentes. ¿Cómo podemos comparar Corea del Sur, donde desde 1970 hasta 1985 el porcentaje de la población que poseía un aparato de televisión pasó de un 6,4 por 100 a un 99,1 por 100 (Jon, 1993), con un país como Perú, donde más de la mitad de la población estaba por debajo del umbral de la pobreza —más que en 1972— y donde el consumo per cápita estaba cayendo (*Anuario*, 1989), por no hablar de los asolados países del África subsahariana? Las tensiones que se producían en un subcontinente como la India eran las propias de una economía en crecimiento y de una sociedad en transformación. Las que sufrían zonas como Somalia, Angola y Liberia eran las propias de unos países en disolución dentro de un continente sobre cuyo futuro pocos se sentían optimistas.

La única generalización que podía hacerse con seguridad era la de que, desde 1970, casi todos los países de esta categoría se habían endeudado profundamente. En 1990 se los podía clasificar, desde los tres gigantes de la deuda internacional (entre 60.000 y 110.000 millones de dólares), que eran Brasil, México y Argentina, pasando por los otros veintiocho que debían más de 10.000 millones cada uno, hasta los que sólo debían de 1.000 o 2.000 millones. El Banco Mundial (que tenía motivos para saberlo) calculó que sólo siete de las noventa y seis economías de renta «baja» y «media» que asesoraba tenían deudas externas sustancialmente inferiores a los mil millones de dólares —países como Lesotho y Chad—, y que incluso en éstos las deudas eran varias veces superiores a lo que habían sido veinte años antes. En 1970 sólo doce países tenían una deuda superior a los mil millones de dólares, y ningún país superaba los diez mil millones. En términos más realistas, en 1980 seis países tenían una deuda igual o mayor que todo su PNB; en 1990 veinticuatro países debían más de lo que producían, incluyendo —si tomamos la región como un conjunto— *toda* el África subsahariana. No resulta sorprendente que los países relativamente más endeudados se encuentren en África (Mozambique, Tanzania, Somalia, Zambia, Congo, Costa de Marfil), algunos de ellos asolados por la guerra; otros, por la caída del precio de sus exportaciones. Sin embargo, los países que debían soportar una carga mayor para la atención de sus grandes deudas —es decir, aquellos que debían emplear para ello una cuarta parte o más del total de sus exportaciones— estaban más repartidos. En realidad el África subsahariana estaba por debajo de esta cifra, bastante mejor en este aspecto que el sureste asiático, América Latina y el Caribe, y Oriente Medio.

Era muy improbable que ninguna de estas deudas acabase saldándose, pero mientras los bancos siguiesen cobrando intereses por ellas —un promedio del 9,6 por 100 en 1982 (UNCTAD)— les importaba poco. A comienzos de los ochenta se produjo un momento de pánico cuando, empezando por México, los países latinoamericanos con mayor deuda no pudieron seguir pagando, y el sistema bancario occidental estuvo al borde del colapso, puesto que en 1970 (cuando los petrodólares fluían sin cesar a la busca de inversiones) algunos de los bancos más importantes habían prestado su dinero con tal descuido que ahora se encontraban técnicamente en quiebra. Por fortuna para los países ricos, los tres gigantes latinoamericanos de la deuda no se pusieron de acuerdo para actuar conjuntamente, hicieron arreglos separados para renegociar las deudas, y los bancos, apoyados por los gobiernos y las agencias internacionales, dispusieron de tiempo para amortizar gradualmente sus activos perdidos y mantener su solvencia técnica. La crisis de la deuda persistió, pero ya no era potencialmente fatal. Este fue probablemente el momento más peligroso para la economía capitalista mundial desde 1929. Su historia completa aún está por escribir.

Mientras las deudas de los estados pobres aumentaban, no lo hacían sus activos, reales o potenciales. En las décadas de crisis la economía capitalista mundial, que juzga exclusivamente en función del beneficio real o potencial, decidió «cancelar» una gran parte del tercer mundo. De las veintidós «economías de renta baja», diecinueve no recibieron ninguna inversión extranjera. De hecho, sólo se produjeron inversiones considerables (de más de 500 millones de dólares) en catorce de los casi cien países de rentas bajas y medias fuera de Europa, y grandes inversiones (de 1.000 millones de dólares en adelante) en tan sólo ocho países, cuatro de los cuales en el este y el sureste asiático (China, Tailandia, Malaysia e Indonesia), y tres en América Latina (Argentina, México y Brasil).[13]

La economía mundial transnacional, crecientemente integrada, no se olvidó totalmente de las zonas proscritas. Las más pequeñas y pintorescas de ellas tenían un potencial como paraísos turísticos y como refugios extraterritoriales *offshore* del control gubernamental, y el descubrimiento de recursos aprovechables en territorios poco interesantes hasta el momento podría cambiar su situación. Sin embargo, una gran parte del mundo iba quedando, en conjunto, descolgada de la economía mundial. Tras el colapso del bloque soviético, parecía que esta iba a ser también la suerte de la zona comprendida entre Trieste y Vladivostok. En 1990 los únicos estados ex socialistas de la Europa oriental que atrajeron alguna inversión extranjera neta fueron Polonia y Checoslovaquia (*World Development*, 1992, cuadros 21, 23 y 24). Dentro de la enorme área de la antigua Unión Soviética había distritos o repúblicas ricos en recursos que atrajeron grandes inversiones, y zonas que fueron abandonadas a sus propias y míseras posibilidades. De una forma u otra, gran parte de lo que había sido el «segundo mundo» iba asimilándose a la situación del tercero.

El principal efecto de las décadas de crisis fue, pues, el de ensanchar la brecha entre los países ricos y los países pobres. Entre 1960 y 1987 el PIB real de los países del África subsahariana descendió, pasando de ser un 14 por 100 del de los países industrializados al 8 por 100; el de los países «menos desarrollados» (que incluía países africanos y no africanos) descendió del 9 al 5 por 100[14] (*Human Development*, 1991, cuadro 6).

V

En la medida en que la economía transnacional consolidaba su dominio mundial iba minando una grande, y desde 1945 prácticamente universal, institución: el estado-nación, puesto que tales estados no podían controlar más que una parte cada vez menor de sus asuntos. Organizaciones cuyo campo de acción se circunscribía al ámbito de las fronteras territoriales, como los sindicatos, los parlamentos y los sistemas nacionales de radiodifusión, perdieron terreno, en la misma medida en que lo ganaban otras organizaciones que no tenían estas limitaciones, como las empresas multinacionales, el mercado monetario internacional y los medios de comunicación global de la era de los satélites.

La desaparición de las superpotencias, que podían controlar en cierta medida a sus estados satélites, vino a reforzar esta tendencia. Incluso la más

13. El otro país que atrajo inversiones, para sorpresa de muchos, fue Egipto.

14. La categoría de «naciones menos desarrolladas» es una categoría establecida por las Naciones Unidas. La mayoría de ellas tiene menos de 300 dólares por año y PIB per cápita. El «PIB real per cápita» es una manera de expresar esta cifra en términos de qué puede comprarse localmente, en lugar de expresarlo simplemente en términos de tipos de cambio oficial, según una escala de «paridades internacionales de poder adquisitivo».

insustituible de las funciones que los estados-nación habían desarrollado en el transcurso del siglo, la de redistribuir la renta entre sus poblaciones mediante las transferencias de los servicios educativos, de salud y de bienestar, además de otras asignaciones de recursos, no podía mantenerse ya dentro de los límites territoriales en teoría, aunque en la práctica lo hiciese, excepto donde las entidades supranacionales como la Comunidad o Unión Europea las complementaban en algunos aspectos. Durante el apogeo de los teólogos del mercado libre, el estado se vio minado también por la tendencia a desmantelar actividades hasta entonces realizadas por organismos públicos, dejándoselas «al mercado».

Parádojica, pero quizá no sorprendentemente, a este debilitamiento del estado-nación se le añadió una tendencia a dividir los antiguos estados territoriales en lo que pretendían ser otros más pequeños, la mayoría de ellos en respuesta a la demanda por algún grupo de un monopolio étnico-lingüístico. Al comienzo, el ascenso de tales movimientos autonomistas y separatistas, sobre todo después de 1970, fue un fenómeno fundamentalmente occidental que pudo observarse en Gran Bretaña, España, Canadá, Bélgica e incluso en Suiza y Dinamarca; pero también, desde principios de los setenta, en el menos centralizado de los estados socialistas, Yugoslavia. La crisis del comunismo la extendió por el Este, donde después de 1991 se formaron más nuevos estados, nominalmente nacionales, que en cualquier otra época durante el siglo XX. Hasta los años noventa este fenómeno no afectó prácticamente al hemisferio occidental al sur de la frontera canadiense. En las zonas en que durante los años ochenta y noventa se produjo el desmoronamiento y la desintegración de los estados, como en Afganistán y en partes de África, la alternativa al antiguo estado no fue su partición sino la anarquía.

Este desarrollo resultaba paradójico, puesto que estaba perfectamente claro que los nuevos miniestados tenían los mismos inconvenientes que los antiguos, acrecentados por el hecho de ser menores. Fue menos sorprendente de lo que pudiera parecer, porque el único modelo de estado disponible a fines del siglo XX era el de un territorio con fronteras dotado de sus propias instituciones autónomas, o sea, el modelo de estado-nación de la era de las revoluciones. Además, desde 1918 todos los regímenes sostenían el principio de «autodeterminación nacional», que cada vez más se definía en términos étnico-lingüísticos. En este aspecto, Lenin y el presidente Wilson estaban de acuerdo. Tanto la Europa surgida de los tratados de paz de Versalles como lo que se convirtió en la Unión Soviética estaban concebidos como agrupaciones de tales estados-nación. En el caso de la Unión Soviética (y de Yugoslavia, que más tarde siguió su ejemplo), eran uniones de este tipo de estados que, en teoría —aunque no en la práctica— mantenían su derecho a la secesión.[15] Cuando estas uniones se rompieron, lo hicieron naturalmente de acuerdo con las líneas de fractura previamente determinadas.

15. En esto divergían de los estados de los Estados Unidos que, desde el final de la guerra civil norteamericana en 1865, no tuvieron el derecho a la secesión, excepto, quizá, Texas.

No obstante, el nuevo nacionalismo separatista de las décadas de crisis era un fenómeno bastante diferente del que había llevado a la creación de estados-nación en los siglos XIX y principios del XX. De hecho, se trataba de una combinación de tres fenómenos. El primero era la resistencia de los estados-nación existentes a su degradación. Esto quedó claro en los años ochenta, con los intentos realizados por miembros de hecho o potenciales de la Comunidad Europea, en ocasiones de características políticas muy distintas como Noruega y la Inglaterra de la señora Thatcher, de mantener su autonomía regional dentro de la reglamentación global europea en materias que consideraban importantes. Sin embargo, resulta significativo que el proteccionismo, el principal elemento de defensa con que contaban los estados-nación, fuese mucho más débil en las décadas de crisis que en la era de las catástrofes. El libre comercio mundial seguía siendo el ideal y —en gran medida— la realidad, sobre todo tras la caída de las economías controladas por el estado, pese a que varios estados desarrollaron métodos hasta entonces desconocidos para protegerse contra la competencia extranjera.

Se decía que japoneses y franceses eran los especialistas en estos métodos, pero probablemente fueron los italianos quienes tuvieron un éxito más grande a la hora de mantener la mayor parte de su mercado automovilístico en manos italianas (esto es, de la Fiat). Con todo, se trataba de acciones defensivas, aunque muy empeñadas y a veces coronadas por el éxito. Eran probablemente más duras cuando lo que estaba en juego no era simplemente económico, sino una cuestión relacionada con la identidad cultural. Los franceses, y en menor medida los alemanes, lucharon por mantener las cuantiosas ayudas para sus campesinos, no sólo porque éstos tenían en sus manos unos votos vitales, sino también porque creían que la destrucción de las explotaciones agrícolas, por ineficientes o poco competitivas que fuesen, significaría la destrucción de un paisaje, de una tradición y de una parte del carácter de la nación.

Los franceses, con el apoyo de otros países europeos, resistieron las exigencias estadounidenses en favor del libre comercio de películas y productos audiovisuales, no sólo porque se habrían saturado sus pantallas con productos estadounidenses, dado que la industria del espectáculo establecida en Norteamérica —aunque ahora de propiedad y control internacionales— había recuperado un monopolio potencialmente mundial similar al que detentaba la antigua industria de Hollywood. Quienes se oponían a este monopolio consideraban, acertadamente, que era intolerable que meros cálculos de costes comparativos y de rentabilidad llevasen a la desaparición de la producción de películas en lengua francesa. Sean cuales fueren los argumentos económicos, había cosas en la vida que debían protegerse. ¿Acaso algún gobierno podría considerar seriamente la posibilidad de demoler la catedral de Chartres o el Taj Mahal, si pudiera demostrarse que construyendo un hotel de lujo, un centro comercial o un palacio de congresos en el solar (vendido, por supuesto, a compradores privados) se podría obtener una mayor contribución al PIB del país que la que proporcionaba el turismo existente? Basta hacer la pregunta para conocer la respuesta.

El segundo de los fenómenos citados puede describirse como el egoísmo colectivo de la riqueza, y refleja las crecientes disparidades económicas entre continentes, países y regiones. Los gobiernos de viejo estilo de los estados-nación, centralizados o federales, así como las entidades supranacionales como la Comunidad Europea, habían aceptado la responsabilidad de desarrollar todos sus territorios y, por tanto, hasta cierto punto, la responsabilidad de igualar cargas y beneficios en todos ellos. Esto significaba que las regiones más pobres y atrasadas recibirían subsidios (a través de algún mecanismo distributivo central) de las regiones más ricas y avanzadas, o que se les daría preferencia en las inversiones con el fin de reducir las diferencias. La Comunidad Europea fue lo bastante realista como para admitir tan sólo como miembros a estados cuyo atraso y pobreza no significasen una carga excesiva para los demás; un realismo ausente de la Zona de Libre Comercio del Norte de América (NAFTA) de 1993, que asoció a los Estados Unidos y Canadá (con un PIB per cápita de unos 20.000 dólares en 1990) con México, que tenía una octava parte de este PIB per cápita.[16] La resistencia de las zonas ricas a dar subsidios a las pobres es harto conocida por los estudiosos del gobierno local, especialmente en los Estados Unidos. El problema de los «centros urbanos» habitados por los pobres, y con una recaudación fiscal que se hunde a consecuencia del éxodo hacia los suburbios, se debe fundamentalmente a esto. ¿Quién quiere pagar por los pobres? Los ricos suburbios de Los Ángeles, como Santa Mónica y Malibú, optaron por desvincularse de la urbe, por la misma razón que, a principios de los noventa, llevó a Staten Island a votar en favor de segregarse de Nueva York.

Algunos de los nacionalismos separatistas de las décadas de crisis se alimentaban de este egoísmo colectivo. La presión por desmembrar Yugoslavia surgió de las «europeas» Eslovenia y Croacia; y la presión para escindir Checoslovaquia, de la vociferante y «occidental» República Checa. Cataluña y el País Vasco eran las regiones más ricas y «desarrolladas» de España, y en América Latina los únicos síntomas relevantes de separatismo procedían del estado más rico de Brasil, Rio Grande do Sul. El ejemplo más nítido de este fenómeno fue el súbito auge, a fines de los ochenta, de la Liga Lombarda (llamada posteriormente Liga del Norte), que postulaba la secesión de la región centrada en Milán, la «capital económica» de Italia, de Roma, la capital política. La retórica de la Liga, con sus referencias a un glorioso pasado medieval y al dialecto lombardo, era la retórica habitual de la agitación nacionalista, pero lo que sucedía en realidad era que la región rica deseaba conservar sus recursos para sí.

El tercero de estos fenómenos tal vez corresponda a una respuesta a la

16. El miembro más pobre de la Unión Europea, Portugal, tenía en 1990 un PIB de un tercio del promedio de la Comunidad.

«revolución cultural» de la segunda mitad del siglo: esta extraordinaria disolución de las normas, tejidos y valores sociales tradicionales, que hizo que muchos habitantes del mundo desarrollado se sintieran huérfanos y desposeídos. El término «comunidad» no fue empleado nunca de manera más indiscriminada y vacía que en las décadas en que las comunidades en sentido sociológico resultaban difíciles de encontrar en la vida real (la «comunidad de las relaciones públicas», la «comunidad gay», etc.).

En los Estados Unidos, país propenso a autoanalizarse, algunos autores venían señalando desde finales de los sesenta el auge de los «grupos de identidad»: agrupaciones humanas a las cuales una persona podía «pertenecer» de manera inequívoca y más allá de cualquier duda o incertidumbre. Por razones obvias, la mayoría de éstos apelaban a una «etnicidad» común, aunque otros grupos de personas que buscaban una separación colectiva empleaban el mismo lenguaje nacionalista (como cuando los activistas homosexuales hablaban de «la nación de los *gays*»).

Como sugiere la aparición de este fenómeno en el más multiétnico de los estados, la política de los grupos de identidad no tiene una conexión intrínseca con la «autodeterminación nacional», esto es, con el deseo de crear estados territoriales identificados con un mismo «pueblo» que constituía la esencia del nacionalismo. Para los negros o los italianos de Estados Unidos, la secesión no tenía sentido ni formaba parte de su política étnica. Los políticos ucranianos en Canadá no eran ucranianos, sino canadienses.[17]

La esencia de las políticas étnicas, o similares, en las sociedades urbanas —es decir, en sociedades heterogéneas casi por definición— consistía en competir con grupos similares por una participación en los recursos del estado no étnico, empleando para ello la influencia política de la lealtad de grupo. Los políticos elegidos por unos distritos municipales neoyorquinos que habían sido convenientemente arreglados para dar una representación específica a los bloques de votantes latinos, orientales y homosexuales, querían obtener más de la ciudad de Nueva York, no menos.

Lo que las políticas de identidad tenían en común con el nacionalismo étnico de fin de siglo era la insistencia en que la identidad propia del grupo consistía en alguna característica personal, existencial, supuestamente primordial e inmutable —y por tanto permanente— que se compartía con otros miembros del grupo y con nadie más. La exclusividad era lo esencial, puesto que las diferencias que separaban a una comunidad de otra se estaban atenuando. Los judíos estadounidenses jóvenes se pusieron a buscar sus «raíces» cuando los elementos que hasta entonces les hubieran podido

17. Como máximo, las comunidades inmigrantes locales podían desarrollar el que se ha denominado «nacionalismo a larga distancia» en favor de sus patrias originarias o elegidas, representando casi siempre las actitudes extremas de la política nacionalista en aquellos países. Los irlandeses y los judíos norteamericanos fueron los pioneros en este campo, pero las diásporas globales creadas por la migración multiplicaron tales organizaciones; por ejemplo, entre los sijs emigrados de la India. El nacionalismo a larga distancia volvió por sus fueros con el derrumbamiento del mundo socialista.

caracterizar indeleblemente como judíos habían dejado de ser distintivos eficaces del judaísmo, comenzando por la segregación y discriminación de los años anteriores a la segunda guerra mundial.

Aunque el nacionalismo quebequés insistía en la separación porque afirmaba ser una «sociedad distinta», la verdad es que surgió como una fuerza significativa precisamente cuando Quebec dejó de ser «una sociedad distinta», como lo había sido, con toda evidencia, hasta los años sesenta (Ignatieff, 1993, pp. 115-117). La misma fluidez de la etnicidad en las sociedades urbanas hizo su elección como el único criterio de grupo algo arbitrario y artificial. En los Estados Unidos, exceptuando a las personas negras, hispanas o a las de origen inglés o alemán, por lo menos el 60 por 100 de todas las mujeres norteamericanas, de *cualquier* origen étnico, se casaron con alguien que no pertenecía a su grupo (Lieberson y Waters, 1988, p. 173). Hubo que construir cada vez más la propia identidad sobre la base de insistir en la no identidad de los demás. De otra forma, ¿cómo podrían los *skinheads* neonazis alemanes, con indumentarias, peinados y gustos musicales propios de la cultura joven cosmopolita, establecer su «germanidad» esencial, sino apaleando a los turcos y albaneses locales? ¿Cómo, si no es eliminando a quienes no «pertenecen» al grupo, puede establecerse el carácter «esencialmente» croata o serbio de una región en la que, durante la mayor parte de su historia, han convivido como vecinos una variedad de etnias y de religiones?

La tragedia de esta política de identidad excluyente, tanto si trataba de establecer un estado independiente como si no, era que posiblemente no podía funcionar. Sólo podía pretenderlo. Los italoamericanos de Brooklyn, que insistían (quizá cada vez más) en su italianidad y hablaban entre ellos en italiano, disculpándose por su falta de fluidez en la que se suponía ser su lengua nativa,[18] trabajaban en una economía estadounidense en la cual su italianidad tenía poca importancia, excepto como llave de acceso a un modesto segmento de mercado. La pretensión de que existiese una verdad negra, hindú, rusa o femenina inaprehensible y por tanto esencialmente incomunicable fuera del grupo, no podía subsistir fuera de las instituciones cuya única función era la de reforzar tales puntos de vista. Los fundamentalistas islámicos que estudiaban física no estudiaban física islámica; los ingenieros judíos no aprendían ingeniería jasídica; incluso los franceses o alemanes más nacionalistas desde un punto de vista cultural aprendieron que para desenvolverse en la aldea global de los científicos y técnicos que hacían funcionar el mundo, necesitaban comunicarse en un único lenguaje global, análogo al latín medieval, que resultó basarse en el inglés. Incluso un mundo dividido en territorios étnicos teóricamente homogéneos mediante genocidios, expulsiones masivas y «limpiezas étnicas» volvería a diversifi-

18. He oído este tipo de conversaciones en unos grandes almacenes neoyorquinos. Es muy probable que los padres o abuelos inmigrantes de estas personas no hablasen italiano, sino napolitano, siciliano o calabrés.

carse inevitablemente con los movimientos en masa de personas (trabajadores, turistas, hombres de negocios, técnicos) y de estilos y como consecuencia de la acción de los tentáculos de la economía global. Esto es lo que, después de todo, sucedió de los países de la Europa central, «limpiados étnicamente» durante y después de la segunda guerra mundial. Esto es lo que inevitablemente volvería a suceder en un mundo cada vez más urbanizado.

Las políticas de identidad y los nacionalismos de fines del siglo XIX no eran, por tanto, programas, y menos aún programas eficaces, para abordar los problemas de fines del siglo XX, sino más bien reacciones emocionales a estos problemas. Y así, a medida que el siglo marchaba hacia su término, la ausencia de mecanismos y de instituciones capaces de enfrentarse a estos problemas resultó cada vez más evidente. El estado-nación ya no era capaz de resolverlos. ¿Qué o quién lo sería?

Se han ideado diversas fórmulas para este propósito desde la fundación de las Naciones Unidas en 1945, creadas con la esperanza, rápidamente desvanecida, de que los Estados Unidos y la Unión Soviética seguirían poniéndose de acuerdo para tomar decisiones globales. Lo mejor que puede decirse de esta organización es que, a diferencia de su antecesora, la Sociedad de Naciones, ha seguido existiendo a lo largo de la segunda mitad del siglo, y que se ha convertido en un club la pertenencia al cual como miembro demuestra que un estado ha sido aceptado internacionalmente como soberano. Por la naturaleza de su constitución, no tenía otros poderes ni recursos que los que le asignaban las naciones miembro y, por consiguiente, no tenía capacidad para actuar con independencia.

La pura y simple necesidad de coordinación global multiplicó las organizaciones internacionales con mayor rapidez aún que en las décadas de crisis. A mediados de los ochenta existían 365 organizaciones intergubernamentales y no menos de 4.615 no gubernamentales (ONG), o sea, más del doble de las que existían a principios de los setenta (Held, 1988, p. 15). Cada vez se consideraba más urgente la necesidad de emprender acciones globales para afrontar problemas como los de la conservación y el medio ambiente. Pero, lamentablemente, los únicos procedimientos formales para lograrlo —tratados internacionales firmados y ratificados separadamente por los estados-nación soberanos— resultaban lentos, toscos e inadecuados, como demostrarían los esfuerzos para preservar el continente antártico y para prohibir permanentemente la caza de ballenas. El mismo hecho de que en los años ochenta el gobierno de Irak matase a miles de sus ciudadanos con gas venenoso —transgrediendo así una de las pocas convenciones internacionales genuinamente universales, el protocolo de Ginebra de 1925 contra el uso de la guerra química— puso de manifiesto la debilidad de los instrumentos internacionales existentes.

Sin embargo, se disponía de dos formas de asegurar la acción internacional, que se reforzaron notablemente durante las décadas de crisis. Una de ellas era la abdicación voluntaria del poder nacional en favor de autoridades supranacionales efectuada por estados de dimensiones medianas que ya no se consideraban lo suficientemente fuertes como para desenvolverse por su cuenta en el mundo. La Comunidad Económica Europea (que en los años ochenta cambió su nombre por el de Comunidad Europea, y por el de Unión Europea en los noventa) dobló su tamaño en los setenta y se preparó para expandirse aún más en los noventa, mientras reforzaba su autoridad sobre los asuntos de sus estados miembros.

El hecho de esta doble extensión era incuestionable, aunque provocase grandes resistencias nacionales tanto por parte de los gobiernos miembros como de la opinión pública de sus países. La fuerza de la Comunidad/Unión residía en el hecho de que su autoridad central en Bruselas, no sujeta a elecciones, emprendía iniciativas políticas independientes y era prácticamente inmune a las presiones de la política democrática excepto, de manera muy indirecta, a través de las reuniones y negociaciones periódicas de los representantes (elegidos) de los diversos gobiernos miembros. Esta situación le permitió funcionar como una autoridad supranacional efectiva, sujeta únicamente a vetos específicos.

El otro instrumento de acción internacional estaba igualmente protegido —si no más— contra los estados-nación y la democracia. Se trataba de la autoridad de los organismos financieros internacionales constituidos tras la segunda guerra mundial, especialmente el Fondo Monetario Internacional y el Banco Mundial (véanse pp. 277 y ss.). Estos organismos, respaldados por la oligarquía de los países capitalistas más importantes —progresivamente institucionalizada desde los años setenta con el nombre de «Grupo de los Siete»—, adquirieron cada vez más autoridad durante las décadas de crisis, en la medida en que las fluctuaciones incontrolables de los cambios, la crisis de la deuda del tercer mundo y, después de 1989, el hundimiento de las economías del bloque soviético hizo que un número creciente de países dependiesen de la voluntad del mundo rico para concederles préstamos, condicionados cada vez más a la adopción de políticas económicas aceptables para las autoridades bancarias mundiales.

En los años ochenta, el triunfo de la teología neoliberal se tradujo, en efecto, en políticas de privatización sistemática y de capitalismo de libre mercado impuestas a gobiernos demasiado débiles para oponerse a ellas, tanto si eran adecuadas para sus problemas económicos como si no lo eran (como sucedió en la Rusia postsoviética). Es interesante, pero del todo inútil, especular acerca de lo que J. M. Keynes y Harry Dexter White hubiesen pensado sobre esta transformación de unas instituciones que ellos crearon teniendo en mente unos objetivos muy distintos, como el de alcanzar el pleno empleo en los países respectivos.

Sin embargo, estas resultaron ser autoridades internacionales eficaces, por lo menos para imponer las políticas de los países ricos a los pobres. A fines de este siglo estaba por ver cuáles serían las consecuencias y los efectos de estas políticas en el desarrollo mundial.

Dos extensas regiones del mundo las están poniendo a prueba. Una de ellas es la zona de la Unión Soviética y de las economías europeas y asiáticas asociadas a ella, que están en la ruina desde la caída de los sistemas comunistas occidentales. La otra zona es el polvorín social que ocupó gran parte del tercer mundo. Como veremos en el capítulo siguiente, desde los años cincuenta esta zona ha constituido el principal elemento de inestabilidad política del planeta.

Capítulo XV

EL TERCER MUNDO Y LA REVOLUCIÓN

En enero de 1974 el general Abebe Beleta se detuvo en el cuartel Gode durante una visita de inspección … Al día siguiente un despacho increíble llegó a palacio: el general había sido arrestado por los soldados, que le obligaban a comer lo mismo que ellos. Unos alimentos en tal estado de putrefacción que algunos temen que el general enferme y muera. El emperador [de Etiopía] envió a la compañía aerotransportada de su guardia, que liberó al general y lo llevó al hospital.

RYSZARD KAPUSCINSKI, *The Emperor* (1983, p. 120)

Del ganado [de la granja experimental de la universidad] hemos matado lo que hemos podido. Pero cuando estábamos matando las campesinas empezaron a llorar: al pobre ganado por qué lo matan así, qué culpa tienen. Como empezaron a llorar las señoras, pobrecito, que esto, lo dejamos, pero ya habíamos matado como la cuarta parte, como ochenta ganados. Era nuestra intención matar todos, pero no hemos podido porque empezaron a llorar las campesinas. Cuando ya nos habíamos venido, un señor con su caballo de frente a Ayacucho a avisar lo que estaba pasando había ido. Entonces al día siguiente pasó el noticiero de la radio *La voz.* Nosotros en esos momentos estábamos en el camino, regresando, y como algunos compañeros llevaban radios chiquitos, escuchamos y bueno, contentos nosotros ¿no?

Un joven miembro de Sendero Luminoso,
Tiempos (1990, p. 198)

I

Cualquiera que sea la forma en que interpretemos los cambios en el tercer mundo y su gradual descomposición y fisión, hemos de tener en cuenta que difería del primero en un aspecto fundamental: formaba una zona mundial de revolución, realizada, inminente o posible. El primer mundo se mantuvo estable política y socialmente cuando comenzó la guerra fría. Todo lo que pudiese bullir bajo la superficie del segundo mundo pudo ser contenido por la tapadera del poder de los partidos y por la posibilidad de una intervención militar soviética. Por el contrario, pocos estados del tercer mundo, cualquiera que fuese su tamaño, pasaron los años cincuenta (o la fecha de su independencia) sin revolución, sin golpes militares para reprimir, prevenir o realizar la revolución, o cualquier otro tipo de conflicto armado interno. Las excepciones más importantes hasta la fecha de escribir esto son la India y un puñado de colonias gobernadas por dirigentes paternalistas autoritarios y longevos como el doctor Banda de Malaui (la antigua colonia de Niasalandia) y el (hasta 1994) indestructible M. Félix Houphouet-Boigny de Costa de Marfil. Esta inestabilidad social y política proporciona al tercer mundo su común denominador.

La inestabilidad resultaba también evidente para los Estados Unidos, protectores del *statu quo* global, que la identificaban con el comunismo soviético o, por lo menos, la consideraban como un recurso permanente y potencial para su contendiente en la lucha global por la supremacía. Casi desde el principio de la guerra fría, los Estados Unidos intentaron combatir este peligro por todos los medios, desde la ayuda económica y la propaganda ideológica, pasando por la subversión militar oficial o extraoficial, hasta la guerra abierta, preferiblemente en alianza con un régimen local amigo o comprado, pero, si era preciso, sin apoyo local. Esto es lo que mantuvo al tercer mundo como una zona de guerra, mientras el primero y el segundo iniciaban la más larga etapa de paz desde el siglo XIX. Antes del colapso del sistema soviético se estimaba que unos 19 —tal vez incluso 20— millones de personas murieron en las más de cien «guerras, conflictos y acciones militares más importantes», entre 1945 y 1983, casi todos ellos en el tercer mundo: más de 9 millones en Extremo Oriente; 3,5 millones en África; 2,5 millones en el sureste asiático; un poco más de medio millón en Oriente Medio, sin contar la más sangrienta de estas guerras, el conflicto entre Irán e Irak en 1980-1988, que apenas había comenzado en 1983; y bastantes menos en América Latina (*UN World Social Situation*, 1985, p. 14). La guerra de Corea de 1950-1953, cuyas muertes se han calculado entre 3 y 4 millones (en un país de 30 millones de habitantes) (Halliday y Cummings, 1988, pp. 200-201), y los treinta años de guerras en Vietnam (1945-1975) fueron, de lejos, los más cruentos de estos conflictos y los únicos en los que fuerzas estadounidenses se involucraron directamente y en gran escala. En cada uno de ellos murieron unos 50.000 norteamericanos. Las bajas vietnamitas y de otros pueblos de Indochina son difíciles de calcular, pero las estimaciones más modestas hablan de unos 2 millones. Sin embargo, algunas de las guerras anticomunistas indirectas fueron de una barbarie comparable, especialmente en África, donde se calcula que cerca de 1,5 millones de personas murieron entre 1980 y 1988 en las guerras contra los gobiernos de Mozambique y Angola (cuya población conjunta ronda los 23 millones), con 12 millones de desplazados de sus hogares o amenazados por el hambre (*UN Africa*, 1989, p. 6).

El potencial revolucionario del tercer mundo resultó también evidente para los regímenes comunistas, aunque sólo sea porque, como hemos visto, los líderes de la liberación colonial tendían a verse a sí mismos como socialistas, comprometidos en un proyecto de emancipación, progreso y modernización como la Unión Soviética, y con unas directrices semejantes. Los que habían recibido una educación de tipo occidental puede que hasta se consideraran inspirados por Lenin y Marx, si bien los partidos comunistas no eran frecuentes en el tercer mundo y (excepto en Mongolia, China y Vietnam) ninguno de ellos se convirtió en la fuerza dominante en los movimientos de liberación nacional. Algunos regímenes nuevos apreciaron, sin embargo, la utilidad de un partido de tipo leninista y formaron uno, o lo copiaron, como Sun Yat-sen había hecho en China en 1920. Algunos partidos comunistas que habían adquirido mucha fuerza e influencia fueron arrinconados (como en Irán e Irak en los años cincuenta) o eliminados mediante matanzas, como en Indonesia en 1965, donde se estima que medio millón de comunistas o de presuntos comunistas fueron asesinados tras lo que se dijo ser un golpe militar pro comunista, y que probablemente fue la mayor carnicería política de la historia.

Durante varias décadas la Unión Soviética adoptó una visión esencialmente pragmática de sus relaciones con los movimientos de liberación radicales y revolucionarios del tercer mundo, puesto que ni se proponía ni esperaba ampliar la zona bajo gobiernos comunistas más allá de los límites de la ocupación soviética en Occidente, y de la de intervención china (que no podía controlar por completo) en Oriente. Esto no cambió ni siquiera durante el período de Kruschev (1956-1964), cuando algunas revoluciones locales, en las que los partidos comunistas no tuvieron un papel significativo, llegaron al poder por sus propios medios, especialmente en Cuba (1959) y Argelia (1962). La descolonización de África llevó también al poder a líderes nacionales que no deseban otra cosa que el título de antiimperialistas, socialistas y amigos de la Unión Soviética, especialmente cuando ésta aportaba tecnología y otros tipos de ayuda sin condiciones de viejo colonialismo. Entre éstos tenemos a Kwame Nkrumah en Ghana, Sekou Touré en Guinea, Modibo Keita en Mali y al trágico Patrice Lumumba en el antiguo Congo belga, cuyo asesinato lo convirtió en símbolo y mártir del tercer mundo. (La Unión Soviética cambió el nombre de la Universidad para la Fraternidad de los Pueblos, fundada en 1960 para acoger estudiantes del tercer mundo, por el de Universidad Lumumba.) Moscú simpatizaba con estos regímenes y les ayudó, aunque pronto abandonó su optimismo por los nuevos estados africanos. En el antiguo Congo belga dio apoyo armado al bando lumumbista contra los clientes o títeres de los Estados Unidos y de los belgas durante la guerra civil (con intervenciones de una fuerza militar de las Naciones Unidas, vista con igual desagrado por ambas superpotencias) que siguió al precipitado acceso a la independencia de la vasta colonia. Los resultados fueron decepcionantes.[1] Cuando uno de los nuevos regímenes, el de Fidel Castro en Cuba, se declaró oficialmente comunista, para sorpresa general, la Unión Soviética lo puso bajo su protección, pero no a riesgo de poner en peligro permanente sus relaciones con los Estados Unidos. Sin embargo, no hay evidencias de que planeara ampliar las fronteras del comunismo mediante la revolución hasta mediados de los años setenta, e incluso entonces los hechos indican que la Unión Soviética se aprovechó de una situación favorable que no había creado. Lo que esperaba Kruschev, como recordarán los lectores de mayor edad, era que el capitalismo sería enterrado por la superioridad económica del socialismo.

Cuando el liderazgo soviético del movimiento comunista internacional fue amenazado en los años sesenta por China, por no mencionar a diversos disidentes marxistas que lo hacían en nombre de la revolución, los partidarios de Moscú en el tercer mundo mantuvieron su opción política de estudiada moderación. El enemigo no era en estos países el capitalismo, si es que existía, sino los intereses locales precapitalistas y el imperialismo (estadounidense) que los apoyaba. La forma de avanzar no era la lucha armada, sino la creación de un amplio frente popular o nacional en alianza con la burguesía y la pequeña burguesía «nacionales». En resumen, la estrategia de Moscú en el tercer mundo seguía la línea marcada en 1930 por la Comintern pese a todas las denuncias de traición a la causa de la revolución de octubre (véase el capítulo 5). Esa estrategia, que enfurecía a quienes preferían la vía armada, pareció tener éxito en ocasiones, como en Brasil o Indonesia a principios de los sesenta y en Chile en 1970. Pero cuando el proceso llegó a este punto fue generalmente interrumpido, lo que no resulta nada sorprendente, por golpes militares seguidos por etapas de terror, como en Brasil después de 1964, en Indonesia en 1965 y en Chile en 1973.

En cualquier caso, el tercer mundo se convirtió en la esperanza de cuantos seguían creyendo en la revolución social. Representaba a la gran mayoría de los seres humanos, y parecía un volcán esperando a entrar en erupción o un campo sísmico cuyos temblores anunciaban el gran terremoto por venir. Incluso el teórico de lo que denominó «el fin de las ideologías» en el Occidente estable, liberal y capitalista de la edad de oro (Bell, 1960) admitía que la era de la esperanza milenarista y revolucionaria seguía viva allí. El tercer mundo no sólo era importante para los viejos revolucionarios en la tradición de octubre, o para los románticos, que estaban en retroceso desde la próspera mediocridad de los años cincuenta. La izquierda, incluyendo a los libera-

1. Un brillante periodista polaco que informaba desde la (en teoría) provincia lumumbista nos ha dado la crónica más viva de la trágica anarquía congoleña (Kapuszinski, 1990).

les humanitarios y a los socialdemócratas moderados, necesitaba algo más que leyes de seguridad social y aumento de los salarios reales. El tercer mundo podía mantener vivos sus ideales, y los partidos que pertenecían a la gran tradición de la Ilustración necesitaban tanto de los ideales como de la política práctica. No podían sobrevivir sin aquéllos. ¿Cómo, si no, podemos explicar la pasión por ayudar a los países del tercer mundo en esos bastiones del progreso reformista que son los países escandinavos, Holanda y en el Consejo Mundial de las Iglesias (protestante), que era el equivalente a fines del siglo XX del apoyo a las misiones en el XIX? Esto llevó a los liberales europeos de la segunda mitad del siglo XX a apoyar a los revolucionarios y a las revoluciones del tercer mundo.

II

Lo que sorprendió tanto a los revolucionarios como a quienes se oponían a la revolución fue que, después de 1945, la forma más común de lucha revolucionaria en el tercer mundo —esto es, en cualquier lugar del mundo— pareciese ser la guerra de guerrillas. Una «cronología de las más importantes guerras de guerrilla» realizada a mediados de los años setenta enumeraba 32 de ellas desde fines de la segunda guerra mundial. Excepto tres (la guerra civil griega de fines de los cuarenta, la lucha de los chipriotas contra Gran Bretaña en los años cincuenta y el conflicto del Ulster (desde 1969), todas estaban localizadas fuera de Europa y de América del Norte (Laqueur, 1977, p. 442). La lista podía haberse alargado fácilmente. La imagen de la revolución emergiendo exclusivamente de las montañas no era exacta. Subestimaba el papel de los golpes militares izquierdistas, que parecían imposibles en Europa, hasta que se dio un notable ejemplar de esta especie en el Portugal de 1974, pero que eran comunes en el mundo islámico y nada raros en América Latina. La revolución boliviana de 1952 fue obra de una alianza de mineros y militares insurrectos, y la más radical de las reformas sociales peruanas fue realizada por un régimen militar a finales de los sesenta y en los setenta. Subestimaba también el potencial revolucionario de las acciones de masas urbanas al viejo estilo, tal como se dieron en la revolución iraní de 1979 y, más tarde, en la Europa oriental. Sin embargo, en el tercer cuarto del siglo todos los ojos estaban puestos en las guerrillas. Sus tácticas fueron ampliamente propagadas por ideólogos de la izquierda radical, críticos de la política soviética. Mao Tse-tung (tras su ruptura con la Unión Soviética) y Fidel Castro después de 1959 (o más bien su camarada, el apuesto y errante Che Guevara, 1928-1967) sirvieron de inspiración a estos activistas. Los comunistas vietnamitas —aunque fueron, con mucho, los más formidables y acertados practicantes de la estrategia guerrillera, admirados internacionalmente por haber derrotado tanto a los franceses como a los poderosos Estados Unidos— no movieron a sus admiradores a tomar partido en las encarnizadas peleas ideológicas internas de la izquierda.

Los años cincuenta estuvieron llenos de luchas guerrilleras en el tercer mundo, casi todas en aquellos países coloniales en que, por una u otra razón, las antiguas potencias o sus partidarios locales se resistieron a una descolonización pacífica: Malaysia, Kenia (el movimiento Mau-Mau) y Chipre en un imperio británico en disolución; las guerras, más serias, de Argelia y Vietnam en el imperio francés. Fue, singularmente, un movimiento relativamente pequeño —mucho menor que la insurgencia malaya (Thomas, 1971, p. 1.040)—, atípico pero victorioso, el que llevó la estrategia guerrillera a las primeras páginas de los periódicos del mundo entero: la revolución que se apoderó de la isla caribeña de Cuba el 1 de enero de 1959. Fidel Castro (1927) no era una figura insólita en la política latinoamericana: un joven vigoroso y carismático de una rica familia terrateniente, con ideas políticas confusas, pero decidido a demostrar su bravura personal y a convertirse en el héroe de cualquier causa de la libertad contra la tiranía que se le presentase en un momento adecuado. Incluso sus eslóganes políticos («¡Patria o Muerte!» —originalmente «¡Victoria o Muerte!»— y «¡Venceremos!») pertenecían a una era anterior de los movimientos de liberación: admirables pero imprecisos. Tras un oscuro período entre las bandas de pistoleros de la política estudiantil en la Universidad de La Habana, optó por la rebelión contra el gobierno del general Fulgencio Batista (una conocida y tortuosa figura de la política cubana que había comenzado su carrera en un golpe militar en 1933, siendo el sargento Batista), que había tomado el poder de nuevo en 1952 y había derogado la Constitución. Fidel siguió una línea activista: ataque a un cuartel del ejército en 1953, prisión, exilio e invasión de Cuba por una fuerza guerrillera que, en su segundo intento, se estableció en las montañas de la provincia más remota.

Aunque mal preparada, la jugada mereció la pena. En términos puramente militares la amenaza era modesta. Un camarada de Fidel, Che Guevara, médico argentino y líder guerrillero muy dotado, inició la conquista del resto de Cuba con 148 hombres, que llegaron a ser 300 en el momento en que prácticamente lo había conseguido. Las guerrillas del propio Fidel no ocuparon su primer pueblo de más de mil habitantes hasta diciembre de 1958 (Thomas, 1971, pp. 997, 1.020 y 1.024). Lo máximo que había demostrado hasta 1958 —aunque no era poco— era que una fuerza irregular podía controlar un gran «territorio liberado» y defenderlo contra la ofensiva de un ejército desmoralizado. Fidel ganó porque el régimen de Batista era frágil, carecía de apoyo real, excepto del nacido de las conveniencias y los intereses personales, y estaba dirigido por un hombre al que un largo período de corrupción había vuelto ocioso. Se desmoronó en cuanto la oposición de todas las clases, desde la burguesía democrática hasta los comunistas, se unió contra él y los propios agentes del dictador, sus soldados, policías y torturadores, llegaron a la conclusión de que su tiempo había pasado. Fidel lo puso en evidencia y, lógicamente, sus fuerzas heredaron el gobierno. Un mal régimen con pocos apoyos había sido derrocado. La mayoría de los cubanos vivió la victoria del ejército rebelde como un momento de liberación y de ilimitadas esperanzas, personificadas en su joven comandante. Tal vez ningún otro líder en el siglo XX, una era llena de figuras carismáticas, idolatradas por las masas, en los balcones y ante los micrófonos, tuvo menos oyentes escépticos u hostiles que este hombre corpulento, barbudo e impuntual, con su arrugado uniforme de batalla, que hablaba durante horas, compartiendo sus poco sistemáticos pensamientos con las multitudes atentas e incondicionales (incluyendo al que esto escribe). Por una vez, la revolución se vivía como una luna de miel colectiva. ¿Dónde iba a llevar? Tenía que ser por fuerza a un lugar mejor.

En los años cincuenta los rebeldes latinoamericanos no sólo se nutrían de la retórica de sus libertadores históricos, desde Bolívar hasta el cubano José Martí, sino de la tradición de la izquierda antiimperialista y revolucionaria posterior a 1917. Estaban a la vez a favor de una «reforma agraria», fuera cual fuese su significado (véase la p. 356), e, implícitamente al menos, contra los Estados Unidos, especialmente en la pobre América Central, «tan lejos de Dios y tan cerca de los Estados Unidos», como había dicho el viejo dirigente mexicano Porfirio Díaz. Aunque radical, ni Fidel ni sus camaradas eran comunistas, ni (a excepción de dos de ellos) admitían tener simpatías marxistas de ninguna clase. De hecho, el Partido Comunista cubano, el único partido comunista de masas en América Latina aparte del chileno, mostró pocas simpatías hacia Fidel hasta que algunos de sus miembros se le unieron bastante tarde en su campaña. Las relaciones entre ellos eran glaciales. Los diplomáticos estadounidenses y sus asesores políticos discutían continuamente si el movimiento era o no pro comunista —si lo fuese, la CIA, que en 1954 había derrocado un gobierno reformista en Guatemala, sabría qué hacer—, pero decidieron finalmente que no lo era.

Sin embargo, todo empujaba al movimiento castrista en dirección al comunismo, desde la ideología revolucionaria general de quienes estaban prestos a sumarse a insurrecciones armadas guerrilleras, hasta el apasionado anticomunismo del imperialismo estadounidense en la década del senador McCarthy, que hizo que los rebeldes antiimperialistas latinoamericanos miraran a Marx con más simpatía. La guerra fría hizo el resto. Si el nuevo régimen se oponía a los Estados Unidos, y seguramente se opondría aunque sólo fuera amenazando las inversiones estadounidenses en la isla, podía confiar en la segura simpatía y el apoyo de su gran antagonista. Además, la forma de gobernar de Fidel, con monólogos informales ante millones de personas, no era un modo adecuado para regir ni siquiera un pequeño país o una revolución por mucho tiempo. Incluso el populismo necesita organización. El Partido Comunista era el único organismo del bando revolucionario que podía proporcionársela. Los dos se necesitaban y acabaron convergiendo. Sin embargo, en marzo de 1960, mucho antes de que Fidel descubriera que Cuba tenía que ser socialista y que él mismo era comunista, aunque a su manera, los Estados Unidos habían decidido tratarle como tal, y se autorizó a la CIA a preparar su derrocamiento (Thomas, 1971, p. 271). En 1961 lo intentaron mediante una invasión de exiliados en Bahía Cochinos, y fracasaron. Una Cuba comunista pudo sobrevivir a unos ciento cincuenta kilómetros de Cayo

Hueso, aislada por el bloqueo estadounidense y cada vez más dependiente de la Unión Soviética.

Ninguna revolución podía estar mejor preparada que esta para atraer a la izquierda del hemisferio occidental y de los países desarrollados al fin de una década de conservadurismo general. O para dar a la estrategia guerrillera una mejor publicidad. La revolución cubana lo tenía todo: espíritu romántico, heroísmo en las montañas, antiguos líderes estudiantiles con la desinteresada generosidad de su juventud —el más viejo apenas pasaba de los treinta años—, un pueblo jubiloso en un paraíso turístico tropical que latía a ritmo de rumba. Por si fuera poco, todos los revolucionarios de izquierda podían celebrarla.

De hecho, los más inclinados a celebrarla habían de ser los que se mostraban críticos con Moscú, insatisfechos por la prioridad que los soviéticos habían dado a la coexistencia pacífica con el capitalismo. El ejemplo de Fidel inspiró a los intelectuales militantes en toda América Latina, un continente de gatillo fácil y donde el valor altruista, especialmente cuando se manifiesta en gestos heroicos, es bien recibido. Al poco tiempo Cuba empezó a alentar una insurrección continental, animada especialmente por Guevara, el campeón de una revolución latinoamericana y de la creación de «dos, tres, muchos Vietnams». Un joven y brillante izquierdista francés (¿quién, si no?) proporcionó la ideología adecuada, que sostenía que, en un continente maduro para la revolución, todo lo que se necesitaba era llevar pequeños grupos de militantes armados a las montañas apropiadas y formar «focos» para luchar por la liberación de las masas (Debray, 1965).

En toda América Latina grupos de jóvenes entusiastas se lanzaron a unas luchas de guerrillas condenadas de antemano al fracaso, bajo la bandera de Fidel, de Trotsky o de Mao. Excepto en América Central y en Colombia, donde había una vieja base de apoyo campesino para los resistentes armados, la mayoría de estos intentos fracasaron casi de inmediato, dejando tras de sí los cadáveres de los famosos —el mismo Che Guevara en Bolivia; el también carismático cura rebelde Camilo Torres en Colombia— y de los desconocidos. Resultaron ser un error espectacular, tanto más por cuanto, si se daban las condiciones adecuadas, en muchos de esos países *eran* posibles movimientos guerrilleros eficaces y duraderos, como han demostrado las (oficialmente comunistas) FARC (Fuerzas Armadas de la Revolución Colombiana) en Colombia desde 1964 hasta el momento de escribir esto y el movimiento (maoísta) Sendero Luminoso en Perú en los años ochenta.

Pero incluso cuando algunos campesinos emprendían la senda guerrillera, las guerrillas fueron pocas veces (las FARC colombianas son una rara excepción) un movimiento campesino. Fueron sobre todo llevadas a las zonas rurales del tercer mundo por jóvenes intelectuales que procedían de las clases medias de sus países, reforzados, más tarde, por una nueva generación de hijos y (más raramente) hijas estudiantes de la creciente pequeña burguesía rural. Esto era también válido en los casos en que la acción guerrillera se trasladaba de las zonas rurales al mundo de las grandes ciudades, como empezaron a hacer algunos sectores de la izquierda revolucionaria del tercer mundo (por ejemplo en Argentina, Brasil y Uruguay), así como de Europa, a fines de los sesenta.[2] De hecho, las operaciones guerrilleras urbanas son más fáciles de realizar que las rurales, puesto que no se necesita contar con la solidaridad o connivencia de las masas, sino que pueden aprovechar el anonimato de la gran ciudad, el poder adquisitivo del dinero y la existencia de un mínimo de simpatizantes, en su mayoría de clase media. A estas «guerrillas urbanas» o grupos «terroristas» les era más fácil llevar a cabo golpes de gran repercusión publicitaria y asesinatos espectaculares (como el del almirante Carrero Blanco, presunto sucesor de Franco, realizado por ETA en 1973; o el del primer ministro italiano Aldo Moro, cometido por las Brigadas Rojas italianas en 1978), por no hablar de los atracos, que iniciar la revolucion en sus países.

Porque incluso en América Latina las fuerzas que resultaban más importantes para promover el cambio eran los políticos civiles y los ejércitos. La ola de regímenes militares de derecha que empezó a inundar gran parte de Suramérica en los años sesenta (los gobiernos militares nunca han pasado de moda en América Central, a excepción de México y de la pequeña Costa Rica, que abolió su ejército tras la revolución de 1948) no era, en principio, una respuesta a la existencia de rebeldes armados. En Argentina derrocaron al caudillo populista Juan Domingo Perón (1895-1974), cuya fuerza radicaba en las organizaciones obreras y en la movilización de los pobres (1955), tras lo cual asumieron el poder a intervalos, habida cuenta de que el movimiento de masas peronista se mostró indestructible y de que no se formó ninguna alternativa civil estable. Cuando Perón volvió del exilio en 1973, para demostrar una vez más el predominio de sus seguidores, y esta vez con gran parte de la izquierda local a remolque, los militares tomaron de nuevo el poder con sangre, torturas y retórica patriotera hasta que fueron derrocados tras la derrota de sus fuerzas armadas en la breve, descabellada, pero decisiva guerra anglo-argentina por las Malvinas en 1982.

Las fuerzas armadas tomaron el poder en Brasil en 1964 contra un enemigo parecido: los herederos del gran líder populista brasileño Getulio Vargas (1883-1954), que se inclinaron hacia la izquierda a principios de los sesenta y ofrecieron democratización, reforma agraria y escepticismo acerca de la política de los Estados Unidos. Los pequeños intentos guerrilleros de finales de los sesenta, que proporcionaron una excusa a la despiadada represión del régimen, nunca representaron la menor amenaza para el mismo, pero a principios de los años setenta el régimen empezó a aflojar y devolvió el país a un gobierno civil en 1985. En Chile, el enemigo era la unión de una

2. La excepción más importante son los activistas de los que podrían llamarse movimientos guerrilleros del gueto, como el IRA provisional en el Ulster, los «Panteras negras» de los Estados Unidos (que tuvieron corta vida) y las guerrillas palestinas de hijos de la diáspora en campos de refugiados, que saldrían casi en su totalidad de los niños de la calle y no de la universidad; especialmente allí donde los guetos no tienen una clase media significativa.

izquierda de socialistas, comunistas y otros progresistas, es decir, lo que la tradición europea (y, en este caso, chilena) conocía como un «frente popular» (véase el capítulo V). Un frente de este tipo ya había ganado las elecciones en Chile en los años treinta, cuando Washington estaba menos nervioso y Chile era un paradigma de constitucionalismo civil. Su líder, el socialista Salvador Allende, fue elegido presidente en 1970, su gobierno fue desestabilizado y, en 1973, derrocado por un golpe militar muy apoyado, puede que incluso organizado, por los Estados Unidos, que trajo a Chile los rasgos característicos de los regímenes militares de los años setenta: ejecuciones y matanzas, grupos represivos oficiales o paraoficiales, tortura sistemática de prisioneros y exilio en masa de los opositores políticos. Su caudillo militar, el general Pinochet, se mantuvo como máximo dirigente durante diecisiete años, que empleó en imponer una política de ultraliberalismo económico en Chile, demostrando así, entre otras cosas, que el liberalismo político y la democracia no son compañeros naturales del liberalismo económico.

Es posible que el golpe militar en la Bolivia revolucionaria de 1964 guardase alguna conexión con los temores estadounidenses a la influencia cubana en ese país, donde murió el propio Che Guevara en un fallido intento de insurrección guerrillera, pero Bolivia no es un lugar que pueda controlar mucho tiempo ningún militar local, por brutal que sea. La era militar terminó después de quince años que vieron una rápida sucesión de generales, cada vez más interesados en los beneficios del narcotráfico. Aunque en Uruguay los militares utilizaron la existencia de un movimiento inteligente y eficaz de «guerrilla urbana» como pretexto para las matanzas y torturas usuales, fue probablemente el surgimiento de un frente popular de «izquierda amplia», en competencia con el sistema bipartidista tradicional, lo que explica que tomasen el poder en 1972 en el único país suramericano que podía describirse como una democracia auténtica y duradera. Los uruguayos conservaron lo suficiente de su tradición como para acabar votando en contra de la Constitución maniatada que les ofrecían los militares y en 1985 recuperaron un gobierno civil.

Aunque había logrado, y podía seguir logrando, éxitos espectaculares en América Latina, Asia y África, la vía guerrillera a la revolución no tenía sentido en los países desarrollados. Sin embargo, no es extraño que a través de sus guerrillas, rurales y urbanas, el tercer mundo sirviese de inspiración a un número creciente de jóvenes rebeldes y revolucionarios o, simplemente, a los disidentes culturales del primer mundo. Periodistas de rock compararon las masas juveniles en el festival de música de Woodstock (1969) a «un ejército de guerrilleros pacíficos» (Chapple y Garofalo, 1977, p. 144). En París y en Tokio los manifestantes estudiantiles portaban como iconos imágenes del Che Guevara, y su rostro barbudo, tocado con boina e incuestionablemente masculino, no dejaba indiferentes ni siquiera a los corazones apolíticos de la contracultura. No hay otro nombre (excepto el del filósofo Marcuse) que se mencione tanto como el suyo en un documentado estudio sobre la «nueva izquierda» de 1968 (Katsaficas, 1987), aun cuando, en la práctica, era el del líder vietnamita Ho Chi Minh («Ho Ho Ho-Chi-Minh») el nombre más coreado en las manifestaciones de la izquierda del primer mundo. Puesto que lo que movilizaba por encima de todo a la izquierda, aparte del rechazo de las armas nucleares, era el apoyo a las guerrillas del tercer mundo y, en los Estados Unidos, después de 1965, la resistencia a ser enviado a luchar contra ellas. *Los condenados de la tierra*, escrito por un psicólogo caribeño que participó en la guerra de liberación argelina, se convirtió en un texto de enorme influencia entre los intelectuales activistas a quienes estremecía su apología de la violencia como una forma de liberación espiritual para los oprimidos.

En resumen, la imagen de los guerrilleros de tez oscura en medio de una vegetación tropical era una parte esencial, tal vez su mayor inspiración, de la radicalización del primer mundo en los años sesenta. El «tercermundismo», la creencia de que el mundo podía emanciparse por medio de la liberación de su «periferia» empobrecida y agraria, explotada y abocada a la «dependencia» de los «países centrales» de lo que una creciente literatura llamaba «el sistema mundial», atrajo a muchos de los teóricos de la izquierda del primer mundo. Si, como los teóricos del «sistema mundial» señalaban, las raíces de los problemas del mundo no residían en el surgimiento del moderno capitalismo industrial, sino en la conquista del tercer mundo por los colonialistas europeos en el siglo XVI, la inversión de este proceso histórico en el siglo XX ofrecía a los indefensos revolucionarios del primer mundo una forma de escapar de su impotencia. No hay que sorprenderse de que algunos de los más poderosos argumentos en favor de esta tesis procedieran de los marxistas estadounidenses, que difícilmente podían contar con una victoria del socialismo con fuerzas autóctonas de los Estados Unidos.

III

En los países en que florecía el capitalismo industrial nadie volvió a tomar en serio la expectativa clásica de una revolución social mediante la insurrección y las acciones de masas. Y, sin embargo, en el cenit de la prosperidad occidental y en el corazón mismo de la sociedad capitalista, los gobiernos tuvieron que hacer frente, súbita e inesperadamente —y a primera vista, al menos, inexplicablemente—, a algo que no sólo parecía una revolución a la vieja usanza, sino que puso al descubierto la debilidad de regímenes aparentemente consolidados. En 1968-1969 una ola de rebelión sacudió los tres mundos, o grandes partes de ellos, encabezada esencialmente por la nueva fuerza social de los estudiantes, cuyo número se contaba, ahora, por cientos de miles incluso en los países occidentales de tamaño medio, y que pronto se convertirían en millones (véase el capítulo X). Además, sus números se reforzaron debido a tres características que multiplicaron su eficacia política. Eran fácilmente movilizables en las enormes fábricas del saber que les albergaban y disponían de mucho más tiempo libre que los obreros de las grandes industrias. Se encontraban normalmente en las capitales, ante los ojos de los políticos y de las cámaras de los medios de comunicación. Y, siendo miembros de las clases instruidas, con frecuencia hijos de la clase media establecida, que era —en casi todas partes, y especialmente en el tercer mundo— la base de reclutamiento de la elite dirigente de sus sociedades, no resultaban tan fáciles de abatir como los de las clases bajas. En Europa, oriental y occidental, no se produjeron muchas bajas, ni siquiera en los grandes disturbios y combates callejeros de París en mayo de 1968. Las autoridades se cuidaron mucho de que no hubiese mártires. Donde se produjo una gran matanza, como en la ciudad de México en 1968 —las cifras oficiales daban 28 muertos y 200 heridos cuando el ejército dispersó una reunión pública (González Casanova, 1975, vol. II, p. 564)—, el curso de la política cambió para siempre.

Así, las revueltas estudiantiles resultaron eficaces fuera de proporción, en especial donde, como en Francia en 1968 y en el «otoño caliente» de Italia en 1969, desencadenaron enormes oleadas de huelgas de los trabajadores que paralizaron temporalmente la economía de países enteros. Y, sin embargo, no eran auténticas revoluciones, ni era probable que acabaran siéndolo. Para los trabajadores, allí donde tomaron parte en ellas, fueron sólo una oportunidad para descubrir el poder de negociación industrial que habían acumulado, sin darse cuenta de ello, en los veinte años anteriores. No eran revolucionarios. Los estudiantes del primer mundo rara vez se interesaban en cosas tales como derrocar gobiernos y tomar el poder, aunque, de hecho, los franceses estuvieron a punto de derrocar al general De Gaulle en mayo de 1968 y acortaron su mandato (se retiró al año siguiente), y aunque la protesta antibélica de los estudiantes estadounidenses hizo retirarse al presidente L. B. Johnson en el mismo año. (Los estudiantes del tercer mundo estaban más cerca de la realidad del poder. Los del segundo mundo sabían que estaban muy lejos de él.) La rebelión de los estudiantes occidentales fue más una revolución cultural, un rechazo de todo aquello que en la sociedad representaban los valores de la «clase media» de sus padres, tal como se ha discutido en los capítulos X y XI.

No obstante, contribuyó a politizar a muchos de los rebeldes de la generación estudiantil, quienes, de manera harto natural, se volvieron hacia los inspiradores de la revolución y de la transformación social total: Marx, los iconos no estalinistas de la revolución de octubre, y Mao. Por primera vez desde la era antifascista el marxismo, no reducido ahora a la ortodoxia de Moscú, atrajo a gran número de jóvenes intelectuales de Occidente. (Nunca había dejado, por supuesto, de atraer a los del tercer mundo.) Era un marxismo peculiar, con una orientación universitaria, combinado con otras modas académicas del momento y, a veces, con otras ideologías, nacionalistas o religiosas, puesto que nacía de las aulas y no de la experiencia vital de los trabajadores. De hecho, tenía poco que ver con el comportamiento político práctico de estos nuevos discípulos de Marx, que normalmente propugnaban la clase de militancia radical que no necesita de análisis alguno. Cuando las expectativas utópicas de la rebelión original se evaporaron, muchos volvieron a, o mejor se volvieron hacia, los antiguos partidos de la izquierda, que (como el Partido Socialista francés, reconstruido en este período, o el Partido Comunista italiano) se revitalizaron con este aporte de entusiasmo juvenil. Como se trataba sobre todo de un movimiento de intelectuales, muchos entraron en la profesión académica. En los Estados Unidos ésta recibió un contingente de radicales político-culturales sin precedentes. Otros se veían a sí mismos como revolucionarios en la tradición de octubre y se unieron —o las crearon de nuevo— a las pequeñas organizaciones de cuadros de «vanguardia», disciplinadas y preferentemente clandestinas, que seguían las directrices leninistas, ya fuese para infiltrarse en organizaciones de masas o con fines terroristas. En esto Occidente convergió con el tercer mundo, que también se llenó de organizaciones de combatientes ilegales que esperaban contrarrestar la derrota de las masas mediante la violencia de pequeños grupos. Las diversas «Brigadas Rojas» italianas de los años setenta fueron, probablemente, los más importantes grupos europeos de inspiración bolchevique. Surgió entonces un curioso mundo de conspiración clandestina en que los grupos de acción directa de ideología revolucionaria nacionalista o social, a veces de ambas, estaban ligados a una red internacional constituida por diversos, generalmente minúsculos, «ejércitos rojos», palestinos, vascos, irlandeses y demás, superponiéndose con otras redes ilegales, inflitrados por los servicios de información, y protegidos y, cuando era necesario, ayudados por los estados árabes o por los del Este.

Era un ambiente como creado a propósito para los escritores de novelas de espionaje y de terror, para quienes los años setenta fueron una edad de oro. También fueron la era más sombría de tortura y contraterror de la historia de Occidente. Este fue el período más negro registrado en la historia moderna de tortura, de «escuadrones de la muerte» teóricamente no identificables, de bandas de secuestro y asesinato en coches sin identificar que «desaparecían» a la gente (y que todo el mundo sabía que formaban parte del ejército y de la policía, o de los servicios armados y policiacos de inteligencia y seguridad que se independizaron virtualmente del gobierno y de cualquier control democrático), de indecibles «guerras sucias».[3] Esto se podía observar incluso en un país de antiguas y poderosas tradiciones de legalidad y de procedimiento constitucional como el Reino Unido, que en los primeros años del conflicto en Irlanda del Norte cometió graves abusos, que aparecieron en el informe sobre torturas de Amnistía Internacional de 1975. Donde el período ofreció su rostro peor fue probablemente en América Latina. Aunque no se prestó mucha atención a ello, los países socialistas apenas fueron afectados por esta siniestra moda. Sus épocas de terror habían quedado atrás y no había movimientos terroristas dentro de sus fronteras, sino sólo grupúsculos de disidentes públicos que sabían que, en sus circunstancias, la pluma era más poderosa que la espada o, mejor dicho, que la máquina de escribir (con el añadido de las protestas públicas de Occidente) era más poderosa que la bomba.

3. La mejor estimación del número de personas «desaparecidas» o asesinadas en la «guerra sucia» argentina de 1976-1982 es de unos 10.000 (*Las Cifras*, 1988, p. 33).

La revuelta estudiantil de fines de los sesenta fue el último estertor de la revolución en el viejo mundo. Fue revolucionaria tanto en el viejo sentido utópico de búsqueda de un cambio permanente de valores, de una sociedad nueva y perfecta, como en el sentido operativo de procurar alcanzarlo mediante la acción en las calles y en las barricadas, con bombas y emboscadas en las montañas. Fue global, no sólo porque la ideología de la tradición revolucionaria, de 1789 a 1917, era universal e internacionalista —incluso un movimiento tan exclusivamente nacionalista como el separatismo vasco de ETA, un producto típico de los años sesenta, se proclamaba en cierto sentido marxista—, sino porque, por primera vez, el mundo, o al menos el mundo en el que vivían los ideólogos estudiantiles, era realmente global. Los mismos libros aparecían, casi simultáneamente, en las librerías estudiantiles de Buenos Aires, Roma y Hamburgo (en 1968 no faltaron los de Herbert Marcuse). Los mismos turistas de la revolución atravesaban océanos y continentes, de París a La Habana, a São Paulo y a Bolivia. Era la primera generación de la humanidad que daba por supuestas las telecomunicaciones y unas tarifas aéreas baratas; los estudiantes de los últimos años sesenta no tenían dificultad en reconocer que lo que sucedía en la Sorbona, en Berkeley o en Praga era parte del mismo acontecimiento en la misma aldea global en la que, según el gurú canadiense Marshall McLuhan (otro nombre de moda en los sesenta), todos vivíamos.

Y, sin embargo, esta no era la revolución mundial como la había entendido la generación de 1917, sino el sueño de algo que ya no existía: muchas veces no era otra cosa que la pretensión de que, comportándose como si hubiera efectivamente barricadas, algo haría que surgiesen, por magia simpática. O incluso, al modo en que un conservador inteligente como Raymond Aron describió los «sucesos de mayo de 1968» en París, no sin cierta razón, un teatro callejero o un psicodrama.

Nadie esperaba ya una revolución social en el mundo occidental. La mayoría de los revolucionarios ya ni siquiera consideraban a la clase obrera industrial —«la enterradora del capitalismo» de Marx— como revolucionaria, salvo por lealtad a la doctrina ortodoxa. En el hemisferio occidental, ya fuese entre la extrema izquierda latinoamericana, comprometida con la teoría, o entre los estudiantes rebeldes de los Estados Unidos, carentes de teoría, el viejo «proletariado» era incluso despreciado como enemigo del radicalismo, bien porque formase una aristocracia del trabajo privilegiada, bien por estar formado por patriotas partidarios de la guerra de Vietnam. El futuro de la revolución estaba en las (cada vez más vacías) zonas campesinas del tercer mundo, pero el mismo hecho de que sus componentes tuviesen que ser sacados de su pasividad por profetas armados de la revuelta venidos de lejos, y dirigidos por Castros y Guevaras, comenzaba a debilitar la vieja creencia de que era históricamente inevitable que los «parias de la tierra», de los que habla la *Internacional*, rompieran las cadenas por sí mismos.

Además, incluso donde la revolución era una realidad, o una probabilidad, ¿seguía siendo universal? Los movimientos en los que los revolucionarios de los años sesenta depositaron sus esperanzas no eran precisamente ecuménicos. Los vietnamitas, los palestinos, los distintos movimientos guerrilleros de liberación colonial se preocupaban exclusivamente por sus propios asuntos nacionales. Estaban ligados al resto del mundo tan sólo en la medida en que estaban dirigidos por comunistas con compromisos más amplios, o en la medida en que la estructura bipolar del sistema mundial de la guerra fría los convertía automáticamente en amigos del enemigo de su enemigo. Cuán vacío de sentido había quedado el viejo ecumenismo lo demostró la China comunista, que, pese a la retórica de la revolución mundial, seguía una política estrictamente centrada en sus intereses nacionales que la iba a llevar, durante los años setenta y ochenta, a alinearse con los Estados Unidos contra la Unión Soviética y a confrontaciones armadas con los soviéticos y con el Vietnam comunista. La revolución orientada más allá de las fronteras sobrevivió tan sólo en la forma atenuada de movimientos regionales: panafricano, panárabe y, sobre todo, panlatinoamericano. Estos movimientos tenían cierta realidad, al menos para los intelectuales militantes que hablaban el mismo idioma (español, árabe) y se movían libremente de un país a otro, como exiliados o planeando revueltas. Se podría decir incluso que alguno de ellos, especialmente en su versión castrista, contenían genuinos elementos universales. Después de todo el propio Che Guevara luchó un tiempo en el Congo, y Cuba envió en los años setenta tropas para ayudar a los regímenes revolucionarios del Cuerno de África y de Angola. Y sin embargo, dejando a un lado la izquierda latinoamericana, ¿cuántos esperaban el triunfo de una emancipación socialista panafricana o panárabe? ¿Acaso la ruptura de la efímera República Arabe Unida de Egipto y Siria con el apéndice de Yemen (1958-1961) y las fricciones entre los regímenes igualmente panárabes y socialistas de los partidos Baas en Siria e Irak no demostraban la fragilidad, e incluso la falta de realismo político, de las revoluciones supranacionales?

La prueba más fehaciente del debilitamiento de la revolución mundial fue la desintegración del movimiento internacional dedicado a ella. Después de 1956 la Unión Soviética y el movimiento internacional que dirigía perdieron el monopolio de la causa revolucionaria y de la teoría y la ideología que la unificaba. Hubo desde entonces muchas clases distintas de marxistas, varias de marxistas-leninistas, e incluso dos o tres facciones distintas entre los pocos partidos comunistas que, después de 1956, mantenían el retrato de José Stalin en sus estandartes (los chinos, los albaneses, los variopintos partidos comunistas —marxistas— que se escindieron del ortodoxo Partido Comunista de la India).

Lo que quedaba del movimiento comunista internacional dirigido por Moscú se desintegró entre 1956 y 1968, cuando China rompió con la Unión Soviética en 1958-1960 e hizo un llamamiento, con escaso éxito, a la secesión de los estados integrados en el bloque soviético y a la formación de partidos comunistas rivales, y cuando otros partidos comunistas (principalmente occidentales), encabezados por el italiano, empezaron a distanciarse abiertamente de Moscú, y cuando incluso el «campo socialista» original de 1947 se dividió en estados con grados diferentes de lealtad a la Unión Soviética, que iban desde la total adhesión de los búlgaros,[4] hasta la independencia total de Yugoslavia. La invasión soviética de Checoslovaquia (1968), encaminada a reemplazar una forma de política comunista por otra, clavó el último clavo en el ataúd del «internacionalismo proletario». Desde entonces fue algo normal, incluso para los partidos comunistas alineados con Moscú, criticar a la Unión Soviética en público y adoptar políticas diferentes a las de Moscú («eurocomunismo»). El final del movimiento comunista internacional fue, también, el final de cualquier tipo de internacionalismo socialista o revolucionario, puesto que las fuerzas disidentes o antimoscovitas no desarrollaron ninguna organización internacional efectiva, más allá de sínodos sectarios rivales. El único organismo que todavía recordaba débilmente la tradición de liberación mundial era la antigua, o más bien reanimada, Internacional Socialista (1951), que ahora representaba a gobiernos y partidos, en su mayoría occidentales, que habían abandonado formalmente la revolución, universal o no, y que, en la mayoría de los casos habían abandonado incluso su creencia en las ideas de Marx.

IV

Sin embargo, si la tradición de una revolución social al modo de la de octubre de 1917 estaba agotada (o incluso, en opinión de algunos, lo estaba la tradición original revolucionaria al modo de los jacobinos franceses de 1793), la inestabilidad social y política que generaban las revoluciones proseguía. El volcán no había dejado de estar activo. A principios de los años setenta, a medida que la edad de oro del capitalismo tocaba a su fin, una nueva oleada de revoluciones sacudía gran parte del mundo, a la cual se añadiría en los años ochenta la crisis de los sistemas comunistas que finalmente concluyó con su derrumbe en 1989.

Aunque ocurrieron sobre todo en el tercer mundo, las revoluciones de los años setenta forman un mosaico geográfico y político dispar. Comenzaron sorprendentemente en Europa con la caída, en abril de 1974, del régimen portugués, el sistema de derechas más longevo del continente, y, poco después, con el colapso de la dictadura militar de extrema derecha en Grecia (véase la p. 351). Después de la largamente esperada muerte del general Franco en 1975, la transición pacífica española del autoritarismo a un gobierno parlamentario completó este retorno a la democracia constitucional en el sur de Europa. Estas transformaciones podían considerarse, todavía, como la liquidación de los asuntos inacabados que quedaban pendientes desde la era fascista y la segunda guerra mundial.

4. Parece que Bulgaria pidió formalmente su incorporación a la Unión Soviética, como república soviética, pero que fue rechazada por cuestiones de diplomacia internacional.

El golpe de los oficiales radicales que revolucionó Portugal se gestó en la larga y frustradora guerra contra las guerrillas de liberación colonial de África, que el ejército portugués libraba desde principios de los años sesenta, aunque sin mayores problemas, excepto en la pequeña colonia de Guinea-Bissau, donde uno de los más capaces líderes de la liberación africana, Amílcar Cabral, combatió hasta llegar a una situación de *impasse* a finales de los años sesenta. Los movimientos guerrilleros africanos se multiplicaron en la década de los sesenta, a partir del conflicto del Congo y del endurecimiento de la política de *apartheid* en Suráfrica (creación de *homelands* para los negros, matanza de Sharpeville), pero sin alcanzar éxitos significativos, y debilitados por las rivalidades intertribales y por las chino-soviéticas. A principios de los años setenta estos movimientos revivieron gracias a la creciente ayuda soviética —China estaba, entre tanto, ocupada con el absurdo cataclismo de la «gran revolución cultural» maoísta—, pero fue la revolución portuguesa la que permitió a sus colonias acceder finalmente a su independencia en 1975. (Mozambique y Angola se vieron pronto sumergidas en una guerra civil mucho más cruenta por la intervención conjunta de Suráfrica y de los Estados Unidos.)

No obstante, mientras el imperio portugués se derrumbaba, una gran revolución estalló en el más antiguo de los países africanos independientes, la famélica Etiopía, donde el emperador fue derrocado (1974) y reemplazado por una junta militar de izquierda alineada con la Unión Soviética, que cambió entonces su punto de apoyo en esta zona, basado anteriormente en el dictador militar somalí Siad Barre (1969-1991), quien, por aquel entonces, pregonaba su entusiasmo por Marx y Lenin. Dentro de Etiopía el nuevo régimen fue contestado y derrocado en 1991 por movimientos de liberación regional o por movimientos de secesión de tendencia igualmente marxista.

Estos cambios crearon una moda de regímenes dedicados, al menos sobre el papel, a la causa del socialismo. Dahomey se declaró república popular bajo el acostumbrado líder militar y cambió su nombre por el de Benín; la isla de Madagascar (Malagasy) declaró su compromiso con el socialismo en 1975, tras el golpe militar de rigor; el Congo (que no hay que confundir con su gigantesco vecino, el antiguo Congo belga, rebautizado Zaire, bajo el mando increíblemente rapaz de Mobutu, un militarista pro norteamericano) acentuó su carácter de república popular, también bajo los militares, y en Rodesia del Sur (Zimbabue) el intento de mantener durante once años un estado independiente gobernado por los blancos terminó en 1976 bajo la creciente presión de dos movimientos guerrilleros, separados por su identidad tribal y por su orientación política (rusa y china, respectivamente). En 1980 Zimbabue logró la independencia bajo uno de estos líderes guerrilleros.

Aunque sobre el papel estos movimientos parecían ser de la vieja familia revolucionaria de 1917, pertenecían en realidad a un género muy distinto, lo que era inevitable dadas las diferencias existentes entre las sociedades para las que habían efectuado sus análisis Marx y Lenin, y las del África poscolonial subsahariana. El único país africano en el que se podían aplicar algunas condiciones de esos análisis era el enclave capitalista económica e industrialmente desarrollado de Suráfrica, donde surgió un genuino movimiento de masas de liberación nacional que rebasaba las fronteras tribales y raciales —el Congreso Nacional Africano— con la ayuda de la organización de un verdadero movimiento sindical de masas y de un Partido Comunista eficaz. Una vez acabada la guerra fría hasta el régimen de *apartheid* se vio obligado a batirse en retirada. De todas maneras, incluso aquí, el movimiento era mucho más fuerte en unas tribus que en otras (por ejemplo, los zulús), situación que el régimen del *apartheid* supo explotar. En todos los demás lugares, salvo para los pequeños núcleos de intelectuales urbanos occidentalizados, las movilizaciones «nacionales» o de otro tipo se basaban esencialmente en alianzas o lealtades tribales, una situación que permitía a los imperialistas movilizar a otras tribus contra los nuevos regímenes, como sucedió en Angola. La única importancia que el marxismo-leninismo tenía para estos países era la de proporcionarles una receta para formar partidos de cuadros disciplinados y gobiernos autoritarios.

La retirada estadounidense de Indochina reforzó el avance del comunismo. Todo Vietnam estaba ahora bajo un gobierno comunista y gobiernos similares tomaron el poder en Laos y Camboya, en este último caso bajo el liderato del partido de los «jemeres rojos», una mortífera combinación del maoísmo de café parisino de su líder Pol Pot (1925) con un campesinado armado dispuesto a destruir la degenerada civilización de las ciudades. El nuevo régimen asesinó a sus ciudadanos en cantidades desmesuradas aun para los estándares de nuestro siglo —no mucho menos del 20 por 100 de la población— hasta que fue apartado del poder por una invasión vietnamita que restauró un gobierno humanitario en 1978. Después de esto —en uno de los episodios diplomáticos más deprimentes— tanto China como el bloque de los Estados Unidos siguieron apoyando los restos del régimen de Pol Pot en virtud de su postura antisoviética y antivietnamita.

El final de los años setenta vio cómo la oleada revolucionaria apuntaba directamente a los Estados Unidos, cuando Centroamérica y el Caribe, zonas de dominación incuestionable de Washington, parecieron virar a la izquierda. Ni la revolución nicaragüense de 1979, que derrocó a la familia Somoza, punto de apoyo para el control estadounidense de las pequeñas repúblicas de la región, ni el creciente movimiento guerrillero en El Salvador, ni siquiera el problemático general Torrijos, asentado junto al canal de Panamá, amenazaban seriamente la dominación estadounidense, como no lo había hecho la revolución cubana. Y mucho menos la revolución de la minúscula isla de Granada en 1983 contra la cual el presidente Reagan movilizó todo su poder armado. Y, sin embargo, el éxito de estos movimientos contrastaba llamativamente con su fracaso en los años sesenta, lo que creó un ambiente cercano a la histeria en Washington durante el período del presidente Reagan (1980-1988). Estos eran sin duda fenómenos revolucionarios, si bien de un tipo peculiar en América Latina; su mayor novedad, que confundiría y molestaría a quienes pertenecían a la vieja tradición de la izquierda, básicamente secular y anticlerical, era la presencia de sacerdotes católicos marxistas que apoyaban las insurrecciones, o incluso participaban en ellas y las dirigían. La tendencia, legitimada por una «teología de la liberación» apoyada por una conferencia episcopal en Colombia (1968), había surgido tras la revolución cubana[5] y encontró un fuerte e inesperado apoyo intelectual en los jesuitas, y una oposición menos inesperada en el Vaticano.

Mientras el historiador advierte cuán lejos quedaban estas revoluciones de los años setenta de la revolución de octubre, aun cuando reivindicasen su afinidad con ella, para los gobiernos de los Estados Unidos eran esencialmente una parte de una ofensiva global de la superpotencia comunista. Esto era debido, en parte, a la supuesta regla del juego de «suma cero» de la guerra fría. La pérdida de un jugador debe constituir la ganancia del otro, y, puesto que los Estados Unidos se habían alineado con las fuerzas conservadoras en la mayor parte de países del tercer mundo, en especial durante los años setenta, se encontraban en el lado perdedor de las revoluciones. Además, Washington estaba preocupado por el progreso del armamento nuclear soviético. Por otra parte, la edad de oro del capitalismo mundial, y el papel central del dólar en él, tocaban a su fin. La posición de los Estados Unidos como superpotencia se vio inexorablemente debilitada por la prevista derrota en Vietnam, país del que la mayor potencia militar del mundo tuvo que retirarse en 1975. No había ocurrido un desastre semejante desde que David derribó a Goliat de una pedrada. ¿Es demasiado suponer, en especial a la luz de lo sucedido en la guerra del Golfo contra Irak en 1991, que en 1973 unos Estados Unidos más seguros de sí mismos hubieran reaccionado al golpe de la OPEP con mayor fortaleza? ¿Qué era la OPEP sino un grupo de estados, árabes en su mayoría, sin otra importancia política que sus pozos de petróleo y que aún no se habían armado hasta los dientes, como pudieron hacerlo después gracias a los altos precios que pudieron imponer?

Los Estados Unidos veían cualquier debilitamiento en su supremacía global como un reto a ella, y como un signo de la ambición soviética por hacerse con el dominio mundial. Por tanto, las revoluciones de los años setenta desencadenaron lo que se ha dado en llamar «segunda guerra fría» (Halliday, 1983), que, como siempre, fue una lucha librada por poderes entre ambos lados, cuyos escenarios principales se localizaron en África y después en Afganistán, donde el propio ejército soviético se vio involucrado por primera vez desde la segunda guerra mundial en un conflicto armado fuera de sus fronteras. En cualquier caso, no se debe menospreciar la suposición de que la misma Unión Soviética sentía que las nuevas revoluciones le permitían variar ligeramente en su favor el equilibrio global, o, para ser más precisos, compensar en parte la gran derrota diplomática sufrida en los años setenta por sus fracasos en China y Egipto, cuyos alineamientos logró alterar Washington.

5. El autor de estas líneas recuerda haber escuchado al mismo Fidel Castro, en uno de sus extensos monólogos públicos en La Habana, expresar su sorpresa por este hecho, al tiempo que exhortaba a sus oyentes a dar la bienvenida a estos nuevos aliados.

La Unión Soviética se mantenía fuera del continente americano, pero intervenía en cualquier otra parte, especialmente en África, donde lo hacía en mucha mayor medida que antes y con mayores éxitos. El mero hecho de que la URSS permitiera o alentara el envío de tropas de la Cuba castrista para ayudar a Etiopía en su lucha contra el nuevo estado cliente de los Estados Unidos, Somalia (1977), o hiciera lo propio en Angola contra el movimiento rebelde UNITA, apoyado por los Estados Unidos y por el ejército surafricano, habla por sí sólo. La retórica soviética se refería ahora a «estados orientados hacia el socialismo» aparte de los plenamente comunistas. De ahí que Angola, Mozambique, Etiopía, Nicaragua, Yemen del Sur y Afganistán asistieran a los funerales de Brezhnev bajo esta denominación. La Unión Soviética no había hecho ni controlado estas revoluciones, pero las acogió, con cierta precipitación, como aliadas.

Sin embargo, como demostró la siguiente sucesión de regímenes colapsados o derrocados, ni la ambición soviética ni la «conspiración comunista mundial» podían ser responsables de esos cambios, aunque sólo fuese porque, a partir de 1980, fue el propio sistema soviético el que empezó a desestabilizarse y, al final de la década, se desintegró. La caída del «socialismo realmente existente» y la cuestión de hasta qué punto puede considerarse como una revolución se discute en otro capítulo. La más importante de las revoluciones que precedieron a la crisis de los países del Este, pese a suponer para los Estados Unidos un golpe más duro que cualquier otro cambio de régimen durante los años setenta, no tuvo nada que ver con la guerra fría.

La caída del sha del Irán en 1979 fue con mucho la revolución más importante de los años setenta y pasará a la historia como una de las grandes revoluciones sociales del siglo XX. Fue la respuesta al programa de modernización e industrialización (y rearme) que el sha emprendió sobre las bases de un firme apoyo de los Estados Unidos y de la riqueza petrolífera del país, cuyo valor se multiplicó tras 1973 a causa de la revolución de los precios de la OPEP. Sin duda, dejando a un lado otros signos de megalomanía propios de gobernantes absolutistas que cuentan con una temible y formidable policía secreta, el sha esperaba convertirse en el poder dominante en Asia occidental. La modernización implicaba una reforma agraria o, más bien, lo que el sha entendía por ella: una forma de convertir a gran número de aparceros y arrendatarios en minifundistas arruinados y trabajadores en paro que emigraban a las ciudades. Teherán creció de forma espectacular, pasando de 1,8 millones de habitantes en 1960 a 6 millones en 1970. Las explotaciones agrícolas comerciales que favoreció el gobierno, intensivas en capital y equipadas con tecnología avanzada, crearon más excedentes de trabajo, pero no mejoraron la producción agrícola per cápita, que bajó en los años sesenta y setenta. A finales de los años setenta, Irán importaba la mayoría de sus alimentos del extranjero.

Por ello el sha confiaba cada vez más en una industrialización financiada por el petróleo e, incapaz de competir en el mercado mundial, la promovió y protegió en el país. La combinación de una agricultura en decadencia, una industria ineficiente, grandes importaciones del extranjero —en especial de armas— y el auge del petróleo produjo inflación. Es posible que el nivel de vida de la mayoría de los iraníes que no estaban directamente involucrados en los sectores modernos de la economía o no formaban parte de las prósperas clases urbanas dedicadas a los negocios, se hundiera en los años anteriores a la revolución.

La enérgica modernización cultural del sha se volvió también contra él. Su apoyo (y el de la emperatriz) a una mejora de la situación de la mujer era difícil que triunfara en un país musulmán, como iban a descubrir también los comunistas afganos. Su decidido entusiasmo por la educación aumentó la instrucción de las masas (aunque casi la mitad de la población seguía siendo analfabeta) y produjo un gran bloque de estudiantes e intelectuales revolucionarios. La industrialización reforzó la posición estratégica de la clase obrera, en especial en la industria petrolífera.

Desde que el sha fue restituido al poder en 1953 gracias a un golpe organizado por la CIA contra un gran movimiento popular, no había conseguido acumular un capital de lealtad y legitimidad con el que pudiera contar. Su propia dinastía, los Pahlevi, databa del golpe de fuerza dado por su fundador, el sha Reza, un soldado de la brigada cosaca que tomó el título imperial en 1925. Durante los años sesenta y setenta la policía secreta mantuvo a raya a los viejos comunistas y a la oposición nacionalista; los movimientos regionales y étnicos fueron reprimidos, al igual que los habituales grupos guerrilleros de izquierda, ya fuesen marxistas ortodoxos o islamo-marxistas. No eran éstos los que podían proporcionar la chispa que encendiese la explosión, que surgió, de acuerdo con la vieja tradición revolucionaria que va del París de 1789 al Petrogrado de 1917, de un movimiento de las masas urbanas, mientras el campo se mantenía tranquilo.

La chispa provino de una peculiaridad distintiva del panorama iraní: la existencia de un clero islámico organizado y políticamente activo que ocupaba una posición pública sin parangón en nigún otro lugar del mundo musulmán, e incluso dentro del chiísmo. Ellos, junto con los comerciantes y los artesanos del bazar, habían formado en el pasado el elemento dinamizador de la política iraní. Ahora movilizaron a las nuevas plebes urbanas, un grupo con sobradas razones para oponerse al gobierno.

Su líder, el ayatolá Ruholla Jomeini, un anciano ilustre y vengativo, permaneció en el exilio desde mediados de los años sesenta, tras encabezar una manifestación contra una propuesta de referéndum sobre la reforma agraria y contra la represión policial de las actividades clericales en la ciudad santa de Qum. Desde entonces acusaba a la monarquía de ser antiislámica. A principios de los setenta empezó a predicar en favor de una forma de gobierno totalmente islámica, del deber que el clero tenía de rebelarse contra las autoridades despóticas y tomar el poder: en síntesis, de una revolución islámica. Esto suponía una innovación radical, incluso para los clérigos chiítas activos en la política. Estos sentimientos se comunicaban a las masas mediante el artilugio poscoránico de las cintas magnetofónicas que las masas escuchaban. Los jóvenes estudiantes religiosos de la ciudad santa pasaron a la acción en 1978 manifestándose contra un presunto asesinato cometido por la policía secreta, y fueron dispersados a balazos. Se organizaron otras manifestaciones de duelo por los mártires, que habían de repetirse cada cuarenta días, y que fueron creciendo hasta que a fines de año eran ya millones los que se echaban a la calle para manifestarse contra el régimen. Las guerrillas entraron de nuevo en acción. Los trabajadores cerraron los campos petrolíferos en una huelga de una eficacia crucial, y los comerciantes del bazar, sus tiendas. El país estaba en un punto muerto y el ejército no supo o no quiso reprimir el levantamiento. El 16 de enero de 1979 el sha partió hacia el exilio; la revolución iraní había vencido.

La novedad de esta revolución era ideológica. Casi todos los fenómenos considerados revolucionarios hasta esta fecha habían seguido la tradición, la ideología y en líneas generales el vocabulario de las revoluciones occidentales desde 1789. Más en concreto, las de alguna variante de la izquierda laica, principalmente socialista o comunista. La izquierda tradicional estaba presente y era activa en Irán, y su papel en el derrocamiento del sha, por ejemplo a través de las huelgas de los trabajadores, no fue desdeñable. Pero fue eliminada casi de inmediato por el nuevo régimen. La revolución iraní fue la primera realizada y ganada bajo la bandera del fundamentalismo religioso y la primera que reemplazó el antiguo régimen por una teocracia populista cuyo programa significaba una vuelta al siglo VII d.C., o mejor, puesto que estamos en un entorno islámico, a la situación después de la hégira, cuando se escribió el Corán. Para los revolucionarios de la vieja escuela este hecho significaba algo tan anómalo como lo hubiera sido que el papa Pío IX hubiera encabezado la revolución romana de 1848.

Esto no significa que a partir de entonces los movimientos religiosos alentaran revoluciones, aunque desde los años setenta se convirtieron en el mundo islámico en una fuerza política de masas entre las clases media e intelectual de las poblaciones en aumento de sus países y tomaron matices insurreccionales por influencia de la revolución iraní. Los fundamentalistas islámicos se sublevaron y fueron salvajemente reprimidos en la Siria baasista, asaltaron el más sagrado de los santuarios de la pía Arabia Saudí y asesinaron al presidente egipcio (dirigidos por un ingeniero eléctrico), todo ello entre 1979-1982.[6] No hubo sin embargo una nueva doctrina unitaria de la revolución que reemplazase a la vieja tradición de 1789/1917, ni un proyecto unitario para cambiar el mundo, no sólo para revolverlo.

Esto no significa que la vieja tradición desapareciera de la escena política o que perdiera su capacidad para derribar regímenes, aunque la caída del comunismo soviético la eliminó como tal de buena parte del mundo. Las vie-

6. Otros movimientos políticos violentos aparentemente religiosos que arraigaron en este período carecían, y de hecho excluían deliberadamente, el compromiso universalista, de modo que deben verse más bien como variantes de la movilización étnica, por ejemplo el budismo militante de los cingaleses en Sri Lanka y los extremismos hindú y sij en la India.

jas ideologías mantuvieron una influencia sustancial en América Latina, donde el movimiento insurreccional más formidable de la década de los ochenta, el Sendero Luminoso del Perú, se proclamaba maoísta. Seguían vivas también en África y en la India. Es más, para sorpresa de quienes se educaron en los tópicos de la guerra fría, partidos gobernantes de «vanguardia» del tipo soviético sobrevivieron a la caída de la Unión Soviética, en especial en países atrasados y en el tercer mundo. Ganaron elecciones limpias en el sur de los Balcanes y demostraron en Cuba y Nicaragua, en Angola, e incluso en Kabul, después de la retirada soviética, que eran algo más que simples clientes de Moscú. De todas maneras, incluso aquí la vieja tradición se vio erosionada, y en muchas ocasiones destruida desde dentro, como en Serbia, donde el Partido Comunista se transformó en un partido de ultranacionalismo granserbio, o en el movimiento palestino, donde el dominio de la izquierda laica era progresivamente minado por el ascenso del fundamentalismo islámico.

V

Las revoluciones de fines del siglo XX tenían, por tanto, dos características. La atrofia de la tradición revolucionaria establecida, por un lado, y el despertar de las masas, por otro. Como hemos visto (véase el capítulo 2), a partir de 1917-1918 pocas revoluciones se han hecho desde abajo. La mayoría las llevaron a cabo minorías de activistas organizados, o fueron impuestas desde arriba, mediante golpes militares o conquistas armadas; lo que no quiere decir que, en determinadas circunstancias, no hayan sido genuinamente populares. Difícilmente hubieran podido consolidarse de otro modo, excepto en los casos en que fueron traídas por conquistadores extranjeros. Pero a fines del siglo XX las masas volvieron a escena asumiendo un papel protagonista. El activismo minoritario, en forma de guerrillas urbanas o rurales y de terrorismo, continuó y se convirtió en endémico en el mundo desarrollado, y en partes importantes del sur de Asia y de la zona islámica. El número de incidentes terroristas en el mundo, según las cuentas del Departamento de Estado de los Estados Unidos, no dejó de aumentar: de 125 en 1968 a 831 en 1987, así como el número de sus víctimas, de 241 a 2.905 (*UN World Social Situation*, 1989, p. 165).

La lista de asesinatos políticos se hizo más larga: los presidentes Anwar el Sadat de Egipto (1981); Indira Gandhi (1984) y Rajiv Gandhi de la India (1991), por señalar algunos. Las actividades del Ejército Republicano Irlandés Provisional en el Reino Unido y de los vascos de ETA en España eran características de este tipo de violencia de pequeños grupos, que tenían la ventaja de que podían ser realizadas por unos pocos centenares —o incluso por unas pocas docenas— de activistas, con la ayuda de explosivos y de armas potentes, baratas y manejables que un floreciente tráfico internacional distibuía al por mayor en el mundo entero. Eran un síntoma de la creciente «barbarización» de los tres mundos, añadida a la contaminación por la violencia generalizada y la inseguridad de la atmósfera que la población urbana de final del milenio aprendió a respirar. Aunque su aportación a la causa de la revolución política fue escasa.

Todo lo contrario de la facilidad con que millones de personas se lanzaban a la calle, como lo demostró la revolución iraní. O la forma en que, diez años después, los ciudadanos de la República Democrática Alemana, espontáneamente, aunque estimulados por la decisión húngara de abrir sus fronteras, optaron por votar con sus pies (y sus coches) contra el régimen, emigrando a la Alemania Occidental. En menos de dos meses lo habían hecho unos 130.000 alemanes (Umbruch, 1990, pp. 7-10), antes de que cayera el muro de Berlín. O, como en Rumania, donde la televisión captó, por vez primera, el momento de la revolución en el rostro desmoralizado del dictador cuando la multitud convocada por el régimen comenzó a abuchearle en lugar de vitorearle. O en las partes de la Palestina ocupada, cuando el movimiento de masas de la *intifada*, que comenzó en 1987, demostró que a partir de entonces sólo la represión activa, y no la pasividad o la aceptación tácita, mantenía la ocupación israelí. Fuera lo que fuese lo que estimulaba a las masas inertes a la acción (medios de comunicación modernos como la televisión y las cintas magnetofónicas hacían difícil mantener aislados de los acontecimientos mundiales incluso a los habitantes de las zonas más remotas) era la facilidad con que las masas salían a la calle lo que decidió las cuestiones.

Estas acciones de masas no derrocaron ni podían derrocar regímenes por sí mismas. Podían incluso ser contenidas por la coerción y por las armas, como lo fue la gran movilización por la democracia en China, en 1989, con la matanza de la plaza de Tiananmen en Pekín. (Pese a sus grandes dimensiones, este movimiento urbano y estudiantil representaba sólo a una modesta minoría en China y, aun así, fue lo bastante grande como para provocar serias dudas en el régimen.) Lo que esta movilización de masas consiguió fue demostrar la pérdida de legitimidad del régimen. En Irán, al igual que en Petrogrado en 1917, la pérdida de legitimidad se demostró del modo más clásico con el rechazo a obedecer las órdenes por parte del ejército y la policía. En la Europa oriental, convenció a los viejos regímenes, desmoralizados ya por la retirada de la ayuda soviética, de que su tiempo se había acabado. Era una demostración de manual de la máxima leninista según la cual el voto de los ciudadanos con los pies podía ser más eficaz que el depositado en las elecciones. Claro que el simple estrépito de los pies de las masas ciudadanas no podía, por sí mismo, hacer revoluciones. No eran ejércitos, sino multitudes, o sea, agregados estadísticos de individuos. Para ser eficaces necesitaban líderes, estructuras políticas o programas. Lo que las movilizó en Irán fue una campaña de protesta política realizada por adversarios del régimen; pero lo que convirtió esa campaña en una revolución fue la prontitud con que millones de personas se sumaron a ella. Otros ejemplos anteriores de estas intervenciones directas de las masas respondían a una llamada política desde arriba —ya fuese el Congreso Nacional de la India llamando a no cooperar con los británicos en los años veinte y treinta (véase el capítulo VII) o los seguidores del presidente Perón que pedían la liberación de su héroe en el famoso «Día de la lealtad» en la plaza de Mayo de Buenos Aires (1945). Es más, lo que importaba no era lo numerosa que fuese la multitud, sino el hecho de que actuase en una situación que la hacía operativamente eficaz.

No entendemos todavía por qué el voto con los pies de las masas adquirió tanta importancia en la política de las últimas décadas del siglo. Una razón debe ser que la distancia entre gobernantes y gobernados se ensanchó en casi todas partes, si bien en los estados dotados con mecanismos políticos para averiguar qué pensaban sus ciudadanos, y de formas para que expresaran periódicamente sus preferencias políticas, era poco probable que esto produjera una revolución o una completa pérdida de contacto. Era más comprensible que se produjesen manifestaciones de desconfianza casi unánime en regímenes que hubieran perdido legitimidad o (como Israel en los territorios ocupados) nunca la hubieran tenido, en especial cuando sus dirigentes no querían reconocerlo.[7] De todas maneras, incluso en sistemas democráticos parlamentarios consolidados y estables, las manifestaciones en masa de rechazo al existente sistema político o de partidos se convirtieron en algo común, como lo muestra la crisis política italiana de 1992-1993, así como la aparición en distintos países de nuevas y poderosas fuerzas electorales, cuyo común denominador era simplemente que *no* se identificaban con niguno de los antiguos partidos.

Hay otra razón, además, para este resurgimiento de las masas: la urbanización del planeta y, en especial, del tercer mundo. En la era clásica de las revoluciones, de 1789 a 1917, los antiguos regímenes eran derrocados en las grandes ciudades, pero los nuevos se consolidaban mediante plebiscitos informales en el campo. La novedad en la fase de revoluciones posterior a 1930 estriba en que fueron realizadas en el campo y, una vez alcanzada la victoria, importadas a las ciudades. A fines del siglo XX, si dejamos aparte unas pocas regiones retrógradas, las revoluciones surgieron de nuevo en la ciudad, incluso en el tercer mundo. No podía ser de otro modo, tanto porque la mayoría de los habitantes de cualquier gran país vivía en ellas, o lo parecía, como porque la gran ciudad, sede del poder, podía sobrevivir y defenderse del desafío rural, gracias en parte a las modernas tecnologías, con tal que sus autoridades no hubiesen perdido la lealtad de sus habitantes. La guerra en Afganistán (1979-1988) demostró que un régimen asentado en las ciudades podía sostenerse en un país clásico de guerrilla, resistiendo a insurrectos rurales, apoyados, financiados y equipados con moderno armamento de alta tecnología, incluso tras la retirada del ejército extranjero en que se apoyaba. Para sorpresa general, el gobierno del presidente Najibullah sobrevivió varios años después de la retirada del ejército soviético; y cuando cayó, no

7. Cuatro meses antes del hundimiento de la República Democrática Alemana, las elecciones municipales habían dado al partido en el poder el 98,85 por 100 de los votos.

fue porque Kabul no pudiera resistir los ejércitos rurales, sino porque una parte de sus propios guerreros profesionales decidió cambiar de bando. Después de la guerra del Golfo (1991), Saddam Hussein se mantuvo en el poder en Irak, pese a las grandes insurrecciones del norte y el sur del país y a que se encontraba en un estado de debilidad militar, esencialmente porque no perdió Bagdad. Las revoluciones a fines del siglo XX han de ser urbanas para vencer.

¿Seguirán ocurriendo? ¿Las cuatro grandes oleadas del siglo XX —1917-1920, 1944-1962, 1974-1978 y 1989— serán seguidas por más momentos de ruptura y subversión? Nadie que considere la historia de este siglo en que sólo un puñado de los estados que existen hoy han surgido o sobrevivido sin experimentar revoluciones, contrarrevoluciones, golpes militares o conflictos civiles armados,[8] apostaría por el triunfo universal del cambio pacífico y constitucional, como predijeron en 1989 algunos eufóricos creyentes de la democracia liberal. El mundo que entra en el tercer milenio no es un mundo de estados o de sociedades estables.

No obstante, si bien parece seguro que el mundo, o al menos gran parte de él, estará lleno de cambios violentos, la naturaleza de estos cambios resulta oscura. El mundo al final del siglo XX se halla en una situación de ruptura social más que de crisis revolucionaria, aunque contiene países en los que, como en el Irán en los años setenta, se dan las condiciones para el derrocamiento de regímenes odiados que han perdido su legitimidad, a través de un levantamiento popular dirigido por fuerzas capaces de reemplazarlos; por ejemplo: en el momento de escribir esto, Argelia y, antes de la renuncia al régimen del *apartheid*, Suráfrica. (De ello no se deduce que las situaciones revolucionarias, reales o potenciales, deban producir revoluciones triunfadoras.) Sin embargo, esta suerte de descontento contra el *statu quo* es hoy menos común que un rechazo indefinido del presente, una ausencia de organización política (o una desconfianza hacia ella), o simplemente un proceso de desintegración al que la política interior e internacional de los estados trata de ajustarse lo mejor que puede.

También está lleno de violencia —más violencia que en el pasado— y, lo que es más importante, de armas. En los años previos a la toma del poder de Hitler en Alemania y Austria, por agudas que fueran las tensiones y los odios raciales, era difícil pensar que llegasen al punto de que adolescentes neonazis de cabeza rapada quemasen una casa habitada por inmigrantes, matando a seis miembros de una familia turca. Mientras que en 1993 tal incidente ha podido conmover —pero no sorprender— cuando se ha producido

8. Dejando a un lado los miniestados de menos de medio millón de habitantes, los únicos estados que se han mantenido consistentemente «constitucionales» son Australia, Canadá, Nueva Zelanda, Irlanda, Suecia, Suiza y Gran Bretaña (excluyendo Irlanda del Norte). Los estados ocupados durante y después de la segunda guerra mundial no se ha considerado que mantengan una constitucionalidad ininterrumpida, y, a lo sumo, unas pocas ex colonias o países aislados que nunca conocieron golpes militares o problemas armados domésticos podrían ser considerados como «no revolucionarios», por ejemplo, Guyana, Bután y los Emiratos Árabes Unidos.

en el corazón de la tranquila Alemania, y precisamente en una ciudad (Solingen) con una de las más antiguas tradiciones de socialismo obrero del país.

Además, la facilidad de obtener explosivos y armas de gran capacidad de destrucción es hoy tal, que ya no se puede dar por seguro el monopolio estatal del armamento en las sociedades desarrolladas. En la anarquía de la pobreza y la codicia que reemplazó al antiguo bloque soviético, no era ya inconcebible que las armas nucleares o los medios para fabricarlas pudieran caer en otras manos que las de los gobiernos.

El mundo del tercer milenio seguirá siendo, muy probablemente, un mundo de violencia política y de cambios políticos violentos. Lo único que resulta inseguro es hacia dónde llevarán.

Capítulo XVI

EL FINAL DEL SOCIALISMO

> [La] salud [de la Rusia revolucionaria], sin embargo, está sujeta a una condición indispensable: que nunca (como le pasó una vez a la Iglesia) se abra un mercado negro de poder. En caso de que la correlación europea de poder y dinero penetre también en Rusia, entonces puede que no sólo se pierda el país, o el partido, sino también el comunismo.
>
> WALTER BENJAMIN (1979, pp. 195-196)

> Ha dejado de ser verdad que un solo credo oficial sea la única guía operativa para la acción. Más de una ideología, una mezcla de formas de pensar y marcos de referencia, coexisten y no sólo en toda la sociedad sino dentro del partido y dentro de sus dirigentes. ... Un «marxismo-leninismo» rígido y codificado no puede, salvo en la retórica oficial, responder a las necesidades reales del régimen.
>
> M. LEWIN en Kerblay (1983, p. XXVI)

> La clave para alcanzar la modernidad es el desarrollo de la ciencia y la tecnología ... Las discusiones vacías no llevarán nuestro programa de modernización a ninguna parte; debemos tener los conocimientos y el personal especializado necesarios. ... Ahora parece que China lleva veinte años de retraso con respecto a los países desarrollados en ciencia, tecnología y educación ... Ya desde la restauración Meiji los japoneses realizaron grandes inversiones en ciencia, tecnología y educación. La restauración Meiji fue una especie de impulso modernizador llevado a cabo por la burguesía japonesa. Como proletarios debemos, y podemos, hacerlo mejor.
>
> DENG XIAOPING, «Respect Knowledge, Respect Trained Personnel», 1977

I

En los años setenta, un país socialista estaba especialmente preocupado por su atraso económico relativo, aunque sólo fuese porque su vecino, Japón, era el país capitalista que tenía un éxito más espectacular. El comunismo chino no puede considerarse únicamente una variante del comunismo soviético, y mucho menos una parte del sistema de satélites soviéticos. Ello se debe a una razón: el comunismo chino triunfó en un país con una población mucho mayor que la de la Unión Soviética; mucho mayor, en realidad, que la de cualquier otro estado. Incluso tomando en cuenta la inseguridad de la demografía china, algo así como uno de cada cinco seres humanos era un chino que vivía en la China continental. (Había también una importante diáspora china en el este y sureste asiáticos.) Es más, China no sólo era mucho más homogénea «nacionalmente» que la mayoría de los demás países —cerca del 94 por 100 de su población estaba compuesta por chinos han—, sino que había formado una sola unidad política, aunque rota intermitentemente, durante un mínimo de dos mil años. Y lo que es más, durante la mayor parte de esos dos milenios el imperio chino, y probablemente la mayoría de sus habitantes que tenían alguna idea al respecto, habían creído que China era el centro y el modelo de la civilización mundial. Con pocas excepciones, *todos* los otros países en los que triunfaron regímenes comunistas, incluyendo la Unión Soviética, eran y se consideraban culturalmente atrasados y marginales en relación con otros centros más avanzados de civilización. La misma estridencia con que la Unión Soviética insistía, durante los años del estalinismo, en su independencia intelectual y tecnológica respecto de Occidente (y en la reivindicación para sí de todas las invenciones punteras, desde el teléfono a la navegación aérea) constituía un síntoma elocuente de su sentimiento de inferioridad.[1]

No fue este el caso de China que, harto razonablemente, consideraba su civilización clásica, su arte, escritura y sistema social de valores como una fuente de inspiración y un modelo para otros, incluyendo Japón. No tenía ningún sentimiento de inferioridad intelectual o cultural, fuese a título individual o colectivo, respecto de otros pueblos. Que China no hubiese tenido ningún estado vecino que pudiera amenazarla, y que, gracias a la adopción de las armas de fuego, no tuviese dificultad en rechazar a los bárbaros de sus fronteras, confirmó este sentimiento de superioridad, aunque dejó al imperio indefenso para resistir la expansión imperial de Occidente. La inferioridad tecnológica de China, que resultó evidente en el siglo XIX, cuando se tradujo en inferioridad militar, no se debía a una incapacidad técnica o educativa,

1. Los logros intelectuales y científicos de Rusia entre 1830 y 1930 fueron extraordinarios, e incluyen algunas innovaciones tecnológicas sorprendentes, que su atraso impedía que fuesen desarrolladas económicamente. Sin embargo, la propia brillantez y relevancia mundial de unos pocos rusos hace que la inferioridad rusa respecto de Occidente sea más evidente.

sino al propio sentido de autosuficiencia y confianza de la civilización tradicional china. Esto fue lo que les impidió hacer lo que hicieron los japoneses tras la restauración Meiji en 1868: abrazar la «modernización» adoptando modelos europeos. Esto sólo podía hacerse, y se haría, sobre las ruinas del antiguo imperio chino, guardián de la vieja civilización, y a través de una revolución social que sería al propio tiempo una revolución cultural contra el sistema confuciano.

El comunismo chino fue, por ello, tanto social como, en un cierto sentido, nacional. El detonante social que alimentó la revolución comunista fue la gran pobreza y opresión del pueblo chino. Primero, de las masas trabajadoras en las grandes urbes costeras de la China central y meridional, que constituían enclaves de control imperialista extranjero y en algunos casos de industria moderna (Shanghai, Cantón, Hong Kong). Posteriormente, del campesinado, que suponía el 90 por 100 de la inmensa población del país, y cuya situación era mucho peor que la de la población urbana, cuyo índice de consumo per cápita era casi dos veces y media mayor. La realidad de la pobreza china es difícil de imaginar para un lector occidental. Cuando los comunistas tomaron el poder (1952), el chino medio vivía básicamente con medio kilo de arroz o de cereales al día, consumía menos de 80 gramos de té *al año*, y adquiría un nuevo par de zapatos cada cinco años (*Estadísticas de China*, 1989, cuadros 3.1, 15.2 y 15.5).

El elemento nacional actuaba en el comunismo chino tanto a través de los intelectuales de clase media o alta, que proporcionaron la mayoría de sus líderes a los movimientos políticos chinos del siglo XX, como a través del sentimiento, ampliamente difundido entre las masas, de que los bárbaros extranjeros no podían traer nada bueno ni a los individuos que trataban con ellos ni a China en su conjunto. Este sentimiento era plausible, habida cuenta de que China había sido atacada, derrotada, dividida y explotada por todo estado extranjero que se le había puesto por delante desde mediados del siglo XIX. Los movimientos antiimperialistas de masas de ideología tradicional habían menudeado ya antes del fin del imperio chino; por ejemplo, el levantamiento de los bóxers en 1900. No hay duda de que la resistencia a la conquista japonesa fue lo que hizo que los comunistas chinos pasaran de ser una fuerza derrotada de agitadores sociales a líderes y representantes de todo el pueblo chino. Que propugnasen al propio tiempo la liberación social de los chinos pobres hizo que su llamamiento en favor de la liberación nacional y la regeneración sonara más convincente a las masas, en su mayoría rurales.

En esto tenían ventaja sobre sus adversarios, el (más antiguo) partido del Kuomintang, que había intentado reconstruir una única y poderosa república china a partir de los fragmentos del imperio repartidos entre los «señores de la guerra» después de su caída en 1911. Los objetivos a corto plazo de los dos partidos no parecían incompatibles, la base política de ambos estaba en las ciudades más avanzadas del sur de la China (donde la república estableció su capital) y su dirección procedía de la misma elite ilustrada, con la diferencia de que unos se inclinaban hacia los empresarios, y los otros, hacia los trabajadores y campesinos. Ambos partidos tenían, por ejemplo, prácticamente el mismo porcentaje de miembros procedentes de los terratenientes tradicionales y de los letrados, las elites de la China imperial, si bien los comunistas contaban con más dirigentes con una formación de tipo occidental (North y Pool, 1966, pp. 378-382). Ambos surgieron del movimiento antiimperial de 1900, reforzado por el «movimiento de mayo», la revuelta nacional de estudiantes y profesores que se produjo en Pekín después de 1919. Sun Yat-sen, líder del Kuomintang, era un patriota, demócrata y socialista, que confiaba en el consejo y apoyo de la Rusia soviética (la única potencia revolucionaria y antiimperialista) y que consideraba que el modelo bolchevique de partido único era más apropiado que los modelos occidentales. De hecho, los comunistas se convirtieron en una fuerza muy importante gracias a este vínculo con los soviéticos, que les permitió integrarse en el movimiento oficial nacional y, tras la muerte de Sun en 1925, participar en el gran avance hacia el norte por el que la república extendió su influencia en la mitad de China que no controlaba. El sucesor de Sun, Chiang Kai-shek (1897-1975), nunca logró controlar por completo el país, aunque en 1927 rompió con los rusos y proscribió a los comunistas, cuyo principal apoyo en ese tiempo era la pequeña clase obrera urbana.

Los comunistas, forzados a centrar su atención en el campo, emprendieron ahora una guerra de guerrillas con apoyo campesino contra el Kuomintang, con escaso éxito, debido a sus propias divisiones y confusiones, y a la lejanía de Moscú respecto de la realidad china. En 1934 sus ejércitos se vieron obligados a retirarse hacia un rincón remoto del extremo noroeste, en la heroica Larga Marcha. Estos hechos convirtieron a Mao Tse-tung, que había apoyado desde hacía mucho tiempo la estrategia rural, en el líder indiscutible del Partido Comunista en su exilio de Yenan, pero no ofrecían perspectivas inmediatas de avance comunista. Por el contrario, el Kuomintang extendió su control por la mayor parte del país hasta que se produjo la invasión japonesa de 1937.

No obstante, la falta de atractivo que para las masas chinas tenía el Kuomintang y su abandono del proyecto revolucionario, que era al mismo tiempo un proyecto de regeneración y de modernización, hizo que no fueran rival para los comunistas. Chiang Kai-shek nunca fue un Atatürk, otro jefe de una revolución modernizadora, antiimperialista y nacional que entabló amistad con la joven república soviética, utilizando a los comunistas locales para sus propósitos y apartándose de ellos después, aunque de manera menos estridente que Chiang. Éste, como Atatürk, tenía un ejército, pero no era un ejército con la lealtad nacional y menos aún con la moral revolucionaria de los ejércitos comunistas, sino una fuerza reclutada entre hombres para los que, en tiempos difíciles y de colapso social, un uniforme y un arma constituyen la mejor forma de vivir, y mandado por hombres que sabían, al igual que Mao Tse-tung, que en tales tiempos «el poder provenía del cañón de un arma», al igual que el provecho y la riqueza. Chiang contaba con el apoyo de buena parte de la clase media urbana, y de una parte tal vez mayor de los chinos ricos del extranjero; pero el 90 por 100 de los chinos, y casi todo el territorio, estaba fuera de las ciudades. Ahí el control, de haber alguno, lo detentaban los notables locales y los hombres poderosos, desde los señores de la guerra con sus hombres armados hasta las familias notables y las reliquias de la estructura del poder imperial, con los que el Kuomintang había llegado a entenderse. Cuando los japoneses intentaron en serio la conquista de China, los ejércitos del Kuomintang fueron incapaces de evitar que tomaran casi de inmediato las ciudades costeras, donde radicaba su fuerza. En el resto de China, se convirtió en lo que siempre había sido potencialmente: otro régimen de terratenientes y de caudillos corruptos, que resistían a los japoneses, cuando lo hacían, con escasa eficacia. Mientras tanto, los comunistas movilizaron una eficaz resistencia de masas a los japoneses en las zonas ocupadas. En 1949, cuando tomaron el poder en China tras barrer sin esfuerzo a las fuerzas del Kuomintang en una breve guerra civil, los comunistas se convirtieron en el gobierno legítimo de China, en los verdaderos sucesores de las dinastías imperiales después de cuarenta años de interregno. Y fueron fácil y rápidamente aceptados como tales porque, a partir de su experiencia como partido marxista-leninista, fueron capaces de crear una organización disciplinada a escala nacional, apta para desarrollar una política de gobierno desde el centro hasta las más remotas aldeas del gigantesco país, que es la forma en que —según la mentalidad de la mayoría de los chinos— debe gobernarse un imperio. La contribución del bolchevismo leninista al empeño de cambiar el mundo consistió más en *organización* que en doctrina.

Sin embargo los comunistas eran algo más que el imperio redivivo, aunque sin duda se beneficiaron de las continuidades de la historia china, que establecían tanto la forma en que el chino medio esperaba relacionarse con cualquier gobierno que disfrutara del «mandato del cielo», como la forma en que los administradores de China esperaban realizar sus tareas. No hay otro país en que los debates políticos dentro del sistema comunista pudieran plantearse tomando como referencia lo que un leal mandarín dijo al emperador Chia-ching, de la dinastía Ming, en el siglo XVI.[2] Esto es lo que un viejo y agudo observador de China —el corresponsal del *Times* de Londres— quiso decir en los años cincuenta cuando afirmó, sorprendiendo a todos los que le oyeron en aquel momento, incluyendo a este autor, que en el siglo XXI no quedaría comunismo en ninguna parte, salvo en China, donde sobreviviría como una ideología nacional. Para la mayoría de los chinos esta era una revolución que significaba ante todo una restauración: de la paz y el orden, del bienestar, de un sistema de gobierno cuyos funcionarios reivindicaban a sus predecesores de la dinastía T'ang, de la grandeza de un gran imperio y una civilización.

Durante los primeros años esto es lo que la mayoría de los chinos parecían

2. Véase el artículo «Ha Tui reprende al Emperador» publicado en el *Diario del Pueblo* en 1959. El mismo autor (Wu Han) compuso un libreto para la ópera clásica de Pekín en 1960, «La destitución de Hai Tui», que años más tarde proporcionó la chispa que desencadenó la «revolución cultural» (Leys, 1977, pp. 30 y 34).

obtener. Los campesinos aumentaron la producción de cereales en más de un 70 por 100 entre 1949 y 1956 (*Estadísticas de China*, 1989, p. 165), presumiblemente porque ya no sufrían tantas interferencias. Y aunque la intervención china en la guerra de Corea de 1950-1952 produjo un serio pánico, la habilidad del ejército comunista chino, primero para derrotar y más tarde para mantener a raya al poderoso ejército de los Estados Unidos, produjo una profunda impresión. La planificación del desarrollo industrial y educativo comenzó a principios de los años cincuenta. Sin embargo, bien pronto la nueva república popular, ahora bajo el mando indiscutido e indiscutible de Mao, inició dos décadas de catástrofes absurdas provocadas por el Gran Timonel. A partir de 1956, el rápido deterioro de las relaciones con la Unión Soviética, que concluyó con la ruptura entre ambas potencias comunistas en el año 1960, condujo a la retirada de la importante ayuda técnica y material de Moscú. Sin embargo, y aunque lo agravó, esta no fue la causa del calvario del pueblo chino que se desarrolló en tres etapas: la fulminante colectivización de la agricultura campesina entre 1955 y 1957; el «gran salto adelante» de la industria en 1958, seguido por la terrible hambruna de 1959-1961 (probablemente la mayor del siglo XX)[3] y los diez años de «revolución cultural» que acabaron con la muerte de Mao en 1976.

Casi todo el mundo coincide en que estos cataclismos se debieron en buena medida al propio Mao, cuyas directrices políticas solían ser recibidas con aprensión en la cúpula del partido, y a veces (especialmente en el caso del «gran salto adelante») con una franca oposición, que sólo superó con la puesta en marcha de la «revolución cultural». Pero no pueden entenderse si no se tienen en cuenta las peculiaridades del comunismo chino, del que Mao se hizo portavoz. A diferencia del comunismo ruso, el comunismo chino prácticamente no tenía relación directa con Marx ni con el marxismo. Se trataba de un movimiento influido por octubre que llegó a Marx vía Lenin, o más concretamente, vía «marxismo-leninismo» estalinista. El conocimiento que Mao tenía de la teoría marxista parece derivar totalmente de la estalinista *Historia del PCUS: Curso introductorio* de 1939. Por debajo de este revestimiento marxista-leninista, había —y esto es evidente en el caso de Mao, que nunca salió de China hasta que se convirtió en jefe de estado, y cuya formación intelectual era enteramente casera— un utopismo totalmente chino. Naturalmente, este utopismo tenía puntos de contacto con el marxismo: todas las utopías revolucionarias tienen algo en común, y Mao, con toda sinceridad sin duda, tomó aquellos aspectos de Marx y Lenin que encajaban en su visión y los empleó para justificarla. Pero su visión de una sociedad ideal unida por un consenso total (una sociedad en la que, como se ha dicho,

3. Según las estadísticas oficiales chinas, la población del país en 1959 era de 672,07 millones de personas. Al ritmo natural de crecimiento de los siete años precedentes, que era de al menos el 20 por 1.000 anual (en realidad una media del 21,7 por 1.000) era de esperar que la población china hubiera sido de 699 millones en 1961. De hecho era de 658,59 millones, es decir, *cuarenta millones* menos de lo que era de esperar (*Estadísticas de China*, 1989, cuadros T 3.1 y T 3.2).

«la abnegación total del individuo y su total inmersión en la colectividad (son) la finalidad última ... una especie de misticismo colectivista») es lo opuesto del marxismo clásico que, al menos en teoría y como un último objetivo, contemplaba la liberación completa y la realización del individuo (Schwartz, 1966). El énfasis en el poder de la transformación espiritual para llevarlo a cabo remodelando al hombre, aunque se basa en la creencia de Lenin, y luego de Stalin, en la conciencia y el voluntarismo, iba mucho más allá. Con toda su fe en el papel de la acción y de la decisión política, Lenin nunca olvidó —¿cómo podría haberlo hecho?— que las circunstancias prácticas imponían graves limitaciones a la eficacia de la acción; incluso Stalin reconoció que su poder tenía límites. Sin embargo, sin la fe en que las «fuerzas subjetivas» eran todopoderosas, en que los hombres *podían* mover montañas y asaltar el cielo si se lo proponían, las locuras del gran salto adelante son inconcebibles. Los expertos decían lo que se podía y no se podía hacer, pero el fervor revolucionario podía superar por sí mismo todos los obstáculos materiales y la mente transformar la materia. Por tanto, ser «rojo» no es que fuese más importante que ser experto, sino que era su alternativa. En 1958 una oleada unánime de entusiasmo industrializaría China *inmediatamente*, saltando todas las etapas hasta un futuro en que el comunismo se realizaría *inmediatamente*. Las incontables fundiciones caseras de baja calidad con las que China iba a duplicar su producción de acero en un año —llegó a triplicarla en 1960, antes de que en 1962 cayese a menos de lo que había sido antes del gran salto— representaban una de las caras de la transformación. Las 24.000 «comunas del pueblo» de campesinos establecidas en 1958 en apenas dos meses representaban la otra cara. Eran totalmente comunistas, no sólo porque todos los aspectos de la vida campesina estaban colectivizados, incluyendo la vida familiar (guarderías comunales y comedores que liberaban a las mujeres de las tareas domésticas y del cuidado de los niños, con lo que podían ir, estrictamente reglamentadas, a los campos), sino porque la libre provisión de seis servicios básicos iba a reemplazar los salarios y los ingresos monetarios. Estos seis servicios eran: comida, cuidados médicos, educación, funerales, cortes de pelo y películas. Naturalmente, esto no funcionó. En pocos meses, y ante la resistencia pasiva, los aspectos más extremos del sistema se abandonaron, aunque no sin que antes (como en la colectivización estalinista) se combinasen con la naturaleza para producir el hambre de 1960-1961.

En cierto sentido, esta fe en la capacidad de la transformación voluntarista se apoyaba en una fe específicamente maoísta en «el pueblo», presto a transformarse y por tanto a tomar parte creativamente, y con toda la tradicional inteligencia e ingenio chinos, en la gran marcha hacia adelante. Era la visión esencialmente romántica de un artista, si bien, en opinión de aquellos que pueden juzgar la poesía y la caligrafía que a Mao le gustaba cultivar, no demasiado bueno. («Sus obras no son tan malas como las pinturas de Hitler, pero no son tan buenas como las de Churchill», en opinión del orientalista británico Arthur Waley, usando la pintura como una analogía de la poesía.)

Esto le llevó, en contra de los consejos escépticos y realistas de otros dirigentes comunistas, a realizar una llamada a los intelectuales de la vieja elite para que contribuyeran libremente con sus aportaciones a la campaña de las «cien flores» (1956-1957), dando por sentado que la revolución, o quizás él mismo, ya habrían transformado a esas alturas a los intelectuales. («Dejad que florezcan cien flores, dejad que contiendan cien escuelas de pensamiento.») Cuando, como ya habían previsto camaradas menos inspirados, esta explosión de libre pensamiento mostró la ausencia de un unánime entusiasmo por el nuevo orden, Mao vio confirmada su instintiva desconfianza hacia los intelectuales. Ésta iba a encontrar su expresión más espectacular en los diez años de la «gran revolución cultural», en que prácticamente se paralizó la educación superior y los intelectuales fueron regenerados en masa realizando trabajos físicos obligatorios en el campo.[4] No obstante, la confianza de Mao en los campesinos, a quienes se encargó que resolvieran todos los problemas de la producción durante el gran salto bajo el principio de «dejad que todas las escuelas [de experiencia local] contiendan», se mantuvo incólume. Porque —y este es otro aspecto del pensamiento de Mao que encontró apoyo en sus lecturas sobre dialéctica marxista— Mao estaba convencido de la importancia de la lucha, del conflicto y de la tensión como algo que no solamente era esencial para la vida, sino que evitaría la recaída en las debilidades de la vieja sociedad china, cuya insistencia en la permanencia y en la armonía inmutables había sido su mayor flaqueza. La revolución, el propio comunismo, sólo podían salvarse de la degeneración inmovilista mediante una lucha constantemente renovada. La revolución no podía terminar nunca.

La peculiaridad de la política maoísta estribaba en que era «al mismo tiempo una forma extrema de occidentalización y una revisión parcial de los modelos tradicionales», en los que se apoyaba de hecho, ya que el viejo imperio chino se caracterizaba (al menos en los períodos en que el poder del emperador era fuerte y seguro, y gozaba por tanto de legitimidad) por la autocracia del gobernante y la aquiescencia y obediencia de los súbditos (Hu, 1966, p. 241). El solo hecho de que el 84 por 100 de los pequeños propietarios campesinos hubiera aceptado pacíficamente la colectivización en menos de un año (1956), sin que hubiera, a primera vista, ninguna de las consecuencias de la colectivización soviética, habla por sí mismo. La industrialización, siguiendo el modelo soviético basado en la industria pesada, era la prioridad incondicional. Los criminales disparates del gran salto se debieron en primer lugar a la convicción, que el régimen chino compartía con el soviético, de que la agricultura debía aprovisionar a la industrialización y

4. En 1970, el número total de estudiantes en todas las «instituciones de enseñanza superior» de China era de 48.000; en las escuelas técnicas (1969), 23.000; y en las escuelas de formación de profesorado (1969), 15.000. La ausencia de cualquier dato sobre posgraduados sugiere que no había dotación alguna para ellos. En 1970 un total de 4.260 jóvenes comenzaron estudios de ciencias naturales en las instituciones de enseñanza superior, y un total de 90 comenzaron estudios de ciencias sociales. Esto en un país que en esos momentos contaba con 830 millones de personas (*Estadísticas de China*, cuadros T17.4, T17.8 y T17.10).

mantenerse a la vez a sí misma sin desviar recursos de la inversión industrial a la agrícola. En esencia, esto significó sustituir incentivos «morales» por «materiales», lo que se tradujo, en la práctica, por reemplazar con la casi ilimitada cantidad de fuerza humana disponible en China la tecnología que no se tenía. Al mismo tiempo, el campo seguía siendo la base del sistema de Mao, como lo había sido durante la época guerrillera, y, a diferencia de la Unión Soviética, el modelo del gran salto también lo convirtió en el lugar preferido para la industrialización. Al contrario que la Unión Soviética, la China de Mao no experimentó un proceso de urbanización masiva. No fue hasta los años ochenta cuando la población rural china bajó del 80 por 100.

Pese a lo mucho que nos pueda impresionar el relato de veinte años de maoísmo, que combinan la inhumanidad y el oscurantismo con los absurdos surrealistas de las pretensiones hechas en nombre de los pensamientos del líder divino, no debemos olvidar que, comparado con los niveles de pobreza del tercer mundo, el pueblo chino no iba mal. Al final de la era de Mao, el consumo medio de alimentos (en calorías) de un chino estaba un poco por encima de la media de todos los países, por encima de 14 países americanos, de 38 africanos y justo en la media de los asiáticos; es decir, muy por encima de los países del sur y sureste de Asia, salvo Malaysia y Singapur (Taylor y Jodice, 1986, cuadro 4.4). La esperanza media de vida al nacer subió de 35 años en 1949 a 68 en 1982, a causa, sobre todo, de un espectacular y casi continuo (con la excepción de los años del hambre) descenso del índice de mortalidad (Liu, 1986, pp. 323-324). Puesto que la población china, incluso tomando en cuenta la gran hambruna, creció de unos 540 a casi 950 millones entre 1949 y la muerte de Mao, es evidente que la economía consiguió alimentarlos —un poco por encima del nivel de principios de los cincuenta—, a la vez que mejoró ligeramente el suministro de ropa (*Estadísticas de China*, cuadro T15.1). La educación, incluso en los niveles elementales, padeció tanto por el hambre, que rebajó la asistencia en 25 millones, como por la revolución cultural, que la redujo en 15 millones. No obstante, no se puede negar que al morir Mao el número de niños que acudían a la escuela primaria era seis veces mayor que en el momento en que llegó al poder; o sea, un 96 por 100 de niños escolarizados, comparado con menos del 50 por 100 incluso en 1952. Es verdad que hasta en 1987 más de una cuarta parte de la población mayor de 12 años era analfabeta o «semianalfabeta» (entre las mujeres este porcentaje llegaba al 38 por 100), pero no debemos olvidar que la alfabetización en chino es muy difícil, y que sólo una muy pequeña parte del 34 por 100 que había nacido antes de 1949 podía esperarse que la hubiese adquirido plenamente (*Estadísticas de China*, pp. 69, 70-72 y 695). En resumen, aunque los logros del período maoísta puedan no haber impresionado a los observadores occidentales escépticos —hubo muchos que carecieron de escepticismo—, habrían impresionado a observadores de la India o de Indonesia, y no debieron parecerles decepcionantes al 80 por 100 de habitantes de la China rural, aislados del mundo, y cuyas expectativas eran las mismas que las de sus padres.

Sin embargo, resultaba innegable que a nivel internacional China había perdido influencia a partir de la revolución, en particular en relación con sus vecinos no comunistas. Su media de crecimiento económico per cápita, aunque impresionante durante los años de Mao (1960-1975), era inferior a la del Japón, Hong Kong, Singapur, Corea del Sur y Taiwan, para aludir a los países del Extremo Oriente que los observadores chinos miraban con atención. Grande como era, su PNB total era similar al de Canadá, menor que el de Italia y sólo una cuarta parte que el de Japón (Taylor y Jodice, 1983, cuadros 3.5 y 3.6). El desastroso y errático rumbo fijado por el Gran Timonel desde mediados de los años cincuenta prosiguió únicamente porque en 1965 Mao, con apoyo militar, impulsó un movimiento anárquico, inicialmente estudiantil, de jóvenes «guardias rojos» que arremetieron contra los dirigentes del partido que poco a poco le habían arrinconado y contra los intelectuales de cualquier tipo. Esta fue la «gran revolución cultural» que asoló China por cierto tiempo, hasta que Mao llamó al ejército para que restaurara el orden, y se vio también obligado a restaurar algún tipo de control del partido. Como estaba ya al final de su andadura, y el maoísmo sin él tenía poco apoyo real, éste no sobrevivió a su muerte en 1976, y al casi inmediato arresto de la «banda de los cuatro» ultramaoístas, encabezada por la viuda del líder, Jiang Quing. El nuevo rumbo bajo el pragmático Deng Xiaoping comenzó de forma inmediata.

II

El nuevo rumbo de Deng en China significaba un franco reconocimiento público de que eran necesarios cambios radicales en la estructura del «socialismo realmente existente», pero con el advenimiento de los años ochenta se hizo cada vez más evidente que algo andaba mal en todos los sistemas que se proclamaban socialistas. La ralentización de la economía soviética era palpable. La tasa de crecimiento de casi todo lo que contaba y se podía contar caía de manera constante de quinquenio en quinquenio desde 1970: el producto interior bruto, la producción industrial, la producción agrícola, las inversiones de capital, la productividad del trabajo, el ingreso real per cápita. Si no estaba en regresión, la economía avanzaba al paso de un buey cada vez más cansado. Es más, en vez de convertirse en uno de los gigantes del comercio mundial, la Unión Soviética parecía estar en regresión a escala internacional. En 1960 sus principales exportaciones habían sido maquinaria, equipamientos, medios de transporte y metales o manufacturas metálicas, pero en 1985 dependía básicamente de sus exportaciones de energía (53 por 100), esto es, de petróleo y gas. Paralelamente, casi el 60 por 100 de sus importaciones consistían en maquinaria, metales y artículos de consumo industriales (*SSSR*, 1987, pp. 15-17 y 32-33). La Unión Soviética se había convertido en algo así como una colonia productora de energía de las economías industriales más avanzadas; en la práctica, de sus propios satélites occidentales, principalmente Checoslovaquia y la República Democrática Alemana, cuyas industrias podían confiar en el mercado ilimitado y poco exigente de la Unión Soviética sin preocuparse por mejorar sus propias deficiencias.[5]

De hecho, hacia los años setenta estaba claro que no sólo se estancaba el crecimiento económico, sino que incluso los indicadores sociales básicos, como la mortalidad, dejaban de mejorar. Esto minó la confianza en el socialismo quizás más que cualquier otra cosa, porque su capacidad para mejorar las vidas de la gente común mediante una mayor justicia social no dependía básicamente de su capacidad para generar mayor riqueza. El hecho de que la esperanza media de vida al nacer se mantuviera en la Unión Soviética, Polonia y Hungría casi sin cambios durante los veinte años previos al colapso del comunismo (a veces incluso decreció) causó honda preocupación, porque en la mayoría de los países seguía aumentando (incluyendo, todo hay que decirlo, Cuba y los países comunistas asiáticos de los que tenemos datos). En 1969 los austriacos, finlandeses y polacos tenían una esperanza de vida similar (70,1 años); en 1989, en cambio, los polacos tenían una esperanza de vida cuatro años menor que la de austriacos y finlandeses. Esto podía traducirse en una población más sana, como sugirieron los demógrafos, pero sólo porque en los países socialistas moría gente que hubiese podido mantenerse con vida en los países capitalistas (Riley, 1991). Los reformistas soviéticos y de los países afines observaban estas evoluciones con creciente ansiedad (*The World Bank Atlas 1990*, pp. 6-9 y *World Tables*, 1991, *passim*).

En esta misma época otro síntoma evidente de la decadencia de la Unión Soviética se refleja en el auge del término *nomenklatura* (que parece que llegó a Occidente por medio de los escritos de los disidentes). Hasta entonces, el cuerpo de funcionarios formado por los cuadros del partido, que constituía el sistema de mando de los estados leninistas, se había mirado desde el exterior con respeto y con cierta admiración, si bien los opositores internos derrotados, como los trotskistas y —en Yugoslavia— Milovan Djilas (Djilas, 1957), ya habían señalado su potencial de degeneración burocrática y corrupción personal. De hecho, en los años cincuenta e incluso en los sesenta, el tono general de los comentarios en Occidente y, en especial, en los Estados Unidos señalaba que el secreto del avance global del comunismo residía en el sistema organizativo de los partidos comunistas y en su cuerpo de cuadros altruistas y monolíticos que seguían lealmente (aunque a veces brutalmente) «la línea» (Fainsod, 1956; Brzezinski, 1962; Duverger, 1972).

Por otro lado, el término *nomenklatura*, prácticamente desconocido antes de 1980, excepto como parte de la jerga administrativa del PCUS, sugería precisamente las debilidades de la egoísta burocracia del partido en la era de Brezhnev: una combinación de incompetencia y corrupción. Y se hizo cada vez más evidente que la Unión Soviética misma funcionaba, fundamentalmente, mediante un sistema de patronazgo, nepotismo y pago.

5. «A los planificadores económicos de esa época les parecía que el mercado soviético era inagotable y que la Unión Soviética podía proporcionarles la cantidad necesaria de energía y materias primas para un crecimiento económico continuo» (Rosati y Mizsei, 1989, p. 10).

Con la excepción de Hungría, los intentos serios de reformar las economías socialistas europeas se abandonaron desesperanzadamente tras la primavera de Praga. En cuanto a los intentos ocasionales de volver a la antigua forma de las economías dirigidas, bien en su modelo estalinista (como hizo Ceaucescu en Rumania) bien en la forma maoísta que reemplazaba la economía con el celo moral voluntarista (como en el caso de Fidel Castro), cuanto menos se hable de ellos, mejor. Los años de Brezhnev serían llamados «años de estancamiento» por los reformistas, esencialmente porque el régimen había dejado de intentar hacer algo serio respecto de una economía en visible decadencia. Comprar trigo en el mercado mundial era más fácil que intentar resolver la en apariencia creciente incapacidad de la agricultura soviética para alimentar al pueblo de la URSS. Lubricar la enmohecida maquinaria de la economía mediante un sistema universal de sobornos y corrupción era más fácil que limpiarla y afinarla, por no hablar de cambiarla. ¿Quién sabía lo que podía pasar a largo plazo? A corto plazo parecía más importante mantener contentos a los consumidores o, de ser eso imposible, mantener su descontento dentro de unos límites. De ahí que fuese probablemente en la primera mitad de la década de los setenta cuando la mayoría de los habitantes de la URSS estuvieron y se sintieron mejor que en cualquier otro momento de su vida que pudieran recordar.

El problema para el «socialismo realmente existente» europeo estribaba en que —a diferencia de la Unión Soviética de entreguerras, que estaba virtualmente fuera de la economía mundial y era, por tanto, inmune a la Gran Depresión— el socialismo estaba ahora cada vez más involucrado en ella y, por tanto, no era inmune a las crisis de los años setenta. Es una ironía de la historia que las economías de «socialismo real» europeas y de la Unión Soviética, así como las de parte del tercer mundo, fuesen las verdaderas víctimas de la crisis que siguió a la edad de oro de la economía capitalista mundial, mientras que las «economías desarrolladas de mercado», aunque debilitadas, pudieron capear las dificultades sin mayores problemas, al menos hasta principios de los años noventa. Hasta entonces algunos países, como Alemania y Japón, apenas habían frenado su marcha. El «socialismo real», en cambio, no sólo tenía que enfrentarse a sus propios y cada vez más insolubles problemas como sistema, sino también a los de una economía mundial cambiante y conflictiva en la que estaba cada vez más integrado. Esto puede ilustrarse con el ambiguo ejemplo de la crisis petrolífera internacional que transformó el mercado energético mundial después de 1973: ambiguo porque sus efectos eran a la vez potencialmente positivos y negativos. La presión del cártel mundial de productores de petróleo, la OPEP, hizo que el precio del petróleo —bajo y, en términos reales, en descenso desde la guerra— se cuadruplicase, aproximadamente, en 1973, y se triplicase de nuevo a finales de los setenta, después de la revolución iraní. De hecho, el verdadero alcance de las fluctuaciones fue incluso más espectacular: en 1970 el petróleo se vendía a un precio medio de 2,53 dólares el barril, mientras que a fines de los ochenta un barril costaba unos 41 dólares.

La crisis petrolífera tuvo dos consecuencias aparentemente afortunadas. A los productores de petróleo, de los que la Unión Soviética era uno de los más importantes, el líquido negro se les convirtió en oro. Era como tener un billete ganador de la lotería cada semana. Los millones entraban a raudales sin mayor esfuerzo, posponiendo la necesidad de reformas económicas y permitiendo a la Unión Soviética pagar sus crecientes importaciones del mundo capitalista occidental con la energía que exportaba. Entre 1970 y 1980, las exportaciones soviéticas a las «economías desarrolladas de mercado» aumentaron de poco menos de un 19 por 100 del total hasta un 32 por 100 (*SSSR*, 1987, p. 32). Se ha sugerido que fue esta enorme e inesperada bonanza la que hizo que a mediados de los setenta el régimen de Brezhnev cayese en la tentación de realizar una política internacional más activa de competencia con los Estados Unidos, al tiempo que el malestar revolucionario volvía a extenderse por el tercer mundo (véase el capítulo XV), y se embarcase en una carrera suicida para intentar igualar la superioridad en armamentos de los Estados Unidos (Maksimenko, 1991).

La otra consecuencia aparentemente afortunada de la crisis petrolífera fue la riada de dólares que salía ahora de los multimillonarios países de la OPEP, muchos de ellos de escasa población, y que se distribuía a través del sistema bancario internacional en forma de créditos a cualquiera que los pidiera. Muy pocos países en vías de desarrollo resistieron la tentación de tomar los millones que les metían en los bolsillos y que iban a provocar una crisis mundial de la deuda a principios de los años ochenta. Para los países socialistas que sucumbieron a esta tentación, especialmente Polonia y Hungría, los créditos parecían una forma providencial de pagar las inversiones para acelerar el crecimiento y aumentar el nivel de vida de sus poblaciones.

Esto hizo que la crisis de los ochenta fuese más aguda, puesto que las economías socialistas, y en especial la malgastadora de Polonia, eran demasiado inflexibles para emplear productivamente la afluencia de recursos. El mero hecho de que el consumo petrolífero cayera en la Europa occidental (1973-1985) en un 40 por 100 como respuesta al aumento de los precios, pero que en la Unión Soviética y en la Europa oriental sólo lo hiciera en un 20 por 100 en el mismo período, habla por sí mismo (Köllö, 1990, p. 39). Que los costos de producción soviéticos aumentaran considerablemente mientras los pozos de petróleo rumanos se secaban hace el fracaso en el ahorro de energía más notable. A principios de los años ochenta la Europa oriental se encontraba en una aguda crisis energética. Esto, a su vez, produjo escasez de comida y de productos manufacturados (salvo donde, como en Hungría, el país se metió en mayores deudas, acelerando la inflación y disminuyendo los salarios reales). Esta fue la situación en que el «socialismo realmente existente» en Europa entró en la que iba a ser su década final. La única forma eficaz inmediata de manejar esta crisis era el tradicional recurso estalinista a las restricciones y a las estrictas órdenes centrales, al menos allí donde la planificación central todavía seguía funcionando, cosa que ya no sucedía en Hungría y Polonia. Esto funcionó entre 1981 y 1984. La deuda disminuyó en un 35-70 por 100, salvo en estos dos países, lo que incluso engendró esperanzas ilusorias de volver a un crecimiento económico sin realizar reformas básicas, y «llevó a un gran salto atrás, a la crisis de la deuda y a un mayor deterioro en las perspectivas económicas» (Köllö, 1990, p. 41). Fue en este momento cuando Mijail Sergueievich Gorbachov se convirtió en el líder de la Unión Soviética.

III

Llegados aquí tenemos que volver de la economía a la política del «socialismo realmente existente», puesto que la política, tanto la alta como la baja, causaría el colapso eurosoviético de 1989-1991.

Políticamente, la Europa oriental era el talón de Aquiles del sistema soviético, y Polonia (y en menor medida Hungría) su punto más vulnerable. Desde la primavera de Praga quedó claro, como hemos visto, que muchos de los regímenes satélites comunistas habían perdido su legitimidad.[6] Estos regímenes se mantuvieron en el poder mediante la coerción del estado, respaldada por la amenaza de invasión soviética o, en el mejor de los casos —como en Hungría—, dando a los ciudadanos unas condiciones materiales y una libertad relativa superiores a las de la media de la Europa del Este, que la crisis económica hizo imposible mantener. Sin embargo, con una excepción, no era posible ninguna forma seria de oposición organizada política o pública. La conjunción de tres factores lo hizo posible en Polonia. La opinión pública del país estaba fuertemente unida no sólo en su rechazo hacia el régimen, sino por un nacionalismo polaco antirruso (y antijudío) y sólidamente católico; la Iglesia conservó una organización independiente a escala nacional; y su clase obrera demostró su fuerza política con grandes huelgas intermitentes desde mediados de los cincuenta. El régimen hacía tiempo que se había resignado a una tolerancia tácita o incluso a una retirada —como cuando las huelgas de los setenta forzaron la abdicación del líder comunista del momento— mientras la oposición siguiera desorganizada, aunque su margen de maniobra fue disminuyendo peligrosamente. Pero desde mediados de los años setenta tuvo que enfrentarse a un movimiento de trabajadores organizado políticamente y apoyado por un equipo de intelectuales disidentes con ideas políticas propias, ex marxistas en su mayoría, así como a una Iglesia cada vez más agresiva, estimulada desde 1978 por la elección del primer papa polaco de la historia, Karol Wojtyla (Juan Pablo II).

6. Las partes menos desarrolladas de la península de los Balcanes —Albania, sur de Yugoslavia, Bulgaria— podrían ser las excepciones, puesto que los comunistas todavía ganaron las primeras elecciones multipartidistas después de 1989. No obstante, incluso aquí las debilidades del sistema se hicieron pronto patentes.

En 1980 el triunfo del sindicato Solidaridad como un movimiento de oposición pública nacional que contaba con el arma de las huelgas demostró dos cosas: que el régimen del Partido Comunista en Polonia llegaba a su final, pero también que no podía ser derrocado por la agitación popular. En 1981, la Iglesia y el estado acordaron discretamente prevenir el peligro de una intervención armada soviética, que fue seriamente considerada, con unos pocos años de ley marcial bajo el mando de unas fuerzas armadas que podían aducir tanto legitimidad comunista como nacional. Fue la policía y no el ejército quien restableció el orden sin mayores problemas, pero el gobierno, tan incapaz como siempre de resolver los problemas económicos, no tenía nada que ofrecer contra una oposición que seguía siendo la expresión organizada de la opinión pública nacional. O bien los rusos se decidían a intervenir o, sin tardar mucho, el régimen tendría que abandonar un elemento clave para los regímenes comunistas: el sistema unipartidista bajo el «liderato» del partido estatal; es decir, tendría que abdicar. Mientras el resto de gobiernos de los países satélites contemplaban nerviosos el desarrollo de los acontecimientos, a la vez que intentaban evitar, vanamente, que sus pueblos los imitaran, se hizo cada vez más evidente que los soviéticos no estaban ya preparados para intervenir.

En 1985 un reformista apasionado, Mijail Gorbachov, llegó al poder como secretario general del Partido Comunista soviético. No fue por accidente. De hecho, la era de los cambios hubiera comenzado uno o dos años antes de no haber sido por la muerte del gravemente enfermo Yuri Andropov (1914-1984), antiguo secretario general y jefe del aparato de seguridad, que ya en 1983 realizó la ruptura decisiva con la era de Brezhnev. Resultaba evidente para los demás gobiernos comunistas, dentro y fuera de la órbita soviética, que se iban a realizar grandes cambios, aunque no estaba claro, ni siquiera para el nuevo secretario general, qué iban a traer.

La «era de estancamiento» (*zastoi*) que Gorbachov denunció había sido, de hecho, una era de aguda fermentación política y cultural entre la elite soviética. Ésta incluía no sólo al relativamente pequeño grupo de capitostes autocooptados a la cúpula del Partido Comunista, el único lugar donde se tomaban, o podían tomarse, las decisiones políticas reales, sino también al grupo más numeroso de las clases medias cultas y capacitadas técnicamente, así como a los gestores económicos que hacían funcionar el país: profesorado universitario, la *intelligentsia* técnica, y expertos y ejecutivos de varios tipos. El propio Gorbachov representaba a esta nueva generación de cuadros: había estudiado derecho, mientras que la manera clásica de ascender de la vieja elite estalinista había sido (y seguía siendo en ocasiones, de manera sorprendente) la vía del trabajo desde la fábrica, a través de estudios de ingeniería o agronomía, hasta el aparato. La importancia de este fermento no puede medirse por el tamaño del grupo de disidentes públicos que aparecían ahora, que no pasaban de unos pocos cientos. Prohibidas o semilegalizadas (gracias a la influencia de editores valientes como el del famoso diario *Novy Mir*), la crítica y la autocrítica impregnaron la amalgama cultural de la Unión

Soviética metropolitana en tiempos de Brezhnev, incluyendo a importantes sectores del partido y del estado, en especial en los servicios de seguridad y exteriores. La amplia y súbita respuesta a la llamada de Gorbachov a la *glasnost* («apertura» o «transparencia») difícilmente puede explicarse de otra manera.

Sin embargo, la respuesta de los estratos políticos e intelectuales no debe tomarse como la respuesta de la gran masa de los pueblos soviéticos. Para éstos, a diferencia de para la mayoría de los pueblos del este de Europa, el régimen soviético estaba legitimado y era totalmente aceptado, aunque sólo fuera porque no habían conocido otro, salvo el de la ocupación alemana de 1941-1944, que no había resultado demasiado atractivo. En 1990, todos los húngaros mayores de sesenta años tenían algún recuerdo de adolescencia o madurez de la era precomunista, pero ningún habitante de la Unión Soviética menor de 88 años podía haber tenido de primera mano una experiencia parecida. Y si el gobierno del estado soviético había tenido una continuidad ininterrumpida que podía remontarse hasta el final de la guerra civil, el propio país la había tenido —ininterrumpida o casi— desde mucho más lejos, salvo por lo que se refiere a los territorios de la frontera occidental, tomados o recuperados en los años 1939 y 1940. Era el viejo imperio zarista con una nueva dirección. De ahí que antes de finales de los años ochenta no hubiera síntomas serios de separatismo político en ningún lugar, salvo en los países bálticos (que de 1918 a 1949 fueron estados independientes), Ucrania occidental (que antes de 1918 formaba parte del imperio de los Habsburgo y no del ruso) y quizás Besarabia (Moldavia), que desde 1918 hasta 1940 formó parte de Rumania. De todas formas, ni siquiera en los estados bálticos había mucha más disidencia que en Rusia (Lieven, 1993).

Además, el régimen soviético no sólo tenía un arraigo y un desarrollo domésticos (con el transcurso del tiempo el partido, que al principio era mucho más fuerte en la «gran Rusia» que en otras nacionalidades, llegó a reclutar casi el mismo porcentaje de habitantes en las repúblicas europeas y en las transcaucásicas), sino que el pueblo, de forma difícil de explicar, llegó a amoldarse al régimen de la misma manera que el régimen se había amoldado a ellos. Como señaló Zinoviev, escritor satírico disidente, el «nuevo hombre soviético» (o, de tener en cuenta a las mujeres, cosa que no ocurría con frecuencia, también «la nueva mujer soviética») existía realmente, aunque tuviese tan poco que ver con su imagen pública oficial, como sucedía con muchas cosas en la Unión Soviética. Estaban cómodos en el sistema (Zinoviev, 1979), que les proporcionaba una subsistencia garantizada y una amplia seguridad social (a un nivel modesto pero real), una sociedad igualitaria tanto social como económicamente y, por lo menos, una de las aspiraciones tradicionales del socialismo, el «derecho a la pereza» reivindicado por Paul Lafargue (Lafargue, 1883). Es más, para la mayoría de los ciudadanos soviéticos, la era de Brezhnev no había supuesto un «estancamiento», sino la etapa mejor que habían conocido, ellos y hasta sus padres y sus abuelos.

No hay que sorprenderse de que los reformistas radicales hubieran de enfrentarse no sólo a la burocracia soviética, sino a los hombres y mujeres soviéticos. Con el tono característico de un irritado elitismo antiplebeyo, un reformista escribió:

> Nuestro sistema ha generado una categoría de individuos mantenidos por la sociedad y más interesados en tomar que en dar. Esta es la consecuencia de una política llamada de igualitarismo que ... ha invadido totalmente la sociedad soviética ... Esta sociedad está dividida en dos partes, los que deciden y distribuyen, y los que obedecen y reciben, lo que constituye uno de los mayores frenos al desarrollo de nuestra sociedad. El *Homo sovieticus* ... es, a la vez, un lastre y un freno. Por un lado se opone a la reforma, y por otro, constituye la base de apoyo del sistema existente (Afanassiev, 1991, pp. 13-14).

Social y políticamente, la mayor parte de la Unión Soviética era una sociedad estable, debido en parte, sin duda, a la ignorancia de lo que sucedía en otros países que le imponían las autoridades y la censura, pero no sólo por esa razón. ¿Es casualidad que no hubiera un equivalente a la rebelión estudiantil de 1968 en Rusia, como los hubo en Polonia, Checoslovaquia y Hungría? ¿O que incluso con Gorbachov el movimiento reformista no movilizara apenas a los jóvenes (salvo los de algunas regiones nacionalistas occidentales)? ¿Se trató realmente, por decirlo coloquialmente, de «una rebelión de treintañeros y cuarentañeros», es decir, de personas que pertenecían a la generación de los nacidos después de la guerra, pero antes del cómodo sopor de los años de Brezhnev? De donde quiera que viniese la presión para el cambio en la Unión Soviética, no fue del pueblo.

De hecho vino, como tenía que venir, de arriba. No está clara la forma en que un comunista reformista apasionado y sincero se convirtió en el sucesor de Stalin al frente del PCUS el 15 de marzo de 1985, y seguirá sin estarlo hasta que la historia soviética de las últimas décadas se convierta en objeto de investigación más que de acusaciones y exculpaciones. En cualquier caso, lo que importa no son los detalles de la política del Kremlin, sino las dos condiciones que permitieron que alguien como Gorbachov llegara al poder. En primer lugar, la creciente y cada vez más visible corrupción de la cúpula del Partido Comunista en la era de Brezhnev había de indignar de un modo u otro a la parte del partido que todavía creía en su ideología. Y un partido comunista, por degradado que esté, que no tenga algunos dirigentes socialistas es tan impensable como una Iglesia católica sin algunos obispos o cardenales que sean cristianos, al basarse ambos en sistemas de creencias. En segundo lugar, los estratos ilustrados y técnicamente competentes, que eran los que mantenían la economía soviética en funcionamiento, eran conscientes de que sin cambios drásticos y fundamentales el sistema se hundiría más pronto o más tarde, no sólo por su propia ineficacia e inflexibilidad, sino porque sus debilidades se sumaban a las exigencias de una condición de superpotencia militar que una economía en decadencia no podía soportar. La presión militar sobre la economía se había incrementado de forma peligrosa desde 1980 cuando, por primera vez en varios años, las fuerzas armadas soviéticas se encontraron involucradas directamente en una guerra. Se enviaron fuerzas a Afganistán para asegurar algún tipo de estabilidad en aquel país, que desde 1978 había estado gobernado por un Partido Democrático del Pueblo, formado por comunistas locales, que se dividió en dos facciones en conflicto, cada una de las cuales se enfrentaba a los terratenientes locales, al clero musulmán y a otros partidarios del *statu quo* con medidas tan impías como la reforma agraria y los derechos de la mujer. El país se había mantenido tranquilo en la esfera de influencia soviética desde principios de los años cincuenta, sin que la tensión sanguínea de Occidente se hubiese alterado apreciablemente. Sin embargo, los Estados Unidos decidieron considerar que la intervención soviética era una gran ofensiva militar dirigida contra el «mundo libre». Empezaron a enviar dinero y armamento a manos llenas (vía Pakistán) a los guerrilleros fundamentalistas musulmanes de las montañas. Como era de esperar, el gobierno afgano, con fuerte apoyo soviético, apenas tuvo problemas para mantener bajo su control las mayores ciudades del país, pero el coste para la Unión Soviética resultó excesivamente alto. Afganistán se convirtió, como algunas personas de Washington habían buscado, en el Vietnam de la Unión Soviética.

Así las cosas, ¿qué podía hacer el nuevo líder soviético para cambiar la situación en la URSS sino acabar, tan pronto como fuera posible, la segunda guerra fría con los Estados Unidos que estaba desangrando su economía? Este era, por supuesto, el objetivo inmediato de Gorbachov y fue su mayor éxito, porque, en un período sorprendentemente corto de tiempo, convenció incluso a los gobiernos más escépticos de Occidente de que esta era, de verdad, la intención soviética. Ello le granjeó una popularidad inmensa y duradera en Occidente, que contrastaba fuertemente con la creciente falta de entusiasmo hacia él en la Unión Soviética, de la que acabó siendo víctima en 1991. Si hubo alguien que acabó con cuarenta años de guerra fría global ese fue él.

Desde los años cincuenta, el objetivo de los reformistas económicos comunistas había sido el de hacer más racionales y flexibles las economías de planificación centralizada mediante la introducción de precios de mercado y de cálculos de pérdidas y beneficios en las empresas. Los reformistas húngaros habían recorrido algún camino en esa dirección y, si no llega a ser por la ocupación soviética de 1968, los reformistas checos hubieran ido incluso más lejos: ambos esperaban que esto haría más fácil la liberalización y democratización del sistema político. Esta era, también, la postura de Gorbachov,[7] que la consideraba una forma natural de restaurar o establecer un socialismo mejor que el «realmente existente». Es posible pero poco probable que algún reformista influyente de la Unión Soviética considerase el

7. Se había identificado públicamente con las posturas «amplias» y prácticamente socialdemócratas del Partido Comunista italiano incluso antes de su elección oficial (Montagni, 1989, p. 85).

abandono del socialismo, aunque sólo fuera porque ello parecía difícil desde un punto de vista político, si bien destacados economistas partidarios de las reformas empezaron a concluir que el sistema, cuyos defectos se analizaron sistemática y públicamente en los ochenta, podía reformarse desde dentro.[8]

IV

Gorbachov inició su campaña de transformación del socialismo soviético con los dos lemas de *perestroika* o reestructuración (tanto económica como política) y *glasnost* o libertad de información.[9]

Pronto se hizo patente que iba a producirse un conflicto insoluble entre ellas. En efecto, lo único que hacía funcionar al sistema soviético, y que concebiblemente podía transformarlo, era la estructura de mando del partido-estado heredada de la etapa estalinista, una situación familiar en la historia de Rusia incluso en los días de los zares. La reforma venía desde arriba. Pero la estructura del partido-estado era, al mismo tiempo, el mayor obstáculo para transformar el sistema que lo había creado, al que se había ajustado, en el que tenía muchos intereses creados y para el que le era difícil encontrar una alternativa.[10] Desde luego este no era el único obstáculo. Los reformistas, y no sólo en Rusia, se han sentido siempre tentados de culpar a la «burocracia» por el hecho de que su país y su pueblo no respondan a sus iniciativas, pero parece fuera de toda duda que grandes sectores del aparato del partido-estado acogieron cualquier intento de reforma profunda con una inercia que ocultaba su hostilidad. La *glasnost* se proponía movilizar apoyos dentro y fuera del aparato contra esas resistencias, pero su consecuencia lógica fue desgastar la única fuerza que era capaz de actuar. Como se ha sugerido antes, la estructura del sistema soviético y su *modus operandi* eran esencialmente militares. Es bien sabido que democratizar a los ejércitos no mejora su eficiencia. Por otra parte, si no se quiere un sistema militar, hay que tener pensada una alternativa civil antes de destruirlo, porque en caso contrario la reforma no produce una reconstrucción sino un colapso. La Unión Soviética bajo Gorbachov cayó en la sima cada vez más amplia que se abría entre la *glasnost* y la *perestroika*.

Lo que empeoró la situación fue que, en la mente de los reformistas, la

8. Los textos cruciales aquí son los del húngaro János Kornai, en especial *The Economics of Shortage*, Amsterdam, 1980.

9. Es un síntoma interesante de la fusión de los reformistas oficiales con el pensamiento disidente en los años de Brezhnev, porque la *glasnost* era lo que el escritor Alexander Solzhenitsyn había reclamado en su carta abierta al Congreso de la Unión de Escritores Soviéticos de 1967, antes de su expulsión de la Unión Soviética.

10. Como un burócrata comunista chino me comentó en 1984, en medio de una «reestructuración» similar: «estamos reintroduciendo elementos del capitalismo en nuestro sistema, pero ¿cómo podemos saber en lo que nos estamos metiendo? Desde 1949 nadie en China, excepto quizás algunos ancianos en Shanghai, han tenido experiencia alguna de lo que es el capitalismo».

glasnost era un programa mucho más específico que la *perestroika*. Significaba la introducción o reintroducción de un estado democrático constitucional basado en el imperio de la ley y en el disfrute de las libertades civiles, tal como se suelen entender. Esto implicaba la separación entre partido y estado y (contra todo lo que había sucedido desde la llegada al poder de Stalin) el desplazamiento del centro efectivo de gobierno del partido al estado. Esto, a su vez, implicaba el fin del sistema de partido único y de su papel «dirigente». También, obviamente, el resurgimiento de los soviets en todos los niveles, en forma de asambleas representativas genuinamente elegidas, culminando en un Soviet Supremo que iba a ser una asamblea legislativa verdaderamente soberana que otorgase el poder a un ejecutivo fuerte, pero que fuese también capaz de controlarlo. Esta era, al menos, la teoría.

En la práctica, el nuevo sistema constitucional llegó a instalarse. Pero el nuevo sistema económico de la *perestroika* apenas había sido esbozado en 1987-1988 mediante una legalización de pequeñas empresas privadas («cooperativas») —es decir, de gran parte de la economía sumergida— y con la decisión de permitir, en principio, que quebraran las empresas estatales con pérdidas permanentes. La distancia entre la retórica de la reforma económica y la realidad de una economía que iba palpablemente para abajo se ensanchaba día a día.

Esto era extremadamente peligroso, porque la reforma constitucional se limitaba a desmantelar un conjunto de mecanismos políticos y los reemplazaba por otros. Pero dejaba abierta la cuestión de cuáles serían las tareas de las nuevas instituciones, aunque los procesos de decisión iban a ser, presumiblemente, más engorrosos en una democracia que en un sistema de mando militar. Para la mayoría de la gente la diferencia estribaría, simplemente, en que en un caso tendrían la oportunidad de tener un auténtico proceso electoral cada cierto tiempo y, entre tanto, de escuchar las críticas al gobierno de la oposición política. Por otra parte, el criterio de la *perestroika* era y tenía que ser no el de cómo se dirigía la economía en principio, sino el de cómo funcionaba día a día, de formas que pudieran medirse y especificarse fácilmente. Sólo podía juzgársela por los resultados. Para la mayoría de los ciudadanos soviéticos esto significaba por lo que ocurría con sus ingresos reales, por el esfuerzo necesario para ganarlos, por la cantidad y variedad de los bienes y servicios a su alcance y por la facilidad con que pudiese adquirirlos.

Pero mientras estaba muy claro contra qué estaban los reformistas económicos y qué era lo que deseaban abolir, su alternativa —«una economía socialista de mercado» con empresas autónomas y económicamente viables, públicas, privadas y cooperativas, guiadas macroeconómicamente por el «centro de decisiones económico»— era poco más que una frase. Significaba, simplemente, que los reformistas querían tener las ventajas del capitalismo sin perder las del socialismo. Nadie tenía la menor idea de cómo iba a llevarse a la práctica esta transición de una economía estatal centralizada al nuevo sistema, ni tampoco de cómo iba a funcionar una economía que seguiría siendo, en un futuro previsible, dual: estatal y no estatal a la vez. El atractivo de la ideología ultrarradical del libre mercado tatcherita o reaganista para los jóvenes intelectuales reformistas consistía en que prometía proporcionar una solución drástica y *automática* a estos problemas. (Como era de prever, no lo hizo.)

Lo más cercano a un modelo de transición para los reformistas de Gorbachov era probablemente el vago recuerdo histórico de la Nueva Política Económica de 1921-1928. Ésta, al fin y al cabo, había «alcanzado resultados espectaculares en revitalizar la agricultura, el comercio, la industria y las finanzas durante varios años después de 1921» y había saneado una economía colapsada porque «confió en las fuerzas del mercado» (Vernikov, 1989, p. 13). Es más, una política muy parecida de liberalización de mercados y descentralización había producido, desde el final del maoísmo, resultados impresionantes en China, cuya tasa de crecimiento del PNB durante los años ochenta, una media del 10 por 100 anual, sólo fue superada por la de Corea del Sur (*World Bank Atlas*, 1990). Pero no había comparación posible entre la Rusia paupérrima, tecnológicamente atrasada y predominantemente rural de los años veinte y la URSS urbana e industrializada de los ochenta, cuyo sector más avanzado, el complejo científico-militar-industrial (incluyendo el programa espacial), dependía de un mercado con un solo comprador. No es arriesgado decir que la *perestroika* hubiera funcionado mucho mejor si en 1980 Rusia hubiera seguido siendo (como China en esa fecha) un país con un 80 por 100 de campesinos, cuya idea de una riqueza más allá de los sueños de avaricia era un aparato de televisión. (A principios de los años setenta cerca de un 70 por 100 de la población soviética veía por término medio la televisión una hora y media diaria) (Kerblay, 1983, pp. 140-141).

No obstante, el contraste entre la *perestroika* soviética y la china no se explica del todo por estos desfases temporales, ni siquiera por el hecho obvio de que los chinos tuvieron mucho cuidado de mantener intacto el sistema de mando centralizado. Hasta qué punto se beneficiaron los chinos de las tradiciones culturales del Extremo Oriente, que resultaron favorecer el crecimiento económico con independencia de los sistemas sociales, es algo que deberán investigar los historiadores del siglo XXI.

¿Podía alguien pensar en serio en 1985 que, seis años más tarde, la Unión Soviética y su Partido Comunista dejarían de existir y que todos los demás regímenes comunistas europeos habrían desaparecido? A juzgar por la falta total de preparación de los gobiernos occidentales ante el súbito desmoronamiento de 1989-1991, las predicciones de una inminente desaparición del enemigo ideológico no eran más que calderilla de retórica para consumo público. Lo que condujo a la Unión Soviética con creciente velocidad hacia el abismo fue la combinación de *glasnost*, que significaba la desintegración de la autoridad, con una *perestroika* que conllevó la destrucción de los viejos mecanismos que hacían funcionar la economía, sin proporcionar ninguna alternativa, y provocó, en consecuencia, el creciente deterioro del nivel de vida de los ciudadanos. El país se movió hacia una política electoral pluralista en el mismo instante en que se hundía en la anarquía económica. Por primera vez desde el inicio de la planificación, Rusia no tenía, en 1989, un plan quinquenal (Di Leo, 1992, p. 100, nota). Fue una combinación explosiva, porque minó los endebles fundamentos de la unidad económica y política de la Unión Soviética.

Como la URSS había ido evolucionando progresivamente hacia una descentralización estructural, y nunca más rápidamente que durante los largos años de Brezhnev, sus elementos se mantenían unidos sobre todo por las instituciones a escala de la Unión, como eran el partido, el ejército, las fuerzas de seguridad y el plan central. *De facto*, gran parte de la Unión Soviética era un sistema de señoríos feudales autónomos. Sus caudillos locales —los secretarios del partido de las repúblicas de la Unión con sus mandos territoriales subordinados, o los gestores de las grandes y pequeñas unidades de producción, que mantenían la economía en funcionamiento— no tenían otro vínculo de unión que su dependencia del aparato central del partido en Moscú, que los nombraba, trasladaba, destituía y cooptaba, y la necesidad de «cumplir el plan» elaborado en Moscú. Dentro de estos amplios límites, los caciques territoriales gozaban de una independencia considerable. De hecho, la economía no hubiera funcionado en absoluto de no haber sido por el desarrollo, emprendido por quienes verdaderamente gobernaban las instituciones que tenían funciones reales, de una red de relaciones laterales independientes del centro. Este sistema de tratos, trueques e intercambios de favores con otras elites en posición similar constituía una «segunda economía» dentro del conjunto nominalmente planificado. Hay que añadir que, a medida que la Unión Soviética se convertía en una sociedad industrial y urbana más compleja, los cuadros encargados de la producción, distribución y atención general a la ciudadanía tenían poca simpatía por los ministerios y por las figuras del partido, que, si bien eran sus superiores, no tenían unas funciones concretas claras, excepto la de enriquecerse, como muchos hicieron durante la época de Brezhnev, a veces de manera espectacular.

El rechazo de la enorme y extendida corrupción de la *nomenklatura* fue el carburante inicial para el proceso de reforma; de ahí que Gorbachov encontrara un apoyo sólido para su *perestroika* en estos cuadros económicos, en especial en los del complejo militar-industrial, que querían mejorar la gestión de una economía estancada y, en términos técnicos y científicos, paralizada. Nadie sabía mejor que ellos lo mal que se habían puesto las cosas. Por otro lado, no necesitaban del partido para llevar a cabo sus actividades. Si la burocracia del partido desaparecía, ellos seguirían en sus puestos. Eran indispensables, y la burocracia, no. Siguieron ciertamente allí tras el desmoronamiento de la URSS, organizados como grupo de presión en la nueva (1990) «Unión científico-industrial» (NPS) y en sus sucesoras, tras el final del comunismo, como los (potenciales) propietarios legales de las empresas que habían dirigido antes sin derechos legales de propiedad.

A pesar de lo corrupto, ineficaz y parasitario que había sido el sistema de partido único, seguía siendo esencial en una economía basada en un sistema de órdenes. La alternativa a la autoridad del partido no iba a ser la autoridad constitucional y democrática, sino, a corto plazo, la ausencia de autoridad. Esto es lo que pasó en realidad. Gorbachov, al igual que su sucesor Yeltsin, trasladó la base de su poder del partido al estado y, como presidente constitucional, acumuló legalmente poderes para gobernar por decreto, mayores en algunos aspectos, por lo menos en teoría, que aquellos de que ningún dirigente soviético anterior hubiese disfrutado formalmente, ni siquiera Stalin (Di Leo, 1992, p. 111). Nadie se dio cuenta de ello, salvo las recién instauradas asambleas democráticas o, mejor constitucionales: el Congreso del Pueblo y el Soviet Supremo (1989). Nadie gobernaba o, más bien, nadie obedecía ya en la Unión Soviética.

Como un gigantesco petrolero averiado dirigiéndose hacia los acantilados, una Unión Soviética sin rumbo avanzaba hacia la desintegración. Las líneas por la que se iba a fracturar ya se habían trazado: por un lado estaba el sistema de poder territorial autónomo encarnado en la estructura federal del estado, y por otro, los complejos económicos autónomos. Puesto que la teoría oficial en la que se había basado la construcción de la Unión postulaba la autonomía territorial para los grupos nacionales, tanto en las quince repúblicas de la Unión como en las regiones y áreas autónomas dentro de cada una de ellas,[11] la fractura nacionalista estaba, potencialmente, dentro del sistema, si bien, con la excepción de los tres pequeños estados bálticos, el separatismo era algo impensable antes de 1988, cuando se fundaron los primeros «frentes» nacionalistas y organizaciones de campaña, como respuesta a la *glasnost* (en Estonia, Letonia, Lituania y Armenia). Sin embargo, en esta fase, e incluso en los estados bálticos, no se dirigían contra el centro sino más bien contra los partidos comunistas locales, poco gorbachovistas, o, como en Armenia, contra el vecino Azerbaiján. El objetivo no era todavía la independencia, aunque el nacionalismo se radicalizó rápidamente en 1989-1990 por el impacto de la carrera política electoral y la lucha entre los reformistas radicales y la resistencia organizada del *establishment* del viejo partido en las nuevas asambleas, así como por las fricciones entre Gorbachov y su resentida víctima, rival y finalmente sucesor, Boris Yeltsin.

Los reformistas radicales buscaron apoyo contra los jerarcas del partido atrincherados en el poder en los nacionalistas de las repúblicas y, al hacerlo, los reforzaron. En la propia Rusia, apelar a los intereses rusos contra las repúblicas periféricas, subsidiadas por Rusia y que se creía que vivían mejor, supuso un arma poderosa en la lucha de los radicales para expulsar a la burocracia del partido, atrincherada en el aparato central del estado. Para Boris Yeltsin, un viejo dirigente del partido que combinaba los talentos de la vieja política (dureza y sagacidad) con los de la nueva (demagogia, jovialidad y olfato para los medios de comunicación), el camino hasta la cumbre pasaba por la conquista de la Federación Rusa, lo que le permitiría soslayar las ins-

11. Además de la Federación Rusa, la mayor, con mucho, territorial y demográficamente, estaban también Armenia, Azerbaiján, Bielorrusia, Estonia, Georgia, Kazajstán, Kirguizistán, Letonia, Lituania, Moldavia, Tadjikistán, Turkmenistán, Ucrania y Uzbekistán.

tituciones de la Unión gorbachoviana. Hasta entonces, en efecto, la Unión y su principal componente, la Federación Rusa, no estaban claramente diferenciadas. Al transformar Rusia en una república como las demás, Yeltsin favoreció, *de facto*, la desintegración de la Unión, que sería suplantada por una Rusia bajo su control, como ocurrió en 1991.

La desintegración económica ayudó a acelerar la desintegración política y fue alimentada por ella. Con el fin de la planificación y de las órdenes del partido desde el centro, ya no existía una economía *nacional* efectiva, sino una carrera de cada comunidad, territorio u otra unidad que pudiera gestionarla, hacia la autoprotección y la autosuficiencia o bien hacia los intercambios bilaterales. Los gestores de las ciudades provinciales con grandes empresas, acostumbrados a tal tipo de arreglos, cambiaban productos industriales por alimentos con los jefes de las granjas colectivas regionales, como hizo Gidaspov, el jefe del partido en Leningrado, que en un espectacular ejemplo de estos intercambios resolvió una escasez de grano en la ciudad con una llamada a Nazarbayev, el jefe del partido en Kazajstán, que arregló un trueque de cereales por calzado y acero (Yu Boldyrev, 1990). Este tipo de transacción entre dos figuras destacadas de la vieja jerarquía del partido demostraba que el sistema de distribución nacional había dejado de considerarse relevante. «Particularismos, autarquías, la vuelta a prácticas primitivas, parecían ser los resultados visibles de las leyes que habían liberalizado las fuerzas económicas locales» (Di Leo, 1992, p. 101).

El punto sin retorno se alcanzó en la segunda mitad de 1989, en el bicentenario de la revolución francesa, cuya inexistencia o falta de significado para la política francesa del siglo XX se afanaban en demostrar, en aquellos momentos, los historiadores «revisionistas». El colapso político siguió (como en la Francia del siglo XVIII) al llamamiento de las nuevas asambleas democráticas, o casi democráticas, en el verano de aquel año. El colapso económico se hizo irreversible en el curso de unos pocos meses cruciales, entre octubre de 1989 y mayo de 1990. No obstante, los ojos del mundo estaban fijos en estos momentos en un fenómeno relacionado con este proceso, pero secundario: la súbita, y también inesperada, disolución de los regímenes comunistas satélites europeos. Entre agosto de 1989 y el final de ese mismo año el poder comunista abdicó o dejó de existir en Polonia, Checoslovaquia, Hungría, Rumania, Bulgaria y la República Democrática Alemana, sin apenas un solo disparo, salvo en Rumania. Poco después, los dos estados balcánicos que no habían sido satélites soviéticos, Yugoslavia y Albania, dejaron también de tener regímenes comunistas. La República Democrática Alemana sería muy pronto anexionada por la Alemania Occidental; en Yugoslavia estallaría pronto una guerra civil.

El proceso fue seguido no sólo a través de las pantallas de televisión del mundo occidental, sino también, y con mucha atención, por los regímenes comunistas de otros continentes. Aunque éstos iban desde los reformistas radicales (al menos en cuestiones económicas), como China, hasta los centralistas implacables al viejo estilo, como Cuba (véase el capítulo XV), todos tenían presumiblemente dudas acerca de la total inmersión soviética en la *glasnost*, y del debilitamiento de la autoridad. Cuando el movimiento por la liberalización y la democracia se extendió desde la Unión Soviética hasta China, el gobierno de Pekín decidió, a mediados de 1989, tras algunas dudas y lacerantes desacuerdos internos, restablecer su autoridad con la mayor claridad, mediante lo que Napoleón —que también empleó el ejército para reprimir la agitación social durante la revolución francesa— llamaba «un poco de metralla». Las tropas dispersaron una gran manifestación estudiantil en la plaza principal de la capital, a costa de muchos muertos; probablemente —aunque no había datos fiables a la hora de redactar estas páginas— varios centenares. La matanza de la plaza de Tiananmen horrorizó a la opinión pública occidental e hizo, sin duda, que el Partido Comunista chino perdiese gran parte de la poca legitimidad que pudiera quedarle entre las jóvenes generaciones de intelectuales chinos, incluyendo a miembros del partido, pero dejó al régimen chino con las manos libres para continuar su afortunada política de liberalización económica sin problemas políticos inmediatos. El colapso del comunismo tras 1989 se redujo a la Unión Soviética y a los estados situados en su órbita, incluyendo Mongolia, que había optado por la protección soviética contra la dominación china durante el período de entreguerras. Los tres regímenes comunistas asiáticos supervivientes (China, Corea del Norte y Vietnam), al igual que la remota y aislada Cuba, no se vieron afectados de forma inmediata.

V

Parecería natural, especialmente en el bicentenario de 1789, describir los cambios de 1989-1990 como las revoluciones del Este de Europa. En la medida en que los acontecimientos que llevaron al total derrocamiento de esos regímenes son revolucionarios, la palabra es apropiada, aunque resulta engañosa, habida cuenta que ninguno de los regímenes de la llamada Europa oriental fue *derrocado*. Ninguno, salvo Polonia, contenía fuerza interna alguna, organizada o no, que constituyera una seria amenaza para ellos, y el hecho de que en Polonia existiera una poderosa oposición política permitió, en realidad, que el sistema no fuese destruido de un día para otro, sino sustituido en un proceso negociador de compromiso y reforma, similar a la manera en que España realizó su proceso de transición a la democracia tras la muerte de Franco en 1975. La amenaza más inmediata para quienes estaban en la órbita soviética procedía de Moscú, que pronto dejó claro que ya no iba a salvarlos con una intervención militar, como en 1956 y 1968, aunque sólo fuera porque el final de la guerra fría los hacía menos necesarios desde un punto de vista estratégico para la Unión Soviética. Moscú opinaba que, si querían sobrevivir, harían bien en seguir la línea de liberalización, reforma y flexibilidad de los comunistas húngaros y polacos, pero también dejó claro que no presionaría a los partidarios de la línea dura en Berlín y Praga. Tenían que arreglárselas por sí mismos.

La retirada de la URSS acentuó su quiebra. Seguían en el poder tan sólo en virtud del vacío que habían creado a su alrededor, que no había dejado otra alternativa al *statu quo* que la emigración (donde fue posible) o (para unos pocos) la formación de grupos marginales de intelectuales disidentes. La mayoría de los ciudadanos había aceptado el orden de cosas existente porque no tenían alternativa. Las personas con energía, talento y ambición trabajaban dentro del sistema, ya que cualquier puesto que requiriese estas características, y cualquier expresión pública de talento, estaba dentro del sistema o contaba con su permiso, incluso en campos totalmente ajenos a la política, como el salto de pértiga o el ajedrez. Esto se aplicaba también a la oposición tolerada, sobre todo en el ámbito artístico, que floreció con el declive de los sistemas, como los escritores disidentes que prefirieron no emigrar descubrieron a su costa después de la caída del comunismo, cuando fueron tratados como colaboracionistas.[12] No es extraño que la mayor parte de la gente optara por una vida tranquila que incluía los gestos formales de apoyo (votaciones o manifestaciones) a un sistema en el que nadie —excepto los estudiantes de primaria— creía, incluso cuando las penas por disentir dejaron de ser terroríficas. Una de las razones por las que el antiguo régimen fue denunciado con inusitada fiereza tras su caída, sobre todo en los países de línea dura como Checoslovaquia y la ex RDA, fue que

> la gran mayoría votaba en las elecciones fraudulentas para evitarse consecuencias desagradables, aunque éstas no fuesen muy graves; participaba en las marchas obligatorias ... Los informadores de la policía se reclutaban con facilidad, seducidos por privilegios miserables, y a menudo aceptaban prestar servicios como resultado de una presión muy leve (Kolakowski, 1992, pp. 55-56).

Pero casi nadie creía en el sistema o sentía lealtad alguna hacia él, ni siquiera los que lo gobernaban. Sin duda se sorprendieron cuando las masas abandonaron finalmente su pasividad y manifestaron su disidencia (el momento de estupor fue captado para siempre en diciembre de 1989, con las imágenes de vídeo que mostraban al presidente Ceaucescu ante una masa que, en lugar de aplaudirle lealmente, le abucheaba), pero lo que les sorprendió no fue la disidencia, sino tan sólo su manifestación. En el momento de la verdad ningún gobierno de la Europa oriental ordenó a sus tropas que disparasen. Salvo en Rumania, todos abdicaron pacíficamente, e incluso allí la resistencia fue breve. Quizás no hubieran podido recuperar el control, pero ni siquiera lo intentaron. En ningún lugar hubo grupo alguno de comunistas radicales que se preparase para morir en el búnker por su fe, ni siquiera por el historial nada desdeñable de cuarenta años de gobierno comunista en

12. Incluso un antagonista tan apasionado del comunismo como el escritor ruso Alexander Solzhenitsyn desarrolló su carrera de escritor dentro del sistema, que permitió y estimuló la publicación de sus primeras obras con propósitos reformistas.

varios de esos estados. ¿Qué hubieran tenido que defender? ¿Sistemas económicos cuya inferioridad respecto a sus vecinos occidentales saltaba a la vista, sistemas en decadencia que habían demostrado ser irreformables, incluso donde se habían realizado esfuerzos serios e inteligentes para reformarlos? ¿Sistemas que habían perdido claramente la justificación que había sostenido a sus cuadros en el pasado: que el socialismo era superior al capitalismo y estaba destinado a reemplazarlo? ¿Quién podía seguir creyendo esto, aunque hubiese parecido plausible en los años cuarenta y hasta en los cincuenta?

Desde el momento en que los estados comunistas dejaron de estar unidos, y hasta llegaron a enfrentarse en conflictos armados (por ejemplo, China y Vietnam a principios de los ochenta), ni siquiera se podía hablar de un solo «campo socialista». Lo único que quedaba de las viejas esperanzas era el hecho de que la URSS, el país de la revolución de octubre, era una de las dos superpotencias mundiales. Con la excepción tal vez de China, todos los gobiernos comunistas, y un buen número de partidos comunistas y de los estados o movimientos del tercer mundo, sabían muy bien cuánto debían a la existencia de este contrapeso al predominio económico y estratégico del otro lado. Pero la URSS se estaba desprendiendo de una carga político-militar que ya no podía soportar, e incluso países comunistas que no dependían de Moscú (Yugoslavia, Albania) podían darse cuenta de cuán profundamente les iba a debilitar su desaparición.

En cualquier caso, tanto en Europa como en la Unión Soviética, los comunistas que se habían movido por sus viejas convicciones eran ya una generación del pasado. En 1989, pocas personas de menos de sesenta años podían haber compartido la experiencia que había unido comunismo y patriotismo en muchos países, es decir, la segunda guerra mundial y la resistencia, y muy pocos menores de cincuenta años podían tener siquiera recuerdos vividos de esos tiempos. Para la mayoría, el principio legitimador de estos estados era poco más que retórica oficial o anécdotas de ancianos.[13] Era probable, incluso, que los miembros más jóvenes del partido no fuesen comunistas al viejo estilo, sino simplemente hombres y mujeres (no muchas mujeres, por desgracia) que habían hecho carrera en países que resultaban estar bajo dominio comunista. Cuando los tiempos cambiaron estaban dispuestos, de poder hacerlo, a mudar de chaqueta a la primera ocasión. En resumen, quienes gobernaban los regímenes satélites soviéticos, o bien habían perdido la fe en su propio sistema o bien nunca la habían tenido. Mientras los sistemas funcionaban, los hicieron funcionar. Cuando quedó claro que la propia Unión Soviética les abandonaba a su suerte, los reformistas intentaron (como en Polonia y Hungría) negociar una transición pacífica,

13. Este no era el caso, evidentemente, de los estados comunistas del tercer mundo como Vietnam, donde la lucha por la liberación continuó hasta mediados de los años setenta, pero en esos países las divisiones civiles de las guerras de liberación estaban, probablemente, más vivas también en la memoria de la gente.

y los partidarios de la línea dura trataron (como en Checoslovaquia y la RDA) de resistir hasta que se hizo evidente que los ciudadanos ya no les obedecían, aunque el ejército y la policía siguieran haciéndolo. En ambos casos los dirigentes se marcharon pacíficamente cuando se convencieron de que su tiempo se había acabado; tomándose con ello una inconsciente venganza de la propaganda occidental que había afirmado que eso era precisamente lo que no podían hacer los regímenes «totalitarios».

Fueron reemplazados, en suma, por los hombres y (una vez más, muy pocas) mujeres que antes habían representado la disidencia o la oposición y que habían organizado (o, tal vez mejor, que habían logrado convocar) las manifestaciones de masas que dieron la señal para la pacífica abdicación de los antiguos regímenes. Excepto en Polonia, donde la Iglesia y los sindicatos formaban la espina dorsal de la oposición, consistían en unos pocos intelectuales, un grupo de dirigentes que se encontraron por poco tiempo rigiendo los destinos de sus pueblos: frecuentemente, como en las revoluciones de 1848, universitarios o gentes del mundo del arte. Por un momento filósofos disidentes (Hungría) o historiadores medievalistas (Polonia) fueron considerados como candidatos a presidentes o primeros ministros, e incluso un dramaturgo, Vaclav Havel, se convirtió realmente en presidente de Checoslovaquia, rodeado de un excéntrico cuerpo de consejeros que iban desde un músico de rock norteamericano amigo de los escándalos, hasta un miembro de la alta aristocracia de los Habsburgo (el príncipe Schwarzenberg). Se habló mucho de «sociedad civil», es decir, del conjunto de organizaciones voluntarias de los ciudadanos o de las actividades privadas que tomaban el lugar de los estados autoritarios, así como del retorno a los principios revolucionarios antes de que los distorsionara el bolchevismo.[14] Por desgracia, como en 1848, el momento de la libertad y la verdad duró poco. La política y los puestos desde los que se dirigían las cuestiones de estado volvieron a manos de quienes normalmente desempeñan esas funciones. Los «frentes» o «movimientos cívicos» se desmoronaron tan rápidamente como habían surgido.

Lo mismo sucedió en la Unión Soviética, donde el colapso del partido y del estado se prolongó hasta agosto de 1991. El fracaso de la *perestroika* y el consiguiente rechazo ciudadano de Gorbachov eran cada día más evidentes, aunque no se advirtiese en Occidente, donde su popularidad seguía siendo muy alta. Esto redujo al líder soviético a realizar una serie de maniobras ocultas y de alianzas cambiantes con los distintos grupos políticos y de poder que habían surgido de la parlamentarización de la política soviética, con lo que se ganó la desconfianza tanto de los reformistas que inicialmente se habían agrupado a su alrededor —y a los que él había convertido en una

14. El autor recuerda una de esas discusiones en una conferencia en Washington durante 1991, que el embajador español hizo bajar de las nubes al recordar a los jóvenes (en aquel tiempo casi todos comunistas liberales) estudiantes y ex estudiantes que sentían poco más o menos lo mismo tras la muerte del general Franco en 1975. En su opinión, la «sociedad civil» sólo significaba que los jóvenes ideólogos que por un momento se encontraban hablando en nombre de todo el pueblo se sentían tentados a considerar aquello como una situación permanente.

auténtica fuerza para el cambio del estado— como del disgregado bloque del partido cuyo poder había roto. Gorbachov fue, y así pasará a la historia, un personaje trágico, como un «zar liberador» comunista, a la manera de Alejandro II (1855-1881), que destruyó lo que quería reformar y fue destruido, a su vez, en el proceso.[15]

Atractivo, sincero, inteligente y guiado por los ideales de un comunismo que creía corrompido desde que Stalin llegó al poder, Gorbachov era, paradójicamente, un hombre demasiado identificado con el sistema para el tumulto de la política democrática que había creado: un hombre demasiado de comité como para las acciones decisivas, demasiado alejado de las experiencias de la Rusia urbana e industrial, en cuya dirección no había participado, como para tener el sentido de las realidades de la calle que tenían los antiguos jefes del partido. Su problema no era tanto que careciese de una estrategia efectiva para reformar la economía —nadie la ha tenido tras su caída— como que estuviera tan alejado de la experiencia cotidiana de su país.

La comparación de Gorbachov con otros dirigentes comunistas soviéticos cincuentones de la generación de posguerra resulta instructiva. Nursultan Nazarbayev, que en 1984 se hizo cargo de la república asiática de Kazajstán como parte del giro reformista, había llegado (como muchos otros dirigentes políticos soviéticos, pero a diferencia de Gorbachov y de casi todos los estadistas en los países no socialistas) a la vida pública desde la fábrica. Se desplazó del partido al estado, convirtiéndose en presidente de su república, impulsó las reformas necesarias, incluyendo la descentralización y el mercado, y sobrevivió tanto a la caída de Gorbachov como a la del partido y a la de la Unión, sin alegrarse de ninguna de ellas. Después del derrumbe se convirtió en uno de los hombres más poderosos de la oscura «Comunidad de Estados Independientes». Pero Nazarbayev, siempre pragmático, había seguido una política sistemática de optimizar la posición de su feudo (y de su población), y había puesto mucho cuidado en que las reformas del mercado no fuesen socialmente perturbadoras. Mercados, sí; alzas de precios incontroladas, decididamente no. Su estrategia favorita eran los acuerdos de intercambio bilateral con otras repúblicas soviéticas (o ex soviéticas) —propugnó un mercado común soviético en Asia central—, y las empresas e inversiones conjuntas con capital extranjero. No ponía objeción alguna a los economistas radicales —empleó a algunos procedentes de Rusia—, ni siquiera a los no comunistas (puesto que se trajo a uno de los cerebros del milagro económico de Corea del Sur), que demostrasen un conocimiento realista de cómo funcionaban de verdad las economías capitalistas prósperas de después de la segunda guerra mundial. El camino a la supervivencia, y puede que al éxito, no estaba pavimentado con buenas intenciones sino con los duros guijarros del realismo.

Los últimos años de la Unión Soviética fueron una catástrofe a cámara

15. Alejandro II liberó a los siervos y emprendió otras reformas, pero fue asesinado por miembros del movimiento revolucionario, el cual, por vez primera, había llegado a ser una fuerza durante su reinado.

lenta. La caída de los satélites europeos en 1989 y la aceptación, aunque de mala gana, de la reunificación alemana demostraban el colapso de la Unión Soviética como potencia internacional y, más aún, como superpotencia. Su incapacidad para desempeñar un papel cualquiera en la crisis del golfo Pérsico (1990-1991) no hizo más que subrayarlo. Internacionalmente hablando, la Unión Soviética era como un país absolutamente derrotado después de una gran guerra, sólo que sin guerra. No obstante, conservaba las fuerzas armadas y el complejo militar-industrial de la antigua superpotencia, una situación que imponía severos límites a su política. Sin embargo, aunque esta debacle internacional alentó el secesionismo en aquellas repúblicas con fuerte sentimiento nacionalista, especialmente en los países bálticos y en Georgia —Lituania tanteó el terreno con una provocativa declaración de independencia total en marzo de 1990—,[16] la desintegración de la Unión no se debió a fuerzas nacionalistas.

Fue obra, principalmente, de la desintegración de la autoridad central, que forzó a cada región o subunidad del país a mirar por sí misma y, también, a salvar lo que pudiera de la ruinas de una economía que se deslizaba hacia el caos. En los dos últimos años de la Unión Soviética, el hambre y la escasez acechaban tras cualquier cosa que ocurriese. Los desesperados reformistas, que procedían en buena medida de los universitarios que habían sido los principales beneficiarios de la *glasnost*, se vieron empujados hacia un extremismo apocalíptico: no se podía hacer nada hasta que el viejo sistema y todo cuanto se relacionara con él fuera totalmente destruido. En términos económicos, el sistema debía ser completamente pulverizado mediante la privatización total y la introducción de un mercado libre al 100 por 100, de inmediato y al precio que fuese. Se propusieron planes radicales para llevar esto a cabo en cuestión de semanas o de meses (había un «programa de quinientos días»). Estos proyectos políticos no se basaban en conocimiento alguno del libre mercado o de las economías capitalistas, aunque fuesen vigorosamente recomendados por economistas y expertos financieros estadounidenses o británicos de visita, cuyas opiniones, a su vez, tampoco se basaban en conocimiento alguno de lo que realmente sucedía en la economía soviética. Todos acertaron al suponer que el sistema existente (o más bien la economía planificada, mientras existía) era muy inferior a las economías basadas principalmente en la propiedad privada y la empresa privada, y que el viejo sistema, incluso en una forma modificada, estaba condenado a desaparecer. Pero todos fracasaron en la tarea de enfrentarse al problema real de cómo una economía de planificación centralizada podía, en la práctica, transformarse en una u otra versión de una economía dinamizada por el mercado. En lugar de ello, se limitaron a repetir demostraciones de primer curso de económicas acerca de las virtudes del mercado en abstracto, que, sostenían, llenaría los estantes

16. Los nacionalistas armenios, aunque provocaron la ruptura de la Unión al reclamar la montañosa región de Karabaj a Azerbaiján, no estaban tan locos como para *desear* la desaparición de la Unión Soviética, porque sin su existencia no hubiera habido Armenia.

de las tiendas con mercancías ofrecidas por los productores a precios razonables, así que se permitiera el libre juego de la oferta y la demanda. La mayoría de los sufridos ciudadanos de la Unión Soviética sabían que esto no iba a ocurrir, y en efecto, después del breve tratamiento de shock de la liberalización, no ocurrió. Por otra parte, ningún conocedor serio del país creía que en el año 2000 el estado y el sector público de la economía soviética no seguirían siendo fundamentales. Los discípulos de Friedrich Hayek y Milton Friedman condenaban la mera idea de una economía mixta de este tipo, pero no tenían ningún consejo que ofrecer acerca de cómo se podía dirigir o transformar.

Sin embargo, cuando llegó, la crisis final no fue económica sino política. Para prácticamente la totalidad del *establishment* de la Unión Soviética —desde el partido, pasando por los planificadores y los científicos, por el estado, las fuerzas armadas, el aparato de seguridad y las autoridades deportivas—, la idea de una ruptura total de la URSS era inaceptable. No podemos saber si un número considerable de ciudadanos soviéticos —dejando a un lado los de los estados bálticos— deseaban o siquiera imaginaban esta ruptura aun después de 1989, pero parece dudoso: cualesquiera que sean las reservas que tengamos sobre las cifras, el 76 por 100 de los votantes en el referéndum de marzo del 1991 se manifestaron a favor del mantenimiento de la Unión Soviética «como una federación renovada de repúblicas iguales y soberanas, donde los derechos y libertades de cada persona de cualquier nacionalidad estén salvaguardados por completo» (*Pravda*, 25-1-1991). La ruptura no figuraba oficialmente en el programa de ningún político importante de la Unión. No obstante, la disolución del centro pareció reforzar las fuerzas centrífugas y hacer inevitable la ruptura, a causa también de la política de Boris Yeltsin, cuya estrella ascendía a medida que la de Gorbachov se apagaba. En aquel momento la Unión era una sombra y las repúblicas la única realidad. A fines de abril, Gorbachov, apoyado por las nueve principales repúblicas,[17] negoció un «tratado de la Unión» que, al modo del compromiso austro-húngaro de 1867, intentaba preservar la existencia de un centro de poder federal (con un presidente federal de elección directa), responsable de las fuerzas armadas, de la política exterior y de la coordinación de la política financiera y de las relaciones económicas con el resto del mundo. El tratado tenía que entrar en vigor el 20 de agosto.

Para la mayor parte del antiguo partido y del *establishment* soviético, este tratado era otra de las fórmulas de papel de Gorbachov, condenada al fracaso como todas las demás. Lo consideraban como la tumba de la Unión. Dos días antes de que el tratado entrara en vigor, casi todos los pesos pesados de la Unión —los ministros de Defensa e Interior, el jefe del KGB, el vicepresidente y el primer ministro de la URSS y diversos pilares del partido— proclamaron que un Comité de Emergencia tomaría el poder en ausencia del presidente y secretario general (bajo arresto domiciliario en su residencia de

17. Es decir, todas excepto los tres estados bálticos, Moldavia y Georgia, así como tampoco, por razones poco claras, Kirguizistán.

vacaciones). No se trataba tanto de un golpe de estado —no se arrestó a nadie en Moscú, ni siquiera se tomaron las estaciones de radio—, como de una proclamación de que la maquinaria de poder real se ponía en marcha otra vez, con la secreta esperanza de que la ciudadanía les daría la bienvenida o, por lo menos, aceptaría pacíficamente la vuelta al orden y al gobierno. No fue derrotado por una revolución o levantamiento popular, puesto que la población de Moscú se mantuvo tranquila y el llamamiento a una huelga contra el golpe cayó en el vacío. Como tantas otras veces en la historia soviética, se trató de un drama escenificado por un pequeño grupo de actores sobre las cabezas de un pueblo acostumbrado a sufrir.

Pero eso no fue todo. Treinta, incluso diez años antes, habría bastado con la mera proclamación de dónde residía realmente el poder. Pese a todo, la mayoría de los ciudadanos de la Unión Soviética mantuvo la cabeza gacha: el 48 por 100 de ellos (según una encuesta) y, de manera menos sorprendente, el 70 por 100 de los comités del partido, apoyaron el «golpe» (Di Leo, 1992, pp. 141 y 143 n.). Más gobiernos extranjeros de los que se preocuparon de decirlo esperaban que el golpe triunfara.[18] Pero la reafirmación del poder del partido-estado al viejo estilo había de basarse en un consentimiento universal e inmediato, más que en un recuento de votos. En 1991 no había ni poder central ni obediencia universal. Un verdadero golpe hubiera podido triunfar sobre la mayor parte del territorio y la población de la Unión Soviética y, cualesquiera que fuesen las divisiones y reticencias dentro de las fuerzas armadas y del aparato de seguridad, se hubiera podido encontrar un número suficiente de tropas para llevar a cabo con éxito un *putsch* en la capital. Pero la reafirmación simbólica de la autoridad ya no era suficiente. Gorbachov tenía razón: la *perestroika* había derrotado a los conspiradores al cambiar la sociedad. También le derrotó a él.

Un golpe simbólico podía ser derrotado por una resistencia simbólica, puesto que lo último que querían los conspiradores era una guerra civil, para la que no estaban preparados. De hecho, su gesto trataba de detener lo que mucha gente temía: un deslizamiento hacia un conflicto civil armado. Así que cuando las inconsistentes instituciones de la Unión Soviética se alinearon con los conspiradores, las no menos inconsistentes de la república de Rusia gobernada por Boris Yeltsin, recién elegido presidente por una mayoría sustancial de electores, no lo hicieron. Los conspiradores no tenían nada que hacer salvo aceptar su derrota, una vez que Yeltsin, rodeado por unos miles de seguidores que habían ido a defender su cuartel general, desafió a los desconcertados tanques desplegados ante él, para beneficio de las pantallas de televisión de todo el mundo. Valientemente, pero con plena garantía de su seguridad, Yeltsin, cuyo talento político y cuya capacidad de decisión con-

18. El primer día del «golpe», el resumen oficial de noticias del gobierno finlandés daba cuenta brevemente, y sin comentarios, del arresto de Gorbachov en la mitad de la tercera página de un boletín de cuatro. Sólo empezó a dar opiniones cuando el intento hubo fracasado de forma evidente.

trastaban con el estilo de Gorbachov, aprovechó su oportunidad para disolver y expropiar al Partido Comunista y tomar para la república rusa los activos que quedaban de la Unión Soviética, a la que se puso término formal pocos meses después. El mismo Gorbachov fue empujado al olvido. El mundo, que había estado dispuesto a aceptar el golpe, aceptaba ahora el mucho más eficaz contragolpe de Yeltsin y trató a Rusia como la sucesora natural de la fenecida URSS en las Naciones Unidas y en todos los demás foros. El intento por salvar la vieja estructura de la Unión Soviética la había destruido de forma más súbita e irreparable de lo que nadie hubiera esperado.

De todas maneras, no había resuelto ninguno de los problemas de la economía, del estado ni de la sociedad. En un aspecto los había agravado, ya que ahora las otras repúblicas temían a su hermana mayor, Rusia, como nunca habían temido a una Unión Soviética no nacional, sobre todo por el hecho de que el nacionalismo ruso era la mejor carta que Yeltsin podía jugar para conciliarse las fuerzas armadas, cuyo núcleo central siempre había estado compuesto por personas de origen «granruso». Como la mayoría de las repúblicas contaban con grandes minorías de personas de etnia rusa, la insinuación de Yeltsin de que las fronteras entre las repúblicas deberían renegociarse aceleró la carrera hacia la separación total: Ucrania declaró inmediatamente su independencia. Por vez primera, poblaciones habituadas a la opresión imparcial de todos (incluyendo a los «granrusos») por parte de la autoridad central tenían razones para temer la opresión de Moscú en favor de los intereses de una nación. De hecho, esto puso fin a la esperanza de mantener ni siquiera una apariencia de unión, puesto que la espectral Comunidad de Estados Independientes que sucedió a la Unión Soviética perdió muy pronto toda realidad, e incluso el último superviviente de la Unión, el poderoso Equipo Unificado que compitió en los Juegos Olímpicos de 1992, derrotando a los Estados Unidos, no parecía destinado a una larga vida. Por ello, la destrucción de la Unión Soviética consiguió invertir el curso de cerca de cuatrocientos años de historia rusa y devolver al país las dimensiones y el estatus internacional de la época anterior a Pedro el Grande (1672-1725). Puesto que Rusia, ya fuese bajo los zares o bajo la Unión Soviética, había sido una gran potencia desde mediados del siglo XVIII, su desintegración dejó un vacío internacional entre Trieste y Vladivostok que no había existido previamente en la historia del mundo moderno, salvo durante el breve período de guerra civil entre 1918-1920; una vasta zona de desorden, conflicto y catástrofes potenciales. A esto habrían de enfrentarse los diplomáticos y militares del mundo al final del milenio.

VI

Dos observaciones pueden servir para concluir este panorama. La primera, señalar cuán superficial demostró ser el arraigo del comunismo en la enorme área que había conquistado con más rapidez que ninguna ideología desde el primer siglo del islam. Aunque una versión simplista del marxismo-leninismo se convirtió en la ortodoxia dogmática (secular) para todos los habitantes entre el Elba y los mares de China, ésta desapareció de un día a otro junto con los regímenes políticos que la habían impuesto. Dos razones podrían sugerirse para explicar un fenómeno histórico tan sorprendente. El comunismo no se basaba en la conversión de las masas, sino que era una fe para los cuadros; en palabras de Lenin, para las «vanguardias». Incluso la famosa frase de Mao sobre las guerrillas triunfantes moviéndose entre el campesinado como pez en el agua, implica la distinción entre un elemento activo (el pez) y otro pasivo (el agua). Los movimientos socialistas y obreros no oficiales (incluyendo algunos partidos comunistas de masas) podían identificarse con su comunidad o distrito electoral, como en las comunidades mineras. Mientras que, por otra parte, todos los partidos comunistas en el poder eran, por definición y por voluntad propia, elites minoritarias. La aceptación del comunismo por parte de «las masas» no dependía de sus convicciones ideológicas o de otra índole, sino de cómo juzgaban lo que les deparaba la vida bajo los regímenes comunistas, y cuál era su situación comparada con la de otros. Cuando ya no fue posible seguir manteniendo a las poblaciones aisladas de todo contacto con otros países (o del simple conocimiento de ellos), estos juicios se volvieron escépticos. El comunismo era, en esencia, una fe instrumental, en que el presente sólo tenía valor como medio para alcanzar un futuro indefinido. Excepto en casos excepcionales —por ejemplo, en guerras patrióticas, en que la victoria justifica los sacrificios presentes—, un conjunto de creencias como estas se adapta mejor a sectas o elites que a iglesias universales, cuyo campo de operaciones, sea cual sea su promesa de salvación final, es y debe ser el ámbito cotidiano de la vida humana. Incluso los cuadros de los partidos comunistas empezaron a concentrarse en la satisfacción de las necesidades ordinarias de la vida una vez que el objetivo milenarista de la salvación terrenal, al que habían dedicado sus vidas, se fue desplazando hacia un futuro indefinido. Y, sintomáticamente, cuando esto ocurrió, el partido no les proporcionó ninguna norma para su comportamiento. En resumen, por la misma naturaleza de su ideología, el comunismo pedía ser juzgado por sus éxitos y no tenía reservas contra el fracaso.

Pero ¿por qué fracasó o, más bien, se derrumbó? La paradoja de la Unión Soviética es que, con su desaparición, corroboró el análisis de Karl Marx, que había tratado de ejemplificar:

> En la producción social de sus medios de subsistencia, los seres humanos establecen relaciones definidas y necesarias independientemente de su voluntad, relaciones productivas que se corresponden a un estadio definido en el desarrollo de sus fuerzas productivas materiales ... En un cierto estadio de su desarrollo, las fuerzas productivas materiales de la sociedad entran en contradicción con las relaciones productivas existentes o, lo que no es más que una expresión legal de ello, con las relaciones de propiedad en las que se habían movido antes. De ser formas de desarrollo de las fuerzas productivas, estas relaciones se transforman en sus grilletes. Entramos, entonces, en una era de revolución social.

Rara vez se ha dado un ejemplo más claro de cómo las fuerzas de producción descritas por Marx entran en conflicto con la superestructura social, institucional e ideológica que había transformado unas atrasadas economías agrarias en economías industriales avanzadas, hasta el punto de convertirse de fuerzas en grilletes para la producción. El primer resultado de la «era de revolución social» así iniciada fue la desintegración del viejo sistema.

Pero ¿qué lo podía reemplazar? Aquí no podemos seguir el optimismo del Marx del siglo XIX, que sostenía que el derrocamiento del viejo sistema debía llevar a uno mejor, porque «la humanidad se plantea siempre sólo aquellos problemas que puede resolver». Los problemas que la «humanidad», o mejor dicho los bolcheviques, se habían planteado en 1917 no eran solubles en las circunstancias de su tiempo y lugar; o sólo lo eran de manera muy parcial. Y hoy en día requeriría un alto grado de confianza sostener que vemos en un futuro previsible alguna solución para los problemas surgidos del colapso del comunismo soviético, o que cualquier solución que pueda surgir en la próxima generación afectará a los habitantes de la antigua Unión Soviética y de la zona comunista de los Balcanes como una mejora.

Con el colapso de la Unión Soviética el experimento del «socialismo realmente existente» llegó a su fin. Porque, incluso donde los regímenes comunistas sobrevivieron y alcanzaron éxito, como en China, se abandonó la idea original de una economía única, centralizada y planificada, basada en un estado totalmente colectivizado o en una economía de propiedad totalmente cooperativa y sin mercado. ¿Volverá a realizarse el experimento? Está claro que no, por lo menos en la forma en que se desarrolló en la Unión Soviética y probablemente en ninguna forma, salvo en situaciones tales como una economía de guerra total o en otras emergencias análogas.

Ello se debe a que el experimento soviético se diseñó no como una alternativa global al capitalismo, sino como un conjunto específico de respuestas a la situación concreta de un país muy vasto y muy atrasado en una coyuntura histórica particular e irrepetible. El fracaso de la revolución en todos los demás lugares dejó sola a la Unión Soviética con su compromiso de construir el socialismo en un país donde, según el consenso universal de los marxistas en 1917 (incluyendo a los rusos), las condiciones para hacerlo no existían en absoluto. El intento hizo posibles, con todo, logros harto notables (entre ellos, la capacidad para derrotar a Alemania en la segunda guerra mundial), aunque con un coste humano intolerable, sin contar con el coste de lo que, al final, demostraron ser una economía sin salida y un sistema político que no tenía respuestas para ella. (¿No había predicho acaso Georgi Plejanov, el «padre del marxismo ruso», que la revolución de octubre llevaría, en el mejor de los casos, a un «imperio chino teñido de rojo»?) El otro socialismo «realmente existente», el que surgió bajo la protección de la Unión Soviética, sufrió las mismas desventajas, aunque en menor medida y, en comparación con la URSS, con mucho menos sufrimiento humano. Un nuevo resurgimiento o renacimiento de este modelo de socialismo no es posible, deseable ni, aun suponiendo que las condiciones le fueran favorables, necesario.

Una cuestión distinta es en qué medida el fracaso del experimento soviético pone en duda el proyecto global del socialismo tradicional: una economía basada, en esencia, en la propiedad social y en la gestión planificada de los medios de producción, distribución e intercambio. Que un proyecto así es, en teoría, económicamente racional es algo que los economistas aceptaban ya antes de la primera guerra mundial, aunque, curiosamente, la teoría correspondiente no fue desarrollada por economistas socialistas, sino por otros que no lo eran. Que esta economía iba a tener inconvenientes prácticos, aunque sólo fuese por su burocratización, era obvio. Que tenía que funcionar, al menos en parte, de acuerdo con los *precios*, tanto los del mercado como unos «precios contables» realistas, también estaba claro, si el socialismo había de tomar en consideración los deseos de los consumidores y no limitarse a decirles lo que era bueno para ellos. De hecho, los economistas socialistas occidentales que reflexionaban sobre estas cuestiones en los años treinta, cuando tales cosas se discutían con toda naturalidad, proponían la combinación de planificación, preferiblemente descentralizada, y precios. Naturalmente, demostrar la viabilidad de esta economía socialista no supone demostrar su superioridad frente a, digamos, una versión socialmente más justa de la economía mixta de la edad de oro, ni mucho menos que la gente haya de preferirla. Se trata de una simple forma de separar la cuestión del socialismo en general de la experiencia específica del «socialismo realmente existente». El fracaso del socialismo soviético no empaña la posibilidad de otros tipos de socialismo. De hecho, la misma incapacidad de una economía de planificación centralizada como la soviética, que se encontraba en un callejón sin salida, para transformarse en un «socialismo de mercado», tal como deseaba hacer, demuestra el abismo existente entre los dos tipos de desarrollo.

La tragedia de la revolución de octubre estriba precisamente en que sólo pudo dar lugar a este tipo de socialismo, rudo, brutal y dominante. Uno de los economistas socialistas más inteligentes de los años treinta, Oskar Lange, volvió de los Estados Unidos a su Polonia natal para construir el socialismo, y acabó trasladándose a un hospital de Londres para morir. Desde su lecho de muerte hablaba con los amigos y admiradores que iban a visitarle, entre los cuales me encontraba. Esto es, según recuerdo, lo que dijo:

> Si yo hubiera estado en la Rusia de los años veinte, hubiese sido un gradualista bujariniano. Si hubiese tenido que asesorar la industrialización soviética, habría recomendado unos objetivos más flexibles y limitados, como, de hecho, hicieron los planificadores rusos más capaces. Y, sin embargo, cuando miro hacia atrás, me pregunto una y otra vez: ¿existía una alternativa al indiscriminado, brutal y poco planificado empuje del primer plan quinquenal? Ojalá pudiera decir que sí, pero no puedo. No soy capaz de encontrar una respuesta.

Capítulo XVII

LA MUERTE DE LA VANGUARDIA: LAS ARTES DESPUÉS DE 1950

> El arte como inversión es un concepto poco anterior a los años cincuenta.
>
> G. REITLINGER, *The Economics of Taste*, vol. 2 (1982, p. 14)

> Los grandes productos domésticos de línea blanca, las cosas que mantienen a nuestra economía en funcionamiento —neveras, cocinas, todas las cosas que eran de porcelana y blancas— ahora están pintadas. Esto es nuevo. Van acompañadas de arte pop. Muy bonito. El mago Merlín saliendo de las paredes mientras abres la puerta de la nevera para tomar el zumo de naranja.
>
> STUDS TERKEL, *Division Street: America* (1967, p. 217)

I

Es práctica habitual entre los historiadores —incluyendo al que esto escribe— analizar el desarrollo de las artes, a pesar de lo profundamente arraigadas que están en la sociedad, como si fuesen separables de su contexto contemporáneo, como una rama o tipo de actividad humana sujeta a sus propias reglas y susceptible por ello de ser juzgada de acuerdo con ellas. No obstante, en la era de las más revolucionarias transformaciones de la vida humana de que se tiene noticia, incluso este antiguo y cómodo método para estructurar un análisis histórico se convierte en algo cada vez más irreal. No sólo porque los límites entre lo que es y no es clasificable como «arte», «creación» o artificio se difuminan cada vez más, hasta el punto de llegar incluso a desaparecer, sino también porque una influyente escuela de críticos literarios de fin de siglo pensó que era imposible, irrelevante y poco democrático decidir si *Macbeth* es mejor o peor que *Batman*. El fenómeno se debe también a que las fuerzas que determinaban lo que pasaba en el arte, o en lo que los observadores pasados de moda hubieran llamado así, eran sobre todo exógenas y, como cabía esperar en una era de extraordinaria revolución tecnocientífica, predominantemente tecnológicas.

La tecnología revolucionó las artes haciéndolas omnipresentes. La radio, que ya había llevado los sonidos —palabras y música— a la mayoría de los hogares del mundo desarrollado, siguió su penetración por el mundo en vías de desarrollo. Pero lo que la universalizó fue el transistor, que la hizo pequeña y portátil, y las pilas eléctricas de larga duración, que la independizaron de las redes oficiales (es decir, urbanas) de energía eléctrica. El gramófono o tocadiscos ya era antiguo y, aunque mejoró técnicamente, siguió siendo un tanto engorroso. El disco de larga duración (1948), que se popularizó rápidamente en los años cincuenta (*Guinness*, 1984, p. 193), benefició a los amantes de la música clásica, cuyas composiciones, a diferencia de las de la música popular, no solían ceñirse al límite de entre tres y cinco minutos de duración de los discos de 78 revoluciones por minuto. Pero lo que hizo posible transportar la música escogida fueron los cassettes, que podían tocarse en reproductores a pilas cada vez más pequeños y portátiles, y que se extendieron por todo el mundo en los setenta, con la ventaja adicional de que podían copiarse fácilmente. En los años ochenta la música podía estar en cualquier parte: acompañando cualquier actividad privada gracias a los auriculares acoplados a unos artilugios de bolsillo de los que fueron pioneros (como tantas veces) los japoneses, o proyectada con estruendo por los grandes radiocassettes portátiles, habida cuenta de que los altavoces aún no se podían miniaturizar. Esta revolución tecnológica tuvo consecuencias políticas y culturales. Así, en 1961 el presidente De Gaulle pudo movilizar a los soldados contra el golpe militar que preparaban sus jefes, gracias a que pudieron escucharle en sus radios portátiles. En los años setenta, los discursos del ayatolá Jomeini, el futuro dirigente de la revolución iraní en el exilio, eran fácilmente transportados, copiados y difundidos en Irán.

La televisión nunca fue tan portátil como la radio (o, cuando menos, perdía mucha más calidad al reducirse que la radio) pero llevó a los hogares las imágenes en movimiento. Además, aunque un televisor era mucho más caro y abultaba más que una radio, pronto se hizo casi universal y resultó accesible incluso para los pobres en algunos países atrasados, siempre y cuando existiera en ellos una infraestructura urbana. En los ochenta, algo así como un 80 por 100 de la población de un país como Brasil tenía acceso a la televisión. Esto es más sorprendente que el hecho de que el nuevo medio reemplazara en Estados Unidos a la radio y el cine como forma más común de entretenimiento popular durante los cincuenta, y en Gran Bretaña en los sesenta. La demanda del nuevo medio se hizo abrumadora. En los países desarrollados comenzó (gracias al vídeo, que era un aparato bastante caro) a llevar todo tipo de imágenes filmadas a la pequeña pantalla casera. Aunque el repertorio producido para la pantalla grande soportaba mal su miniaturización, el vídeo tenía la ventaja de dar al espectador una opción teóricamente ilimitada de ver lo que quisiera y cuando quisiera. Con la difusión del ordenador doméstico, la pequeña pantalla pareció convertirse en la forma de enlace visual más importante del individuo con el mundo exterior.

Sin embargo, la tecnología no sólo hizo que el arte fuese omnipresente, sino que transformó su percepción. Para alguien que ha crecido en la era de la música electrónica en que el sonido generado mecánicamente es el habitual de la música popular, tanto en directo como en grabaciones; en que cualquier niño puede congelar imágenes y repetir un sonido o un pasaje visual al modo que antes sólo podía aplicarse a releer los textos; en que la ilusión teatral es apenas nada en comparación con lo que la tecnología puede hacer en los anuncios de la televisión, incluyendo la posibilidad de explicar una historia en treinta segundos, ha de ser muy difícil recobrar la simple linealidad y el carácter secuencial de la percepción en los tiempos anteriores a estos en que la tecnología permite pasar en segundos por la totalidad de los canales de televisión disponibles. La tecnología transformó el mundo de las artes y de los entretenimientos populares más pronto y de un modo más radical que el de las llamadas «artes mayores», especialmente las más tradicionales.

II

¿Qué les ocurrió a estas últimas?

A primera vista, lo más llamativo a propósito del desarrollo del arte culto en el mundo posterior a la era de las castástrofes fue un desplazamiento geográfico de los centros tradicionales (europeos) de la cultura de elites y, en una era de prosperidad global sin precedentes, un crecimiento enorme de los recursos disponibles para promoverlas. Sin embargo, un examen más atento de la situación ofrece un resultado menos optimista.

Que «Europa» (palabra con la que entre 1947 y 1989 la mayoría de los occidentales aludía a la Europa occidental) ya no era el centro del gran arte era algo sabido. Nueva York se enorgullecía de haber reemplazado a París como centro de las artes visuales, entendiendo por ello el mercado del arte: el lugar en que los artistas vivos se convertían en las mercancías de mayor precio. Más significativo resulta aún que el jurado del premio Nobel de literatura, un grupo cuyo sentido de la política es a menudo más interesante que sus juicios literarios, empezara a tomarse en serio la literatura no europea a partir de los años sesenta, cuando antes la había prácticamente ignorado, a excepción de la literatura estadounidense que obtuvo premios de forma regular a partir de 1930, año en que Sinclair Lewis fue el primer galardonado. En los años setenta, ningún lector serio de novelas podía ignorar la brillante escuela de escritores latinoamericanos, al igual que ningún aficionado serio al cine podía desconocer, o al menos dejar de comentar con admiración, las obras de los grandes directores japoneses que, empezando por Akira Kurosawa (1910), ganaron en los años cincuenta los festivales internacionales de cine, o del bengalí Satyadjit Ray (1921-1992). Nadie se sorprendió cuando en 1986 el premio Nobel le correspondió por primera vez a un escritor del África subsahariana, el nigeriano Wole Soyinka (1934).

El desplazamiento aludido se hizo aún más evidente en la más visual de las artes: la arquitectura. Como ya hemos visto, el movimiento arquitectónico moderno había construido muy poco en el período de entreguerras. Tras la guerra y la vuelta a la normalidad, el «estilo internacional» realizó sus mayores y más numerosos monumentos en los Estados Unidos, donde se desarrolló y posteriormente, a través de las cadenas hoteleras estadounidenses que se extendieron por el mundo en los años setenta, exportó su peculiar estilo de palacios de los sueños para ejecutivos viajeros y turistas acomodados. En sus versiones más típicas eran fácilmente reconocibles por una especie de nave central o invernadero gigantesco, generalmente con árboles, plantas de interior y fuentes, con ascensores transparentes que se deslizaban por paredes interiores o exteriores, cristales por todas partes y una iluminación teatral. Habían de ser para la sociedad burguesa de finales del siglo XX lo que los teatros de ópera para su predecesora del siglo XIX. Pero el movimiento moderno creó también importantes monumentos en otras partes: Le Corbusier (1887-1965) construyó una capital entera en la India (Chandigarh); Oscar Niemeyer (1907) otra en Brasil (Brasilia), mientras que el que quizás sea el más hermoso producto del movimiento moderno —construido también por encargo oficial más que con patrocinio o para el provecho privado— se encuentra en México D.F.: el Museo Nacional de Antropología (1964).

Parecía también evidente que los viejos centros artísticos europeos daban muestras de desfallecimento, con la posible excepción de Italia, donde el sentimiento de liberación antifascista, bajo la dirección de los comunistas en buena medida, inspiró en torno a una década de renacimiento cultural cuyo mayor impacto internacional se produjo a través del «neorrealismo» cinematográfico. Las artes visuales francesas no mantuvieron la reputación de la escuela parisina de entreguerras, que en sí misma era poco más que una secuela de la etapa anterior a 1914. Las firmas más reputadas de escritores franceses de ficción pertenecían a intelectuales y no a creadores literarios: como inventores de artificios (el *nouveau roman* de los años cincuenta y sesenta) o como escritores de ensayo (J.-P. Sartre) y no por sus obras de creación. ¿Acaso había algún novelista «serio» francés posterior a 1945 que hubiera alcanzado reputación internacional en los años setenta? Probablemente no. El panorama artístico británico era mucho más vital, no sólo porque después de 1950 Londres se transformó en uno de los centros mundiales de espectáculos musicales y teatrales, sino porque produjo un puñado de arquitectos de vanguardia cuyos arriesgados proyectos les granjearon más fama en el exterior —en París o en Stuttgart— que en su propio país. Sin embargo, si tras la segunda guerra mundial el Reino Unido ocupó un lugar menos marginal en las artes de la Europa occidental del que había ocupado en el período de entreguerras, no sucedía lo mismo en el campo donde siempre había destacado, el de la literatura. En poesía, los escritores de posguerra de la pequeña Irlanda salían más que airosos en comparación con los de Gran

Bretaña. En cuanto a la República Federal de Alemania, el contraste entre los recursos del país y sus logros, así como entre el glorioso pasado de Weimar y el presente de Bonn, eran impresionantes y no podían explicarse sólo por los desastrosos efectos y secuelas de los doce años de mandato de Hitler. Resulta significativo al respecto que durante los cincuenta años de posguerra muchos de los mejores talentos activos en la literatura germano-occidental no fueran nativos sino emigrantes del Este (Celan, Grass y otros, llegados de la República Democrática Alemana).

Alemania estuvo, por supuesto, dividida entre 1945 y 1990. El contraste entre las dos partes —una militantemente liberal-democrática, orientada al mercado y occidental; la otra, una versión de manual de la centralización comunista— ilustra un aspecto curioso de la migración de la alta cultura: su relativo florecimiento bajo el comunismo, al menos durante ciertos períodos. Esto no puede aplicarse, igualmente, a todas las artes ni, por supuesto, a los estados sometidos a férreas dictaduras asesinas como las de Stalin y Mao, o a países gobernados por tiranuelos megalómanos como Ceaucescu en Rumania (1961-1989) o Kim Il Sung en Corea del Norte (1945-1994).

Además, en la medida en que las artes dependían del patronazgo público, es decir, del gobierno central, la habitual preferencia dictatorial por el gigantismo pomposo reducía las opciones de los artistas, al igual que la insistencia oficial en promover una especie de mitología sentimental optimista conocida como «realismo socialista». Es posible que los amplios espacios abiertos flanqueados por torres neovictorianas característicos de los cincuenta encuentren algún día admiradores (pienso en la plaza Smolensk de Moscú) pero el descubrimiento de sus méritos arquitectónicos debe dejarse para el futuro. Por otra parte, hay que admitir que allí donde los gobiernos comunistas no insistieron en indicar a sus artistas lo que tenían que hacer, su generosidad a la hora de subvencionar las actividades culturales (o, como dirían otros, su escaso sentido de la rentabilidad) resultó de gran ayuda. No es fortuito que en los años ochenta Occidente importase productores vanguardistas de ópera del Berlín Oriental.

La Unión Soviética siguió culturalmente yerma, al menos en comparación con sus glorias anteriores a 1917 e incluso con el fermento de los años veinte, salvo quizás por la poesía, el arte más susceptible de practicarse en privado y el que mejor mantuvo la continuidad con la gran tradición rusa del siglo XX tras 1917 —Ajmatova (1889-1966), Tsvetayeva (1892-1960), Pasternak (1890-1960), Blok (1890-1921), Mayakovsky (1893-1930), Brodsky (1940), Voznesensky (1933), Ajmadulina (1937)—. Sus artes visuales sufrieron por la combinación de una rígida ortodoxia, tanto ideológica como estética e institucional, y de un aislamiento total del resto del mundo. El apasionado nacionalismo cultural que empezó a surgir en algunas partes de la URSS durante el período de Brezhnev —ortodoxo y eslavófilo en Rusia: Solzhenitsyn (1918); mítico-medievalista en Armenia, por ejemplo en las películas de Sergei Paradjanov (1924)— se debió en gran medida al hecho de que cualquiera que rechazase lo que recomendaban el sistema y el partido —como hicieron muchos intelectuales— no tenía otra tradición en que inspirarse que las conservadoras locales. Además, los intelectuales soviéticos estaban muy aislados no sólo del sistema de gobierno, sino también de la masa de los ciudadanos soviéticos que, de alguna manera, aceptaban la legitimidad del sistema y se adaptaban a la única forma de vida que conocían, y que durante los años sesenta y setenta mejoró notablemente. Los artistas odiaban a los gobernantes y despreciaban a los gobernados, incluso cuando (como los neoeslavófilos) idealizaban el alma rusa en la imagen de un campesino que ya no existía. No era un buen ambiente para el artista creativo, y la disolución del aparato de coerción intelectual desvió, paradójicamente, a los talentos de la creación a la agitación. El Solzhenitsyn que puede sobrevivir como uno de los grandes escritores del siglo XX es precisamente el que todavía tenía que predicar escribiendo novelas (*Un día en la vida de Iván Denisovich*, *Pabellón de cancerosos*) porque carecía de la libertad necesaria para escribir sermones y denuncias históricas.

Hasta fines de los setenta la situación en la China comunista estuvo dominada por una feroz represión, salpicada por raros momentos de relajación («dejemos que florezcan cien flores») que servían para identificar a las víctimas de las siguientes purgas. El régimen de Mao Tse-tung alcanzó su clímax durante la «revolución cultural» de 1966-1976, una campaña contra la cultura, la educación y la intelectualidad sin parangón en la historia del siglo XX. Cerró prácticamente la educación secundaria y universitaria durante diez años; interrumpió la práctica de la música clásica (occidental) y de otros tipos de música, destruyendo los instrumentos allí donde era necesario, y redujo el repertorio nacional de cine y teatro a media docena de obras políticamente correctas (a juicio de la esposa del Gran Timonel, que había sido una actriz cinematográfica de segunda fila en Shanghai), las cuales se repetían hasta el infinito. Dada esta experiencia y la antigua tradición china de imposición de la ortodoxia, que se modificó sin llegar a abandonarse en la era post-Mao, la luz emitida por la China comunista en el terreno del arte siguió siendo débil.

Por otra parte, la creatividad floreció bajo los regímenes comunistas de la Europa oriental, al menos cuando la ortodoxia se relajó un poco, como sucedió durante la desestalinización. La industria cinematográfica en Polonia, Checoslovaquia y Hungría, hasta entonces no muy conocida ni siquiera localmente, surgió con fuerza desde fines de los cincuenta, hasta convertirse durante cierto tiempo en una de las más interesantes producciones de películas de calidad del globo. Hasta el colapso del comunismo, que conllevó el colapso de los mecanismos de producción cultural en los países afectados, la creatividad se mantuvo incluso cuando se reproducían los períodos represivos (tras 1968 en Checoslovaquia; después de 1980 en Polonia), aunque el prometedor comienzo de la industria cinematográfica de la Alemania Oriental a principios de los años cincuenta fue interrumpido por la autoridad política. Que un arte tan dependiente de fuertes inversiones estatales floreciese artísticamente bajo regímenes comunistas es más sorprendente que el hecho de que lo hiciera la literatura de creación, porque, después de todo, incluso bajo gobiernos intolerantes se pueden escribir libros «para guardarlos en un cajón» o para círculos de amigos.[1] Por muy reducido que fuese originalmente el público para el que escribían, algunos autores alcanzaron una admiración internacional, como los escritores de la Alemania Oriental, que produjo talentos mucho más interesantes que la próspera Alemania Federal, o los checos de los sesenta, cuyos escritos sólo llegaron a Occidente con la emigración interna y externa posterior a 1968.

Lo que todos estos talentos tenían en común era algo de lo que pocos escritores y directores de cine de las economías desarrolladas de mercado disfrutaban, y en que soñaban las gentes de teatro de Occidente (un grupo dado a un radicalismo político poco habitual, que databa, en los Estados Unidos y Gran Bretaña, de los años treinta): la sensación de que su público los necesitaba. En ausencia de una política real y de una prensa libre, los artistas eran los *únicos* que hablaban de lo que su pueblo, o por lo menos el sector ilustrado de éste, pensaba y sentía. Estos sentimientos no eran exclusivos de los artistas de los regímenes comunistas, sino también de otros regímenes donde los intelectuales estaban en contra del sistema en el poder, y eran lo bastante libres para expresarse en público, aunque fuera con limitaciones. El *apartheid* surafricano inspiró a sus adversarios la mejor literatura que ha salido de aquel subcontinente hasta hoy. El hecho de que entre los años cincuenta y noventa la mayoría de los intelectuales latinoamericanos al sur de México fueran en algún momento de sus vidas refugiados políticos tiene mucho que ver con las realizaciones culturales de aquella parte del hemisferio occidental. Lo mismo puede decirse de los intelectuales turcos.

Pero el florecimiento ambiguo del arte en la Europa oriental no era debido únicamente a su función de oposición tolerada. La mayoría de sus jóvenes practicantes se inspiraban en la esperanza de que sus países, incluso bajo regímenes insatisfactorios, entrarían en una nueva era después de los horrores de la guerra; algunos, más de los que quisieran recordarlo, habían sentido el viento de la utopía en las alas de su juventud, por lo menos durante los primeros años de posguerra. Unos pocos siguieron inspirándose en su tiempo: Ismail Kadaré (1930), quizás el primer novelista albanés conocido en el exterior, se convirtió en portavoz, no tanto de la línea dura del régimen de Enver Hoxha como de un pequeño país montañoso que, bajo el comunismo, se había ganado por vez primera un lugar en el mundo (emigró en 1990). La mayoría de los demás pasaron antes o después a algún tipo de oposición, aunque con frecuencia rechazasen la única alternativa que se les ofrecía (cruzar la frontera de la Alemania Federal o Radio Europa Libre) en un mundo de opuestos binarios y mutuamente excluyentes. E incluso donde, como en Polonia, el rechazo al régimen existente era total, todos, excepto los más

1. Sin embargo, los procesos de copia continuaron siendo muy laboriosos, porque no había otra tecnología disponible para realizarlos que la máquina de escribir y el papel carbón. Por razones políticas, el mundo comunista anterior a la *perestroika* no usaba la fotocopiadora.

jóvenes, conocían lo suficiente de la historia de su país desde 1945 como para añadir matices de gris al blanco y negro de la propaganda. Es esto precisamente lo que confiere una dimensión trágica a las películas de Andrzej Wajda (1926) y una cierta ambigüedad a los directores checos de los sesenta, que rondaban entonces los treinta años, y a los escritores de la RDA —Christa Wolf (1929), Heiner Müller (1929)— desilusionados pero sin haber renunciado a sus sueños.

Paradójicamente, los intelectuales y artistas del segundo mundo socialista y también de las diversas partes del tercer mundo disfrutaban tanto de prestigio como de una prosperidad y unos privilegios relativos, al menos durante los intervalos entre persecuciones. En el mundo socialista podían figurar entre los ciudadanos más ricos y gozar de una libertad rara en aquellas prisiones, la de viajar al extranjero e, incluso, la de tener acceso a la literatura extranjera. Bajo el socialismo, su influencia política era nula, pero en los distintos países del tercer mundo (y, tras la caída del comunismo, en el antiguo mundo del «socialismo realmente existente») ser un intelectual o incluso un artista constituía un activo público. En América Latina los escritores de mayor prestigio, al margen de cuáles fueran sus opiniones políticas, podían esperar cargos diplomáticos, con preferencia en París, donde la ubicación de la UNESCO daba a los países que quisieran hacerlo la oportunidad de colocar ciudadanos en la vecindad de los cafés de la *rive gauche*. Los profesores universitarios tenían posibilidades como ministros, preferentemente de economía, pero la moda de finales de los ochenta de que personas del mundo del arte se presentasen como candidatos a la presidencia (como hizo un novelista en Perú), o llegasen realmente a serlo (como sucedió en la Checoslovaquia y en la Lituania poscomunistas) parecía nueva, aunque tenía precedentes anteriores en nuevos países, tanto europeos como africanos, que tendían a dar preeminencia a aquellos de sus pocos ciudadanos que eran conocidos en el exterior como concertistas de piano (como en Polonia en 1918), poetas en lengua francesa (Senegal), o bailarines, como sucedió en Guinea. Por el contrario, los novelistas, dramaturgos, poetas y músicos de la mayoría de los países desarrollados occidentales no tenían oportunidades políticas en ninguna circunstancia, ni siquiera en los países más intelectualizados, salvo como potenciales ministros de Cultura (André Malraux en Francia, Jorge Semprún en España).

En una etapa de prosperidad sin precedentes, los recursos públicos y privados dedicados a las artes fueron mayores que antes. Incluso el gobierno británico, que nunca ha estado en la avanzada del mecenazgo público, invirtió a finales de los ochenta más de 1.000 millones de libras esterlinas, frente a inversiones de 900.000 libras en 1939 (*Britain: An Official Handbook*, 1961, p. 222; 1990, p. 426). El mecenazgo privado fue menos importante, excepto en los Estados Unidos, donde los millonarios, estimulados por sustanciosas ventajas fiscales, protegieron la educación, el saber y la cultura en una escala mucho más generosa que en cualquier otro lugar. Ello se debió a un verdadero aprecio por las cosas elevadas de la vida, sobre todo entre los magnates de primera generación, en parte porque, en ausencia de una jerarquía social formal, la segunda mejor opción era lo que podríamos denominar un estatus de Médicis. Cada vez más, los grandes inversores no se limitaban a donar sus colecciones a museos nacionales o a otras instituciones públicas, sino que insistían en fundar sus propios museos, a los que bautizaban con su nombre, o bien exigían tener su propia ala o sector de los museos en que sus colecciones se presentarían en la forma determinada por sus propietarios y donantes.

En cuanto al mercado de arte, desde los cincuenta descubrió que se estaba recuperando de casi medio siglo de depresión. Los precios, en especial los de los impresionistas y postimpresionistas franceses, así como los de los mejores de entre los primeros modernos parisinos, se pusieron por las nubes, hasta que en los años setenta el mercado artístico internacional, cuyo centro pasó primero a Londres y más tarde a Nueva York, igualó los récords históricos (en precios reales) de la era del imperio, para dejarlos muy atrás en el alocado mercado alcista de los años ochenta. El precio de los impresionistas y postimpresionistas se multiplicó por veintitrés entre 1975 y 1989 (Sotheby, 1992). No obstante, las comparaciones con otros períodos anteriores resultaron desde entonces imposibles. Es verdad que los ricos todavía coleccionaban —como norma, el dinero viejo prefería a los viejos maestros; el nuevo, las novedades— pero, cada vez más, quienes compraban arte lo hacían como inversión, de la misma manera que antes se compraban especulativamente acciones de minas de oro. El Fondo de Pensiones de los Ferrocarriles Británicos, que (muy bien asesorado) hizo mucho dinero comprando arte, no puede considerarse como un amante del arte, y la transacción artística característica de fines de los años ochenta fue la de un magnate de Australia occidental que compró un Van Gogh por 31 millones de libras, gran parte de las cuales le fueron prestadas por los propios subastadores, con la presumible esperanza, por parte de ambos, de que futuros incrementos en los precios harían de la pintura un objeto mucho más valioso como garantía de préstamos bancarios, y aumentarían los beneficios de los intermediarios. No obstante, las expectativas no se cumplieron: el señor Bond de Perth se declaró en bancarrota y el *boom* artístico especulativo entró en un colapso a principios de los años noventa.

La relación entre el dinero y las artes siempre ha sido ambigua. Dista mucho de estar claro que las mayores realizaciones artísticas de la segunda mitad del siglo le deban mucho; excepto en arquitectura, donde, en conjunto, lo grande es bello o, en cualquier caso, es más fácil que salga en las guías. Por otra parte, otro tipo de fenómeno económico afectó de forma profunda a la mayoría de las artes: su integración en la vida académica, en las instituciones de educación superior cuya extraordinaria expansión ya hemos señalado antes (capítulo X). Este era, a la vez, un fenómeno general y específico. Hablando en términos generales, el hecho decisivo en el desarrollo cultural del siglo XX, la creación de una revolucionaria industria del ocio destinada al mercado de masas, redujo las formas tradicionales del «gran arte» a los guetos de las elites, que a partir de la mitad del siglo estaban formados básicamente por personas que habían tenido una educación superior. El público de la ópera y del teatro, los lectores de los clásicos de cada país y de la clase de poesía y teatro que los críticos toman en serio, los visitantes de museos y galerías de arte eran, en una abrumadora mayoría, personas que habían completado una educación secundaria, exceptuando el mundo socialista, donde la industria del ocio encaminada a maximizar los beneficios se mantuvo controlada (mientras lo estuvo). La cultura común de cualquier país urbanizado de fines del siglo XX se basaba en la industria del entretenimiento de masas —cine, radio, TV, música pop—, en la que también participaba la elite, al menos desde el triunfo del rock, y a la que los intelectuales dieron un giro refinado para adecuarla a los gustos de la elite.

Más allá, la segregación era cada vez más completa, porque la mayoría del público a que apelaba la industria de masas sólo se encontraba por accidente y de forma ocasional con los géneros por los que se apasionaban los entendidos de la alta cultura, como cuando un aria de Puccini cantada por Pavarotti se asoció a los Mundiales de fútbol de 1990, o cuando breves temas de Haendel o Bach aparecían subrepticiamente en algún anuncio de televisión.

Si uno no quería integrarse en las clases medias, no tenía que molestarse en ver las obras de Shakespeare. Por el contrario, si uno lo quería, siendo la forma más obvia de hacerlo pasar los exámenes de la escuela secundaria, no podía dejar de verlas, ya que eran materia de examen. En casos extremos, de los que la clasista Gran Bretaña era un ejemplo notable, los periódicos dirigidos respectivamente a la gente instruida y a la que no lo estaba parecían proceder de universos diferentes.

Más específicamente, la extraordinaria expansión de la educación superior proporcionó cada vez más empleo y se convirtió en un mercado para hombres y mujeres con escaso atractivo comercial. Esto se podía advertir sobre todo en la literatura. Había poetas enseñando, o al menos trabajando, en las universidades. En algunos países las ocupaciones de novelista y profesor se superponían de tal forma que en los años sesenta apareció un género nuevo que prosperó rápidamente, habida cuenta que un gran número de lectores potenciales estaban familiarizados con el medio: la novela de campus que, además de la materia habitual de la ficción, la relación entre los sexos, trataba de cuestiones más esotéricas como los intercambios académicos, los coloquios internacionales, los cotilleos universitarios y las peculiaridades de los estudiantes. Y, lo que era más arriesgado, la demanda académica alentó la producción de una escritura creativa que se prestaba a ser diseccionada en los seminarios y que se beneficiaba de su complejidad, cuando no era incomprensible, siguiendo el ejemplo del gran James Joyce, cuya obra tardía tuvo tantos comentaristas como auténticos lectores. Los poetas escribían para otros poetas o para estudiantes que se esperaba que discutieran sus obras. Protegidas por salarios académicos, becas y listas de lecturas obligatorias, las artes creativas no comerciales podían esperar, si no florecer, al menos sobrevivir cómodamente.

Por desgracia otra consecuencia del crecimiento académico vino a minar su posición, puesto que los glosadores y escoliastas se independizaron de su tema al sostener que un texto sólo era lo que el lector hacía de él. Postulaban que el crítico que interpretaba a Flaubert era tan creador de Madame Bovary como su autor, e incluso tal vez —dado que esa novela sólo sobrevivía merced a las lecturas de otros, sobre todo con fines académicos— más que el propio autor. Esta teoría había sido defendida largamente por los productores teatrales de vanguardia (precedidos por los representantes de actores y los magnates del cine) para quienes Shakespeare o Verdi eran, básicamente, material en bruto para sus propias interpretaciones aventuradas y, preferiblemente, provocadoras. Al triunfar en ocasiones, reforzaron el creciente esoterismo de las artes de elite, ya que eran a su vez comentarios y críticas de anteriores interpretaciones, sólo plenamente comprensibles para los iniciados. La moda llegó incluso hasta las películas populares, en que directores refinados mostraban su erudición cinematográfica a la elite que entendía sus alusiones mientras contentaban a las masas (y a la taquilla) con sangre y sexo.[2]

¿Es posible adivinar cómo valorarán las historias de la cultura del siglo XXI los logros artísticos de la segunda mitad del siglo XX? Obviamente no, pero resultará difícil que no adviertan la decadencia, al menos regional, de géneros característicos que habían alcanzado gran esplendor en el XIX y que sobrevivieron durante la primera mitad del XX. La escultura es uno de los ejemplos que viene a la mente, aunque sólo sea porque la máxima expresión de este arte, el monumento público, desapareció casi por completo después de la primera guerra mundial, salvo en los países dictatoriales, donde, según la opinión generalizada, la calidad no igualaba a la cantidad. Es imposible evitar la impresión de que la pintura ya no era lo que había sido en el período de entreguerras. Sería difícil hacer una lista de pintores de entre 1950-1990 que pudieran considerarse grandes figuras (es decir, dignos de ser incluidos en museos de otros países que los suyos), comparable con la lista del período de entreguerras. Esta última hubiera incluido como mínimo a Picasso (1888-1973), Matisse (1869-1954), Soutine (1894-1943), Chagall (1889-1985) y Rouault (1871-1955), de la escuela de París; a Klee (1879-1940), a dos o tres rusos y alemanes, y a uno o dos españoles y mexicanos. ¿Cómo podría compararse a esta una lista de finales del siglo XX, aun incluyendo a alguno de los líderes del «expresionismo abstracto» de la Escuela de Nueva York, a Francis Bacon y a un par de alemanes?

En música clásica, una vez más, la decadencia de los viejos géneros quedaba oculta por el aumento de sus interpretaciones, sobre todo como un repertorio de clásicos muertos. ¿Cuántas óperas nuevas, escritas después

2. Como en *Los intocables* (1987) de Brian de Palma, que era en apariencia una excitante película de policías y ladrones sobre el Chicago de Al Capone (aunque en realidad fuera un pastiche del género original), pero contenía una cita literal de *El acorazado Potemkin* de Eisenstein, incomprensible para quienes no hubiesen visto la famosa escena del cochecito de niño rodando por las escalinatas de Odessa.

de 1950, se han consolidado en los repertorios internacionales, o incluso nacionales, en los que se reciclaban una y otra vez las obras de compositores cuyo representante más joven había nacido en 1860? Salvo en Alemania y Gran Bretaña (Henze, Britten y como mucho dos o tres más), muy pocos compositores llegaron a crear grandes óperas. Los estadounidenses, por ejemplo Leonard Bernstein (1918-1990), preferían un género menos formal como el teatro musical. ¿Cuántos compositores, si excluimos a los rusos, siguieron componiendo sinfonías, que habían sido consideradas como la más grande de las realizaciones instrumentales en el siglo XIX?[3] El talento musical, que siguió dando frutos abundantes, tendió a abandonar las formas tradicionales de expresión, aunque éstas seguían dominando abrumadoramente en el «gran arte».

Un retroceso parecido respecto a los géneros del siglo XIX puede observarse en la novela. Por supuesto que se siguieron escribiendo, comprando y leyendo en grandes cantidades. Sin embargo, si buscamos entre las grandes novelas y los grandes novelistas de la segunda mitad del siglo a los que tomaron como sujeto una sociedad o una época enteras, los encontraremos fuera de las regiones centrales de la cultura occidental, salvo, una vez más, en Rusia, donde la novela resurgió, con el primer Solzhenitsyn, como la forma creativa más importante para enfrentarse a la experiencia estalinista. Podemos encontrar novelas de la gran tradición en Sicilia (*El Gatopardo*, de Lampedusa), en Yugoslavia (Ivo Andrić, Miroslav Krleža) y en Turquía. También en América Latina, cuya ficción, hasta entonces desconocida fuera de sus fronteras, deslumbró al mundo literario a partir de los años cincuenta. La novela que fue inmediatamente reconocida como una obra maestra en el mundo entero vino de Colombia, un país que la mayoría de la gente instruida del mundo desarrollado tenía problemas para ubicar en el mapa antes de que se identificara con la cocaína: *Cien años de soledad*, de Gabriel García Márquez. Puede que el auge de la novela judía en varios países, especialmente en Estados Unidos e Israel, refleje el trauma excepcional de este pueblo a causa de la experiencia de la época hitleriana, con la que, directa o indirectamente, los escritores judíos sentían que debían ajustar cuentas.

El declive de los géneros clásicos en el «gran arte» y en la literatura no se debió en modo alguno a la carencia de talento. Porque aunque sepamos poco acerca de la distribución de las capacidades excepcionales entre los seres humanos y acerca de su variación, resulta más razonable suponer que hay rápidos cambios en los incentivos para expresarlas (o bien de los medios en los que se expresa o en la motivación para expresarse de una manera determinada) más que en la cantidad de talento disponible. No existe ninguna razón para presumir que los toscanos de nuestros días posean menos talento, ni siquiera que posean un sentido estético menos desarrollado, que en el siglo del renacimiento florentino. El talento artístico abandonó las anti-

3. Prokofiev escribió siete y Shostakovich quince, e incluso Stravinsky escribió tres. No obstante, los tres pertenecían a la primera mitad del siglo, o habían recibido su formación en ella.

guas formas de expresión porque aparecieron formas nuevas más atractivas o gratificantes, como sucedió cuando, en el período de entreguerras, jóvenes compositores de vanguardia como Auric y Britten se sintieron tentados a escribir bandas sonoras de película en vez de cuartetos de cuerda. Gran parte del dibujo y la pintura rutinarios fueron reemplazados por la cámara fotográfica que, por poner un ejemplo, acaparó casi en exclusiva la representación de la moda. La novela por entregas, un género agonizante en el período de entreguerras, tomó nuevo ímpetu en la era de la televisión con los «culebrones». El cine, que daba mucho más campo a la creatividad individual tras el hundimiento del sistema de producción industrial de los estudios de Hollywood, y a medida que grandes sectores del público se quedaban en casa para ver la televisión y más tarde el vídeo, ocupó el lugar que antes tenían la novela y el teatro. Por cada amante de la cultura que podía mencionar dos obras teatrales de, al menos, cinco autores vivos, había cincuenta capaces de enumerar los títulos de las principales películas de doce o más directores de cine. Era natural. Sólo el estatus social atribuido a una «alta cultura» pasada de moda impidió una decadencia más rápida de sus géneros tradicionales.[4]

No obstante, hubo dos factores todavía más importantes para su declive. El primero fue el triunfo universal de la sociedad de consumo. A partir de los años sesenta las imágenes que acompañaban a los seres humanos en el mundo occidental —y de forma creciente incluso en las zonas urbanas del tercer mundo— desde su nacimiento hasta su muerte eran las que anunciaban o implicaban consumo, o las dedicadas al entretenimiento comercial de masas. Los sonidos que acompañaban la vida urbana, dentro y fuera de casa, eran los de la música pop comercial. Comparado con éstos, el impacto del «gran arte», incluso entre las personas cultas, era meramente ocasional, en especial desde que el triunfo del sonido y la imagen propiciado por la tecnología desplazó al que había sido el principal medio de expresión de la alta cultura: la palabra impresa. Exceptuando las lecturas de evasión (novelas rosa para mujeres, novelas de acción de varios tipos para hombres y, quizás, en la era de la liberación, algo de erotismo o de pornografía), los lectores serios de libros con otros fines que los puramente profesionales o educativos eran una pequeña minoría. Aunque la revolución educativa incrementó el número de lectores en términos absolutos, el hábito de la lectura decayó en los países de teórica alfabetización total cuando la letra impresa dejó de ser la principal puerta de acceso al mundo más allá de la comunicación oral. A partir de los años cincuenta la lectura dejó de ser, incluso para los niños de las clases cultas del mundo occidental rico, una actividad tan espontánea como había sido para sus padres.

Las palabras que dominaban las sociedades de consumo occidentales ya no eran las palabras de los libros sagrados, ni tampoco las de los escritores laicos, sino las marcas de cualquier cosa que pudiera comprarse. Estaban

4. Un brillante sociólogo francés analizó el uso de la cultura como un signo de clase en un libro titulado *La distinction* (Bourdieu, 1979).

impresas en las camisetas o adosadas a otras prendas de vestir como conjuros mágicos con los que el usuario adquiriría el mérito espiritual del (generalmente joven) estilo de vida que estos nombres simbolizaban y prometían. Las imágenes que se convirtieron en los iconos de estas sociedades fueron las de los entretenimientos de masas y del consumo masivo: estrellas de la pantalla y latas de conserva. No es de extrañar que en los años cincuenta, en el corazón de la democracia consumista, la principal escuela pictórica claudicase ante creadores de imágenes mucho más poderosos que los del arte anticuado. El *pop art* (Warhol, Lichtenstein, Rauschenberg, Oldenburg) dedicó su tiempo a reproducir, con la mayor objetividad y precisión posibles, las trampas visuales del comercialismo estadounidense: latas de sopa, banderas, botellas de Coca-Cola, Marilyn Monroe.

Insignificante como arte (en el sentido que tenía el término en el siglo XIX), esta moda reconocía, no obstante, que el mercado de masas basaba su triunfo en la satisfacción de las necesidades tanto espirituales como materiales de los consumidores; algo de lo que las agencias de publicidad habían sido vagamente conscientes cuando centraban sus campañas en vender «no el bistec sino el chisporroteo», no el jabón sino el sueño de la belleza, no latas de sopa sino felicidad familiar. A partir de los años cincuenta estuvo cada vez más claro que todo aquello tenía lo que podría llamarse una dimensión estética, una creatividad popular, ocasionalmente activa pero casi siempre pasiva, que los productores debían competir para ofrecer. Los excesos barrocos en los diseños de automóviles en el Detroit de los cincuenta tenían este propósito; y en los sesenta unos pocos críticos inteligentes empezaron a investigar lo que antes había sido rechazado y desestimado como «comercial» o careente de valor estético, en especial lo que atraía al hombre y la mujer de la calle (Banham, 1971). Los intelectuales al viejo estilo, descritos ahora como «elitistas» (una palabra que adoptó con entusiasmo el nuevo radicalismo de los sesenta), habían menospreciado a las masas, a las que veían como receptoras pasivas de lo que la gran empresa quería que comprasen. Sin embargo, los años cincuenta demostraron, en especial con el triunfo del *rock-and-roll* (un idioma de adolescentes derivado del *blues* urbano de los guetos negros de Estados Unidos), que las masas sabían o, por lo menos, distinguían lo que les gustaba. La industria discográfica que se enriqueció con la música rock, ni la creó ni mucho menos la planeó, sino que la recogió de los aficionados y de los observadores que la descubrieron. Sin duda la corrompió al adoptarla. El «arte» (si es que se puede emplear dicho término) se veía surgir del mismo suelo y no de flores excepcionales nacidas en él. Es más, como sostenía el populismo que compartían el mercado y el radicalismo antielitista, lo importante no era distinguir entre lo bueno y lo malo, lo elaborado y lo sencillo, sino a lo sumo entre lo que atraía a más o menos gente. Esto dejaba poco espacio al viejo concepto de arte.

Otra fuerza aún más poderosa estaba minando el «gran arte»: la muerte de la «modernidad» que desde fines del siglo XIX había legitimado la práctica de una creación artística no utilitaria y que servía de justificación a los artistas en su afán de liberarse de toda restricción. La innovación había sido su esencia. Haciendo una analogía con la ciencia y la tecnología, la «modernidad» presuponía que el arte era progresivo y, por consiguiente, que el estilo de hoy era superior al de ayer. Había sido, por definición, el arte de la «vanguardia», un término que entró en el vocabulario de los críticos hacia 1880. Es decir, el arte de unas minorías que, en teoría, aspiraban a llegar a las mayorías, pero que en la práctica se congratulaban de no haberlo logrado aún. Cualquiera que fuese la forma específica que adoptase, la «modernidad» se nutría del rechazo de las convenciones artísticas y sociales de la burguesía liberal del siglo XIX y de la percepción de que era necesario crear un arte que de algún modo se adecuase a un siglo XX social y tecnológicamente revolucionario, al que no convenían el arte y el modo de vivir de la reina Victoria, del emperador Guillermo y del presidente Theodore Roosevelt (véase *La era del imperio*, capítulo 9). En teoría ambos objetivos estaban asociados: el cubismo era a la vez un rechazo y una crítica de la pintura representativa victoriana y una alternativa a ella, así como una colección de «obras de arte» realizadas por «artistas» por y para sí mismos. En la práctica, ambos conceptos no tenían que coincidir, como el (deliberado) nihilismo artístico del urinario de Marcel Duchamp y el dadá habían demostrado mucho antes. No pretendían ser ningún tipo de arte, sino un anti-arte. En teoría, también, los valores sociales que buscaban los artistas «modernos» en el siglo XX y las formas de expresarlos en palabra, sonido, imagen y forma debían confundirse mutuamente, como ocurría en la arquitectura moderna, que era en esencia un estilo para construir utopías sociales en formas presuntamente adecuadas para ello. Tampoco aquí tenían en la práctica una conexión lógica la forma y la sustancia. ¿Por qué, por ejemplo, la «ciudad radiante» (*cité radieuse*) de Le Corbusier había de consistir en edificios elevados con los techos planos y no en punta?

En cualquier caso, como hemos visto, en la primera mitad del siglo la «modernidad» funcionó, la debilidad de sus fundamentos teóricos pasó desapercibida, el estrecho margen que existía hasta los límites del desarrollo permitido por sus fórmulas (por ejemplo, la música dodecafónica o el arte abstracto) todavía no se había cruzado, su estructura se mantuvo intacta pese a sus contradicciones o fisuras potenciales. La innovación formal de vanguardia y la esperanza social aún seguían enlazadas por la experiencia de la guerra, la crisis y la posible revolución a escala mundial. La era antifascista pospuso la reflexión. La modernidad todavía pertenecía a la vanguardia y a la oposición, excepto entre los diseñadores industriales y las agencias de publicidad. No había ganado.

Salvo en los regímenes socialistas, compartió la victoria sobre Hitler. La modernidad en el arte y en la arquitectura conquistaron los Estados Unidos, llenando las galerías y las oficinas de las empresas de prestigio de «expresionistas abstractos», poblando los barrios financieros de las ciudades norteamericanas con los símbolos del «estilo internacional»: alargadas cajas rectangulares apuntando hacia lo alto, no tanto «rascando» el cielo como aplanando sus techos contra él, con gran elegancia, como en el edificio Seagram de Mies van der Rohe, o bien subiendo más alto, como en el World Trade Center (ambos en Nueva York). En el viejo continente se seguía hasta cierto punto la tendencia norteamericana, que ahora se inclinaba a asociar la modernidad con los «valores occidentales»: la abstracción (el arte no figurativo) en las artes visuales y la modernidad en la arquitectura se hicieron parte, a veces la parte dominante, de la escena cultural establecida, e incluso renació parcialmente en países como el Reino Unido, donde parecía haberse estancado.

Por contra, desde finales de los sesenta se fue manifestando una marcada reacción contra esto, que en los años ochenta se puso de moda bajo etiquetas tales como «posmodernidad». No era tanto un «movimiento» como la negación de cualquier criterio preestablecido de juicio y valoración en las artes o, de hecho, de la posibilidad de realizarlos. Fue en la arquitectura donde esta reacción se dejó sentir y ver por primera vez, coronando los rascacielos con frontispicios *chippendale*, tanto más provocativos por el hecho de ser construidos por el propio coinventor del término «estilo internacional», Philip Johnson (1906). Los críticos para quienes la línea del cielo creada espontáneamente en Manhattan había sido el modelo moderno de ciudad, descubrieron las virtudes de la desvertebración de Los Ángeles, un desierto de detalles sin forma, el paraíso (o el infierno) de aquellos que hicieron lo que quisieron. Irracional como era, la arquitectura moderna se regía por criterios estético-morales, pero en adelante las cosas ya no iban a ser así.

Los logros del movimiento moderno en la arquitectura habían sido impresionantes. A partir de 1945 habían construido los aeropuertos que unían al mundo, sus fábricas, sus edificios de oficinas y cuantos edificios públicos había sido preciso erigir (capitales enteras en el tercer mundo; museos, universidades y teatros en el primero). Presidió la reconstrucción masiva y global de las ciudades en los años sesenta, puesto que las innovaciones técnicas que permitían realizar construcciones rápidas y baratas dejaron huella incluso en el mundo socialista. No caben demasiadas dudas de que produjo gran número de edificios muy bellos e incluso obras maestras, pero también un buen número de edificios feos y muchos hormigueros inhumanos impersonales. Las realizaciones de la pintura y escultura modernas de posguerra fueron incomparablemente menores y, casi siempre, inferiores a sus predecesoras de entreguerras, como demuestra la comparación del arte parisino de los cincuenta con el de los años veinte. Consistían sobre todo en una serie de trucos cada vez más elaborados mediante los cuales los artistas intentaban dar a sus obras una marca inmediatamente reconocible, en una sucesión de manifiestos de desesperación o de abdicación frente a la inundación de no arte (*pop art*, *art brut* de Dubuffet y similares) que sumergió al artista a la vieja usanza, en la asimilación de garabatos, trozos y piezas, o de gestos que reducían *ad absurdum* el arte adquirido como una mercancía para invertir y sus coleccionistas, como cuando se añadía un nombre individual a un montón de ladrillos o de tierra («arte minimalista»), o se intentaba evitar que se convirtiera en tal mercancía haciéndolo perecedero (*performances*).

Un aroma de muerte próxima emanaba de estas vanguardias. El futuro ya no era suyo, aunque nadie sabía de quién era. Eran conscientes, más que nunca, de que estaban al margen. Comparado con la auténtica revolución en la percepción y en la representación logradas gracias a la tecnología por quienes buscaban hacer dinero, las innovaciones formales de los bohemios de estudio habían sido siempre un juego de niños. ¿Qué eran las imitaciones futuristas de la velocidad en los óleos comparadas con la velocidad real, o incluso con poner una cámara cinematográfica en una locomotora, algo que estaba al alcance de cualquiera? ¿Qué eran los conciertos experimentales de composiciones modernas con sonidos electrónicos, que cualquier empresario sabía que resultaban letales para la taquilla, comparados con la música rock que había convertido el sonido electrónico en música para los millones? Si todo el «gran arte» estaba segregado en guetos, ¿podía la vanguardia ignorar que sus espacios en él eran minúsculos, y menguantes, como lo confirmaba cualquier comparación de las ventas de Chopin y de Schönberg? Con el auge del arte pop, incluso el mayor baluarte de la modernidad en las artes visuales, la abstracción, perdió su hegemonía. La representación volvió a ser legítima.

La «posmodernidad», por consiguiente, atacó tanto a los estilos autocomplacidos como a los agotados o, mejor, atacó las formas de realizar las actividades que tenían que continuar realizándose, en un estilo u otro, como la construcción y las obras públicas, a la vez que las que no eran indispensables en sí mismas, como la producción artesanal de pinturas de caballete para su venta particular. Por ello sería engañoso analizarla como una tendencia artística, al modo del desarrollo de las vanguardias anteriores. En realidad, sabemos que el término «posmodernidad» se extendió por toda clase de campos que no tenían nada que ver con el arte. En los años noventa se calificaba de posmodernos a filósofos, científicos sociales, antropólogos, historiadores y a practicantes de otras disciplinas que nunca habían tendido a tomar prestada su terminología de las vanguardias artísticas, ni tan siquiera cuando estaban asociados a ellas. La crítica literaria, por supuesto, lo adoptó con entusiasmo. De hecho, la moda «posmoderna», propagada con distintos nombres («deconstrucción», «postestructuralismo», etc.) entre la *intelligentsia* francófona, se abrió camino en los departamentos de literatura de los Estados Unidos y de ahí pasó al resto de las humanidades y las ciencias sociales.

Todas estas «posmodernidades» tenían en común un escepticismo esencial sobre la existencia de una realidad objetiva, y/o la posibilidad de llegar a una comprensión consensuada de ella por medios racionales. Todo tendía a un relativismo radical. Todo, por tanto, cuestionaba la esencia de un mundo que descansaba en supuestos contrarios, a saber, el mundo transformado por la ciencia y por la tecnología basada en ella, y la ideología de progreso que lo reflejaba. En el capítulo siguiente abordaremos el desarrollo de esta extraña, aunque no inesperada, contradicción. Dentro del campo más restringido del «gran arte», la contradicción no era tan extrema puesto que, como hemos visto (*La era del imperio*, capítulo 9), las vanguardias modernas ya habían extendido los límites de lo que podía llamarse «arte» (o, por lo menos, de los productos que podían venderse, arrendarse o enajenarse provechosamente como «arte») casi hasta el infinito. Lo que la «posmodernidad» produjo fue más bien una separación (mayoritariamente generacional) entre aquellos a quienes repelía lo que consideraban la frivolidad nihilista de la nueva moda y quienes pensaban que tomarse las artes «en serio» era tan sólo una reliquia más del pasado. ¿Qué había de malo, se preguntaban, en «los desechos de la civilización ... camuflados en plástico» que tanto enojaban al filósofo social Jürgen Habermas, último vástago de la famosa Escuela de Frankfurt? (Hughes, 1988, p. 146).

La «posmodernidad» no estaba, pues, confinada a las artes. Sin embargo, había buenas razones para que el término surgiera primero en la escena artística, ya que la esencia misma del arte de vanguardia era la búsqueda de nuevas formas de expresión para lo que no se podía expresar en términos del pasado, a saber: la realidad del siglo XX. Esta era una de las dos ramas del gran sueño de este siglo; la otra era la búsqueda de la transformación radical de esta realidad. Las dos eran revolucionarias en diferentes sentidos de la palabra, pero las dos se referían al mismo mundo. Ambas coincidieron de alguna manera entre 1880 y 1900 y, de nuevo, entre 1914 y la derrota del fascismo, cuando los talentos creativos fueron tan a menudo revolucionarios, o por lo menos radicales, en ambos sentidos, normalmente —aunque no siempre— en la izquierda. Ambas fracasarían, aunque de hecho han modificado el mundo del año 2000 tan profundamente que sus huellas no pueden borrarse.

Mirando atrás parece evidente que el proyecto de una revolución de vanguardia estaba condenado a fracasar desde el principio, tanto por su arbitrariedad intelectual, como por la naturaleza del modo de producción que las artes creativas representaban en una sociedad liberal burguesa. Casi todos los manifiestos mediante los cuales los artistas de vanguardia anunciaron sus intenciones en el curso de los últimos cien años demuestran una falta de coherencia entre fines y medios, entre el objetivo y los métodos para alcanzarlo. Una versión concreta de la novedad no es necesariamente consecuencia del rechazo deliberado de lo antiguo. La música que evita deliberadamente la tonalidad no es necesariamente la música serial de Schönberg, basada en la permutación de las doce notas de la escala cromática. Ni tampoco es este el único método para obtener música serial, así como tampoco la música serial es necesariamente atonal.

El cubismo, a pesar de su atractivo, no tenía ningún tipo de fundamento teórico racional. De hecho, la decisión de abandonar los procedimientos y reglas tradicionales por otros nuevos fue tan arbitraria como la elección de ciertas novedades. El equivalente de la «modernidad» en el ajedrez, la llamada escuela «hipermoderna» de jugadores de los años veinte (Réti, Grünfeld, Nimzowitsch, etc.), no propuso cambiar las reglas del juego, como hicieron otros. Reaccionaban, pura y simplemente, contra las convenciones (la escuela «clásica» de Tarrasch), explotando las paradojas, escogiendo aperturas poco convencionales («Después de 1, P-K4 el juego de las blancas agoniza») y observando más que ocupando el centro del tablero. La mayoría de los escritores, y en especial los poetas, hicieron lo mismo en la práctica. Siguieron aceptando los procedimientos tradicionales —por ejemplo, empleaban el verso con rima y metro donde creían apropiado— y rompían con las convenciones en otros aspectos. Kafka no era menos «moderno» que Joyce porque su prosa fuera menos atrevida. Es más, donde el estilo moderno afirmaba tener una razón intelectual, por ejemplo, como expresión de la era de las máquinas o, más tarde, de los ordenadores, la conexión era puramente metafórica. En cualquier caso, el intento de asimilar «la obra de arte en la era de su reproductibilidad técnica» (Benjamin, 1961) —esto es, de creación más cooperativa que individual, más técnica que manual— con el viejo modelo del artista creativo individual que sólo reconocía su inspiración personal estaba destinado al fracaso. Los jóvenes críticos franceses que en los años cincuenta desarrollaron una teoría del cine como el trabajo de un solo *auteur* creativo, el director, en virtud sobre todo de su pasión por las películas de serie B del Hollywood de los años treinta y cuarenta, habían desarrollado una teoría absurda porque la cooperación coordinada y la división del trabajo era y es el fundamento de aquellos cuya tarea es llenar las tardes en las pantallas públicas y privadas, o producir alguna sucesión regular de obras de consumo intelectual, tales como diarios o revistas. Los talentos que adoptaron las formas creativas características del siglo XX, que en su mayoría eran productos, o subproductos, para el consumo de masas, no eran inferiores a los del modelo burgués del siglo XIX, pero no podían permitirse el papel clásico del artista solitario. Su único vínculo directo con sus predecesores clásicos se producía en ese limitado sector del «gran arte» que siempre había funcionado de manera colectiva: la escena. Si Akira Kurosawa (1910), Lucchino Visconti (1906-1976) o Sergei Eisenstein (1898-1948) —por citar tan sólo tres nombres de artistas verdaderamente grandes del siglo, todos con una formación teatral— hubieran querido crear a la manera de Flaubert, Courbet o Dickens, ninguno hubiese llegado muy lejos.

No obstante, como observó Walter Benjamin, la era de la «reproductibilidad técnica» no sólo transformó la forma en que se realizaba la creación, convirtiendo las películas y todo lo que surgió de ellas (televisión, vídeo) en el arte central del siglo, sino también la forma en que los seres humanos percibían la realidad y experimentaban las obras de creación. No era ya por medio de aquellos actos de culto y de oración laica cuyos templos eran los museos, galerías, salas de conciertos y teatros públicos, tan típicos de la civilización burguesa del siglo XIX. El turismo, que ahora llenaba dichos establecimientos con extranjeros más que con nacionales, y la educación eran los últimos baluartes de este tipo de consumo del arte. Las cifras absolutas de personas que vivían estas experiencias eran, obviamente, mucho mayores que en cualquier momento anterior; pero incluso la mayoría de quienes, tras abrirse paso a codazos en los Uffizi florentinos para poder contemplar la *Primavera*, se mantenían en un silencio reverente, o de quienes se emocionaban leyendo a Shakespeare como parte de sus obligaciones para un examen, vivían por lo general en un universo perceptivo diferente, abigarrado y heterogéneo. Las impresiones sensitivas, incluso las ideas, podían llegarles simultáneamente desde todos los frentes (mediante una combinación de titulares e imágenes, texto y anuncios en la página de un diario, el sonido en los auriculares mientras el ojo pasa revista a la página, mediante la yuxtaposición de imagen, voz, letra escrita y sonido), todo ello asimilado periféricamente, a menos que, por un instante, algo llamase su atención. Esta había sido la forma en que durante mucho tiempo la gente de ciudad había venido experimentando la calle, en donde tenían lugar ferias populares y entretenimientos circenses, algo con que los artistas y críticos estaban familiarizados desde el romanticismo. La novedad consistía en que la tecnología impregnaba de arte la vida cotidiana privada o pública. Nunca antes había sido tan difícil escapar de una experiencia estética. La «obra de arte» se perdía en una corriente de palabras, de sonidos, de imágenes, en el entorno universal de lo que un día habríamos llamado arte.

¿Podía seguir llamándose así? Para quienes aún se preocupaban por estas cosas, las grandes obras duraderas todavía podían identificarse, aunque en las zonas desarrolladas del mundo las obras que habían sido creadas de forma exclusiva por un solo individuo y que podían identificarse sólo con él se hicieron cada vez más marginales. Y lo mismo pasó, con la excepción de los edificios, con las obras de creación o construcción que no habían sido diseñadas para la reproducción. ¿Podía el arte seguir siendo juzgado y calificado con las mismas pautas que regían la valoración de estas materias en los grandes días de la civilización burguesa? Sí y no. Medir el mérito por la cronología nunca había convenido al arte: las obras de creación nunca habían sido mejores simplemente porque fueran antiguas, como pensaron en el Renacimiento, o porque fuesen más recientes que otras, como sostenían los vanguardistas. Este último criterio se convirtió en absurdo a finales del siglo XX, al mezclarse con los intereses económicos de las industrias de consumo que obtenían sus beneficios del corto ciclo de la moda con ventas instantáneas y en masa de artículos para un uso breve e intensivo.

Por otro lado, en las artes todavía era posible y necesario aplicar la distinción entre lo serio y lo trivial, entre lo bueno y lo malo, la obra profesional y la del aficionado. Tanto más necesario por cuanto había partes interesadas que negaban tales distinciones, aduciendo que el mérito sólo podía medirse en virtud de las cifras de venta, o que eran elitistas, o bien sosteniendo, como los posmodernos, que no podían hacerse distinciones objetivas de ningún tipo. En realidad, solamente los ideólogos o los vendedores defendían en público estos puntos de vista absurdos, mientras que en privado la mayoría de ellos sabía distinguir entre lo bueno y lo malo. En 1991 un joyero británico que tenía gran éxito en el mercado de masas provocó un gran escándalo al admitir en una conferencia ante hombres de negocios que sus beneficios procedían de vender basura a gente que no tenía gusto para nada mejor. El joyero, a diferencia de los teóricos posmodernos, sabía que los juicios de calidad formaban parte de la vida.

Pero si tales juicios eran todavía posibles, ¿tenían aún significado en un mundo en que, para la mayoría de los habitantes de las zonas urbanas, las esferas de la vida y el arte, de la emoción generada desde dentro y la emoción generada desde fuera, o del trabajo y del ocio, eran cada vez menos diferenciables? O, dicho de otra forma, ¿eran aún importantes fuera de los circuitos cerrados de la escuela y la academia en que gran parte de las artes tradicionales buscaban refugio? Resulta difícil contestar, puesto que el mero intento de responder o de formular tal pregunta puede presuponer la respuesta. Es fácil escribir la historia del jazz o discutir sus logros en términos similares a los que se aplican a la música clásica, si tomamos en cuenta la diferencia considerable en el tipo de sociedad, el público y la incidencia económica de este tipo de arte. No está claro, en cambio, que este procedimiento sea aplicable a la música rock, aunque también proceda de la música negra estadounidense. El significado de los logros de Charlie Parker y de Louis Armstrong, o su superioridad sobre sus contemporáneos, es algo claro, o puede serlo. Sin embargo, parece bastante más difícil para alguien que no ha identificado su vida con un sonido específico escoger entre este o aquel grupo de rock de entre el enorme aluvión de música que ha pasado por el valle del rock en los últimos cuarenta años. Billie Holiday ha sido capaz, al menos hasta el momento de escribir estas páginas, de comunicarse con oyentes que nacieron mucho después de su muerte. ¿Puede alguien que no haya sido contemporáneo de los Rolling Stones sentir algo parecido al apasionado entusiasmo que despertó este grupo a mediados de los años sesenta? ¿Qué parte de la pasión por una imagen o un sonido de hoy se basa en la asociación, es decir, no en que la canción sea admirable, sino en el hecho de que «es nuestra canción»? No podemos decirlo. El papel que tendrán las artes actuales en el siglo XXI —e incluso su misma superviviencia— resulta ser algo oscuro.

Este no es el caso respecto del papel de las ciencias.

Capítulo XVIII

BRUJOS Y APRENDICES: LAS CIENCIAS NATURALES

—¿Cree usted que, en el mundo de hoy, hay un lugar para la filosofía?

—Por supuesto, pero sólo si ésta se basa en el estado actual de los conocimientos y logros científicos ... Los filósofos no pueden aislarse de la ciencia. Ésta no sólo ha ampliado y transformado nuestra visión de la vida y del universo enormemente, sino que también ha revolucionado las reglas con las que opera el intelecto.

CLAUDE LÉVI-STRAUSS (1988)

El texto de referencia sobre dinámica de gases fue escrito mientras su autor disfrutaba de una beca Guggenheim, y él mismo lo describió como un texto cuya forma le fue dictada por las necesidades de la industria. Dentro de este marco, confirmar la teoría de la relatividad general de Einstein se llegó a considerar un paso crucial para mejorar «la precisión de los misiles balísticos, gracias a la estimación minuciosa de los efectos gravitatorios». Cada vez más, la física de la posguerra concentró sus estudios en aquellas áreas que se pensaba podían tener aplicaciones militares.

MARGARET JACOB (1993, pp. 66-67)

I

Ningún otro período de la historia ha sido más impregnado por las ciencias naturales, ni más dependiente de ellas, que el siglo XX. No obstante, ningún otro período, desde la retractación de Galileo, se ha sentido menos a gusto con ellas. Esta es la paradoja con que los historiadores del siglo deben lidiar. Pero antes de intentarlo, hay que comprobar la magnitud del fenómeno.

En 1919 el número total de físicos y químicos alemanes y británicos juntos llegaba, quizás, a los 8.000. A finales de los años ochenta, el número de científicos e ingenieros involucrados en la investigación y el desarrollo experimental en el mundo, se estimaba en unos 5 *millones*, de los que casi 1 millón se encontraban en los Estados Unidos, la potencia científica puntera, y un número ligeramente mayor en los estados europeos.[1]

Aunque los científicos seguían siendo una fracción mínima de la población, incluso en los países desarrollados, su número crecía espectacularmente, y llegaría prácticamente a doblarse en los veinte años posteriores a 1970, incluso en las economías más avanzadas. Sin embargo, a fines de los ochenta eran la punta de un iceberg mucho mayor de lo que podría llamarse personal científico y técnico potencial, que reflejaba en esencia la evolución educativa de la segunda mitad del siglo (véase el capítulo 10). Representaban, tal vez el 2 por 100 de la población global, y puede que el 5 por 100 de la población estadounidense (UNESCO, 1991, cuadro 5.1). Los científicos propiamente dichos eran seleccionados por medio de tesis doctorales avanzadas que se convirtieron en el pasaporte de entrada en la profesión. En los años ochenta un país occidental avanzado medio generaba unos 130-140 de estos doctores en ciencias al año por cada millón de habitantes (*Observatoire*, 1991). Estos países empleaban también sumas astronómicas en estas actividades, la mayoría de las cuales procedían del erario público, incluso en los países de más ortodoxo capitalismo. De hecho, las formas más caras de la «alta ciencia» estaban incluso fuera del alcance de cualquier país individual, a excepción (hasta los años noventa) de los Estados Unidos.

De todas maneras, se produjo una gran novedad. Pese a que el 90 por 100 de las publicaciones científicas (cuyo número se doblaba cada diez años) aparecían en cuatro idiomas (inglés, ruso, francés y alemán), el eurocentrismo científico terminó en el siglo XX. La era de las catástrofes y, en especial, el triunfo temporal del fascismo, desplazaron su centro de gravedad a los Estados Unidos, donde ha permanecido. Entre 1900 y 1933 sólo se habían otorgado siete premios Nobel a los Estados Unidos, pero entre 1933 y 1970 se les concedieron setenta y siete. Los otros países de asentamiento europeo (Canadá, Australia, la a menudo infravalorada Argentina)[2] también se convirtieron en centros de investigación independientes aunque algunos de ellos, por razones de tamaño o de política, exportaron a la mayoría de sus principales científicos (Nueva Zelanda, Suráfrica, etc.).

Al mismo tiempo, el auge de los científicos no europeos, especialmente de Extremo Oriente y del subcontinente indio, era muy notable. Antes del final de la segunda guerra mundial sólo un asiático había ganado un premio Nobel en ciencias (C. Raman, en física, el año 1930). Desde 1946 estos premios se han otorgado a más de diez investigadores con nombre japonés, chino, hindú o paquistaní, aunque se sigue infravalorando el auge de la ciencia

1. El número incluso mayor de científicos en la entonces Unión Soviética (cerca de 1,5 millones) no era probablemente del todo comparable (UNESCO, 1991, cuadros 5.2, 5.4 y 5.16).
2. Tres premios Nobel, todos después de 1947.

asiática de la misma forma que antes de 1933 se infravaloraba el de la ciencia estadounidense. Sin embargo, a fines del siglo todavía había zonas del mundo que generaban muy pocos científicos en términos absolutos y aún menos en términos relativos, como por ejemplo la mayor parte de África y de América Latina.

No obstante, resulta notable que al menos un tercio de los premiados asiáticos no figuren como científicos de sus respectivos países de origen, sino como estadounidenses (veintisiete de los laureados estadounidenses son inmigrantes de primera generación). Porque, en un mundo cada vez más globalizado, el hecho de que las ciencias naturales hablen un mismo lenguaje y empleen una misma metodología ha contribuido, paradójicamente, a que se concentren en los pocos centros que disponen de los medios adecuados para desarrollar su trabajo; es decir, en unos pocos países ricos altamente desarrollados y, sobre todo, en los Estados Unidos.

Los cerebros del mundo que en la era de las catástrofes escaparon de Europa por razones políticas, se han ido de los países pobres a los países ricos desde 1945 principalmente por razones económicas.[3] Esto es normal, puesto que durante los años setenta y ochenta los países capitalistas desarrollados sumaban casi las tres cuartas partes del total de las inversiones mundiales en investigación y desarrollo, mientras que los países pobres («en desarrollo») no invertían más del 2 o 3 por 100 (*UN World Social Situation*, 1989, p. 103).

Sin embargo, incluso dentro del mundo desarrollado la ciencia fue concentrándose gradualmente, en parte debido a la reunión de científicos y recursos, por razones de eficacia, y en parte porque el enorme crecimiento de los estudios superiores creó inevitablemente una jerarquía, o más bien una oligarquía, entre sus instituciones. En los años cincuenta y sesenta la mitad de los doctorados de los Estados Unidos salió de las quince universidades de mayor prestigio, a las que procuraban acudir la mayoría de los jóvenes científicos más brillantes. En un mundo democrático y populista, los científicos formaban una elite que se concentró en unos pocos centros financiados. Como especie se daban en grupo, porque la comunicación, el tener «alguien con quien hablar», era fundamental para sus actividades. A medida que pasó el tiempo estas actividades fueron cada vez más incomprensibles para los no científicos, aunque hiciesen un esfuerzo desesperado por entenderlas con la ayuda de una amplia literatura de divulgación, escrita algunas veces por los mejores científicos. En realidad, a medida que aumentaba la especialización, incluso los propios científicos necesitaron revistas para explicarse mutuamente lo que sucedía fuera de sus campos.

Que el siglo XX dependía de la ciencia es algo que no necesita demostra-

3. También en los Estados Unidos se produjo una pequeña huida temporal en los años del maccarthysmo, y huidas políticas ocasionales mayores de la zona soviética (Hungría en 1956; Polonia y Checoslovaquia en 1968; China y la Unión Soviética a finales de los ochenta), así como un flujo constante de científicos de la Alemania Oriental a la Alemania Occidental.

ción. La ciencia «avanzada», es decir, el tipo de conocimiento que no podía adquirirse con la experiencia cotidiana, ni practicarse o tan siquiera comprenderse sin muchos años de estudios, que culminaban con unas esotéricas prácticas de posgrado, tuvo un estrecho margen de aplicación hasta finales del siglo XIX. La física y las matemáticas del siglo XVII influían en los ingenieros, mientras que, a mediados del reinado de Victoria, los descubrimientos químicos y eléctricos de finales del siglo XVIII y principios del XIX eran ya esenciales para la industria y las comunicaciones, y los estudios de los investigadores científicos profesionales se consideraban la punta de lanza incluso de los avances tecnológicos. En resumen, la tecnología basada en la ciencia estaba ya en el centro del mundo burgués del siglo XIX, aunque la gente práctica no supiese muy bien qué hacer con los triunfos de la teoría científica, salvo, en los casos adecuados, convertirla en ideología, como sucedió en el siglo XVIII con Newton y a fines del XIX con Darwin.

Sin embargo, muchas áreas de la vida humana seguían estando regidas casi exclusivamente por la experiencia, la experimentación, la habilidad, el sentido común entrenado y, a lo sumo, la difusión sistemática de conocimientos sobre las prácticas y técnicas disponibles. Este era claramente el caso de la agricultura, la construcción, la medicina y de toda una amplia gama de actividades que satisfacían las necesidades y los lujos de los seres humanos.

Esto empezó a cambiar en algún momento del último tercio del siglo. En la era del imperio no sólo comenzaron a hacerse visibles los resultados de la alta tecnología moderna (no hay más que pensar en los automóviles, la aviación, la radio y el cinematógrafo), sino también los de las modernas teorías científicas: la relatividad, la física cuántica o la genética. Se pudo ver además que los descubrimientos más esotéricos y revolucionarios de la ciencia tenían un potencial tecnológico inmediato, desde la telegrafía sin hilos hasta el uso médico de los rayos X, basados ambos en descubrimientos realizados hacia 1890. No obstante, aun cuando la alta ciencia del siglo XX era ya perceptible antes de 1914, y pese a que la alta tecnología de etapas posteriores estaba ya implícita en ella, la ciencia no había llegado todavía a ser algo sin lo cual la vida cotidiana era inconcebible *en cualquier parte* del mundo.

Y esto es lo que está sucediendo a medida que el milenio toca a su fin. Como hemos visto (capítulo IX), la tecnología basada en las teorías y en la investigación científica avanzada dominó la explosión económica de la segunda mitad del siglo XX, y no sólo en el mundo desarrollado. Sin los conocimientos genéticos, la India e Indonesia no hubieran podido producir suficientes alimentos para sus crecientes poblaciones, y a finales de siglo la biotecnología se había convertido en un elemento importante para la agricultura y la medicina.

El caso es que estas tecnologías se basaban en descubrimientos y teorías tan alejados del entorno cotidiano del ciudadano medio, incluso en los países más avanzados del mundo desarrollado, que sólo unas docenas, o a lo sumo unos centenares de personas en todo el mundo podían entrever inicialmente que tenían implicaciones prácticas. Cuando el físico alemán Otto Hahn descubrió la fisión nuclear a principios de 1939, incluso algunos de los científicos más activos en ese campo, como el gran Niels Bohr (1885-1962), dudaron de que tuviese aplicaciones prácticas en la paz o en la guerra, por lo menos en un futuro previsible. Y si los físicos que comprendieron su valor potencial no se lo hubieran comunicado a sus generales y a sus políticos, éstos no se hubieran enterado de ello, salvo que fuesen licenciados en física, lo que no era frecuente.

Por poner otro ejemplo, el célebre texto de Alan Turing de 1935, que proporcionaría los fundamentos de la moderna teoría informática, había sido escrito originalmente como una exploración especulativa para lógicos matemáticos. La guerra dio a él y a otros científicos la oportunidad de traducir la teoría a unos primeros pasos de la práctica empleándola para descifrar códigos, pero cuando el texto se publicó originalmente, nadie, a excepción de un puñado de matemáticos, pareció enterarse de sus implicaciones. Este genio de tez pálida y aspecto desmañado, que era por aquel entonces un joven becario aficionado al *jogging* y que se convirtió póstumamente en una especie de ídolo para los homosexuales, no era una figura destacada ni siquiera en su propia facultad universitaria, o al menos yo no lo recuerdo como tal.[4] Incluso cuando los científicos se entregaban a la resolución de problemas de importancia conocida, sólo unos pocos cerebros aislados en una pequeña parcela intelectual podían darse cuenta de lo que se traían entre manos. Por ejemplo, el autor de estas líneas era un becario en Cambridge durante la misma época en que Crick y Watson preparaban su triunfal descubrimiento de la estructura del ADN (la «doble hélice»), que fue inmediatamente reconocido como uno de los grandes acontecimientos científicos del siglo. Sin embargo, aunque recuerdo que en aquella época coincidí con Crick en diversos actos sociales, la mayoría de nosotros ignorábamos por completo que tan extraordinarios acontecimientos tenían lugar a pocos metros de la puerta de nuestra facultad, en laboratorios ante los que pasábamos regularmente y en bares donde íbamos a tomar unas copas. No es que tales cuestiones no nos interesasen, sino que quienes trabajaban en ellas no veían la necesidad de explicárnoslas, ya que ni hubiésemos podido contribuir a su trabajo, ni siquiera comprendido exactamente cuáles eran sus dificultades.

No obstante, por más esotéricas o incomprensibles que fuesen las inno-

4. Turing se suicidó en 1954, tras haber sido condenado por comportamiento homosexual, que por aquel entonces se consideraba un delito y también una patología que podía curarse mediante un tratamiento médico o psicológico. Turing no pudo soportar la «cura» que le impusieron. No fue tanto una víctima de la criminalización de la homosexualidad (masculina) en Gran Bretaña antes de los años sesenta, como de su propia incapacidad para asumirla. Sus inclinaciones sexuales no provocaron ningún problema en el King's College de Cambridge, ni entre el notable conjunto de personas raras y excéntricas que durante la guerra se dedicaron a descifrar códigos en Bletchley, donde Turing vivió antes de trasladarse a Manchester, una vez terminada la guerra. Sólo a un hombre que, como él, desconocía el mundo en que vivían los demás podía ocurrírsele ir a denunciar el robo cometido en su casa por un amigo íntimo (temporal), dando así a la policía la oportunidad de detener a dos delincuentes a la vez.

vaciones científicas, una vez logradas se traducían casi inmediatamente en tecnologías prácticas. Así, los transistores surgieron, en 1948, como un subproducto de investigaciones sobre la física de los sólidos, es decir, de las propiedades electromagnéticas de cristales ligeramente imperfectos (sus inventores recibieron el premio Nobel al cabo de ocho años); como sucedió con el láser (1960), que no surgió de estudios sobre óptica, sino de trabajos para hacer vibrar moléculas en resonancia con un campo eléctrico (Bernal, 1967, p. 563). Sus inventores también fueron rápidamente recompensados con el premio Nobel, como lo fue, tardíamente, el físico soviético de Cambridge Peter Kapitsa (1978) por sus investigaciones acerca de la física de bajas temperaturas, que dieron origen a los superconductores.

La experiencia de las investigaciones realizadas durante la guerra, entre 1939 y 1946, que demostró, por lo menos a los anglonorteamericanos, que una gran concentración de recursos podía resolver los problemas tecnológicos más complejos en un intervalo de tiempo sorprendentemente corto,[5] animó a una búsqueda tecnológica sin tener en cuenta los costes, ya fuese con fines bélicos o por prestigio nacional, como en la exploración del espacio. Esto, a su vez, aceleró la transformación de la ciencia de laboratorio en tecnología, parte de la cual demostró tener una amplia aplicación a la vida cotidiana. El láser es un ejemplo de esta rápida transformación. Visto por primera vez en un laboratorio en 1960, a principios de los ochenta había llegado ya a los consumidores a través del disco compacto. La biotecnología llegó al público aún con mayor rapidez: las técnicas de recombinación del ADN, es decir, las técnicas para combinar genes de una especie con genes de otra, se consideraron factibles en la práctica en 1973. Menos de veinte años después la biotecnología era una de las inversiones principales en medicina y agricultura.

Además, y gracias en buena medida a la asombrosa expansión de la información teórica y práctica, los nuevos avances científicos se traducían, en un lapso de tiempo cada vez menor, en una tecnología que no requería ningún tipo de comprensión por parte de los usuarios finales. El resultado ideal era un conjunto de botones o un teclado a prueba de tontos que sólo requería que se presionase en los lugares adecuados para activar un proceso automático, que se autocorregía e incluso, en la medida de lo posible, tomaba decisiones, sin necesitar nuevas aportaciones de las limitadas y poco fiables habilidades e inteligencia del ser humano medio. En realidad, el proceso ideal podía programarse para actuar sin ningún tipo de intervención humana a menos que algo se estropease. El método de cobro de los supermercados de los años noventa tipificaba esta eliminación del elemento humano. No requería del cajero más que el conocimiento de los billetes y monedas del país y la acción de registrar la cantidad entregada por el comprador.

5. Ha quedado claro que si la Alemania nazi no pudo hacer la bomba atómica, no fue porque los científicos alemanes no supieran cómo hacerla, o porque no lo intentaran, con diferentes grados de mala conciencia, sino porque la maquinaria de guerra alemana era incapaz de dedicar a ello los recursos necesarios. Abandonaron por ello el esfuerzo y se concentraron en lo que les pareció más efectivo: los cohetes, que prometían beneficios más rápidos.

Un lector automático traducía el código de barras de los productos en el precio de los mismos, sumaba todas las compras, restaba el total de la cantidad dada por el comprador e indicaba al cajero el cambio que tenía que devolver. El procedimiento que se requiere para realizar todas estas actividades con seguridad es extraordinariamente complejo, basado como está en la combinación de un *hardware* altamente sofisticado con unos programas muy elaborados. Pero hasta que —o a menos que— algo se estropease, estos milagros de la tecnología científica de finales del siglo XX no pedían a los cajeros más que el conocimiento de los números cardinales, una cierta atención y una capacidad mayor de tolerancia al aburrimiento. Ni siquiera requería alfabetización. Por lo que hacía a la mayoría de ellos, las fuerzas que les decían que debía informar al cliente que tenía que pagar 2 libras con 15 peniques y les explicaban que había de ofrecerle 7 libras y 85 peniques como cambio por un billete de 10 libras no les importaban ni les eran comprensibles. No necesitaban comprender nada acerca de las máquinas para trabajar con ellas. Los aprendices de brujo ya no tenían que preocuparse por su falta de conocimientos.

A efectos prácticos, la situación del cajero del supermercado ejemplifica la norma humana de finales de siglo: la realización de milagros con una tecnología científica de vanguardia que no necesitamos comprender o modificar, aunque sepamos o creamos saber cómo funciona. Alguien lo hará o lo ha hecho ya por nosotros. Porque, aun cuando nos creamos unos expertos en un campo u otro, es decir, la clase de persona que podría hacer funcionar un aparato concreto estropeado, que podría diseñarlo o construirlo, enfrentados a la mayor parte de los otros productos científicos y tecnológicos de uso diario somos unos neófitos ignorantes. Y aunque no lo seamos, nuestra comprensión de lo que hace que una cosa funcione, y de los principios en que se sustenta, son conocimientos de escasa utilidad, como lo son los procesos técnicos de fabricación de las barajas para el jugador (honrado) de póker. Los aparatos de fax han sido diseñados para que los utilicen personas que no tienen ni la más remota idea de por qué una máquina reproduce en Londres un texto emitido en Los Ángeles. Y no funcionan mejor cuando los manejan profesores de electrónica.

Así, a través de la estructura tecnológicamente saturada de la vida humana, la ciencia demuestra cada día sus milagros en el mundo de fines del siglo XX. Es tan indispensable y omnipresente —ya que hasta en los rincones más remotos del planeta se conocen el transistor y la calculadora electrónica— como lo es Alá para el creyente musulmán. Podemos discutir cuándo se empezó a ser consciente, por lo menos en las zonas urbanas de las sociedades industriales «desarrolladas», de la capacidad que poseen algunas actividades humanas para producir resultados sobrehumanos. Ello sucedió, con toda seguridad, tras la explosión de la primera bomba atómica en 1945. Sin embargo, no cabe duda de que el siglo XX ha sido el siglo en que la ciencia ha transformado tanto el mundo como nuestro conocimiento del mismo.

Hubiéramos podido esperar que las ideologías del siglo XX glorificasen los logros de la ciencia, que son los logros de la mente humana, tal como hicieron las ideologías laicas del siglo XIX. Hubiéramos esperado también que se debilitase la resistencia de las ideologías religiosas tradicionales, que durante el siglo pasado fueron los grandes reductos de resistencia a la ciencia. Y ello no sólo porque el arraigo de las religiones tradicionales disminuyó durante todo el siglo, como veremos, sino también porque la propia religión llegó a ser tan dependiente de la alta tecnología científica como cualquier otra actividad humana en el mundo desarrollado. Un obispo, un imán o un santón podían actuar a comienzos del siglo XX como si Galileo, Newton, Faraday o Lavoisier nunca hubieran existido, es decir, sobre la base de la tecnología del siglo XV y de aquella parte de la del siglo XIX que no plantease problemas de compatibilidad con la teología o los textos sagrados. Resultó cada vez más difícil hacerlo en una época en que el Vaticano se veía obligado a comunicarse vía satélite y a probar la autenticidad de la sábana santa de Turín mediante la datación por radiocarbono, en que el ayatolá Jomeini difundía sus mensajes en Irán mediante grabaciones magnetofónicas, y cuando los estados que seguían las leyes coránicas trataban de equiparse con armas nucleares. La aceptación *de facto* de la ciencia contemporánea más elevada a través de la tecnología que dependía de ella era tal que en la Nueva York de fin de siglo las ventas de equipos electrónicos y fotográficos de alta tecnología eran en buena medida la especialidad del jasidismo, una rama oriental del judaísmo mesiánico conocida sobre todo por su extremo ritualismo y por su insistencia en llevar una indumentaria semejante a la de los polacos del siglo XVIII, y por preferir la emoción extática a la investigación intelectual.

En algunos aspectos, la superioridad de la «ciencia» era aceptada incluso oficialmente. Los fundamentalistas protestantes estadounidenses que rechazaban la teoría de la evolución por ser contraria a las sagradas escrituras, ya que según éstas el mundo tal como lo conocemos fue creado en seis días, exigían que la enseñanza de la teoría darwinista se sustituyese o, al menos, se compensase, con la enseñanza de lo que ellos describían como «ciencia de la creación».

Pese a todo, el siglo XX no se sentía cómodo con una ciencia de la que dependía y que había sido su logro más extraordinario. El progreso de las ciencias naturales se realizó contra un trasfondo de recelos y temores que, ocasionalmente, se convertía en un arrebato de odio y rechazo hacia la razón y sus productos. Y en el espacio indefinido entre la ciencia y la anticiencia, entre los que buscaban la verdad última por el absurdo y los profetas de un mundo compuesto exclusivamente de ficciones, nos encontramos cada vez más con la «ciencia ficción», ese producto —muy anglonorteamericano— característico del siglo, en especial de su segunda mitad. Este género, anticipado por Julio Verne (1828-1905), fue iniciado por H. G. Wells (1866-1946) a finales del siglo XIX. Mientras sus formas más juveniles —como las series de televisión y los *westerns* espaciales cinematográficos, con naves espaciales y rayos mortíferos en lugar de caballos y revólveres— continuaban la vieja tradición de aventuras fantásticas con artilugios de alta tecnología, en la segunda mitad del siglo las contribuciones más serias al género empezaron a ofrecer una versión sombría, o cuando menos ambigua, de la condición humana y de sus expectativas.

Los recelos y temores hacia la ciencia se vieron alimentados por cuatro sentimientos: el de que la ciencia era incomprensible; que sus consecuencias (ya fuesen) prácticas (o morales) eran impredecibles y probablemente catastróficas; que ponía de relieve la indefensión del individuo y que minaba la autoridad. Sin olvidar el sentimiento de que la ciencia era intrínsecamente peligrosa en la medida en que interfería el orden natural de las cosas. Los dos sentimientos que he mencionado en primer lugar eran compartidos por científicos y legos; los dos últimos correspondían más bien a los legos. Las personas sin formación científica sólo podían reaccionar contra su sensación de impotencia intentando explicar lo que «la ciencia no podía explicar», en la línea de la afirmación de Hamlet de que «hay más cosas en el cielo y la tierra ... de las que puede soñar tu filosofía»; negándose a creer que la «ciencia oficial» pudiera explicarlas y ansiosos por creer en lo inexplicable *porque* parecía absurdo. En un mundo desconocido e inexplicable todos nos enfrentaríamos a la misma impotencia. Cuanto más palpables fuesen los éxitos de la ciencia, mayor era el ansia por explicar lo inexplicable.

Poco después de la segunda guerra mundial, que culminó en la bomba atómica, los Estados Unidos (1947) —seguidos poco tiempo después, como de costumbre, por sus parientes culturales británicos— se pusieron a observar la llegada masiva de OVNIs, «objetos volantes no identificados», evidentemente inspirados por la ciencia ficción. Se creyó de buena fe que estos objetos procedían de civilizaciones extraterrestres, distintas y superiores a la nuestra. Los observadores más entusiastas llegaron a ver cómo sus pasajeros, con cuerpos de extraño aspecto, emergían de esos «platillos volantes», y un par de ellos hasta aseguraron haber dado un paseo en sus naves. El fenómeno adquirió una dimensión mundial, aunque un mapa de los aterrizajes de estos extraterrestres mostraría una notable predilección por aterrizar o circular sobre territorios anglosajones. Cualquier actitud escéptica respecto de los ovnis se achacaba a los celos de unos científicos estrechos de miras que eran incapaces de explicar los fenómenos que se producían más allá de su limitado horizonte, o incluso a una conspiración de quienes mantenían al hombre de la calle en una servidumbre intelectual para mantenerle lejos de la sabiduría superior.

Estas no eran las creencias en la magia y en los milagros propias de las sociedades tradicionales, para quienes tales intervenciones en la realidad formaban parte de unas vidas muy poco controlables, y eran mucho menos sorprendentes que, por poner un ejemplo, la contemplación de un avión o la experiencia de hablar por teléfono. Ni formaban parte tampoco de la universal y permanente fascinación humana por todo lo monstruoso, lo raro y lo maravilloso, de que la literatura popular ha dado testimonio desde la invención de la imprenta y los grabados en madera hasta las revistas ilustradas de supermercado. Expresaban un rechazo a las reivindicaciones y dictados de la ciencia, a veces conscientemente, como en la extraordinaria (y norteamericana) rebelión de algunos grupos marginales contra la práctica de fluorizar los suministros de agua cuando se descubrió que la ingestión diaria de este elemento reducía drásticamente los problemas dentales de la población urbana. Estos grupos se resistieron apasionadamente a la fluorización no sólo por defender su libertad de tener caries, sino, por parte de sus antagonistas más extremos, por considerarla una vil conspiración para debilitar a los seres humanos envenenándolos. En este tipo de reacciones, vivamente reflejadas por Stanley Kubrik en 1963 con su película *¿Teléfono rojo? Volamos hacia Moscú*, los recelos hacia la ciencia se mezclaban con el miedo a sus consecuencias prácticas.

El carácter enfermizo de la cultura norteamericana ayudó también a difundir estos temores, a medida que la vida se veía cada vez más inmersa en la nueva tecnología, incluyendo la tecnología médica, con sus riesgos. La predisposición peculiar de los norteamericanos para resolver todas las disputas humanas a través de litigios nos permite hacer un seguimiento de estos miedos (Huber, 1990, pp. 97-118). ¿Causaban los espermaticidas defectos en el nacimiento? ¿Eran los tendidos eléctricos de alta tensión perjudiciales para la salud de las personas que vivían cerca de ellos? La distancia entre los expertos, que tenían algún criterio a partir del cual juzgar, y los legos, que sólo tenían esperanza o miedo, se ensanchó a causa de la diferencia entre una valoración desapasionada, que podía considerar que un pequeño grado de riesgo era un precio aceptable a cambio de un gran beneficio, y los individuos que, comprensiblemente, deseaban un riesgo cero, al menos en teoría.[6]

Estos eran los temores que la desconocida amenaza de la ciencia causaba a los hombres y mujeres que sólo sabían que vivían bajo su dominio. Temores cuya intensidad y objeto variaba según la naturaleza de sus puntos de vista y temores acerca de la sociedad contemporánea (Fischhof *et al.*, 1978, pp. 127-152).[7]

Sin embargo, en la primera mitad del siglo las mayores amenazas para la ciencia no procedían de quienes se sentían humillados por su vasto e incontrolable poder, sino de quienes creían poder controlarla. Los dos únicos tipos de regímenes políticos que (aparte de las entonces raras conversiones al fundamentalismo religioso) dificultaron la investigación científica estaban

6. En este aspecto la diferencia entre teoría y práctica es enorme, puesto que personas que están dispuestas a correr graves riesgos en la práctica, por ejemplo viajando en coche por una autopista o desplazándose en metro por Nueva York, pueden resistirse a tomar una aspirina porque saben que en algunos raros casos tiene efectos secundarios.

7. En este estudio de Fischhof los participantes evaluaban los riesgos y los beneficios de veinticinco tecnologías: neveras, fotocopiadoras, anticonceptivos, puentes colgantes, energía nuclear, juegos electrónicos, diagnóstico por rayos X, armas nucleares, ordenadores, vacunas, fluorización del agua, placas de energía solar, láser, tranquilizantes, cámaras Polaroid, energías fósiles, vehículos a motor, efectos especiales en las películas, pesticidas, opiáceos, conservantes de alimentos, cirugía a corazón abierto, aviación comercial, ingeniería genética y molinos de viento. (Véase también Wildavsky, 1990, pp. 41-60.)

profundamente comprometidos *en principio* con el progreso técnico ilimitado y, en uno de los casos, con una ideología que lo identificaba con la «ciencia» y que alentaba a la conquista del mundo en nombre de la razón y la experimentación. Así, tanto el estalinismo como el nacionalsocialismo alemán rechazaban la ciencia, aunque con diferentes argumentos y pese a que ambos la empleasen para fines tecnológicos. Lo que ambos objetaban era que desafiase visiones del mundo y valores expresados en forma de verdades *a priori*.

Ninguno de los dos se sentía a gusto con la física posteinsteiniana. Los nazis la rechazaban por «judía» y los ideólogos soviéticos porque no era suficientemente «materialista», en el sentido que Lenin daba al término, si bien ambos la toleraron en la práctica, puesto que los estados modernos no podían prescindir de los físicos posteinsteinianos. Sin embargo, los nazis se privaron de los mejores talentos dedicados a la física en la Europa continental al forzar al exilio a los judíos y a otros antagonistas políticos, destruyendo así, de paso, la supremacía científica germana de principios de siglo. Entre 1900 y 1933, 25 de los 66 premios Nobel de física y de química habían correspondido a Alemania, mientras que después de 1933 sólo recibió uno de cada diez. Ninguno de los dos regímenes sintonizaba tampoco con las ciencias biológicas.

La política racial de la Alemania nazi horrorizó a los genetistas responsables que —sobre todo debido al entusiasmo de los racistas por la eugenesia— habían empezado ya desde la primera guerra mundial a marcar distancias respecto de las políticas de selección genética y reproducción humana (que incluía la eliminación de los débiles y «tarados»), aunque debamos admitir con tristeza que el racismo nazi encontró bastante apoyo entre los médicos y biólogos alemanes (Proctor, 1988).

En la época de Stalin, el régimen soviético se enfrentó con la genética, tanto por razones ideológicas como porque la política estatal estaba comprometida con el principio de que, con un esfuerzo suficiente, *cualquier* cambio era posible, siendo así que la ciencia señalaba que este no era el caso en el campo de la evolución en general y en el de la agricultura en particular. En otras circunstancias, la polémica entre los biólogos evolucionistas seguidores de Darwin (que consideraban que la herencia era genética) y los seguidores de Lamarck (que creían en la transmisión hereditaria de los caracteres adquiridos y practicados durante la vida de una criatura) se hubiera ventilado en seminarios y laboratorios. De hecho, la mayoría de los científicos la consideraban decidida en favor de Darwin, aunque sólo fuese porque nunca se encontraron pruebas satisfactorias de la transmisión hereditaria de los caracteres adquiridos. Bajo Stalin, un biólogo marginal, Trofim Denisovich Lysenko (1898-1976), obtuvo el apoyo de las autoridades políticas argumentando que la producción agropecuaria podía multiplicarse aplicando métodos lamarckianos, que acortaban el relativamente lento proceso ortodoxo de crecimiento y cría de plantas y animales. En aquellos días no resultaba prudente disentir de las autoridades. El académico Nikolai Ivanovich Vavilov (1885-

1943), el genetista soviético de mayor prestigio, murió en un campo de trabajo por estar en desacuerdo con Lysenko —como lo estaban el resto de los genetistas soviéticos responsables—, aunque no fue hasta después de la segunda guerra mundial cuando la biología soviética decidió rechazar oficialmente la genética tal como se entendía en el resto del mundo, por lo menos hasta la desaparición del dictador. El efecto que ello tuvo en la ciencia soviética fue, como era de prever, devastador.

El régimen nazi y el comunista soviético, pese a todas sus diferencias, compartían la creencia de que sus ciudadanos debían aceptar una «doctrina verdadera», pero una que fuese formulada e impuesta por las autoridades seculares político-ideológicas. De aquí que la ambigüedad y la desazón ante la ciencia que tantas sociedades experimentaban encontrase su expresión *oficial* en esos dos estados, a diferencia de lo que sucedía en los regímenes políticos que eran agnósticos respecto a las creencias individuales de sus ciudadanos, como los gobiernos laicos habían aprendido a ser durante el siglo XIX. De hecho, el auge de regímenes de ortodoxia seglar fue, como hemos visto (capítulos IV y XIII), un subproducto de la era de las catástrofes, y no duraron. En cualquier caso, el intento de sujetar a la ciencia en camisas de fuerza ideológicas tuvo resultados contraproducentes aun en aquellos casos en que se hizo seriamente (como en el de la biología soviética), o ridículos, donde la ciencia fue abandonada a su propia suerte, mientras se limitaban a afirmar la superioridad de la ideología (como sucedió con la física alemana y soviética).[8]

A finales del siglo XX la imposición de criterios oficiales a la teoría científica volvió a ser practicada por regímenes basados en el fundamentalismo religioso. Sin embargo, la incomodidad general ante ella persistía, mientras iba resultando cada vez más increíble e incierta. Pero hasta la segunda mitad del siglo esta incomodidad no se debió al temor por los resultados prácticos de la ciencia.

Es verdad que los propios científicos supieron mejor y antes que nadie cuáles podrían ser las consecuencias potenciales de sus descubrimientos. Desde que la primera bomba atómica resultó operativa, en 1945, algunos de ellos alertaron a sus jefes de gobierno acerca del poder destructivo que el mundo tenía ahora a su disposición. Sin embargo, la idea de que la ciencia equivale a una catástrofe potencial pertenece, esencialmente, a la segunda mitad del siglo: en su primera fase —la de la pesadilla de una guerra nuclear— corresponde a la era de la confrontación entre las superpotencias que siguió a 1945; en su fase posterior y más universal, a la era de crisis que comenzó en los setenta. Por el contrario, la era de las catástrofes, quizás porque frenó el crecimiento económico, fue todavía una etapa de complacencia científica acerca de la capacidad humana de controlar las fuerzas de la naturaleza o, en el peor de los casos, acerca de la capacidad por parte de

8. Así, la Alemania nazi permitió que Werner Heisenberg explicase la teoría de la relatividad, pero a condición de que no mencionase a Einstein (Peierls, 1992, p. 44).

la naturaleza de ajustarse a lo peor que el hombre le podía hacer.[9] Por otra parte, lo que inquietaba a los científicos era su propia incertidumbre acerca de lo que tenían que hacer con sus teorías y sus hallazgos.

II

En algún momento de la era del imperio se rompieron los vínculos entre los hallazgos científicos y la realidad basada en la experiencia sensorial, o imaginable con ella; al igual que los vínculos entre la ciencia y el tipo de lógica basada en el sentido común, o imaginable con él. Estas dos rupturas se reforzaron mutuamente, ya que el progreso de las ciencias naturales dependió crecientemente de personas que escribían ecuaciones —es decir, formulaciones matemáticas— en hojas de papel, en lugar de experimentar en el laboratorio. El siglo XX iba a ser el siglo en que los teóricos dirían a los técnicos lo que tenían que buscar y encontrar a la luz de sus teorías. Dicho en otros términos, iba a ser el siglo de las matemáticas. La biología molecular, campo en que, según me informa una autoridad en la materia, existe muy poca teoría, es una excepción.

No es que la observación y la experimentación fuesen secundarias. Al contrario, sus tecnologías sufrieron una revolución mucho más profunda que en cualquier otra etapa desde el siglo XVII, con nuevos aparatos y técnicas, muchas de las cuales recibirían el espaldarazo científico definitivo del premio Nobel.[10] Por poner sólo un ejemplo, las limitaciones de la ampliación óptica se superaron gracias al microscopio electrónico, en 1937, y al radiotelescopio, en 1957, con el resultado de permitir observaciones más profundas del reino molecular e incluso atómico, así como de los confines más remotos del universo.

En las décadas recientes la automatización de las rutinas y la informatización de las actividades y los cálculos de laboratorio, cada vez más complejos, ha aumentado considerablemente el poder de los experimentadores, de los observadores y de los teóricos dedicados a la construcción de modelos. En algunos campos, como el de la astronomía, esta automatización e informatización desembocó en descubrimientos, a veces accidentales, que condujeron a una innovación teórica. La cosmología moderna es, en el fondo, el resultado de dos hallazgos de este tipo: el de Hubble, que descubrió que el universo está en expansión basándose en el análisis de los espectros de las galaxias (1929), y el descubrimiento de Penzias y Wilson de la radiación cósmica de fondo (ruido de radio) en 1965. Sin embargo, a pesar de que la

9. En 1930 Robert Millikan (premio Nobel en 1923), del Caltech, escribió la siguiente frase: «uno puede dormir en paz consciente de que el Creador ha puesto en su obra algunos elementos a toda prueba, y que por tanto el hombre no puede infligirle ningún daño grave».

10. Desde la primera guerra mundial más de veinte premios Nobel de física y química han sido otorgados, total o parcialmente, a nuevos métodos, instrumentos y técnicas de investigación.

ciencia es y debe ser una colaboración entre teoría y práctica, en el siglo XX los teóricos llevaban el volante.

Para los propios científicos la ruptura con la experiencia sensorial y con el sentido común significó una ruptura con las certezas tradicionales de su campo y con su metodología. Sus consecuencias pueden ilustrarse claramente siguiendo la trayectoria de la física, la reina indiscutible de las ciencias durante la primera mitad del siglo. De hecho, en la medida en que es todavía la única que se ocupa tanto del estudio de los elementos más pequeños de la materia, viva o muerta, como de la constitución y estructura del mayor conjunto de materia, el universo, la física siguió siendo el pilar fundamental de las ciencias naturales incluso a finales de siglo, aunque en la segunda mitad tuvo que afrontar la dura competencia de las ciencias de la vida, transformadas después de los años cincuenta, tras la revolución de la biología molecular.

Ningún otro ámbito científico parecía más sólido, coherente y metodológicamente seguro que la física newtoniana, cuyos fundamentos se vieron socavados por las teorías de Planck y de Einstein, así como por la transformación de la teoría atómica que siguió al descubrimiento de la radiactividad en la década de 1890. Era objetiva, es decir, se podía observar adecuadamente, en la medida en que lo permitían las limitaciones técnicas de los aparatos de observación (por ejemplo, las del microscopio óptico o del telescopio). No era ambigua: un objeto o un fenómeno eran una cosa u otra, y la distinción entre ambos casos estaba clara. Sus leyes eran universales, válidas por igual en el ámbito cósmico y en el microscópico. Los mecanismos que relacionaban los fenómenos eran comprensibles, esto es, susceptibles de expresarse en términos de «causa y efecto». En consecuencia, todo el sistema era en principio determinista y el propósito de la experimentación en el laboratorio era demostrar esta determinación eliminando, hasta donde fuera posible, la compleja mescolanza de la vida ordinaria que la ocultaba. Sólo un tonto o un niño podían sostener que el vuelo de los pájaros y de las mariposas negaba las leyes de la gravitación. Los científicos sabían muy bien que había afirmaciones «no científicas», pero éstas no les atañían en cuanto científicos.

Todas estas características se pusieron en entredicho entre 1895 y 1914. ¿Era la luz una onda en movimiento continuo o una emisión de partículas separadas (fotones) como sostenía Einstein, siguiendo a Planck? Unas veces era mejor considerarla del primer modo; otras, del segundo. Pero ¿cómo estaban conectados, si lo estaban, ambos? ¿Qué era «en realidad» la luz? Como afirmó el gran Einstein veinte años después de haber creado el rompecabezas, «ahora tenemos dos teorías sobre la luz, ambas indispensables, pero debemos admitir que no hay ninguna conexión lógica entre ellas, a pesar de los veinte años de grandes esfuerzos realizados por los físicos teóricos» (Holton, 1970, p. 1.017). ¿Qué pasaba en el interior del átomo, que ahora ya no se consideraba (como implicaba el nombre griego) la unidad de materia más pequeña posible y, por ello, indivisible, sino como un sistema complejo integrado por diversas partículas aún más elementales? La primera suposición, después del gran descubrimiento del núcleo atómico realizado por Rutherford en 1911 en Manchester —un triunfo de la imaginación experimental y el fundamento de la moderna física nuclear y de lo que se convirtió en «gran ciencia»—, fue que los electrones describían órbitas alrededor de este núcleo a la manera de un sistema solar en miniatura. No obstante, cuando se investigó la estructura de átomos individuales, en especial la del de hidrógeno realizada en 1912-1913 por Niels Bohr, que conocía la teoría de los «cuantos» de Max Planck, los resultados mostraron, una vez más, un profundo conflicto entre lo que hacían los electrones y, empleando sus propias palabras, «el cuerpo de concepciones, de una admirable coherencia, que se ha dado en llamar, con toda corrección, la teoría electrodinámica clásica» (Holton, 1970, p. 1.028). El modelo de Bohr funcionaba, es decir, poseía una brillante potencia explicativa y predictiva, pero era «bastante irracional y absurdo» desde el punto de vista de la mecánica newtoniana clásica y, en cualquier caso, no daba ninguna idea de lo que sucedía en realidad dentro del átomo cuando un electrón «saltaba» o pasaba de alguna manera de una órbita a otra, o de lo que sucedía entre el momento en que era descubierto en una y aquel en que aparecía en otra.

Les sucedía lo que les ocurrió a las certidumbres de la propia ciencia a medida que se fue viendo cada vez más claro que el mismo proceso de observar fenómenos a nivel subatómico los modificaba: por esta razón, cuanto con más precisión queramos saber la posición de una partícula atómica, menos certeza tendremos acerca de su velocidad. Como se ha dicho de todos los medios para observar detalladamente dónde está «realmente» un electrón, «mirarlo es hacerlo desaparecer» (Weisskopf, 1980, p. 37). Esta fue la paradoja que un brillante y joven físico alemán, Werner Heisenberg, generalizó en 1927 con el famoso «principio de indeterminación» que lleva su nombre. El mero hecho de que el nombre haga hincapié en la indeterminación o *incertidumbre* resulta significativo, puesto que indica qué es lo que preocupaba a los exploradores del nuevo universo científico a medida que dejaban tras de sí las certidumbres del universo antiguo. No es que ellos mismos dudasen o que obtuviesen resultados dudosos. Por el contrario, sus predicciones teóricas, por raras y poco plausibles que fuesen, fueron verificadas por las observaciones y los experimentos rutinarios, a partir del momento en que la teoría general de la relatividad de Einstein (1915) pareció verse probada en 1919 por una expedición británica que, al observar un eclipse, comprobó que la luz de algunas estrellas distantes se desviaba hacia el Sol, como había predicho la teoría. A efectos prácticos, la física de las partículas estaba tan sujeta a la regularidad y era tan predecible como la física de Newton, si bien de forma distinta y, en todo caso, Newton y Galileo seguían siendo válidos en el nivel supraatómico. Lo que ponía nerviosos a los científicos era que no sabían cómo conciliar lo antiguo con lo moderno.

Entre 1924 y 1927 las dualidades que habían preocupado a los físicos durante el primer cuarto de siglo fueron eliminadas, o más bien soslayadas, gracias a un brillante golpe dado por la física matemática: la construcción de la «mecánica cuántica», que se desarrolló casi simultáneamente en varios países. La verdadera «realidad» que había dentro del átomo no era o una onda o una partícula, sino «estados cuánticos» indivisibles que se podían manifestar en cualquiera de estas dos formas, o en ambas. Era inútil considerarlo como un movimiento continuo o discontinuo, porque nunca se podrá seguir, paso a paso, la senda del electrón.

Los conceptos clásicos de la física, como la posición, la velocidad o el impulso, no son aplicables más allá de ciertos puntos, señalados por el «principio de indeterminación» de Heisenberg. Pero, por supuesto, más allá de estos puntos se aplican otros conceptos que dan lugar a resultados que no tienen nada de inciertos, y que surgen de los modelos específicos producidos por las «ondas» o vibraciones de electrones (con carga negativa) mantenidos dentro del reducido espacio del átomo cercano al núcleo (positivo). Sucesivos «estados cuánticos» dentro de este espacio reducido producen unos modelos bien definidos de frecuencias diferentes que, como demostró Schrödinger en 1926, se podían calcular del mismo modo que podía calcularse la energía que corresponde a cada uno («mecánica ondulatoria»).

Estos modelos de electrones tenían un poder predictivo y explicativo muy notable. Así, muchos años después, cuando en Los Álamos se produjo plutonio por primera vez mediante reacciones nucleares, durante el proceso de fabricación de la primera bomba atómica, las cantidades eran tan pequeñas que sus propiedades no podían observarse. Sin embargo, a partir del número de electrones en el átomo de este elemento, y a partir de los modelos para estos noventa y cuatro electrones que vibraban alrededor del núcleo, *y sin nada más*, los científicos predijeron, acertadamente, que el plutonio resultaría ser un metal marrón con una masa específica de unos veinte gramos por centímetro cúbico, y que poseería una determinada conductividad y elasticidad eléctrica y térmica. La mecánica cuántica explicó también por qué los átomos (y las moléculas y combinaciones superiores basadas en ellos) permanecen estables o, más bien, qué carga suplementaria de energía sería necesaria para cambiarlos. En realidad, se ha dicho que

> incluso los fenómenos de la vida (la forma del ADN y el que diferentes nucleótidos sean resistentes a oscilaciones térmicas a temperatura ambiente) se basan en estos modelos primarios. El hecho de que cada primavera broten las mismas flores se basa en la estabilidad de los modelos de los diferentes nucleótidos (Weisskopf, 1980, pp. 35-38).

No obstante, este avance tan grande y tan fructífero en la exploración de la naturaleza se alcanzó sobre las ruinas de todo lo que la teoría científica había considerado cierto y adecuado, y por una suspensión voluntaria del escepticismo que no sólo los científicos de mayor edad encontraban inquietante. Consideremos la «antimateria» que propuso desde Cambridge Paul Dirac, una vez descubrió, en 1928, que sus ecuaciones tenían soluciones que correspondían a estados del electrón con una energía *menor* que la energía cero del espacio vacío. Desde entonces el término «antimateria», que carece de sentido en términos cotidianos, fue alegremente manejado por los físicos (Weinberg, 1977, pp. 23-24). La palabra misma implicaba un rechazo deliberado a permitir que el progreso del cálculo teórico se desviase a causa de cualquier noción preconcebida de la realidad: fuera lo que fuese en último término la realidad, respondería a lo que mostraban las ecuaciones. Y sin embargo, esto no era fácil de aceptar, ni siquiera para aquellos científicos que habían olvidado ya la opinión de Rutherford de que no podía considerarse buena una física que no pudiese explicarse a una camarera.

Hubo pioneros de la nueva ciencia a quienes les resultó imposible aceptar el fin de las viejas certidumbres, incluyendo a sus fundadores, Max Planck y el propio Albert Einstein, quien expresó sus recelos en el reemplazo de la causalidad determinista por leyes puramente probabilísticas con la famosa frase: «Dios no juega a los dados». Einstein no tenía argumentos válidos, pero comentó: «una voz interior me dice que la mecánica cuántica no es la verdad» (citado en Jammer, 1966, p. 358).

Más de uno de los propios revolucionarios cuánticos había soñado en eliminar las contradicciones, subsumiendo unas bajo otras. Por ejemplo, Schrödinger creyó que su «mecánica ondulatoria» había diluido los presuntos «saltos» de los electrones de una órbita atómica a otra en el proceso *continuo* del cambio energético, con lo que se preservaban el espacio, el tiempo y la causalidad clásicas. Algunos pioneros de la revolución reacios a aceptar sus consecuencias extremas, como Planck y Einstein, respiraron con alivio, pero fue en vano. El juego era nuevo y las viejas reglas ya no servían.

¿Podían aprender los físicos a vivir en una contradicción permanente? Niels Bohr pensaba que podían y debían hacerlo. No había manera de expresar la naturaleza en su conjunto con una única descripción, dada la condición del lenguaje humano. No podía haber un solo modelo que lo abarcase todo directamente. La única forma de aprehender la realidad era describirla de modos diferentes y juntar todas las descripciones para que se complementasen unas con otras, en una «superposición exhaustiva de descripciones distintas que incorporan nociones aparentemente contradictorias» (Holton, 1970, p. 1.018). Este era el «principio de complementariedad» de Bohr, un concepto metafísico relacionado con la relatividad, que dedujo de autores muy alejados del mundo de la física, y al que se asignó una aplicación universal. La «complementariedad» de Bohr no se proponía contribuir al avance de las investigaciones de los científicos atómicos, sino más bien tranquilizarles justificando su confusión. Su atractivo no pertenece al ámbito de la razón.

Porque aunque todos nosotros, y mucho más los científicos inteligentes, sabemos que hay formas distintas de percibir la realidad, no siempre comparables e incluso contradictorias, y que se necesitan todas para aprehenderla en su globalidad, no tenemos idea de cómo conectarlas. El efecto de una sonata de Beethoven se puede analizar física, fisiológica y psicológicamente, y también se puede asimilar escuchándola, pero ¿cómo se conectan estas formas de comprensión? Nadie lo sabe.

Sin embargo, la incomodidad persistió. Por un lado estaba la síntesis de la nueva física de mediados de los años veinte, que proporcionaba un procedimiento muy efectivo para introducirse en las cámaras blindadas de la naturaleza. Los conceptos básicos de la revolución de los cuantos seguían aplicándose a fines del siglo XX. Y a menos que sigamos a quienes consideran que el análisis no lineal, posible gracias a los ordenadores, es un punto de partida radicalmente nuevo, debemos convenir que desde el período de 1900-1927 la física no ha experimentado ninguna revolución, sino tan sólo gigantescos avances evolutivos dentro del mismo marco conceptual.

Por otro lado, hubo una incoherencia generalizada, que en 1931 alcanzó el último reducto de la certidumbre: las matemáticas. Un lógico matemático austriaco, Kurt Gödel, demostró que un sistema de axiomas nunca puede basarse en sí mismo. Si hay que demostrar su solidez, hay que recurrir a afirmaciones externas al sistema. A la luz del «teorema de Gödel» no se puede tan siquiera pensar en un mundo no contradictorio e internamente consistente.

Tal era «la crisis de la física», si se me permite citar el título de un libro escrito por un joven intelectual británico, autodidacto y marxista, que murió en España: Christopher Caudwell (1907-1937). No se trataba tan sólo de una «crisis de los fundamentos», como se llamó en matemáticas al período de 1900-1930 (véase *La era del imperio*, capítulo 10), sino también de la visión que los científicos tenían del mundo en general. En realidad, a medida que los físicos aprendieron a despreocuparse por las cuestiones filosóficas, al tiempo que se sumergían en el nuevo territorio que se abría ante ellos, el segundo aspecto de la crisis se hizo todavía mayor, ya que durante los años treinta y cuarenta la estructura del átomo se fue complicando de año en año. La sencilla dualidad de núcleo positivo y electrón(es) negativo(s) ya no bastaba. Los átomos estaban habitados por una fauna y flora crecientes de partículas elementales, algunas de las cuales eran verdaderamente extrañas. Chadwick, de Cambridge, descubrió la primera de ellas en 1932, los neutrones, partículas que tienen casi la misma masa que un protón pero sin carga eléctrica. Sin embargo, con anterioridad ya se habían anticipado teóricamente otras partículas, como los neutrinos, partículas sin masa y eléctricamente neutrales.

Estas partículas subatómicas, efímeras y fugaces, se multiplicaban sobre todo con los aceleradores de alta energía de la «gran ciencia», disponibles después de la segunda guerra mundial. A finales de los años cincuenta había más de un centenar de ellas y no se divisaba su final. El panorama se complicó además, desde comienzos de los treinta, con el descubrimiento de dos fuerzas oscuras y desconocidas que operaban dentro del átomo, además de las fuerzas eléctricas que mantenían unido al núcleo con los electrones. Eran las llamadas fuerza de «interacción fuerte», que ligaban el neutrón y el protón de carga positiva con el núcleo atómico, y de «interacción débil», responsable de ciertos tipos de descomposición de las partículas.

En el marasmo conceptual sobre el que se edificaron las ciencias del siglo XX, había sin embargo un presupuesto básico y esencialmente estético que no se puso en duda. Y que, a medida que la incertidumbre iba cubriendo a los demás, se fue haciendo cada vez más central para los científicos. Éstos, al igual que Keats, creían que «la belleza es verdad, y la verdad, belleza», aunque su criterio de belleza no coincidía con el del poeta. Una teoría bella, lo que ya era en sí mismo una presunción de verdad, debe ser elegante, económica y general. Debe unificar y simplificar, como lo habían hecho hasta entonces los grandes hitos de la teoría científica.

La revolución científica de la época de Galileo y de Newton demostró que las leyes que gobernaban el cielo y la tierra eran las mismas. La revolución química redujo la infinita variedad de formas en que aparecía la materia a noventa y dos elementos sistemáticamente conectados. El triunfo de la física del siglo XIX consistió en demostrar que la electricidad, el magnetismo y los fenómenos ópticos tenían las mismas raíces. Sin embargo, la nueva revolución científica no produjo una simplificación, sino una complicación.

La maravillosa teoría de la relatividad de Einstein, que describía la gravedad como una manifestación de la curvatura del espacio-tiempo, introdujo, de hecho, una dualidad inquietante en la naturaleza: «por un lado, estaba el escenario: es decir, el espacio-tiempo curvo, la gravedad; y por otro, los actores: los electrones, los protones, los campos electromagnéticos... y no había conexión entre ellos» (Weinberg, 1979, p. 43). En los últimos cuarenta años de su vida, Einstein, el Newton del siglo XX, trabajó para elaborar una «teoría unificada» que enlazaría el electromagnetismo con la gravedad, pero no lo consiguió y ahora existían otras dos clases, aparentemente no conectadas entre sí, de fuerzas de la naturaleza, sin relación aparente con la gravedad y el electromagnetismo.

La multiplicación de las partículas subatómicas, por muy estimulante que fuese, sólo podía ser una verdad temporal y preliminar porque, por muy hermosa que fuera en el detalle, no había belleza en el nuevo átomo como la había habido en el viejo. Incluso los pragmáticos puros de la época, para quienes el único criterio sobre la validez de una hipótesis era que ésta funcionase, habían soñado alguna vez con una «teoría de todo» —por emplear la expresión de un físico de Cambridge, Stephen Hawking— que fuese noble, bella y general. Pero esta teoría parecía estar cada vez más lejana, pese a que desde los años sesenta los físicos comenzaron, una vez más, a percibir la posibilidad de tal síntesis. De hecho, en los años noventa volvió a extenderse entre los físicos la creencia generalizada de que estaban a punto de alcanzar un nivel verdaderamente básico y que la multiplicidad de partículas elementales podría reducirse a un grupo relativamente simple y coherente.

Al mismo tiempo, y a caballo entre los indefinidos límites de disciplinas tan dispares como la meteorología, la ecología, la física no nuclear, la astronomía, la dinámica de fluidos y distintas ramas de las matemáticas desarrolladas independientemente en la Unión Soviética y (algo más tarde) en Occidente, y con la ayuda del extraordinario desarrollo de los ordenadores como herramientas analíticas y de inspiración visual, se iba abriendo paso, o iba resurgiendo, un nuevo tipo de síntesis conocido con el nombre, bastante engañoso, de «teoría del caos». Y era engañoso porque lo que revelaba no era tanto los impredecibles resultados de procedimientos científicos perfectamente deterministas, sino la extraordinaria universalidad de formas y modelos de la naturaleza en sus manifestaciones más dispares y aparentemente inconexas.[11]

La teoría del caos ayudó a dar otra vuelta de tuerca a la antigua causalidad. Rompió los lazos entre ésta y la posibilidad de predicción, puesto que no sostenía que los hechos sucediesen de manera fortuita, sino que los efectos que se seguían de unas causas específicas no se podían predecir. Ello reforzó, además, otra cuestión avanzada por los paleontólgos y de considerable interés para los historiadores: la sugerencia de que las cadenas de desarrollo histórico o evolutivo son perfectamente coherentes y explicables *después* del hecho, pero que los resultados finales no se pueden predecir desde el principio, porque, si se dan las mismas condiciones otra vez, cualquier cambio, por insignificante o poco importante que pueda parecer en ese momento, «hará que la evolución se desarrolle por una vía radicalmente distinta» (Gould, 1989, p. 51). Las consecuencias políticas, económicas y sociales de este enfoque pueden ser de largo alcance.

Por otra parte, estaba también el absurdo total de gran parte del nuevo mundo de los físicos. Mientras estuviese confinado en el átomo, no afectaba directamente a la vida cotidiana, en la que incluso los científicos estaban inmersos, pero hubo al menos un nuevo e inasimilable descubrimiento que no se pudo poner también en cuarentena. Este era el hecho extraodinario, que algunos habían anticipado a partir de la teoría de la relatividad, y que había sido observado en 1929 por el astrónomo estadounidense E. Hubble, de que el universo entero parecía expandirse a una velocidad de vértigo. Esta expansión, que incluso muchos científicos encontraban difícil de aceptar, por lo que algunos llegaron a idear teorías alternativas sobre el «estado estacionario» del cosmos, fue verificada con la obtención de nuevos datos astronómicos en los años sesenta. Era imposible no hacerse preguntas acerca de hacia dónde se (y nos) dirigía esta expansión; acerca de cuándo y cómo comenzó y, por consiguiente, especular sobre la historia del universo, empezando por el *big bang* o explosión inicial.

Este descubrimiento produjo el floreciente campo de la cosmología, la parte de la ciencia del siglo XX más apta para inspirar *bestsellers*, y aumentó enormemente el papel de la historia en las ciencias naturales que, a excepción de la geología y sus derivadas, habían manifestado hasta entonces una

11. El desarrollo de la «teoría del caos» en los años setenta y ochenta tiene algo en común con el surgimiento, a comienzos del siglo XIX, de una escuela científica «romántica» centrada principalmente en Alemania (la *Naturphilosophie*), en reacción contra la corriente principal «clásica», centrada en Francia y Gran Bretaña. Es interesante señalar que dos eminentes pioneros de la nueva escuela, Feigenbaum y Libchaber (véase Gleick, 1988, pp. 163 y 197), se inspiraron en la lectura de la apasionadamente antinewtoniana teoría de los colores de Goethe, y en su tratado sobre la transformación de las plantas, que puede considerarse como una teoría evolucionista antidarwinista anticipada. (Sobre la *Naturphilosophie* véase *Las revoluciones burguesas*, capítulo 15.)

desdeñosa falta de interés por ella. Disminuyó, además, la identificación de la ciencia «dura» con la experimentación, es decir, con la reproducción de los fenómenos naturales. Porque ¿cómo se iban a repetir hechos que eran irrepetibles por definición? Así, el universo en expansión se añadió a la confusión en que estaban sumidos tanto los científicos como los legos.

Esta confusión hizo que quienes vivieron en la era de las catástrofes, y conocían o reflexionaban sobre estas cuestiones, se reafirmasen en su convicción de que el mundo antiguo había muerto o, como mínimo, estaba en una fase terminal, pero que los contornos del nuevo no estaban todavía claramente esbozados. El gran Max Planck no tenía dudas sobre la relación entre la crisis de la ciencia y de la vida cotidiana:

> Estamos viviendo un momento muy singular de la historia. Es un momento de crisis en el sentido literal de la palabra. En cada rama de nuestra civilización espiritual y material parecemos haber llegado a un momento crítico. Este espíritu se manifiesta no sólo en el estado real de los asuntos públicos, sino también en la actitud general hacia los valores fundamentales de la vida social y personal ... Ahora, el iconoclasta ha invadido el templo de la ciencia. Apenas hay un principio científico que no sea negado por alguien. Y, al propio tiempo, cualquier teoría, por absurda que parezca, puede hallar prosélitos y discípulos en un sitio u otro (Planck, 1933, p. 64).

Nada podía ser más natural que el hecho de que un alemán de clase media, educado en las certidumbres del siglo XIX, expresase tales sentimientos en los días de la Gran Depresión y de la ascensión de Hitler al poder.

Sin embargo, no era precisamente pesimismo lo que sentían la mayoría de los científicos. Estaban de acuerdo con Rutherford, que en 1923, ante la British Association, afirmó: «estamos viviendo en la era heroica de la física» (Howarth, 1978, p. 92). Cada nuevo ejemplar de las revistas científicas, cada coloquio (puesto que a la mayoría de los científicos les encantaba, más que nunca, combinar cooperación y competencia), traía avances nuevos, profundos y estimulantes. La comunidad científica era todavía lo bastante reducida, al menos en disciplinas punta como la física nuclear y la cristalografía, como para ofrecer a todo joven investigador la posibilidad de alcanzar el estrellato. Ser un científico era ser alguien envidiado. Quienes estudiábamos en Cambridge, de donde surgieron la mayoría de los treinta premios Nobel británicos de la primera mitad del siglo —que, a efectos prácticos, *constituía* la ciencia británica en ese tiempo—, sabíamos cuál era la materia que nos hubiera gustado estudiar, si nuestras matemáticas hubieran sido lo suficientemente buenas para ello.

En realidad, las ciencias naturales no podían esperar más que mayores hitos y avances intelectuales, que hacían tolerables los parches, imperfecciones e improvisaciones de las teorías al uso, puesto que éstas estaban destinadas a ser sólo temporales. ¿Cómo iban a desconfiar del futuro personas que recibían premios Nobel por trabajos realizados cuando contaban poco más de veinte años?[12] Y, sin embargo, ¿cómo iban a poder los hombres (y las pocas mujeres) que seguían poniendo a prueba la realidad de la vacilante idea de «progreso» en su ámbito de actividad, permanecer inmunes ante la época de crisis y catástrofes en la que vivían?

No podían, y no lo hicieron. La era de las catástrofes fue, por tanto, una de las comparativamente raras etapas en las que hubo científicos politizados, y no sólo porque se demostró (cuando muchos de ellos tuvieron que emigrar de grandes zonas de Europa porque eran considerados racial o ideológicamente inaceptables) que no podían dar por supuesta su inmunidad personal. En todo caso, el científico británico característico de los años treinta era miembro del «Grupo de científicos contra la guerra», organización izquierdista radicada en Cambridge, y profesaba un radicalismo acentuado por el talante abiertamente radical de sus mentores, cuyos méritos habían reconocido desde la Royal Society hasta el premio Nobel: Bernal (cristalografía), Haldane (genética), Needham (embriología química),[13] Blackett (física), Dirac (física) y el matemático G. H. Hardy, para quien sólo había dos personajes en el siglo XX que pudieran compararse al jugador de cricket australiano Don Bradman, a quien admiraba: Lenin y Einstein.

El típico físico joven estadounidense de los años treinta tendría probablemente problemas políticos en la época de la guerra fría que siguió a la contienda, a causa de las inclinaciones radicales que había manifestado antes de la guerra o que conservaba, como les sucedió a Robert Oppenheimer (1904-1967), el gran artífice de la bomba atómica, y a Linus Pauling, el químico (1901) que ganó dos premios Nobel, uno de ellos por su contribución a la paz, y un premio Lenin. El científico francés típico era simpatizante del Frente Popular en los años treinta y activista de la Resistencia durante la guerra, algo de que no muchos franceses podían enorgullecerse. Y el científico refugiado característico de la Europa central había de ser hostil al fascismo, por muy poco interesado que estuviese en la vida pública. Los científicos que siguieron en los países fascistas y en la Unión Soviética —o que no pudieron abandonarlos— no podían mantenerse al margen de la política de sus gobiernos, tanto si simpatizaban con ella como si no, aunque sólo fuera por los gestos públicos que les imponían, como el saludo nazi en la Alemania de Hitler, que el gran físico Max von Laue (1897-1960) procuraba evitar llevando algo en las dos manos siempre que salía de su casa.

A diferencia de lo que ocurre con las ciencias sociales o humanas, esta politización era excepcional en las ciencias naturales, cuya materia no exige, ni siquiera sugiere —salvo en ciertos ámbitos de las ciencias de la vida— opiniones sobre los asuntos humanos, aunque a menudo las sugiera sobre Dios.

12. La revolución de la física de 1924-1928 la llevaron a cabo personas como Heisenberg, Pauli, Dirac, Fermi y Joliot, nacidas entre 1900 y 1902. Schrödinger, De Broglie y Max Born estaban en la treintena.

13. Más adelante se convirtió en un eminente historiador de la ciencia china.

Sin embargo, los científicos estaban más directamente politizados por sus bien fundadas creencias de que los legos, incluyendo a los políticos, no tenían ni idea del extraordinario potencial que la ciencia moderna, adecuadamente empleada, ponía en manos de la sociedad humana. Y tanto el colapso de la economía mundial como el ascenso de Hitler parecieron confirmarlo de modos distintos. Por el contrario, la devoción marxista oficial de la Unión Soviética y su inclinación hacia las ciencias naturales engañó a muchos científicos occidentales de la época, haciéndoles creer que era un régimen adecuado para realizar este potencial. La tecnocracia y el radicalismo convergieron porque en este punto era la izquierda política, con su compromiso ideológico con la ciencia, el racionalismo y el progreso (ridiculizado por los conservadores mediante un neologismo, el «cientifismo»),[14] la que representaba naturalmente el reconocimiento y el respaldo adecuados para «la función social de la ciencia», por citar el título de un libro-manifiesto de gran influencia en esa época (Bernal, 1939), escrito, como no podía ser menos, por un físico marxista brillante y militante.

También es significativo que el gobierno del Frente Popular francés de 1936-1939 creara la primera subsecretaría de investigación científica (dirigida por Irene Joliot-Curie, galardonada con el Nobel) y desarrollase lo que aún hoy es el principal mecanismo de subvención de la investigación francesa, el CNRS, Centre National de la Recherche Scientifique. En realidad, cada vez resultaba más evidente, por lo menos para los científicos, que la investigación no sólo necesitaba fondos públicos, sino también una organización pública. Los servicios científicos del gobierno británico, que en 1930 empleaban en su conjunto a un total de 743 científicos, eran insuficientes (treinta años después daban empleo a más de 7.000) (Bernal, 1967, p. 931).

La etapa de la ciencia politizada alcanzó su punto álgido en la segunda guerra mundial, el primer conflicto (desde la era jacobina, durante la revolución francesa) en que los científicos fueron movilizados de forma sistemática y *centralizada* con fines militares, con mayor eficacia, probablemente, por parte de los aliados que por parte de Alemania, Italia y Japón, porque los aliados no pretendían ganar la guerra rápidamente con los métodos y los recursos de que disponían en aquel momento (véase el capítulo I).

Trágicamente, la guerra atómica resultó ser hija del antifascismo. Una simple guerra entre estados-nación no hubiera movido a la flor y nata de los físicos nucleares, gran parte de ellos refugiados o exiliados del fascismo, a incitar a los gobiernos británico y estadounidense a que construyeran la bomba atómica. Y el mismo horror de estos científicos cuando la lograron, sus esfuerzos de última hora para evitar que los políticos y militares la usasen, y su posterior resistencia a la construcción de la bomba de hidrógeno, muestran la fuerza de las pasiones *políticas*. En realidad, el apoyo que las campañas antinucleares impulsadas tras la segunda guerra mundial encontraron entre la

14. El término apareció por primera vez en 1936 en Francia (Guerlac, 1951, pp. 93-94).

comunidad científica lo recibieron de los miembros de las politizadas generaciones antifascistas.

Al mismo tiempo, la guerra acabó de convencer a los gobiernos de que dedicar recursos inimaginables hasta entonces a la investigación científica era factible y esencial para el futuro. Ninguna economía, excepto la de los Estados Unidos, podía haber reunido dos mil millones de dólares (al valor de los tiempos de guerra) para construir la bomba atómica en plena conflagración. Pero también es verdad que ningún gobierno, antes de 1940, hubiera soñado en gastar ni siquiera una pequeña fracción de todo ese dinero en un proyecto hipotético, basado en los cálculos incomprensibles de unos académicos melenudos. Después de la guerra sólo el cielo o, mejor dicho, la capacidad económica fue el límite del gasto y de los empleos científicos de los gobiernos. En los años setenta el gobierno estadounidense sufragaba los dos tercios de los costes de la investigación básica que se desarrollaba en su país, que en aquel tiempo sumaban casi cinco mil millones de dólares *anuales*, y daba trabajo a casi un millón de científicos e ingenieros (Holton, 1978, pp. 227-228).

III

La temperatura política de la ciencia bajó después de la segunda guerra mundial. Entre 1947 y 1949 el radicalismo experimentó un rápido descenso en los laboratorios, cuando opiniones que en otros lugares se consideraban extrañas e infundadas se convirtieron en obligatorias para los científicos de la Unión Soviética. Incluso los comunistas leales encontraban imposible de tragar el «lysenkoísmo» (véanse pp. 526-527). Además, cada vez fue más evidente que los regímenes que seguían el modelo soviético carecían de atractivo material y moral, al menos para la mayoría de los científicos.

Por otra parte, y pese a la ingente propaganda realizada, la guerra fría entre Occidente y el bloque soviético nunca generó entre los científicos nada parecido a las pasiones políticas desencadenadas por el fascismo. Puede que ello se debiera a la tradicional afinidad entre los racionalismos liberal y marxista, o a que la Unión Soviética, a diferencia de la Alemania nazi, nunca pareció estar en situación de conquistar Occidente, ni aunque se lo hubiese propuesto, lo cual era muy dudoso. Para la mayor parte de los científicos occidentales la Unión Soviética, sus satélites y la China comunista eran malos estados cuyos científicos eran dignos de compasión, más que imperios del mal contra los que hubiera que hacer una cruzada.

En el mundo occidental desarrollado las ciencias naturales permanecieron política e ideológicamente inactivas durante una generación, disfrutando de sus logros intelectuales y de los vastos recursos de que ahora disponían para sus investigaciones. De hecho, el magnánimo patrocinio de los gobiernos y de las grandes empresas alentó a un tipo de investigadores que no discutían la política de quienes les pagaban y preferían no pensar en las posibles implicaciones de sus trabajos, especialmente cuando pertenecían al ámbito militar. A lo sumo, los científicos de estos sectores protestaban por no poder publicar los resultados de sus investigaciones.

De hecho, la mayoría de los componentes de lo que en ese momento era el enorme ejército de doctores en física contratados por la NASA (National Aeronautics and Space Administration), fundada como respuesta al reto soviético de 1958, no tenían mayor interés en conocer las razones que orientaban sus actividades que los miembros de cualquier otro ejército. A fines de los años cuarenta todavía había hombres y mujeres que se torturaban con el dilema de si entrar o no en los centros gubernamentales especializados en investigaciones de guerra química y biológica.[15] No parece que posteriormente hubiera dificultades para reclutar personal para estos puestos.

Un tanto inesperadamente, fue en la zona de influencia soviética donde la ciencia se politizó más a medida que avanzaba la segunda mitad del siglo. No era una casualidad que el portavoz nacional (e internacional) de la disidencia soviética fuese un científico, Andrei Sajarov (1921-1989), el físico que había sido el principal responsable de la construcción, a fines de los años cuarenta, de la bomba de hidrógeno soviética. Los científicos eran miembros por excelencia de la amplia nueva clase media profesional, instruida y técnicamente preparada, que era el principal logro del sistema soviético, al mismo tiempo que la clase más consciente de sus debilidades y limitaciones. Eran mucho más necesarios para el sistema que sus colegas occidentales, ya que eran tan sólo ellos los que hacían posible que una economía atrasada en muchos aspectos pudiese enfrentarse a los Estados Unidos como una superpotencia. Y demostraron que eran indispensables al permitir que la Unión Soviética adelantase durante un tiempo a Occidente en la tecnología más avanzada: la espacial. El primer satélite construido por el hombre (Sputnik, 1957), el primer vuelo espacial tripulado por hombres y mujeres (1961, 1963) y los primeros paseos espaciales fueron rusos. Concentrados en institutos de investigación o en «ciudades científicas», unidos por su trabajo, apaciguados y disfrutando de un cierto grado de libertad concedido por el régimen posestalinista, no es sorprendente que surgieran opiniones críticas en ese ámbito investigador, cuyo prestigio social era, en todo caso, mucho mayor que el de cualquier otra ocupación en la sociedad soviética.

IV

¿Puede decirse que estas fluctuaciones en la temperatura política e ideológica afectaron al progreso de las ciencias naturales? Mucho menos de lo que afectaron a las ciencias humanas y sociales, por no hablar de las ideolo-

15. Recuerdo de aquella época la preocupación de un bioquímico amigo mío, antiguo pacifista y después comunista, que había aceptado un puesto de estas características en un centro británico.

gías y filosofías. Las ciencias naturales podían reflejar el siglo en que vivían los científicos tan sólo dentro de los confines de la metodología empírica que, en una época de incertidumbre epistemológica, se generalizó necesariamente: la de la hipótesis verificable —o, en términos de Karl Popper (1902-1994), falsable— mediante pruebas prácticas. Esto imponía límites a su ideologización. La economía, aunque sujeta a exigencias de lógica y consistencia, ha florecido como una especie de teología —probablemente como la rama más influyente de la teología secular, en el mundo occidental— porque normalmente se puede formular, y se formula, en unos términos que le permiten rehuir el control de la verificación. La física no puede permitírselo. Así, mientras que en el ámbito de la economía se puede demostrar que las escuelas en conflicto y el cambio de las modas del pensamiento económico son fiel reflejo de las experiencias y del debate ideológico contemporáneos, esto no sucede en el ámbito de la cosmología.

Pese a todo la ciencia se hizo eco de su tiempo, aunque es innegable que algunos movimientos científicos importantes son endógenos. Así, era prácticamente inevitable que la desordenada proliferación de partículas subatómicas, especialmente tras la aceleración experimentada en los años cincuenta, condujese a los científicos a buscar simplificación. La arbitraria naturaleza de la nueva, e hipotéticamente «última», partícula de la que se decía ahora que estaban compuestos los protones, neutrones, electrones y demás, queda reflejada en su mismo nombre, *quark*, término tomado de *Finnegan's Wake* de James Joyce (1963). Éste fue muy pronto dividido en tres o cuatro subespecies (con sus «antiquarks»), descritas como *up*, *down, sideways* o *strange*, y quarks con *charm*, cada una de ellos dotada de una propiedad llamada «color». Ninguna de estas palabras tenía nada que ver con sus significados comunes. Como de costumbre, a partir de esta teoría se hicieron predicciones acertadas, encubriendo así el hecho de que en los noventa no se ha encontrado ningún tipo de evidencia experimental que avale la existencia de quarks de ningún tipo.[16]

Si estos nuevos avances constituían una simplificación del laberinto subatómico o, por el contrario, un aumento de su complejidad, es algo que debe dejarse al juicio de los físicos capacitados para ello. Sin embargo, el observador lego escéptico, aunque admirado, puede recordar a veces los titánicos esfuerzos intelectuales y las dosis de ingenio empleadas a fines del siglo XIX para mantener la creencia científica en el «éter», antes de que los trabajos de Planck y Einstein lo relegaran al museo de las pseudoteorías junto al «flogisto» (véase *La era del imperio*, capítulo 10).

La misma falta de contacto de estas construcciones teóricas con la realidad que intentan explicar (excepto en calidad de hipótesis falsables) las abrió

16. John Maddox afirma que esto depende de lo que cada uno entienda por «encontrar». Se identificaron algunos efectos de los quarks, pero, al parecer, éstos no se encuentran «solos», sino en pares o tríos. Lo que confunde a los científicos no es si los quarks existen o no, sino el motivo por el cual nunca están solos.

a las influencias del mundo exterior. ¿No era lógico que, en un siglo tan dominado por la tecnología, las analogías mecánicas contribuyeran a conformarlas, aunque esta vez en la forma de técnicas de comunicación y control en los animales y las máquinas, que desde 1940 han generado un *corpus* teórico conocido bajo varios nombres (cibernética, teoría general de sistemas, teoría de la información, etc.)?

Los ordenadores electrónicos, que se desarrollaron a una velocidad de vértigo después de la segunda guerra mundial, especialmente tras la invención del transistor, tenían una enorme capacidad para hacer simulaciones, lo que hizo mucho más fácil que antes desarrollar modelos mecánicos de las que, hasta entonces, se consideraban las funciones físicas y mentales básicas de los organismos, incluyendo el humano. Los científicos de fines del siglo XX hablaban del cerebro si éste fuese esencialmente un elaborado sistema de procesamiento de información, y uno de los debates filosóficos habituales de la segunda mitad del siglo era si se podía, y en tal caso cómo, diferenciar la inteligencia humana de la «inteligencia artificial»; es decir, qué es lo que había —si lo había— en la mente humana que no fuese programable en teoría en un ordenador.

Es indudable que estos modelos tecnológicos han hecho avanzar la investigación. ¿Dónde estaría el estudio de la neurología —esto es, el estudio de los impulsos eléctricos nerviosos— sin los de la electrónica? No obstante, en el fondo estas resultan ser unas analogías reduccionistas, que un día probablemente parecerán tan desfasadas como nos lo parece ahora la descripción que se hacía en el siglo XVIII del movimiento humano en términos de un sistema de poleas.

Estas analogías fueron útiles para la formulación de modelos concretos. Sin embargo, más allá de éstos, la experiencia vital de los científicos había de afectar a su forma de mirar a la naturaleza. El nuestro ha sido un siglo en el cual, por citar a un científico que reseñaba la obra de otro, «el conflicto entre gradualistas y catastrofistas impregna la experiencia humana» (Jones, 1992, p. 12). Y, por ello, no es sorprendente que haya impregnado también la ciencia.

En un siglo XIX de mejoras y progreso burgués, la continuidad y el gradualismo dominaron los paradigmas de la ciencia. Fuera cual fuese el sistema de locomoción de la naturaleza, no le estaba permitido avanzar a saltos. El cambio geológico y la evolución de la vida en la tierra se habían desarrollado sin catástrofes, poco a poco. Incluso el previsible final del universo, en algún futuro remoto, sería gradual, mediante la perceptible pero inexorable transformación de la energía en calor, de acuerdo con la segunda ley de la termodinámica (la «muerte térmica del universo»). La ciencia del siglo XX ha desarrollado una imagen del mundo muy distinta.

Nuestro universo nació, hace quince mil millones de años, de una explosión primordial y, según las especulaciones cosmológicas que se barajan en el momento de escribir esto, podría terminar de una forma igualmente espectacular. Dentro de él la «biografía» de las estrellas y, por tanto, la de sus planetas está, como el universo, llena de cataclismos: novas, supernovas, estrellas gigantes rojas, estrellas enanas, agujeros negros y otros fenómenos astronómicos que antes de los años veinte eran desconocidos o considerados como periféricos.

Durante mucho tiempo la mayor parte de los geólogos se resistieron a la idea de grandes desplazamientos laterales, como los de la deriva de los continentes a través del planeta en el transcurso de la historia de la tierra, aunque la evidencia en su favor fuese considerable. Su oposición se fundamentaba en cuestiones básicamente ideológicas, a juzgar por la acritud de la polémica contra el principal defensor de la «deriva continental», Alfred Wegener. En todo caso, el argumento de quienes consideraban que la «deriva continental» no podía ser cierta porque no había ningún mecanismo geofísico conocido que pudiese llevar a cabo tales movimientos no era, *a priori*, más convincente que el razonamiento de lord Kelvin, en el siglo XIX, según el cual la escala temporal postulada en aquel tiempo por los geólogos no podía ser verdadera porque la física, tal como se conocía entonces, consideraba que la tierra era mucho más joven de lo que decía la geología.

Sin embargo, en los años sesenta lo que antes era impensable se convirtió en la ortodoxia cotidiana de la geología: un mundo compuesto por gigantescas placas movedizas, a veces en rápido movimiento («tectónica de placas»).[17]

Quizá resulte aún más ilustrativo el hecho de que desde los años sesenta la geología y la teoría evolucionista regresaran a un catastrofismo directo a través de la paleontología. Una vez más, las evidencias *prima facie* eran conocidas desde hacía mucho tiempo: todos los niños saben que los dinosaurios se extinguieron al final del período Cretácico. Pero era tal la fuerza de la creencia darwinista según la cual la evolución *no* era el resultado de catástrofes (o de la creación), sino de lentos y pequeños cambios que se produjeron en el transcurso de la historia geológica, que este aparente cataclismo biológico llamó poco la atención.

Sencillamente, el tiempo geológico se consideraba lo suficientemente prolongado como para dar cuenta de cualquier cambio evolutivo. ¿Debemos sorprendernos de que, en una época en que la historia humana estaba tan marcada por los cataclismos, las discontinuidades evolutivas llamaran de nuevo la atención? Todavía podríamos ir más lejos: el mecanismo predilecto de los geólogos y los paleontólogos catastrofistas en el momento en que escribo esto es el de un bombardeo del espacio exterior, es decir, la colisión con uno o varios grandes meteoritos. Según algunos cálculos, es probable que cada trescientos mil años llegue a la Tierra un asteroide lo suficiente-

17. Las evidencias *prima facie* consistían en: *a*) el «ajuste» de las líneas costeras de continentes separados, especialmente el de las costas occidentales de África y las orientales de América del Sur; *b*) la similitud de los estratos geológicos en tales casos, y *c*) la distribución geográfica de ciertos tipos de animales y plantas. Puedo recordar mi sorpresa cuando en los años cincuenta, poco antes del avance de la tectónica de placas, un colega geofísico se negaba ni siquiera a considerar que esto necesitase explicación.

mente grande como para destruir la civilización, esto es, el equivalente a ocho millones de Hiroshimas.

Estas disquisiciones habían sido siempre propias de una prehistoria marginal; pero, antes de la era de la guerra nuclear, ¿algún científico serio hubiese pensado en esos términos? Estas teorías de la evolución que la consideran como un proceso lento, interrumpido de vez en cuando por un cambio súbito («equilibrio puntuado»), siguen siendo objeto de polémica en los años noventa, pero son parte ahora del debate *dentro* de la comunidad científica. Al observador lego tampoco puede pasarle desapercibida la aparición, dentro del campo del pensamiento más alejado de la vida cotidiana, de dos áreas de las matemáticas conocidas, respectivamente, como «teoría de las catástrofes», iniciada en los sesenta, y «teoría del caos», iniciada en los ochenta (véanse pp. 534 y ss.). La primera de ellas se desarrolló en Francia en los años sesenta a partir de la topología, e investigaba las situaciones en que un cambio gradual produce rupturas bruscas, es decir, la interrelación entre el cambio continuo y el discontinuo. La segunda, de origen estadounidense, hizo modelos de las situaciones de incertidumbre e impredictibilidad en las que hechos aparentemente nimios, como el batir de las alas de una mariposa, pueden desencadenar grandes resultados en otro lugar, como por ejemplo un huracán.

Para quienes han vivido las últimas décadas del siglo no resulta difícil comprender por qué tales imágenes de caos y de catástrofe aparecían en las mentes de científicos y matemáticos.

V

Sin embargo, a partir de los años setenta el mundo exterior afectó a la actividad de laboratorios y seminarios de una manera más indirecta, pero también más intensa, con el descubrimiento de que la tecnología derivada de la ciencia, cuyo poder se multiplicó gracias a la explosión económica global, era capaz de producir cambios fundamentales y tal vez irreversibles en el planeta Tierra, o al menos, en la Tierra como hábitat para los organismos vivos. Esto era aún más inquietante que la perspectiva de una catástrofe causada por el hombre, en forma de guerra nuclear, que obsesionó la conciencia y la imaginación de los hombres durante la larga guerra fría, ya que una guerra nuclear globalizada entre la Unión Soviética y los Estados Unidos parecía poder evitarse y, en efecto, se evitó. No era tan fácil escapar de los subproductos del crecimiento científico-económico. Así, en 1973, dos químicos, Rowland y Molina, fueron los primeros en darse cuenta de que los clorofluorocarbonados, ampliamente empleados en la refrigeración y en los nuevos y populares aerosoles, destruían el ozono de la atmósfera terrestre. No es de extrañar que este fenómeno no se hubiese percibido antes, ya que a principios de los años cincuenta la emisión de estos elementos químicos (CFC 11 y CFC 12) no superaba las cuarenta mil toneladas, mientras que entre 1960 y

1972 se emitieron a la atmósfera más de 3,6 millones de toneladas.[18] Así, a principios de los años noventa, la existencia de grandes «agujeros en la capa de ozono» de la atmósfera era del dominio público, y la única pregunta a hacerse era con qué rapidez se agotaría la capa de ozono, y cuándo se rebasaría la capacidad de recuperación natural. Estaba claro que si nos deshacíamos de los CFC la capa de ozono se repondría. Desde los años setenta empezó a discutirse seriamente el problema del «efecto invernadero», el calentamiento incontrolado de la temperatura del planeta debido a la emisión de gases producidos por el hombre, y en los años ochenta se convirtió en una de las principales preocupaciones de especialistas y políticos (Smil, 1990). El peligro era real, aunque en ocasiones se exageraba mucho.

Casi al mismo tiempo el término «ecología», acuñado en 1873 para describir la rama de la biología que se ocupaba de las interrelaciones entre los organismos y su entorno, adquirió su connotación familiar y casi política (Nicholson, 1970).[19] Estas eran las consecuencias naturales del gran b*oom* económico del siglo (véase el capítulo IX).

Estos temores bastarían para explicar por qué en los años setenta la política y las ideologías volvieron a interesarse por las ciencias naturales, hasta el punto de penetrar en algunas partes de las propias ciencias en forma de debates sobre la necesidad de límites prácticos y morales en la investigación científica.

Estas cuestiones no se habían planteado seriamente desde el final de la hegemonía teológica. Y no debe sorprendernos que se planteasen precisamente desde aquellas ramas de las ciencias naturales que siempre habían tenido, o parecían tener, implicación directa con las cuestiones humanas: la genética y la biología evolutiva. Ello sucedió porque, diez años después de la segunda guerra mundial, las ciencias de la vida experimentaron una revolución con los asombrosos avances de la biología molecular, que desvelaron los mecanismos universales de la herencia, el «código genético».

La revolución de la biología molecular no fue un suceso inesperado. Después de 1914 podía darse por hecho que la vida podía y tenía que explicarse en términos físicos y químicos, y no en términos de alguna esencia inherente a los seres vivos.[20] De hecho, los modelos bioquímicos sobre el posible origen de la vida en la Tierra, empezando con la luz solar, el metano, el amoníaco y el agua, fueron sugeridos por primera vez (en buena medida con intenciones antirreligiosas) en la Rusia soviética y en Gran Bretaña durante los años veinte, y situaron el tema en el terreno de la discusión científica seria. Dicho sea

18. *World Resources*, 1986, cuadro 11.1, p. 319.

19. «La ecología ... es también la principal disciplina y herramienta intelectual que nos permite esperar que la evolución humana pueda mutarse, pueda desviarse hacia un nuevo cauce de manera que el hombre deje de ser un peligro para el medio ambiente del que depende su propio futuro.»

20. «¿Cómo pueden explicar la física y la química los acontecimientos espacio-temporales que se producen dentro de los límites espaciales de un organismo vivo?» (Schrödinger, 1944, p. 2).

de paso, la hostilidad hacia la religión siguió siendo un elemento dinamizador de las investigaciones en este campo, y tanto Crick como Linus Pauling son ejemplos de ello (Olby, 1970, p. 943). Durante décadas la biología dedicó sus mayores esfuezos al estudio de la bioquímica y de la física, desde que se supo que las moléculas de las proteínas se podían cristalizar y, por tanto, analizar cristalográficamente. Se sabía que una sustancia, el ácido desoxirribonucleico (ADN), desempeñaba un papel, posiblemente el papel central, en la herencia; parecía ser el componente básico del gen, la unidad de la herencia. A finales de los años treinta aún se intentaba desentrañar el problema de cómo el gen «causa[ba] la síntesis de otra estructura idéntica a él mismo, en la que incluso se copia[ba]n las mutaciones del gen original» (Muller, 1951, p. 95). En definitiva, se investigaba cómo actuaba la herencia. Después de la guerra estaba claro que, como dijo Crick, «grandes cosas aguardaban a la vuelta de la esquina». El brillo del descubrimiento hecho por Crick y Watson de la estructura de doble hélice del ADN y la forma en que explicaba la «copia de genes» mediante un elegante modelo mecánico-químico, no queda empañado por el hecho de que otros investigadores estuviesen acercándose a los mismos resultados a principios de los años cincuenta.

La revolución del ADN, «el mayor descubrimiento de la biología» (J. D. Bernal), que dominó las ciencias de la vida durante la segunda mitad del siglo, se refería esencialmente a la genética y, en la medida en que el darwinismo del siglo XX es exclusivamente genético, a la evolución.[21] Tanto la genética como el darwinismo son materias muy delicadas, porque los modelos científicos de estos campos tienen muchas veces una carga ideológica —cabe recordar aquí la deuda de Darwin con Malthus (véase Desmond y Moore, capítulo 18)— y porque frecuentemente tienen efectos políticos (como el «darwinismo social»). El concepto de «raza» ilustra esta interacción. El recuerdo de la política racial del nazismo hizo que para los intelectuales liberales, entre los que se encontraban la mayoría de los científicos, fuera prácticamente impensable trabajar con este concepto. De hecho, muchos dudaron incluso que fuese legítimo investigar sistemáticamente las diferencias genéticamente determinadas entre los grupos humanos, por temor a que los resultados sirviesen de apoyo a las tesis racistas. De manera más general, en los países occidentales la ideología posfascista de democracia e igualdad resucitó los viejos debates de «la naturaleza contra la crianza» o de la herencia contra el entorno. Evidentemente, el individuo humano es configurado por la herencia y por el entorno; por los genes y por la cultura. Pero los conservadores se inclinaban con gusto a aceptar una sociedad de desigualdades inamovibles, esto es, genéticamente determinadas, y la izquierda, con su compromiso con la igualdad, sostenía que la acción social podía superar todas las

21. También a la variante esencialmente matemático-mecánica de la ciencia experimental, a lo que quizá se debe que no haya encontrado un entusiasmo al cien por cien en otras ciencias de la vida menos cuantificables o experimentales, como la zoología y la paleontología (véase Lewontin, 1973).

desigualdades ya que, en el fondo, éstas estaban determinadas por el entorno. La controversia se enconó con la cuestión de la inteligencia humana que, por sus implicaciones en la escolarización universal o selectiva, era altamente política, hasta el punto que generó polémicas aún más encendidas que las suscitadas por la raza, aunque ambas estaban relacionadas. Cuán importantes eran estos debates se pudo ver con el resurgimiento del movimiento feminista (véase el capítulo X), algunos de cuyos ideólogos llegaron prácticamente a afirmar que *todas* las diferencias mentales entre hombres y mujeres estaban determinadas por la cultura, esto es, por el entorno. De hecho, la adopción del término «género» en sustitución de «sexo» implicaba la creencia de que «mujer» no era tanto una categoría biológica como un rol social. El científico que intentase investigar cuestiones tan delicadas sabía que se estaba aventurando en un campo de minas político. Incluso quienes se adentraban en él deliberadamente, como E. O. Wilson, de Harvard (1929), el paladín de la «sociobiología», evitaban hablar con claridad.[22]

Lo que todavía enrareció más el ambiente fue que los propios científicos, especialmente los del ámbito más claramente social de las ciencias de la vida (la teoría evolutiva, la ecología, la etología o estudio del comportamiento social de los animales y similares) abusaban del uso de metáforas antropomórficas o sacaban conclusiones humanas. Los sociobiólogos, o quienes popularizaban sus hallazgos, sugirieron que en nuestra existencia social todavía predominaban los caracteres (masculinos) heredados de los milenios durante los cuales el hombre primitivo experimentó un proceso de selección para adaptarse, como cazador, a una existencia más predadora en hábitats abiertos (Wilson, *ibid.*). Esto no sólo irritó a las mujeres, sino también a los historiadores. Los teóricos evolucionistas analizaron la selección natural, a la luz de la gran revolución biológica, como la lucha por la existencia de «el gen egoísta» (Dawkins, 1976). Incluso los partidarios de la versión dura del darwinismo se preguntaban qué tenía que ver realmente la selección genética con los debates sobre el egoísmo, la competencia y la cooperación humanas. Una vez más, la ciencia se vio asediada por los críticos, aunque, significativamente, no sufrió ya el acoso de la religión tradicional, exceptuando algunos grupos fundamentalistas intelectualmente insignificantes. El clero aceptaba ahora la hegemonía del laboratorio, y procuraba extraer todo el con-

22. «Mi impresión general sobre la información disponible es que *Homo sapiens* es una especie animal muy característica en cuanto se refiere a la calidad y a la magnitud de la diversidad genética que afecta a su conducta. Si se me permite la comparación, la unidad psíquica de la especie humana ha rebajado su estatus, y de ser un dogma se ha convertido en una hipótesis verificable. Esto no es nada fácil de decir en el ambiente político actual de los Estados Unidos, y algunos sectores de la comunidad académica lo consideran una herejía punible. Pero si las ciencias sociales quieren ser honestas no tienen otra alternativa que afrontar directamente la cuestión. Es preferible que los científicos estudien la cuestión de la diversidad conductual genética que mantener una conspiración de silencio en nombre de las buenas intenciones» (Wilson, 1977, p. 133).

El significado real de este retorcido párrafo es que las razas existen y que, por razones genéticas, en algunos aspectos concretos son permanentemente desiguales.

suelo teológico posible de la cosmología científica cuyas teorías del *big bang* podían, a los ojos de la fe, presentarse como prueba de que un Dios había creado el mundo. Por otro lado, la revolución cultural occidental de los años sesenta y setenta produjo un fuerte ataque neorromántico e irracionalista contra la visión científica del mundo; un ataque cuyo tono podía pasar de radical a reaccionario con facilidad.

A diferencia de lo que ocurría en las trincheras exteriores de las ciencias naturales, el bastión principal de la investigación pura en las ciencias «duras» se vio poco afectado por estos ataques, hasta que en los años setenta se vio claro que la investigación no se podía divorciar de las consecuencias sociales de las tecnologías que ahora engendraba. Fueron las perspectivas de la «ingeniería genética» —en los seres humanos y en otras formas de vida— las que llevaron a plantearse la cuestión de si debían ponerse límites a la investigación científica. Por vez primera se oyeron opiniones de este tipo entre los propios científicos, especialmente en el campo de la biología, porque a partir de aquel momento algunos de los elementos esenciales de las tecnologías «frankensteinianas» ya no eran separables de la investigación pura o simples consecuencias de ella, sino que, como en el caso del proyecto Genoma, que pretende hacer el mapa de todos los genes humanos hereditarios, *eran* la investigación básica. Estas críticas minaron lo que todos los científicos habían considerado hasta entonces, y la mayoría siguió considerando, como el principio básico de la ciencia, según el cual, salvo concesiones marginales a las creencias morales de la sociedad,[23] la ciencia debe buscar la verdad dondequiera que esta búsqueda la lleve. Los científicos no tenían ninguna responsabilidad por lo que los no científicos hicieran con sus hallazgos. Que, como observó un científico estadounidense en 1992, «ningún biólogo molecular importante que yo conozca ha dejado de hacer alguna inversión financiera en el negocio biotecnológico» (Lewontin, 1992, p. 37; pp. 31-40), o que «la cuestión (de la propiedad) está en el centro de todo lo que hacemos» (*ibid*, p. 38), pone en entredicho esta pretensión de pureza.

De lo que se trataba ahora no era de la búsqueda de la verdad, sino de la imposibilidad de separarla de sus condiciones y consecuencias. Al mismo tiempo, el debate se dirimía esencialmente entre los optimistas y los pesimistas acerca de la raza humana, ya que el presupuesto básico de quienes contemplaban restricciones o autolimitaciones en la investigación científica era que la humanidad, tal como estaba organizada hasta el momento, no era capaz de manejar el potencial de transformación radical que poseía, ni siquiera de reconocer los riesgos que estaba corriendo. Porque incluso los brujos que no aceptaban límites en sus investigaciones desconfiaban de sus aprendices. Los argumentos en favor de una investigación ilimitada «atañen a la investigación científica básica, no a las aplicaciones tecnológicas de la ciencia, algunas de las cuales deben restringirse» (Baltimore, 1978).

Pero incluso estos argumentos se alejaban de lo esencial. Porque, como

23. Como, en especial, la restricción de no experimentar con seres humanos.

todos los científicos sabían, la investigación científica *no* era ilimitada y libre, aunque sólo fuese porque necesitaba unos recursos que estaban limitados. La cuestión no estribaba en si alguien debía decir a los investigadores qué podían hacer o no, sino en quién imponía tales límites y directrices, y con qué criterios. Para la mayoría de los científicos, cuyas instituciones estaban directa o indirectamente financiadas con fondos públicos, los controladores de la investigación eran los gobiernos, cuyos criterios, por muy sincera que fuese su devoción por los valores de la libre investigación, no eran los de un Planck, un Rutherford o un Einstein.

Sus prioridades no eran, por definición, las de la investigación «pura», especialmente cuando esa investigación era cara. Cuando el gran *boom* global llegó a su fin, incluso los gobiernos más ricos, cuyos ingresos no superaban ya a sus gastos, tuvieron que hacer cuentas. Tampoco eran, ni podían ser, las prioridades de la investigación «aplicada», que daba empleo a la gran mayoría de los científicos, porque éstas no se fijaban en términos del «avance del conocimiento» en general (aunque pudiera resultar de ella), sino en función de la necesidad de lograr ciertos resultados prácticos, como, por ejemplo, una terapia efectiva para el cáncer o el SIDA. Quienes investigaban en estos campos no se dedicaban necesariamente a aquello que verdaderamente les interesaba, sino a lo que era socialmente útil o económicamente rentable, o por lo menos aquello para lo que se disponía de dinero, aunque confiasen en que volviera a llevarles alguna vez a la senda de la investigación básica. En estas circunstancias, resultaba retórico afirmar que poner límites a la investigación era intolerable porque el hombre, por naturaleza, pertenecía a una especie que necesitaba «satisfacer su curiosidad, explorar y experimentar» (Lewis Thomas, en Baltimore, 1978, p. 44), o que, siguiendo la consigna de los montañeros, debemos escalar las cimas del conocimiento «porque están ahí».

La verdad es que la «ciencia» (un término por el que mucha gente entiende las ciencias naturales «duras») era demasiado grande, demasiado poderosa, demasiado indispensable para la sociedad en general y para sus patrocinadores en particular como para dejarla a merced de sí misma. La paradoja de esta situación era que, en último análisis, el poderoso motor de la tecnología del siglo XX, y la economía que ésta hizo posible, dependían cada vez más de una comunidad relativamente minúscula de personas para quienes estas colosales consecuencias de sus actividades resultaban secundarias o triviales. Para ellos la capacidad humana de viajar a la Luna o de transmitir vía satélite las imágenes de un partido de fútbol disputado en Brasil para que pudiera verse en un televisor de Düsseldorf, era mucho menos interesante que el descubrimiento de un ruido de fondo cósmico que perturbaba las comunicaciones, pero que confirmaba una teoría sobre los orígenes del universo. No obstante, al igual que el antiguo matemático griego Arquímedes, sabían que habitaban, y estaban ayudando a configurar, un mundo que no podía comprender lo que hacían, ni se preocupaba por ello. Su llamamiento en favor de la libertad de investigación era como el grito de Arquímedes a los soldados invasores, contra quienes había diseñado artefactos militares para la defensa de su ciudad, Siracusa, en los que ni se fijaron cuando le mataban: «Por Dios, no destrocéis mis diagramas». Era comprensible, pero poco realista.

Sólo los poderes transformadores de los que tenían la llave les sirvieron de protección, porque éstos parecían depender de que se permitiera seguir a su aire a una elite privilegiada e incomprensible —hasta muy avanzado el siglo, incomprensible incluso por su relativa falta de interés en los signos externos de la riqueza y el poder—. Todos los estados del siglo XX que actuaron de otra manera tuvieron ocasión de lamentarlo. En consecuencia, todos los estados apoyaron la ciencia, que, a diferencia de las artes y de la mayor parte de las humanidades, no podía funcionar de forma eficaz sin tal apoyo, a la vez que evitaban interferir en ella en la medida de lo posible. Pero a los gobiernos no les interesan las verdades últimas (salvo las ideológicas o religiosas) sino la verdad instrumental. Pueden a lo sumo fomentar la investigación «pura» (es decir, la que resulta inútil de momento) porque podría producir algún día algo útil, o por razones de prestigio nacional, ya que en este terreno la consecución de premios Nobel se antepone a la de las medallas olímpicas, y se valora mucho más. Estos fueron los fundamentos sobre los que se erigieron las estructuras triunfantes de la investigación y la teoría científica, gracias a las cuales el siglo XX será recordado como una era de progreso y no únicamente de tragedias humanas.

Capítulo XIX

EL FIN DEL MILENIO

Estamos en el principio de una nueva era, que se caracteriza por una gran inseguridad, por una crisis permanente y por la ausencia de cualquier tipo de *statu quo* ... Hemos de ser conscientes de que nos encontramos en una de aquellas crisis de la historia mundial que describió Jakob Burckhardt. Ésta no es menos importante que la que se produjo después de 1945, aun cuando ahora las condiciones para remontarla parecen mejores, porque no hay potencias vencedoras ni vencidas, ni siquiera en la Europa oriental.

M. STÜRMER en Bergedorf (1993, p. 59)

Aunque el ideal terrenal del socialismo y el comunismo se haya derrumbado, los problemas que este ideal intentaba resolver permanecen: se trata de la descarada utilización social del desmesurado poder del dinero, que muchas veces dirige el curso de los acontecimientos. Y si la lección global del siglo XX no produce una seria reflexión, el inmenso torbellino rojo puede repetirse de principio a fin.

ALEXANDER SOLZHENITSYN, en *New York Times*,
28 de noviembre de 1993

Para un escritor es un privilegio haber presenciado el final de tres estados: la república de Weimar, el estado fascista y la República Democrática Alemana. Creo que no viviré lo suficiente como para presenciar el final de la República Federal.

HEINER MÜLLER (1992, p. 361)

I

El siglo XX corto acabó con problemas para los cuales nadie tenía, ni pretendía tener, una solución. Cuando los ciudadanos de fin de siglo emprendieron su camino hacia el tercer milenio a través de la niebla que les rodeaba, lo único que sabían con certeza era que una era de la historia llegaba a su fin. No sabían mucho más.

Así, por primera vez en dos siglos, el mundo de los años noventa carecía de cualquier sistema o estructura internacional. El hecho de que después de 1989 apareciesen decenas de nuevos estados territoriales, sin ningún mecanismo para determinar sus fronteras, y sin ni siquiera una tercera parte que pudiese considerarse imparcial para actuar como mediadora, habla por sí mismo. ¿Dónde estaba el consorcio de grandes potencias que anteriormente establecían las fronteras en disputa, o al menos las ratificaban formalmente? ¿Dónde los vencedores de la primera guerra mundial que supervisaron la redistribución del mapa de Europa y del mundo, fijando una frontera aquí o pidiendo un plebiscito allá? (¿Dónde, además, los hombres que trabajaban en las conferencias internacionales tan familiares para los diplomáticos del pasado y tan distintas de las breves «cumbres» de relaciones públicas y foto que las han reemplazado?)

¿Dónde estaban las potencias internacionales, nuevas o viejas, al fin del milenio? El único estado que se podía calificar de gran potencia, en el sentido en que el término se empleaba en 1914, era los Estados Unidos. No está claro lo que esto significaba en la práctica. Rusia había quedado reducida a las dimensiones que tenía a mediados del siglo XVII. Nunca, desde Pedro el Grande, había sido tan insignificante. El Reino Unido y Francia se vieron relegados a un estatus puramente regional, y ni siquiera la posesión de armas nucleares bastaba para disimularlo. Alemania y Japón eran grandes potencias económicas, pero ninguna de ellas vio la necesidad de reforzar sus grandes recursos económicos con potencial militar en el sentido tradicional, ni siquiera cuando tuvieron libertad para hacerlo, aunque nadie sabe qué harán en el futuro. ¿Cuál era el estatus político internacional de la nueva Unión Europea, que aspiraba a tener un programa político común, pero que fue incapaz de conseguirlo —o incluso de pretender que lo tenía— salvo en cuestiones económicas? No estaba claro ni siquiera que muchos de los estados, grandes o pequeño, nuevos o viejos, pudieran sobrevivir en su forma actual durante el primer cuarto del siglo XXI.

Si la naturaleza de los actores de la escena internacional no estaba clara, tampoco lo estaba la naturaleza de los peligros a que se enfrentaba el mundo. El siglo XX había sido un siglo de guerras mundiales, calientes o frías, protagonizadas por las grandes potencias y por sus aliados, con unos escenarios cada vez más apocalípticos de destrucción en masa, que culminaron con la perspectiva, que afortunadamente pudo evitarse, de un holocausto nuclear provocado por las superpotencias. Este peligro ya no existía. No se sabía qué podía depararnos el futuro, pero la propia desaparición o transformación de todos los actores —salvo uno— del drama mundial significaba que una tercera guerra mundial al viejo estilo era muy improbable.

Esto no quería decir, evidentemente, que la era de las guerras hubiese llegado a su fin. Los años ochenta demostraron, mediante el conflicto anglo-argentino de 1982 y el que enfrentó a Irán con Irak de 1980 a 1988, que guerras que no tenían nada que ver con la confrontación entre las superpotencias mundiales eran posibles en cualquier momento. Los años que siguieron a 1989 presenciaron un mayor número de operaciones militares en más lugares de Europa, Asia y África de lo que nadie podía recordar, aunque no todas fueran oficialmente calificadas como guerras: en Liberia, Angola, Sudán y el Cuerno de África; en la antigua Yugoslavia, en Moldavia, en varios países del Cáucaso y de la zona transcaucásica, en el siempre explosivo Oriente Medio, en la antigua Asia central soviética y en Afganistán. Como muchas veces no estaba claro quién combatía contra quién, y por qué, en las frecuentes situaciones de ruptura y desintegración nacional, estas actividades no se acomodaban a las denominaciones clásicas de «guerra» internacional o civil. Pero los habitantes de la región que las sufrían difícilmente podían considerar que vivían en tiempos de paz, especialmente cuando, como en Bosnia, Tadjikistán o Liberia, habían estado viviendo en una paz incuestionable hacía poco tiempo. Por otra parte, como se demostró en los Balcanes a principios de los noventa, no había una línea de demarcación clara entre las luchas internas regionales y una guerra balcánica semejante a las de viejo estilo, en la que aquéllas podían transformarse fácilmente. En resumen, el peligro global de guerra no había desaparecido; sólo había cambiado.

No cabe duda de que los habitantes de estados fuertes, estables y privilegiados (la Unión Europea con relación a la zona conflictiva adyacente; Escandinavia con relación a las costas ex soviéticas del mar Báltico) podían creer que eran inmunes a la inseguridad y violencia que aquejaba a las zonas más desfavorecidas del tercer mundo y del antiguo mundo socialista; pero estaban equivocados. La crisis de los estados-nación tradicionales basta para ponerlo en duda. Dejando a un lado la posibilidad de que algunos de estos estados pudieran escindirse o disolverse, había una importante, y no siempre advertida, innovación de la segunda mitad del siglo que los debilitaba, aunque sólo fuera al privarles del monopolio de la fuerza, que había sido siempre el signo del poder del estado en las zonas establecidas permanentemente: la democratización y privatización de los medios de destrucción, que transformó las perspectivas de conflicto y violencia en *cualquier parte* del mundo.

Ahora resultaba posible que pequeños grupos de disidentes, políticos o de cualquier tipo, pudieran crear problemas y destrucción en cualquier lugar del mundo, como lo demostraron las actividades del IRA en Gran Bretaña y el intento de volar el World Trade Center de Nueva York (1993). Hasta fines del siglo XX, el coste originado por tales actividades era modesto —salvo para las empresas aseguradoras—, ya que el terrorismo no estatal, al contrario de lo que se suele suponer, era mucho menos indiscriminado que los bombardeos de la guerra oficial, aunque sólo fuera porque su propósito, cuando lo tenía, era más bien político que militar. Además, y si exceptuamos las cargas explosivas, la mayoría de estos grupos actuaban con armas de mano, más adecuadas para pequeñas acciones que para matanzas en masa. Sin embargo, no había razón alguna para que las armas nucleares —siendo el material y los conocimientos para construirlas de fácil adquisición en el mercado mundial— no pudieran adaptarse para su uso por parte de pequeños grupos.

Además, la democratización de los medios de destrucción hizo que los costes de controlar la violencia no oficial sufriesen un aumento espectacular. Así, el gobierno británico, enfrentado a las fuerzas antagónicas de los paramilitares católicos y protestantes de Irlanda del Norte, que no pasaban de unos pocos centenares, se mantuvo en la provincia gracias a la presencia constante de unos 20.000 soldados y 8.000 policías, con un gasto anual de tres mil millones de libras esterlinas. Lo que era válido para pequeñas rebeliones y otras formas de violencia interna, lo era más aún para los pequeños conflictos fuera de las fronteras de un país. En muy pocos casos de conflicto internacional los estados, por grandes que fueran, estaban preparados para afrontar estos enormes gastos.

Varias situaciones derivadas de la guerra fría, como los conflictos de Bosnia y Somalia, ilustraban esta imprevista limitación del poder del estado, y arrojaban nueva luz acerca de la que parecía estarse convirtiendo en la principal causa de tensión internacional de cara al nuevo milenio: la creciente separación entre las zonas ricas y pobres del mundo. Cada una de ellas tenía resentimientos hacia la otra. El auge del fundamentalismo islámico no era sólo un movimiento contra la ideología de una modernización occidentalizadora, sino contra el propio «Occidente». No era casual que los activistas de estos movimientos intentasen alcanzar sus objetivos perturbando las visitas de los turistas, como en Egipto, o asesinando a residentes occidentales, como en Argelia. Por el contrario, en los países ricos la amenaza de la xenofobia popular se dirigía contra los extranjeros del tercer mundo, y la Unión Europea estaba amurallando sus fronteras contra la invasión de los pobres del tercer mundo en busca de trabajo. Incluso en los Estados Unidos se empezaron a notar graves síntomas de oposición a la tolerancia *de facto* de la inmigración ilimitada.

En términos políticos y militares, sin embargo, ninguno de los bandos podía imponerse al otro. En cualquier conflicto abierto entre los estados del norte y del sur que se pudiera imaginar, la abrumadora superioridad técnica y económica del norte le aseguraría la victoria, como demostró concluyentemente la guerra del Golfo de 1991. Ni la posesión de algunos misiles nucleares por algún país del tercer mundo —suponiendo que dispusiera de medios para mantenerlos y lanzarlos— podía tener efecto disuasorio, ya que los estados occidentales, como Israel y la coalición de la guerra del Golfo demostraron en Irak, podían emprender ataques preventivos contra enemigos potenciales mientras eran todavía demasiado débiles como para resultar amenazadores. Desde un punto de vista militar, el primer mundo podría tratar al tercero como lo que Mao llamaba «un tigre de papel».

Sin embargo, durante la segunda mitad del siglo XX cada vez quedó más claro que el primer mundo podía ganar batallas pero no guerras contra el tercer mundo o, más bien, que incluso vencer en las guerras, si hubiera sido posible, no le garantizaría controlar los territorios. Había desaparecido el principal activo del imperialismo: la buena disposición de las poblaciones coloniales para, una vez conquistadas, dejarse administrar tranquilamente por un puñado de ocupantes. Gobernar Bosnia-Herzegovina no fue un problema para el imperio de los Habsburgo, pero a principios de los noventa los asesores militares de todos los países advirtieron a sus gobiernos que la pacificación de ese infeliz y turbulento país requeriría la presencia de cientos de miles de soldados durante un período de tiempo ilimitado, esto es, una movilización comparable a la de una guerra.

Somalia siempre había sido una colonia difícil, que en una ocasión había requerido incluso la presencia de un contingente militar británico mandado por un general de división, pero ni Londres ni Roma pensaron que ni siquiera Muhammad ben Abdallah, el famoso «Mullah loco», pudiese plantear problemas insolubles a los gobiernos coloniales británico e italiano. Sin embargo, a principios de los años noventa los Estados Unidos y las demás fuerzas de ocupación de las Naciones Unidas, compuestas por varias decenas de miles de hombres, se retiraron ignominiosamente de Somalia al verse ante la opción de una ocupación indefinida sin un propósito claro. Incluso el poderío de los Estados Unidos reculó cuando se enfrentó en la vecina Haití —uno de los satélites tradicionales dependientes de Washington— a un general local del ejército haitiano, entrenado y armado por los Estados Unidos, que se oponía al regreso de un presidente electo que gozaba de un apoyo con reservas de los Estados Unidos, a quienes desafió a ocupar Haití. Los norteamericanos rehusaron ocuparla de nuevo, como habían hecho de 1915 a 1934, no porque el millar de criminales uniformados del ejército haitiano constituyesen un problema militar serio, sino porque ya no sabían cómo resolver el problema haitiano con una fuerza exterior.

En suma, el siglo finalizó con un desorden global de naturaleza poco clara, y sin ningún mecanismo para poner fin al desorden o mantenerlo controlado.

II

La razón de esta impotencia no reside sólo en la profundidad de la crisis mundial y en su complejidad, sino también en el aparente fracaso de todos los programas, nuevos o viejos, para manejar o mejorar los asuntos de la especie humana.

El siglo XX corto ha sido una era de guerras religiosas, aunque las más militantes y sanguinarias de sus religiones, como el nacionalismo y el socialismo, fuesen ideologías laicas nacidas en el siglo XIX, cuyos dioses eran abstracciones o políticos venerados como divinidades. Es probable que los casos extremos de tal devoción secular, como los diversos cultos a la personalidad, estuvieran ya en declive antes del fin de la guerra fría o, más bien, que hubiesen pasado de ser iglesias universales a una dispersión de sectas rivales. Sin embargo, su fuerza no residía tanto en su capacidad para movilizar emociones emparentadas con las de las religiones tradicionales —algo que el liberalismo ni siquiera intentó—, sino en que prometía dar soluciones permanentes a los problemas de un mundo en crisis. Que fue precisamente en lo que fallaron cuando se acababa el siglo.

El derrumbamiento de la Unión Soviética llamó la atención en un primer momento sobre el fracaso del comunismo soviético; esto es, del intento de basar una economía entera en la propiedad estatal de todos los medios de producción, con una planificación centralizada que lo abarcaba todo y sin recurrir en absoluto a los mecanismos del mercado o de los precios. Como todas las demás formas históricas del ideal socialista que daban por supuesta una economía basada en la propiedad social (aunque no necesariamente estatal) de los medios de producción, distribución e intercambio, la cual implicaba la eliminación de la empresa privada y de la asignación de recursos a través del mercado, este fracaso minó también las aspiraciones del socialismo no comunista, marxista o no, aunque ninguno de estos regímenes o gobiernos proclamase haber establecido una economía socialista. Si el marxismo, justificación intelectual e inspiración del comunismo, iba a continuar o no, era una cuestión abierta al debate. Aunque por más que Marx perviviera como gran pensador, no era probable que lo hiciera, al menos en su forma original, ninguna de las versiones del marxismo formuladas desde 1890 como doctrinas para la acción política y aspiración de los movimientos socialistas.

Por otra parte, la utopía antagónica a la soviética también estaba en quiebra. Ésta era la fe teológica en una economía que asignaba *totalmente* los recursos a través de un mercado sin restricciones, en una situación de competencia ilimitada; un estado de cosas que se creía que no sólo producía el máximo de bienes y servicios, sino también el máximo de felicidad y el único tipo de sociedad que merecía el calificativo de «libre». Nunca había existido una economía de *laissez-faire* total. A diferencia de la utopía soviética, nadie intentó antes de los años ochenta instaurar la utopía ultraliberal. Sobrevivió durante el siglo XX como un principio para criticar las ineficiencias de las economías existentes y el crecimiento del poder y de la burocracia del estado. El intento más consistente de ponerla en práctica, el régimen de la señora Thatcher en el Reino Unido, cuyo fracaso económico era generalmente aceptado en la época de su derrocamiento, tuvo que instaurarse gradualmente. Sin embargo, cuando se intentó hacerlo para sustituir de un día al otro la antigua economía socialista soviética, mediante «terapias de choque» recomendadas por asesores occidentales, los resultados fueron económicamente desastrosos y espantosos desde un punto de vista social y político.

Las teorías en las que se basaba la teología neoliberal, por elegantes que fuesen, tenían poco que ver con la realidad.

El fracaso del modelo soviético confirmó a los partidarios del capitalismo en su convicción de que ninguna economía podía operar sin un mercado de valores. A su vez, el fracaso del modelo ultraliberal confirmó a los socialistas en la más razonable creencia de que los asuntos humanos, entre los que se incluye la economía, son demasiado importantes para dejarlos al juego del mercado. También dio apoyo a la suposición de economistas escépticos de que no existía una correlación visible entre el éxito o el fracaso económico de un país y la calidad académica de sus economistas teóricos.[1] Puede ser que las generaciones futuras consideren que el debate que enfrentaba al capitalismo y al socialismo como ideologías mutuamente excluyentes y totalmente opuestas no era más que un vestigio de las «guerras frías de religión» ideológicas del siglo XX. Puede que este debate resulte tan irrelevante para el tercer milenio como el que se desarrolló en los siglos XVI y XVII entre católicos y protestantes acerca de la verdadera naturaleza del cristianismo lo fue para los siglos XVIII y XIX.

Más grave aún que la quiebra de los dos extremos antagónicos fue la desorientación de los que pueden llamarse programas y políticas mixtos o intermedios que presidieron los milagros económicos más impresionantes del siglo. Éstos combinaban pragmáticamente lo público y lo privado, el mercado y la planificación, el estado y la empresa, en la medida en que la ocasión y la ideología local lo permitían. Aquí el problema no residía en la aplicación de una teoría intelectualmente atractiva o impresionante que pudiera defenderse en abstracto, ya que la fuerza de estos programas se debía más a su éxito práctico que a su coherencia intelectual. Sus problemas los causó el debilitamiento de este éxito práctico. Las décadas de crisis habían demostrado las limitaciones de las diversas políticas de la edad de oro, pero sin generar ninguna alternativa convincente. Revelaron también las imprevistas pero espectaculares consecuencias sociales y culturales de la era de la revolución económica mundial iniciada en 1945, así como sus consecuencias ecológicas, potencialmente catastróficas. Mostraron, en suma, que las instituciones colectivas humanas habían perdido el control sobre las consecuencias colectivas de la acción del hombre. De hecho, uno de los atractivos intelectuales que ayudan a explicar el breve auge de la utopía neoliberal es precisamente que ésta procuraba eludir las decisiones humanas colectivas. Había que dejar

1. Podría tal vez sugerirse una correlación inversa. Antes de 1938 Austria nunca destacó por su éxito económico, aunque en aquella época poseía una de las escuelas de teoría económica más prestigiosas del mundo. Sin embargo, tras la segunda guerra mundial su éxito económico fue considerable, pese a que entonces ya no disponía de ningún economista de reputación internacional. Alemania, que rehusó reconocer en sus universidades el tipo de teoría económica que se enseñaba en el mundo entero, no pareció resentirse por ello. ¿Cuántos economistas coreanos o japoneses aparecen citados regularmente en la *American Economic Review*? Sin embargo, el reverso de este argumento quizá sea Escandinavia, socialdemócrata, próspera y llena de economistas teóricos respetados internacionalmente desde finales del siglo XIX.

que cada individuo persiguiera su satisfacción sin restricciones, y fuera cual fuese el resultado, sería el mejor posible. Cualquier curso alternativo sería peor, se decía de manera poco convincente.

Si las ideologías programáticas nacidas en la era de las revoluciones y en el siglo XIX comenzaron a decaer al final del siglo XX, las más antiguas guías para perplejos de este mundo, las religiones tradicionales, no ofrecían una alternativa plausible. Las religiones occidentales cada vez tenían más problemas, incluso en los países —encabezados por esa extraña anomalía que son los Estados Unidos— donde seguía siendo frecuente ser miembro de una Iglesia y asistir a los ritos religiosos (Kosmin y Lachmann, 1993). El declive de las diversas confesiones protestantes se aceleró. Iglesias y capillas construidas a principios de siglo quedaron vacías al final del mismo, o se vendieron para otros fines, incluso en lugares como Gales, donde habían contribuido a dar forma a la identidad nacional. De 1960 en adelante, como hemos visto, el declive del catolicismo romano se precipitó. Incluso en los países antes comunistas, donde la Iglesia gozaba de la ventaja de simbolizar la oposición a unos regímenes profundamente impopulares, el fiel católico poscomunista mostraba la misma tendencia a apartarse del rebaño que el de otros países. Los observadores religiosos creyeron detectar en ocasiones un retorno a la religión en la zona de la cristiandad ortodoxa postsoviética, pero a fines de siglo la evidencia acerca de este hecho, poco probable pero no imposible, resulta débil. Cada vez menos hombres y mujeres prestaban oídos a las diversas doctrinas de estas confesiones cristianas, fueran los que fuesen sus méritos.

El declive y caída de las religiones tradicionales no se vio compensado, al menos en la sociedad urbana del mundo desarrollado, por el crecimiento de una religiosidad sectaria militante, o por el auge de nuevos cultos y comunidades de culto, y aún menos por el deseo de muchos hombres y mujeres de escapar de un mundo que no comprendían ni podían controlar, refugiándose en una diversidad de creencias cuya fuerza residía en su propia irracionalidad. La visibilidad pública de estas sectas, cultos y creencias no debe ocultarnos la relativa fragilidad de sus apoyos. No más de un 3 o 4 por 100 de la comunidad judía británica pertenecía a alguna de las sectas o grupos jasídicos ultraortodoxos. Y la población adulta estadounidense que pertenecía a sectas militantes y misioneras no excedía del 5 por 100 (Kosmin y Lachmann, 1993, pp. 15-16).[2]

La situación era diferente en el tercer mundo y en las zonas adyacentes, exceptuando la vasta población del Extremo Oriente, que la tradición confuciana mantuvo inmune durante milenios a la religión oficial, aunque no a los cultos no oficiales. Aquí se hubiera podido esperar que ideologías basadas en las tradiciones religiosas que constituían la formas populares de pensar el

2. Entre éstos he contado a quienes se definían como pentecostalistas, miembros de la Iglesia de Dios, testigos de Jehová, adventistas del Séptimo Día, de las Asambleas de Dios, de las Iglesias de la Santidad, «renacidos» y «carismáticos».

mundo hubiesen adquirido prominencia en la escena pública, a medida que la gente común se convertía en actor en esta escena. Esto es lo que ocurrió en las últimas décadas del siglo, cuando la elite minoritaria y secular que llevaba a sus países a la modernización quedó marginada (véase el capítulo XII). El atractivo de una religión politizada era tanto mayor cuanto las viejas religiones eran, casi por definición, enemigas de la civilización occidental que era un agente de perturbación social, y de los países ricos e impíos que aparecían ahora, más que nunca, como los explotadores de la miseria del mundo pobre. Que los objetivos locales contra los que se dirigían estos movimientos fueran los ricos occidentalizados con sus Mercedes y las mujeres emancipadas les añadía un toque de lucha de clases. Occidente les aplicó el erróneo calificativo de «fundamentalistas»; pero cualquiera que fuera la denominación que se les diese, estos movimientos miraban atrás, hacia una época más simple, estable y comprensible de un pasado imaginario. Como no había camino de vuelta a tal era, y como estas ideologías no tenían nada importante que decir sobre los problemas de sociedades que no se parecían en nada, por ejemplo, a las de los pastores nómadas del antiguo Oriente Medio, no podían proporcionar respuestas a estos problemas. Eran lo que el incisivo vienés Karl Kraus llamaba psicoanálisis: síntomas de «la enfermedad de la que pretendían ser la cura».

Este es también el caso de la amalgama de consignas y emociones —ya que no se les puede llamar propiamente ideologías— que florecieron sobre las ruinas de las antiguas instituciones e ideologías, como la maleza que colonizó las bombardeadas ruinas de las ciudades europeas después que cayeron las bombas de la segunda guerra mundial: una mezcla de xenofobia y de política de identidad. Rechazar un presente inaceptable no implica necesariamente proporcionar soluciones a sus problemas (véase el capítulo XIV, VI). En realidad, lo que más se parecía a un programa político que reflejase este enfoque era el «derecho a la autodeterminación nacional» wilsoniano-leninista para «naciones» presuntamente homogéneas en los aspectos étnico-lingüístico-culturales, que iba reduciéndose a un absurdo trágico y salvaje a medida que se acercaba el nuevo milenio. A principios de los años noventa, quizá por vez primera, algunos observadores racionales, independientemente de su filiación política (siempre que no fuese la de algún grupo específico de activismo nacionalista), empezaron a proponer públicamente el abandono del «derecho a la autodeterminación».[3]

3. En 1949 Ivan Ilyin (1882-1954), ruso exiliado y anticomunista, predijo las consecuencias de intentar una imposible «subdivisión territorial rigurosamente étnica» de la Rusia posbolchevique. «Partiendo de los presupuestos más modestos, tendríamos una gama de «estados» separados, ninguno de los cuales tendría un ámbito territorial incontestado, ni gobierno con autoridad, ni leyes, ni tribunales, ni ejército, ni una población étnicamente definida. Una gama de etiquetas vacías. Y poco a poco, en el transcurso de las décadas siguientes, se irían formando mediante la separación o la desintegración nuevos estados. Cada uno de ellos debería librar una larga lucha con sus vecinos por su territorio y su población, en lo que acabaría siendo una interminable serie de guerras civiles dentro de Rusia» (citado en Chiesa, 1993, pp. 34 y 36-37).

No era la primera vez que una combinación de inanidad intelectual con fuertes y a veces desesperadas emociones colectivas resultaba políticamente poderosa en épocas de crisis, de inseguridad y, en grandes partes del mundo, de estados e instituciones en proceso de desintegración. Así como los movimientos que recogían el resentimiento del período de entreguerras generaron el fascismo, las protestas político-religiosas del tercer mundo y el ansia de una identidad segura y de un orden social en un mundo en desintegración (el llamamiento a la «comunidad» va unido habitualmente a un llamamiento en favor de la «ley y el orden») proporcionaron el humus en que podían crecer fuerzas políticas efectivas. A su vez, estas fuerzas podían derrocar viejos regímenes y establecer otros nuevos. Sin embargo, no era probable que pudieran producir soluciones para el nuevo milenio, al igual que el fascismo no las había producido para la era de las catástrofes. A fines del siglo XX corto, ni siquiera estaba claro si serían capaces de engendrar movimientos de masas nacionales similares a los que hicieron fuertes a algunos fascismos incluso antes de que adquiriesen el arma decisiva del poder estatal. Su activo principal consistía, probablemente, en una cierta inmunidad a la economía académica y a la retórica antiestatal de un liberalismo identificado con el mercado libre. Si los políticos tenían que ordenar la renacionalización de una industria, no se detendrían por los argumentos en contra, sobre todo si no eran capaces de entenderlos. Y además, si bien estaban dispuestos a hacer algo, sabían tan poco como los demás qué convenía hacer.

III

Ni lo sabe, por supuesto, el autor de este libro. Pese a todo, algunas tendencias del desarrollo a largo plazo estaban tan claras que nos permiten esbozar una agenda de algunos de los principales problemas del mundo y señalar, al menos, algunas de las condiciones para solucionarlos.

Los dos problemas centrales, y a largo plazo decisivos, son de tipo demográfico y ecológico. Se esperaba generalmente que la población mundial, en constante aumento desde mediados del siglo XX, se estabilizaría en una cifra cercana a los diez mil millones de seres humanos —o, lo que es lo mismo, cinco veces la población existente en 1950— alrededor del año 2030, esencialmente a causa de la reducción del índice de natalidad del tercer mundo. Si esta previsión resultase errónea, deberíamos abandonar toda apuesta por el futuro. Incluso si se demuestra realista a grandes rasgos, se planteará el problema —hasta ahora no afrontado a escala global— de cómo mantener una población mundial estable o, más probablemente, una población mundial que fluctuará en torno a una tendencia estable o con un pequeño crecimiento (o descenso). (Una caída espectacular de la población mundial, improbable pero no inconcebible, introduciría complejidades adicionales.) Sin embargo los movimientos predecibles de la población mundial, estable o no, aumentarán con toda certeza los desequilibrios entre las diferentes zonas del mundo. En conjunto, como sucedió en el siglo XX, los países ricos y desarrollados serán aquellos cuya población comience a estabilizarse, o a tener un índice de crecimiento estancado, como sucedió en algunos países durante los años noventa.

Rodeados por países pobres con grandes ejércitos de jóvenes que claman por conseguir los trabajos humildes del mundo desarrollado que les harían a ellos ricos en comparación con los niveles de vida de El Salvador o de Marruecos, esos países ricos con muchos ciudadanos de edad avanzada y pocos jóvenes tendrían que enfrentarse a la elección entre permitir la inmigración en masa (que produciría problemas políticos internos), rodearse de barricadas para que no entren unos emigrantes a los que necesitan (lo cual sería impracticable a largo plazo), o encontrar otra fórmula. La más probable sería la de permitir la inmigración temporal y condicional, que no concede a los extranjeros los mismos derechos políticos y sociales que a los ciudadanos, esto es, la de crear sociedades esencialmente desiguales. Esto puede abarcar desde sociedades de claro *apartheid*, como las de Suráfrica e Israel (que están en declive en algunas zonas del mundo, pero no han desaparecido en otras), hasta la tolerancia informal de los inmigrantes que no reivindican nada del país receptor, porque lo consideran simplemente como un lugar donde ganar dinero de vez en cuando, mientras se mantienen básicamente arraigados en su propia patria. Los transportes y comunicaciones de fines del siglo XX, así como el enorme abismo que existe entre las rentas que pueden ganarse en los países ricos y en los pobres, hacen que esta existencia dual sea más posible que antes. Si este tipo de existencia podrá lograr, a largo o incluso a medio plazo, que las fricciones entre los nativos y los extranjeros sean menos incendiarias, es una cuestión sobre la que siguen discutiendo los eternos optimistas y los escépticos desilusionados.

Pero no cabe duda de que estas fricciones serán uno de los factores principales de las políticas, nacionales o globales, de las próximas décadas.

Los problemas ecológicos, aunque son cruciales a largo plazo, no resultan tan explosivos de inmediato. No se trata de subestimarlos, aun cuando desde la época en que entraron en la conciencia y en el debate públicos, en los años setenta, hayan tendido a discutirse erróneamente en términos de un inminente apocalipsis. Sin embargo, que el «efecto invernadero» pueda no causar un aumento del nivel de las aguas del mar que anegue Bangladesh y los Países Bajos en el año 2000, o que la pérdida diaria de un desconocido número de especies tenga precedentes, no es motivo de satisfacción. Un índice de crecimiento económico similar al de la segunda mitad del siglo XX, si se mantuviese indefinidamente (suponiendo que ello fuera posible), tendría consecuencias irreversibles y catastróficas para el entorno natural de este planeta, incluyendo a la especie humana que forma parte de él. No destruiría el planeta ni lo haría totalmente inhabitable, pero con toda seguridad cambiaría las pautas de la vida en la biosfera, y podría resultar inhabitable para la especie humana tal como la conocemos y en su número actual. Además, el ritmo a que la tecnología moderna ha aumentado nuestra capacidad de modificar el entorno es tal que —incluso suponiendo que no se acelere— el tiempo del que disponemos para afrontar el problema no debe contarse en siglos, sino en décadas.

Como respuesta a la crisis ecológica que se avecina sólo podemos decir tres cosas con razonable certidumbre. La primera es que esta crisis debe ser planetaria más que local, aunque ganaríamos tiempo si la mayor fuente de contaminación global, el 4 por 100 de la población mundial que vive en los Estados Unidos, tuviera que pagar un precio realista por la gasolina que consume. La segunda, que el objetivo de la política ecológica debe ser radical y realista a la vez. Las soluciones de mercado, como la de incluir los costes de las externalidades ambientales en el precio que los consumidores pagan por sus bienes y servicios, no son ninguna de las dos cosas. Como muestra el caso de los Estados Unidos, incluso el intento más modesto de aumentar el impuesto energético en ese país puede desencadenar dificultades políticas insuperables. La evolución de los precios del petróleo desde 1973 demuestra que, en una sociedad de libre mercado, el efecto de multiplicar de doce a quince veces en seis años el precio de la energía no hace que disminuya su consumo, sino que se consuma con mayor eficiencia, al tiempo que se impulsan enormes inversiones para hallar nuevas —y dudosas desde un punto de vista ambiental— fuentes de energía que sustituyan el irreemplazable combustible fósil. A su vez estas nuevas fuentes de energía volverán a hacer bajar los precios y fomentarán un consumo más derrochador. Por otra parte, propuestas como las de un mundo de crecimiento cero, por no mencionar fantasías como el retorno a la presunta simbiosis primitiva entre el hombre y la naturaleza, aunque sean radicales resultan totalmente impracticables. El crecimiento cero en la situación existente congelaría las actuales desigualdades entre los países del mundo, algo que resulta mucho más tolerable para el habitante medio de Suiza que para el de la India. No es por azar que el principal apoyo a las políticas ecológicas proceda de los países ricos y de las clases medias y acomodadas de todos los países (exceptuando a los hombres de negocios que esperan ganar dinero con actividades contaminantes). Los pobres, que se multiplican y están subempleados, quieren más «desarrollo», no menos.

En cualquier caso, ricos o no, los partidarios de las políticas ecológicas tenían razón. El índice de desarrollo debe reducirse a un desarrollo «sostenible» (un término convenientemente impreciso) a medio plazo, mientras que a largo plazo se tendrá que buscar alguna forma de equilibrio entre la humanidad, los recursos (renovables) que consume y las consecuencias que sus actividades producen en el medio ambiente. Nadie sabe, y pocos se atreven a especular acerca de ello, cómo se producirá este equilibrio, y a qué nivel de población, tecnología y consumo será posible. Sin duda los expertos científicos pueden establecer lo que se necesita para evitar una crisis irreversible, pero no hay que olvidar que establecer este equilibrio no es un problema científico y tecnológico, sino político y social. Sin embargo, hay algo indudable: este equilibrio sería incompatible con una economía mundial basada en la búsqueda ilimitada de beneficios económicos por parte de unas empresas que, por definición, se dedican a este objetivo y compiten una contra otra en un mercado libre global. Desde el punto de vista ambiental, si la humanidad ha de tener un futuro, el capitalismo de las décadas de crisis no debería tenerlo.

IV

Considerándolos aisladamente, los problemas de la economía mundial resultan, con una excepción, menos graves. Aun dejándola a su suerte, la economía seguiría creciendo. De haber algo de cierto en la periodicidad de Kondratiev (véase la p. 94), debería entrar en otra era de próspera expansión antes del final del milenio, aunque esto podría retrasarse por un tiempo por los efectos de la desintegración del socialismo soviético, porque diversas zonas del mundo se ven inmersas en la anarquía y la guerra y, quizás, por una excesiva dedicación al libre comercio mundial, por el cual los economistas suelen sentir mayor entusiasmo que los historiadores de la economía. Sin embargo, las perspectivas de la expansión son enormes. La edad de oro, como hemos visto, representó fundamentalmente el gran salto hacia adelante de las «economías de mercado desarrolladas», quizás unos veinte países habitados por unos 600 millones de personas (1960). La globalización y la redistribución internacional de la producción seguiría integrando a la mayor parte del resto de los 6.000 millones de personas del mundo en la economía global. Hasta los pesimistas congénitos tenían que admitir que esta era una perspectiva alentadora para los negocios.

La principal excepción era el ensanchamiento aparentemente irreversible del abismo entre los países ricos y pobres del mundo, proceso que se aceleró hasta cierto punto con el desastroso impacto de los años ochenta en gran parte del tercer mundo, y con el empobrecimiento de muchos países antiguamente socialistas. A menos que se produzca una caída espectacular del índice de crecimiento de la población del tercer mundo, la brecha parece que continuará ensanchándose. La creencia, de acuerdo con la economía neoclásica, de que el comercio internacional sin limitaciones permitiría que los países pobres se acercaran a los ricos va contra la experiencia histórica y contra el sentido común.[4] Una economía mundial que se desarrolla gracias a la generación de crecientes desigualdades está acumulando inevitablemente problemas para el futuro.

Sin embargo, en ningún caso las actividades económicas existen, ni pueden existir, desvinculadas de su contexto y sus consecuencias. Como hemos visto, tres aspectos de la economía mundial de fines del siglo XX han dado motivo para la alarma. El primero era que la tecnología continuaba expul-

4. El ejemplo de las exportaciones de algunos países industrializados del tercer mundo (Hong-Kong, Singapur, Taiwan y Corea del Sur) que siempre sale a relucir afecta a menos del 2 por 100 de la población del tercer mundo.

sando el trabajo humano de la producción de bienes y servicios, sin proporcionar suficientes empleos del mismo tipo para aquellos a los que había desplazado, o garantizar un índice de crecimiento económico suficiente para absorberlos. Muy pocos observadores esperan un retorno, siquiera temporal, al pleno empleo de la edad de oro en Occidente. El segundo es que mientras el trabajo seguía siendo un factor principal de la producción, la globalización de la economía hizo que la industria se desplazase de sus antiguos centros, con elevados costes laborales, a países cuya principal ventaja —siendo las otras condiciones iguales— era que disponían de cabezas y manos a buen precio. De esto pueden seguirse una o dos consecuencias: la transferencia de puestos de trabajo de regiones con salarios altos a regiones con salarios bajos y (según los principios del libre mercado) la consiguiente caída de los salarios en las zonas donde son altos ante la presión de los flujos de una competencia global. Por tanto, los viejos países industrializados, como el Reino Unido, pueden optar por convertirse en economías de trabajo barato, aunque con unos resultados socialmente explosivos y con pocas probabilidades de competir, pese a todo, con los países de industrialización reciente. Históricamente estas presiones se contrarrestaban mediante la acción estatal, es decir, mediante el proteccionismo. Sin embargo, y este es el tercer aspecto preocupante de la economía mundial de fin de siglo, su triunfo y el de una ideología de mercado libre debilitó, o incluso eliminó, la mayor parte de los instrumentos para gestionar los efectos sociales de los cataclismos económicos. La economía mundial era cada vez más una máquina poderosa e incontrolable. ¿Podría controlarse? y, en ese caso, ¿quién la controlaría?

Todo esto produce problemas económicos y sociales, aunque en algunos países (como en el Reino Unido) son más inmediatamente preocupantes que en otros (como en Corea del Sur).

Los milagros económicos de la edad de oro se basaban en el aumento de las rentas reales en las «economías de mercado desarrolladas», porque las economías basadas en el consumo de masas necesitaban masas de consumidores con ingresos suficientes para adquirir bienes duraderos de alta tecnología.[5] La mayoría de estos ingresos se habían obtenido como remuneración del trabajo en mercados de trabajo con salarios elevados, que empezaron a peligrar en el mismo momento en que el mercado de masas era más esencial que nunca para la economía. En los países ricos este mercado se estabilizó gracias al desplazamiento de fuerza de trabajo de la industria al sector terciario, que en general ofrecía unos empleos estables, y gracias también al crecimiento de las transferencias de rentas (en su mayor parte derivadas de la seguridad social y de las políticas de bienestar), que a fines de los años

5. Muchos no se han dado cuenta de que todas las economías desarrolladas, excepto los Estados Unidos, enviaron una parte *menor* de sus exportaciones al tercer mundo en 1990 que en 1938. En 1990 los países occidentales (incluyendo los Estados Unidos) enviaron menos de una quinta parte de sus exportaciones al tercer mundo (Bairoch, 1993, cuadro 6.1, p. 75).

ochenta representaban aproximadamente un 30 por 100 del PNB conjunto de los países occidentales desarrollados. En cambio, en los años veinte esta cifra apenas alcanzaba un 4 por 100 del PNB (Bairoch, 1993, p. 174). Esto puede explicar por qué la crisis de la bolsa de Wall Street en 1987, la mayor desde 1929, no provocó una depresión del capitalismo similar a la de los años treinta.

Sin embargo, estos dos estabilizadores estaban ahora siendo erosionados. Al final del siglo XX corto los gobiernos occidentales y la economía ortodoxa coincidían en que el coste de la seguridad social y de las políticas de bienestar público era demasiado elevado y debía reducirse, mientras la constante disminución del empleo en el hasta entonces estable sector terciario —empleo público, banca y finanzas, trabajo de oficina desplazado por la tecnología— estaba a la orden del día. Nada de esto implicaba un peligro inmediato para la economía mundial, en la medida en que el relativo declive de los viejos mercados quedaba compensado por la expansión en el resto del mundo o bien porque la cifra global de personas que aumentaban sus rentas crecía a mayor velocidad que el resto. Para decirlo brutalmente, si la economía global podía descartar una minoría de países pobres, económicamente poco interesantes, podía también desentenderse de las personas muy pobres que vivían en cualquier país, siempre que el número de consumidores potencialmente interesantes fuera suficientemente elevado. Visto desde las impersonales alturas desde las que los economistas y los contables de las grandes empresas contemplaban el panorama, ¿quién necesitaba al 10 por 100 de la población estadounidense cuyos ingresos reales por hora habían *caído* un 16 por 100 desde 1979?

Si una vez más nos situamos en la perspectiva global implícita en el modelo del liberalismo económico, las desigualdades del desarrollo son poco importantes a menos que se observe que los resultados globales que tales desigualdades producen son más negativos que positivos.[6] Desde este punto de vista no existe razón económica alguna por la cual, si los costes comparativos lo aconsejan, Francia no deba cerrar toda su agricultura e importar todos sus alimentos; ni para que, si fuera técnicamente posible y económicamente rentable, todos los programas de televisión del mundo no se hicieran en México D.F. Pese a todo, este no es un punto de vista que puedan mantener sin reservas quienes están instalados en la economía nacional, así como en la global, es decir, todos los gobiernos nacionales y la mayor parte de los habitantes de sus países. Y no se puede mantener sin reservas porque no se pueden obviar las consecuencias sociales y políticas de los cataclismos económicos mundiales.

Sea cual fuere la naturaleza de estos problemas, una economía de libre mercado sin límites ni controles no podría solucionarlos. En realidad empeoraría problemas como el del crecimiento del desempleo y del empleo precario, ya que la elección racional de las empresas que sólo buscan su propio

6. Lo cual puede observarse, de hecho, con frecuencia.

beneficio consiste en: *a*) reducir al máximo el número de sus empleados, ya que las personas resultan más caras que los ordenadores, y *b*) recortar los impuestos de la seguridad social (o cualquier otro tipo de impuestos) tanto como sea posible. Y no hay ninguna buena razón para suponer que la economía de mercado libre a escala global pueda solucionarlos. Hasta la década de los años setenta el capitalismo nacional y el mundial no habían operado nunca en tales condiciones o, si lo habían hecho, no se habían beneficiado necesariamente de ello. Con respecto al siglo XIX se puede argumentar que «al contrario de lo que postula el modelo clásico, el libre comercio coincide con —y probablemente es la causa principal de— la depresión, y el proteccionismo es probablemente la causa principal de desarrollo para la mayor parte de los países actualmente desarrollados» (Bairoch, 1993, p. 164). Y en cuanto a los milagros económicos del siglo XX, éstos no se alcanzaron con el *laissez-faire*, sino contra él.

Es probable, por tanto, que la moda de la liberalización económica y de la «mercadización» que dominó la década de los ochenta y que alcanzó la cumbre de la complacencia ideológica tras el colapso del sistema soviético no dure mucho tiempo. La combinación de la crisis mundial de comienzos de los años noventa y del espectacular fracaso de las políticas liberales cuando se aplicaron como «terapia de choque» en los países antes socialistas hicieron que sus partidarios revisasen su antiguo entusiasmo. ¿Quién hubiera podido pensar que en 1993 algunos asesores económicos exclamarían «después de todo, quizá Marx tenía razón»? Sin embargo, el retorno al realismo tiene que superar dos obstáculos. El primero, que el sistema no tiene ninguna amenaza política creíble, como en su momento parecían ser el comunismo y la existencia de la Unión Soviética o, de un modo distinto, la conquista nazi de Alemania. Estas amenazas, como este libro ha intentado demostrar, proporcionaron al capitalismo el incentivo para reformarse. El hundimiento de la Unión Soviética, el declive y la fragmentación de la clase obrera y de sus movimientos, la insignificancia militar del tercer mundo en el terreno de la guerra convencional, así como la reducción en los países desarrollados de los verdaderamente pobres a una «subclase» minoritaria, fueron en su conjunto causa de que disminuyese el incentivo para la reforma. Con todo, el auge de los movimientos ultraderechistas y el inesperado aumento del apoyo a los herederos del antiguo régimen en los países antiguamente comunistas fueron señales de advertencia, y a principios de los años noventa eran vistas como tales. El segundo obstáculo era el mismo proceso de globalización, reforzado por el desmantelamiento de los mecanismos nacionales para proteger a las víctimas de la economía de libre mercado global frente a los costes sociales de lo que orgullosamente se describía como «el sistema de creación de riqueza ... que todo el mundo considera como el más efectivo que la humanidad ha imaginado».

Porque, como el mismo editorial del *Financial Times* (24-XII-1993) llegó a admitir:

> Sigue siendo, sin embargo, una fuerza imperfecta ... Casi dos tercios de la población mundial han obtenido muy poco o ningún beneficio de este rápido crecimiento económico. En el mundo desarrollado el cuartil más bajo de los asalariados ha experimentado más bien un aumento que un descenso.

A medida que se aproximaba el milenio, se vio cada vez más claro que la tarea principal de la época no era la de recrearse contemplando el cadáver del comunismo soviético, sino más bien la de reconsiderar los defectos intrínsecos del capitalismo. ¿Qué cambios en el sistema mundial serían necesarios para eliminar estos defectos? ¿Seguiría siendo el mismo sistema después de haberlos eliminado? Ya que, como había observado Joseph Schumpeter a propósito de las fluctuaciones cíclicas de la economía capitalista, estas fluctuaciones «no son, como las amígdalas, órganos aislados que puedan tratarse por separado, sino, como los latidos del corazón, parte de la esencia del organismo que los pone de manifiesto» (Schumpeter, 1939, I, V).

V

La reacción inmediata de los comentaristas occidentales ante el hundimiento del sistema soviético fue que ratificaba el triunfo permanente del capitalismo y de la democracia liberal, dos conceptos que los observadores estadounidenses menos refinados acostumbran a confundir. Aunque a fines del siglo XX corto no podía decirse que el capitalismo estuviera en su mejor momento, el comunismo al estilo soviético estaba definitivamente muerto y con muy pocas probabilidades de revivir. Por otra parte, a principios de los noventa ningún observador serio podía sentirse tan optimista respecto de la democracia liberal como del capitalismo. Lo máximo que podía predecirse con alguna confianza (exceptuando tal vez los regímenes fundamentalistas más inspirados por la divinidad) era que prácticamente todos los estados continuarían declarando su profundo compromiso con la democracia, organizando algún tipo de elecciones, manifestando cierta tolerancia hacia la oposición nacional y dando un matiz de significado propio a este término.[7]

La característica más destacada de la situación política de los estados era la inestabilidad. En la mayoría de ellos las posibilidades de supervivencia del régimen existente en los próximos diez o quince años no eran, según los cálculos más optimistas, demasiado buenas. E incluso en países con sistemas de gobierno relativamente estables —como Canadá o Bélgica— su existencia como estados unificados podía ser insegura en el futuro, como lo era la

7. Así, un diplomático de Singapur argumentaba que los países en vías de desarrollo harían bien en «posponer» la democracia pero que, cuando ésta llegase, sería menos permisiva que las democracias de tipo occidental, y más autoritaria, poniendo más énfasis en el bien común que en los derechos individuales; que tendrían un solo partido dominante y, casi siempre, una burocracia centralizada y un «estado fuerte» (Mortimer, 1994, p. II).

naturaleza de los regímenes que pudieran suceder a los actuales. En definitiva, la política no es un buen campo para la futurología.

Sin embargo, algunas características del panorama político global permanecieron inalterables. Como ya hemos señalado, la primera de estas características era el debilitamiento del estado-nación, la institución política central desde la era de las revoluciones, tanto en virtud de su monopolio del poder público y de la ley, como porque constituía el campo de acción política más adecuado para muchos fines. El estado-nación fue erosionado en dos sentidos, desde arriba y desde abajo. Por una parte, perdió poder y atributos al transferirlos a diversas entidades supranacionales, y también los perdió, absolutamente, en la medida en que la desintegración de grandes estados e imperios produjo una multiplicidad de pequeños estados, demasiado débiles para defenderse en una era de anarquía internacional. También, como hemos visto, estaba perdiendo el monopolio de la fuerza y de sus privilegios históricos dentro del marco de sus fronteras, como lo muestran el auge de los servicios de seguridad y protección privados y el de las empresas privadas de mensajería que compiten con los servicios postales del país, que hasta el momento eran controlados en todas partes por un ministerio.

Estos cambios no hicieron al estado innecesario ni ineficaz. En algunos aspectos su capacidad de supervisar y controlar los asuntos de sus ciudadanos se vio reforzada por la tecnología, ya que prácticamente todas las transacciones financieras y administrativas (exceptuando los pequeños pagos al contado) quedaban registradas en la memoria de algún ordenador; y todas las comunicaciones (excepto las conversaciones cara a cara en un espacio abierto) podían ser intervenidas y grabadas. Sin embargo, su situación había cambiado. Desde el siglo XVIII hasta la segunda mitad del siglo XX, el estado-nación había extendido su alcance, sus poderes y funciones casi ininterrumpidamente. Este era un aspecto esencial de la «modernización». Tanto si los gobiernos eran liberales, como conservadores, socialdemócratas, fascistas o comunistas, en el momento de su apogeo, los parámetros de las vidas de los ciudadanos en los estados «modernos» estaban casi exclusivamente determinados (excepto en las épocas de conflictos interestatales) por las accciones o inacciones de este estado. Incluso el impacto de fuerzas globales, como los *booms* o las depresiones de la economía mundial, llegaban al ciudadano filtradas por la política y las instituciones de su estado.[8] A finales de siglo el estado-nación estaba a la defensiva contra una economía mundial que no podía controlar; contra las instituciones que construyó para remediar su propia debilidad internacional, como la Unión Europea; contra su aparente incapacidad financiera para mantener los servicios a sus ciudadanos que había

8. Así, Bairoch sugiere que la razón por la cual el PNB suizo per cápita cayó en los años treinta mientras que el de los suecos creció —pese a que la Gran Depresión fue mucho menos grave en Suiza— se explica por el amplio abanico de medidas socioeconómicas adoptadas por el gobierno sueco, frente a la falta de intervención de las autoridades federales suizas (Bairoch, 1993, p. 9).

puesto en marcha confiadamente algunas décadas atrás; contra su incapacidad real para mantener la que, según su propio criterio, era su función principal: la conservación de la ley y el orden públicos. El propio hecho de que, durante la época de su apogeo, el estado asumiese y centralizase tantas funciones, y se fijase unas metas tan ambiciosas en materia de control y orden público, hacía su incapacidad para sostenerlas doblemente dolorosa.

Y sin embargo el estado, o cualquier otra forma de autoridad pública que representase el interés público, resultaba ahora más indispensable que nunca, si habían de remediarse las injusticias sociales y ambientales causadas por la economía de mercado, o incluso —como mostró la reforma del capitalismo en los años cuarenta— si el sistema económico tenía que operar a plena satisfacción. Si el estado no realiza cierta asignación y redistribución de la renta nacional, ¿qué sucederá, por ejemplo, con las poblaciones de los viejos países industrializados, cuya economía se fundamenta en una base relativamente menguante de asalariados, atrapada entre el creciente número de personas marginadas por la economía de alta tecnología, y el creciente porcentaje de viejos sin ningún ingreso? Era absurdo argumentar que los ciudadanos de la Comunidad Europea, cuya renta nacional per cápita conjunta había aumentado un 80 por 100 de 1970 a 1990, no podían «permitirse» en los años noventa el nivel de rentas y de bienestar que se daba por supuesto en 1970 (*World Tables*, 1991, pp. 8-9). Pero éstos no podían existir sin el estado. Supongamos —sin que este sea un ejemplo fantástico— que persisten las actuales tendencias, y que se llega a unas economías en que un cuarto de la población tiene un trabajo remunerado y los tres cuartos restantes no, pero que al cabo de veinte años esta economía produce una renta nacional per cápita dos veces mayor que antes. ¿Quién, de no ser la autoridad pública, podría y querría asegurar un mínimo de renta y de bienestar para todo el mundo, contrarrestando la tendencia hacia la desigualdad tan visible en las décadas de crisis? A juzgar por la experiencia de los años setenta y ochenta, ese alguien no sería el mercado. Si estas décadas demostraron algo, fue que el principal problema del mundo, y por supuesto del mundo desarrollado, no era cómo multiplicar la riqueza de las naciones, sino cómo distribuirla en beneficio de sus habitantes. Esto fue así incluso en los países pobres «en desarrollo» que necesitaban un mayor crecimiento económico. En Brasil, un monumento de desidia social, el PNB per cápita de 1939 era casi dos veces y medio superior al de Sri Lanka, y más de seis veces mayor a fines de los ochenta. En Sri Lanka, país que hasta fines de los setenta subvencionó los alimentos y proporcionó educación y asistencia sanitaria gratuita, el recién nacido medio tenía una esperanza de vida varios años mayor que la de un recién nacido brasileño, y la tasa de mortalidad infantil era la mitad de la tasa brasileña en 1969, y un tercio de ella en 1989 (*World Tables*, 1991, pp. 144-147 y 524-527). En 1989 el porcentaje de analfabetismo era casi dos veces superior en Brasil que en la isla asiática.

La distribución social y no el crecimiento es lo que dominará las políticas del nuevo milenio. Para detener la inminente crisis ecológica es imprescindible que el mercado no se ocupe de asignar los recursos o, al menos, que se limiten tajantemente las asignaciones del mercado. De una manera o de otra, el destino de la humanidad en el nuevo milenio dependerá de la restauración de las autoridades públicas.

VI

Esto nos plantea un doble problema. ¿Cuáles serían la naturaleza y las competencias de las autoridades que tomen las decisiones —supranacionales, nacionales, subnacionales y globales, solas o conjuntamente? ¿Cuál sería su relación con la gente a que estas decisiones se refieren?

El primero es, en cierto sentido, una cuestión técnica, puesto que las autoridades ya existen y, en principio —aunque no en la práctica—, existen también modelos de la relación entre ellas. La Unión Europea ofrece mucho material digno de tenerse en cuenta, aun cuando cada propuesta específica para dividir el trabajo entre las autoridades globales, supranacionales, nacionales y subnacionales puede provocar amargos resentimientos en alguna de ellas. Sin duda las autoridades globales existentes estaban muy especializadas en sus funciones, aunque intentaban extender su ámbito mediante la imposición de directrices políticas y económicas a los países que necesitaban pedir créditos. La Unión Europea era un caso único y, dado que era el resultado de una coyuntura histórica específica y probablemente irrepetible, es probable que siga sola en su género, a menos que se construya algo similar a partir de los fragmentos de la antigua Unión Soviética. No se puede predecir la velocidad a que avanzará la toma de decisiones de ámbito internacional; sin embargo, es seguro que avanzará y se puede ver cómo operará. De hecho ya funciona a través de los gestores bancarios globales de las grandes agencias internacionales de crédito, las cuales representan el conjunto de los recursos de la oligarquía de los países ricos, que también incluyen a los más poderosos. A medida que aumentaba el abismo entre los países ricos y los pobres, parecía aumentar a su vez el campo sobre el que ejercer este poder global. El problema era que, desde principios de los setenta, el Banco Mundial y el Fondo Monetario Internacional, con el respaldo político de los Estados Unidos, siguieron una política que favorecía sistemáticamente la ortodoxia del libre mercado, de la empresa privada y del comercio libre mundial, lo cual convenía a la economía estadounidense de fines del siglo XX como había convenido a la británica de mediados del XIX, pero no necesariamente al mundo en general. Si la toma de decisiones globales debe realizar todo su potencial, estas políticas deberían modificarse, pero no parece que esta sea una perspectiva inmediata.

El segundo problema no era técnico en absoluto. Surgió del dilema de un mundo comprometido, al final del siglo, con un tipo concreto de democracia política, pero que también tenía que hacer frente a problemas de gestión pública, para cuya solución no tenía importancia alguna la elección de presidentes y de asambleas pluripartidistas, aun cuando tampoco complicase las soluciones. Más en general, era el dilema acerca del papel de la gente corriente en un siglo que, acertadamente (al menos para los estándares prefeministas) se llamó «el siglo del hombre corriente». Era el dilema de una época en la que el gobierno podía (debía, dirían algunos) ser gobierno «del pueblo» y «para el pueblo», pero que en ningún sentido operativo podía ser un gobierno «por el pueblo», ni siquiera por asambleas representativas elegidas entre quienes competían por el voto. El dilema no era nuevo. Las dificultades de las políticas democráticas (que hemos abordado en un capítulo anterior a propósito de los años de entreguerras) eran familiares a los científicos sociales y a los escritores satíricos desde que el sufragio universal dejó de ser una peculiaridad de los Estados Unidos.

Ahora los apuros por los que pasaba la democracia eran más acusados porque, por una parte, ya no era posible prescindir de la opinión pública, pulsada mediante encuestas y magnificada por los medios de comunicación; mientras que, por otra, las autoridades tenían que tomar muchas decisiones para las que la opinión pública no servía de guía. Muchas veces podía tratarse de decisiones que la mayoría del electorado habría rechazado, puesto que a cada votante le desagradaban los efectos que podían tener para sus asuntos personales, aun cuando creyese que eran deseables en términos del interés general. Así, a fines de siglo los políticos de algunos países democráticos llegaron a la conclusión de que cualquier propuesta para aumentar los impuestos equivalía a un suicidio electoral. Las elecciones se convirtieron entonces en concursos de perjurio fiscal. Al mismo tiempo los votantes y los parlamentos se encontraban constantemente ante la disyuntiva de tomar decisiones, como el futuro de la energía nuclear, sobre las cuales los no expertos (es decir, la amplia mayoría de los electores y elegidos) no tenían una opinión clara porque carecían de la formación suficiente para ello.

Hubo momentos, incluso en los estados democráticos, como sucedió en el Reino Unido durante la segunda guerra mundial, en que la ciudadanía estaba tan identificada con los objetivos de un gobierno que gozaba de legitimidad y de confianza pública, que el interés común prevaleció. Hubo también otras situaciones que hicieron posible un consenso básico entre los principales rivales políticos, dejando a los gobiernos las manos libres para seguir objetivos políticos sobre los cuales no había ningún desacuerdo importante. Como ya hemos visto, esto fue lo que ocurrió en muchos países durante la edad de oro. En muchas ocasiones los gobiernos fueron capaces de confiar en el buen juicio consensuado de sus asesores técnicos y científicos, indispensable para unos administradores que no eran expertos. Cuando hablaban al unísono, o cuando el consenso sobrepasaba la disidencia, la controversia política disminuía. Cuando esto no sucedía, quienes debían tomar decisiones navegaban en la oscuridad, como jurados ante dos psicólogos rivales, que apoyan respectivamente a la acusación y a la defensa, y ninguno de los cuales les merece confianza.

Pero, como hemos visto, las décadas de crisis erosionaron el consenso político y las verdades generalmente aceptadas en cuestiones intelectuales, especialmente en aquellos campos que tenían que ver con la política. En los años noventa eran raros los países que no estaban divididos y que se sentían firmemente identificados con sus gobiernos (o al revés). Había aún, ciertamente, países cuyos ciudadanos aceptaban la idea de un estado fuerte, activo y socialmente responsable que merecía cierta libertad de acción, porque ésta se utilizaba para el bienestar común. Pero, lamentablemente, los gobiernos de fin de siglo respondían pocas veces a este ideal. Entre los países en que el gobierno como tal estaba bajo sospecha se encontraban aquellos modelados a imagen y semejanza del anarquismo individualista de los Estados Unidos —mitigado por los pleitos y la política de subsidios locales— y los mucho más numerosos en que el estado era tan débil o tan corrompido que sus ciudadanos no esperaban que produjese ningún bien público. Este era el caso de muchos estados del tercer mundo, pero, como se pudo ver en la Italia de los años ochenta, no era un fenómeno desconocido en el primero.

Así, quienes menos problemas tenían a la hora de tomar decisiones eran los que podían eludir la política democrática: las corporaciones privadas, las autoridades supranacionales y, naturalmente, los regímenes antidemocráticos. En los sistemas democráticos la toma de decisiones difícilmente podía sustraerse a los políticos, aunque en algunos países los bancos centrales estaban fuera del alcance de éstos y la opinión convencional deseaba que este ejemplo se siguiese en todas partes. Sin embargo, cada vez más los gobiernos hacían lo posible por eludir al electorado y a sus asambleas de representantes o, cuando menos, tomaban primero las decisiones y ponían después a aquéllos ante la perspectiva de revocar un *fait accompli*, confiando en la volatilidad, las divisiones y la incapacidad de reacción de la opinión pública. La política se convirtió cada vez más en un ejercicio de evasión, ya que los políticos se cuidaban mucho de decir aquello que los votantes no querían oír. Después de la guerra fría no resultó tan fácil ocultar las acciones inconfesables tras el telón de acero de la «seguridad nacional». Pero es casi seguro que esta estrategia de evasión seguirá ganando terreno. Incluso en los países democráticos cada vez más y más organismos de toma de decisiones se van sustrayendo del control electoral, excepto en el sentido indirecto de que los gobiernos que nombran esos organismos fueron elegidos en algún momento. Los gobiernos centralistas, como el del Reino Unido en los años ochenta y principios de los noventa, se sentían particularmente inclinados a multiplicar estas autoridades *ad hoc* —a las que se conocía con el sobrenombre de *quangos*— que no tenían que responder ante ningún electorado. Incluso los países que no tenían una división de poderes efectiva consideraban que esta degradación tácita de la democracia era conveniente. En países como los Estados Unidos resultaba indispensable, ya que el conflicto entre el poder ejecutivo y el legislativo hacía a veces poco menos que imposible tomar decisiones en circunstancias normales, por lo menos en público.

Al final del siglo un gran número de ciudadanos abandonó la preocupación por la política, dejando los asuntos de estado en manos de los miembros de la «clase política» (una expresión que al parecer tuvo su origen en Italia), que se leían los discursos y los editoriales los unos a los otros: un grupo de interés particular compuesto por políticos profesionales, periodistas, miembros de grupos de presión y otros, cuyas actividades ocupaban el último lugar de fiabilidad en las encuestas sociológicas. Para mucha gente el proceso político era algo irrelevante, o que, sencillamente, podía afectar favorable o desfavorablemente a sus vidas personales. Por una parte, la riqueza, la privatización de la vida y de los espectáculos y el egoísmo consumista hizo que la política fuese menos importante y atractiva. Por otra, muchos que pensaban que iban a sacar poco de las elecciones les volvieron la espalda. Entre 1960 y 1988 la proporción de trabajadores industriales que votaba en las elecciones presidenciales norteamericanas disminuyó en una tercera parte (Leighly y Naylor, 1992, p. 731). La decadencia de los partidos de masas organizados, de clase o ideológicos —o ambas cosas—, eliminó el principal mecanismo social para convertir a hombres y mujeres en ciudadanos políticamente activos. Para la mayoría de la gente resultaba más fácil experimentar un sentido de identificación colectiva con su país a través de los deportes, sus equipos nacionales y otros símbolos no políticos, que a través de las instituciones del estado.

Se podría suponer que la despolitización dejaría a las autoridades más libres para tomar decisiones. Sin embargo, tuvo el efecto contrario. Las minorías que hacían campaña, en ocasiones por cuestiones específicas de interés público, pero con más frecuencia por intereses sectoriales, podían interferir en la plácida acción del gobierno con la misma eficacia —o incluso más— que los partidos políticos, ya que, a diferencia de ellos, cada grupo podía concentrar su energía en la consecución de un único objetivo. Además, la tendencia sistemática de los gobiernos a esquivar el proceso electoral exageró la función política de los medios de comunicación de masas, que cada día llegaban a todos los hogares y que demostraron ser, con mucho, el principal vehículo de comunicación de la esfera pública a la privada. Su capacidad de descubrir y publicar lo que las autoridades hubiesen preferido ocultar, y de expresar sentimientos públicos que ya no se articulaban —o no se podían articular— a través de los mecanismos formales de la democracia, hizo que los medios de comunicación se convirtieran en actores principales de la escena pública. Los políticos los usaban y los temían a la vez. El progreso técnico hizo que cada vez fuera más difícil controlarlos, incluso en los países más autoritarios, y la decadencia del poder del estado hizo difícil monopolizarlos en los no autoritarios. A medida que acababa el siglo resultó cada vez más evidente que la importancia de los medios de comunicación en el proceso electoral era superior incluso a la de los partidos y a la del sistema electoral, y es probable que lo siga siendo, a menos que la política deje de ser democrática. Sin embargo, aunque los medios de comunicación tengan un enorme poder para contrarrestar el secretismo del gobierno, ello no implica que sean, en modo alguno, un medio de gobierno democrático.

Ni los medios de comunicación, ni las asambleas elegidas por sufragio universal, ni «el pueblo» mismo pueden actuar como un gobierno en ningún sentido realista del término. Por otra parte, el gobierno, o cualquier forma análoga de toma de decisiones públicas, no podría seguir gobernando contra el pueblo o sin el pueblo, de la misma manera que «el pueblo» no podría vivir contra el gobierno o sin él. Para bien o para mal, en el siglo XX la gente corriente entró en la historia por su propio derecho colectivo. Todos los regímenes, excepto las teocracias, derivan ahora su autoridad del pueblo, incluso aquellos que aterrorizan y matan a sus ciudadanos. El mismo concepto de lo que una vez se dio en llamar «totalitarismo» implicaba populismo, pues aunque no importaba lo que «el pueblo» pensase de quienes gobernaban en su nombre, ¿por qué se preocupaban para hacerle pensar lo que sus gobernantes creían conveniente? Los gobiernos que derivaban su autoridad de la incuestionable obediencia a alguna divinidad, a la tradición, o a la deferencia de los que estaban en el segmento bajo de la jerarquía social hacia los que estaban en su segmento alto, estaban en vías de desaparecer. Incluso el «fundamentalismo» islámico, el retoño más floreciente de la teocracia, avanzó no por la voluntad de Alá, sino porque la gente corriente se movilizó contra unos gobiernos impopulares. Tanto si «el pueblo» tenía derecho a elegir su gobierno como si no, sus intervenciones, activas o pasivas, en los asuntos públicos fueron decisivas.

Por el hecho mismo de haber presentado multitud de ejemplos de regímenes despiadados y de otros que intentaron imponer por la fuerza el poder de las minorías sobre la mayoría —como el *apartheid* en Suráfrica—, el siglo XX demostró los límites del poder meramente coercitivo. Incluso los gobernantes más inmisericordes y brutales eran conscientes de que el poder ilimitado no podía suplantar por sí solo los activos y los requisitos de la autoridad: un sentimiento público de la legitimidad del régimen, un cierto grado de apoyo popular activo, la capacidad de dividir y gobernar y, especialmente en épocas de crisis, la obediencia voluntaria de los ciudadanos. Cuando, como en 1989, esta obediencia les fue retirada a los regímenes del este de Europa, éstos tuvieron que abdicar, aunque contasen con el pleno apoyo de sus funcionarios civiles, de sus fuerzas armadas y de sus servicios de seguridad. En resumen, y contra lo que pudiera parecer, el siglo XX mostró que se puede gobernar contra todo el pueblo por algún tiempo, y contra una parte del pueblo todo el tiempo, pero no contra todo el pueblo todo el tiempo. Es verdad que esto no puede servir de consuelo para las minorías permanentemente oprimidas o para los pueblos que han sufrido, durante una generación o más, una opresión prácticamente universal.

Sin embargo todo esto no responde a la pregunta de cómo debería ser la relación entre quienes toman las decisiones y sus pueblos. Pone simplemente de manifiesto la dificultad de la respuesta. Las políticas de las autoridades deberían tomar en cuenta lo que el pueblo, o al menos la mayoría de los ciudadanos, quiere o rechaza, aun en el caso de que su propósito no sea el de reflejar los deseos del pueblo. Al mismo tiempo, no pueden gobernar basándose simplemente en las consultas populares. Por otra parte, las decisiones impopulares se pueden imponer con mayor facilidad a los grupos de poder que a las masas. Es bastante más fácil imponer normas obligatorias sobre las emisiones de gases a unos cuantos fabricantes de automóviles que persuadir a millones de motoristas para que reduzcan a la mitad su consumo de carburante. Todos los gobiernos europeos descubrieron que el resultado de dejar el futuro de la Unión Europea al arbitrio del voto popular era desfavorable o, en el mejor de los casos, impredecible. Todo observador serio sabe que muchas de las decisiones políticas que deberán tomarse a principios del siglo XXI serán probablemente impopulares. Quizá otra época relajante de prosperidad y mejora, similar a la edad de oro, suavizaría la actitud de los ciudadanos, pero no es previsible que se produzcan un retorno a los años sesenta ni la relajación de las inseguridades y tensiones sociales y culturales propias de las décadas de crisis.

Si, como es probable, el sufragio universal sigue siendo la regla general, parecen existir dos opciones principales. En los casos donde la toma de decisiones sigue siendo competencia política, se soslayará cada vez más el proceso electoral o, mejor dicho, el control constante del gobierno inseparable de él. Las autoridades que habrán de ser elegidas tenderán cada vez más, como los pulpos, a ocultarse tras nubes de ofuscación para confundir a sus electores. La otra opción sería recrear el tipo de consenso que permite a las autoridades mantener una sustancial libertad de acción, al menos mientras el grueso de los ciudadanos no tenga demasiados motivos de descontento. Este modelo político, la «democracia plebiscitaria» mediante la cual se elige a un salvador del pueblo o a un régimen que salve la nación, se implantó ya a mediados del siglo XIX con Napoleón III. Un régimen semejante puede llegar al poder constitucional o inconstitucionalmente pero, si es ratificado por una elección razonablemente honesta, con la posibilidad de elegir candidatos rivales y algún margen para la oposición, satisface los criterios de legitimidad democrática del fin de siglo. Pero, sin embargo, no ofrece ninguna perspectiva alentadora para el futuro de la democracia parlamentaria de tipo liberal.

VII

Cuanto he escrito hasta aquí no puede decirnos si la humanidad puede resolver los problemas a los que se enfrenta al final del milenio, ni tampoco cómo puede hacerlo. Pero quizás nos ayude a comprender en qué consisten estos problemas y qué condiciones deben darse para solucionarlos, aunque no en qué medida estas condiciones se dan ya o están en vías de darse. Puede decirnos también cuán poco sabemos, y qué pobre ha sido la capacidad de comprensión de los hombres y las mujeres que tomaron las principales decisiones públicas del siglo, y cuán escasa ha sido su capacidad de anticipar —y aún menos de prever— lo que iba a suceder, especialmente en la segunda mitad del siglo. Por último, quizá este texto confirme lo que muchas personas han sospechado siempre: que la historia —entre otras muchas y más importantes cosas— es el registro de los crímenes y de las locuras de la humanidad. Pero no ayuda a hacer profecías.

Sería, por tanto, un despropósito terminar este libro con predicciones sobre qué aspecto tendrá un paisaje que ahora ha quedado irreconocible con los movimientos tectónicos que se han producido en el siglo XX corto, y que quedará más irreconocible aún con los que se están produciendo actualmente. Tenemos ahora menos razones para sentirnos esperanzados por el futuro que a mediados de los ochenta, cuando este autor terminaba su trilogía sobre la historia del siglo XIX largo (1789-1914) con estas palabras:

> Los indicios de que el mundo del siglo XXI será mejor no son desdeñables. Si el mundo consigue no destruirse con, por ejemplo, una guerra nuclear, las probabilidades de ello son bastante elevadas.

Sin embargo, ni siquiera un historiador cuya edad le impide esperar que en lo que queda de vida se produzcan grandes cambios a mejor puede, razonablemente, negar la posibilidad de que dentro de un cuarto de siglo, o de medio siglo, la situación sea más prometedora. En cualquier caso, es muy probable que la fase actual de interrupción de la guerra fría sea temporal, aun cuando parezca ser más larga que las épocas de crisis y desorganización que siguieron a las dos grandes guerras mundiales «calientes». Pero debemos tener en cuenta que esperanzas o temores no son predicciones. Sabemos que, más allá de la opaca nube de nuestra ignorancia y de la incertidumbre de los resultados, las fuerzas históricas que han configurado el siglo siguen actuando. Vivimos en un mundo cautivo, desarraigado y transformado por el colosal proceso económico y técnico-científico del desarrollo del capitalismo que ha dominado los dos o tres siglos precedentes. Sabemos, o cuando menos resulta razonable suponer, que este proceso no se prolongará *ad infinitum*. El futuro no sólo no puede ser una prolongación del pasado, sino que hay síntomas externos e internos de que hemos alcanzado un punto de crisis histórica. Las fuerzas generadas por la economía técnico-científica son lo bastante poderosas como para destruir el medio ambiente, esto es, el fundamento material de la vida humana. Las propias estructuras de las sociedades humanas, incluyendo algunos de los fundamentos sociales de la economía capitalista, están en situación de ser destruidas por la erosión de nuestra herencia del pasado. Nuestro mundo corre riesgo a la vez de explosión y de implosión, y debe cambiar.

No sabemos a dónde vamos, sino tan sólo que la historia nos ha llevado hasta este punto y —si los lectores comparten el planteamiento de este libro— por qué. Sin embargo, una cosa está clara: si la humanidad ha de tener un futuro, no será prolongando el pasado o el presente. Si intentamos construir el tercer milenio sobre estas bases, fracasaremos. Y el precio del fracaso, esto es, la alternativa a una sociedad transformada, es la oscuridad.

BIBLIOGRAFÍA

Abrams, Mark, *The Condition of the British People, 1911-1945*, Londres, 1945.

Acheson, Dean, *Present at the Creation: My Years in the State Department*, Nueva York, 1970.

Afanassiev, Juri, en M. Paquet, ed., *Le court vingtième siècle*, prefacio de Alexandre Adler, La Tour d'Aigues, 1991.

Agosti, Paola, y Giovanna Borghese, *Mi pare un secolo: Ritratti e parole di centosei protagonisti del Novecento*, Turín, 1992.

Albers/Goldschmidt/Oehlke, *Klassenkämpfe in Westeuropa*, Hamburgo, 1971.

Alexeev, M., reseña en *Journal of Comparative Economics*, vol. 14 (1990), pp. 171-173.

Allen, D. Elliston, *British Tastes: An enquiry into the likes and dislikes of the regional consumer*, Londres, 1968.

Amnistía Internacional, *Report on Torture*, Nueva York, 1975.

Andric, Ivo, *Conversation with Goya: Bridges, Signs*, Londres, 1990.

Andrew, Christopher, *Secret Service: The Making of the British Intelligence Community*, Londres, 1985.

—, y Oleg Gordievsky, *KGB: The Inside Story of its Foreign Operations from Lenin to Gorbachev*, Londres, 1991.

Anuario, 1989 = *Comisión Económica para América Latina y el Caribe, Anuario Estadístico de América Latina y el Caribe: Edición 1989*, Santiago de Chile, 1990.

Arlacchi, Pino, *Mafia Business*, Londres, 1983.

Armstrong, Philip, Andrew Glyn y John Harrison, *Capitalism Since 1945*, Oxford, 1991.

Arndt, H. W., *The Economic Lessons of the 1930s*, Londres, 1944.

Asbeck, barón F. M. van, *The Netherlands Indies' Foreign Relations*, Amsterdam, 1939.

Atlas, 1992 = A. Fréron, R. Hérin y J. July, eds., *Atlas de la France Universitaire*, París, 1992.

Auden, W. H., *Spain*, Londres, 1937.

Babel, Isaac, *Konarmiya*, Moscú, 1923.

—, *Red Cavalry*, Londres, 1929 (hay trad. cast.: *Caballería roja*, Barral, Barcelona, 1971).

Bairoch, Paul, *De Jéricho à Mexico: villes et économie dans l'histoire*, París, 1985.

—, *Two major shifts in Western European Labour Force: the Decline of the Manufacturing Industries and of the Working Class*, Ginebra, 1988.

—, *Economics and World History: Myths and Paradoxes*, Hemel Hempstead, 1993.
Ball, George W., «JFK's Big Moment», *New York Review of Books* (13 de febrero de 1992), pp. 16-20.
—, «The Rationalist in Power», *New York Review of Books* (22 de abril de 1993), pp. 30-36.
Baltimore, David, «Limiting Science: A Biologist's Perspective», *Daedalus*, 107/2 (primavera de 1978), pp. 37-46.
Banco de Inversiones Europeas: véase *EIB Papers.*
Banham, Reyner, *Los Angeles* (1971), Harmondsworth, 1973.
—, en C. W. E. Bigsby, ed., *Superculture: American Popular Culture and Europe*, Londres, 1975, pp. 69-82.
Banks, A. S., *Cross-Polity Time Series Data*, Cambridge, Mass., y Londres, 1971.
Barghava, Motilal, y Americk Singh Gill, *Indian National Army Secret Service*, Nueva Delhi, 1988.
Barnet, Richard, *Real Security*, Nueva York, 1981.
Becker, J. J., *The Great War and the French People*, Leamington Spa, 1985.
Bédarida, François, *Le génocide et le nazisme: Histoire et témoignages*, París, 1992.
Beinart, William, «Soil erosion, conservationism and ideas about development: A Southern African exploration, 1900-1960», *Journal of Southern African Studies*, 11 (1984), pp. 52-83.
Bell, Daniel, *The End of Ideology*, Glencoe, 1960.
—, *The Cultural contradictions of Capitalism*, Nueva York, 1976 (hay trad. cast.: *Las contradicciones culturales del capitalismo*, Alianza, Madrid, 1989[4]).
Benjamin, Walter, «Das Kunstwerk im Zeitalter seiner Reproduzierbarkeit», en *Illuminationen: Ausgewählte Schriften*, Frankfurt, 1961, pp. 148-184 (hay trad. cast.: «La obra de arte en la época de su reproductibilidad técnica», en *Iluminaciones*, Madrid, 1990[3]).
—, *Zur Kritik der Gewalt und andere Aufsätze*, Frankfurt, 1971, pp. 84-85 (hay trad. cast. de algunos escritos en: *Discursos interrumpidos*, Madrid, 1990 a).
—, *One-Way Street, and Other Writings*, Londres, 1979 (hay trad. cast.: *Dirección única*, Alfaguara, Madrid, 1987).
—, *Bergedorfer Gesprächskreis/Bergedorf Round Table 95*, Hamburgo, 1992.
—, *Bergedorfer Gesprächskreis/Bergedorf Round Table 98*, Hamburgo, 1993.
Bergson, A., y H. S. Levine, eds., *The Soviet Economy: Towards the Year 2000*, Londres, 1983.
Berman, Paul, «The Face of Downtown», *Dissent* (otoño de 1987), pp. 569-573.
Bernal, J. D., *The Social Function of Science*, Londres, 1939.
—, *Science in History*, Londres, 1967.
Bernier, Gérard, Robert Boily *et al.*, *Le Québec en chiffres de 1850 à nos jours*, Montreal, 1986.
Bernstorff, Dagmar, «Candidates for the 1967 General Election in Hyderabad», en E. Leach y S. N. Mukhejee, eds., *Elites in South Asia*, Cambridge, 1970.
Beschloss, Michael R., *The Crisis Years: Kennedy and Khrushchev 1960-1963*, Nueva York, 1991.
Beyer, Gunther, «The Political Refugee: 35 Years Later», *International Migration Review*, vol. XV (1981), pp. 1-219.
Block, Fred L., *The Origins of International Economic Disorder: A Study of United States International Monetary Policy from World War II to the Present*, Berkeley, 1977.

Bobinska, Celina, y Andrzej Pilch, *Employment-seeking Emigrations of the Poles World-Wide XIX and XX C.*, Cracovia, 1975.

Bocca, Giorgio, *Storia dell'Italia Partigiana Settembre 1943-Maggio 1945*, Bari, 1966.

Bokhari, Farhan, «Afghan border focus of region's woes», *Financial Times,* 12 de agosto de 1993.

Boldyrev, Yu, en *Literaturnaya Gazeta*, 19 de diciembre de 1990, cit. en Di Leo, 1992.

Bolotin, B., en *World Economy and International Relations*, n.° 11 (1987), pp. 148-152 (en ruso).

Bourdieu, Pierre, *La Distinction: Critique Sociale du Jugement*, París, 1979 (hay trad. ingl.: *Distinction: A Social Critique of the Judgment of Taste*, Cambridge, Mass., 1984).

—, y Hans Haacke, *Libre-Echange*, París, 1994.

Britain: An Official Handbook, eds. 1961 y 1990, Londres, Central Office for Information.

Briggs, Asa, *The History of Broadcasting in the United Kingdom*, vol. 1, Londres, 1961; vol. 2, 1965; vol. 3, 1970; vol. 4, 1979.

Brown, Michael Barratt, *After Imperialism*, Londres, Melbourne y Toronto, 1963.

Brecht, Bertolt, *Über Lyrik*, Frankfurt, 1964.

—, *Gesammelte Gedichte*, 4 vols., Frankfurt, 1976.

Brzezinski, Z., *Ideology and Power in Soviet Politics*, Nueva York, 1962.

—, *Out of Control: Global Turmoil on the Eve of the Twenty-first Century*, Nueva York, 1993.

Burks, R. V., *The Dynamics of Communism in Eastern Europe*, Princeton, 1961.

Burlatsky, Fedor, «The Lessons of Personal Diplomacy», *Problems of Communism*, vol. XVI (41), 1992.

Burloiu, Petre, *Higher Education and Economic Development in Europe 1975-1980*, UNESCO, Bucarest, 1983.

Butterfield, Fox, «Experts Explore Rise in Mass Murder», *New York Times*, 19 de octubre de 1991, p. 6.

Calvocoressi, Peter, *World Politics Since 1945*, Londres, 1971; 1987 y 1989.

Carrit, Michael, *A Mole in the Crown*, Hove, 1980; 1985.

Carr-Saunders, A. M., D. Caradog Jones y C. A. Moser, *A Survey of Social Conditions in England and Wales*, Oxford, 1958.

Catholic = The Official Catholic Directory, Nueva York, anual.

Chamberlin, W., *The Theory of Monopolistic Competition*, Cambridge, Mass., 1933.

—, *The Russian Revolution, 1917-1921*, 2 vols., Nueva York, 1965.

Chandler, Alfred D., Jr., *The Visible Hand: The Managerial Revolution in American Business*, Cambridge, Mass., 1977.

Chapple, S., y R. Garofalo, *Rock'n Roll Is Here to Pay*, Chicago, 1977.

Chiesa, Giulietta, «Era una fine inevitabile?», *Il Passagio: rivista di dibattito politico e culturale*, VI (julio-octubre de 1993), pp. 27-37.

Childers, Thomas, *The Nazi Voter: The Social Foundations of Fascism in Germany, 1919-1933*, Chapel Hill, 1983.

—, «The *Sonderweg* controversy and the Rise of German Fascism», en *Germany and Russia in the 20th Century in Comparative Perspective* (ponencias inéditas), Filadelfia, 1991, pp. 8 y 14-15.

Las Cifras, 1988 = *Asamblea Permanente para los Derechos Humanos*, *Las Cifras de la Guerra Sucia*, Buenos Aires, 1988.

Ciconte, Enzo, *Ndrangheta dall'unità a oggi*, Bari, 1992.

Cmd 1586, 1992 = British Parliamentary Papers cmd 1586: *East India (Non-Cooperation)*, XVI, 1922, p. 579. (Correspondencia telegráfica referente a la situación en India.)

Considine, Douglas M., y Glenn Considine, *Food an Food Production Encyclopedia*, Nueva York, Cincinnati, etc., 1982. Artículo en la voz «meat», sección «Formed, Fabricated and Restructured Meat Products».

Crosland, Anthony, *The Future of Socialism*, Londres, 1957.

Dawkins, Richard, *The Selfish Gene*, Oxford, 1976 (hay trad. cast.: *El gen egoísta*, Salvat, Barcelona, 1988).

Deakin, F. W., y G. R. Storry, *The Case of Richard Sorge*, Londres, 1966.

Debray, Régis, *La révolution dans la révolution* (1967), París, 1965; 1967.

—, *Charles de Gaulle: Futurist of the Nation*, Londres, 1994.

Degler, Carl N., «On re-reading "The Woman in America"», *Daedalus* (otoño de 1987).

Delgado, Manuel, *La Ira Sagrada: Anticlericalismo, iconoclasia y antirritualismo en la España contemporánea*, Barcelona, 1992.

Delzell, Charles F., ed., *Mediterranean Fascism, 1919-1945*, Nueva York, 1970.

Deng Xiaoping, *Selected Works of Deng Xiaoping (1975-1984)*, Pekín, 1984.

Desmond, Adrian, y James Moore, *Darwin*, Londres, 1991.

Destabilization, 1989 = United Nations Inter-Agency Task Force, Africa Recovery Programme/Economic Commission for Africa, *South African Destabilization. The Economic Cost of Frontline Resistance to Apartheid*, Nueva York, 1989.

Deux Ans, 1990 = Ministère de l'Education Nationale: Enseignement Supérieur, *Deux Ans d'Action, 1988-1990*, París, 1990.

Di Leo, Rita, *Vecchi quadri e nuovi politici: Chi commanda davvero nell'ex-Urss?*, Bolonia, 1992.

Din, Kadir, «Islam and Tourism», *Annals of Tourism Research*, vol. 16/4 (1989), pp. 542 ss.

Djilas, Milovan, *The New Class*, Londres, 1957.

—, *Conversations with Stalin*, Londres, 1962.

—, *Wartime*, Nueva York, 1977.

Drell, Sidney D., «Elementary Particle Physics», *Daedalus*, 106/3 (verano de 1977), pp. 15-32.

Duberman, M., M. Vicinus y G. Chauncey, *Hidden From History: Reclaiming the Gay and Lesbian Past*, Nueva York, 1989.

Dutt, Kalpana, *Chittagong Armoury Raiders: Reminiscences*, Bombay, 1945.

Duverger, Maurice, *Party Politics and Pressure Groups: A Comparative Introduction*, Nueva York, 1972.

Dyker, D. A., *The Future of the Soviet Economic Planning System*, Londres, 1985.

Echenberg, Myron, *Colonial Conscripts: The* Tirailleurs Sénégalais *in French West Africa, 1857-1960*, Londres, 1992.

EIB Papers = European Investment Bank, Cahiers BEI/EIB Papers, J. Girard, *De la recession à la reprise en Europe Centrale et Orientale*, Luxemburgo, 1992, pp. 9-22.

Encyclopedia Britannica, voz «war», 1911[11].

Ercoli, *On the Peculiarity of the Spanish Revolution*, Nueva York, 1936; reed. en Palmiro Togliatti, *Opere*, IV/i, Roma, 1979, pp. 139-154.

Esman, Aaron H., *Adolescence and Culture*, Nueva York, 1990.

Estadísticas de China, 1989 = Oficina de Estadística estatal de la República Popular de China, *China Statistical Yearbook 1989*, Nueva York, 1990.

Estrin, Saul, y Peter Holmes, «Indicative Planning in Developed Economies», *Journal of Comparative Economics*, 14/4 (diciembre de 1990), pp. 531-554.

Eurostat. Basic Statistics of the Community, Office for the Official Publications of the European Community, Luxemburgo, anual a partir de 1957.

Evans, Richard, *In Hitler's Shadow: West German Historians and the Attempt to Escape from the Nazi Past*, Nueva York, 1989.

Fainsod, Merle, *How Russia Is Ruled*, Cambridge, Mass., 1956.

FAO Production = FAO, Production Yearbook, 1986.

FAO Trade = FAO, Trade Yearbook, vol. 40, 1986.

FAO, *The State of Food and Agriculture: world and regional reviews, sustainable development and natural resource management*, Roma, 1989.

Fitzpatrick, Sheila, *Stalin's Peasants*, Oxford, 1994.

Firth, Raymond, «Money, Work and Social Change in Indo-Pacific Economic Systems», *International Social Science Bulletin*, vol. 6 (1954), pp. 400-410.

Fischhof, B., P. Slovic, Sarah Lichtenstein, S. Read y Barbara Coombs, «How Safe is Safe Enough? A Psychometric Study of Attitudes towards Technological Risk and Benefits», *Policy Sciences*, 9 (1978), pp. 127-152.

Flora, Peter, *et al.*, *State, Economy and Society in Western Europe 1815-1975: A Data Handbook in Two Volumes*, Frankfurt, Londres y Chicago, 1983.

Floud, Roderick, Annabel Gregory y Kenneth Wachter, *Height, Health and History: Nutritional Status in the United Kingdom 1750-1980*, Cambridge, 1990.

Fontana, 1977 = Alan Bullock y Oliver Stallybrass, eds., *The Fontana Dictionary of Modern Ideas*, Londres, 1977.

Foot, M. R. D., *Resistance: An Analysis of European Resistance to Nazism 1940-1945*, Londres, 1976.

Francia, Mauro, y Giuliano Muzzioli, *Cent'anni di cooperazione: La cooperazione di consumo modenese aderente alla Lega dalle origini all'unificazione*, Bolonia, 1984.

Frazier, Franklin, *The Negro in the United States*, Nueva York, 1957.

Freedman, Maurice, «The Handling of Money: A Note on the Background to the Economic Sophistication of the Overseas Chinese», *Man*, vol. 59 (1959).

Friedan, Betty, *The Feminine Mystique*, Nueva York, 1963.

Friedman, Milton, «The Role of Monetary Policy», *American Economic Review*, vol. LVIII, n.° 1 (marzo de 1968), pp. 1-17.

Fröbel, Folker, Jürgen Heinrichs y Otto Kreye, *Umbruch in der Weltwirtschaft*, Hamburgo, 1986.

Galbraith, J. K., *The New Industrial State*, Harmondsworth, 1974[2] (hay trad. cast.: *El nuevo estado industrial*, Ariel, Barcelona, 1984).

Gallagher, M. D., «Léon Blum and the Spanish Civil War», *Journal of Contemporary History*, vol. 6, n.° 3 (1971), pp. 56-64.

Garton Ash, Timothy, *The Uses of Adversity: Essays on the Fate of Central Europe*, Nueva York, 1990.

Gatrell, Peter, y Mark Harrison, «The Russian and Soviet Economies in Two World Wars: A Comparative View», *Economic History Review*, XLVI, 3 (1993), pp. 424-452.

Giedion, S., *Mechanisation Takes Command*, Nueva York, 1948.

Gillis, John R., *Youth and History*, Nueva York, 1974.

—, *For Better, For Worse: British Marriages 1600 to the Present*, Nueva York, 1985.

Gillois, André, *Histoire Secrète des Français à Londres de 1940 à 1944*, París, 1973.

Gimpel, Jean, «Prediction or Forecast? Jean Gimpel interviewed by Sanda Miller», *The New European*, vol. 5,2 (1992), pp. 7-12.

Ginneken, Wouter van, y Rolph van der Heuven, «Industrialisation, employment and earnings (1950-1987): An international survey», *International Labour Review*, vol. 128 (1989/5), pp. 571-599.

Gleick, James, *Chaos: Making a New Science*, Londres, 1988 (hay trad. cast.: *Caos*, Seix Barral, Barcelona, 1988).

Glenny, Misha, *The Fall of Yugoslavia: The Third Balkan War*, Londres, 1992.

Glyn, Andrew, Alan Hughes, Alan Lipietz y Ajit Singh, *The Rise and Fall of the Golden Age*, en Marglin y Schor, 1990, pp. 39-125.

Gómez Rodríguez, Juan de la Cruz, «Comunidades de pastores y reforma agraria en la sierra sur peruana», en Jorge A. Flores Ochoa, *Pastores de puna*, Lima, 1977.

González Casanova, Pablo, coord., *Cronología de la violencia política en América Latina (1945-1970)*, México DF, 1975, 2 vols.

Goody, Jack, «Kinship: descent groups», *International Encyclopedia of Social Sciences,* Nueva York, 1968, vol. 8, pp. 402-403.

—, *The Oriental, the Ancient and the Primitive: Systems of Marriage and the Family in the Pre-Industrial Societies of Eurasia*, Cambridge, 1990.

Gopal, Sarvepalli, *Jawaharlal Nehru: A Biography,* vol. II: *1947-1956*, Londres, 1979.

Gould, Stephen Jay, *Wonderful Life: The Burgess Shale and the Nature of History* (1989), Londres, 1990 (hay trad. cast.: *La vida maravillosa. Burgess Shale y la naturaleza de la historia*, Crítica, Barcelona, 1991).

Graves, Robert, y Alan Hodge, *The Long Week-End: A Social History of Great Britain 1918-1939*, Londres, 1941.

Gray, Hugh, «The landed gentry of Telengana», en E. Leach y S. N. Mukherjee, eds., *Elites in South Asia*, Cambridge, 1970.

Guerlac, Henry E., «Science and French National Strength», en Edward Meade Earle, ed., *Modern France: Problems of the Third and Fourth Republics*, Princeton, 1951.

Guidetti, M., y Paul M. Stahl, eds., *Il sangue e la terra: Comunità di villagio e comunità familiari nell Europea dell 800*, Milán, 1977.

Guinness, 1984 = Robert y Celia Dearling, *The Guinness Book of Recorded Sound*, Enfield, 1984.

Haimson, Leopold, «The Problem of Social Stability in Urban Russia 1905-1917», *Slavic Review* (diciembre de 1964), pp. 619-664; (marzo de 1965), pp. 1-22.

Halliday, Fred, *The Making of the Second Cold War*, Londres, 1983.

Halliday, Jon, y Bruce Cumings, *Korea: The Unknown War*, Londres, 1988.

Halliwell, *Leslie Halliwell's Filmgoers' Guide Companion*, 1988[9], p. 321.

Hànak, «Die Wolksmeinung während des letzten Kriegsjahres in Österreich-Ungarn», en *Die Auflösung des Habsburgerreiches. Zusammenbruch und Neuorientierung im Donauraum, Schriftenreihe des österreichischen Ost- und Südosteuropainstituts*, vol. III, Viena, 1970, pp. 58-66.

Harden, Blaine, *Africa, Despatches from a Fragile Continent*, Nueva York, 1990.

Harff, Barbara, y Ted Robert Gurr, «Victims of the State: Genocides, Politicides and Group Repression since 1945», *International Review of Victimology*, I, 1989, pp. 23-41.

—, y —, «Toward Empirical Theory of Genocides and Politicides: Identification and Measurement of Cases since 1945», *International Studies Quarterly*, 32 (1988), pp. 359-371.

Harris, Nigel, *The End of the Third World*, Harmondsworth, 1987.

Hayek, Friedrich von, *The Road to Serfdom*, Londres, 1944 (hay trad. cast.: *Camino de servidumbre*, Alianza, Madrid, 1990[3]).

Heilbroner, Robert, *Twenty-first Century Capitalism*, Nueva York, 1993.

Hill, Kim Quaile, *Democracies in Crisis: Public policy responses to the Great Depression*, Boulder y Londres, 1988.

Hilgendt: véase Sociedad de Naciones, 1945.

Hirschfeld, G., ed., *The Policies of Genocide: Jews and Soviet Prisoners of War in Nazi Germany*, Boston, 1986.

Historical Statistics of the United States: Colonial Times to 1970, parte 1c, 89-101 (Washington DC, 1955), p. 105.

Hobbes, Thomas, *Leviathan*, Londres, 1651 (hay trad. cast.: *Del ciudadano. Leviatán*, Tecnos, Madrid, 1987).

Hobsbawm, E. J., «Peasant Land Occupations», *Past & Present*, 62 (febrero de 1974), pp. 120-152.

—, «"The Moscow Line" and international Communist policy 1933-47», en Chris Wrigley, ed., *Warfare, Diplomacy and Politics: Essays in Honour of A.J.P. Taylor*, Londres, 1986, pp. 163-188.

—, *The Age of Empire 1870-1914*, Londres, 1987 (hay trad. cast.: *La era del imperio*, Labor, Barcelona, 1990).

—, *Nations and Nationalism Since 1780: Programme, Myth, Reality*, Cambridge, 1990 (hay trad. cast.: *Naciones y nacionalismo desde 1780*, Crítica, Barcelona, 1993, ed. revisada).

—, *The Jazz Scene*, Nueva York, 1993.

Hodgkin, Thomas, *African Political Parties: An introductory guide*, Harmondsworth, 1961.

Hoggart, Richard, *The Uses of Literacy*, Harmondsworth, 1958.

Holborn, Louise W., «Refugees I: World Problems», en *International Encyclopedia of the Social Sciences*, 1968, vol. XIII, p. 363.

Holland, R. F., *European Decolonization 1918-1981: An introductory survey*, Basingstoke, 1985.

Holman, Michael, «New Group Targets the Roots of Corruption», *Financial Times*, 5 de mayo de 1993.

Holton, G., «The Roots of Complementarity» (1970), *Daedalus* (otoño de 1978), p. 1.017.

—, ed., *The Twentieth-Century Sciences: Studies in the Biography of Ideas*, Nueva York, 1972.

Horne, Alistair, *Macmillan*, Londres, 1989, 2 vols.

Housman, A. E., *Collected Poems and Selected Prose*, edición, introducción y notas de Christopher Ricks, Londres, 1988.

Howarth, T. E. B., *Cambridge Between Two Wars*, Londres, 1978.

Hu, C. T., «Communist Education: Theory and Practice», en R. MacFarquhar, ed., *China Under Mao: Politics Takes Command*, Cambridge, Mass., 1966.

Huber, Peter W., «Pathological Science in Court», *Daedalus*, vol. 119, n.º 4 (otoño de 1990), pp. 97-118.

Hughes, H. Stuart, «The second year of the Cold War: A Memoir and an Anticipation», *Commentary*, agosto de 1969.

—, *Prisoners of Hope: The Silver Age of the Italian Jews 1924-1947*, Cambridge, Mass., 1983.

—, *Sophisticated Rebels*, Cambridge y Londres, 1988.

Human Development = United Nations Development Programme (UNDP), *Human Development Report*, Nueva York, 1990, 1991, 1992.

Hutt, Allen, *This Final Crisis*, Londres, 1935.

Ignatieff, Michael, *Blood and Belonging: Journeys into the New Nationalism*, Londres, 1993.

ILO Yearbook of Labour Statistics: Retrospective edition on Population Censures 1945-1989, Ginebra, 1990.

IMF, 1990 = Fondo Monetario Internacional, Washington, *World Economic Outlook: A Survey by the Staff of the International Monetary Fund*, tabla 18: «Selected Macro-economic Indicators 1950-1988» (IMF, Washington, mayo de 1990).

Investing in Europe's Future, ed. Arnold Heertje para el Banco de Inversiones Europeas, Oxford, 1983.

Isola, Gianni, *Abbassa la tua radio, per favore. Storia dell'ascolto radiofonico nell'Italia fascista*, Florencia, 1990.

Jacobmeyer, 1986, véase *American Historical Review*, febrero de 1986.

Jacob, Margaret C., «Hubris about Science», *Contention*, vol. 2, n.° 3 (primavera de 1993).

Jammer, M., *The Conceptual Development of Quantum Mechanics*, Nueva York, 1966.

Jayawardena, Lal, *The Potential of Development Contracts and Towards sustainable Development Contracts, UNU/WIDER: Research for Action*, Helsinki, 1993.

Jensen, K. M., ed., *Origins of the Cold War: The Novikov, Kennan and Roberts «Long Telegrams» of 1946*, United States Institute of Peace, Washington, 1991.

Johansson, Warren, y William A. Percy, eds., *Encyclopedia of Homosexuality*, Nueva York y Londres, 1990, 2 vols.

Johnson, Harry G., *Inflation and the Monetarist Controvery*, Amsterdam, 1972.

Jon, Byong-Je, *Culture and Development: South Korean experience*, International Inter-Agency Forum on Culture and Development, 20-22 de septiembre de 1993, Seúl.

Jones, Steve, reseña de David Raup, «Extinction: Bad Genes or Bad Luck?», *London Review of Books*, 23 de abril de 1992.

Jowitt, Ken, «The Leninist Extinction», en Daniel Chirot, ed., *The Crisis of Leninism and the Decline of the Left*, Seattle, 1991.

Kakwani, Nanak, *Income Inequality and Poverty*, Cambridge, 1980.

Kapuczinski, Ryszard, *The Emperor*, Londres, 1983.

—, *The Soccer War*, Londres, 1990.

Kater, Michael, «Professoren und Studenten im dritten Reich», *Archiv f. Kulturgeschichte*, 67/1985, n.° 2, p. 467.

Katsiaficas, George, *The Imagination of the New Left: A global analysis of 1968*, Boston, 1987.

Kedward, R. H., *Fascism in Western Europe 1900-1945*, Nueva York, 1971.

Keene, Donald, *Japanese Literature of the Modern Era*, Nueva York, 1984.

Kelley, Allen C., «Economic Consequences of Population Change in the Third World», *Journal of Economic Literature*, XXVI (diciembre de 1988), pp. 1.685-1.728.

Kennedy, Paul, *The Rise and Fall of the Great Powers*, Nueva York, 1987.

Kerblay, Basile, *Modern Soviet Society*, Nueva York, 1983.

Kershaw, Ian, *Popular Opinion and Political Dissent in the Third Reich: Bavaria 1933-1945*, Oxford, 1983.

—, *The Nazi Dictatorship: Perspectives of Interpretation*, Londres, 1993[3].

Kidron, Michael, y Ronald Segal, *The New State of the World Atlas*, Londres, 1991[4].

Kindleberger, Charles P., *The World in Depression 1929-1939*, Londres y Nueva York, 1973 (hay trad. cast.: *La crisis económica, 1929-1939*, Crítica, Barcelona, 1985).

Koivisto, Peter, «The Decline of the Finnish-American Left 1925-1945», *International Migration Review*, XVII, 1 (1983).

Kolakowski, Leszek, «Amidst Moving Ruins», *Daedalus* 121/2 (primavera de 1992).

Kolko, Gabriel, *The Politics of War: Allied diplomacy and the world crisis of 1943-45*, Londres, 1969.

Köllö, János, «After a dark golden age - Eastern Europe», en *WIDER Working Papers* (duplicado), Helsinki, 1990.

Kornai, János, *The Economics of Shortage*, Amsterdam, 1980.

Kosinski, L. A., reseña de Robert Conquest, «The Harvest of Sorrow: Soviet Collectivisation and the Terror Famine», *Population and Development Review*, vol. 13, n.° 1 (1987).

Kosmin, Barry A., y Seymour P. Lachman, *One Nation Under God: Religion in Contemporary American Society*, Nueva York, 1993.

Kraus, Karl, *Die letzten Tage der Menschheit: Tragödie in fünf Akten mit Vorspiel und Epilog*, Viena-Leipzig, 1922.

Kruschev, Sergei, *Khrushchev on Khrushchev: An Inside Account of the Man and His Era*, Boston, 1990.

Kulischer, Eugene M., *Europe on the Move: War and Population Changes 1917-1947*, Nueva York, 1948.

Kuttner, Robert, *The End of Laissez-Faire: National Purpose and the Global Economy after the Cold War*, Nueva York, 1991.

Kuznets, Simon, «Quantitative Aspects of the Economic Growth of Nations», *Economic Development and Culture Change*, vol. 5, n.° 1 (1956), pp. 5-94.

Kyle, Keith, *Suez*, Londres, 1990.

Ladurie, Emmanuel Le Roy, *Paris-Montpellier: PC-PSU 1945-1963*, París, 1982.

Lafargue, Paul, *Le droit à la paresse*, París, 1883 (hay trad. cast.: *El derecho a la pereza*, Fundamentos, Madrid, 1991).

Land Reform = Philip M. Raup, «Land Reform» en la voz «Land Tenure», *International Encyclopedia of Social Sciences*, Nueva York, 1968, vol. 8, pp. 571-575.

Lapidus, Ira, *A History of Islamic Societies*, Cambridge, 1988.

Laqueur, Walter, *Guerrilla: A historical and critical study*, Londres, 1977.

Larkin, Philip, *Collected Poems*, edición e introducción de Anthony Thwaite, Londres, 1988.

Larsen, Egon, *A Flame in Barbed Wire: The Story of Amnesty International*, Londres, 1978.

Larsen, Stein Ugevik, Bernt Hagtvet, Jan Petter, My Klebost *et al.*, *Who Were the Fascists?*, Bergen-Oslo-Tromsö, 1980.

Lary, Hal B., y asociados, *The United States in the World Economy: The International Transactions of the United States during the Interwar Period*, US Dept of Commerce, Washington, 1943.

Latham, A. J. H., *The Depression and the Developing World, 1914-1939*, Londres y Totowa, N.J., 1981.

Leaman, Jeremy, *The Political Economy of West Germany 1945-1985*, Londres, 1988.

Leighly, J. E., y J. Naylor, «Socioeconomic Class Bias in Turnout 1964-1988: the voters remain the same», *American Political Science Review*, 86, 3 (septiembre de 1992), pp. 725-736.

Lenin, V. I., *Selected Works in 3 Volumes*, Moscú, 1970: «Letter to the Central Committee, the Moscow and Petrograd Committees and the Bolshevik Members of the Petrograd and Moscow Soviets», 1-14 de octubre de 1917, V. I. Lenin, *op. cit.*, vol. 2, p. 435; «Draft Resolution for the Extraordinary All-Russia Congress of Soviets of Peasant Deputies», 14-27 de noviembre de 1917, V. I. Lenin, *op. cit.*, p. 496; «Report on the activities of the Council of People's Commissars», 12-24 de enero de 1918, *op. cit.*, p. 546 (hay trad. cast. de las *Obras completas* en Akal, Madrid, 1977-1978, 40 vols.).

Leontiev, Wassily, «The Significance of Marxian Economics for Present-Day Economic Theory», *Amer. Econ. Rev. Supplement*, vol. XXVIII, 1 de marzo de 1938, reed. en *Essays in Economics: Theories and Theorizing*, vol. 1, p. 78 (White Plains, 1977).

Lettere = P. Malvezzi y G. Pirelli, eds., *Lettere di condannati a morte della Resistenza europea*, Turín, 1954, p. 306.

Lévi-Strauss, Claude, y Didier Eribon, *De Près et de Loin*, París, 1988.

Lewin, Moshe, «Bureaucracy and the Stalinist State», ponencia inédita de *Germany and Russia in the 20th Century in Comparative Perspective*, Filadelfia, 1991.

Lewis, Arthur, «The Rate of Growth of World Trade 1830-1973», en Sven Grassman y Erik Lundberg, eds., *The World Economic Order: Past and Prospects*, Londres, 1981.

Lewis, Cleona, *America's Stake in International Investments*, Brookings Institution, Washington, 1938.

Lewis, Sinclair, *It Can't Happen Here*, Nueva York, 1935.

Lewontin, R. C., *The Genetic Basis of Evolutionary Change*, Nueva York, 1973.

—, «The Dream of the Human Genome», *New York Review of Books*, 28 de mayo de 1992, pp. 32-40.

Leys, Simon, *The Chairman's New Clothes: Mao and the Cultural Revolution*, Nueva York, 1977.

Lieberson, Stanley, y Mary C. Waters, *From many strands: Ethnic and Racial Groups in Contemporary America*, Nueva York, 1988.

Liebman, Arthur, Kenneth Walker y Myron Glazer, *Latin American University Students: A six-nation study*, Cambridge, Mass., 1972.

Lieven, Anatol, *The Baltic Revolution: Estonia, Latvia, Lithuania and the Path to Independence*, New Haven y Londres, 1993.

Linz, Juan J., «Totalitarian and Authoritarian Regimes», en Fred J. Greenstein y Nelson W. Polsby, eds., *Handbook of Political Science*, vol. 3: *Macropolitical Theory*, Reading, Mass., 1975.

Liu, Alan P. L., *How China Is Ruled*, Englewood Cliffs, 1986.

Loth, Wilfried, *The Division of the World 1941-1955*, Londres, 1955; 1988.

Lu Hsün = citado en Victor Nee y James Peck, eds., *China's Uninterrupted Revolution: From 1840 to the Present*, Nueva York, 1975, p. 23.

Lynch Gamero, Nicolás, *Los jóvenes rojos de San Marcos: El radicalismo universitario de los años setenta*, Lima, 1990.
Maddison, Angus, *Economic Growth in Japan and the USSR*, Londres, 1969.
—, *Phases of Capitalist Economic Development*, Oxford, 1982.
—, «Growth and Slowdown in Advanced Capitalist Economies: Techniques of Quantitative Assessment», *Journal of Economic Literature*, vol. XXV (junio de 1987).
Maier, Charles S., *In Search of Stability: Explorations in Historical Political Economy*, Cambridge, 1987.
Maksimenko, V. I., «Stalinism without Stalin: the mechanism of "*zastoi*"», ponencia inédita de *Germany and Russia in the 20th Century in Comparative Perspective*, Filadelfia, 1991.
Mangin, William, ed., *Peasants in Cities: Readings in the Anthropology of Urbanization*, Boston, 1970.
Manuel, Peter, *Popular Musics of the Non-Western World: An Introductory Survey*, Oxford, 1988.
Marglin, S., y J. Schor, eds., *The Golden Age of Capitalism*, Oxford, 1990.
Marrus, Michael R., *European Refugees in the Twentieth Century*, Oxford, 1985.
Martins Rodrigues, 1984 = «O PCB: os dirigentes e a organização», en *O Brasil Republicano*, vol. X, tomo III, de Sergio Buarque de Holanda, ed., *Historia Geral da Civilização Brasilesira*, São Paulo, 1960-1984, pp. 390-397.
McCracken, Paul, *et al.*, *Towards Full Employment and Price Stability*, OCDE, París, 1977.
McLuhan, Marshall, *The Gutenberg Galaxy*, Nueva York, 1962 (hay trad. cast.: *La galaxia Gutenberg*, Planeta, Barcelona, 1985).
—, y Quentin Fiore, *The Medium is the Massage*, Nueva York, 1967.
McNeill, William H., *The Pursuit of Power: Technology, Armed Force and Society since AD 1000*, Chicago, 1982.
Mencken, 1959 = Alistair Cooke, ed., *The Viking Mencken*, Nueva York, 1959.
Meyer, Jean A., *La Cristiada*, 3 vols., México D.F., 1973-1979.
Meyer-Leviné, Rosa, *Leviné: The Life of a Revolutionary*, Londres, 1973.
Miles, M., E. Malizia, Marc A. Weiss, G. Behrens y G. Travis, *Real Estate Development: Principles and Process*, Washington DC, 1991.
Miller, James Edward, «Roughhouse diplomacy: the United States confronts Italian Communism 1945-1958», en *Storia delle relazioni internazionali*, V/1989/2, pp. 279-312.
Millikan, R. A., «Alleged Sins of Science», *Scribners Magazine*, 87, 2 (1930), pp. 119-130.
Milward, Alan, *War, Economy and Society 1939-45*, Londres, 1979 (hay trad. cast.: *La segunda guerra mundial, 1939-1945*, Crítica, Barcelona, 1986).
—, *The Reconstruction of Western Europe 1945-51*, Londres, 1984.
Minault, Gail, *The Khilafat Movement: Religious Symbolism and Political Mobilization in India*, Nueva York, 1982.
Misra, B. B., *The Indian Middle Classes: Their Growth in Modern Times*, Londres, 1961.
Mitchell, B. R., *European Historical Statistics*, Londres, 1975.
—, y H. G. Jones, *Second Abstract of British Historical Statistics*, Cambridge, 1971.
Moisí, D., ed., *Crises et guerres au XXe siècle*, París, 1981.
Molano, Alfredo, «Violencia y colonización», *Revista Foro: Fundación Foro Nacional por Colombia*, 6 de junio de 1988, pp. 25-37.

Montagni, Gianni, *Effetto Gorbaciov: La politica internazionale degli anni ottanta. Storia di quattro vertici da Ginevra a Mosca*, Bari, 1989.
Morawetz, David, *Twenty-five Years of Economic Development 1950-1975*, Johns Hopkins, para el Banco Mundial, 1977.
Mortimer, Raymond, «Les Matelots», *New Statesman* (4 de julio de 1925), p. 338.
Müller, H. J., en L. C. Dunn, ed., *Genetics in the 20th Century: Essays on the Progress of Genetics During the First Fifty Years*, Nueva York, 1951.
—, *Krieg ohne Schlacht: Leben in zwei Diktaturen*, Colonia, 1992.
Muzzioli, Giuliano, *Modena*, Bari, 1993.
Nehru, Jawaharlal, *An Autobiography, with musings on recent events in India*, Londres, 1936.
Nicholson, E. M., citado en *Fontana Dictionary of Modern Thought*, *s.v.* «Ecology», (1970), Londres, 1977.
Noelle, Elisabeth, y Erich Peter Neumann, eds., *The Germans: Public Opinion Polls 1947-1966*, Allensbach y Bonn, 1967, p. 196.
Nolte, Ernst, *Der eurobäische Bürgerkrieg, 1917-1945: Nationalsozialismus und Bolschewismus*, Stuttgart, 1987.
North, Robert, e Ithiel de Sola Pool, «Kuomintang and Chinese Communist Elites», en Harold D. Lasswell y Daniel Lerner, eds., *World Revolutionary Elites: Studies in Coercive Ideological Movements*, Cambridge, Mass., 1966.
Nove, Alec, *An Economic History of the USSR*, Londres, 1969.
Nwoga, Donatus I., «Onitsha Market Literature», en Mangin, 1970.
Observatoire, 1991 = Comité Scientifique auprès du Ministère de l'Education Nationale, artículo inédito, *Observatoire des Thèses*, París, 1991.
OECD Impact = OECD, *The Impact of the Newly Industrializing Countries on Production and Trade in Manufactures: Report by the Secretary-General*, París, 1979.
OECD National Accounts 1960-1991, vol. 1, París, 1993.
Ofer, Gur, «Soviet Economic Growth, 1928-1985», *Journal of Economic Literature*, XXV, 4 (diciembre de 1987), p. 1.778.
Ohlin, Bertil, para la Sociedad de Naciones, *The Course and Phases of the World Depression*, 1931; reimpreso por Arno Press, Nueva York, 1972.
Olby, Robert, «Francis Crick, DNA, and the Central Dogma», (1970), en Holton, 1972, pp. 227-280.
Orbach, Susie, *Fat is a Feminist Issue: the anti-diet guide to permanent weight loss*, Nueva York y Londres, 1978.
ONU, Organización de las Naciones Unidas, véase UN.
Ory, Pascal, *Les Collaborateurs: 1940-1945*, París, 1976.
Paucker, Arnold, *Jewish Resistance in Germany: The Facts and the Problems*, Gedenkstaette Deutscher Widerstand, Berlín, 1991.
Pavone, Claudio, *Una guerra civile: Saggio storico sulla moralità nella Resistenza*, Milán, 1991[2].
Peierls, reseña de D. C. Cassidy, «Uncertainty: The Life of Werner Heisenberg», *New York Review of Books* (23 de abril de 1992), p. 44.
People's Daily, 1959 = «Hai Jui reprimands the Emperor», en *People's Daily*, Pekín, 1959, citado en Leys, 1977.
Perrault, Giles, *A Man Apart: The Life of Henri Curiel*, Londres, 1987.
Petersen, W., y R. Petersen, *Dictionary of Demography*, vol. 2, voz «War», Nueva York, Westport y Londres, 1986.
Piel, Gerard, *Only One World: Our Own To Make And To Keep*, Nueva York, 1992.

Planck, Max, *Where Is Science Going?*, con prefacio de Albert Einstein; trad. y ed. James Murphy, Nueva York, 1933.

Polanyi, Karl, *The Great Transformation*, Londres, 1945 (hay trad. cast.: *La gran transformación*, Endymion, Madrid, 1989).

Pons Prades, E., *Republicanos españoles en la segunda guerra mundial*, Barcelona, 1975.

Population, 1984 = Departamento de Asuntos Económicos y Sociales Internacionales de NNUU, *Population Distribution, Migration and Development. Proceedings of the Expert Group, Hammamet (Tunisia) 21-25 March 1983*, Nueva York, 1984.

Potts, Lydia, *The World Labour Market: A History of Migration*, Londres, 1990.

Pravda, 25 de junio de 1991.

Proctor, Robert N., *Racial Hygiene: Medicine Under the Nazis*, Cambridge, Mass., 1988.

Programa 2000 = PSOE, *Manifiesto,* enero de 1990, Madrid, 1990.

Prost, A., «Frontières et espaces du privé», en *Histoire de la vie privée de la Première Guerre Mondiale à nos Jours*, París, 1987, vol. 5, pp. 13-153.

Rado, A., ed., *Welthandbuch: internationaler politischer und wirtschaftlicher Almanach 1962*, Budapest, 1962.

Ranki, George, en Peter F. Sugar, ed., *Native Fascism in the Succesor States: 1918-1945*, Santa Bárbara, 1971.

Ransome, Arthur, *Six Weeks in Russia in 1919*, Londres, 1919.

Räte-China, 1973 = Manfred Hinz, ed., *Räte-China: Dokumente der chinesischen Revolution (1927-1931)*, Berlín, 1973.

Raw, Charles, Bruce Page y Godfrey Hodgson, *Do You Sincerely Want To Be Rich?*, Londres, 1972.

Reale, Eugenio, *Avec Jacques Duclos au Banc des Accusés à la Réunion Constitutive du Cominform* (1954), París, 1958.

Reed, John, *Ten Days That Shook The World*, Nueva York, 1919, y numerosas ediciones posteriores (hay trad. cast.: *Diez días que estremecieron el mundo*, Akal, Madrid, 1986).

Reinhard, M., A. Armengaud y J. Dupaquier, *Histoire Générale de la population mondiale*, París, 1968[3].

Reitlinger, Gerard, *The Economics of Taste: The Rise and Fall of Picture Prices 1760-1960*, Nueva York, 1982, 3 vols.

Riley, C., «The Prevalence of Chronic Disease During Mortality Increase: Hungary in the 1980s», *Population Studies*, 45, 3 (noviembre de 1991), pp. 489-497.

Riordan, J., *Life After Communism*, conferencia inaugural, University of Surrey, Guildford, 1991.

Ripken, Peter, y Gottfried Wellmer, «Bantustans und ihre Funktion für das südafrikanische Herrschaftssystem», en Peter Ripken, *Südliches Afrika: Geschichte, Wirtschaft, politische Zukunft*, Berlín, 1978, pp. 194-203.

Roberts, Frank, *Dealing with the Dictators: The Destruction and Revival of Europe 1930-1970*, Londres, 1991.

Rosati, D., y K. Mizsei, *Adjustment through opening of socialist economies*, en UNU/WIDER, *Working Paper* 52, Helsinki, 1989.

Rostow, W. W., *The World Economy. History and Prospect*, Austin, 1978 (hay trad. cast.: *Economía mundial*, Reverte, Barcelona, 1983).

Russell Pasha, sir Thomas, *Egyptian Service, 1902-1946*, Londres, 1949.

Samuelson, Paul, «Full employment after the war», en S. Harris, ed., *Post-war Economic Problems*, Nueva York, 1943.
Sareen, T. R., *Select Documents on Indian National Army*, Nueva Delhi, 1988.
Sassoon, Siegfried, *Collected Poems*, Londres, 1947.
Schatz, Ronald W., *The Electrical Workers. A History of Labor at General Electric and Westinghouse*, University of Illinois Press, 1983.
Schell, Jonathan, «A Foreign Policy of Buy and Sell», *New York Newsday* (21 de noviembre de 1993).
Schram, Stuart, *Mao Tse Tung*, Baltimore, 1966.
Schrödinger, Erwin, *What Is Life: The Physical Aspects of the Living Cell*, Cambridge, 1944.
Schumpeter, Joseph A., *History of Economic Analysis*, Nueva York, 1954 (hay trad. cast.: *Historia del análisis económico*, Ariel, Barcelona, 1982[2]).
Schwartz, Benjamin, «Modernisation and the Maoist Vision», en Roderick MacFarquhar, ed., *China Under Mao: Politics Takes Command*, Cambridge, Mass., 1966.
Scott, James C., *Weapons of the Weak: Everyday Forms of Peasant Resistance*, New Haven y Londres, 1985.
Seal, Anil, *The Emergence of Indian Nationalism: Competition and Collaboration in the later Nineteenth Century*, Cambridge, 1968.
Sinclair, Stuart, *The World Economic Handbook*, Londres, 1982.
Singer, J. David, *The Wages of War 1816-1965: A Statistical Handbook*, Nueva York, Londres, Sydney y Toronto, 1972.
Smil, Vaclav, «Planetary Warming: Realities and Responses», *Population and Development Review*, vol. 16, n.º 1 (marzo de 1990).
Smith, Gavin Alderson, *Livelihood and Resistance: Peasants and the Politics of the Land in Peru*, Berkeley, 1989.
Snyder, R. C., «Commercial policy as reflected in Treaties from 1931 to 1939», *American Economic Review*, 30 (1940).
Social Trends = UK Central Statistical Office, *Social Trends 1980*, Londres, anual.
Sociedad de Naciones, *The Course and Phases of the World Depression*, Ginebra, 1931; reimpreso en 1972.
—, *Industrialisation and Foreign Trade*, Ginebra, 1945.
Solzhenitsyn, Alexander, en *New York Times*, 28 de noviembre de 1993.
Somary, Felix, *Wandlungen der Weltwirtschaft seit dem Kriege*, Tubinga, 1929.
Sotheby = *Art Market Bulletin*, A Sotheby's Research Department Publication, informe de final de la temporada, 1992.
Spencer, Jonathan, *A Sinhala Village in Time of Trouble: Politics and Change in Rural Sri Lanka*, Nueva Delhi, 1990.
Spero, Joan Edelman, *The Politics of International Economic Relations*, Nueva York, 1977.
Spriano, Paolo, *Storia del Partito Comunista Italiano*, Turín, 1969, vol. II.
—, *I comunisti europei e Stalin*, Turín, 1983.
SSSR, 1987 = *SSSR v Tsifrakh v 1987*, pp. 15-17 y 32-33.
Staley, Eugene, *The World Economy in Transition*, Nueva York, 1939.
Stalin, J. V., *Economic Problems of Socialism in the USSR*, Moscú, 1952.
Starobin, Joseph, *American Communism in Crisis*, Cambridge, Mass., 1972.
Starr, Frederick, *Red and Hot: The Fate of Jazz in the Soviet Union 1917-1980*, Nueva York, 1983.

Stat. Jahrbuch = Federal Republic Germany, Bundesamt für Statistik, *Statistisches Jahrbuch für das Ausland*, Bonn, 1990.

Steinberg, Jonathan, *All or Nothing: The Axis and the Holocaust 1941-43*, Londres, 1990.

Stevenson, John, *British Society 1914-1945*, Harmondsworth, 1984.

Stoll, David, *Is Latin America Turning Protestant: The Politics of Evangelical Growth* (1990), Berkeley, Los Ángeles y Oxford, 1992.

Stouffer, S., y P. Lazarsfeld, *Research Memorandum on the Family in the Depression*, Social Science Research Council, Nueva York, 1937.

Stürmer, Michael, «Orientierungskrise in Politik und Gesellschaft? Perspektiven der Demokratie an der Schwelle zum 21. Jahrhundert», en *Bergedorfer Gesprächskreis, Protokoll Nr 98*, Hamburgo-Bergedorf, 1993.

—, *99 Bergedorfer Gesprächskreis* (22-23 de mayo, Ditchley Park): *Wird der Westen den Zerfall des Ostens überleben? Politische und ökonomische Herausforderungen für Amerika und Europa*, Hamburgo, 1993.

Tanner, J. M., *Growth at Adolescence*, Oxford, 1962[2].

Taylor, C. L., y D. A. Jodice, *World Handbook of Political and Social Indicators*, New Haven y Londres, 1983[3].

Taylor, Trevor, «Defence industries in international relations», *Rev. Internat. Studies*, 16 (1990), pp. 59-73.

Technology, 1986 = US Congress, Office of Technology Assessment, *Technology and Structural Unemployment: Reemploying Displaced Adults*, Washington, DC, 1986.

Temin, Peter, «Transmission of the Great Depression», *Journal of Economic Perspectives*, vol. 7, 2 (primavera de 1993), pp. 87-102.

Terkel, Studs, *Division Street: America*, Nueva York, 1967.

—, *Hard Times: An Oral History of the Great Depression*, Nueva York, 1970.

Therborn, Göran, «Classes and States, Welfare State Developments 1881-1981», *Studies in Political Economy: A Socialist Review*, n.º 13 (primavera de 1984), pp. 7-41.

—, «Leaving the Post Office Behind», en M. Nikolic, ed., *Socialism in the Twenty-first Century*, Londres, 1985, pp. 225-251.

Thomas, Hugh, *Cuba or the Pursuit of Freedom*, Londres, 1971 (hay trad. cast.: *Cuba*, Grijalbo, Barcelona, 1974).

—, *The Spanish Civil War*, Harmondsworth, 1977 (hay trad. cast.: *La guerra civil española*, Grijalbo Mondadori, «El libro de mano», Barcelona, 1995).

Tiempos, 1990 = Carlos Ivan Degregori, Marfil Francke, José López Ricci, Nelson Manrique, Gonzalo Portocarrero, Patricia Ruiz Bravo, Abelardo Sánchez León y Antonio Zapata, *Tiempos de ira y amor: nuevos actores para viejos problemas*, DESCO, Lima, 1990.

Tilly, Louise, y Joan W. Scott, *Women, Work and Family*, Londres, 1987[2].

Titmuss, Richard, *The Gift Relationship: From Human Blood to Social Policy*, Londres, 1970.

Tomlinson, B. R., *The Indian National Congress and the Raj 1929-1942: The Penultimate Phase*, Londres, 1976.

Touchard, Jean, *La gauche en France*, París, 1977.

Townshend, Charles, «Civilization and Frightfulness: Air Control in the Middle East Between the Wars», en C. Wrigley, ed. (véase Hobsbawm, 1986).

Trofimov, Dmitry, y Gia Djangava, *Some reflections on current geopolitical situation in the North Caucasus*, Londres, 1993, mimeografiado.

Tuma, Elias H., *Twenty-six Centuries of Agrarian Reform: A comparative analysis*, Berkeley y Los Ángeles, 1965.

Umbruch, véase Fröbel, Heinrichs y Kreye, 1986.

Umbruch, 1990 = República Federal de Alemania, *Umbruch in Europa: Die Ereignisse im 2. Halbjahr 1989. Eine Dokumentation, herausgegeben vom Auswärtigen Amt*, Bonn, 1990.

UN Africa, 1989 = UN Economic Commission for Africa, Inter-Agency Task Force, Africa Recovery Programme, *South African Destabilization: The Economic Cost of Frontline Resistance to Apartheid*, Nueva York, 1989.

UN Dept of International Economic and Social Affairs, 1984, véase *Population*, 1984.

UN International Trade Statistics Yearbook, 1983.

UN Statistical Yearbook, anual.

UN Transnational, 1988 = United Nations Centre on Transnational Corporations, *Transnational Corporations in World Development: Trends and Prospects*, Nueva York, 1988.

UN World Social Situation, 1970 = UN Dept of International Economic and Social Affairs, *1970 Report on the World Social Situation*, Nueva York, 1971.

UN World Social Situation, 1985 = UN Dept of International Economic and Social Affairs, *1985 Report on the World Social Situation*, Nueva York, 1985.

UN World Social Situation, 1989 = UN Dept of International Economic and Social Affairs, *1989 Report on the World Social Situation*, Nueva York, 1989.

UN World's Women: UN Social Statistics and Indicators Series K, n.º 8: *The World's Women 1970-1990: Trends and Statistics*, Nueva York, 1991.

UNCTAD (UN Commission for Trade and Development), *Statistical Pocket Book 1989*, Nueva York, 1989.

UNESCO, *Statistical Yearbook*, para los años estudiados.

US Historical Statistics = US Dept of Commerce, Bureau of the Census, *Historical Statistics of the United States: Colonial Times to 1970*, Washington, 1975, 3 vols.

Van der Linden, 1993 = «Forced labour and non-capitalist industrialization: the case of Stalinism», en Tom Brass, Macel van der Linden y Jan Lucassen, *Free and Unfree Labour*, IISH, Amsterdam, 1993.

Van der Wee, Herman, *Prosperity and Upheaval: The World Economy 1945-1980*, Harmondsworth, 1987 (hay trad. cast.: *Prosperidad y crisis, Reconstrucción, crecimiento y cambio, 1945-1980*, Crítica, Barcelona, 1986).

Veillon, Dominique, «Le quotidien», en *Écrire l'histoire du temps présent. En hommage à François Bédarida: Actes de la journée d'études de l'IHTP* (1992), CNRS, París, 1993, pp. 315-328.

Vernikov, Andrei, «Reforming Process and Consolidation in the Soviet Economy», *WIDER Working Papers WP 53*, Helsinki, 1989.

Walker, Martin, «Russian Diary», *Guardian* (21 de marzo de 1988), p. 19.

—, «Sentencing system blights land of the free», *Guardian* (19 de junio de 1991), p. 11.

—, *The Cold War: And the Making of the Modern World*, Londres, 1993.

Ward, Benjamin, «National Economic Planning and Politics», en Carlo Cipolla, ed., *Fontana Economic History of Europe: The Twentieth Century*, vol. 6,1, Londres, 1976.

Watt, D. C., *How War Came*, Londres, 1989.

Weber, Hermann, *Die Wandlung des deutschen Kommunismus: Die Stalinisierung der KPD in der Weimarer Republik*, Frankfurt, 1969, 2 vols.
Weinberg, Steven, «The Search for Unity: Notes for a History of Quantum Field Theory», *Daedalus* (otoño de 1977).
—, «Einstein and Spacetime Then and Now», *Bulletin American Academy of Arts and Sciences*, XXXIII (2 de noviembre de 1979).
Weisskopf, V., «What Is Quantum Mechanics?», *Bulletin American Academy of Arts and Sciences*, XXXIII (abril de 1980).
Wiener, Jon, *Come Together: John Lennon in his Time*, Nueva York, 1984.
Wildavsky, Aaron, y Karl Dake, «Theories of Risk Perception: Who Fears What and Why?», *Daedalus*, vol. 119, n.º 4 (otoño de 1990), pp. 41-60.
Willett, John, *The New Sobriety: Art and Politics in the Weimar Period*, Londres, 1978.
Wilson, E. O., «Biology and the Social Sciences», *Daedalus*, vol. 106, n.º 4 (otoño de 1977), pp. 127-140.
Winter, Jay, *War and the British People*, Londres, 1986.
«Woman», 1964 = «The Woman in America», *Daedalus* (1964).
The World Almanack, Nueva York, 1964, 1993.
The World Bank Atlas 1990, Washington, 1990.
World Development = Banco Mundial, *World Development Report*, Nueva York, anual.
World Economic Survey, 1989 = UN Dept of International Economic and Social Affairs, *World Economic Survey 1989: Current Trends and Policies in the World Economy*, Nueva York, 1989.
World Labour, 1989 = International Labour Office (ILO), *World Labour Report 1989*, Ginebra, 1989.
World Resources, 1986 = *A Report by the World Resources Institute and the International Institute for Environment and Development*, Nueva York, 1986.
World Tables, 1991 = Banco Mundial, *World Tables 1991*, Baltimore y Washington, 1991.
World's Women, véase *UN World's Women*.
Zetkin, Clara, «Reminiscences of Lenin», en *They Knew Lenin: Reminiscences of Foreign Contemporaries*, Moscú, 1968.
Ziebura, Gilbert, *World Economy and World Politics 1924-1931: From Reconstruction to Collapse*, Oxford, Nueva York y Munich, 1990.
Zinoviev, Aleksandr, *The Yawning Heights*, Harmondsworth, 1979.

OTRAS LECTURAS

Los lectores no historiadores que deseen ampliar conocimientos encontrarán aquí algunas sugerencias de lecturas.

Los acontecimientos básicos de la historia del siglo XX podrán hallarse en un buen manual universitario, como el de R. R. Palmer y Joel Colton, *A History of the Modern World* (1983[6] o ediciones posteriores), que incluye excelentes bibliografías. Existen buenos estudios generales, en un solo volumen, de algunas regiones y continentes, pero no de otros. Ira Lapidus, *A History of Islamic Societies* (1988), Jack Gray, *Rebellions and Revolutions: China from the 1800s to the 1980s* (1990), Roland Oliver y Anthony Atmore, *Africa since 1800* (1981), y James Joll, *Europe since 1870* (la última ed.) son útiles. Peter Calvocoressi, *World Politics since 1945* (1991[6]) es muy completo para este período. Debe leerse como complemento de Paul Kennedy, *The Rise and Fall of the Great Powers* (1987), y Charles Tilly, *Coercion, Capital and European States AD 900-1990* (1990). También obra de un solo volumen, la de W. W. Rostow, *The World Economy: History and Prospect* (1978), aunque discutible y lejos de ser un libro de cabecera, proporciona un gran caudal de información. Mucho más adecuados son los libros de Paul Bairoch, *The Economic Development of the Third World since 1900* (1975), y David Landes, *The Unbound Prometheus* (1969) sobre el desarrollo de la tecnología y de la industria.

En la lista bibliográfica se incluyen algunas obras de referencia. Entre los compendios estadísticos destacan *Historical Statistics of the United States: Colonial Times to 1970* (1975, 3 vols.), B. R. Mitchells, *European Historical Statistics* (1980), su *International Historical Statistics* (1986), y P. Flora, *State, Economy and Society in Western Europe 1815-1975* (1983, 2 vols.). El *Biographical Dictionary* de Chambers es muy amplio y adecuado. Para aquellos a quienes les gusten los mapas, pueden hallar información en los imaginativos *Times Atlas of World History* (1978), los mapas ideados brillantemente por Michael Kidron y Ronald Segal, *The New State of the World Atlas* (1991[4]), y los —económicos y sociales— *World Bank Atlas*, anuales desde 1968. Entre las numerosas recopilaciones de otros mapas, véanse Andrew Wheatcroft, *The World Atlas of Revolution* (1983), Colin McEvedy y R. Jones, *An Atlas of World Population History* (ed. 1982), y Martin Gilbert, *Atlas of the Holocaust* (1972).

Los mapas son quizá más útiles para el estudio histórico de regiones concretas; entre ellos, G. Blake, John Dewdney y Jonathan Mitchell, *The Cambridge Atlas of the Middle East and North Africa* (1987), Joseph E. Schwarzberg, *A Historical Atlas of South Asia* (1978), J. F. Adeadjayi y M. Crowder, *Historical Atlas of Africa* (1985) y Martin Gilbert, *Russian History Atlas* (ed. 1993). Existen buenas historias, de varios volúmenes y puestas al día, de algunas regiones y continentes del mundo, pero no (al menos en inglés), aunque parezca mentira, de Europa ni del mundo, excepto para la historia económica. La *History of the World Economy in the Twentieth Century* de Penguin, en cinco volúmenes, posee una calidad destacable: Gerd Hardach, *The First World War 1914-1918*; Derek Aldcroft, *From Versailles to Wall Street, 1919-1929*; Charles Kindleberger, *The World in Depression 1929-1939*; la soberbia obra de Alan Milward, *War, Economy and Society, 1939-45*, y Herman van der Wee, *Prosperity and Upheaval: The World Economy 1945-1980*. [De todos ellos hay traducción castellana en Crítica, reunidos en la serie «Historia Económica Mundial del Siglo XX»: *La primera guerra mundial, 1914-1918*; *De Versalles a Wall Street, 1919-1929*; *La crisis económica, 1929-1939*; *La segunda guerra mundial, 1939-1945*; *Prosperidad y crisis. Reconstrucción, crecimiento y cambio, 1945-1980*, 1985-1987.]

En cuanto a las obras regionales, los volúmenes relativos al siglo XX de *Cambridge History of Africa* (vols. 7-8), *Cambridge History of China* (vols. 10-13) y *Cambridge History of Latin America*, dirigida por Leslie Bethell (vols. 6-9; hay trad. cast. en preparación: *Historia de América Latina*, Crítica, vols. 11 y ss.), son las obras más actualizadas, tanto para consultas como para ser leídas de una vez. Por desgracia, la *New Cambridge History of India* no está demasiado adelantada por el momento.

Marc Ferro, *The Great War* (1973), y Jay Winter, *The Experience of World War I* (1989), pueden servir de guía a los lectores para adentrarse en la primera guerra mundial; Peter Calvocoressi, *Total War* (ed. 1989), Gerhard L. Weinberg, *A World at Arms: a Global History of World War II* (1994, hay trad. cast. en Grijalbo, Barcelona, 1995), y el libro de Alan Milward sobre la segunda guerra mundial. Gabriel Kolko, *Century of War: Politics, Conflict and Society since 1914* (1994), cubre ambas guerras y sus revolucionarias consecuencias. Para las revoluciones del mundo, John Dunn, *Modern Revolutions* (1989²), y Eric Wolf, *Peasant Wars of the Twentieth Century* (1968), abarcan toda —o casi toda— la gama de las revoluciones, incluidas las del tercer mundo. Véase también William Rosenberg y Marilyn Young, *Transforming Russia and China: Revolutionary Struggle in the Twentieth Century* (1982). E. J. Hobsbawm, *Revolutionaries* (1973, hay trad. cast.: *Revolucionarios*, Ariel, Barcelona, 1979), especialmente los capítulos 1-8, es una introducción a la historia de los movimientos revolucionarios.

La revolución rusa, con aluviones de monografías, no posee en cambio síntesis generales, como es el caso de la revolución francesa. Continúa reescribiéndose. León Trotsky, *Historia de la revolución rusa* (1932), es el punto de vista desde la cumbre (marxista); W. H. Chamberlin, *The Russian Revolution 1917-21* (reimpr. 1965, 2 vols.), es el de un observador contemporáneo. Marc Ferro, *The Russian Revolution of February 1917* (1972) y *October 1917* (1979) constituyen una buena introducción. Los numerosos volúmenes de la monumental *History of Soviet Russia* (1950-1978), de E. H. Carr, están más indicados para usarse como libros de referencia. Sólo llegan hasta 1929. Alec Nove, *An Economic History of the USSR* (1972) y *The Economics of Feasible Socialism* (1983) constituyen buenas introducciones a las apreciaciones del «socialismo realmente existente» (hay trad. cast. de ambos: *Historia económica de la Unión Soviética*, Alianza, Madrid, 1973, y *La economía del socialismo factible*, Siglo XXI, Madrid, 1987). Basile Kerblay, *Modern Soviet Society* (1983), es lo más próximo a un estudio desapasionado de sus resultados en la URSS que podemos hallar en la actualidad. F. Fejtö ha escrito historias contemporáneas de las «democracias del pueblo». Para China, Stuart Schram, *Mao Tse-tung* (1967), y John K. Fairbank, *The Great Chinese Revolution 1800-1985* (1986); véase también Jack Gray, *op. cit.*

La economía mundial está cubierta por la Historia de Penguin citada anteriormente, por P. Armstrong, A. Glyn y J. Harrison, *Capitalism since 1945* (1991), y por S. Marglin y J. Schor, eds., *The Golden Age of Capitalism* (1990). Para el período anterior a 1945, son indispensables las publicaciones de la Sociedad de Naciones, y para el período posterior a 1960, las del Banco Mundial, la OCDE y el FMI.

Para la política de entreguerras y la crisis de las instituciones liberales, pueden sugerirse Charles S. Maier, *Recasting Bourgeois Europe* (1975), F. L. Carsten, *The Rise of Fascism* (1967), H. Rogger y E. Weber, eds., *The European Right: a Historical Profile* (1965), e Ian Kershaw, *The Nazi Dictatorship: Problems and perspectives* (1985). Para el espíritu del antifascismo, P. Stansky y W. Abrahams, *Journey to the Frontier: Julian Bell and John Cornford* (1966). Para el estallido de la guerra, Donald Cameron Watt, *How War Came* (1989). El mejor panorama general de la guerra fría hasta el momento es el de Martin Walker, *The Cold War and the Making of the Modern World* (1993), y la introducción más clara a sus últimas fases, F. Halliday, *The Making of the Second Cold War* (1986[2]). Véase también J. L. Gaddis, *The Long Peace: Inquiries into the History of the Cold War* (1987). Para la remodelación de Europa, Alan Milward, *The Reconstruction of Western Europe 1945-51* (1984). Para el consenso político y el estado del bienestar, P. Flora y A. J. Heidenheimer, eds., *Depelopment of Welfare States in America and Europe* (1981), y D. W. Urwin, *Western Europe since 1945: a Short Political History* (ed. revisada, 1989). Véase también J. Goldthorpe, ed., *Order and Conflict in Contemporary Capitalism* (1984). Para los Estados Unidos, W. Leuchtenberg, *A Troubled Feast: American Society since 1945* (1973).

Para el final de los imperios, Rudolf von Albertini, *Decolonization: the Administration and Future of Colonies, 1919-1960* (1961), y la excelente obra de R. F. Holland, *European Decolonization 1918-1981* (1985). La mejor manera de encaminar a los lectores en la historia del tercer mundo es mencionar un puñado de obras que de distintas maneras no tienen ninguna relación con él. *Europe and the People without History* (1983), de Eric Wolf, es una obra fundamental, si bien sólo se ocupa marginalmente de nuestro siglo. Lo mismo ocurre, de diferentes maneras, sobre el capitalismo y el comunismo, con Philip C. C. Huang, *The Peasant Family and Rural Development in the Yangzi Delta, 1350-1988* (1990), sobre el que Robin Blackburn me ha llamado la atención. Puede compararse con la obra clásica de Clifford Geertz, *Agricultural Involution* (1963), sobre Indonesia. Sobre la urbanización del tercer mundo, la cuarta parte del libro de Paul Bairoch, *Cities and Economic Development* (1988) es esencial. Sobre la política, Joel S. Migdal, *Strong Societies and Weak States* (1988) está repleto de ejemplos e ideas, algunos de ellos convincentes.

Para las ciencias, Gerald Holton, ed., *The Twentieth-Century Sciences* (1972) constituye un punto de partida; para el desarrollo intelectual en general, George Lichtheim, *Europe in the Twentieth Century* (1972). Una buena introducción a las artes de vanguardia es la obra de John Willett, *Art and Politics in the Weimar Period: The New Sobriety, 1917-1933* (1978).

No existen hasta el momento aproximaciones históricas sobre las revoluciones culturales y sociales de la segunda parte del siglo, aunque el corpus de los comentarios y la documentación es vasto, y lo bastante accesible para que muchos de nosotros nos formemos nuestras propias opiniones (véase la Bibliografía). Los lectores no deben dejarse engañar por el tono de seguridad que se desprende de la bibliografía (incluidas mis propias observaciones) y confundir una opinión con la verdad establecida.

ÍNDICE ALFABÉTICO

ÍNDICE DE LÁMINAS (entre pp. 208-209 y 400-401)*

* Los propietarios del *copyright* aparecen en cursiva.

33. Traslado de Stalin en Praga (*BBC Photographic Library*).
34. Terrenos para el cultivo distribuidos en terrazas en el valle del Liping, China (*Comstock*).
35. Micrografía electrónica de una bacteria intestinal (*Science Photo Library*).
36. Campesino chino arando (*Robert Harding*).
37. Pareja de inmigrantes turcos en Berlín occidental (*Magnum*).
38. Naturales de las Antillas británicas arriban a Londres en el decenio de 1950 (*Hulton Deutsch*).
39. África a finales de siglo (*The Independent*).
40. Ahmedabad, India (*Robert Harding*).
41. Chicago (*Robert Harding*).
42. Hora punta en Shinjuku, Tokio (*Rex Features*).
43. El ferrocarril. Augsburgo, Alemania (*Comstock*).
44. Autopistas, coches y contaminación en Houston, Texas (*Magnum*).
45. El primer desembarco en la Luna, 1969 (*Hulton Deutsch*).
46. Fábrica de conservas en los años treinta en Amarillo, Texas (*FPG/Robert Harding*).
47. Central nuclear de Dungeness (*Rex Features*).
48. Desindustrialización en el norte de Inglaterra, Middlesbrough (*Magnum*).
49. El frigorífico (*Robert Harding*).
50. El equipo de televisión (*Robert Harding*).
51. El supermercado (*Rex Features*).
52. El radiocasete portátil (*Robert Harding*).
53. Neville Chamberlain de pesca (*Popperfoto*).
54. El conde Mountbatten de Birmania (*Hulton Deutsch*).
55. Lenin, 1917 (*Hulton Deutsch*).
56. Gandhi en vías de negociación con el gobierno británico, 1931 (*Rex Features*).
57. Stalin (*FPG International*).
58. Desfile en conmemoración del cumpleaños de Hitler en 1939 (*Hulton Deutsch*).
59. «Presidente Mao» de Andy Warhol (*Bridgeman Art Library*).
60. Los restos mortales del ayatolá Jomeini descansan con grandes honores en Teherán (*Magnum*).
61. George Grosz satiriza sobre la clase dirigente alemana.
62. Trabajadores de los astilleros británicos marchan sobre Londres en el decenio de 1930 (*Hulton Deutsch*).
63. Manifestación contra la guerra de Vietnam, en Berkeley, California (*Magnum*).
64. Pretensiones de conquistar el mundo.
65. Tras la guerra del Golfo, 1991 (*Magnum*).
66. Gentes sin hogar (*Rex Features*).
67. Esperando votar en Suráfrica, 1994 (*Rex Features*).
68. Sarajevo ochenta años después de 1914 (*Popperfoto*).

ÍNDICE

PRIMERA PARTE

LA ERA DE LAS CATÁSTROFES

SEGUNDA PARTE

LA EDAD DE ORO

TERCERA PARTE

EL DERRUMBAMIENTO

Un tiempo de rupturas. Sociedad y cultura en el siglo XX

Esta obra, la última que dejó Hobsbawm escrita, es una gran aportación a la historia de la cultura del siglo xx, y es también una reflexión sobre un presente convulso, un tiempo de incertidumbre en que miramos hacia delante con perplejidad, sin guías que orienten nuestro camino hacia un futuro irreconocible.

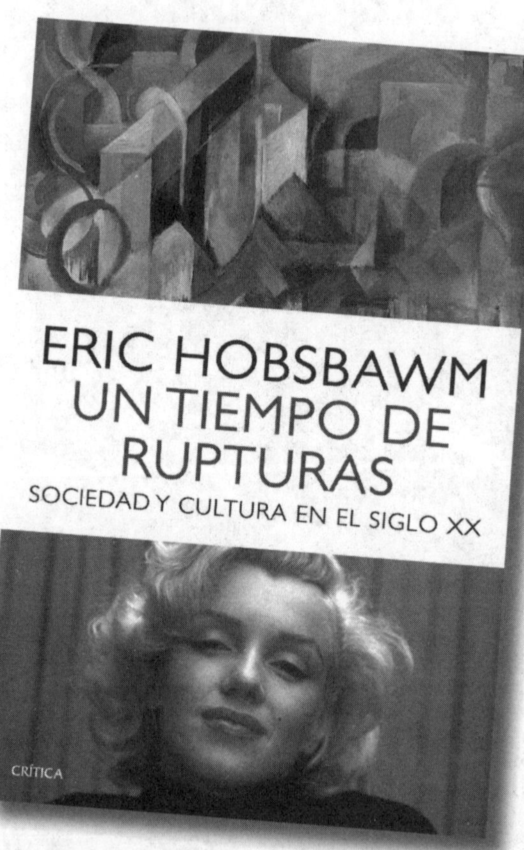

Este es un libro sobre lo que les sucedió al arte y a la cultura de la sociedad burguesa una vez que esta sociedad desapareció en la generación posterior a 1914.